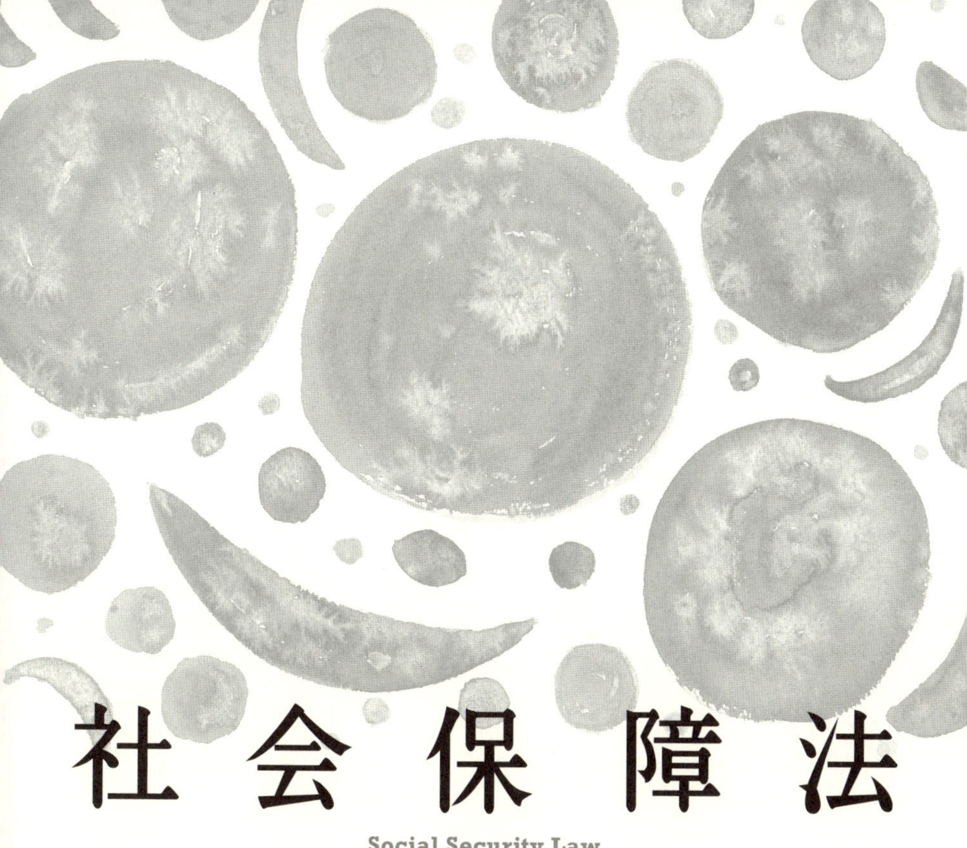

社会保障法

Social Security Law

笠木映里＋嵩さやか＋中野妙子＋渡邊絹子

有斐閣

はしがき

社会保障は，人が生活する上で抱える様々なニーズに対し金銭やサービス等の給付を行い，それにより人々の生活を支える仕組みである。その重要性は，雇用の不安定化等による個人の脆弱化や，家族や企業による生活保障機能の後退などにより，近年ますます増大している。本書は，そうした社会保障制度に登場する当事者間の権利義務関係を規律する法領域である，社会保障法の概説書である。

本書は，法学部等にて社会保障法を学ぶ学部生を主な読者として，初学者でも複雑な社会保障制度が理解できるよう丁寧な記述を心がけた。それに加え，単なる諸制度の表層的解説にとどまらず，社会保障法の基本的考え方や理念，さらには社会保障法学の面白みが伝わるよう，諸制度やそこでの法的問題の本質を常に意識しながら執筆にあたった。また，社会保障法をめぐる現代的問題や興味深い論点等を「発展」の項目にて取り上げ，社会保障法に関する多様な考え方や視点を提示するように努めた。こうしたことから本書が，社会保障法の初学者だけでなく，研究者や実務家にも興味を持って頂ける概説書となっていれば幸いである。

本書の構成は，社会保障法の総論を展開する第1編（第1章，第2章）と，各論として個別の社会保障制度を扱う第2編（第3章〜第8章）とからで構成されている。さらに，第2編においても各章の冒頭に，当該領域を貫く理念や保障・負担のあり方等に関する総論を置いた。これは，頻繁に改正される制度の動きにとらわれない，より普遍的な視点を提示するよう努めたもので本書の特徴ともいえる。

本書の執筆にあたっては，2008年7月26日の第1回目の検討会から刊行に至るまでのおよそ10年の歳月の間，数え切れない程の回数の検討会を行った。検討会の度に，執筆者間で互いの原稿について熱心に議論を交わしながら原稿の修正を重ね，内容を練り上げてきた。そのため，本書は章ごとの分担執筆の形式を採ってはいるが，どの章もすべての執筆者による共著といえる。また，執筆にあたっては，法改正や裁判例，学界での議論等の動向を常に追い，内容が最新のものとなるように努めた。

本書の企画は，岩村正彦先生（東京大学教授）の発案によるものであり，岩村先生には本書刊行に向けた長年にわたる検討会のすべてにご出席いただき，全体的構成から個別の法的論点・法改正の動向に至るまで実に手厚いご指導を頂いた。心より感謝の意を捧げたい。ご自身のお名前を本書に冠することは固辞されたため，ここでの言及に止まらざるをえないことに甚だ心苦しさを感じるが，本書の刊行により，岩村先生から賜った，学部・大学院時代から現在に至るまでの学恩に多少なりとも報いることができたならば幸いである。

また，本書の刊行に際しては，黒田有志弥先生（国立社会保障・人口問題研究所室長），柴田洋二郎先生（中京大学准教授），永野仁美先生（上智大学教授），中益陽子先生（亜細亜大学准教授），原昌登先生（成蹊大学教授），山下慎一先生（福岡大学准教授）に，草稿を丹念にチェックして頂き，実質的な内容に関わる点も含め，大変貴重なご指摘を多数頂戴した。ご多忙にもかかわらず本書の刊行にご協力いただいたことを，この場を借りて厚く御礼申し上げたい。

そして，有斐閣書籍編集部京都支店の一村大輔氏には，本書の担当者として，企画段階から刊行に至る，実に長い道のりを辛抱強く導いて頂いた。一村氏のきめ細やかで的確な編集者としてのお仕事ぶりに支えられて，何とか刊行にこぎつけることができた。一村氏にも心より御礼を申し上げたい。

2018 年 10 月

著 者 一 同

目　　次

細　目　次

第1編　総　　論

第1章　社会保障とは何か？

第2章　社会保障「法」とは何か？

第2編　各　　論

第3章　年　　金

第6章 労　災

第7章 失　　業

第8章　生活保護

発展目次

図表目次

凡　　例

1　法令の略語

略語	法令名
育　介	育児休業，介護休業等育児又は家族介護を行う労働者の福祉に関する法律（育児介護休業法）
医　師	医師法
石綿被害救済	石綿による健康被害の救済に関する法律（石綿健康被害救済法）
医　薬	医薬品，医療機器等の品質，有効性及び安全性の確保等に関する法律（医薬法）
医　療	医療法
会　計	会計法
介護労働者法	介護労働者の雇用管理の改善等に関する法律
介　保	介護保険法
確定給付	確定給付企業年金法
確定拠出	確定拠出年金法
感染症	感染症の予防及び感染症の患者に対する医療に関する法律
求職者支援	職業訓練の実施等による特定求職者の就職の支援に関する法律（求職者支援法）
行　審	行政不服審査法
行政改革推進法	簡素で効率的な政府を実現するための行政改革の推進に関する法律
行　訴	行政事件訴訟法
行　手	行政手続法
刑	刑　法
刑　訴	刑事訴訟法
憲	日本国憲法
健　保	健康保険法
厚　年	厚生年金保険法
高　年	高年齢者等の雇用の安定等に関する法律
高齢医療	高齢者の医療の確保に関する法律
高齢虐待	高齢者虐待の防止，高齢者の養護者に対する支援等に関する法律（高齢者虐待防止法）
国　年	国民年金法
国　賠	国家賠償法

国　保	国民健康保険法
子育て支援	子ども・子育て支援法
雇　保	雇用保険法
児　手	児童手当法
児童虐待	児童虐待の防止等に関する法律（児童虐待防止法）
児　福	児童福祉法
児扶手	児童扶養手当法
社　福	社会福祉法
社保改革	持続可能な社会保障制度の確立を図るための改革の推進に関する法律（社会保障改革プログラム法）
住民台帳	住民基本台帳法
障害基	障害基本法
障害虐待	障害者虐待の防止，障害者の養護者に対する支援等に関する法律（障害者虐待防止法）
障害差別解消	障害を理由とする差別の解消の推進に関する法律（障害者差別解消法）
障害総合支援	障害者の日常生活及び社会生活を総合的に支援するための法律（障害者総合支援法）
少審規	少年審判規則
所　税	所得税法
身　福	身体障害者福祉法
生活困窮支援	生活困窮者自立支援法
精　福	精神保健及び精神障害者福祉に関する法律（精神保健福祉法）
生　保	生活保護法
地　自	地方自治法
地　税	地方税法
知　福	知的障害者福祉法
特　会	特別会計に関する法律
特児扶手	特別児童扶養手当等の支給に関する法律（特別児童扶養手当法）
独　禁	私的独占の禁止及び公正取引の確保に関する法律（独占禁止法・独禁法）
入　管	出入国管理及び難民認定法
認定こども園	就学前の子どもに関する教育，保育等の総合的な提供の推進に関する法律（認定こども園法）

年金時効特例法	厚生年金保険の保険給付及び国民年金の給付に係る時効の特例等に関する法律
被爆者	原子爆弾被爆者に対する援護に関する法律（被爆者援護法）
ホームレス自立支援	ホームレスの自立の支援等に関する特別措置法（ホームレス自立支援法）
民	民　法
民　訴	民事訴訟法
療養担当規則	保険医療機関及び保険医療養担当規則
労安衛	労働安全衛生法
労　基	労働基準法（労基法）
労基則	労働基準法施行規則
労　契	労働契約法
労　災	労働者災害補償保険法（労災保険法）
労災則	労働者災害補償保険法施行規則
老　福	老人福祉法
労保徴	労働保険の保険料の徴収等に関する法律

2　法令の略語（一部改正法，整備法）

改正民法	民法の一部を改正する法律（平成 29 年法律第 44 号）
地方分権一括法	地方分権の推進を図るための関係法律の整備等に関する法律（平成 11 年 7 月 16 日法律第 87 号）
年金機能強化法	公的年金制度の財政基盤及び最低保障機能の強化等のための国民年金法等の一部を改正する法律（平成 24 年 8 月 22 日法律第 62 号）
年金確保支援法	国民年金及び企業年金等による高齢期における所得の確保を支援するための国民年金法等の一部を改正する法律（平成 23 年 8 月 10 日法律第 93 号）
年金事業運営改善法	政府管掌年金事業等の運営の改善のための国民年金法等の一部を改正する法律（平成 19 年 7 月 6 日法律第 110 号）
平成 27（2015）年国民健康保険法等改正法	持続可能な医療保険制度を構築するための国民健康保険法等の一部を改正する法律（平成 27 年 5 月 29 日法律第 31 号）

3　条約・規約の略語

社会権規約	経済的，社会的及び文化的権利に関する国際規約
自由権規約	市民的及び政治的権利に関する国際規約
障害者権利条約	障害者の権利に関する条約
難民条約	難民の地位に関する条約
102 号条約	社会保障の最低基準に関する条約
121 号条約	業務災害の場合における給付に関する条約

4　告示・政令・通達（通知）等

厚　令	厚生省令
厚　告	厚生省告示
厚労令	厚生労働省令
厚労告	厚生労働省告示
国交告	国土交通省告示
大	大蔵省令
医政発	厚生労働省医政局長通知
基災収	労働基準局労災補償部長（が疑義に答えて発した）通達
基災発	労働基準局労災補償部長名（で発した）通達
基　収	労働基準局長（が疑義に答えて発する）通達
基　発	（厚生）労働省労働基準局通達
健政発	厚生省健康政策局長通知
社援発	厚生労働省社会・援護局長通知
社援保発	厚生労働省社会・援護局保護課長通知
社　発	厚生省社会局長通知
障企発	厚生労働省社会・援護局障害保健福祉部企画課長通知
障障発	厚生労働省社会・援護局障害保健福祉部障害福祉課長通知
庁保発	社会保険庁運営部医療保険部長通知
年　発	厚生労働省年金局長通知
保国発	厚生労働省保険局国民健康保険課長通知
保　発	厚生労働省保険局長通知
保文発	厚生省保険局保険課長回答
薬生発	厚生労働省医薬・生活衛生局長通知
老　発	厚生労働省老健局長通知

5　文　献

有泉厚年	有泉亨＝中野徹雄編『全訂社会保障関係法１　厚生年金保険法』（日本評論社，1982年）
有泉国年	有泉亨＝中野徹雄編『全訂社会保障関係法２　国民年金法』（日本評論社，1983年）
アルマ	加藤智章＝菊池馨実＝倉田聡＝前田雅子『社会保障法〔第６版〕』（有斐閣，2015年）
岩　村	岩村正彦『社会保障法（1）』（弘文堂，2001年）
菊　池	菊池馨実『社会保障法〔第２版〕』（有斐閣，2018年）
菊池将来構想	菊池馨実『社会保障法制の将来構想』（有斐閣，2010年）
島　崎	島崎謙治『日本の医療――制度と政策』（東京大学出版会，2011年）
菅　野	菅野和夫『労働法〔第11版補正版〕』（弘文堂，2017年）
西　村	西村健一郎『社会保障法』（有斐閣，2003年）
百　選	岩村正彦編『社会保障判例百選〔第５版〕』（有斐閣，2016年）
百選〔4版〕	西村健一郎＝岩村正彦編『社会保障判例百選〔第４版〕』（有斐閣，2008年）
百選〔3版〕	佐藤進＝西原道雄＝西村健一郎＝岩村正彦編『社会保障判例百選〔第３版〕』（有斐閣，2000年）
百選〔2版〕	佐藤進＝西原道雄＝西村健一郎編『社会保障判例百選〔第２版〕』（有斐閣，1991年）
百選〔初版〕	佐藤進＝西原道雄編『社会保障判例百選』（有斐閣，1977年）

＊百選にある数字はその版の事件番号を示す

堀	堀勝洋『社会保障法総論〔第２版〕』（東京大学出版会，2004年）
堀年金	堀勝洋『年金保険法〔第４版〕――基本理論と解釈・判例』（法律文化社，2017年）
籾　井	籾井常喜『社会保障法』（総合労働研究所，1972年）

6　判例集略語

刑　集	最高裁判所刑事判例集
民　集	最高裁判所民事判例集
高刑集	高等裁判所刑事判例集
高民集	高等裁判所民事判例集
行　集	行政事件裁判例集
労民集	労働関係民事裁判例集

家　月　　家裁月報
訟　月　　訟務月報
裁　時　　裁判所時報
集　民　　最高裁判所判例集民事
判　時　　判例時報
判　タ　　判例タイムズ
労　判　　労働判例
労経速　　労働経済判例速報
賃　社　　賃金と社会保障
判　自　　判例地方自治
金　判　　金融・商事判例

執筆者紹介

笠木　映里（かさぎ　えり）
フランス国立科学研究センター研究員（ボルドー大学所属）
第１章・第４章担当

嵩　さやか（だけ　さやか）
東北大学大学院法学研究科教授
第３章・第８章担当

中野　妙子（なかの　たえこ）
名古屋大学大学院法学研究科教授
第２章・第５章担当

渡邊　絹子（わたなべ　きぬこ）
筑波大学ビジネスサイエンス系准教授
第６章・第７章担当

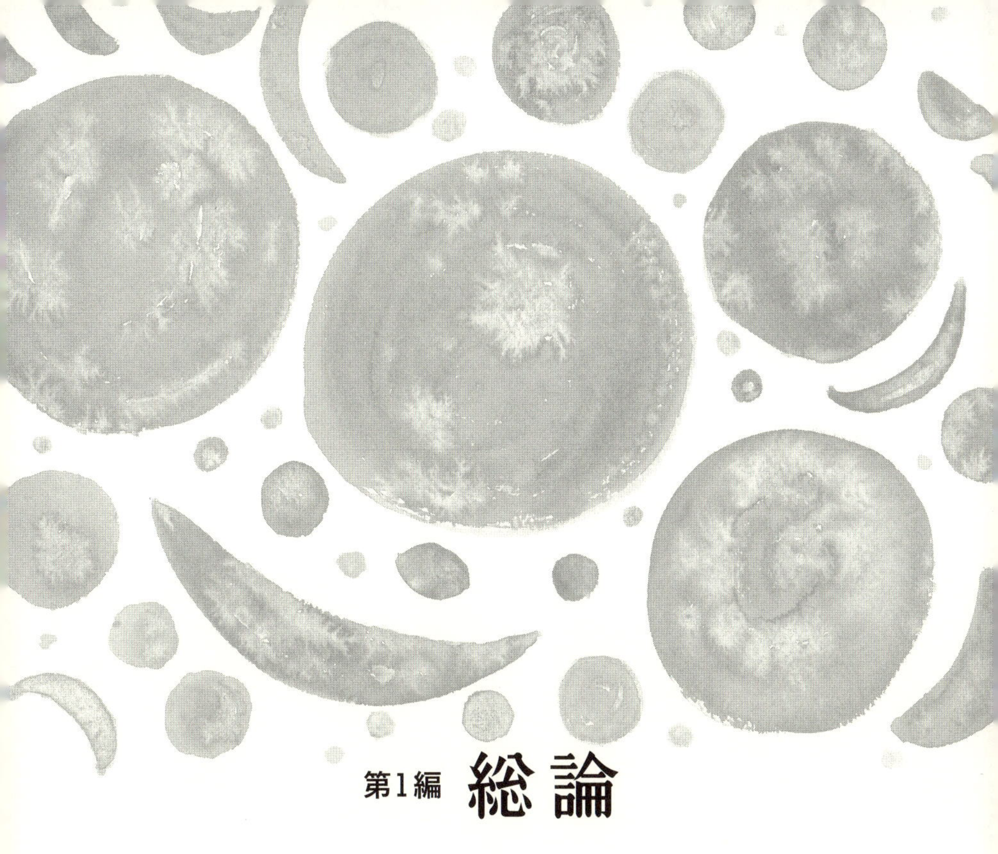

第1編　総論

第1章

社会保障とは何か？

第1節　社会保障の概念と意義

1　社会保障の概念

1 「社会保障」と「要保障事由」

社会保障法学が対象とする「社会保障」の概念は，この概念が用いられる国およびその時代ごとに変容し得る。

「社会保障」に当たる言葉が法令上初めて用いられたのは，1935年に制定されたアメリカの「社会保障法（Social Security Act）」であったといわれている。もっとも，実質的に現代の先進諸国の社会保障の礎を築いたといえるのは，第二次世界大戦中にイギリスで発表され，戦後のイギリスの社会保障制度の基礎とされた，いわゆるベヴァリッジ報告書（「社会保険および関連サービス」（── Social Insurance and Allied Services ── Report by William Beveridge, 1942）であった。同報告書は，従来からヨーロッパを中心として発展していた社会保険制度を中心的な柱としつつ，広く国民全体を対象とする所得保障と，公的な医療サービスを提供する制度からなる社会保障制度の全体像を構想するものであった。同報告書は，社会保障を，「失業，疾病もしくは災害によって収入が中断された場合にこれに変わるための，また老齢による退職や本人以外の者の死亡による扶養の喪失に備えるための，さらにまた出生，および結婚などに関連する特別の支出をまかなうための，所得の保障」

(訳語は，山田雄三監訳『社会保険および関連サービス――ベヴァリジ報告』(至誠堂，1969年) 185頁による) と定義している (ベヴァリッジ報告書を基礎とした社会保険制度について→③1)。

また，国際労働機関 (ILO：International Labour Organization) は，1942年に発表した「社会保障への途 (Approaches to Social Security)」において，「社会保障」を，「社会が適切な組織を通じてその構成員がさらされている一定の危険に対して与える保障」と定義し，この「一定の危険」とは，「僅かな資力しかもたない個人が自己の能力或は思慮のみでは或はまた家族員との私的な協力をもつてしても有効に対処しえない事故」であり，これらの事故は「労働者の自己ならびにその被扶養者の健康と体面維持能力を危険におとしいれる」とする。そして，このように定義される「社会保障の促進は国家の固有の機能である」と宣言していた (日本語訳は厚生大臣官房総務課「社会保障への接近―― I. L. O. 研究報告書」(昭和26 (1951) 年) による)。

日本では，上記のベヴァリッジ報告書からも影響を受けた「社会保障制度に関する勧告」(社会保障制度審議会，昭和25 (1950) 年) が，「社会保障制度とは，疾病，負傷，分娩，廃疾，死亡，老齢，失業，多子その他困窮の原因に対し，保険的方法又は直接公の負担において経済保障の途を講じ，生活困窮に陥った者に対しては，国家扶助によって最低限度の生活を保障するとともに，公衆衛生及び社会福祉の向上を図り……すべての国民が文化的社会の成員たるに値する生活を営むことができるようにすること」と定義している。

これらの文書は，国際社会ないし日本において構築されるべき社会保障のモデルを提示し，立法を方向づける政策文書としての重要な意義を有したといえるだろう。各種の文書から読み取れるように，社会保障という概念の中核には，個人ないしその被扶養者の生活を困窮に陥れる可能性のある出来事について，個人が常に自分だけで対処することは困難であり，それゆえ国家が何らかの制度・組織を構築して対処を行うべきであるという考え方がある。このとき，国による保障が必要と評価される生活上の困難――疾病・負傷・老齢等――を「要保障事由」と呼ぶことがある。具体的に，いかなる事柄を個人では対応できない「要保障事由」と評価し，どこからを個人の責任の問題と評価するのかは，各国の時代ごとの社会・政治・経済の状況によって変容し，最終的には政治過程による決定に依存する。このことを個人の側から言い換えれば，各国の市民は，政治過程への参加を通じ，その国の社会保障がカバーすべき要保障事由を決定することになる。このとき，各個人が，少なくとも政治過程に参加するために必要な最低限度の生活水準を維持していることは，このような決定が正常に機能するための前提条件となるだろう。そのため，各種の所得保障制度の中でも，最低限度の生活を下回る生活水準にある者に対して給付される，いわゆる公的扶助（生活保護について→第8章）は，政治過程それ自体への参加を保障するものとして，最も基本的な社会保障制度といえる（以上につき，太田匡彦「対象としての社会保障――社会保障法学における政策論のために」社会保障法研究1号（2011年）165頁）。

図表1-1に示す通り，今日，日本を含む多くの国が，上記のベヴァリッジ報告書の構造を引き継いで，医療保障と所得保障の二つの分野を柱として各種の制度を構築しており，これに加えて高齢者・障害者・児童等を対象とする福祉サービスを提供している。これらの多様な制度を包含し得るものとしての「社会保障」は，差し当たり，「何らかの保障を必要とする私人の生活上の困難（要保障事由）を軽減することを目的として，国や地方公共団体等が，租税や保険料（→3 1）を財源として，個人や世帯に対して金銭やサービスを提供する仕組み」などと定義することが可能であろう。

発展1-1　アメリカにおける公的医療保険の不存在とオバマ改革

アメリカは，先進諸国の中で唯一，国民一般を対象とする公的な医療保障が存在しない国であった。生活困窮者や高齢者を対象とするもの以外には社会保障医療と呼べるような制度は存在せず，国民はそれぞれの資力に応じて自らが選択した民間の医療保険や，自らの勤務する会社が契約する団体保険に加入する状況だった（その背景について→第2節1 2 発展1-9）。そのような中，低所得者層を中心として多数の無保険者が発生し，資力がないために病気になっても医療機関を受診できず，必要な治療・手術を受けられない患者が多数存在していた。

2009年に大統領に就任したバラク・オバマは，選挙戦中からの公的医療保障の必要性を主張し，2010年に医療保険制度改革法を成立させた（PPACA：Patient Protection and Affordable Care Act）。PPACAは（「オバマケア」と呼ばれることもある），個人に対して保険への加入を義務づけるとともに，実際に多くの国民が保険に加入できるよう，民間保険会社が販売する保険契約に対する規制（例えば既往症等を理由とした保険加入拒否の禁止等）を行っている。また，保険料負担が困難な低所得者については，所得補助も行う。

国が組織する社会保障制度の創設・拡充は，既存の民間保険市場の存続・発展を制限する効果を有し得る。これに対して，PPACAは，民間保険と競合する社会保障制度を新たに創設するのではなく，国民への医療保障の観点から民間保険に規制を行うという形で社会保険制度に近い仕組みを実現しようとするものであり，社会保障と民間保険市場の共存を図るアメリカ型公的医療保険とも評し得る制度である。もっとも，2017年に大統領に就任したドナルド・トランプは，オバマケアの廃止を公約のひとつに掲げて当選しており，

図表 1-1　諸外国の社会保障制度

	日本（カッコ内は本書の章番号）	イギリス	ドイツ	フランス	スウェーデン	アメリカ
年金	（第3章） ・社会保険 ・皆年金 ・二段階の強制加入年金	・失業等も含め所得保障を一体化した社会保険 ・拠出能力を持つ国民を対象	・社会保険 ・報酬比例 ・被用者・一部の自営業者等を対象	・社会保険 ・二段階（いずれも報酬比例）の強制加入年金 ・被用者・自営業者等を対象	・社会保険 ・被用者・自営業者が同一の所得比例年金に加入 ・税財源の最低保障年金による補完	・社会保険 ・被用者と一部の自営業者を対象
医療	（第4章） ・社会保険 ・皆保険 ・主として現物（医療サービス等）給付 ・一部負担あり	・税財源 ・現物給付 ・全国民を対象 ・原則として一部負担なし	・社会保険 ・保険者を選択 ・主として現物給付 ・高所得者は社会保険と私保険のいずれかに加入 ・外来につき一部負担なし	・社会保険 ・全住民が対象 ・比較的高い一部負担 ・被用者は社会保険を補完する私保険にも強制加入	・税財源 ・現物給付 ・地方自治体が主体 ・全住民が対象 ・一部負担あり	・民間医療保険を利用した医療保障 ・高齢者・低所得者向けに税財源の別制度
児童手当・家族手当	（第5章） ・税財源 ・金銭給付 ・緩やかな所得制限	・税財源 ・16歳未満の全ての子どもについて支給される金銭給付 ・子どものいる低所得世帯には税額控除	・税財源 ・18歳未満の全ての子どもについて支給される金銭給付 ・低所得世帯には加算	・社会保険 ・使用者のみ拠出 ・所得と子どもの数に応じて異なる給付要件・額	・税財源 ・金銭給付 ・16歳未満（原則）の全ての子どもについて支給される金銭給付	・税財源 ・児童を養育する貧困家庭への扶助
最低生活保障	（第8章） ・税財源 ・主として金銭給付	・税財源 ・稼得能力の有無により異なる制度 ・税額控除と一体化した制度（給付つき税額控除）が発展	・税財源 ・主として金銭給付 ・65歳以上の者・18歳以上で稼得能力が減少・喪失した者につき別建ての制度	・税財源 ・対象者（高齢者，障害者，現役世代）ごとに異なる制度	・税財源 ・主として金銭給付 ・地方公共団体が主体 ・高齢者には年金と最低生活保障の間に特別な制度がある	・税財源 ・対象者ごとに異なる制度 ・金銭給付 ・フードスタンプ ・州独自の制度も存在

	日本（カッコ内は本書の章番号）	イギリス	ドイツ	フランス	スウェーデン	アメリカ
福祉（高齢・障害・児童）	（第５章） 【高齢】 ・社会保険 ・介護サービス等の購入費用の償還。第三者払いにより現物給付化 【障害】 ・税財源 ・介護サービス等の購入費用の償還。第三者払いにより現物給付化 【児童】 ・税財源 ・現物（保育サービス等）給付	【高齢・障害】 ・税財源（以下同じ） ・地方自治体が組織するサービス 【児童】 ・保育は教育制度の一環 ・一部の児童につき無料の早期教育サービス ・子どもの貧困に注目した分野横断的政策	【高齢・障害】 ・社会保険 ・主として現物（介護サービス等）を給付 ・年齢を問わず介護を要する人が対象となる 【児童】 ・税財源 ・１歳以上のあらゆる児童について保育所入所を請求する法的権利を付与 ・３歳未満の児童を自宅で保育する保護者には金銭給付	【高齢・障害】 ・税財源（以下同じ） ・高齢者と障害者につき別建ての制度 ・いずれも県が運営（国や社会保障金庫の費用負担あり） ・在宅・施設介護サービスにかかる費用の一部を給付 【児童】 ・保育所，保育ママサービス ・所得や扶養家族数により異なる保育所利用者負担	【高齢】 ・税財源（以下同じ） ・主として現物（介護サービス等）を給付 ・地方自治体が主体 【障害】 ・主として現物（介護サービス，作業訓練等）を給付 ・地方自治体が主体 ・重度者の専属介助者には費用を給付 【児童】 ・保育は教育制度の一環 ・現物給付 ・地方自治体が主体	【高齢・障害】 ・極めて限定的な連邦政府等の補助が存在 ・高齢者・低所得者向けの医療保障制度によってごく一部がカバーされる 【児童】 ・税制上の保育費用控除 ・保育・幼児教育に関する制度は州ごとに異なる ・低所得者世帯の乳幼児には特別な抱括的支援
労災	（第６章） ・社会保険 ・金銭給付および現物給付（医療サービス等） ・使用者のみ拠出 ・通勤災害（通災）もカバー	・年金・失業等の所得保障と一体化した社会保険 ・金銭給付 ・給付は障害手当のみ	・社会保険 ・金銭給付および現物給付 ・使用者のみが拠出 ・通災もカバー	・社会保険 ・金銭給付および現物給付 ・使用者のみ拠出 ・通災もカバー	・社会保険 ・原則として金銭給付（年金）のみ ・使用者のみ拠出 ・通災もカバー	・州ごとに組織 ・州の基金による保険ないし民間保険・使用者（グループ）の自己保険に使用者が加入
失業	（第７章） ・社会保険 ・金銭給付	・年金等も含め所得保障を一体化した社会保険 ・金銭給付	・社会保険 ・公的扶助に近い税財源の制度が並存	・労使協定を基礎とする社会保険 ・金銭給付	・任意加入の社会保険 ・非加入者にも保険事故発生時に部分的に給付を行い事後的に保険料徴収 ・金銭給付	・連邦法が定める枠の中で州ごとに組織 ・ほとんどの州で，失業保険の財源は事業主が100% 負担

（出典）　厚生労働省「2015 年　海外情勢報告」，各国の政府関係サイト等の各種資料を参照。
各国の制度については，執筆時に確認できた情報に基づき，特徴的な点・重要な点のみを記述した。

今後の制度のゆくえは不透明な状況である。

2　社会保障の管理運営主体

社会保障の管理運営主体は，国や制度によって様々である。まず，国家が自ら制度の管理運営主体となる場面があり，日本の国民年金や，日本も含む多くの国における最低生活保障制度が，国家により直接に管理・運営されている。また，国は，自らが直接に制度の運営主体とならない場合も，立法者として当該社会保障制度を組織・構築し運営主体に対する規律を行うとともに，行政府による監督権限等を通じて制度を管理・監督する重要な役割を負っている。

また，日本を含む多くの国において，特に福祉分野を中心に，地方公共団体に制度の管理運営の役割が委ねられている。とりわけ連邦制をとる国や地方分権の傾向が強い国においては，地方の立法府・行政府が国よりも重要な役割を果たすこともある。

他方，社会保険の枠組みが採用される場合には，「保険者」が制度の管理運営を担当する。社会保険の保険者が国や地方公共団体によって担われる場合もあるが（上述した日本の国民年金はこのような場面に当たる），私人により設立される各種の組合，労使自治・職域自治の性格を有する組織等が保険者を担当することもある。ドイツ・フランス等では，このような私的自治の性格を有する保険者が――少なくとも歴史的には――原則的な保険者のあり方と考えられてきた。そして，社会保険の保険者については，当該保険に加入する被保険者（および拠出を行う事業主）による自治（いわゆる保険者自治）が強調されることが多い。

年金制度が多額の積立金を抱える場合には，保険者とは別の組織が，資金の管理運営を行うこともある（日本における年金積立金管理運用独立行政法人→第３章各論5 2）。

さらに，社会保障制度が財やサービスを提供する現物給付を行う場合，当該財やサービスの提供を担当する私人も，社会保障の運営の一端を担っているとみることができる（医療分野における医療機関や医師等，福祉分野における入所・通所施設やヘルパー，保育所等）。

3　社会保障の対象者

(1)　社会保障の対象者に関わる様々な概念

各国の社会保障は，その国と何らかの関係を持つ者を対象者として構築されている。ある社会保障の対象者とされると，原則として，当該制度が要求する各種の要件を満たす場合に，給付が受けられる。また，事前の拠出が求められる制度（社会保険）の場合，ほとんどの場合に強制加入の仕組みが採用されているため，当該制度の対象者は，制度への拠出義務を負う者を意味することが多い。

(2) 国　　籍

社会保障の対象者を画する基準として，国籍が用いられることがある。もっとも，今日においては，国境を越えた人・労働者の移動が活発化し，かつ，社会保障を，国籍によらずあらゆる市民が享受すべき基本的権利と考える傾向が強まっている。そのため，ヨーロッパを中心とする多くの国において，国籍により対象者を画する社会保障はごく一部となっている。

日本では，多くの社会保障制度において，かつて，日本の国籍保有者のみを対象とする規定をおいていた（いわゆる国籍要件）。もっとも，国籍要件は，難民の地位に関する条約（難民条約）の批准等を背景としてほぼ全面的に撤廃されている。現在，国籍要件を残しているのは，戦傷病者特別支援法（→第4章総論3）等の国家補償にかかる法を除いては，生活保護のみとなっている（→第2章第2節3 1，第8章各論2）。

(3) 住所・現在地

社会保障の適用対象を画する基準としてしばしば用いられるのが，住所・現在地の概念である。受給権や拠出義務の発生要件として国内への居住を求める社会保障は，日本を含む多くの国に存在する。なお，その国に永続的に居住する，いわゆる永住外国人という概念を用いて社会保障の対象を画する国もある（例えば，オーストラリア）。給付の実施責任の所存をめぐり，申請中の現在地が問題となることもある（→第8章9 2(2)）。

(4) 被用者・労働者・事業主

各種の社会保障制度のうち，社会保険の形式を採用するものの中には，「被用者」・「労働者」だけを対象とするものや，これらの者について他の対象者と区別される特別な制度を用意するものが散見される。被用者・労働者は被保険者の資格を獲得することが多いが，受給権のみを獲得する場合もある。

これらの制度は，歴史的には，ビスマルクの構想したいわゆる労働者保険（→3 1(2)）の流れを汲むものであり，被用者・労働者とそれ以外の者では，社会保障によってカバーされるべき要保障事由や，必要とする給付が異なるという考え方に依拠して，被用者・労働者を特別な制度の対象としてきた。今日，国や制度によっては，各種の社会保障の発展により現実には被用者・労働者とそれ以外の者でほぼ同様の給付が予定されているものの，歴史的な理由から上記のような制度枠組みが維持されていることも多い。

被用者・労働者を対象とする社会保険制度においては，これらの者と使用関係・雇用関係の認められる事業主も，保険料拠出主体となることがほとんどである。

発展 1-2　自営業者と社会保険制度

ヨーロッパ各国では，自営業者が異なる職業集団ごとに社会保険を組織し，独自の保険者を有する例が散見される。日本の国民健康保険制度も，戦前・戦後の日本において被用者と並んで重要な職業集団であった農業分野の自営業者を念頭において構築され，その後，被用者保険に加入しないあらゆる国民にその適用範囲が拡大されるという経緯を辿って発展してきた（→第4章各論⑦1(1)）。他方，農業以外の特定の職域の自営業者を加入者とする社会保険は，一部の職業団体の国保組合（医師や弁護士の国民健康保険組合）を除き，大きな発展を遂げなかった。

なお，特定の職域の自営業者を単位とした社会保険制度とまではいえないものの，年金制度においては，自営業者を主たる対象として想定した任意加入の「国民年金基金」が存在する（→第3章総論②3(3)）。

(5)　被扶養者・生計維持関係

社会保険には，しばしば，一定範囲の親族の間で行われる扶養関係，ないし生計維持の関係に注目して付与される給付や，この関係を基礎として成立する特殊な保険関係が存在することがある。そして，扶養関係を基礎として保険給付を受けたり，特別な制度の対象とされる者を，被扶養者と呼ぶことがある。これらの制度は，親族により扶養されていた者，生計を維持されている者が当該親族を失うと，生活上の困難を抱えることが多いという事情や，これらの者には拠出能力が乏しいことが多いという事情等を考慮して構築されてきたものである。

被扶養者を対象とする制度のうち，特に被扶養配偶者を対象とするものは，婚姻関係にある男女のうち一方のみ（現実には主に男性）が働いて家計を維持するという特定の家族観，ひいては性別による役割分担の考え方を暗黙の前提としている。近年，男女間の平等原則が重視され，職業・家庭生活について男女に等しい選択の余地があるものと考える傾向が強まる中で，日本も含む諸外国において，このような旧来の家族観に依拠する制度が，多様な批判・論争の対象となり，制度改正も行われている（→②2発展 1-10②，第3章各論③9(3)）。また，男女の働き方，家庭における役割が現実に変容し，上記のような制度の必要性自体が従来に比べて縮小したという事情もある。以上のような議論や法改正の傾向は，社会保障がカバーすべき「要保障事由」がその時々の社会・政治経済状況によって変化していくこと（→1）を示す例でもある。

発展 1-3　世帯と社会保障給付

主として所得保障の社会保障制度においては，「世帯」という単位が給付の要否や給付水準の決定，給付にかかる制度設計において重要な意味を持つことがある。家賃・水道光熱費・食費等の基本的な消費を共有する単位を考慮に入れて，必要な給付の水準や最低生活の水準を決定することによって，個人の現実の生活状況・生活水準を考慮した制度の設計・運用が可能となる。特に最低生活保障の制度においては，何らかの形でこの世帯ごとの所得・消費水準が考慮された上で，給付水準が決定されることが多い（日本の生活保護は，その適用自体を世帯ごとに行う→第8章各論4 3(1)）。

(5)発展 1-3 の参考文献

・岩村正彦「社会保障における世帯と個人」岩村正彦＝大村敦志編『融ける境 超える法 1　個を支えるもの』（東京大学出版会，2005年）261頁

(6)　二重の適用

各国が，住所や働き方（被用者・労働者）を基準として各種の社会保障制度を適用していることから，特に労働者について，1人に2カ国の社会保障制度が重複して適用されることがあり得る。この問題は，制度の適用が拠出義務を導く社会保険において特に論点となる。典型的には，ある国の企業に使用されつつ外国に派遣される者について，2カ国の社会保険について保険料拠出が求められるような例が考えられよう。近年，このような二重負担を避けるために，多数の国との間でいわゆる社会保障協定が締結されつつある（年金について→第3章2 2(4)(d)発展 3-8）。

2　社会保障の目的・機能

社会保障は，どのような目的の下に発展してきたのだろうか。また，今日，社会保障の果たす機能にはどのようなものがあるだろうか。本節では，日本の社会保障にも重要な影響を及ぼしたと評価できるイギリス・フランス・ドイツを中心としたヨーロッパ各国も念頭におきながら，社会保障の目的・機能を，近代化の歴史と関係づけながら検討する。

1　社会保障の目的

(1)　市民革命と産業革命がもたらした社会問題

ヨーロッパにおいて市民革命を経て誕生した近代市民法は，個人を中世の封建的

身分関係から解き放ち，個人の経済的自由権を法体系における至上の価値と位置づけ，自由で平等な市民を作り出した。その結果，近代以降の社会において，個人は，市場での金銭を媒介とした自由な経済活動・取引を通じて自らの生活を発展させることになり，そうした市民の活動を阻害・拘束する職業・身分集団（いわゆる中間団体）の解体が行われた。また，市民の自由な活動に対する国家の干渉も，できる限り縮小することが目指された。このような社会においては，結果として，個人の生活については専らその個人が自ら責任を負うことになる（生活自己責任の原則）。

他方で，個人は生きていく上で疾病に罹患したり障害を負うことがあり，現実には，常に自分1人で生活を維持することは難しい。市民革命前に存在した中世の封建的身分関係の下では，個人の自由は確かに制約されていたものの，個人の力では対処できない，傷病のような生活上の様々なリスクについては，身分的支配に基づく何らかの恩恵的な保護や，同業者団体・地域共同体等による相互扶助的な試みが行われていた。身分関係や各種の中間団体，地域共同体からの個人の解放は，同時に，個人が個人として，これらの生活上のリスクに曝されることを意味していたのである。そのうえ，市民革命と前後して生じた産業化の進展によって生まれた労働者階級は，自らの労働力以外に資本を持たない。したがって，何らかの理由により労働力を喪失したり雇用を失ったりして賃金収入を喪失した場合には，生活を維持することが極めて困難となり，困窮状態に陥ってしまう。このように，近代的な社会・経済構造を生み出した市民革命と産業革命は，同時に，労働者の生活上のリスクの現実化による生活困窮・貧困といった社会問題を顕在化させたのである。

別の観点から言い換えれば，近代市民法が想定する人間像と，生身の労働者の実際の生活との間には，大きな乖離が存在した。すなわち，近代市民法は，個人を，自由で独立した存在として取引に参加し，自らの生活を支えることのできるものとすることを目指して，そのために個人に対して様々な権利を付与した。もっとも，そのような個人像は理想として追求されるべきものである一方，労働者の実際の生活実態とは大きく異なったものであった。

以上のように，社会保障は，市民革命と産業革命を背景として，近代市民法が掲げる理想的な人間観と現実の労働者の姿の乖離がもたらした様々な――主として労働者階級の生活に関わる――社会問題に対応することを目的として，発展を遂げてきた。

(2)　私的なイニシアティブの限界と社会保障

貧困等の社会問題への対応としては，社会保障以外の選択肢も存在する。(1)で述べた社会問題としての貧困の顕在化以前から，貧困という現象自体は存在した。そして，ヨーロッパ諸国ではとりわけ，中世・近代を通して，カトリック教会が，貧困問題への取り組みを行ってきた。他方，市民によって自発的に組織される相互扶助の試みや，チャリティー，市場が提供するサービス等も考えられる。実際，ヨーロッパ諸国においては，近代以降も，市民革命による解体にもかかわらず維持された同業者団体・ギルドや市民による相互扶助組織が，医療保険や年金保険に当たるサービスを管理運営した例もみられる。そして，こうした職業集団による私的自治の試みは，今日の社会保障，特に社会保険制度の理論的・実質的な基礎となった（フランスにおいて，ナポレオン3世が私的自治の試みに公的な支援を与えた例について→発展1-4②)。もっとも，現代において，これらの宗教的・自発的相互扶助的試みは，大きく後退している（社会保障の発展が，翻ってこうした自発的相互扶助を衰退させる面もある。この点も含め，社会保障が社会の自発的・私的イニシアティブに及ぼすネガティブな効果を強調する考え方として，「リバタリアニズム」の思想がある→発展1-6②)。

また，あらゆる分野における市場の著しい拡大・発展に伴い，市場で提供される民間サービスの重要性は今日に至るまで拡大し続けており，例えば保険会社が販売する保険商品には，年金保険や医療保険等，社会保障制度と重なる役割を有するものがある。これらの私的なイニシアティブは，社会保障制度に一部代替し，あるいは，これに上乗せを行う形で，生活上の様々なリスクを分散する役割を担うことがある。また，国がこうした私的なイニシアティブに対する支援を行い，その発展を促そうとすることもある。

もっとも，上記のような私的な団体による相互扶助も含めて，これらの私的なイニシアティブは，あくまで当該団体の自発的な取り組み，または，利潤を追求する私的主体の自発的な経済活動によるものであり，あらゆる労働者，あらゆる国民を生活上のリスクから守る役割を担うものとなることは難しい。同業者団体や市民間の相互扶助団体とつながりを持たない個人，あるいは，市場においてサービスを購入できない者等は，これらの私的活動によってはカバーされ得ない。そのため，このような私的イニシアティブによって社会保障の目的が完全に代替されることもあり得ない。

(3) 家族の役割の後退と社会保障による代替

個人を生活上の様々なリスクから守る役割を果たすものとして，家族の存在も無視できない。近代以降，今日に至るまで日本を含む多くの国の民法典は家族の扶養義務を一定の範囲で明確に認めているし，実際にも，個人が社会的な紐帯を失う中，家族という存在は個人の生活上のリスクを分散する単位として機能し続けてきた。しかしながら，近代産業社会では家族の形態は徐々に核家族化し，家族の扶養能力は衰退した。さらに，現代の先進諸国においては（国や地域による差があるものの）個人の自由という根本的な価値を前提として，家族の構成員間での相互扶助が封建的価値観により強制されたり，家族が個人の自律的な生のあり方を制限することがあってはならないという思想が広く共有されつつある。特に，伝統的な家族において当然と考えられてきた男女の役割分担が近代的なジェンダー平等の考え方によって否定され，女性の社会進出が進むことによって，子育てや家族のケアといった機能を家族が常に果たすことは，理想的でも現実的でもなくなっている。

社会保障は，このような文脈の中で，伝統的に家族が担ってきた扶養の機能やケアの機能を代替する役割を担ってきた。また，さらに翻って，上記のような家族的責任から個人を解放する機能も有している（家族との関係で社会保障が果たす機能について→**2**(6)）。

⑷　福祉国家と生存権保障

国によって組織される社会保障がヨーロッパ諸国で本格的に発展を始めるのは，19世紀末から20世紀の半ばであった。1880年代に成立したドイツのビスマルク立法，そして，イギリスで第二次世界大戦中に用意され，戦後に制度化されたベヴァリッジ報告が，国民の生存や生活に積極的に関心を持つ，いわゆる「福祉国家」の出発点といえる。

福祉国家において，国家は，私人間の契約や個人の生活状況に関心を持ち，これに積極的に関与する新しい姿を与えられる。そして，このような変化を個人の権利の側から示すのが，私人が国家に対して自らの生命や生活の保護を求める社会権およびその中核に位置づけられる生存権の思想の発展・普及である。人間の尊厳に仕えるはずの自由権が必ずしも個人に実質的な自由や尊厳のある生活をもたらさなかったこと（→⑴）を踏まえ，国家の積極的な関与により個人の尊厳ある生活を保障するための新しい種類の人権思想が登場するのである。このような新しい思想の発展の中で，もともと労働者階級の貧困等の問題に対応することを目的として発展してきた社会保障は，あらゆる国民を広く対象とした生存権保障を目的とするものへと，その目的を質的に変化させることとなる。

以上のような発展を踏まえて，今日，人間らしい尊厳ある生活を保持する権利である生存権の保障は，日本を含む多くの国において社会保障の終局的な目的と考えられている（憲25条。ただし，このような権利の法的な位置づけ・性格に関する理解は各国において大きく異なっている。憲法25条について→第2章第2節1）。世界人権宣言25条は，「すべて人は，衣食住，医療及び必要な社会的施設等により，自己及び家族の健康及び福祉に十分な生活水準を保持する権利並びに失業，疾病，心身障害，配偶者の死亡，老齢その他不可抗力による生活不能の場合は，保障を受ける権利を有する」と宣言している（外務省HP（http://www.mofa.go.jp/mofaj/gaiko/udhr/1b_002.html））。

(5)　個人の自律の支援

近年の日本では，社会保障の目的として，生存権保障と並んで個人の人格的自律の支援や自由の保障を重視する見解が有力になっている（菊池114頁以下）。この見解は，個人では担いきれないリスクを社会保障が肩代わりすることによって，個人は自らの潜在的能力を十分に発揮し，自律的な生を追求することができるとして，社会保障による個人の自由・自律の保障を強調する。生存権思想が終局的には個人の尊厳や実質的自由の保障に仕えることは従来から広く認識されてきたといえるが，自律した個人の主体的な生の追求による人格的利益の重要性を強調し，社会保障の目的を正面からこのような個人的価値の実現のための条件整備として捉える点に，こうした見解の特徴がある（憲法13条との関係について→第2章第2節5）。

発展1-4①　経済学による説明

経済学の分野では，私的な保険には実現できない目的のために社会保障が必要であることを，情報の非対称性が生み出す逆選択の問題から説明することがある。

このような説明は，例えば医療保険の分野において理解しやすいものである。すなわち，保険者が加入者の健康状態や健康意識に関する情報を持たないという「情報の非対称性」の問題があるために，私的保険によっては，「あらゆる国民に医療保障を行う」という目的を果たせないと考えられるのである。このことをごく簡略化して述べると，以下のようになる。すなわち，市場において医療保険が販売されると，当該保険への加入が必要であると考える者（多くの場合は，病気になるリスクが高いと認識している者）だけが加入するが，その際，保険会社の側は，特別な措置をとらない限り，各加入者の健康状態や健康に関する意識を厳密に評価することができない（情報の非対称性）。この場合，保険会社としては保険料を割高に設定せざるを得ず，結果として病気になるリスクの高い被保険者が保険に集中する傾向に拍車がかかり，最終的には保険が成立しないという状況になり得る（このような状況を逆選択という）。保険会社としては，こうした状況を回避するため，加入者の健康状態を調査したり，リスクに偏りのない一定の集団を被保険者としたり（ある企業の被用者に適用される団体保険等），年齢によって保険料を上下させる，というような対応をとることになるだろう。また，既に病気にかかっている者や，病気になるリスクが明らかに高いことが分かっている者については高額の保険料を課す，あるいは，そもそも保険に加入させない，というルールを設けることも考慮せざるを得ない。以上のような理由から，あらゆる国民に対する十分な医療保障を私保険のみによって実現することは困難であると考えられ，少なくとも一定の範囲の者を強制的に加入させる公的医療保険が必要となるのである。

発展 1-4②　国家による統治の手段としての社会保障

社会保障（ないしその原型となった国の社会政策）は，歴史的には，国家にとって，社会秩序を安定させる，あるいは国力を維持するための手段としての性格を強く有してきた。ビスマルク立法が，労働者を対象とする社会保険制度の整備と併せて，当時ヨーロッパ諸国に広がりつつあった社会民主主義的な思想や労働者の権利主張のための運動を極めて強く弾圧したことはよく知られている（いわゆる「飴と鞭」政策）。また，第二帝政期（1852-1870）のフランスでは，ナポレオン3世が，労働者による暴動を回避するために，当時存在した民間の共済組合に公的な支援を与えて，社会保険制度の原型となるような制度を構築しようとした。これらの国では，19世紀において，国家が，労働運動を和らげ，国家を安定的に統治するという目的に資する政策として，社会政策に積極的に取り組んだ。大正11（1922）年に成立した日本の最初の医療保険法である健康保険法についても，労働運動の懐柔策という性格を指摘することができる（なお，同時期（大正14（1925）年）に治安維持法も制定されている（昭和16（1941）年に全面改正））。

また，諸外国において20世紀初頭～半ばに軍人を対象とした年金や福祉制度が発展してきたのは，相次ぐ戦争において国家が健康な軍人を多数必要としたこと，さらには，戦争により傷ついたり，戦後生活困難に陥った元軍人に対する補償，生活保障の必要性に由来している。日本では，1930年代の各種の社会保障関係立法が「健兵健民政策」によるものと評されることがある。

他方，人権保障が終局的な目的とされる今日の社会保障について，このような目的が論じられることはなくなった。現行制度は，制度的枠組みの面ではこれらの制度を引き継ぐものであるが，思想的には大きな転換を遂げたものといえるだろう（ただし，現実に，社会保障が依然としてそのような「機能」を有し得ることは否定できない）。

2　社会保障の機能

(1)　多様な機能

続いて，現に存在する社会保障を念頭において，社会保障がもたらす具体的な経済的・社会的効果という観点から，その機能について検討を加えてみよう。なお，以下の記述は，諸外国に存在するものも含めて社会保障が有し「得る」機能の代表的なものを示すものであり，特定の国の社会保障の機能について論じるものではないし，網羅的なものでもない。また，ある社会保障制度が複数の機能を同時に有することもある。各国の社会保障の機能は，その国において採用された各分野の社会保障の構造・性格によって多様である。さらに，一つの社会保障制度が有する機能は，当該制度をどのような時間的・人的広がりの中で評価するかによっても異なってくる。

⑵　リスク分散機能

社会保障が果たす機能として，まず，「リスク分散機能」がある。我々の生活の中には，一定の確率であらゆる人に生じ得るが，前もって予測することが難しい，あるいは，前もって予測していてもこれに備えることが難しいリスクが存在する。疾病，老齢，障害等がその典型であろう。このようなリスクを，一定の時間的な広がり，あるいは集団の中で分散することは，社会保障，とりわけ，一定の保険事故に備えて前もって保険料を拠出する社会保険制度の一つの重要な機能である。

リスク分散機能はさらにいくつかの類型に分けることが可能である。まず，個人単位でのライフサイクルにおけるリスクの分散がみられる。稼得能力のある時期に拠出を行っておいて，稼得能力を失った際に給付を受けるという仕組みは，こうした機能を有する。また，ある集団に事前に拠出を求め，リスクが現実化した際に給付を行うという仕組みは，結果として，当該集団内において，リスクが現実化した者とリスクが生じなかった者との間でのリスク分散をもたらす。

これらのリスク分散機能は，以下で述べる他の機能とは異なり，いずれも，民間保険によっても理論的には担われ得るものであり，社会保障特有の機能というわけではない。このように，社会保障が民間保険と共通する機能を持つことを理解しておくことは重要であろう（ただし，民間保険があらゆる国民との関係でこの機能を果たすことが困難であることについて→1 発展 1-4①。また，民間保険に社会保険類似の役割を期待する制度の例として→1 1 発展 1-1）。

⑶　所得再分配機能

各種の社会保障制度においては，個人の行う拠出と給付の間に，必ずしも対応関係が存在しない。例えば，一定の生活水準を下回る者に対して，事前の拠出を求めずに給付を行うことがある。あるいは，所得に応じた拠出を求める一方で，拠出の額にかかわらず同様の給付を行うことや，所得に応じた拠出・給付という構造を一応は採用しつつ，拠出と給付を厳密に対応させない（例えば，拠出の水準にかかわらず最低限の給付水準を保障する，または，拠出水準とは具体的に対応・比例しない水準の金銭・現物給付を行う）こともある。こうした制度においては，税や保険料を通じて調達された財が，社会保障給付を通じて再分配される効果が一定程度生じる（所得再分配機能）。所得再分配には，垂直的所得再分配（高所得層から低所得層への再分配）と，水平的所得再分配（同一所得層内での再分配）が存在する。

さらに，社会保障制度が，現役世代の所得に応じた拠出が当該時点における引退世代への給付に用いられるというような構造を有する場合には，世代間での（現役世代から高齢世代への）所得再分配が行われているとみることができる。典型的な例として，いわゆる賦課方式を採用している年金制度について，ある年度を取り出して拠出・給付の流れをみると，このような構造を見出すことができる（世代間の分配に関連し→第2節②5発展1-11②）。

発展1-5①　所得格差と社会保障による再分配の効果──「ジニ係数」による評価

社会保障制度による再分配は，所得の分布にどのような影響を及ぼしているのだろうか。この問いに答えるために有益な指標として，所得などの分布の均等度を示す指標である「ジニ係数」がしばしば用いられる。ジニ係数とは，所得が完全に平等に分配されている場合に比べて，どれだけ分配が偏っているかを数値に示したものである。完全平等であればゼロであり，完全不平等（世の中の所得を1人が独占し，それ以外の者の所得がゼロ）であれば，ほぼ1となる（図表1-2の注）。したがって，0に近いほど所得格差が小さく，1に近いほど大きいということになる（図表1-2参照）。

厚生労働省の調査（平成26年度「所得再分配調査報告書」）によれば，平成26（2014）年度において，当初所得の世帯単位ジニ係数は0.5704，社会保険料と金銭給付による再分配後のジニ係数は0.4057，税金・現物給付も含めた再分配後は0.3759である。これらに対応する平成11（1999）年の数値は0.4720，0.4001，0.3814であり，当初所得にかかるジニ係数が上昇する一方で，現物給付も含めた社会保障税による再分配後のジニ係数は，わずかながら低下している。また，平成26（2014）年の現物給付も含めた社会保障によるジニ係数の改善度（当初所得のジニ係数と再分配後のジニ係数の差を当初所得のジニ係数で除し，100を乗じた数値）は31.0％であり，この値は平成11（1999）年の16.8％から上昇し続けている（なお，税による再分配効果を加えるとこの改善度は34.1％となる）。所得の格差が，社会保障制度によってある程度緩和・修正されていることが分かる。ただし，税によるものも含めた再分配効果の大きさをジニ係数の改善幅で諸外国と比較すると，年を経るに従って強まってはいるものの，イギリスやカナダなどアングロサクソン諸国と同程度で，OECDベースのデータでみる限り，日本の所得再分配機能は国際的にみて高いものではない（内閣府「平成21年度年次経済財政報告（経済財政担当大臣報告）」）。

発展1-5②　格差の拡大とその評価

日本のジニ係数（→発展1-5①）は，1980年代と比べると大きく上昇しており，今日においては，OECD諸国の平均と比較しても高い値となっている。2000年代以降，こうした状況が，国際的にみて平等性の高かった日本社会の姿を根本的に変える現象として大きな関心を集めている（橘木俊詔『格差社会──何が問題なのか（岩波新書）』（岩波書店，2006

図表 1-2

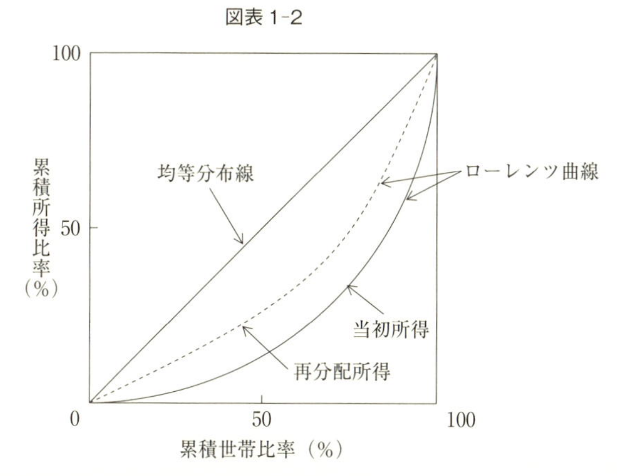

（注）ジニ係数は，幾何的には，累積世帯比率と累積所得比率をプロットした「ローレンツ曲線」と対角線で囲まれた三日月形の部分の面積の，対角線を斜辺とする直角二等辺三角形の面積に対する比率として表現される。ローレンツ曲線は所得が平等に分布されているほど対角線（均等分布線）に接近し，不平等に分布されるほど下にたわむ。上記図表 1-2 では，社会保障等による再分配がジニ係数の縮小，すなわち不平等の縮小につながっていることが示されている（図表は，平成 26 年度「所得再分配調査報告書」に掲載されているものに若干の修正を加えた）。

年)）。所得格差の拡大はその重要部分が人口高齢化・単身世帯の増加等の世帯の小規模化によって説明できるとの見解もあるが（高齢期には一般にみて現役時以上に所得格差が拡大する傾向があるため），そうした説明は必ずしも所得格差の拡大を正当化するものではないだろう。

格差拡大の原因に関する議論も含め，所得格差の拡大自体を問題視するべきか否か，また，国家によるその是正の必要性等，日本における格差の拡大については，論者によって見解が分かれる。問題とすべきは貧困であり格差ではないという考え方もあり得よう（なお，法的には，著しい格差の存在がそれ自体として憲法 25 条との関係で問題を呈し得るかという論点があり得る）。格差について国家による是正の必要性を肯定するのであれば，社会保障が果たすことのできる・果たすべき機能について検討が必要なのは明らかであり（→発展 1-5①），実際にも近年この点につき多くの研究が行われている（この点も含め，本コラムの内容については，小塩隆士『社会保障の経済学〔第 4 版〕』（日本評論社，2013 年）52 頁参照）。

(4) サービス提供体制の整備

社会保障が，医療や福祉等のサービスの提供を行う場合（いわゆる現物給付），社会保障は，当該サービスの提供を自ら行ったり，第三者によるサービス提供を促進したり義務づけたりして，あるサービスについての提供体制，すなわち，一定の質を保ったサービス提供のための基盤を全国的に整備する機能を果たす。また，あるサービスを私人が購入した際にその費用を償還する，いわゆる費用償還払いの金銭給付を行う場合でも，一定の条件の下で行われるサービスの購入について社会保障が財源の裏づけを与えることで，当該サービスについての市場を（コントロールしつつ）財政的に支え，発展・安定させる機能を果たす。

(5) ビルトイン・スタビライザー機能

大規模な財源の調達・費用支払いを行う社会保障は，国家の財政にとっても重要な位置づけを占めている。このような観点から経済活動との関係で社会保障が有する重要な機能として，景気変動の影響を緩和し微調整する，いわゆるビルトイン・スタビライザー（built-in stabilizer）機能が指摘される。具体的には，好況時には保険料徴収額の増大が景気の過熱を抑制し，不況時には各種の所得保障給付が需要を下支えするといった例を挙げることができる。

(6) 家族責任からの個人の解放・家庭生活や子育ての支援

既に述べた通り，社会保障は，歴史的に家族が担ってきた役割を代替し，そうした役割から家族の構成員を解放する機能を有する（→1(3)）。例えば，介護保険は，従来介護を担ってきた家族の構成員（多くの場合，女性）を，介護から解放し，介護サービスを「社会化」するという意味を有していた（→第5章各論2 1(1)）。また，社会保障は，子育て家庭への物的・金銭的給付を通じ，家庭生活，とりわけ出産・育児を支援する機能をも有する。介護保険も含め，近年の社会保障をめぐる議論は，女性の就労促進や少子化対策等，社会保障の本来的な目的とは異なるものの重要な政策目的と結びつけられることが多い。そこでは，上記のような，社会保障が家庭の機能を一部代替する機能や，家庭生活を支援する機能に注目が集まっている。

発展1-6①　防貧と救貧

社会保障の出発点となった貧困問題との関係で，社会保障には「防貧」と「救貧」の機能があるといわれることがある。「防貧」は，貧困の原因になると考えられる典型的なリスクについて，事前に拠出を求め，リスクが現実化した時に給付を行うことで，貧困状態に陥ることを未然に防ぐ機能である。各種の社会保険制度がこうした機能を有すると評価できる。他方，「救貧」は，現に貧困状態となっている者に対して，事前の拠出とは無関係に給付を行う制度が有する機能のことを指す。

発展1-6②　「リバタリアニズム」の視点による福祉国家批判

本文では，主として社会保障が果たし得る積極的機能を挙げてきたが，自由の概念を国家からの自由に純化して捉える，いわゆる「リバタリアニズム」の思想からは，充実した社会保障を擁する福祉国家に対して批判的な評価が加えられている。こうした考え方の中身をごく簡単に要約して紹介するとすれば，まず，社会を構成する人々の福利（＝福祉）は国家よりも個々人の自助と相互扶助によってよりよく達成されるにもかかわらず，国家的な社会保障の存在は，私的な自助・相互扶助の契機を阻んでしまう。また，社会保障制度は個人の消極的自由や財産権といった個人の基本的な権利の犠牲の上にのみ成り立つものである。さらに，福祉国家は，巨大な経済力と権限に結びついて，政府の権力を拡大・強化し，政治の場を利益集団による利権の奪い合いの場としてしまう。これらの福祉国家の持つ問題を考慮して，多くのリバタリアン（リバタリアニズムを支持する論者）は，最小限の社会保障サービスを超える国家的な社会保障制度を否定する。

福祉国家が既に大きく発展した今日の社会において，こうした議論を貫徹し，社会保障制度の廃止や大幅な縮小を目指すことには現実味がないかもしれない。しかしながら，上記のような議論は，社会保障が個人の自由との関係で有し得る問題点や，社会保障が際限なく拡大することのはらむ危険性を顕在化させるものであり，こうした観点を意識して社会保障について議論することにはなお重要な意味がある。

発展1-6②の参考文献

・森村進「リバタリアンはなぜ福祉国家を批判するのか――さまざまの論拠」季刊社会保障研究38巻2号（2002年）105頁

3　社会保障の制度

日本を含め，諸外国の社会保障制度は，大きく，社会保険とそれ以外の制度（税方式の制度）に分けることができる。このうち，社会保険制度は年金および医療の分野で用いられることが多いが，他の分野においても用いられ得る（→第5章各論2 1(1)）。年金および医療の分野で社会保険が採用されないこともあり得る（→1 1 図表1-1）。つまり，制度の構造として社会保険を採用するか，税による給付を行うかという選択は，当該制度により給付される社会保障給付の内容・性格とは直ちには結びつかない。

以下，それぞれのグループに分類され得る具体的な社会保障制度の類型と，それらの制度の特徴を概観する。

1　社会保険

(1)　社会保険と私保険

日本および多くの先進諸国において，社会保障制度の中で中心的な位置づけを与えられているのは，いわゆる社会保険制度である。社会保険は，「保険」の技術を用いて社会保障の目的を達成しようとする制度である。「保険」の技術とは，一般に，「同様の危険にさらされた多数の経済主体が金銭を拠出して共同の資金備蓄を形成し，各経済主体が現に経済的不利益を被ったときにそこから支払いを受けるという形で不測の事態に備える制度」と定義される（山下友信ほか『保険法〔第3版〕（有斐閣アルマ）』（有斐閣，2010年）2頁）。2 2(2)でみた通り，社会保障制度には一般にリスク分散機能があり，あらゆる社会保障制度には保険に類似する性格が認められるのであるが，なかでも，「社会保険」と呼ばれる制度は，上記の保険の定義に該当する以下のような特徴を有する。すなわち，①国民の一部ないし全部を制度の対象者（被保険者）とし，②事前に，拠出（(社会）保険料）を義務づける。③事前に予定されたリスク（保険事故）が現実化した際には，原則として事前の拠出を条件として，給付を行う。このような仕組みをとることの帰結として，社会保険においては，拠出と給付との間に一定の対応関係が認められる。このことは，私保険と共通する社会保険の広い意味での「保険」としての性格に由来する特徴といえよう。

ただし，社会保険制度における拠出と給付の関係は，私保険におけるそれとは異なっている。すなわち，一般に，社会保険への加入は，一定の範囲の者につき強制加入とされる。そして，資力がない等の理由により拠出が困難な被保険者については保険料を減免しつつ，満額の給付を行うことや，拠出の減免を厳密には反映させずに給付額を決定することがある。また，拠出は必ずしも被保険者の有するリスク（保険事故が発生し給付を受け取る確率の大小），さらには，結果としての確率的な給付の水準に比例しない。つまり，社会保険において拠出と給付は厳密には対応関係にないのである。言い換えれば，私保険においては，個々の被保険者が自らのリスクに対応した保険料を支払い（給付反対給付均等の原則），同じリスクの被保険者は同じ水準の保険料を支払うが（加入者平等待遇の原則），社会保険はこれらの原則を満たさず，この点で私保険とは大きく異なる性格を有するということになる。そのため，例えば，病気になりやすいか，なりにくいかとは無関係に保険料が決定される医療保険制度においては，病気がちな人を丈夫な人が支えるという，民間保険には存在しない形のリスク分散の効果が内包されている。また，所得に応じた拠出を求めた上で同水準の所得保障を行うような社会保障においては，所得再分配の効果が生じる（→2 2(3)）。

上記のようなリスクと給付の対応関係もひとつの理由として，私保険においては拠出総額と給付総額が均衡する（収支相等の原則）が，社会保険制度は保険料収入のみでは給付を賄えず，国や地方公共団体の一般財源を併用していることが多い

（例えば医療保険について→第4章各論6 3）。

私保険と比較したこのような社会保険の特殊性は，社会保険の目的に由来している。2 1で論じたように，社会保険を含む社会保障の終局的な目的は，あらゆる国民に対し人間らしい尊厳ある生活を保障し，生存権保障を実現することにある。このような目的を効果的に実現するために，リスクと無関係の保険料設定や，所得に応じた保険料設定・低所得者への保険料減免などが要請され，また許容されるといえよう（拠出と給付の対応関係をどの程度切断するかは，国や制度によりまちまちである）。

(2) 社会保険の類型――労働者保険と国民保険

社会保険制度については，これらの制度の背景にある歴史的文脈を遡って，二つの「モデル」の存在を理解することが有益と思われる。

歴史的にみて，現代の社会保障制度にみられる社会保険方式の起源は19世紀末のドイツで採用されたビスマルク立法（疾病保険法，災害保険法，老齢・廃疾保険法）である（ビスマルク立法について→2 1発展1-4②も参照）。当時構想された社会保険方式の特徴は，この制度が労働者階級を対象とし，この階級の防貧を目的とした制度であったということである。すなわち，この制度においては，被保険者たる労働者が賃金水準に応じた拠出を行い，給付も原則としてこの賃金水準ないし拠出水準に対応した水準に設定される。結果として，その給付は，労働者の従前生活水準の維持という役割を持つことが多い。「労働者保険」モデルとも呼ぶことのできるこのような社会保険方式は，その発祥の地であるドイツおよびその影響を受けた大陸ヨーロッパ諸国では現在に至るまで社会保険方式の基本的モデルとなっており，その他の世界各国における社会保険制度の発展にも影響を及ぼしている。現代においても労働者や労働者類似の地位の者を対象とした社会保険は数多く存在し，これらの制度は，少なくとも歴史的には，生産手段を持たず自らの労働力のみに依拠して生活する労働者階級が抱える生活上のリスクに対応する趣旨のものである。

労働者保険型の社会保険方式と対置され得るもう一つの重要な社会保険のモデルとして，「ベヴァリッジ報告書」（1942）の描く社会保険方式が存在する。ベヴァリッジ報告書は社会保険が満たすべき原則をいくつか挙げているが，上述の労働者保険型と比較して特徴的なのは，労働者に限られない広い範囲の国民をカバーしようとする点，および給付と拠出をあらゆる被保険者につき均一とする点である。ここでは，労働者の従前生活水準の維持を行う労働者保険のモデルとは異なり，全ての国民に「ナショナルミニマム」を普遍的・平等に保障することが目的とされる。

「国民保険」モデルなどと呼ぶことができるだろう。

日本も含め，現代の諸外国に現実にみられるほとんどの社会保険制度は，これらの二つの類型の社会保険の中間的な性格を有する，あるいは，両者を組み合わせる構造となっている（→1 1 図表1-1）。したがって，労働者保険・国民保険の二類型はあくまでモデルとしての性格を持つに留まるが，現行制度の性格や目的を理解するための一助とはなり得るだろう。

(3)　社会保険の類型——長期保険と短期保険

各種の社会保険を，長期保険と短期保険という軸によって類型化することもできる。前者は長期にわたって拠出を積み重ね，原則として一定程度以上の拠出を行ったことを条件に給付を行うタイプであり，社会保険の類型の中では年金制度がその典型といえる。他方，後者は，あらかじめ拠出したことを要件とせずに給付を行うもので，医療保険と介護保険はこちらに分類されよう（なお，保険財政が単年度で収支の均衡を図るか，より長い期間を単位とするかという観点から長期保険と短期保険を分類することもできるが，ここでは差し当たり拠出の期間に注目する）。この二つの類型の社会保険は，相互に大きく性格が異なり，特に拠出と給付との関係に関する違いが重要である。すなわち，長期の拠出を前提として給付を行う，特に老齢年金制度においては，制度上拠出の積み重ねが給付につながると理論的には観念できる（ただし，日本の年金制度のように賦課方式を用いた制度においては，現実にはそのような関係は存在しない。賦課方式につき→第3章総論2 1(2)ほか）のに対して，医療保険や介護保険においては，加入直後に保険事故が生じても100％の給付が行われ得るため，拠出と給付の関係は理論的なレベルでも希薄といえる（ただし，保険料を滞納した場合に給付が制限され得るなど（→第4章各論4 8），両者の関係は依然として存在する）。

(4)　社会保険の類型——金銭による所得保障を行う制度と現物給付を行う制度

社会保険制度を，所得保障を目的とした金銭給付を行うものと現物給付（ならびに，現物にかかる費用を支給する費用償還払いの金銭給付）を行うものとに分けることも可能である（金銭給付・現物給付について→4）。

所得保障は長期保険，現物給付は短期保険により行われることがほとんどであるという区別に加えて，この二つの類型の間には，(2)で検討した歴史的背景との関係でも異なる点がある。すなわち，(2)で労働者保険モデルと呼んだ社会保険方式は，もともと賃金収入を主たる生活の糧とする労働者階級に着目したものであるため，特に所得保障を行う，すなわち金銭給付を行う社会保険と関連性が強いものである。

他方，現物給付を行う制度においては，給付内容が賃金と結びつかないものであることがほとんどであり，そのため，労働者保険の考え方が当てはまりにくい。ただし，例えば日本の医療保険制度は，主として現物給付を行うものであるが，被用者とその他の者を分けた制度を維持し，被用者保険については賃金を基礎とした保険料拠出を求めている。このように，歴史的な経緯を踏まえて，実際の制度設計は多様なものとなっている。

2　社会保険以外の制度

(1)　税方式の社会保障制度

社会保険の形をとらない社会保障（社会保険方式と対比して税方式の制度と呼ばれることがある）として，保険料拠出を前提とせず，国または地方公共団体の税財源を用いて給付を行う各種の制度が存在する。税方式を採用する制度として，公的扶助・社会福祉・社会手当等と呼ばれる制度を挙げることができる。ただし，その定義上拠出性を排除する公的扶助（→(2)）を除いて，社会福祉（→(3)）・社会手当（→(4)）の制度については，これについて社会保険方式を用いて提供することが理論的に不可能なわけではない。

(2)　公 的 扶 助

保険料拠出を前提としない社会保障のうち，社会保険制度と並んで現代の社会保障制度の柱となっているのが，公的扶助である（日本の現行法上は生活保護法により実現されている→第8章）。公的扶助は，最低限度の生活を自力では維持できず，困窮状態にある者に対して，健康で文化的な最低限度の生活を維持するために必要な給付（金銭給付および現物給付）を行う制度である。社会保険が事前の拠出による防貧という機能を有しているのに対して，公的扶助は，そもそも拠出する資力を持たない等の理由により社会保険ではカバーできない者をカバーすることを目的とする。そのため，事前の拠出が要求されないことは制度の趣旨からして当然の前提になるといえよう。

この制度は，その定義上，最低限度の生活を維持できない状態にある者を対象とする。そのため，受給者の生活水準に関する厳格な要件が課されることが多い（いわゆる「ミーンズ・テスト」ないし「所得・資産要件」）。

公的扶助は，社会保険と並んで最も古い歴史を持つ社会保障の類型であり，19世紀末～20世紀初めにヨーロッパで登場した「救貧法」を起源とする。

発展 1-7　救貧法と現代の公的扶助の違い

公的扶助については，日本では明治期，イギリスをはじめとするヨーロッパ諸国では産業革命期に存在した，いわゆる救貧法（Poor Laws）ないし救貧制度との比較がしばしば行われる。これらの法・制度は，貧困者の救済という機能において現代の公的扶助と重なる部分を有するものの，貧困を個人の怠惰や過失の結果とみる思想に基づくため，貧困者に対する道徳的非難を伴い，救済に積極的価値を認めないものであった。例えば19世紀のヨーロッパにおいては，法定の救貧制度の対象となる者については選挙権が奪われるという制度もみられた（救貧制度の歴史について→第8章総論①1）。

(3) 各種の社会福祉サービス

「社会福祉」という言葉は極めて多義的であるが（憲25条2項），ここでは，障害，老齢，母子家庭等，生活を営む上での身体的・社会的ハンディキャップに対して，居宅介護，施設入所，医療等の非金銭給付（各章でみるように，金銭給付を通じて実質的には現物給付と同じ効果をもたらすタイプの制度もある）を行う制度と定義する（福祉の定義や日本における制度の発展について→第5章①）。歴史的には，これらのサービスは，障害者や母子家庭等，貧困に陥りやすい一定のグループに対する特別な防貧政策の位置づけを与えられており，少なくとも日本では公的扶助と社会保険の間にあるような制度として理解され，多くの場合，何らかの所得要件と結びつけられてきた。もっとも，理論的にいえば，上記のように身体的・社会的ハンディキャップを要保障事由とする以上，例えば受給者の所得が少ないこと等は給付条件として必要不可欠とはいえない。この点で，必ずミーンズ・テストを伴う公的扶助とは大きく異なる性格を有している。

また，実際にも，社会の変化により，伝統的な福祉の要保障事由に関する考え方が大きく変わりつつある。特に，障害や老齢を理由とする居宅介護・施設入所等のサービスの必要性，児童およびその親にとっての保育サービスの必要性等は，近年，救貧・防貧政策とは無関係に，あらゆる高齢者・障害者・児童およびその保護者等が有する，より普遍的なものと捉えられつつある。

なお，このこととも関連して，公的扶助において事前の拠出を求めないことが制度の定義上当然であることに対して，社会福祉サービスにおいては，無拠出であることは必ずしも論理必然ではない。日本でも，高齢者介護については，税方式で行われていた高齢者福祉サービスが，介護保険法（平成9（1997）年制定）以降は社会保険方式で行われるようになっている（→第5章各論②1(1)）。

⑷　いわゆる「社会手当」

社会保障制度の一類型として，上記の諸制度と区別されるものとして，「社会手当」と呼ばれる各種の金銭給付が挙げられることがある。これらの金銭給付は，事前の拠出を求めない税財源の給付であるが，必ずしも救貧的な給付に留まらず，したがって厳格なミーンズ・テストを行わないところに，公的扶助との違いが存在すると説明される。児童手当，児童扶養手当，特別児童扶養手当（→第５章各論⑤）のほか，特定障害者に対する特別障害給付金，基礎年金制度創設前に設けられていた福祉年金（→第３章総論③２⑵）などが，社会手当の例として挙げられる。

社会手当については，給付を受けるための条件が緩やかであり（拠出を求めず，かつ厳格な所得・資産要件を伴わない），社会保険と公的扶助のよい部分が発展的に結合した制度であると捉えられ，これらの制度と質的に異なる性格のものと考えられることもある。しかしながら，公的扶助の水準を超える所得保障制度が税方式によって行われることは理論的に排除されるものでないこと（諸外国においては当然の前提とされている），社会保険においても低所得者への保険料免除により事前の拠出の条件が緩和されることがあることからすれば，新たに社会保障制度の類型としてこのようなカテゴリーを設定することにいかなる意味があるかは自明ではない。社会手当という制度の類型は，上記のような特徴を有する一群の，多様な税財源の金銭給付を整理するための分類概念・説明概念に留まるといえよう。

発展 1-8　社会保障と税

近年，これまでは「社会保障」の概念には含められてこなかった税制度が，社会保障と類似の機能を担い得るという観点から，注目を集めている。本来，税は私人から国庫へと金銭を移転する仕組みであるが，租税還付（refund）という制度を通じて，国庫から私人への金銭給付が行われる場合もある。こうした租税還付を，例えば低所得者やひとり親家庭などの所得保障のニーズを持つ者を対象として行うような形で税制を構築すると，税の機能は，所得保障の機能を有する社会保障に接近する（なお，ここでは，社会保障の財源の一類型としての税（→３⑵）については論じない）。近年しばしば議論されるのは，所得税に一定の控除額を付し，勤労所得が控除額を下回る者についてはその分だけ租税還付を行うという「給付付き税額控除」の制度である。

もともと，税は所得再分配機能（→②２⑶）という社会保障と共通する機能を有している。また，税額控除には，扶養控除のような納税者の生活上の必要に配慮した制度が存在している。このように，社会保障と税には共通する機能があるのだが，従来は，両者は講学上も実務上も全く異なる性格のものとして構築され，議論の対象とされてきた。上記のような近年の議論は，両者の共通する機能について議論を深め，税の有する所得再分配効果について社会保障に関わる問題意識からアプローチする重要な契機といえる。

他方で，法的な観点から見ると，社会保障と税は，一方は給付行政，他方は財の強制的な徴収というように，法的に全く異なる性格の行為によって実現されるものであることもなお事実であり，憲法上も，異なる規定によって規律されている（憲25条・30条・84条等）。両者を融合させる政策論については，法学的な視点からの慎重な検討も必要であろう。

発展1-8の参考文献

・藤谷武史「給付付き税額控除と『税制と社会保障制度の一体化？』」新世代法政策学研究3巻（2009年）303頁

3　社会保険方式と税方式

(1)　社会保険方式のメリット

上記の通り，医療・年金・福祉サービス等について社会保険制度を用いて給付を行う（社会保険方式）か，税財源による給付を行う（税方式）かは，原則として各国の選択に委ねられているのであるが，この二つの類型の制度の間には，財源調達の方法の違いに留まらない様々な違いがある。以下，両者を相互に比較した場合のそれぞれのメリットを挙げておこう（なお，以下の記述からも明らかであるように，一方のメリットは，逆にいえば他方のデメリットともいえる）。

社会保険方式が税方式と比して優れているといえる点として，まず，拠出に基づく給付は，市民の自助努力・生活自己責任の考え方に親和的であり，近代的な人間観に合致するという点がある。また，社会保険方式の制度では，給付が拠出を前提とし，個別具体的な個人のニーズの確認を必要としない（ニーズは保険事故という形で抽象化される）ので，所得・資産等を条件に受給者を選別するミーンズ・テストが原則として行われない。したがって，ミーンズ・テストに伴うスティグマ（屈辱感）等の問題が生じない。

次に，給付要件が，何らかの保険事故の発生という形で定型化されやすいことから，受給権の実現が行政庁の裁量に依拠しづらいこともメリットとして指摘できよう。また，拠出された保険料が基本的には全て当該制度の財源に充てられるという点で，予算配分のプロセスを経る（一般的な）租税財源に比べると財源面における安定性が高いといえる。このことは，保険給付が財源の考慮による制約を受けにくいという点で，制度全体としての給付の総量の安定性にもつながる。

そして，社会保険方式が採用される場合，国家と区別される中間団体たる「保険者」が存在し，この保険者による自治の仕組みが組み込まれていることが多い（保険者自治について→第４章各論⑦3)。この場合には保険を共有することにより当該集団の連帯意識が醸成・強化されるというメリットが存在する。このような連帯意識の醸成は，ひいては，社会保障制度の枠を超えたレベルでの社会のあり方に影響を及ぼす。とりわけヨーロッパにおいて，労使代表により管理される社会保険制度は，歴史的には，労使関係を基礎とした社会構築の一つの手段としても要請されるものと考えられてきた。

最後に，労働者保険型の社会保険方式によって所得保障が実施される場合には，多くの場合に所得に応じた拠出が行われ，従前の生活水準の維持が目指されるため，給付水準が必要最低限のものを超えた比較的手厚いものに引き上げられる傾向がある。

(2)　税方式のメリット

税方式のメリットとしては，まず，対象者の拠出能力・拠出実績にかかわらず一定水準の給付が提供されるという点がある。結果として，（公的扶助を除けば）対象者の所得水準と給付水準とが切断されることも，給付水準をより平等な内容とするという観点からは，メリットと評価され得るだろう。

また，税方式の社会保障は，労働者保険型の社会保険方式と比較して，一定の労働者像・勤労者像に依存しないので，想定される労働者像の変化や労働者ないし企業の行動に対して中立的であるというメリットがある。例えば，被用者保険への加入の基準が設定されると，保険料負担を回避するために企業や労働者が労働時間・所得をこの基準以下に抑制しようと行動することがあり，雇用市場に歪んだ影響を及ぼす（非正規労働者への厚生年金適用につき→第３章各論②2(1)発展3-7)。また，近年，労働者像の多様化によって，雇用関係と結びついた社会保険方式には様々な問題が生じている。例えば，年金制度においてはフルタイムの被用者とその被扶養配偶者の年金をあわせて，世帯として十分な水準の年金を確保することが目指されてきたが（→第３章各論③6(2)），非正規雇用の増加等によってこうした「モデル」が当てはまらなくなり，年金の水準が低くなる世帯の増加が予想される。このように，労働者保険の性格を有する社会保険については，この制度が想定する雇用のモデルを前提として設計されるため，このモデルに合わない者については給付がニーズに合致しない内容となるうえ，社会の変化によりモデルの大幅な修正や放棄を迫られることもある。典型的な労働者像を想定した労働者保険型の社会保険制度は，労働者像の多様化の中で機能不全を起こす可能性があるのである。

税方式には，上記のような，被用者概念と結びついた労働者保険型の社会保険制度のデメリットを伴わないという点において，メリットがあると評価できるだろう。

上述の通り，近年公的扶助を超えた水準の給付を税方式で行う「社会手当」に注目が集まる傾向があるが（→2⑷），こうした議論の背景にも，雇用の多様化に伴う社会保険制度の機能不全を踏まえて，従来社会保険方式で行われてきた給付の一部を税方式に転換するという問題意識が存在している。

4　給付形態

社会保障給付は，給付形態の観点から，サービスや物を給付する制度（現物給付）と，金銭を給付する制度（金銭給付）とに分けることができる。様々な給付目的との関係でいずれの態様を選択するかは，原則として立法者の判断に委ねられるのであり，いずれかの給付形態が論理必然的に何らかの社会保障給付と結びつけられることは原則としてあり得ない。以下で示すようなそれぞれの給付形態の有する特徴や当該給付形態を採用することの効果を考慮して，各制度に適切な給付形態を選択することになろう。また，このような考慮の結果，ある給付についてはいずれかの給付形態が（上記の通り論理必然ではないものの）強く要請されるということもあり得よう。

⑴　現物給付

⒜　現物給付の意義と特徴　何らかの人的サービスや物が直接に社会保障給付とされる現物給付には，対象者のニーズが直ちに満たされるという大きなメリットがある。法律上現物給付が予定されている場合，受給者は，必要なサービスや物自体について受給権を有することになるためである。他方，受給権が法令上存在しても，これを満足させるサービスが現に存在しなければ，現実にはこの権利が行使され得ず，対象者のニーズが満たされることもない。そのため，現物給付が適切に機能するための前提として，給付提供体制の整備が重要である。

これらのことを具体的な制度に即して検討してみよう。現物給付の典型例として，医療保険における療養の給付（→第4章総論5 1・2）を挙げることができる。日本の医療保険制度においては，診察・治療・看護・薬剤の処方・調剤等のサービスや医薬品等の物が，直接に給付として提供される。傷病に対する迅速な対応が強く要請され，また受給者のニーズの判定が治療を行う医師等の専門家によって直接・個別的に行われる必要のある医療の分野は，現物給付による提供が最も強く要請される分野といえる。国際的にみても，多くの諸外国で，医療保障制度については現物給付が採用されている（→1 1 図表1-1）。

また，現物給付の医療保険制度を機能させるためには，医療提供体制の整備が不可欠であり，実際にも，医療計画をはじめ，医療保険制度と一体となった医療提供体制整備のための多様な制度が構築されている（→第4章総論⑥ほか）。

(b) **費用償還払い**　潜在的な受給者が自ら費用を負担してサービス・物を購入し，後から費用の償還を求めるタイプの金銭給付は，現物給付に実質的には接近する（例えば医療機関で患者がいったん治療費の全額を支払い，後から保険者によってその費用が患者に支給されるような制度。以下，費用償還払いという）。もっともこの場合，受給者がサービス・物をいったん私費で購入できる資力を持たない場合には給付の利用が困難となるのであり，迅速な受給権の行使という現物給付のメリットは一定程度後退する（この点に注目して，受給者に対するペナルティとして現物給付から費用償還払いへの切替えという手法が用いられることがある（医療保険の保険料滞納の場面→第4章各論④8））。そして，このような費用償還制度の弱点に対応するために，日本では，法律上は費用償還払いの金銭給付の原則をとりつつ，費用の支払いが直接にサービス・物提供者に行われ（いわゆる第三者払い），受給者との関係では当該サービス・物の提供をもって保険給付とみなすとの規定がおかれていることがある（家族療養費→第4章各論④3，介護保険法→第5章各論②5(4)）。このような形で行われる費用償還払いは，結果として純然たる現物給付と実際上異ならないものとなる。

(c) **現物給付に対する法的コントロール**　現物給付の形で給付が行われる場合，当該サービス・物の内容・水準がそのまま受給権者の受給権の内容・水準となる。費用償還払いの制度においても，一定の内容・水準のサービスに対する費用の請求という形で受給権が具体化される。そのため，これらの制度においては，支給される物・サービスに関して，様々な法的コントロールが行われる。

日本の医療保険・介護・障害者福祉では，国や地方公共団体ないし社会保険の保険者が直接にサービス・物を提供する仕組みとはなっておらず，制度の管理運営主体とは別の（多くは私的）主体が現物給付を実現する。そのため，これらの主体が提供するサービス・物に対して，現物給付の内容・水準を担保する法的コントロールが実施されることになる（→第4章総論④1ほか）。

(2) 金銭給付

金銭給付の典型は，年金や公的扶助による生活扶助（日常の生活費に当たる金銭給付→第8章各論⑧1）等の所得保障である。金銭給付の最大の利点は，金銭を受け取った受給者がその使途を自由に決定できることである。所得保障の場合，所得に代替する給付を行う制度であるという目的からして，ほとんどの場合に金銭給付が行われる。ただし，公的扶助の場合，その最低生活保障という機能から，諸外国には，金銭が適切に利用されるように使途を特定した金券の形での支給を行う国もみられる（例えばアメリカにおけるフードスタンプ。フランスにおける類似の制度を分析するものとして，岩村正彦「個別的支援小切手――フランスの困窮者支援の一側面」『労働法学の展望（菅野和夫先生古稀記念論集）』（有斐閣，2013 年）801 頁）。しかしながら，このような支給の方法は受給者の日常生活を強く制約するものであるうえ，スティグマにもつながり得ることが指摘されている。日本法の文脈でこうした制度の導入を検討する場合には，生活保護法が被保護者の「自立を助長すること」（生保１条）を重要な目的としていることとの整合性等が慎重に検討されるべきであろう。

第２節　社会保障の歩み

本節では，戦後の諸外国における社会保障の発展を，欧米諸国と日本とに分けて，時代ごとの政治思想・経済思想の趨勢とも関連づけながら辿ることとする。

1　社会保障の誕生と発展――欧米先進諸国を中心として

1　第二次世界大戦後の制度の発展

現代的な社会保障の発展は，既に述べた通り（→第１節1 1），19 世紀末のビスマルク立法（→第１節3 1(2)），第二次世界大戦後のベヴァリッジ計画の立法化（→第１節1 1）を出発点としており，これらの立法とその背景となった思想は諸外国にも重要な影響を与えた。第二次世界大戦後，西ヨーロッパ諸国を中心に，人権思想の発展，戦後の国民生活の立て直しの必要性等の多様な法的・社会的・政治的文脈を背景として，充実した福祉国家が各国において発展した。なお，一般に高福祉国家として知られるスウェーデンにおいても，第二次世界大戦後に急速に各種の社会保障が発展している。

経済理論の観点からは，このような福祉国家のめざましい発展は，経済学者のジョン・メナード・ケインズの理論に強く依拠している。ケインズは，1929 年の世界恐慌以降の大量失業問題を題材として，国家が積極的に経済に加入する必要性を主張していた。このような理論が，国家が国民の生活に積極的に関与する福祉国家の考え方を理論的に支えたのである（「ケインズ主義的福祉国家」）。また，貿易・金融の国際秩序を定めたブレトン・ウッズ体制が，各国に一定の自律的な金融・財政政策の余地を認めつつ，資本の移動を規制していたこと，さらには，労使の和解を基礎とする各国の国内政治・経済のしくみ（フォーディズム）が，こうしたケインズ主義的福祉国家の発展を支えた（詳細については，田中拓道『福祉政治史――格差に抗するデモクラシー』（勁草書房，2017年）41頁以下）。

2　1980年代から今日まで

1970年代の2度のオイル・ショックを経て，多くの先進諸国において経済成長が停滞期を迎える。結果として国家の財政状況が悪化した1980年代以降は，各国において一転して福祉国家の「危機」が論じられた。そして，特にイギリス・アメリカを中心として（いわゆる「サッチャリズム」や「レーガノミクス」），新自由主義的・新保守主義的な経済・政治思想を基礎とした福祉国家の見直し・社会保障給付の適正化等が論じられることになる。同時期に発展を始めるグローバル化による国際競争の激化（その背景には，70年代に上記のブレトン・ウッズ体制が崩壊したことがある）も，こうした議論を後押しするものだった。とりわけ，上記のように第二次世界大戦後の諸外国における福祉国家の形成に世界的に影響を及ぼしたイギリスにおいてこのような政策がとられたことには重要な意味があり，他の先進諸国にも直接・間接の影響を及ぼしたといえる。

他方で，こうした考え方の転換が各国の社会保障制度に及ぼした具体的・実質的な影響は国や時期によって大きく異なっており，1980年代以降の各国の社会保障政策の動向は複雑である。例えばフランス・ドイツは，1980年代においては，上記のような新自由主義とは一定の距離をおき，欧州連合において「ソーシャル・ヨーロッパ」の構築を目指した。他方，新自由主義が強固に主張された国においても，1990年代後半以降，議論の方向性が修正される時期があった。例えば，1990年代のイギリス・ブレア政権は，自由市場主義と福祉国家主義との間の「第三の道」を標榜し，注目を集めた。近年では，2009年に成立したアメリカのバラク・オバマ政権がアメリカの歴史上初めて，公的な医療保険制度の導入を実現した（→第1節1 1 発展1-1）。

2000年代末以降の世界的な経済不況，欧州経済危機，これらを受けた貧困・格差問題の深刻化やグローバル化に対する消極的評価の拡大等は，各国の国内政治・国際政治の状況に大きな変動をもたらしている。とりわけ，イギリスの欧州連合（EU）からの離脱（2016年の国民投票による決定）や，ヨーロッパを中心とした各国における極右政党・排外主義的思想の台頭，アメリカにおけるトランプ政権の誕生（→発展1-1，1-9）等は，世界における福祉国家，社会保障をめぐる思想と政策にも大きなインパクトをもたらすであろう。

このように，時代ごとの景気・経済・社会の動向と，それらの現実に呼応する政治思想・経済思想によって，各国の社会保障・あるいは，より広い意味での社会政策に関する考え方は大きく異なる。

発展 1-9　公的な医療制度は「社会主義医療」か？

「(公的な) 医療は，市民に国家主義や社会主義を押し付ける伝統的な方法の一つである」。「我々は社会主義医療 (socialized medicine) など必要としていない」。これは，マイケル・ムーア監督の映画「シッコ」(2007年公開) にも登場する，ロナルド・レーガン (後に合衆国大統領) のスピーチ (1961年) の一部分である。1960年代において既に国民皆保険が存在していた日本の我々の目からみると，公的な医療が社会主義医療というのは，少し極端な主張のように思われる (サッチャリズムが席巻した1980年代のイギリスにおいてさえ，ナショナル・ヘルス・サービスという公的な医療制度自体は堅持されていたことも考えればなおさらである)。こうした，アメリカにおける公的医療制度への強い嫌悪感の背景には，医療保険に入ることは個人の選択であり，国が強制すべきことではないという，伝統的に保守派を中心として支持・伝播されてきた自由主義的な価値観，ないし，社会主義国家への嫌悪からくる私生活に対する公権力への過度の介入への恐れが存在していた。冷戦終結後は，こうした価値観自体は徐々に変わりつつあると思われるが，これまで自由主義的医療市場から利益を得て発達してきた巨大な民間医療保険・医療関連市場のメディア戦略・政治的影響力によって，公的医療制度の創設は依然として政治的に極めて困難な課題であった。オバマ改革が歴史的偉業とも評されることや，この改革に対して国内で多くの批判があること，現在の大統領ドナルド・トランプが公約としてオバマケアの撤廃を掲げたこと (→発展1-1) 等は，こうした背景と共に理解される必要がある。

2　日本の社会保障の形成

1　第二次世界大戦以前

日本の社会保障の形成は第二次世界大戦後に本格的に進められたが，それ以前にも，社会保障の原型といえるような制度が存在した。

こうした戦前の制度の中で最も古いものとしては，初めての救貧法制である「恤救規則」(明治7 (1874) 年) が存在する。この制度は昭和4 (1929) 年に，より対象を拡大した救護法へと発展を遂げるが，いずれの法も，恩恵的・慈善的な性格の強いものであり，労働能力がある者は対象としない，扶養義務者が存在する場合には給付を行わない等，極めて限定的な内容のものであった (→第1節3 2(2)発展1-7)。戦後に憲法25条を基礎として構築される公的扶助制度とは，根本的に性格の異なるものであったといってよい。

また，20世紀の初頭においては，当時活発化した労働運動を受け，またこれに対する一種の懐柔策として，被用者を主たる対象として医療保険・年金保険が創設された（大正11（1922）年の健康保険法，昭和16（1941）年の労働者年金保険法。なお，同時期に，治安維持関係の立法が進められている）。医療保険については，農村の貧困問題への関心が高まり，自営業者・農業従事者等についても昭和13（1938）年に国民健康保険法が制定されている。同法を中心として，戦間期の立法には，戦争を見据えた国力の強化という関心が強く反映されている（国策としての社会保障の位置づけについて→第1節②1発展1-4②）。このように，医療と年金の分野においては，第二次世界大戦前に戦後の社会保険制度の基礎となる法律が制定されたが，公的扶助と同様，これらの立法の背景にある思想は，戦後のものとは大きく異なっている。

2　50年勧告と社会保障の構築

第二次世界大戦後，日本における現代的な社会保障制度の構築が本格化する。その背景には戦争による経済的・社会的打撃と，その結果として生じた失業者・生活困窮者の著しい増加という事情があり，このような背景は諸外国にも共通する（→第1節②1発展1-4②）。また，日本に特有の事情としては，戦後に成立した新しい憲法に，生存権に関する定めがおかれたことがある（憲25条）。このような状況において，日本の社会保障は，敗戦の打撃からの復興と，国民に等しく保障される普遍的人権としての生存権の具体化を目指して，発展を遂げる。戦後の社会保障は，大戦前の生活保護にみられたような恩恵・慈善の性格のものではなく，あらゆる国民に付与された生存権を具体化する制度となった。

憲法25条を受けて，国が社会保障制度構築の責務を果たすための指針を示した文書として，社会保障制度審議会による「社会保障制度に関する勧告」（昭和25（1950）年）がある。同勧告は，社会保障制度について，①社会保険，②国家扶助，③公衆衛生および医療，④社会福祉の4つの柱を設定した上で，なかでも社会保険を社会保障制度の中心と捉え，国家扶助制度を補完的制度として位置づけている。日本における戦後の社会保障制度の整備の指針を示す文書といえる。

具体的に各種制度の発展を概観すれば，まず，戦後すぐに児童福祉法（昭和22（1947）年制定。以下，いずれも法律制定年）・身体障害者福祉法（昭和24（1949）年）・生活保護法（昭和25（1950）年）のいわゆる「福祉三法」が成立した。医療と年金の分野においては，社会保険があらゆる国民に適用されることとなり，国民皆保険・国民皆年金が成立した（順に，国民健康保険法（昭和33（1958）年），国民年金法（昭和34（1959）年））。1960年代には，精神薄弱者福祉法（現在の知的障害者福祉法。昭和35（1960）年），老人福祉法（昭和38（1963）年），母子福祉法（現在の母子及び父子並びに寡婦福祉法。昭和39（1964）年）が新たに制定され，上記福祉三法と併せて「福祉六法」と呼ばれる体制を構築するに至っている。これによって，今日の日本の社会保障の基本的な枠組みがほぼ完成したものとみることができる。

1960年代から1970年代にかけては，高度経済成長を背景として各種制度の給付の充実が図られ，医療保険の一部負担金の引下げ（国民健康保険の被保険者たる世帯主・世帯員および健康保険の被扶養者について，それぞれ昭和38（1963）年・昭和43（1968）年・昭和48（1973）年に5割から3割への引下げ等。これにより，従来から3割負担であった健康保険の被保険者と，これらの者との間にあった給付水準の差が解消された）や老人医療費の無料化，年金の給付水準の度重なる引上げ，生活保護水準の一般世帯との格差縮小等が相次いで行われた。

このように，戦後，日本の社会保障制度は，目覚ましい発展を遂げたといえる。ただし，社会保障への公的支出は主要国と比較して小規模なものに留まっており，国際比較の観点からは，日本は「小さな福祉国家」と評価できることにも注意が必要である（田中・前掲書85頁以下）。

3　社会経済の変化と社会保障の再編

上述の通り，1960年代・70年代に行われた社会保障制度のめざましい整備・拡充の背景には，日本の著しい経済成長があった。これに対して，1980年代以降は，経済成長の停滞・経済不況，これに加えて，少子化・平均余命の延びによる高齢人口の相対的増加（少子高齢化）などの人口構造上の理由から，各制度において，給付の水準の引下げをはじめとした給付費の抑制政策が活発に行われることとなった。医療保険制度の一部負担引上げ，老人医療費への一部負担の再導入，生活保護基準の格差縮小方式から水準均衡方式への転換等が，1980年代に相次いで行われている。1960年代，1970年代の社会保障をめぐる議論が，いかに給付を拡大・充実させていくかという点を重視したのに対して，この時期以降，今日までの日本においては，社会保障をいかに長期にわたって持続可能なものにしていくか（そのための支出抑制策としてどのようなものがあるか），限られた財源を各種のニーズの間でいかに配分すべきか等の論点へと，政策的関心が大きく転換することとなる（「持続可能性」をめぐる最近の議論・改革動向につき，菊池123頁以下参照）。

発展 1-10① 少子化問題と社会保障

日本において，少子化が重要な政策課題と捉えられるようになったのは，平成2（1990）年に前年の合計特殊出生率が1.57という過去最低の値まで落ち込んだことを契機としている（いわゆる「1.57ショック」）。これ以降，平成6（1994）年のいわゆるエンゼルプラン（「今後の子育て支援のための施策の基本的方向について」（文部，厚生，労働，建設の4大臣合意）），平成11（1999）年の「少子化対策推進基本方針」（少子化対策推進関係閣僚会議決定），同方針に基づく新エンゼルプラン（「重点的に推進すべき少子化対策の具体的実施計画について」（大蔵，文部，厚生，労働，建設，自治の6大臣合意））等の政策文書を前提に平成15（2003）年の次世代育成支援対策推進法，少子化社会対策基本法等の立法が行われ，保育所の拡充等の様々な具体的施策が進められてきた（詳細について→第5章各論4）。

少子化問題への対応は，児童福祉の充実につながり，また，年金制度をはじめとする社会保障制度の財政均衡・安定した財源確保につながるため，社会保障政策とも密接な関係がある（→第1節2 2(6)）。もっとも，国が推し進める少子化対策は，このように社会保障制度の安定性に資するものである一方で，その他の様々な目的を背景として進められる人口政策の一部であって，個人の生存権保障という社会保障の本来的な目的とはあくまで区別されるべきである。社会保障立法の目的として少子化対策が持ち出される際には，この点に十分に注意する必要がある。

発展 1-10② 社会保障とジェンダー平等

高度成長期に発展した日本の社会保障は，当時多数派であった男性片働き世帯――より厳密には，男性正規労働者と女性の家計補助労働者ないし専業主婦からなる世帯――を念頭においたものであった。このような制度の構造は，同時期に発展してきた男性正規労働者を軸とするいわゆる日本型雇用システムと一体のものとして，戦後の日本の社会経済構造の重要な一端を担ってきたものである（「日本型（的）雇用システム」については，濱口桂一郎『新しい労働社会――雇用システムの再構築へ（岩波新書）』（岩波書店，2009年），厚生労働省『労働経済の分析〔平成25年版〕』（2013年）ほかを参照）。1970年代末から1980年代初めにおいては，正規労働者を前提とした企業組織と，専業主婦を前提とした家庭という二つの基盤の上に構築される社会保障・福祉が，当時の政権与党である自民党により理想的な「日本型福祉社会」の一環と評価されてきた経緯もある。結果として，各種の社会保障制度の中には，被扶養配偶者について特別な社会保障給付を整備するものや，女性が雇用市場において男性に比べて劣位におかれているという認識の下，女性についてより手厚い社会保障給付を整備するものが散見される。

近年，労働法分野における差別禁止立法の発展，雇用市場におけるジェンダー平等の進展等に伴い，こうした男女の役割分担を前提とした制度の見直しに関する議論が活発化している。とりわけ，男女について直接に異なる取扱いをする社会保障給付については，これを憲法14条違反と判断する裁判例が現れるようになり（→第3章各論3 9(3)，第6章各論4 6），こうした給付を性別に中立的な制度へと変更する法令の改正も相次いでいる。他方で，雇用の分野における男女の地位の差が現実に依然として残る状況において，社会保障制度におけるジェンダー平等をどこまで貫徹すべきかについては，さらに議論が必要であろう（なお，ジェンダーや女性の地位といった観点から重要と思われる別の論点として，女性による介護の負担と介護保険の機能について→第1節[2]2(6)）。

4　社会保障構造改革

1990年代後半から2000年代初頭にかけて，少子高齢化を見据えて，社会保障構造改革と称される一連の重要な制度改革が行われた。社会保障構造改革は，高齢者福祉について新しい社会保険制度を導入した介護保険法の制定（平成9（1997）年）に始まり，医療・年金等，広く社会保障制度全体に及んだ。なかでも年金分野では，平成12（2000）年の国民年金法等改正法が，平成6（1994）年改正に続いて，老齢年金の支給開始年齢の60歳から65歳までの将来における段階的引上げを決定した（平成6（1994）年改正は定額部分，平成12（2000）年改正は報酬比例部分の引上げ→第3章総論[3]4）。この後に続く平成16（2004）年の年金制度改革（マクロ経済スライドの導入等→同上），平成18（2006）年の医療保険制度改革（後期高齢者医療制度の創設→第4章総論[2]2等）なども，社会保障構造改革の延長線上に位置づけられる。

また，社会保障構造改革の一環として，いわゆる社会福祉基礎構造改革が進められた。特に障害者福祉の分野においては平成12（2000）年に支援費制度が導入され，その後の障害者福祉制度の発展の方向性を決定づけたといえる（→第5章総論[3]1。なお，社会福祉基礎構造改革の詳細については，菊池444頁以下も参照）。

なお，1990年代末から2000年代にかけては，諸外国にみられたのと同様，日本でも規制行政・給付行政にわたる様々な分野で新自由主義的な方向性の制度改革や規制緩和が行われるようになった。社会保障制度改革への影響は他分野に比べれば相対的に小さいものに留まったと思われるが，例えば医療保険制度においては，平成18（2006）年の診療報酬の大幅な引下げ，同時期に行われた混合診療禁止原則の緩和等，給付費用の抑制・規制緩和に向けた改革が進められた（なお，労働法分野での規制改革と，その行き過ぎに対する補正政策というべき動きについては，荒木尚志＝菅野和夫＝山川隆一『詳説労働契約法〔第2版〕』（弘文堂，2014年）8頁を参照）。

5　社会保障の現代的課題

2000年代後半以降になると，労働法制の規制緩和と，同時期に発生した世界経済危機の影響等が相まって，雇用の不安定化，低賃金労働者の増加の傾向や，失業の長期化，貧困・格差の拡大が注目を集めるようになった。結果として，社会保障給付との関係では，生活保護制度や失業保険制度をはじめとした従来の所得保障制度が特に長期失業者・若年失業者や非正規雇用労働者との関係で機能不全を起こしているという問題意識が顕在化し，雇用保険制度の被保険者資格の拡大（→第7章各論1 3），「職業訓練の実施等による特定求職者の就職の支援に関する法律」（求職者支援法）の制定（→第7章各論6）等の改革が行われた。また，上記のような雇用情勢や，現役世代の生活保護受給者の増加を背景として，社会保障給付が労働者の就労意欲にマイナスの影響を与えるべきではなく，逆に就労を促進するような給付が望ましいのではないかという論点や，失業者の雇用市場への復帰を社会保障がいかに支援できるかという問題が活発に議論されるようになった（いわゆる「ワークフェア」と「アクティベーション」をめぐる議論→発展1-11①）。これらの点とも関連して，働いているのに最低生活水準ギリギリの生活を強いられる，いわゆる「ワーキングプア」の問題についても議論が活発化し，最低生活保障の水準を考慮した最低賃金設定を要請する内容の最低賃金法改正（荒木尚志『労働法〔第3版〕』（有斐閣，2016年）145頁）などが平成19（2007）年に行われている。

また，1990年代に引き続いて少子化の問題は深刻化しており，出産・育児にかかる社会保障制度の強化が政策的課題として従来以上に重要性を増している。

他方，社会保障構造改革・社会福祉基礎構造改革を経て，高齢者・障害者に対する福祉のニーズは従来に比して広く認知されるようになり，現実にもより多様で充実したサービスが提供されるようになった。もっとも，このようなニーズの顕在化は，給付に必要な財源の調達のあり方や利用者一部負担の位置づけ（障害者福祉における利用者一部負担をめぐる論争について→第5章総論5 2），給付の合理化・給付費用の抑制等の重要な論点をも顕在化させている。

なお，平成24（2012）年以降，税制改革と一体となった大規模な社会保障制度改革がさらに進行している。平成24（2012）年には社会保障制度改革推進法，平成25（2013）年には「持続可能な社会保障制度の確立を図るための改革の推進に関する法律」（社会保障改革プログラム法）が制定され，社会保障の各分野について，数年にわたる制度改革の方向性が示された。これらの法律においては，財源調達のための税制改革にも目配りしつつ，制度改革の見取り図や見通しをこのようなプログラム法に明記するという形で改革が進められている。社会保障制度の「持続性」に疑念が呈される中で，最近の社会保障制度改革にみられる新しい立法手法といえる。

発展 1-11① 「ワークフェア」と「アクティベーション」

近年，社会保障と就労の関係について，「ワークフェア」や「アクティベーション」といった理念が，あるべき社会保障制度改革の方向性を示唆するものとしてしばしば論じられる。もっとも，これらの概念は，北欧や欧米の各国において，それぞれの国の歴史的・政治的文脈の中で用いられており，日本でも論者によって異なる内容で用いられることがあり，注意が必要である。ごく大まかにいえば，これらの議論はいずれも，失業給付等の受給者を雇用市場に復帰させるための積極的な施策の必要性・重要性を強調するものであるが，「ワークフェア」は社会保障受給者に半ば強制的に就労を促し，社会保障給付を縮減することを目的とするものと捉えられることが多い（イギリス・アメリカの社会保障制度改革が典型例として挙げられる）。これに対して「アクティベーション」は，雇用創出のための経済・産業政策と組み合わせた就労支援のプログラムによって，失業者の雇用市場への復帰を支援することに眼目がおかれる（宮本太郎『生活保障――排除しない社会へ』（岩波書店，2009年）143頁以下，田中・前掲書239-242頁参照）。

発展 1-11② 社会保障と世代間公平（衡平）・将来世代

少子高齢化の進展と，高齢者を対象とする社会保障給付費の増大を背景として，近年，「世代間公平（衡平）」の理念や社会保障制度における「将来世代」への配慮の重要性に注目が集まっている。このような動向の典型的な例としては，社会保障改革に関する重要な政策文書である「社会保障制度改革国民会議報告書」（平成25（2013）年）を挙げることができよう。同報告書は，前年に制定された社会保障制度改革推進法の「基本的な考え方」の一つとして「給付と負担の両面にわたる世代間の公平」を掲げ，子ども・子育て支援のような若年層への給付を充実することや，将来世代への負担の先送りを解消すべきことを主張している（菊池125頁も参照）。

社会保障制度は，現役世代を主たる財源の担い手とする一方，高齢者に対して年金をはじめとする大規模な給付を行っている。このような制度について国民の理解を獲得するために，立法過程において上記のような観点への一定の配慮が必要であることは否定できない。他方で，上記国民会議報告書も指摘する通り，各種の社会保障給付は，高齢者に対する給付を行う場合でも，その給付を通じて高齢者の家族にもメリットをもたらす場合があるなど，世代ごとに「給付に見合った負担」を厳格に貫徹することにはなじまない面もある。また，給付と負担の関係を制度ごとにみるのか，社会保障制度全体を総合して評価するのか，さらには，「負担」の多寡を単純に金額で比較するのか，負担者の資力との関係で評価するのか等によって，何を公平（衡平）と捉えるかの考え方は大きく変わり得る。このように，「世代間の公平（衡平）」という理念をどのような内容のものと捉え，それを社会保障立法においてどの程度重視すべきかについては，大いに議論の余地がある。

他方で，今日行われている赤字公債を用いた社会保障給付は，民主的決定過程に参加しない将来世代に負担を先送りするという意味で問題をはらんでいる。これは，民主的決定過程における将来世代の利益の考慮の可能性と限界という論点に関わるものであり，上記のような，現存する世代間の給付と負担の均衡という議論とはさらに別の次元の問題といえよう。

第1章全体の参考文献

・厚生労働省『平成24年版厚生労働白書』(2012年) 第1部
・富永健一『社会変動の中の福祉国家――家族の失敗と国家の新しい機能 (中公新書)』(中央公論新社, 2001年)
・田中拓道『福祉政治史――格差に抗するデモクラシー』(勁草書房, 2017年)
・水町勇一郎『労働法入門 (岩波新書)』(岩波書店, 2011年)

第2章 社会保障「法」とは何か？

第1節 社会保障法の概念と意義

1 社会保障法の概念

1 1970年代までの社会保障法概念

前章で論じた「社会保障」に関する法律が，「社会保障法」である。しかし，日本には，「社会保障法」の名を冠した実定法が存在せず，社会保障制度に関する法規を体系的に整理して法典化したという歴史もない。そのため，日本における「社会保障法」の概念は法学研究者が構築した講学上の概念であり，その内容や範囲は時代および論者によって変化してきている。

1950年代，高度経済成長の進展とともに社会保障の法制度が充実・拡大する一方で，学問としての社会保障法学の形成は遅れていた。当初は，社会保障法という法分野の成立自体に対して否定的な学説もあった（石井照久『労働法総論』（有斐閣，1957年），吾妻光俊『社会保障法』（有斐閣，1957年））。否定論に対して，それぞれの研究者が社会保障法の法体系としての独立性・統一性を模索し，1960年代後半頃から複数の体系書が出されるようになった（角田豊『社会保障法の課題と展望』（法律文化社，1968年），林迪廣＝古賀昭典『現代社会保障法論』（法律文化社，1968年），佐藤進『社会保障の法体系（上）』（勁草書房，1969年），荒木誠之『社会保障法』（ミネルヴァ書房，1970年），籾井常喜『社会保障法』（総合労働研究所，1972年）など）。

社会保障法に対する学説の探究が次第に進む中で，「社会保障法」の概念定義を初めて積極的に行ったのは，荒木誠之であるとされる。荒木は，社会保障法を「国民の生存権を確保するための社会的・公的生活保障給付の関係を規律する法」(荒木誠之『社会保障の法的構造』(有斐閣，1983年) 31頁)，あるいは「国が，生存権の主体である国民に対して，その生活を保障することを直接の目的として，社会的給付を行う法関係」(荒木誠之『社会保障法読本〔第3版〕』(有斐閣，2002年) 249頁) と定義づけた。また，籾井常喜は，社会保障法を「(1) 国家を責任主体とした (2) 全国民的規模での (3) 貧困化の契機となる生活事故ないし貧困そのものを対象に，(4) 事後的に所得保障・援護を通じてなす (5) 直接的な生活保障政策の具体化を志向する法制」と定義した (籾井53頁)。両者による「社会保障法」の定義づけは，その後の社会保障法学の発展に少なからぬ影響を与えた。一方で，次に述べる今日の学説の視点からは，当時の積極的な介入国家観を背景に，社会保障法を国家と国民との二者間の関係を規律する法制に限定して捉える点が，限界として指摘される。

2　今日の学説による社会保障法概念

今日では，地方分権や規制緩和・規制改革，民営化の推進といった政策の進行により，社会保障において文字通り国家が自ら責任を負う場面は相対的に減少し，多様な法主体が社会保障制度に携わっている。また，日本社会の少子高齢化や経済の低成長が続く中で，社会保障制度に対する財政的制約を無視することができなくなり，持続可能な拠出と給付のバランスなど，国民の負担面に関する議論も重視されるようになった。今日においても，社会保障法が，生存権を基礎に，「国民の生活困難に対し公的責任で生活保障の給付を行う法の体系」(堀81頁) であることには，異論はない。しかし，こうした社会経済状況の変化は，学説における「社会保障法」の定義にも影響を与えている。

例えば，岩村正彦は，社会保障法を「社会保障制度に登場する各種の当事者の組織，管理運営およびそれらに対する監督を規律するとともに，これら当事者相互間に発生する様々な法律関係，権利義務関係を規律する法」と定義づける (岩村15頁)。河野正輝は，「①一定の法目的理念にもとづいて (目的理念)，②国の最終的な責任の下で社会保障管理運営機関により (責任主体)，③すべての社会構成員に対して (権利主体)，④社会的な生活事故またはニーズの発生に際して (保障事由)，⑤個人の尊厳と自立の支援に値する給付を (給付の範囲と程度)，⑥本人および事業主による保険料拠出と公費負担を財源として (費用負担)，⑦一定の資格要件のもとに権利として保障する (権利性)，という法制の総称」を，社会保障法と定義する（河野正輝＝江口隆裕編『レクチャー社会保障法〔第2版〕』（法律文化社，2015年）8頁〔河野正輝〕）。これらの学説は，従来の「社会保障法」概念を基盤としつつ，社会保障に登場する法主体の多様性や費用の拠出・負担面にも着目することで，社会保障法が現代社会において有する意義を，「社会保障法」の定義に，より精緻に反映させようとしているといえる。

また，菊池馨実は，社会保障法を，「憲法25条を直接的な根拠とし，国民等による主体的な生の追求を可能にするための前提条件の整備を目的として行われる給付やその前提となる負担等を規律する法」と定義づける。菊池の定義の特徴は，憲法25条を社会保障法の根拠としつつ，より根源的な価値を「個人の自律」（その根拠は憲法13条におく）に求め，社会保障法関係における個人を主体的・能動的な権利義務主体として捉える点にある（菊池101頁以下）。

2　社会保障法の意義・機能

岩村によれば，社会保障法は次のような意義・機能を有する。すなわち，①憲法25条の生存権保障を具体化する，②社会保障制度を構成する諸々の制度を設立し，その法的な根拠を提供する，③社会保障制度に登場する様々な当事者相互間に発生する法律関係，権利義務関係を規律する（ここには，当事者間での紛争発生時の紛争解決規範としての機能も含まれる），④社会保障制度の管理運営に当たる様々な公的機関の設立や活動に法的根拠を提供するとともに，その活動を規制する（社会保障法のこの機能は，公的機関等の設立や組織内部の管理運営活動にかかる組織規範としての役割と，社会保障の給付や役務の提供にかかる公的機関の活動にかかる行為規範としての役割に分けられる），⑤社会保障政策上の目的を達成する手段となる，といった意義・機能である（岩村19頁）。

そして，このような意義・機能を有する社会保障法を考察対象とする社会保障法学には，一つには，一般市民が社会保障法上有する権利と負担する義務とを分析し，社会保障法をめぐって生じる法律問題について，一定の法的解決を提示するという，法解釈学としての意義がある。それと同時に，政策論展開に必要な基礎的な法理論や制度論を構築し，提供するといった，いわば政策科学としての意義も存在する。

社会保障法学が有するこれら二つの意義・機能は，互いに密接に関わっている。すなわち，社会保障法学の政策科学としての側面においては，社会保障全体を視野に入れたマクロ的視点から社会保障制度のグランドデザインを描いたり，負担および拠出の視点も組み込んだ法理念・規範原理を提示し，そこから逆に制度のあり方を問い返したりといったことが求められる。その際には，個々の制度の枠組み内でのみ制度改革を考えるのではなく，社会保障法体系全体のバランスを重視して，さらには雇用・教育・住宅などの関連する分野をも視野に入れて，横断的かつ包括的に制度のあり方を考える必要がある。しかし，政策論や規範論を提示するためには，個別の条文解釈や制度の構造分析・理解が正確かつ緻密になされることが，前提として不可欠である。社会保障法学が政策的に有意義な提言をなすためにも，緻密な実定法制度の分析，すなわち法解釈学としての機能を十分に果たすことが求められる。

第１節の参考文献

本文中に掲げたものの他，
・倉田聡『社会保険の構造分析――社会保障における「連帯」のかたち』（北海道大学出版会，2009年）第１章
・品田充儀「社会保障法学の視座と方法――その役割への一試論」『社会保障法・福祉と労働法の新展開（佐藤進先生追悼）』（信山社，2010年）59頁

第２節　憲法と社会保障法

1　生存権（25条）

1　生存権の法的性格

社会保障法が拠って立つ憲法上の条文として，第一に，憲法25条の生存権が挙げられる。憲法25条1項が定める「健康で文化的な最低限度の生活を営む権利」が，通常「生存権」と呼ばれる。これがどのような法的性格を有する権利であるかについて，憲法学では，プログラム規定説，抽象的権利説，具体的権利説と呼ばれる見解の対立がある。

プログラム規定説は，憲法25条1項は国の政治のプログラムないし指針を宣言するものであって，国に対して政治的・道義的義務を課したに留まり，個々の国民に対して具体的権利を保障したものではないと解するものである（最大判昭和23・9・29刑集2巻10号1235頁）。これに対し，今日の支配的学説である抽象的権利説は，憲法25条1項は国に生存権を具体化する施策を行う法的義務を課すと解する。ただし，抽象的権利説では，憲法25条1項を直接の根拠にして具体的給付を求める権利を個々の国民に認めず，具体的な請求権は生活保護法のような生存権を具体

化する法律に基づいて保障されると解する。

抽象的権利説に立つと，具体的立法（今日の日本でいえば生活保護法）がある限り，憲法25条は司法審査の基準として機能する。それでは，具体的立法を欠く場合にはどうか。具体的権利説は，憲法25条1項は立法府に対して具体的立法を行うことを義務づけており，この義務を国会が果たさない場合には，国民は立法の不作為の違憲確認を求めることができるとする立場である。さらに進んで，生存権を実現する具体的な立法が存在しないような例外的場合には，憲法25条1項に直接基づいて具体的な給付を国に求める具体的権利が国民に認められるべきだとする，「ことば通りの具体的権利説」も唱えられている。

2　憲法25条の裁判規範性

社会保障給付と憲法25条との関係が論じられた最高裁判決として，まず，生活保護基準の合憲性が争われた朝日訴訟最高裁判決（最大判昭和42・5・24民集21巻5号1043頁（百選1））が挙げられる。最高裁は傍論において，何が「健康で文化的な最低限度の生活」であるかの認定判断は一応，厚生大臣（当時）の合目的的な裁量に委されており，裁量権の限界を超えた場合または裁量権を濫用した場合に，違法な行為として司法審査の対象となると述べた。次いで，最高裁は，障害福祉年金と児童扶養手当の併給制限が問題となった堀木訴訟（最大判昭和57・7・7民集36巻7号1235頁（百選2））において，朝日訴訟最高裁判決の趣旨を踏襲し，憲法25条を具体化する立法措置の選択決定に立法府が広範な裁量を有することを認めた。そして，立法府の選択決定は，著しく合理性を欠き明らかに裁量の逸脱・濫用とみざるを得ないような場合を除き，裁判所の審査判断の対象とはならないとした。

朝日訴訟・堀木訴訟を通じて，判例では，最低限度の生活水準の具体化を立法府・行政府の広範な裁量に委ねる考え方が確立した。ただし，これらの判決は同時に，立法府または行政府が裁量権を逸脱・濫用した場合には司法審査の対象となり得るとしており，憲法25条の裁判規範性を一定程度肯定している。

このような判例の傾向に対し，従来の学説からは，憲法25条の意義を著しく縮減するものとして強い批判がなされてきた。しかし，近年の学説には，生活保護の給付水準の決定は多様な要素を考慮して行う政策的判断であり，裁判所が直接行うにはなじまない判断であるとして，朝日訴訟最高裁判決の考えを肯定する見解もある。もちろん，この見解に立っても，立法府または行政府が憲法25条を無視してその裁量権を行使することは許されず，立法府または行政府の裁量権の逸脱・濫用に対しては司法審査が及ぶ（岩村32頁）。

憲法学の学説では，憲法25条にかかる司法審査を深めるための議論として，制度後退禁止原則を唱えるものもある。これは，法律によって具体化された給付の水準を合理的理由なく切り下げるには，厳格な理由づけが必要であるとする見解である。生活保護の老齢加算廃止の適法性・合憲性が争われた訴訟の最高裁判決（生活保護老齢加算廃止訴訟（東京）上告審・最判平成24・2・28民集66巻3号1240頁（百選3））は，堀木訴訟最高裁判決を参照し，保護基準の改定に厚生労働大臣が裁量を有することを認めた上で，老齢加算を廃止した大臣の判断の過程および手続に過誤・欠落がないかという観点から，裁量権の逸脱・濫用の有無を検討した。結論としては，老齢加算の廃止の判断に裁量権の逸脱・濫用はなく，憲法25条にも反しないと判断している（最判平成24・4・2民集66巻6号2367頁（福岡訴訟上告審），最判平成26・10・6平成26年（行ツ）第214号／平成26年（行ヒ）第217号判例集未登載（同差戻上告審），最判平成26・10・6賃社1622号40頁（京都訴訟上告審）も同旨）。同判決は，裁量処分に対する司法審査の手法として発展してきた判断過程統制法理を行政立法に当てはめることで，朝日訴訟・堀木訴訟よりも踏み込んだ裁量統制を行った点が注目される。また，同判決が，被保護者の期待的利益や生活への影響に対する配慮を裁量審査に際して勘案した点は，本件が制度後退の場面であることを考慮したものとみることもできよう（→第8章各論[5] **2**(2)(b)）。

発展 2-1　憲法25条1項2項二分論

今日，経済の低成長や急速な少子高齢化を背景に，社会保障財政が悪化する中，給付水準の引下げや給付要件の厳格化を含む制度改革や再構築も行われるようになっている。このような改革・再構築が，憲法25条との関係でどこまで認められ，あるいはどのような制約を受けるのかを考える上で参考となるのが，25条1項2項二分論（峻別論）である。

憲法25条1項と2項の関係に関する憲法学上の通説は，いわゆる一体説である。すなわち，憲法25条1項は生存権保障の目的ないし理念を宣言し，2項はその目的・理念の実現に努力すべき国の義務を定めたものであり，両者は一体不可分の関係にあるという理解である。一体説は判例の立場ともなっている（前掲堀木訴訟・最大判昭和57・7・7（百選2）は，憲法25条1項と2項を区分することなく，同条全体について緩やかな審査基準を採用した）。

これに対し，憲法25条1項と2項とはその法的性質や規範性が異なるとするのが，いわゆる1項2項二分論である。社会保障法学において，いち早く二分論を唱えたのは，籾井常喜であった。籾井は，憲法25条1項と2項では国民の生活条件の維持・向上のために国家が負う義務の度合い，ひいては国民が有する権利の強弱の違いがあると主張した（籾井83頁）。裁判例では，堀木訴訟控訴審判決（大阪高判昭和50・11・10判時795号3頁）が，憲法25条2項は国民の生活水準の相対的な向上を図る事前の積極的防貧施策をなすべき国の努力義務を，同条1項は防貧施策にかかわらず最低限度の生活を維持し得ない者に対する事後的・補足的な救貧施策をなすべき国の責務を，それぞれ宣言したものであるとして，二分論を展開した。籾井や同判決による二分論は，①憲法25条1項と2項を分離し，前者を最低限度の生活の保障，後者を最低限度の生活水準を上回る生活の保障について定めた規定であると理解し，②25条1項を受けた施策（すなわち生活保護）については「健康で文化的な最低限度の生活」という絶対的基準を満たすことを要求するのに対し，③2項に基づく施策（生活保護以外の施策）についてはより広い立法裁量を認める，といった特徴を有する。

二分論は，若干の下級審判決で採用された（京都地判平成元・6・23判タ710号140頁，東京地判平成9・2・27判時1607号30頁等）が，最高裁の判例とはなっていない。また，従来の学説は，二分論に対し，最低限度の生活の保障について立法府の裁量を制約する点を評価しつつも，1項にかかる施策を生活保護法による公的扶助に限定し，その他の社会保障施策を「健康で文化的な最低限度の生活」の保障とは直接関係しないものと捉えた点を批判してきた。

しかし，近年の社会保障法の学説には，二分論の問題点を踏まえた上で，これを採用する見解が増えつつある（岩村35頁，西村37頁，堀141頁，菊池将来構想96頁など）。学説の間には，憲法25条1項を根拠とする社会保障制度を生活保護（および社会福祉のうち沿革的に生活保護とつながりのある部分）に限定するかという点で，見解の相違がある。しかし，1項と2項の間では立法府（またはその委任を受けた行政府）の裁量に対する規範的制約の強度および裁判規範性に違いがあることを指摘した上で，2項について1項よりも立法府の裁量を広く認めようとする点が共通する。すなわち，最低限度の生活の保障を超える部分の社会保障制度の設計については，生活保護の水準の決定に比べてはるかに多様な選択肢があり，その選択は立法府の政策的な考慮に委ねるより他ないと解するのである。

そして，二分論に立つ学説は，憲法25条2項にいう社会保障・社会福祉の「向上及び増進」とは，単に社会保障の給付水準の引上げのみを指すのではなく，国民全体のための中長期的な視野に立った政策展開を意味すると解するべきであるとする。立法府がとり得る政策には，給付内容の削減や給付水準の切下げ，給付要件の厳格化なども含まれる。したがって，例えば財政的制約を理由に給付水準の切下げを内容とする制度見直しを行うことも，立法府の裁量の範囲内に含まれ，基本的には憲法25条2項違反の問題を生じないこととなる。

3　憲法25条1項と外国人

憲法25条1項に関する問題の一つとして，外国人が日本の社会保障制度による給付を受ける権利を憲法上保障されているかという問題がある。通説・判例は，基本的人権の保障は，権利の性質上日本国民のみを対象とすると解されるものを除き，外国人にも等しく及ぶとする（性質説。マクリーン事件・最大判昭和53・10・4民集32巻7号1223頁）。生存権をはじめとする社会権は，各人の所属する国によって保障されるべきであり，外国人に保障されない人権の一つとして挙げられることが多い。しかし，憲法25条が外国人に適用されないとしても，個別の社会保障法が外国人を保障対象とすることが憲法上許されないわけではない。実際，今日では多くの社会保障法制度が外国人にも適用されるようになっている。また，近年では，外国人の態様により憲法25条の適用の有無を判断すべきとの見解も有力である。

昭和56（1981）年の難民の地位に関する条約（難民条約）への加入以前は，多くの社会保障関係法令に，国籍条項（給付の受給者を日本国民に限定する条項）が設けられていた。国民年金法の国籍条項が問題となった塩見訴訟の最高裁判決（最判平成元・3・2判時1363号68頁（百選4））は，憲法25条に関する広い立法裁量を前提に，国は社会保障上の施策における在留外国人の処遇を政治的判断により決定することができ，自国民を在留外国人より優先することも許されるとする。そして，障害認定日（この場合は国民年金法の施行日）に日本国籍を有することを障害福祉年金の受給要件として定めることは，立法府の裁量の範囲に属し，憲法25条に反するものではないとした。

難民条約は，締約国に，合法的に滞在する難民に社会保障について自国民と同一の待遇を与えるよう規定する。同条約への加入に伴う法改正により，国籍条項の多くは削除された（なお，国籍条項の削除の効果は遡及されなかったが，第二次塩見訴訟最高裁判決（最判平成13・3・13訟月48巻8号1961頁）は，これも立法府の裁量の範囲に属すると判断した）。しかし，今日においても，生活保護法はその適用対象を「国民」と定め（→第８章各論2），医療保険においても不法在留外国人は適用除外とされている（→第４章各論1 6）。

学説には，個別の社会保障法における国籍条項の合理性を判断する要素として，①当該社会保障法の性格，②不法滞在者，一時滞在者，難民，定住者，永住者であるかといった外国人の態様，③相互主義，といった観点を挙げるものがある（堀152頁）。①については，受給要件として長期の被保険者期間が定められている年金保険と，そのような長期の加入を要求しない医療保険とでは，異なる配慮が必要となる。また，無拠出制の給付（公的扶助等）は，拠出制の給付（各種社会保険給付）よりも外国人受入れ政策との結びつきを強く有するため，広く一般に憲法上外国人に対する支給が義務づけられているとは解し難い。②に関しては，歴史的理由から日本に定住する在日韓国・朝鮮人については，日本国民と同様の取扱いをすることが政策的には望ましいと考えられる。一方，不法滞在者については，日本の社会保障法を適用しないとすることも，立法府の裁量に委ねられるであろう。最高裁も，不法残留者を生活保護法による保護の対象としないことは，憲法25条に反しないとする（最判平成13・9・25判時1768号47頁（百選5）→第８章各論2 2）。

2　平等原則（14 条）

1　社会保障の給付と平等原則

社会保障の各制度は，適用対象者の選定，支給対象者の選定，支給額や給付内容の設定といった様々な側面で，給付を受ける者と受けない者，あるいは給付を受ける者同士の間での区別を行っている。社会保障に関わる訴訟では，社会保障関係法令が定める上述のような区別が「法の下の平等」を定める憲法 14 条 1 項に反しないかが，問われることも多い。前述（→1）のように，憲法 25 条については広範な立法裁量が認められるため，14 条を援用することで司法審査の密度を高める試みがなされてきたといえる。

憲法学の通説では，憲法 14 条 1 項は合理的理由のない差別的取扱いを禁止しており，差別の合理性は立法目的の正当性および目的とそれを達成するための手段の合理的関連性により判断されると解されている。そして，14 条 1 項後段の列挙事由（人種，信条，性別等）に基づく差別については，より厳格な審査をすべきとの見解が有力である。さらに，それ以外の事由に基づく差別であっても，生存権に関わる問題については厳格な審査を行うべきであるとの見解もある。判例も，一般論としては，社会保障関係法令が受給者の範囲，支給要件，支給金額等につき何ら合理的理由のない不当な差別的取扱いをするときは，憲法 14 条違反の問題を生じ得ることを認める（堀木訴訟・最大判昭和 57・7・7 民集 36 巻 7 号 1235 頁（百選 2））。

憲法 14 条が問題となる事案の類型の一つとして，併給調整規定がある。社会保障関係法令は，同一人に複数の給付の受給権が生じた場合に給付を調整する規定を設けることが多く，これが憲法 14 条に反するかが問題となる。前掲堀木訴訟最高裁判決は，障害福祉年金と児童扶養手当の併給調整規定について，障害福祉年金の受給資格の有無によって児童扶養手当の受給に差別が生じるとしても，憲法 25 条にかかる説示（→1 2）に加えて関連する諸施策の存在等に照らし総合的に判断すると，何ら合理的理由のない不当な取扱いとはいえないとして，合憲の判断を下した。下級審レベルでは，老齢福祉年金の夫婦受給制限規定について，夫婦者を単身者に比べ合理的理由なく差別するもので憲法 14 条に違反するとした裁判例がある（牧野訴訟・東京地判昭和 43・7・15 判時 523 号 21 頁。この判決を受けて，昭和 44（1969）年の国民年金法改正により夫婦受給制限規定は廃止された）。ただし，夫婦の共同生活において生じる共通費用に相当する調整を加えることは妥当であるとして，同規定を合憲と判断した例もある（大阪高判昭和 51・12・17 判時 841 号 11 頁）。

また，いわゆる学生無年金障害者訴訟では，①平成元（1989）年改正前の国民年金法が20歳以上の学生を強制加入とせず，そのため20歳以上の学生とそれ以外の者との間で障害基礎年金の受給に差異が生じていたこと，および，②20歳以上の学生に対し無拠出制の年金を支給するなどの措置が講じられず，そのため20歳以上の学生と20歳前障害者との間に無拠出制の年金の受給に関し差異が生じたことが，憲法14条に違反するかが争われた。地裁レベルでは違憲判決が相次いだ（東京地判平成16・3・24判時1852号3頁等）が，最高裁は，いずれの点についても，憲法14条に違反しないとしている（最判平成19・9・28民集61巻6号2345頁（百選10），最判平成19・10・9裁時1445号4頁→第3章各論2 1(2)）。

堀木訴訟および学生無年金障害者訴訟の最高裁判決は，憲法25条についての合憲判断を前提に，憲法14条についてはほとんど議論せずに合憲と判断した。これらの最高裁判決では，憲法14条の違憲審査基準が25条の広い立法裁量論に吸収され，独自の意味を有しない。しかし，ある法令が憲法25条との関係では合理性を有することが，直ちに憲法14条への適合性を意味することにはならないはずである。学説からは，憲法25条と14条の問題を明確に分けて論じるべきとの指摘もなされている。

近年では，社会保障関係法令が設ける給付要件の男女格差の合憲性が争われる例が増えている。京都地判平成22・5・27（労判1010号11頁（百選56））は，労働者災害補償保険法（労災保険法）施行規則の障害等級表（平成23（2011）年改正前）が外貌の障害の評価に男女差を設けていたことにつき，策定理由に根拠がないとはいえないものの，差別的取扱いの程度が著しく不合理であるとして，憲法14条に違反すると判断した（→第6章各論4 6）。また，大阪地判平成25・11・25（労判1088号32頁）は，遺族補償年金の受給要件として男性配偶者についてのみ一定年齢以上であることを要求する地方公務員災害補償法の規定が，共働きが一般化した今日においては立法目的との間で合理的関連性を失っているとして，憲法14条違反を認めた。同判決は，当該差別的取扱いが憲法14条1項後段の列挙事由に基づくことに言及して，厳格な審査を行った点も注目される。しかし，控訴審（大阪高判平成27・6・19労判1125号27頁（百選6））は，男女の就労状況の差等に鑑みれば，今日においても妻については年齢を問わず独力での生計維持が困難であると認め，夫についてはそのように認められないとして受給要件に区別を設けることが，合理性を欠くとはいえないとして，原判決を取り消した。最高裁も同様に，上記区別は憲法14条1項に違反しないと判断している（最判平成29・3・21労判1162号5頁。

同様の年齢要件は，厚生年金保険法 59 条 1 項 1 号，労災保険法 16 条の 2 第 1 項 1 号等にも設けられている→**第 3 章各論③ 9**(3))。

この他，学説からは，介護保険法において第 2 号被保険者に対する保険給付が一定の疾病による要介護状態等の場合に制限されること（→**第 5 章各論② 3**）の合憲性が問題視されている（アルマ 49 頁，菊池 69 頁）。また，少子高齢化の進行を背景に年金保険制度の持続可能性が課題となっているが，世代間の公平を著しく損なうような制度改革は，憲法 14 条違反になり得ると指摘する学説もある。

2　外国人と平等原則

憲法 14 条の趣旨は，特段の事情の認められない限り，外国人に対しても類推される（最大判昭和 39・11・18 刑集 18 巻 9 号 579 頁）。既に述べたように（→**① 3**），今日では，社会保障関係法令の多くから国籍条項は削除されている。しかし，生活保護法はその適用対象を「国民」とし，医療保険においても不法在留外国人には被保険者資格が認められない。そこで，外国人を国籍または在留資格を理由に社会保障給付の対象から除外することが，憲法 14 条の平等原則に違反しないかが問題となり得る。

塩見訴訟最高裁判決（最判平成元・3・2 判時 1363 号 68 頁（百選 4））では，当時の国民年金法が外国籍の者を障害福祉年金の支給対象から除外したことが，憲法 14 条に違反するかも争われた。同判決は，障害福祉年金の支給に関し，自国民を在留外国人に優先させ，在留外国人を支給対象者から除くことは立法府の裁量の範囲に属すると述べ，内外人の取扱いの区別は憲法 14 条に違反しないとした。第二次塩見訴訟最高裁判決（最判平成 13・3・13 訟月 48 巻 8 号 1961 頁）は，その後の法改正による国籍条項の削除の効果が遡及されず，障害認定日において日本国籍を有しなかった者に引き続き障害福祉年金が支給されないことについて，やはり憲法 14 条に反しないと判断している。

また，最判平成 13・9・25（判時 1768 号 47 頁（百選 5））は，不法残留者を生活保護の対象に含めるかどうかは立法府の裁量に属し，生活保護法が不法残留者を保護の対象としないことは憲法 14 条には違反しないとする。

憲法 25 条については，日本国民の取扱いも広範な立法裁量に委ねられており，外国人が生存権を根拠として具体的な権利の実現を求めることは非常に困難である。むしろ，国籍に基づく社会保障関係法令上の取扱いの区別を憲法 14 条違反の問題として論じる方が，有益であるとの指摘もある。しかし，上述のように，判例は，憲法 14 条の側面においても社会保障制度における外国人の取扱いについて立法府の広い裁量を認める。前述（→1）のように，ここでも，憲法14条の違憲審査基準は25条の広い立法裁量論に吸収されているといえる。

ただし，日本は難民条約に加え，ILO（国際労働機関）の「社会保障の最低基準に関する条約」（102号条約）および国際連合の「経済的，社会的及び文化的権利に関する国際規約」（社会権規約）を批准している。これらの条約は，社会保障における内外人平等を定める（→第3節1）。したがって，外国人の在留資格，各社会保障制度の性格，外国人受入れ政策との整合性等を考慮しながら，適切に立法裁量を行使することが求められる（→1 3）。

1および2の参考文献

本文中に掲げたものの他，
- 笠木映里「[基調報告] 憲法と社会保障法――対話の新たな地平」宍戸常寿ほか編著『憲法学のゆくえ――諸法との対話で切り拓く新たな地平』（日本評論社，2016年）397頁
- 山本龍彦「イントロダクション」前掲書408頁
- 笠木映里ほか「[座談会] 憲法と社会保障法――対話の新たな地平」前掲書428頁

3　経済的自由

1　財産権（29条）

憲法29条による財産権の保障が社会保障法において問題となる側面は，二つに分けることができる。一つは，社会保険料の強制徴収が憲法29条に違反する財産権侵害に当たるかという問題である。この点について，最大判昭和33・2・12（民集12巻2号190頁（百選7））は，国民健康保険への強制加入および保険料の強制徴収を規定する町の条例を合憲とした。国が憲法25条に基づく生存権の実現と社会保障制度の向上・増進義務を果たすに当たり，強制加入制の社会保険制度を創設することも，同条に基づく立法裁量の範囲に属する。このことから，国民を社会保険に強制加入させて保険料を強制徴収することは，公共の福祉による財産権に対する制約（憲29条2項）として許容されると考えられる（西村45頁）。ただし，可処分所得を著しく縮減するような保険料率・額を設定することは，憲法29条違反となる可能性があろう（堀176頁。この点は，憲法25条の問題として論じることも可能である。菊池73頁）。また，賦課方式の公的年金制度において，保険料負担総額を受給年金総額が著しく下回り，高齢者の所得保障のための所得再分配としての合理性を認め得ないという場合にも，憲法29条違反の問題となり得るとの指摘がある。

憲法29条が問題となるもう一つの側面は，社会保障給付の受給権が財産権としての保障をどの程度受けるかである。憲法29条1項により保障される財産権には公法上の権利も含まれ，社会保障給付の受給権も同条により保障される。それでは例えば，社会保障給付の給付水準を引き下げるような法改正は，財産権侵害として違憲になるだろうか。判例は，財産権の内容の事後法による変更は，公共の福祉に適合するものである限り，違憲とはならないとする。そして，変更が公共の福祉に適合するかは，①財産権の性質，②内容変更の程度，および③変更によって保護される公益の性質などを，総合的に勘案して判断される（最大判昭和53・7・12民集32巻5号946頁）。社会保障給付については，年金等の社会保険給付であっても，民間保険と同じような意味での権利性を主張することはできないと考えられる（上記①）。したがって，給付水準の引下げの程度（上記②）によるが，将来世代の過重な負担の軽減等を目的としてなされる制度改正（上記③）は，直ちに憲法29条違反とはならないであろう（西村46頁，堀172頁→第3章各論③6(3)）。

2　営業の自由（22条1項）

憲法22条1項が保障する職業選択の自由は，選択した職業を遂行する自由，すなわち営業の自由をも保障する。医療法上の病床規制を理由とする健康保険法上の保険医療機関の指定拒否（→第4章各論② 2(4)(c)）が問題となった訴訟では，指定拒否が営業の自由の侵害に当たるかも争われた。この点につき，最判平成17・9・8（判時1920号29頁（百選11））は，医師供給誘発需要仮説（→第4章各論② 2(4)(c)発展4-13②）を前提に，医療計画に照らし過剰な病床を有する病院を保険医療機関として指定すると，医療保険の運営の効率化を阻害するおそれがあるとする。そして，医療法に基づく開設中止勧告に従わずに開設された病院につき保険医療機関の指定を拒否することは，公共の福祉に適合する必要かつ合理的な措置であるとして，憲法22条違反の主張を退けた。

しかし，現在の国民皆保険体制の下では保険医療機関の指定を受けずに病院を経営することは困難であり，指定拒否は医療機関の営業の自由に対する大きな制約となる。また，既に保険医療機関として活動している医療機関にはその病床数を維持させ，新しく参入しようとする医療機関についてのみ指定拒否がなされる仕組みは，保険医療という市場における新規参入制限としての機能を有する。学説からは，規制の必要性と営業の自由に対する制約の度合いとを，慎重に評価する必要性が指摘されている（アルマ151頁）。

介護保険法や「障害者の日常生活及び社会生活を総合的に支援するための法律」

（障害者総合支援法）においても，事業計画の達成を理由とする事業者・施設の指定拒否が可能であり，同様の問題が生じ得る（→第５章各論①２(3)(a)発展 5-8 ②）。

④　租税法律主義（84条）

1　社会保険料と租税法律主義

憲法84条は租税法律主義を定める。判例によれば，租税の創設・改廃のみならず，納税義務者，課税標準，徴税の手続が全て法律に基づき定められなければならない（最大判昭和30・3・23民集9巻3号336頁）。ここでいう租税とは，国または地方公共団体が，その経費を支弁するために国民から強制的に徴収する金銭を指す。憲法84条が地方公共団体による課税（地方税）を含むかは議論があるが，地方税については地方税条例主義が適用されるというのが今日の通説である。

社会保険料は，社会保険の運営という国の政策のために強制的に徴収されるという点で，租税に類似する。そこで，社会保険料に憲法84条が定める租税法律主義が適用されるかが問題となる。旭川市国民健康保険条例事件の最高裁判決（最大判平成18・3・1民集60巻2号587頁（百選8））は，国民健康保険料が保険給付に対する反対給付性および牽連性を有することを根拠に，国民健康保険料に憲法84条は直接適用されないとした。ただし，強制加入・強制徴収の国民健康保険料は，賦課徴収の強制の度合いが租税に類似することから，憲法84条の趣旨が及ぶとする（趣旨適用説）。その上で，条例において賦課要件がどの程度明確に定められるべきかは，賦課徴収の強制の度合い，社会保険としての国民健康保険の目的・特質等を総合考慮するとして，問題となった市の条例による保険料の規定の仕方を合憲とした。

これに対し，市町村が国民健康保険の費用を保険税として徴収する場合，形式が税である以上，憲法84条の規定が適用されるというのが判例の立場である（前掲旭川市国民健康保険条例事件最高裁判決は，かっこ書で，保険税に対する憲法84条の適用を認める。憲法84条の適用を前提に，市の国民健康保険条例の規定を違憲無効と判断した例として，仙台高秋田支判昭和57・7・23判時1052号3頁）。判例の立場を肯定する学説がある（岩村127頁）一方で，保険税であっても本質は保険料であるとして，憲法84条の適用を否定する見解も有力である（堀183頁）。

最高裁は，介護保険料についても憲法84条の趣旨が及ぶことを前提に，具体的な保険料率の決定を政令および条例に委任する介護保険法の規定は同条の趣旨に反しないと判断している（最判平成18・3・28判時1930号80頁）。この点について，介護保険料の決定にかかる重要な事項が政令に委任されており，かつ条例が政令に拘束される程度が強いため，介護保険料の決定の仕組みは租税法律主義にも地方税条例主義にも反するとの指摘もある。

趣旨適用説を採用することで，国または地方公共団体以外の主体が徴収する保険料にも，憲法84条の趣旨が及ぶことになる。最高裁は，公共組合である農業共済組合が賦課徴収する掛金について，国または地方公共団体が課税権に基づき課する租税ではないとして，憲法84条の直接適用を否定したが，その趣旨は及ぶとした。その上で，掛金の具体的決定を組合の定款または総会の決定に委ねる農業災害補償法の規定は，掛金の決定を組合の自治に委ね，組合員による民主的な統制の下におくとしたもので合理性を有するとして，憲法84条の趣旨に反しないとする（最判平成18・3・28判時1930号83頁）。健康保険組合や国民健康保険組合においても，保険料の決定に組合民主主義が採用されており，同様の考え方が当てはまる。一方，協会管掌健康保険の保険料の決定については，組合民主主義も議会民主主義も不十分であるとして，合憲性を疑問視する見解がある（保険者自治の問題については→第４章各論⑦3）。

1の参考文献
・碓井光明『社会保障財政法精義』（信山社，2009年）85頁

2　利用者負担と租税法律主義

医療保険や社会福祉では，提供されたサービスの費用の一部を利用者が負担する，利用者負担が課されることが多い。医療保険や介護保険の利用者負担については法律に負担割合が明記されているが，社会福祉の利用者負担（保育料，措置によるサービス利用時の費用負担等）の決定は地方公共団体の裁量に委ねられる。多くの地方公共団体が，利用者負担の徴収に関する規定を，条例ではなく規則により定めている。そこで，規則による利用者負担の徴収が，租税法律主義または地方税条例主義に適合するかが問題となる。

最高裁は，保育料に関して，保育所へ入所して保育を受けることに対する反対給付として徴収されるものであり，租税には当たらないとしている（最判平成2・7・20集民160号343頁，最判平成2・9・6保育情報165号34頁（百選〔4版〕103））。利用者負担は，提供されたサービスに対して支払う直接の対価とみることができ，社会保険料よりも，憲法84条の適用を問題にする必要性は薄いといえよう（→第５章総論⑤1発展5-5）。

5 その他

社会保障に関わる憲法の条項として，以上の他にも次のようなものが挙げられる。

まず，近年，憲法13条に社会保障の基礎理念を求め，個人の人格的な自律の支援を社会保障の目的と捉える学説が，有力に主張されている（→第1節1 2）。また，社会保障制度における個人の運営参加や情報開示，入所施設における個室保障の問題などが，憲法13条に根拠をおく自己決定権・プライバシー権などとの関連で論じられる。

強制加入制の社会保険の合憲性に関連し，思想・良心の自由を保障する憲法19条が援用されることもある。最大判昭和33・2・12（民集12巻2号190頁〔百選7〕）は，国民健康保険の目的から強制加入制は当然であるとして，合憲とする。また，医療法による医療機関の広告に対する規制が，憲法21条が保障する表現の自由との関係で問題となることもある（合憲とした裁判例として，最判平成18・12・7平成17年（行ツ）第25号判例集未登載（百選〔4版〕10）がある→第4章総論4 2）。

この他，社会福祉事業に対する公費助成に関しては，慈善・博愛の事業に対する公金の支出を禁じる憲法89条が問題となり得る（→第5章総論2 1発展5-1）。

第3節　社会保障法の法源

法の解釈適用に際して法として援用し得る法形式を法源という。社会保障法においても他の法分野と同様，条約，憲法，法律といった成文法源と，判例や慣習法といった不文法源がある。ここでは，規範の作成主体による分類を試みる。

1　国際的な規範

国が締結した条約および確立した国際法規は，これを誠実に遵守する必要がある（憲98条2項）。したがって，社会保障に関わる国際条約を締結したならば，条約に適合するよう国内法を整備しなければならず，新たに法律を制定または改正する場合には，締結した条約に抵触しないようにしなければならない。

わが国が締結した社会保障に関わる条約として，ILO（国際労働機関）の「社会保障の最低基準に関する条約」（102号条約，昭和51（1976）年批准），「業務災害の場合における給付に関する条約」（121号条約，昭和49（1974）年批准）がある。これらの条約は，社会保障の各給付について，対象者の範囲，給付内容，支給期間等を定め，条件を満たす給付の支給を加盟国に義務づける。

また，国際連合の「経済的，社会的及び文化的権利に関する国際規約」（社会権規約，昭和 54（1979）年批准）をはじめとする人権に関する条約も，社会保障に関わることが多い。昭和 56（1981）年の難民条約への加入に際しては，社会保障関係各法から国籍条項が削除された（→第２節① 3）。最近では，「障害者の権利に関する条約」（障害者権利条約，平成 26（2014）年批准）の批准に先立ち，障害者基本法の改正，障害者総合支援法の成立といった国内法の整備が行われた（→第５章各論③ 1）。

この他に，経済のグローバル化に伴い，海外で働く日本人や日本に来て働く外国人が増加していることを背景として，各国との間で社会保障協定の締結が進められている。社会保障協定は，日本と締結国との間で，加入する社会保障制度を調整することで保険料の二重負担を防止するとともに，とりわけ年金制度について両国の間での加入期間を通算することで保険料の掛け捨てを防止するものである。2018 年５月の時点で，ドイツ，イギリス，アメリカ等 21 カ国と協定を結んでおり，うち 17 カ国との協定が発効済みである（→第３章各論② 2(4)発展 3-8）。

発展 2-2①　条約による内外人平等取扱いの要請と国籍要件の関係

日本は昭和 56（1981）年の難民条約の批准より以前に，ILO 102 号条約および社会権規約を批准した。ILO102 号条約 68 条は，外国人居住者が自国民居住者と同一の権利を有すると定め，社会権規約 9 条は，締約国が社会保障についての全ての者の権利を認めるよう求める。

ただし，ILO102 号条約 68 条 1 項ただし書は，主として公費を財源とする給付や過渡的な制度については，外国人に関し特別な規定を設けることを認めている。また，判例は，社会権規約が 2 条 1 項において締約国が権利の実現を漸進的に達成するよう規定していることから，同 9 条は国が積極的に社会保障政策を推進すべき政治的責任を負うことを宣言したものに留まり，個人に対し即時に具体的権利を付与すべきことを定めたものではない（すなわち，同条には裁判規範性がない）と解する（塩見訴訟・最判平成元・3・2 判時 1363 号 68 頁（百選 4））。そして，難民条約 23 条・24 条が要請する内外人平等取扱いは，合法的に滞在する難民を対象とする。したがって，現行の社会保障関係法令が，公費を財源とする生活保護において外国人を保護の対象としない（ただし，永住者・定住者には行政上の措置として事実上，日本人と同等の保護が行われる）ことや，不法在留外国人を医療保険の適用除外とすることは，上記三つの条約に反しないと考えることができる。

これに対し，国際法の学説では，社会権規約 2 条 2 項の差別禁止原則は即時実施義務であり，社会保障立法がなされた場合にその内容に差別があれば同項違反の問題となるとの理解が一般的であり，判例に対する批判が強い。また，一般に裁判規範性の認められる「市民的及び政治的権利に関する国際規約」（自由権規約，昭和54（1979）年批准）26条の差別禁止原則が，社会保障の権利にも適用可能であるとされる。これらの差別禁止原則に照らすと，現行法令における外国人の取扱いが，合理的かつ客観的な基準に基づく，正当な目的の達成のための区別であるかが問われることとなる。

発展 2-2②　条約以外の国際的な規範

条約という法的拘束力を有する規範以外にも，各種の国際機関が発出する勧告やガイドラインが，わが国の社会保障法政策に対して強い影響を与えることがしばしばある。

例えば，ILOが策定する国際労働基準には，批准国を拘束する条約の他に，批准を前提としない勧告がある。勧告は加盟各国の法政策の指針や目標を示すもので，法的拘束力は伴わない。しかし，加盟各国は勧告の国内適用の状況について定期的にILO事務局に報告しなければならず，勧告で示された基準の達成状況が国際的に監視される仕組みとなっている。社会保障分野に関する近年の勧告としては，平成24（2012）年に採択された「社会的な保護の土台勧告」（第202号）がある。

OECD（経済協力開発機構）は，平成6（1994）年の「OECD雇用戦略」の改訂版に当たる「OECD新雇用戦略」を平成18（2006）年に発表した。「OECD新雇用戦略」は各国における雇用政策立案の基盤となることを意図する政策提言で，就労意欲に配慮した失業給付・公的扶助の制度設計にかかる勧告が含まれる。世界銀行やIMF（国際通貨基金）は，とりわけ年金の分野での政策提言に積極的である。平成6（1994）年に世界銀行が発表したレポート「年金危機をどう回避するか」は，所得比例年金の積立方式への移行および民営化を提言し，わが国における年金改革論議にも少なからぬ影響を与えた。世界銀行は，平成17（2005）年に「21世紀の高齢所得保障」と題する新しいレポートを発表している。IMFは，近年の議定書や報告書で，各国の年金保険制度における受給開始年齢引上げ，給付水準の引下げ，保険料の引上げといった改革の必要性を指摘している。また，OECDやIMFは，各国に対して個別的にその経済政策の分析評価を行っている。

これらの国際機関が発する政策提言は，支援対象国に対しては融資等の条件として拘束力を持つこともあるが，加盟国一般を拘束するものではない。しかし，今日の国際社会では強い影響力を有し，国際的な標準を示すものとしてわが国の政策決定過程においても参照される。

2　国・地方公共団体が作る規範

1　憲法・法律

国内法における最高法規である憲法は，社会保障法においても重要な法源である。生存権を保障する25条をはじめとする条文が，社会保障法の解釈においてしばしば援用される（→第2節）。

社会保障の法制度は，制度ごとの個別の法律に根拠をおく（例えば，健康保険制度について定める健康保険法）。これら個別の法律は，社会保障法の重要な法源となる。ただし，社会保障にかかる法律は，支給要件，給付の水準・範囲，給付手続等の詳細を政省令等の下位規範に委ねていることが多い。

また，社会保障の法制度において生じる法律関係には，私法上の関係（契約など）と公法上の関係（行政処分など）が混在することから，民法，労働法，行政法など，他の法分野の法律が援用されることも多い。

2　政令・省令・告示

社会保障の法律は，支給要件，給付の水準・範囲，給付手続等の詳細を，政令または省令に委任していることが多い。例えば，児童扶養手当法4条1項1号・2号は，児童扶養手当の支給対象児童の範囲の一部について，政令（児童扶養手当法施行令）に委任する。また，労働者災害補償保険法（労災保険法）15条は，障害補償給付の支給の基準となる障害等級の定めを，省令（労災保険法施行規則）に委任する。法律の委任に基づき定立される政省令は，国民の権利義務を直接に画し，裁判規範としての拘束力を有する法規命令である。

公の機関が意思決定または事実を一般に公に知らせる形式として，告示が用いられることがある。例えば，生活保護の基準は，生活保護法8条の委任を受けた厚生労働大臣が告示の形で定めている。また，医療保険制度では，健康保険法76条2項の委任を受けた厚生労働大臣が，療養の給付にかかる費用の額を告示の形で定めている（いわゆる診療報酬点数表）。告示が法規命令として外部効果を有し得るかについては争いがあるが，法律の委任を受けて定められた生活保護基準や診療報酬点数表は，外部効果を有すると解される。

法律の委任を受けて定められる法規命令は，委任の範囲内に留まるものでなければならない。法律による委任の範囲を逸脱した命令は，違法であり無効なものと判断される（児童扶養手当法施行令の規定を違法とした例として，最判平成14・1・31民集56巻1号246頁（百選99）→第５章各論⑤２(3)発展5-23）。しかし，社会保障の法律は行政立法の裁量を広く認めることも多く（上記の生活保護基準や診療報酬点数表の例），委任の範囲を画することが困難である場合も少なくない。

3　条例・規則

社会保障では，地方公共団体およびその長も重要な役割を果たす。地方公共団体は，法律の範囲内で条例を制定することができる（憲94条）。

地方公共団体の処理する事務のうち，法定受託事務を除いたものを自治事務という（地自2条8項）。例えば，国民健康保険，介護保険，児童福祉，障害者総合支援といった事業は，法令により地方公共団体に事務処理が義務づけられた自治事務である。また，地方公共団体が任意で，法定の社会保障給付に上乗せ給付を行ったり，独自事業として給付を行うこともある。これに対し，法令により地方公共団体が処理することとされる事務のうち，国が本来果たすべき役割にかかるもので，国においてその適正な処理を特に確保する必要があるものとして法令に定めるもの等を，法定受託事務という（地自２条９項）。社会保障における法定受託事務の例としては，生活保護が挙げられる。地方公共団体の条例制定権は，自治事務と法定受託事務の双方に及ぶ。近年の地方分権改革の流れの中で，とりわけ社会福祉の領域において条例が果たす役割が増加している（→第５章各論①１⑴発展 5-6）。

また，地方公共団体の長は，法令に違反しない限りにおいて，その権限に属する事務に関して規則を制定することができる（地自 15 条）。社会保障に関しても，事務執行のための細則が規則に定められることが多い。ただし，地方公共団体が義務を課し，または権利を制限するには，法令に特別の定めがある場合を除いて条例によらなければならない（地自 14 条２項）。

地方公共団体が自治事務について定める条例は，法律および法律の委任に基づく命令に違反することはできない（地自 14 条１項）。また，法律の委任に基づく委任条例（例えば，国民健康保険法 81 条の委任に基づき国民健康保険料の賦課徴収等について定める条例）は，当然に法律の委任の範囲内で制定されることになる。

４　行 政 規 則

行政機関が策定する一般的な法規範で，国民の権利義務に関係する法規としての性質を有しないものを，行政規則という。行政規則は法律の授権を要さず，命令の形式をとる必要もない。内規，要綱，通達等の形式で定められる。

社会保障法においては，給付の要件等が法律または条例に抽象的にしか規定されておらず，具体的な要件・効果を通達等が画することがある。例えば，健康保険法・厚生年金保険法における短時間労働者の取扱いや被扶養者の認定は，長らく，通達や内翰（ないかん）にその基準が定められてきた（医療保険の被扶養者について→第４章各論①２⑷，年金保険の被保険者について→第３章各論②２⑴発展 3-7）。また，そもそも法律または条例に給付の根拠規定が存在せず，専ら要綱等に基づき給付が行われることもある。例えば，労働福祉事業として行われる労災就学等援護費の支給は，労災保険法・同法施行規則には支給要件等の規定がなく，支給対象者，支給額，支給期間等は全て要綱で定められている。社会福祉の分野でも，要綱に基づく施策が多い。

通達等の行政規則は，私人および裁判所を拘束するものではない。しかし，法令や条文の趣旨・目的を理解するに当たり，通達が示す法令の解釈はしばしば重要な参考資料となる。また，裁判例には，法令全体の構造から要綱に基づく給付の支給・不支給決定に処分性を認める例（労災就学等援護費について最判平成15・9・4労判858号48頁（百選57）→第6章各論⑤1）や，要綱が定める支給基準を満たすにもかかわらずなされたサービス不支給決定に平等原則の観点から違法性を認める例（特別区の要綱に基づくホームヘルパー派遣について東京地判平成8・7・31判時1593号41頁）がある。

②の参考文献
・笠木映里「社会保障法と行政基準」社会保障法研究3号（2014年）3頁

③　国・地方公共団体以外の主体が形成する規範

1　判　　例

判例とは，広義には過去に下された裁判をいうが，狭義にはそのうち拘束力を持つものをいう。判例の形成と統一の役割は，最高裁が担う。最高裁判例に対する違反は上告受理申立理由となり（民訴318条1項，刑訴405条2号），最高裁が判例を変更するときは，大法廷を開かなければならない（裁10条3号）。判例を法源として位置づけるべきかについては議論があるが，訴訟制度上，判例は下級審裁判所に対する拘束力を担保されている。そのため，判例は，不文法源として重要な意義を有する。ただし，社会保障法の領域では，訴訟の数がそれほど多くなく，判例の蓄積も少ない。

下級審裁判例には，上述のような拘束力はない（ただし，最高裁の判例がない場合には，控訴審である高等裁判所の判例が拘束力を持つ。民訴318条1項，刑訴405条3号）。しかし，下級審裁判例の積み重ねが新しい判例の形成や判例変更につながることもある。また，先例のない法律問題に最初に判断を下すのは下級審であるから，その判決は実務上・理論上，重要な意義を有し得る。社会保障法に関する判例の蓄積不足の面からも，下級審裁判例を研究する重要性は大きい。

2　私的規範

社会保障の給付と負担の根拠は，第一次的には国家が定める法規範におかれている。しかし様々な形で，国家以外の主体が定める規範，すなわち私的規範が，社会保障の給付や負担の根拠を形成することがある。ここでは，そのような私的規範を国家による認可の有無に着目して整理する。

(1) 国が認可する私的規範

社会保険では，労使または職域を同じくする者の集団によって任意設立される公法人が保険者となることがある。この場合，当該公法人が定める規約等に，保険給付の支給や保険料の賦課徴収の根拠が設けられることがある。

例えば，健康保険法に基づき組織される健康保険組合は，その規約で保険料や付加給付などに関する事項を定めなければならない。規約の効力は厚生労働大臣の認可を受けることで発生する（健保16条）。また，健康保険組合は，法律が定める範囲内で一般保険料率を決定し，厚生労働大臣の認可を受けなければならない（健保160条）。国民健康保険法に基づき国民健康保険組合が設立された場合，出産育児一時金，葬祭費および傷病手当金の支給は，組合の規約の定めるところにより行われる（国保58条）。国民健康保険組合が賦課徴収する保険料に関する事項（賦課額，保険料率，納期等）も，政令で定める基準に従い規約で定められる（国保81条）。国民健康保険組合の規約は，都道府県知事による認可を受けることで効力を発生する（国保27条）。

これらの組合が策定する規約や保険料率の定めは，大臣または知事の認可を受けることで保険者および被保険者（健康保険組合の場合は事業主も）を拘束する法規範となる。とりわけ，保険料の賦課徴収に関する事項については，法が健康保険組合・国民健康保険組合に規範作成の権限を委譲しているものといえ，租税法律主義との関係が問題となる（→第２節④ 1）。

企業年金においては一般に，年金給付の支給要件や掛金の額などの事項は事業主または基金が作成する規約に規定される。規約型確定給付企業年金および企業型確定拠出年金では，年金給付の支給要件・額・算定方法や掛金に関する事項は，事業主が従業員の代表（過半数労働組合または過半数代表者）の同意を得て作成する規約に定められる。事業主は，規約の作成・変更について厚生労働大臣の承認を受けなければならない（確定給付3条・4条・6条，確定拠出3条・5条）。基金型確定給付企業年金においても同様に，年金給付や掛金に関する事項は規約で定められる。ただし，基金型確定給付企業年金の規約の変更は，厚生労働大臣の認可を受けなければ効力を生じない（確定給付16条）。これらの規約は，大臣による承認または認可を受けることによって，企業年金の当事者（事業主と従業員，退職した受給者等）を拘束する法規範となるといえよう（なお，承認または認可を受けない規約の私法上の効果については議論がある）。

以上に挙げた例は，法律による授権に基づき私的団体が規範を作成し，国家がエンフォース（法執行）する規範である。その点で，純粋な意味での私的規範（国家以外の主体が形成し，エンフォースに国が関与しない規範）とは異なる。

(2)　国の認可によらない私的規範

医療保険における療養の給付や介護保険における介護サービスの提供といった現物給付（実際上は現物給付化されている金銭給付を含む）については，民間の医療機関や事業者・施設等が給付・サービスの提供主体となり得る。受給者・利用者とサービス提供主体との間の権利義務関係は，診療契約やサービス利用契約といった契約関係として構成される。この場合，法令・条例が規制していない部分について，民間主体が私的規範を形成することがある。

例えば，平成14（2002）年より，「専門医」であることが医療機関の広告可能事項として認められている（平成19年厚労告108号）。従来は，専門医の認定は各学会が行い，社団法人日本専門医制評価・認定機構が各学会の専門医制度の審査，評価，公表および改善勧告等を行うとともに，専門医に関する確認事項や整備指針を定めてきた。すなわち，専門医制度においては，法令による医療機関の広告規制と結びついた形で，民間団体によって私的規範が形成されてきたのである。平成26（2014）年，専門医の認定と養成プログラムの評価・認定を統一的に行う中立的な第三者機関として，一般社団法人日本専門医機構が設立された。今後は，各学会が作成する専門医の認定・更新基準や研修プログラム等の基準に対し，同機構が助言・評価・認定を行うことで，専門医制度の標準化が図られる（新たな専門医制度は平成30（2018）年度開始）。広告についても，同機構が認定した専門医制度による研修を受けた専門医であることが広告可能となる予定である。引き続き，専門医制度について，私的規範が大きな役割を果たすことになる。

また，医療における診療情報の開示については，日本医師会が「診療情報の提供に関する指針」を定めている。診療情報の提供，診療記録等の開示に関する苦情は，医師会内に設置される苦情処理機関が受け付ける。すなわち，診療情報の開示について，医師会による私的規範が形成され，自主的な履行確保が図られている。医師会が作成した指針は，国が定める診療報酬点数表においても参照されている。

介護保険法・障害者総合支援法の下では，サービス利用契約の締結に当たって事業者が用いる契約書・重要事項説明書が，多くの場合に，全国社会福祉協議会等が作成したモデル契約書・モデル重要事項説明書に沿っていることが指摘される（→第5章総論③3）。ここでは，モデル契約書等が，契約内容の標準化に寄与し，私的規範として作用する。ただし，利用者・事業者の間の権利義務関係を規律するのはあくまでも個別に締結された契約書であり，モデル契約書等の内容が直接的に契約内容となるわけではない。

これらの私的規範は，必ずしも，裁判で援用し得る法源には当たらず，国家によるエンフォースを念頭におかないソフトローである。しかし，当事者に対して実際上大きな意味を有する社会的な規範である。

③の参考文献

・藤田友敬「規範の私的形成と国家によるエンフォースメント──商慣習・取引慣行を素材として」ソフトロー研究６号（2006年）１頁
・岩村正彦「社会法における私的規範形成」ソフトロー研究12号（2008年）41頁

④　その他の法源

以上に述べた他，慣習法や法の一般原則（条理）も社会保障法の重要な不文法源である。

社会保障の給付・サービスが行政により直接提供される場合，すなわち当事者の関係が行政上の法律関係である場合には，行政法の一般原則とされる信義則，権利濫用禁止の原則，比例原則，平等原則等が適用される。信義則および権利濫用の禁止は，民法に規定されているが，行政関係にも適用される。ただし，法律による行政の原理と抵触する場合には，調整が必要となる。換言すれば，法律による行政の原理の形式的な適用では具体的妥当性に欠ける事態が生じるときに，信義則等が用いられる。裁判例では，被保険者資格がないにもかかわらず行政職員の勧誘によって国民年金の加入手続をし，国民年金保険料を納付して受給資格を満たした在日韓国人につき，信義則の原則により年金受給権を認めた例がある（東京高判昭和58・10・20判時1092号31頁）。また，「原子爆弾被爆者に対する援護に関する法律」（被爆者援護法）の事案であるが，最判平成19・2・6（民集61巻1号122頁）は，違法な通達に基づき健康管理手当の支給を打ち切られた受給者が，未支給の手当の支給を求めたのに対し，行政庁が消滅時効を主張することは信義則に反し許されないとしている。なお，東京高判平成16・9・7（判時1905号68頁〔百選42〕）は，社会保険庁長官の裁定の誤りにより年金が過誤払いされた事案において，行政処分が違法・不当であることが明らかになった場合でも条理上その取消しが許されない場合があるとしつつ，裁定を取り消すことにより受給者が被る不利益と裁定を取り消さずに維持することにより生じる公益上の不利益を比較考量し，遡及的な再裁定と過払い分の支給調整を行うことに違法はないとして，これを信義則違反とした原判決（東京地判平成16・4・13訟月51巻9号2304頁）を取り消した。

給付・サービスの受給者と提供者の間の関係が私法上の法律関係である場合には，慣習法や条理が適用され得る。例えば，医療保険における被保険者等と保険医療機関との関係，介護保険における被保険者とサービス提供事業者・施設との関係が挙げられる。

第4節　社会保障法の体系

1　社会保障法の体系論

社会保障法をどのように体系化するかは，社会保障法の学説における重要な課題の一つであった。1950年代から60年代にかけては，社会保険・公的扶助・社会福祉といった社会保障制度を構築する制度部門に沿って体系化を行う，制度別体系論が主流であった。昭和25（1950）年の社会保障制度審議会勧告も，社会保障制度を社会保険，国家扶助，公衆衛生および医療，社会福祉の4部門からなるものと構成する。

制度別体系論に対し，荒木誠之は，社会保険とそれ以外の無拠出制の制度の差異は相対化していること，両者が法理的にどのような関係にあるのかが解明されていないこと，制度構成に依拠した理論は制度の変遷による動揺を免れないこと等の問題を指摘する。荒木は，生活保障を必要とする原因とそれに対応する給付の性質・内容によって，所得保障給付の法体系（所得の喪失に対して金銭的給付を行う法）と生活障害給付の法体系（心身の機能の喪失または不完全によって生ずる生活上のハンディキャップに対し社会サービス給付を行う法）の二大系統に社会保障の法体系を分ける。所得保障給付の法体系は，さらに，生活危険給付法（年金，傷病手当金，児童手当等）と生活不能給付法（生活保護）に分けられる（荒木誠之『社会保障法』（ミネルヴァ書房，1970年）50頁）。

荒木が唱えた給付別体系論は，様々な批判を受けつつも，後の学説に大きな影響を与えた。籾井常喜は，給付別体系論に対して社会保障の保障方法と要保障事故の性質・程度には相関関係があると指摘し，保障方法の類型に基づく分類に意義を見出す。そして，現行制度を社会保険・社会扶助手当・社会福祉事業・公的扶助の4

部門に分類し，さらに，①社会保険・社会扶助手当を所得の中断・減少・喪失や特別の出費といった「生活危険」に対応する「生活危険給付」に，②社会福祉事業を労働能力の喪失や自活の困難といった「生活障害」に対応する「生活障害給付」に，③公的扶助を生活困窮という「生活不能」に対する「生活不能給付」に，それぞれ対応させた（籾井 79 頁）。籾井の体系論は，要保障性に基づく給付類型と保障方法に基づく制度類型を対応させた点に特徴がある。

近年では，河野正輝が，社会保障の目的理念に沿って体系化する目的別区分説を唱えている。河野は，現在の社会保険制度が抱える問題点の克服のためには，給付や規制的手段によって実現すべき価値や目標を明示することが必要であるとの観点から，最低所得保障法・所得維持保障法・健康保障法・自立支援保障法の 4 部門に，社会保障法を体系区分する（河野正輝『社会福祉法の新展開』（有斐閣，2006 年）18 頁）。また，菊池馨実は，社会保障の法体系を保障ニーズの性格に対応した給付内容の違いに応じて構成し，金銭給付たる所得保障法と，サービス給付を中核とする医療保障法，社会サービス保障法の 3 部門に分ける立場をとる（菊池 104 頁）。

[2]　本書の立場

社会保障法の体系論は，社会保障法学の草創期においては，他の法分野に対する社会保障法の独立性・統一性を模索する作業につながっていた。しかし，高度経済成長に伴う社会保障制度の発展や 1980 年代以降の社会保障制度の再構築を受けて，学界の関心は各論分野へ移行し，体系論は活発には議論されなくなった。近年の学説には，そもそも体系論に強い意義を見出さないものも存在する。岩村正彦は，法解釈論や法政策論の視点からは体系論にそれほど実益があるわけではなく，社会保障制度を構成する各制度に沿って体系化すれば十分であると述べる。岩村は，社会保障法を社会保険法・公的扶助法・児童手当関係法（社会手当法）・社会福祉サービス法から構成される法体系として捉え，各分野の中に具体的な法令を配置している（岩村 17 頁）。また，堀勝洋も，体系論を展開するに当たり，分類および体系化は便宜的なものであるとの前置きを付す。堀は，保障方法に着目して社会保険法と社会扶助法に二分した上で，下位領域として具体的な実定法を分類する（堀 109 頁）。これらの学説は，制度別体系論に近い立場に立つものといえる。

本書も，体系論に強い意義を見出すものではなく，制度の枠組みに沿って社会保障法の体系を考えればよいとの立場に立つ。次の第 2 編では，社会保障法の各論として年金保険（企業年金を含む），医療保険，介護保険，社会福祉，社会手当，労災保険，雇用保険および生活保護を取り上げるが，説明の便宜の観点からも，具体的な制度ごとの叙述となっている。

もちろん，社会保障法学が政策科学としての機能も有し，社会保障の制度改正に対し政策策定指針を提示することもその役割の一つであること（→第１節②）を踏まえれば，体系論には一定の意義がある。すなわち，制度横断的な体系化の試みによって，複雑になった現行制度を整理し，制度間の矛盾や重複の問題を明らかにし，制度間の役割分担を考えるために有用な視座が提供され得る。本書の立場も，そのような分析視角の重要性を否定するものではない。

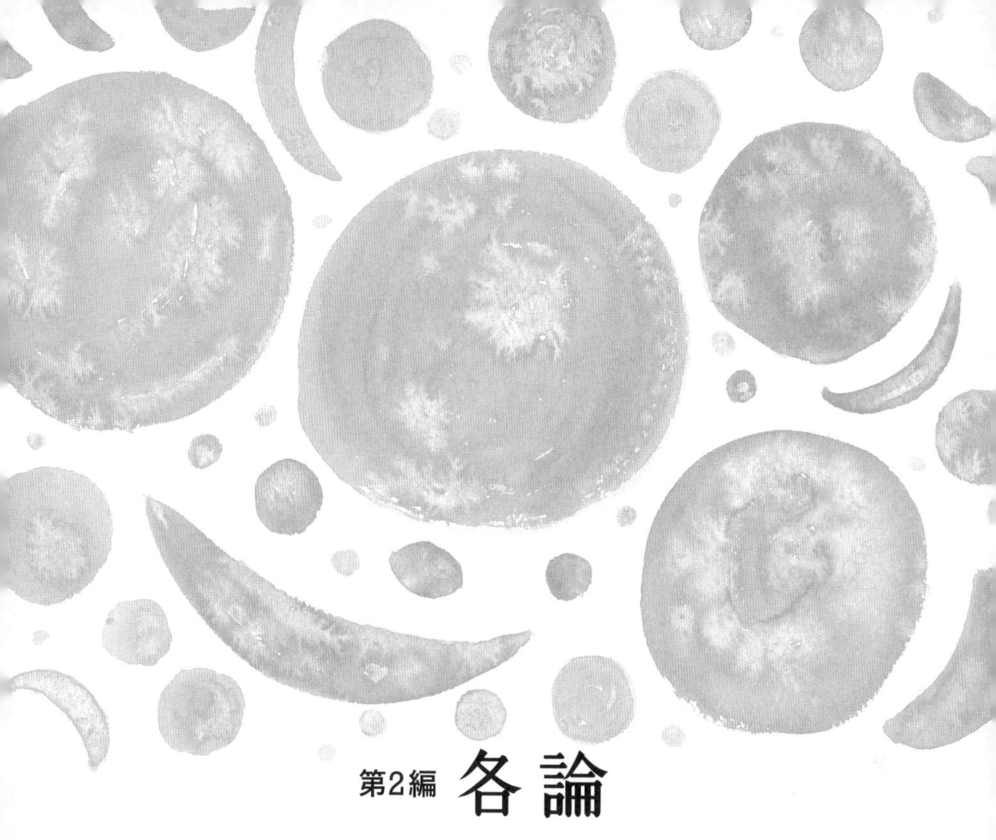

第2編 各論

第3章

年　金

総　論

[1] 年金制度の存在意義と位置づけ

1 稼働所得の喪失・減少のリスク

完全に自給自足で生計を維持するのではない限り，ほぼ全ての社会で行われている貨幣経済においては，各人の生存を維持するために必要な商品等を金銭にて取得する必要がある。そして多くの者は労働力の提供により，商品等を購入する金銭（稼働所得）を得ている。したがって，労働により獲得される稼働所得は各人の生存の維持にとって必要不可欠であり，逆にいえば，稼働所得（あるいは，稼働所得を獲得する能力（稼働能力））の喪失・減少は各人の生存を脅かすことになる。

こうした稼働所得（あるいは，稼働能力）の喪失・減少を引き起こす代表的な事由（リスク）として，老齢，障害，（世帯の主な稼得者の）死亡がある。老齢は時の経過とともに自然に訪れるものであり，特に寿命の延びが著しい現代においては老齢の到来は十分予測可能である。これに対し，障害・死亡は，突発的に訪れる不測の事態であることが多い。その点では，障害や死亡に対する保障の必要性は，老齢よりも高いともいえる（アルマ78頁）。社会経済の進展に伴いこれらのリスクによる生存への影響は変化するが，多くの国では依然として老齢・障害・死亡が稼働所得（あるいは，稼働能力）の喪失・減少のリスクの中心に位置づけられている。

⑴　老齢のリスク

老齢は，加齢がもたらす肉体的衰えにより稼働能力の喪失・減少を引き起こすとともに，被用者として労働する者にとっては企業における定年制度の存在により労働の場を喪失する危険をもたらす。ただし，近年では，保健医療技術の発展による健康の増進や，それに伴う寿命の延びなどにより，老齢に達しても稼働能力を維持している高齢者も多く，老齢のリスクが必然的に稼働能力の喪失・減少をもたらすとの前提が揺らぎつつある。こうした変化は，高齢者の就労と年金の調整のあり方（→各論③7⑵(f)）や老齢年金の意義に影響を与え得る。

⑵　障害のリスク

障害は，多くの場合，心身の機能低下を伴うことから，稼働能力の喪失・減少を引き起こすリスクとして観念される。ノーマライゼーションの理念（→第5章各論③1⑴）を背景とする1975年の国連総会での「障害者の権利宣言」や1981年の「国際障害者年」等では，障害者の自立や経済的・社会的・文化的活動への参加等を内容とする「完全参加と平等」が目指されているが，ここでも障害は稼働能力の喪失・減少を引き起こすリスクとして所得保障の必要性が唱えられている。もっとも，障害のリスクを，健康上の理由に基づき稼働能力を制約するリスクと捉えるだけでなく，稼働能力の制約により能力に適合した職場を見つけられないという労働市場におけるリスクをも含めて観念する考え方も唱えられている（福島豪「ドイツ障害年金の法的構造（3・完）――障害保障と失業保障の交錯」大阪市立大学法学雑誌53巻3号（2007年）651頁）。

⑶　死亡のリスク

世帯の主な稼得者の死亡は，その者の稼働所得により生計を維持していた家族に対して，所得の喪失・減少を引き起こす。このリスクは典型的には，夫が主たる稼得者である専業主婦の妻やその子にみられる。ただし，女性も男性と同程度に労働市場に参入し稼働所得を得るようになると，主たる稼得者であった夫の死亡が妻に与える経済的影響は小さくなるため，夫を亡くした妻に対する所得保障の必要性はその分減少する。このように労働市場のあり方により死亡のリスクの程度は変化し得るが，労働市場での稼得が期待できない遺族（子など）に対しては，依然として主たる稼得者の死亡は大きな所得喪失・減少のリスクといえる。

2　所得保障における自助努力とその限界

老齢・障害・死亡のリスクが到来した者は，生存の維持のために稼働所得に代わる所得が必要となる。年金制度の意義は，こうした者に対して一定の金銭給付を行うことによって所得を保障することにある。ただし，国がこれらの者に対する所得保障に積極的に介入することは必ずしも自明ではなく，私的な自助努力・相互扶助によって所得保障がなされることもある。もっとも，以下のように，私的な自助努力・相互扶助にはそれぞれ一定の限界がある。

⑴　貯蓄とその限界

まず，本人がそれまでに積み立てた貯蓄を切り崩してリスク到来後の生活費に充てればよいとの考えが成り立ち得る。しかし，こうした方法は，予測が困難な障害や死亡のリスクについてはうまく機能しない可能性が高い。また，ある程度予測が可能である老齢のリスクについても，しばしば人は近視眼的に行動してしまう（つまり，稼働所得を目先の消費にのみ充ててしまう）という問題がある。また，稼働所得が低いために十分に貯蓄できない可能性がある，あるいは貯蓄はインフレなどの貨幣価値の変動により実質価値が維持しにくい等の問題もあり得る。したがって，完全に各人の自助努力に所得保障を委ねることには限界がある。

⑵　私的扶養とその限界

第二に，老齢・障害・死亡のリスク到来による稼働所得の喪失・減少については，家族などによる私的扶養によって保障することが考えられる。実際，社会保障制度が発展する以前の社会では，家族や親族などが相互に助け合うことで，所得の喪失・減少のリスクを分散する機能を果たしていた。しかし，こうした家族の役割は，近年の核家族化の進展や，1 世帯当たりの子どもの数の減少，経済的余裕のない現役世代の増加などにより，その機能が十分には期待できない状況にある。

⑶　私的年金制度とその限界

第三に，企業年金などの任意加入の私的年金制度を整備・促進することにより，老齢・障害・死亡のリスクに備えればよいとの考えがあり得る。この考えは，個人や家族を超えた集団でリスクに対して備えることから，上記の個人や家族での保障の限界をある程度克服することができる。しかし，私的年金制度への加入が任意であることから，加入する者としない者，あるいは加入できる者とできない者との違いが生ずる可能性があり，保障として不十分な点を残している。

3　国家の介入と年金制度の位置づけ

このように，老齢・障害・死亡のリスクに対する所得保障に関し，私的な自助努力・相互扶助には不十分な点があるため，何らかの形で国家が介入する必要性が高い。もっとも，その方法は多様である。

(1) 公的扶助と年金制度

まず，各国で広く採用されている租税を財源とした公的扶助（日本では生活保護）で，老齢・障害・死亡のリスクも含めて最終的に最低所得を保障すればよいとの考え方があり得る。この考え方に対しては，公的扶助では，限られた財源の効率的配分という観点から，多くの場合，資産調査や扶養義務者の探索が行われ，これにより受給に際して屈辱感（スティグマ）を味わうという問題点がしばしば指摘される。また，主に社会保険方式での公的年金制度の必要性を主張する立場からは，公的扶助のみで所得保障を行うと，公的扶助を当てにして貯蓄に努めないというモラル・ハザードが生じるなど，不必要な最低所得保障費の支出が懸念されている。

こうしたことから，老齢・障害・死亡のリスクに対し，公的扶助とは異なる公的年金制度を構築することの意義が認められる。ただし，無拠出制の最低保障年金を給付する公的年金制度については，その目的・機能が公的扶助に近接することとなるため，そのような制度を構築する場合には両制度の理念の違いや棲み分けを明確にする必要がある。

(2) 年金制度とその他の制度

多くの国では老齢・障害・死亡のリスクに対する所得保障を公的年金制度で行っており，日本でも公的年金制度（国民年金制度と厚生年金保険制度）が老齢・障害・死亡のリスクを全てカバーする制度として構築されている。

他方で，それぞれのリスクの特徴に照らし，リスクごとに異なる制度で保障することもあり得る。例えば，障害年金を老齢年金と切り離して医療保険制度の下においたり，障害者福祉における給付として位置づけたりする選択肢があり得る。また，障害のリスクを（稼働能力の制約により適切な職場を見つけられないという）労働市場におけるリスクとして捉えれば，障害年金は失業給付に近接する。死亡のリスクに対する遺族年金は，死亡した者が受給し得た老齢年金の遺族への移転（老齢年金からの派生的権利）として位置づけられる場合がある一方で，子やひとり親家庭などを対象とした児童手当や家族手当の一つとして位置づけることも可能であろう。

2　公的年金制度の形成・設計

1　公的年金の保障方法

公的年金制度の保障方法としては，まず社会保険方式と税方式（それぞれの特徴について→第1章第1節3 3）とに分けることができる。さらに，社会保険方式の年金制度は，財政運営の方式に着目した場合には積立方式と賦課方式とに分類でき，他方で給付設計のあり方に着目した場合には確定給付と確定拠出とに分けることができる。

⑴　社会保険方式と税方式

一般に社会保険方式を採用する公的年金制度では，被保険者本人が保険料を拠出したことが受給要件とされていることから，「自らリスクに対して備える」という「自助」の側面を持つ。他方で同時に，保険原理に基づき被保険者集団におけるリスクの相互負担という「連帯」の側面も持つ（岩村 19 頁）。また，社会保険方式の年金制度では，高所得者から低所得者への所得再分配（垂直的所得再分配）が機能している場合も多く，その場合には扶助原理が機能しているといえる（堀勝洋『年金制度の再構築』（東洋経済新報社，1997 年）164 頁，アルマ 22 頁，西村 26 頁，岩村 40-43 頁，堀 40-41 頁）。

日本をはじめ，ドイツ，フランス，イギリス，スウェーデンなどの公的年金制度は社会保険方式によって運営されている。アメリカの公的年金制度（OASDI）は，加入者が拠出する社会保障税が財源となっているが，一定期間以上の社会保障税の納付により受給権が発生することから社会保険と解される。

これに対し，税方式による公的年金制度では，通常納税額の多寡にかかわらず一定年齢に達した全ての国民（あるいは居住者）に租税を財源とした定額の年金を給付するものであることから，国民間の「連帯」が機能している（岩村 19 頁）。税方式の公的年金を採用する数少ない例として，ニュージーランドとオーストラリアがある。税方式の年金制度は，受給に際して所得・資産要件を課すもの（オーストラリア）と，課さないもの（ニュージーランド）とに分けられる。

⑵　積立方式と賦課方式

社会保険方式による公的年金制度の財政方式としては，積立方式と賦課方式とがある。積立方式とは，被保険者が拠出した保険料を積み立てておき，その積立金とその運用収入から将来の給付を行う方式をいう。これに対し賦課方式とは，被保険者が拠出した保険料はその時の受給者の給付の財源とし，積立金を保有しない方式である。制度創設当初は完全積立方式で運営していたものの，物価の変動などにより徐々に賦課方式へと移行している国も多い。ただし近年では，高齢化の進展により賦課方式から積立方式への移行が議論されることも少なくない。実際チリでは 1981 年に賦課方式から民間の年金基金会社が運営する個人勘定の積立方式へと移行し，公的年金制度の民営化が実現した。もっとも，同様の改革を行ったラテンアメリカ諸国の中には，十分な年金水準確保のため賦課方式に戻す国もみられる。

(3) 確定給付と確定拠出

社会保険方式の給付設計は，確定給付（給付建て）と確定拠出（拠出建て）とに分類される。確定給付とは，保険料拠出時点で将来の年金額またはその計算方法が定められているものであり，諸外国の公的年金制度で広く採用されている方式である。これに対し，確定拠出とは，保険料拠出時点では保険料の額またはその計算方法だけが確定しており，将来の年金額やその計算方式は定まっておらず，給付額は積み立てた保険料の運用次第で変動するものである。したがって，確定拠出は通常積立方式をとることになるが，1999年にスウェーデンの公的年金改革で導入された「観念上の確定拠出年金（Notional Defined Contribution）」は，賦課方式と確定拠出とを組み合わせた新たな年金の財政方式として注目を集めた。すなわち，被保険者が支払った保険料は，賦課方式によりその時の年金給付に充てられるが，同時に被保険者の個人勘定に拠出した保険料が積み立てられたものとして記録され，年金受給の際にはこの記録された（現実には存在しない）積立金を基に年金額が算定される仕組みである。

発展 3-1　給付の安定と保険料（率）の安定

社会保険方式の公的年金制度においては，給付の安定か保険料（率）の安定かのいずれを重視するかで制度設計が変わってくる。確定拠出は，給付水準を予め決めないため，保険料（率）を頻繁に変更させる必要性が本来的に低く，安定的な保険料（率）設定を指向する政策に適合的である。他方で，確定給付の下で予め決められた給付水準の維持を重視する政策では，賦課方式の制度の場合には人口構造の変化に合わせて，また積立方式の制度の場合には貨幣価値の変動に合わせて，保険料（率）を変更する必要性が高くなる。その場合，保険料（率）水準を将来に向けて段階的に引き上げていくことを予め想定して将来見通しを作成した上で，当面の保険料（率）を設定する方式（段階保険料方式）がとられることがある。もっとも，確定給付であっても，長期的にほぼ一定の拠出水準を維持するように保険料（率）を設定することにより（平準保険料方式），保険料（率）の安定を確保することも可能である。

平成16（2004）年の年金改正では，保険料（率）を段階的に引き上げるが将来的にその上限を固定して保険料（率）の安定を確保するとともに（保険料水準固定方式），その保険料収入の範囲内で給付ができるようにマクロ経済スライド（→各論③6）を導入して給付水準を引き下げつつ，その下限（50%の所得代替率）を設定して給付の一定程度の安定も指向された。従来の給付の安定を指向する方針から，給付水準の維持にも配慮しながら保険料（率）の安定を目指す方針に切り替えられたと評価できる。

2　公的年金の給付水準と公私の役割

公的年金の給付水準については，公的年金制度が担うべき役割に照らした定性的

（あるいは理念的）観点からの評価と，より具体的に所得代替率などで表現される定量的観点からの評価とがある。

⑴　給付水準の定性的分析

公的年金の給付水準は，定性的観点に照らすと，最低限の生活費を保障する水準（イギリスのベヴァリッジ報告が提唱する給付水準であることから「ベヴァリッジ・モデル」と呼ばれる）と，受給者がリスク到来前に得ていた所得（の一部）を保障する水準（ドイツのビスマルク政権下でとられた社会保険の給付水準であることから「ビスマルク・モデル」と呼ばれる）とに大きく分けられる。この違いは，所得保障における公的年金制度の役割についての考え方の違いに由来する。すなわち，前者では，公的年金制度は最低所得のみを保障し，それ以上の所得は各人の自助努力に委ねるべきと考えられているのに対し，後者では，公的年金制度はリスクの到来した者に対し従前の生活水準の維持を保障するべきとの考え方に立っている。いずれの給付水準を選択するかは，社会経済の状況，国民の意識などによって変わり得る。また，基礎年金の上に報酬比例年金が乗った2階建ての公的年金制度を持つ日本やイギリスのように，二つの給付水準を組み合わせた制度設計もある。

⑵　給付水準の定量的分析

給付水準を上記の二つのモデルのいずれか，あるいは両方の組み合わせとするかを決定したとしても，具体的な給付水準は一義的には導かれない。最低限の生活費を保障する水準を採用するとしても，生存のために必要な最低限の生活費を賄える程度か，あるいはそれを超えたより余裕のある生活を最低限の生活と観念するかなど選択の幅がある。また，公的扶助の給付水準との均衡などへの配慮も必要である。他方で，従前所得の一部を保障する水準を採用した場合には，しばしば所得代替率（従前所得に対する社会保障給付額の割合）を指標として給付水準が決定・変更される。

⑶　私的年金制度への国家の介入

以上のように公的年金制度における給付水準を定性的・定量的に決定し，公的年金を介した国家の役割を画定したとしても，所得保障における国家の役割はこれに尽きるわけではない。公的年金制度を持つ多くの国には，同時に私的年金制度（企業年金や個人年金など）も存在し，国家はこれらの制度にも様々な形で関与している。具体的には，一定の要件を満たした企業年金への税制優遇措置や，企業年金制度の設立・変更への統制などである。こうした国家の介入の目的は，給付水準が必ずしも十分でない公的年金を私的年金制度の促進により補完することで，間接的により充実した所得保障を実現することにあるといえる。

近年では，多くの国で少子高齢化の進展を背景に公的年金の給付水準が引き下げられ，相対的に私的年金の役割が拡大している。そうしたことから，ドイツなどでは，税制優遇措置の拡充や助成金の支給などを実施することで，私的年金制度のさらなる促進に努めている。日本でも，マクロ経済スライドの実施による公的年金の給付水準の低下を背景に，私的年金の公的年金補完機能を強化するため，私的年金の普及促進策のあり方を模索する必要がある。

3　企業年金の意義と概要

(1)　企業年金とは

現在の日本の年金制度では，いわゆる2階建ての公的年金制度の上に，企業年金という3階部分の年金制度があり，老後の所得保障に関して一定の役割を果たしている。この企業年金は，基本的には2階部分を持つ被用者に対する制度であり，任意の所得保障制度の一つとして位置づけられている。

しかしながら，何が企業年金であるかは一概に定まっていない。日本には，企業年金に関する統一法が存在せず，確定給付企業年金法や確定拠出年金法のように各制度に関する法令が設けられているものもあれば，そのような制度に関する法令が存在しない形で行われている企業年金（企業独自に制度設計して実施する退職年金制度は「自社年金」と呼ばれ，企業年金の一形態として解されている）もある。当然のことながら，何を企業年金として捉えるかについては論者によって異なり得るが，ここでは「事業主が，従業員の労働に対する見返りとして，任意に実施する年金または一時金の給付制度であって，従業員の引退後所得保障を主たる役割の1つとするもの」（森戸英幸『企業年金の法と政策』（有斐閣，2003年）18頁）を，企業年金と解することとする。この場合，事業主による実施については，民間企業以外の事業主や複数事業主によって設立された基金によるものも含み，年金原資を内部積立（年金原資を企業内で管理運用すること。「内部留保」ともいう）する場合も，外部積立（年金掛金を外部に積み立てて，企業の資産とは別個に管理）する場合もあり得る。また，支給形態が一時金の場合も含めて企業年金と解することから，いわゆる退職金制度も企業年金制度として把握することとなる。

上記の定義によると，具体的には，日本では以下の制度が企業年金に該当する。①内部留保型退職金制度（年金形態で支給するものは自社年金とも呼ばれる），②中小企業退職金共済制度，③特定退職金共済制度，④厚生年金基金制度，⑤規約型確定給付企業年金制度，⑥基金型確定給付企業年金制度，⑦企業型確定拠出年金制度，

⑧勤労者財産形成年金貯蓄制度である。

なお，国民年金基金制度（国民年金の第1号被保険者が任意加入する制度）および個人型確定拠出年金制度は，事業主が実施するものではなく個々人の選択に基づいて加入するものであるため企業年金には該当しないが，企業年金と同様，公的年金を補完する制度である。

発展 3-2　老後の所得確保のための個人年金

公的年金や企業年金以外の老後生活への備え方としては，預金，投資信託，株式投資，不動産の購入等，様々な手段・方法が考えられる。生活をする場所である住宅の購入は生活基盤を確保する点で重要であるが，備えをする場合に特に重視されるのは，生活資金である所得の確保である。

個人の自助努力による所得確保方法としては預金に代表される「貯蓄」があるが，その中に個人年金と称される制度がある。個人年金は，日本の年金体系のいわゆる4階部分（1階：基礎年金，2階：厚生年金，3階：企業年金）に位置づけられることが多いが，これは生命保険会社，日本郵政，全労済（全国労働者共済生活協同組合連合会）等が商品として販売しているものであり，老後の生活資金準備を目的に保険料を予め支払っておくことで，一定年齢到達時に給付を受け取ることができるというものである。給付内容等は商品によって多様であるが，支払う保険料については，所得税法上の優遇（生命保険料控除）が受けられるような制度設計がなされていることが通常である。生命保険料控除の対象となるためには，保険料払込期間が10年以上であること，原則として60歳から10年以上の定期または終身年金として支払われることといった要件を満たす必要がある（所税76条）。老後の所得保障における公的年金の役割縮減が回避できない状況下においては，このような税制上の優遇措置等を設け，自助努力の支援を行うことが重要となるだろう。

(2) 企業年金の意義

(a) 公的年金の補完　　上記のように，企業年金の最大の意義は，公的年金を補完してより充実した老後の所得保障を行うことにある。少子高齢化の進展により賦課方式で運営されている公的年金制度では多くの国で給付水準の引下げが不可避の状況にあり，企業年金の公的年金補完機能の強化がますます重要となってきている。

(b) 従業員（労働者）のメリット　　日本の企業年金制度は，退職金制度を中心にして発展してきたことからも明らかなように，重要な労働条件の一つといえる。そもそも退職金の支給が事業主に法的に義務づけられていないことからすれば，従業員にとっては退職金があることはそれだけで有利な労働条件として認識されることとなる（ただし，従業員に支払われる賃金原資が一定であるとした場合，退職金制度は賃金の一部を退職時まで支払わないようにしているものであると解し，逆にデメリットであるとする考え方もあり得る）。しかしながら，退職金制度とは異なり，企業年金の中には，年金原資として従業員拠出を求めるものもあり，賃金額から一定額が控除されてしまうとして，必ずしも従業員にとって魅力的な労働条件と捉えられないこともある。ただし，この場合も，一定の事業主拠出があることは確かであり，最終的には従業員に全て還元されることからすれば，企業年金制度は従業員にとって有利な労働条件であると評価して差し支えないであろう。

(c)　企業（事業主）のメリット　　退職金をはじめとする企業年金の導入は任意であり，実施しないとの選択も可能である。しかしながら，多くの企業で，退職金等の企業年金制度が導入されている。企業年金を実施することで企業にとっても以下に述べるようなメリットがあるからである。

①　税制上の優遇　　多くの企業年金制度では，年金原資に充てるために拠出される掛金や積立金について税制上の優遇措置が設けられている。この税制上の優遇によって，企業は従業員にかける費用を実質的に削減する効果が得られる。

②　優秀な人材の確保　　企業が競争の激しい労働市場で優秀な人材を獲得するためには，魅力ある労働条件を提示する必要がある。当然のことながら，そこで重視されるのは報酬の高さが中心になるであろうが，企業年金はその報酬の一要素として，また広く福利厚生制度の一つとして，魅力ある労働条件の一部をなすものといえる。多くの企業が退職金をはじめとする企業年金を実施している状況においては，企業年金は特別な労働条件とは捉えられないものの，その不備・不十分さは，当該企業における労働条件のマイナス面として認識される可能性が高いと考えられる。

③　従業員の長期勤続・定着促進効果　　企業年金には，従業員の長期勤続・定着効果がある。これは，従業員の労働への見返りを給与または賞与としてすぐに支払うのではなく，将来の企業年金という形で支払うことで得られる効果である。企業年金には「賃金の後払い」的な性格があるといわれるのは，従業員の労働に対する見返りとして支払われるという点で賃金と同じ性格を有しており（もっとも，労働基準法上の賃金（11条）に該当するかどうかは別の問題である），さらにその支払いが退職時に先送りされている点に着目してのことといえる。

従業員の長期勤続・定着効果は，長期勤続するほど企業年金額が有利になるような制度設計の場合には一層高くなる。企業が，従業員の長期勤続・定着を図ろうとするのは，それによって，従業員の職業訓練費用を回収できること，知識・技能等を身につけた従業員の転職を防ぎ，そのような転職に伴う採用・訓練費用を抑制できること，長期勤続を前提として従業員の職業訓練に対して安心して多額の費用をかけることができることから生産性の向上が期待できること等のメリットがあるからである。

さらに，従業員が真面目に働くかどうかを監視するための費用（モニタリング・コスト）も軽減できるといわれる。これは，企業年金の支給に関して，懲戒解雇や同業他社への移籍等の場合には給付を減額・不支給とする扱いを設けているときに顕著となる。このほか，永年の勤続および真面目に勤務を継続した点を企業年金額の算定に反映させる取扱いは多くの企業で採用されており，企業年金に「功労報償」的な性格があるといわれる根拠となっている。ちなみに，これらの企業年金の法的性格づけは，企業年金の減額・不支給をめぐる争いが生じた際の判断に影響を与えている（幸福銀行（年金打切り）事件・大阪地判平成12・12・20判タ1081号189頁等）。

④　退職促進効果　　企業年金には，従業員の長期勤続・定着効果とは反対に，退職促進効果もある。企業の効率的な経営の観点からは，生産性が低下する一定の年齢に到達した従業員を退職させ，生産性の高い若い世代の従業員と入れ替えるという人事の刷新が図られる必要がある。生産性が低下すると企業が考える一定の年齢にある従業員に企業年金を支給することで，こうした従業員の退職を促すことができると解されている。

定年制が社会に広く普及している日本では，企業年金の退職促進効果は前面に出にくいと思われるが，定年制が年齢差別に当たるとして禁止されているアメリカでは，企業年金に退職促進効果があることを踏まえ，従業員の退職行動がコントロールされている。すなわち，企業が望む年齢に従業員が退職するように，企業年金の給付設計において，当該年齢が最も給付額で有利となるようにするのである。なお，日本においても，定年退職の場合に給付額が最大となる給付設計が一般的であることからすれば，労働者が異議を唱えずに定年による退職を受け入れているのは，企業年金の退職促進効果の影響によるものと評価することも可能であろう。

(3)　企業年金の概要

日本では，事業主による退職時の給付としては，伝統的には一時金である退職金が中心であるが，1960年代以降，年金払いの企業年金制度の法整備が進められた。昭和37（1962）年に法人税法および所得税法が改正されて税制適格年金制度が，昭和40（1965）年には厚生年金保険法が改正されて厚生年金基金制度がそれぞれ導入され，これ以降，これら二つの制度の実施件数が増加し，長らく企業年金制度の中核をなしてきた。

掛金等によって形成された積立金を運用して給付に充てる企業年金は，運用環境が良好な時期には多くの運用益が得られるため財政が安定するが，バブル経済崩壊後の日本では，実際の運用利率が予定していた運用利率を大きく下回り，多くの企業年金制度が積立不足などの財政難に直面した。とりわけ，厚生年金保険の給付の一部を代行する厚生年金基金では，代行部分の給付を行うために必要な金額である最低責任準備金相当額を積立金が下回る状況（いわゆる「代行割れ」）に陥る基金が増加した。これを受けて，平成9（1997）年には，予定利率設定や資産運用の弾力化，非継続基準による財政検証の導入，受託者責任のガイドラインの策定などを内容とする厚生年金基金制度の改正が実施された。

他方で，時代のニーズに即した新たな企業年金制度の整備も進められた。すなわち，基金（ひいては実施事業主）にとって重荷となっている代行部分の国への返上，積立不足が生じない確定拠出型の企業年金制度の導入，流動化している雇用により適合した企業年金制度の整備，受給権保護の充実といった要請に応えるため，平成13（2001）年に確定給付企業年金法と，企業年金制度としては初の確定拠出型の確定拠出年金法が制定されたのである（確定給付・確定拠出の意味につき→1(3)）。確定給付企業年金法の制定に伴い，受給権保護が不十分であった税制適格年金は段階的に廃止された（平成24（2012）年3月31日に完全廃止）。また，厚生年金基金から確定給付企業年金への移行（代行返上）が許容されたため，代行返上が多数実施され，厚生年金基金数は大きく減少した。

さらに，平成25（2013）年には，社会問題となった多額の年金資産消失事件を機に厚生年金基金の代行割れが再度問題視され，厚生年金保険法が改正された。これにより，平成26（2014）年4月以降は，厚生年金基金の新規設立は認められず，既存の基金については他制度への移行を促進し，また特例的な解散制度を導入するなどして，財政的に健全な基金のみ存続を許容することとされた。

また，平成28（2016）年の確定拠出年金法等の改正では，企業年金の普及・拡大策として①中小企業を対象とした簡易型確定拠出年金制度の創設，②個人型確定拠出年金への小規模事業主掛金納付制度の創設，③企業型確定拠出年金の拠出規制単位の年単位化とともに，働き方の多様化への対応策として④個人型確定拠出年金への加入対象者の拡大（第3号被保険者，公務員等），⑤確定拠出年金制度から確定給付企業年金制度等へのポータビリティの拡充等が盛り込まれ，さらに，⑥確定拠出年金制度の運用の改善策が規定された。

図表 3-1　主な企業年金制度の概要

	確定給付企業年金		確定拠出年金		厚生年金基金
	基金型	規約型	企業型	個人型	
制度の概要	実施事業所が使用する従業員を対象に，公的年金に上乗せされる（代行部分を含まない）確定給付型の給付が支給される。実施形態としては，事業主が基金を設立する基金型と，事業主が実施主体となる規約型とがある。		公的年金に上乗せされる確定拠出型の給付が支給される。実施形態としては，事業主が規約を作成して従業員を対象に実施する企業型と，第1号被保険者や企業年金に加入していない厚生年金保険の被保険者等が個人で任意に加入する個人型とがある。		厚生年金保険の適用事業所の事業主が設立した基金から，事業所の従業員を対象に，厚生年金保険の代行部分とそれに上乗せされる確定給付のプラスアルファ部分とが支給される。
実施主体	企業年金基金	事業主	事業主	国民年金基金連合会	厚生年金基金
企業年金の開始	厚生労働大臣による基金の設立の認可	厚生労働大臣による規約の承認			厚生労働大臣による基金の設立の認可（ただし，平成26（2014）年4月以降は新規設立不可）
加入者	実施事業所に使用される厚生年金保険の被保険者（一定の資格の定め可）			・第1号被保険者（保険料免除者を除く） ・60歳未満の厚生年金保険の被保険者（企業型確定拠出年金加入者の場合には，規約に個人型確定拠出年金への加入を認める旨が定められた場合に限る） ・第3号被保険者 （いずれも任意加入）	基金の設立事業所に使用される厚生年金保険の被保険者
給付	<法定給付> ・老齢給付金（原則年金） ・脱退一時金 <任意給付> ・障害給付金（年金または一時金）		・老齢給付金（原則年金） ・障害給付金（原則年金） ・死亡一時金		<法定給付> ・老齢年金給付（代行部分＋プラスアルファ部分） ・脱退に関する一時金給付

	確定給付企業年金		確定拠出年金		厚生年金基金
	基金型	規約型	企業型	個人型	
給付（続き）	・遺族給付金（年金または一時金）				＜任意給付＞ ・障害に関する年金給付または一時金給付 ・死亡に関する年金給付または一時金給付
受給権の裁定	企業年金基金	事業主	企業型記録関連運営管理機関または記録関連業務を行う事業主	個人型記録関連運営管理機関	厚生年金基金
給付の支給	企業年金基金	資産管理運用機関*	資産管理機関**	国民年金基金連合会	厚生年金基金
掛金	原則事業主のみ拠出（規約の定めに従って一部を加入者負担可）		原則事業主のみ拠出（規約に基づいて加入者拠出も可） ※拠出限度額：年額66万円（厚生年金基金等の確定給付型の年金を実施している場合は，年額33万円）（平成30（2018）年1月1日より年単位化）	原則加入者のみ拠出（例外として小規模事業主掛金納付制度（平成30（2018）年5月1日施行）） ※拠出限度額 ・第1号被保険者：年額81.6万円から国民年金基金掛金を控除した額 ・第2号被保険者（その他の企業年金非加入者）および第3号被保険者：年額27.6万円 ・企業型確定拠出年金に加入する第2号被保険者：年額24万円 ・厚生年金基金等の確定給付型の年金に加入する第2号被保険者：年額14.4万円	原則労使折半

<table>
<tr><th rowspan="2"></th><th colspan="2">確定給付企業年金</th><th colspan="2">確定拠出年金</th><th rowspan="2">厚生年金基金</th></tr>
<tr><th>基金型</th><th>規約型</th><th>企業型</th><th>個人型</th></tr>
<tr><td>積立金の額</td><td colspan="2">責任準備金の額および最低積立基準額以上</td><td>—</td><td>—</td><td>責任準備金の額および最低積立基準額以上</td></tr>
<tr><td>積立金の運用</td><td colspan="2">信託会社，信託業務を営む金融機関，生命保険会社，農業協同組合連合会</td><td>①企業型運用関連運営管理機関等による運用方法の提示
→②個々の加入者が個人別管理資産について運用指図
→③企業型運用関連運営管理機関等による取りまとめ
→④資産管理機関へ通知
→⑤資産管理機関による運用（金融商品の購入）</td><td>①加入者が選択する個人型運用関連運営管理機関による運用方法の提示
→②個々の加入者が個人別管理資産について運用指図
→③個人型運用関連運営管理機関等による取りまとめ
→④国民年金基金連合会へ通知
→⑤国民年金基金連合会による運用（金融商品の購入）***</td><td>信託会社，信託業務を営む金融機関，生命保険会社，農業協同組合連合会，金融商品取引業者，金融機関</td></tr>
<tr><td>受託者責任（行為準則）</td><td>・事業主
・企業年金基金の理事
・基金資産運用契約の相手方たる信託会社，生命保険会社等</td><td>・事業主
・資産管理運用機関</td><td>・事業主
・資産管理機関</td><td>・国民年金基金連合会</td><td>・厚生年金基金の理事
・積立金の運用に関する契約の相手方たる信託会社，生命保険会社等</td></tr>
<tr><td>企業年金の終了</td><td>・厚生労働大臣による基金の解散の認可
・厚生労働大臣による解散命令</td><td colspan="2">・厚生労働大臣による終了の承認
・事業主の死亡，法人の合併・破産による消滅・解散等による規約承認の失効
・厚生労働大臣による規約承認の取消し</td><td>・国民年金基金連合会の解散</td><td>・厚生労働大臣による基金の解散の認可
・厚生労働大臣による解散命令</td></tr>
</table>

		確定給付企業年金		確定拠出年金		厚生年金基金
		基金型	規約型	企業型	個人型	
中途脱退者・終了制度加入者の年金資産の移換		脱退一時金相当額あるいは分配された残余財産を企業年金連合会へ移換して通算企業年金として受給可		個人別管理資産の国民年金基金連合会または転職先の企業型確定拠出年金制度への移換	個人別管理資産の転職先の企業型確定拠出年金制度への移換	脱退一時金相当額あるいは分配された残余財産を企業年金連合会へ移換して通算企業年金として受給可
税法上の取扱い	事業主掛金	損金算入（全額）			—	損金算入（全額）
	加入者掛金	生命保険料控除（年間上限4万円（平成24（2012）年1月1日以後の加入者について。平成23（2011）年12月31日以前の加入者については，年間上限5万円）		小規模企業共済等掛金控除（全額）		社会保険料控除（全額）
	積立金	積立金全体に対し1.173％の特別法人税課税（ただし，平成32（2020）年3月末まで課税凍結）				代行部分の3.23倍を超える部分に対してのみ1.173％の特別法人税課税（ただし，平成32（2020）年3月末まで課税凍結）
	給付金	・老齢給付金（年金）：雑所得として所得税課税（公的年金等控除の対象） ・老齢給付金（一時金）：退職所得または一時所得として所得税課税（退職所得控除または特別控除の対象） ・障害給付金（年金・一時金）：非課税 ・遺族給付金（年金・一時金）：みなし相続財産として相続税課税（ただし，厚生年金基金は除く）				

＊事業主と資産の管理・運用に関する契約を締結した信託会社，信託業務を営む金融機関，生命保険会社，農業協同組合連合会をいう。

＊＊事業主と積立金についての資産管理契約を締結した信託会社，信託業務を営む金融機関，企業年金基金，生命保険会社，農業協同組合連合会，損害保険会社をいう。

＊＊＊国民年金基金連合会は積立金の管理・運用の事務を，事務委託先金融機関（銀行等）に委託できる（確定拠出61条1項）。

（注）厚生年金基金の支払保証制度　　厚生年金基金には，企業年金連合会（旧厚生年金基金連合会）が実施する支払保証制度があったが，厚生年金基金の解散・代行返上を促進する平成25（2013）年厚生年金保険法改正を受けて，平成26（2014）年度に支払保証制度は廃止された。

日本の現在の企業年金の概要は図表 3-1 の通りである。なお，ここでは中心的制度である確定給付企業年金制度，確定拠出年金制度（個人型も含む），厚生年金基金制度を取り上げる。

発展 3-3① 企業年金間の年金資産のポータビリティ

企業年金制度に加入していても，受給に必要な加入期間を満たさないままに企業を退職して企業年金制度から脱退一時金の支払いを受けるだけでは，企業年金の主たる目的である老後の所得保障に資さない。そこで，加入していた企業年金制度における個々人の年金資産を他の制度に移換して通算し，老後に受給できるようにすることが望ましい。こうした年金資産の持ち運び（ポータビリティ）は，とりわけ，雇用が流動化し多くの労働者が転職するようになるにつれて，重要となってくる。

厚生年金基金制度では，従来から，企業年金連合会（旧厚生年金基金連合会）に年金原資を移換することができ，連合会が通算機関としての役割を果たしてきた。また，確定拠出年金は，そもそも加入者が個別に運用の指図を行う個人別管理資産を持つ制度であるため，確定拠出年金制度間であれば，転職の際に個人別管理資産を移換することは容易で，実際に，企業型間あるいは企業型・個人型間の移換が制度創設当初から可能であった。これに対し，これらの移換以外は制度上認められておらず，ポータビリティの保障が不十分な状態となっていたが，平成 17（2005）年 10 月より確定給付企業年金間や確定給付企業年金から確定拠出年金への移換等が可能となり，ポータビリティが大幅に充実した。

また，平成 28（2016）年の確定拠出年金法改正により，企業型確定拠出・個人型確定拠出それぞれから確定給付企業年金への個人別管理資産の移換が可能となり，確定拠出年金から厚生年金基金への移換を除けば，主な企業年金間の資産移換が全て可能となった（図表 3-2 参照）。

発展 3-3② 企業年金における受給者減額

運用環境の悪化等により，企業年金の積立金が当初の予定を下回る場合がある。そのような場合，実施企業に経済的余裕があれば，企業年金制度に財源補塡をすることも可能だが，実施企業も経営難の場合にはそれも難しいため，企業年金の給付水準を引き下げざるを得ない場合がある。とりわけ深刻なのは，現に退職者が受給している企業年金を減額する場合（受給者減額）である。

①　自社年金の場合　　自社年金の受給者減額については，事業主・元従業員間の企業年金契約において，事業主による年金減額を許容する合意が成立していたかがまず問題となり，松下電器産業（大津）事件（大阪高判平成 18・11・28 判時 1973 号 75 頁）は，社内の年金規程における年金減額規定（事業主による年金減額を許容する規定）が当事者間の契約内容となることを約款理論に依拠して認めている。次に，こうして契約で事業主に付与された年金額改定権の行使の有効性が，契約内容の限定解釈あるいは権利濫用の枠組みを用いて，必要性・相当性に照らして判断される。

②　確定給付企業年金の場合　　確定給付企業年金で受給者減額を内容とする規約変更

図表 3-2　確定給付型の年金制度と確定拠出年金間のポータビリティ

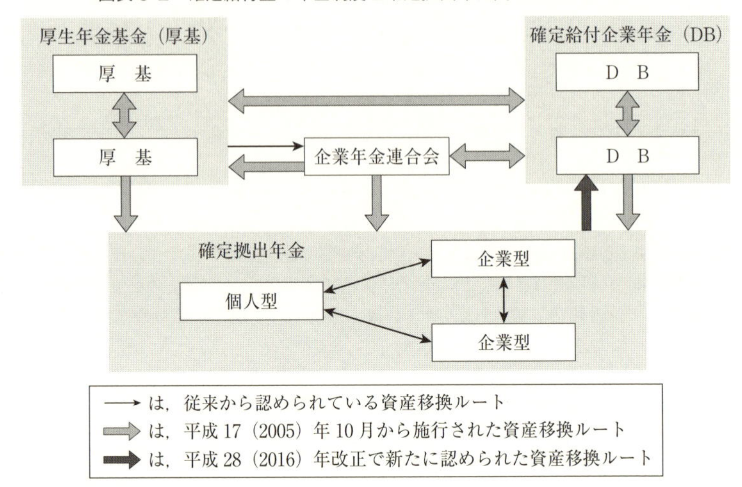

（出典）厚生労働省の資料を基に筆者加筆

を行うには，厚生労働大臣の承認（規約型）あるいは認可（基金型）が必要である（確定給付 6 条 1 項・16 条 1 項）。この承認・認可を得るには，理由要件（実施事業所の経営状況の悪化または掛金の額の大幅な上昇により，事業主が掛金を拠出することが困難になると見込まれるため，給付の額を減額することがやむを得ないこと。確定給付則 5 条 2 号）および手続要件（受給権者の 3 分の 2 以上の同意，減額前の最低積立基準額確保措置。確定給付則 6 条 1 項 2 号）を満たす必要がある（なお，厚生年金基金においても設立認可基準において同様の規制がなされている）。

理由要件の解釈・運用につき，裁判例は受給者保護の観点から，厳格に解釈する傾向にある（東京高判平成 20・7・9 労判 964 号 5 頁）。行政解釈では平成 24（2012）年に，理由要件に該当するケースとして「過去 5 年間程度のうち過半数の期において，実施事業所の事業主……の当期純利益がマイナス又はその見込みであること」等が示され，基準が明確化されている（平成 24 年年発 0926 第 2 号）。

学説では，承認・認可は単に当該企業年金制度が税制優遇措置を受けるための要件に過ぎず，加入者・受給者と事業主・基金との間の私法的効力とは無関係であるから，受給者減額を内容とする規約変更について承認・認可がなされたからといって，直ちに受給者との関係で減額が有効と判断されるわけではないと解する見解が有力である。

発展 3-3②の参考文献

・花見忠「企業年金給付減額・打切りの法理」ジュリスト 1309 号（2006 年）70 頁
・森戸英幸「企業年金（受給者減額）労働法学の立場から」ジュリスト 1331 号（2007 年）146 頁

・嵩さやか「企業年金の過去 企業年金の受給者減額をめぐる裁判例」ジュリスト 1379 号（2009 年）28 頁
・森戸英幸「事業再生と企業年金――受給者減額を中心に」ジュリスト 1401 号（2010 年）38 頁

③ 日本の公的年金制度の沿革と特徴

1　第二次世界大戦前・第二次世界大戦中

日本の公的年金制度の歴史は，明治 8（1875）年の海軍退隠令に端を発する文官および軍人を対象とした恩給制度（大正 12（1923）年に恩給法に統一）から始まる。民間労働者については，昭和 14（1939）年に船員を被保険者とした船員保険法が成立し，昭和 16（1941）年には陸上労働者を対象とした労働者年金保険法（昭和 19（1944）年に「厚生年金保険法」に名称変更）が制定された。労働者年金保険の当初の財政方式は積立方式（かつ平準保険料方式）であり，適用対象者は常時 10 人以上の労働者を使用する一定の適用事業所に使用される男性現業労働者であったが，昭和 19（1944）年改正によって，適用事業所が常時 5 人以上を使用する事業所にまで拡大され，さらに事務職員と女性も被保険者となった。

2　第二次世界大戦後の制度改正と国民皆年金の実現

第二次世界大戦後は，昭和 25（1950）年に社会保障制度審議会によって出された「社会保障制度に関する勧告」（→第 1 章第 2 節）を受けて，下記のように既存の制度の改正やそれまで公的年金制度の対象とされてこなかった者についての制度創設などが相次いで行われた。

(1)　被用者についての制度の再構築

従来恩給法の適用を受けていた国家公務員に関しては，昭和 23（1948）年に（旧）国家公務員共済組合法が制定され，さらにそれを全面改正した国家公務員共済組合法が昭和 33（1958）年に制定された。また，それまで統一した公的年金制度の適用を受けてこなかった私立学校教職員や地方公務員については，昭和 28（1953）年に私立学校教職員共済組合法（後に，「私立学校教職員共済法」に名称変更）が，昭和 37（1962）年に地方公務員等共済組合法がそれぞれ成立した。

さらに，昭和 29（1954）年には旧厚生年金保険法が全面改正され現行の厚生年金保険法が制定された。そこでは，年金の支給開始年齢が男性について段階的に 55 歳から 60 歳に引き上げられると同時に，これまで完全に報酬比例であった年金給付額が，定額給付と報酬比例給付との組み合わせになった。また，同改正により，保険料の設定につき段階保険料方式がとられ賦課方式の要素を併せ持つ修正積立方式へと移行するとともに，保険料および保険給付額の見直しのため5年ごとの財政再計算を行うことも法律上規定された。

(2)　国民皆年金の実現

一方，昭和34（1959）年には国民年金法が制定され，日本国内に住所を有する20歳以上60歳未満の全ての日本国民（ただし，厚生年金保険などの被用者年金制度の被保険者・組合員は適用除外とされ，その被扶養配偶者および学生は任意加入の対象とされた）がこの対象となった（なお，昭和57（1982）年1月1日施行の国民年金法改正により国籍条項は撤廃された）。これにより，これまで公的年金制度の適用を受けてこなかった者（主に，自営業者や無業者）に対し公的年金制度の保障が及ぶようになり，全ての国民が何らかの公的年金制度に加入資格を有するという国民皆年金体制が実現した。

国民年金制度についても，政府を保険者とする社会保険方式が採用された。そのため，給付の中心は保険料の拠出を要件とした拠出制年金（老齢年金，障害年金，母子年金，遺児年金，寡婦年金）であったが，経過的・補完的措置として制度発足時に既に保険事故が発生していた者や十分な保険料拠出ができないため受給要件を満たせない者などに対して，全額国庫負担で無拠出制の福祉年金（老齢福祉年金，障害福祉年金，母子福祉年金，準母子福祉年金）も支給された。

このように，国民皆年金体制として，3種8制度と呼ばれる職業に応じた多様な公的年金制度が併存することになったが，昭和36（1961）年には通算年金通則法が制定され，公的年金制度間を移動する者に通算老齢年金（または通算退職年金）が支給されることとなった。

給付水準については，戦後の経済成長に伴い，昭和40（1965）年改正による「1万円年金」，昭和44（1969）年改正による「2万円年金」がそれぞれ実現し，昭和48（1973）年改正により物価スライド制・賃金再評価制の導入と「5万円年金」への引上げがなされた。

3　基礎年金の導入

こうした職業に応じて複数の制度が連立する制度体系においては，負担と給付の面での制度間格差や重複給付などが生じるとともに，産業構造の変化に伴う被保険者の減少などにより財政的安定性を欠く制度もみられるようになった。そこで，制度間での公平性や整合性を確保すると同時に，制度の財政基盤を安定化させる観点から，昭和60（1985）年の法改正により，国民年金制度を全国民共通の基礎年金を支給する1階部分の制度として組み替える基礎年金改革が実施された。

基礎年金の目的は衣食住を中心とした生活の基礎的ニーズの保障とされ，改正時の給付額は月額5万円に設定された。基礎年金の費用は，第1号被保険者（自営業者等）が拠出する保険料，各被用者年金制度が加入者の頭割りで負担する基礎年金拠出金および国庫負担により賄われるようになり，制度の財政基盤の安定化が図られた。また，この改革において導入された第3号被保険者制度により，基礎年金について年金受給権の個人単位化が達成され，中高年離婚の増加を背景として高まっていた女性の年金受給権の確立を求める声にも応えることとなった。この基礎年金の導入に伴い，被用者年金制度は国民年金制度に上乗せされる2階部分の年金制度として再構成された。

4　その後の改正

昭和61（1986）年以降は，基礎年金改革により導入された制度体系を概ね維持しながら，様々な改正が実施されている。

⑴　平成元（1989）年改正

平成元（1989）年改正では，①これまで物価水準が5%以上変動した場合に限り行われていた年金額の改定につき完全自動物価スライド制の導入，②学生の国民年金制度への強制加入などが行われた。

⑵　平成6（1994）年改正

平成6（1994）年改正では，①60歳代前半に支給されている特別支給の老齢厚生年金（国年附則旧8条）の定額部分についての支給開始年齢の段階的引上げ（60歳から65歳へ），②在職老齢年金制度の改善（賃金の増加に応じて賃金と年金額の合計が増加する仕組みへの変更），③遺族厚生年金と老齢厚生年金の部分的な併給の導入（女性の就労に基づく保険料拠出を年金受給において反映させる），④育児休業期間中の厚生年金保険料（本人分）の免除などが行われた。

⑶　平成12（2000）年改正

平成12（2000）年改正では，①特別支給の老齢厚生年金の報酬比例部分についての支給開始年齢の段階的引上げ（60歳から65歳へ），②60歳代後半への厚生年金保険の適用拡大，③総報酬制の導入（賞与等も月給と同様に厚生年金保険料の賦課基礎とする），④育児休業期間中の厚生年金保険料（事業主分）の免除，⑤国民年金保険料についての免除等の拡充（半額免除制度・学生納付特例制度の導入）などが行われた。

⑷　平成16（2004）年改正

平成16（2004）年改正では，①保険料負担能力と給付とのバランスを図るためにマクロ経済スライドおよび保険料水準固定方式の導入，②国民年金における国庫負担の3分の1から2分の1への引上げ，③離婚時の厚生年金分割の導入，④在職老齢年金制度の改善と対象者の拡大（70歳以上の被用者）などが行われた。

⑸　平成24（2012）年改正

平成24（2012）年改正では，社会保障・税一体改革の一環として，3本の改正法が制定され，①遺族基礎年金を夫にも支給すること，②受給資格期間の短縮（25年から10年へ），③短時間労働者に対する厚生年金保険の適用拡大，④未支給年金の請求者範囲の拡大，⑤産休期間の厚生年金保険料の免除，⑥基礎年金国庫負担2分の1の恒久化，⑦被用者年金制度の一元化，⑧特例水準の解消などが行われるとともに，「年金生活者支援給付金の支給に関する法律」の制定により低所得の老齢基礎年金等の受給者に老齢年金生活者支援給付金を支給することとされた。

⑹　平成28（2016）年改正

平成28（2016）年改正では，①短時間労働者への厚生年金保険の適用拡大の推進（従業員規模500人以下の企業における労使合意に基づく拡大），②第1号被保険者の産前産後期間中の保険料免除，③年金額の改定ルールの見直し（マクロ経済スライドにおける未調整分の繰り越し，賃金変動が物価変動を下回る場合における賃金変動に合わせた年金額改定），④年金積立金管理運用独立行政法人（GPIF）の組織等の見直し，⑤日本年金機構の国庫納付規定の整備などが行われた。

このように，1990年代以降は，人口の少子高齢化の急速な進展を背景に，公的年金制度の長期的な財政安定を目指した改正が相次いで行われるようになると同時に，高齢者や女性などにおける生き方・働き方の多様化に対応した年金制度への転換が模索されている。さらに近年では，無年金者・低年金者対策も重視されている。また，公的年金制度間の給付格差や転職に伴う制度間移動における手続の煩雑さなどを理由に，被用者年金制度の一元化が実現した点が特に注目される。

5　日本の公的年金制度の特徴

日本の公的年金制度は，昭和60（1985）年基礎年金改革以降，全国民を対象とした生活費の基礎的部分を保障する国民年金制度と，被用者を対象とした報酬比例の被用者年金制度（厚生年金保険制度）とで構成される2階建ての制度として実施されている（なお，公務員等に対する各共済制度は上記平成24（2012）年改正によって平成27（2015）年10月に厚生年金保険制度に一元化された）。職業に応じた複数の制度が報酬比例の年金を給付するドイツやフランスと比べると，全国民に対し基礎年金が給付される点が特徴的である。基礎年金の保障方法は，租税を財源とした全国民対象の公的年金制度を持つニュージーランドやオーストラリアとは異なり，社会保険方式がとられている点でイギリスの制度に近い。もっとも，イギリスでは無業者は任意加入の対象となっているに過ぎないのに対し，日本ではかつて任意加入であった専業主婦や学生など所得のない（あるいは低い）者も含めて，国民年金制度に強制加入させる点に特徴がある。

財政方式に関しては，1980年代以降にラテンアメリカ諸国などで公的年金制度の民営化に伴い賦課方式から積立方式への移行がみられたが，日本の公的年金制度は賦課方式の要素が強い修正積立方式で運営されている。また，スウェーデンのように賦課方式をとりつつも個人勘定を設定し保険料拠出の実績を記録する「観念上の確定拠出年金」ではなく，確定給付で運営されている。従来は，経済成長とあいまって給付の維持・改善を眼目とした改正が相次いだが，近年では少子高齢化の進展を背景に制度の持続可能性が模索され，保険料の安定に重きをおく方針に切り替えられている。

各　論

1　公的年金の保険者

国民年金および厚生年金保険は，政府が管掌する（国年3条1項，厚年2条）。公的年金の運営に関する権限は厚生労働大臣に帰属するが，一部の権限は地方厚生局長に委任される（国年109条の9，厚年100条の9）。また，適用・徴収・記録管理・相談・裁定・給付などの一連の運営業務にかかる厚生労働大臣の権限・事務は，平成22（2010）年1月に社会保険庁の廃止に伴い設立された特殊法人である日本年金機構に委任・委託される（国年109条の4・109条の10・109条の11，厚年100条の4・100条の10・100条の11）。厚生労働大臣は公的年金の財政責任と管理運営責任を担い，日本年金機構への監督を行う（日本年金機構法48条〜50条）。なお，被用者年金一元化後の厚生年金保険制度では，被保険者の記録管理，標準報酬の決定・改定，保険料の徴収，保険給付の裁定等を行う主体として，保険者とは異なる「実施機関」という組織が設けられ，効率性の観点から，従来の共済制度に応じた被保険者区分に対応して既存の共済組合等がこれに充てられた（厚年2条の5→2 **2**(2)）。

厚生労働大臣は実施機関でもあるが，実施機関としての事務（記録管理，徴収，裁定等）は上述の通り日本年金機構に委託されている。

発展 3-4① 保険者の役割と年金記録問題

保険者の主な任務の一つは保険給付を行うことである。国民年金でも厚生年金保険でも，受給権の有無や給付額は保険への加入期間や保険料の納付に基づいて決定されるため，個々の被保険者の加入や保険料納付を正確に記録しておく必要がある。また，年金制度は加入から受給までの期間が長期に及ぶため，記録の管理は相当長期間行う必要がある。こうしたことから，国民年金でも厚生年金保険でも保険者（あるいは実施機関）は原簿を備えることとされている（国年14条，厚年28条）。

原簿による年金記録は，制度創設当初は紙の台帳で管理され，後に磁気テープによる管理に変わり，現在ではオンラインシステムによって管理されている。また，平成9（1997）年以降は，各人に一つ割り当てられる基礎年金番号によって年金記録を一元的に管理している。しかし，基礎年金番号が導入される以前の年金番号の一部は，基礎年金番号への統合・整理がうまくなされず，誰の年金記録かわからない年金記録が平成19（2007）年に約5095万件あることが発覚し，大きな社会問題となった（「宙に浮いた年金記録問題」，「消えた年金記録問題」）。これを機に，公的年金の管理運営業務のあり方への批判が高まり，管理運営を担ってきた社会保険庁の解体をもたらす要因の一つとなった（管理業務の不備に起因する不利益に対する救済措置について→⑥2発展 3-15）。

発展 3-4② 厚生年金保険の民営化と憲法25条

近年は下火となったが，かつては，公的年金制度の合理化・効率化等を目指して，厚生年金保険の民営化が盛んに議論されていた。政府が保険者として運営している厚生年金保険を民営化する場合，その形態にもよるが，多かれ少なかれ政府（国）の役割は縮減する。そのため，国が生存権を保障するため社会保障の向上・増進に努めるべきことを規定している憲法25条との関係で問題が生じ得る。

(1)　まず，制度への強制加入は維持しながら保険者のみを政府から他の主体に変更する場合を想定してみる。これはさらに，①公法人への変更，②民間法人への変更に分けられる。

①政府から公法人への変更（例えば，平成18（2006）年健康保険法改正による政府から全国健康保険協会への保険者の変更）については，憲法25条が公的年金制度の所得比例部分について国の直営を要求しているのかが問題となる。この点については，憲法25条が社会保障の多様なあり方の中から国直営の社会保障制度のみを要求していると解する根拠は見当たらないし，またそのように解することは社会保障から国家と個人以外の「社会」という契機を排除しかねず妥当でない。したがって，政府から公法人への変更は憲法25条には反しないと解される。

②民間法人への変更は，従来政府などの行政主体（公法人も含む）が実施してきた厚生年金保険を民間法人の運営に委ねることを意味する。憲法25条2項にいう「社会福祉，社会保障」について，その事業主体は行政主体に限定されるとの解釈をとれば，②のよう

な変更は「社会福祉，社会保障」の縮減と評価され，また，それについての立法府の裁量を狭く解すれば，合理的理由のない②の変更による「社会福祉，社会保障」の縮減は憲法25条2項に反するという結論が導かれ得る。他方で，同条2項は「社会福祉，社会保障」の事業主体をいかに設定するかについて立法府の完全なる裁量に委ねていると解すれば，②の変更は憲法25条に反しないことになる。

(2) 次に被用者年金の完全廃止による民営化については，どうだろうか。学説においては，1項2項二分論（→第2章第2節[1]2発展2-1）を前提に憲法25条2項は国家に社会保障制度の向上努力義務を課したものであり，合理的理由が存在しないにもかかわらず，厚生年金保険の廃止を行うことは同義務に反し違憲無効であるとの見解がある。しかし，合理的理由のない社会保障制度廃止をおよそ全て違憲無効とするほどの規範的効力を同条2項から導けるのかは必ずしも明らかではない。また，国家が私的年金の法整備を充実させそれへの加入を（税制優遇措置などを通じて）促進することによって各人によりよい年金受給権を保障することも，同項にいう「社会保障，社会福祉」に含まれると解すれば，こうした（私的年金の促進という）代替措置を伴う被用者年金制度の廃止を一概に「『向上及び増進』に反するもの」ということはできないだろう。

発展3-4②の参考文献

・岩村正彦「社会保障改革と憲法25条――社会保障制度における『国家』の役割をめぐって」江頭憲治郎＝碓井光明編『法の再構築［Ⅰ］国家と社会』（東京大学出版会，2007年）83頁
・大場敏彦「年金制度改革の課題」季刊労働法192号（2000年）22頁

[2] 被保険者の範囲と被保険者資格の得喪

1 国民年金

(1) 被保険者の範囲

国民年金の強制加入の被保険者には，「第1号被保険者」「第2号被保険者」「第3号被保険者」という三つの種類がある（国年7条1項）。第1号被保険者とは，日本国内に住所を有する20歳以上60歳未満の者であって第2号被保険者および第3号被保険者でないもの（ただし，厚生年金保険法に基づく老齢年金等の受給権者を除く）であり，典型的には自営業者，20歳以上の学生，無業者がこれに当たる。第2号被保険者とは，厚生年金保険の被保険者である。第3号被保険者とは，第2号被保険者の配偶者であって主として第2号被保険者の収入により生計を維持するもののうち20歳以上60歳未満のものであり，専業主婦（夫）が典型例である。なお，生計維持関係の認定基準は，健康保険法の被扶養者の認定基準と同様である（→第5章各論[1]2(4)）。

強制加入の被保険者のほかに，日本国籍を有する者であって日本国内に住所を有しない20歳以上65歳未満の者など，一定の要件を満たした者には任意加入が認められている（国年附則5条1項）。

発展3-5　**国民年金と国籍条項**

昭和34（1959）年制定当初の国民年金法には，被保険者資格の取得や各種福祉年金の受給を日本国民に限る国籍条項が規定されていた。障害福祉年金の国籍条項が憲法25条に違反するか否かについて，塩見訴訟最高裁判決（最判平成元・3・2判時1363号68頁（百選4））は，障害福祉年金が全額国庫負担の無拠出制年金であり，その支給対象者の決定についての立法府の裁量は広範であることに加え，「社会保障上の施策において在留外国人をどのように処遇するかについては，国は，特別の条約の存しない限り，当該外国人の属する国との外交関係，変動する国際情勢，国内の政治・経済・社会的諸事情等に照らしながら，その政治的判断によりこれを決定することができるのであり，その限られた財源の下で福祉的給付を行うに当たり，自国民を在留外国人より優先的に扱うことも，許されるべき」と解して，障害福祉年金の支給対象者から在留外国人を除外することは立法府の裁量の範囲に属すると判示した。

また，制度発足当初は，被保険者を日本国民に限るという制度の趣旨が行政実務において徹底されておらず，行政窓口にて在日外国人に加入を勧誘し保険料を徴収するという取扱いが少なからずみられた。そのため，被保険者資格がないことを知らずに長期間保険料を納付し続けた在日外国人の取扱いが問題となった。東京高判昭和58・10・20（判時1092号31頁）は，老齢年金の受給権を得るのに必要な期間にわたって保険料を納付してきた在日外国人につき信頼保護の必要性から老齢年金裁定請求却下処分を取り消したが，東京地判昭和63・2・25（訟月34巻10号2011頁）は，保険料納付期間が老齢年金受給に必要な期間より8カ月足りない段階で外国籍であることが発覚した在日外国人について，被保険者資格を否定した。

なお，国民年金の国籍条項は，昭和56（1981）年に日本が「難民の地位に関する条約」を批准したことにより，撤廃された。

⑵　任意加入と学生無年金障害者訴訟

国民年金制度創設当初は，被用者年金の被扶養配偶者（典型的には，専業主婦（夫））および20歳以上の学生は任意加入の対象とされていたが，前者は昭和60（1985）年の基礎年金改革の際に第3号被保険者として強制加入の対象とされ，後者は平成元（1989）年の法改正により平成3（1991）年4月から強制加入となった。

一連のいわゆる学生無年金障害者訴訟は，学生時代に国民年金に任意加入せずに傷病により障害を負った者らが，障害基礎年金の支給裁定を申請したところ，当時の被保険者資格が認められないとして不支給決定を受けたのを不服として，同決定の取消しと国家賠償を求めて訴えを提起したものである。

東京地判平成16・3・24（判時1852号3頁）は，昭和60（1985）年の国民年金法改正時点において，無拠出制の障害基礎年金を受給できる20歳前に障害を負った者（国年30条の4→3 8(1)(d)）と，同年金が受給できない20歳以後に障害を負った学生との間の取扱いの差異を放置しておくことは憲法14条1項に違反し，20歳以後に障害を負った学生に何らの救済措置も講じなかったのは国家賠償法上違法な立法不作為に当たるとした。この東京地裁判決を受けて，平成16（2004）年12月に「特定障害者に対する特別障害給付金の支給に関する法律」が制定され，国民年金に任意加入しなかった学生と被用者の配偶者（専業主婦等）のうち一定の障害を負っている者に，特別障害給付金が給付されることとなった。

もっとも，同事件の控訴審（東京高判平成17・3・25判時1899号46頁）は，上記の救済措置をとらなかったことは憲法14条1項に違反しないとした。また，最高裁（最判平成19・9・28民集61巻6号2345頁（百選10））も，堀木訴訟最高裁判決を踏襲しつつ，20歳以上の学生を強制加入被保険者としなかったことは憲法25条にも憲法14条1項にも違反しないとするとともに，保険方式の国民年金制度における無拠出制年金の受給権者の範囲や支給要件等の決定にかかる立法府の裁量は，拠出制年金に比べてさらに広範であるとして，無拠出制年金の受給についての20歳前障害者と20歳以上の学生との間の取扱いの差異は合理的理由のない不当な差別的取扱いではないとした。同最高裁判決も指摘するように，初診日（→3 8(1)(e)）までの間に，およそ被保険者となる機会のなかった者（20歳前障害者）と，任意加入により被保険者となる機会を付与されていた者（20歳以上学生）とでは，たとえ同様の障害を負い保障の必要性が同等であるとしても，少なくとも社会保険制度において取扱いが異なることは不合理とはいえないだろう。

(3) 被保険者資格の得喪

国民年金法7条による被保険者については，同法8条および9条の各号に規定する事由に該当すると，それに該当するに至った日（一部の喪失事由についてはその翌日）に，当然に被保険者資格の取得あるいは喪失の効力が発生する。

第3号被保険者以外の被保険者は，被保険者資格の取得および喪失，種別の変更に関する事項，氏名および住所の変更に関する事項を市町村長に届け出なければならないとされ（国年12条1項），市町村長はこの届出を厚生労働大臣に報告しなければならない（同条4項）。しかし，とりわけ第1号被保険者については，減少傾向にあるものの，届出義務を懈怠し未加入となっている者が少なからず存在し（平成30（2018）年5月に厚生労働省年金局が公表したデータによると約8.9万人（平成28

(2016) 年10月末現在)), 保険料の未納とともに「年金の空洞化問題」を引き起こしている (→4 1(1)(f))。

第3号被保険者の場合は, 同様の届出が配偶者の事業主 (または, 公務員等である配偶者が医療保障のために加入する共済組合) を経由して厚生労働大臣に対して行われる (同条5項・6項)。

厚生労働大臣は被保険者資格取得の報告あるいは届出を受けた場合は, 当該被保険者について国民年金手帳を作成し交付する (国年13条)。国民年金手帳には当該被保険者の基礎年金番号等の情報が記載される。基礎年金番号は給付の迅速化などのため平成9 (1997) 年に導入されたものであり, それまで国民年金や厚生年金保険などの制度ごとに異なる番号が被保険者等に付されていたのを改め, 各人に公的年金制度に共通する番号として付与されるものである。

発展 3-6　種別変更と「運用3号」

近年, 第3号被保険者であった者が第1号被保険者となった場合の種別の変更の届出がなされず, 記録上第3号被保険者のままとなっているケースが数多くあることが判明した。本来ならば, 遡って第1号被保険者に種別変更し, 保険料徴収権が時効消滅していない2年間については保険料を納付し, 時効消滅した期間については保険料未納期間として取り扱われるべきところ, 届出勧奨や種別変更の処理が徹底されていなかったという行政側の不備を理由に, 受給者については現状のまま第3号被保険者期間として扱い, 被保険者については, 第1号被保険者への種別変更を行い, 時効消滅していない期間についての保険料納付を求めるが, それ以前の期間については現状のまま第3号被保険者として扱うことが平成23 (2011) 年1月より, 厚生労働省年金局から日本年金機構への通知に基づいて実施されていた。このいわゆる「運用3号期間」の取扱いは, 種別変更についての行政の広報不足によって被保険者等が被る不利益を解消することには資するが, 一部の第1号被保険者に第3号被保険者期間として保険料の納付を要しない期間 (国年94条の6) を認めることとなるため, 法律の規定に反するとともに, 第1号被保険者として誠実に保険料を納付してきた者との関係では不公平な運用といえる。そのため, 同年3月にこの取扱いは廃止された。

これに代わり,「公的年金制度の健全性及び信頼性の確保のための厚生年金保険法等の一部を改正する法律」が平成25 (2013) 年6月に成立し, 同年7月より, ①不整合記録に基づく年金額を正しい年金額に訂正すること, ②不整合期間を「カラ期間」(受給要件の判断の時には加算されるが, 支給額には反映しない期間) として扱うこと, ③50歳以上60歳未満の期間 (あるいは直近10年間) について保険料 (特定保険料) の追納 (特例追納) を認めること (3年間の時限措置) とされるようになった (国年附則9条の4の2～9条の4の6)。

2　厚生年金保険

(1)　被保険者の範囲

適用事業所に使用される70歳未満の者は厚生年金保険の被保険者となる（厚年9条)。適用事業所には，厚生年金保険法6条1項各号に規定されている強制適用事業所と，強制適用事業所以外の事業所で厚生労働大臣の認可を受けて適用事業所となる任意適用事業所とがある（同条3項)。強制適用事業所に使用される70歳未満の者は強制加入の被保険者となるが，一部の者は適用除外となる（厚年12条)。

任意加入の被保険者としては，任意適用事業所に使用される70歳未満の者（任意包括被保険者）のほか，適用事業所以外の事業所に使用される70歳未満の者で厚生労働大臣の認可を受けた任意単独被保険者（厚年10条)，適用事業所に使用される70歳以上の者で老齢厚生年金や老齢基礎年金等の老齢（退職）年金の受給権を有しない者が厚生労働大臣に申し出ることによってなる高齢任意加入被保険者（厚年附則4条の3）がある。

事業所に「使用される……者」と認められるためには，事業主（使用者）との間に事実上の「使用」関係（従業員が事実上労務を提供し，これに対して事業主が報酬を支払う関係）があれば足り，法律上の雇用関係の存在まで必要とするものではないと理解されている（有泉厚年34頁。なお健康保険法における使用関係も同様に解されている)。それゆえ，労働基準法における労働者（→第6章各論①3）に加えて，当事者間で請負契約や準委任契約が締結されている場合にも，被用者保険の被保険者とすることが適切か否かという観点から，使用関係が判断される。裁判例・実務においては，例えば，理事や取締役等，法人の代表者または業務執行者であっても，労務の提供に対し報酬の支払いを受けている場合には，厚生年金保険法・健康保険法上の使用関係が肯定されている（広島高岡山支判昭和38・9・23判時362号70頁〔百選12〕，昭和24年保発74号)。これは，厚生年金保険法・健康保険法の目的である生活の安定と福祉の向上を図ることは使用者にとっても労働者と同様に必要であり，雇用関係における労使間の社会的差異で区別すべき必要がないためである。

他方で，生活の安定と福祉の向上の必要性が相対的に高いと思われる非正規労働者については，適用除外規定（厚年12条）により，被保険者資格が認められない者も少なくない（詳しくは→発展3-7)。

発展3-7　非正規労働者の増加と厚生年金保険

臨時使用者や所在地が一定しない事業所に使用される者等は，法律により厚生年金保険制度から適用除外とされている（厚年12条1号〜4号）。これは，保険関係の基礎となる使用関係に恒常性がなく使用期間も短いことから，長期の被保険者期間を必要とする厚生年金保険制度になじまないことや，保険事務の煩雑さの観点等から除外されたものである（有泉厚年38頁）。

また行政実務では，適用除外規定に該当しない場合でも，短時間労働者である場合には，一定の基準に照らして厚生年金保険制度の被保険者となるか否かが決められていた。すなわち，法律に規定されている「使用される……者」を常用的使用関係にある者と解釈した上で，「1日又は1週の所定労働時間及び1月の所定労働日数が当該事業所において同種の業務に従事する通常の就労者の所定労働時間及び所定労働日数のおおむね4分の3以上である就労者については，原則として健康保険及び厚生年金保険の被保険者として取り扱うべきものであること」とされていた（昭和55年6日6日都道府県民生主管部（局）保険課（部）長宛て内翰（かん）。なお，短時間労働の外国人講師について，上記4分の3基準は満たさないが，報酬額の高さと雇用関係の安定性等を考慮して厚生年金保険の被保険者資格を肯定した事例として，東京地判平成28・6・17労判1142号5頁参照）。

しかし，雇用形態の多様化や短時間労働者の増加を受けて，短時間労働者に対しても正規労働者と同様の年金の保障が求められるようになり，いかなる基準で厚生年金保険の適用拡大を行うかについては，制度への財政的影響や適用拡大に伴う事業主負担の増加等の観点も踏まえて，近時盛んに議論された。その結果，平成24（2012）年改正（年金機能強化法）により，平成28（2016）年10月から，従来の行政実務（所定労働時間等が通常の労働者の4分の3以上の場合の制度適用）が法律上明文化されるとともに，①週20時間以上，②月額賃金8.8万円以上，③勤務期間1年以上，④学生でないこと，⑤従業員501人以上の企業の全ての要件を満たした短時間労働者にも適用が拡大された（厚年12条5号，年金機能強化法附則17条）。もっとも，①〜⑤の要件を全て満たす短時間労働者は多くないことから，施行後3年を目途にこの改正の結果に基づいて必要な措置を講じることとされていたが（年金機能強化法附則2条，社保改革6条2項2号），平成28（2016）年12月に，公的年金制度の持続可能性の向上を図るための国民年金法等の一部を改正する法律（年金改革法）が成立し，平成29（2017）年4月より，従業員500人以下の企業についても労使の合意に基づき，企業単位で①〜④を満たした短時間労働者への厚生年金の適用拡大が認められるようになるとともに，国・地方公共団体は，職員規模にかかわらず適用拡大されることとなった（改正後の年金機能強化法附則17条・46条。詳しくは，堀年金174頁）。

就労形態の違いによる現役時代の所得格差が引退後にさらに拡大することのないよう，短時間労働者へのさらなる適用拡大が求められる。しかし他方で，低所得の短時間労働者への適用拡大を加速させると，低額の厚生年金保険料によって基礎年金と厚生年金とを受給する者が増えるため，制度の財政に負荷を与えるだけでなく，被保険者間の所得再分配が強化されることとなるため，それを社会保険制度内でどの程度許容すべきであるのかが今後問題となり得る。

発展3-7の参考文献

上記昭和55（1980）年内翰の適法性に関し，台豊「被用者保険法における短時間労働者の取扱いについて――健康保険法，厚生年金保険法および1980年厚生省内かんに関する一考察」季刊社会保障研究38巻4号（2003年）308頁

図表 3-3　被用者年金制度一元化後の厚生年金保険制度の概要

（平成 27（2015）年 10 月より）

	被保険者の種別	実施機関
下記以外の被保険者	第 1 号厚生年金被保険者	厚生労働大臣
国家公務員	第 2 号厚生年金被保険者	国家公務員共済組合・国家公務員共済組合連合会
地方公務員	第 3 号厚生年金被保険者	地方公務員共済組合・全国市町村職員共済組合連合会・地方公務員共済組合連合会
私学教職員	第 4 号厚生年金被保険者	日本私立学校振興・共済事業団

⑵　被用者年金制度の一元化

国と地方公共団体も強制適用事業所であるが（厚年 6 条 1 項 2 号），一元化前においては，国家公務員，地方公務員等，私立学校教職員はそれぞれ国家公務員共済組合制度，地方公務員等共済組合制度，私立学校教職員共済制度に加入していたため，厚生年金保険制度からは適用除外されていた（厚年旧 12 条 1 号）。

共済制度の退職年金額は，老齢厚生年金と同様の計算式で算出される部分に，組合加入期間に応じた一定額（職域部分）を加算した額とされていた。他方で，保険料率は，厚生年金保険が 16.766% であったのに対し，国家公務員共済組合・地方公務員等共済組合が 16.216%，私学共済が 13.292% となっており（いずれも平成 24（2012）年 9 月現在），制度間で給付水準と保険料率に格差があった。

そこで，被用者年金制度を働き方に中立的な制度として公平性・安定性を確保する観点から，平成 24（2012）年に厚生年金保険法等が改正され（平成 24 年法律 63 号），上記の適用除外規定（厚年旧 12 条 1 号）の削除等がなされた。これにより，共済年金（年金部分）が厚生年金保険に統合され，被用者年金制度の一元化が実現した。

一元化後の厚生年金保険制度では，従来の共済制度による区分に応じて被保険者の種別が定められるとともに，種別ごとに，被保険者の記録管理，標準報酬の決定・改定，保険料の徴収，保険給付の裁定等を行う「実施機関」が設定された（厚年 2 条の 5，図表 3-3 参照）。一元化により職域部分が廃止される公務員等については，職域部分に相当する給付として，退職給付の一部としての「年金払い退職給付」が支払われることとされた（国家公務員について，国家公務員の退職給付の給付水準の見直し等のための国家公務員退職手当法の一部を改正する法律（国家公務員退職手当法))。

⑶　被保険者資格の得喪と保険関係の成立

厚生年金保険の被保険者は，厚生年金保険法13条および14条に規定されている事由に該当すると，該当するに至った日（一部の喪失事由についてはその翌日）に被保険者資格を取得あるいは喪失する。ただし，国民年金と異なり，その効力は厚生労働大臣の確認によって初めて発生する（厚年18条1項。ただし，同条4項により厚生労働大臣の確認の対象となるのは，第1号厚生年金被保険者のみであり，その他の被保険者は確認を経ずに被保険者資格の得喪の効力が生ずる)。確認は，資格取得（喪失）の時期から成立している抽象的保険関係の存在（不存在）と態様を具体的に確定する行政処分（確認行為）である（大阪高判昭和37・10・26高民集15巻7号549頁)。厚生労働大臣による確認を発効要件としているのは，労働者が被保険者資格を取得（喪失）することによって保険者と被保険者ならびに事業主との間に重大な法律関係が生ずる（消滅する）ことになるためである（最判昭和40・6・18判時418号35頁（百選15))。

この確認は，厚生年金保険法27条で義務づけられている事業主による届出，あるいは同法31条に基づく被保険者による確認の請求を契機に，または職権によって行われる（厚年18条2項)。

確認がなされると，被保険者資格の得喪の時期に遡って効力が生ずる（前掲最判昭和40・6・18)。被保険者資格取得の確認についての取消しの訴えおよび無効確認の訴えの原告適格は，被保険者だけでなく保険料を負担する事業主にも認められている（大阪地判昭和35・12・23行集11巻12号3429頁)。また，被保険者資格取得を確認しない旨の決定がなされた場合には，同決定の取消訴訟または無効等確認訴訟の提起に加えて，資格取得の確認の義務付け訴訟も提起できる（東京地判昭和39・5・28行集15巻5号878頁)。

⑷　事業主による届出義務の懈怠

ⓐ　届出義務懈怠とその影響　　第1号厚生年金被保険者については，事業主が厚生年金保険法27条に反して被保険者資格取得の届出を懈怠し，厚生労働大臣による資格取得の確認がなされないと，当該労働者（被保険者）についての保険関係が効力を生じないため，保険料も徴収されない。また，その他の種別の被保険者についても，事業主が被保険者資格取得の届出を懈怠すると，保険者が被保険者の存在を把握できず，保険料が徴収されないおそれがある。こうした場合，保険料を徴収する権利が時効によって消滅すると（2年の短期消滅時効（厚年92条1項)

→4 2(1)(e))，当該保険料にかかる被保険者期間に基づく保険給付は行われないことから（厚年75条），年金受給額が本来の額より少なくなるという不利益を被保険者が被る。

(b) **届出義務の被保険者に対する意義**　こうして本来額より少なくなった部分の損害につき，事業主の損害賠償責任を否定した裁判例（大阪地判平成11・7・13賃社1264号47頁）もあるが，多くの裁判例は，厚生年金保険法27条にいう事業主の届出義務は保険者に対する公法上の義務であるだけでなく，使用する労働者に対する私法上の義務でもあるとして，その義務違反を不法行為法上の注意義務違反あるいは労働契約上の債務不履行と構成して，事業主の損害賠償責任を肯定している（京都地判平成11・9・30判時1715号51頁，新潟地判平成17・2・15判自265号48頁，大阪地判平成18・1・26労判912号51頁，奈良地判平成18・9・5労判925号53頁）。事業主による届出の履行いかんが，保険給付の受給権に直接影響を与えることを考慮すると，届出義務には労働者の利益を保護するという意義も見出せるため，届出義務は不法行為法上の注意義務あるいは労働契約上の債務になると解するのが妥当だろう。

なお，事業主は報酬月額および賞与額に関する事項についても届出義務を負う（厚年27条）。大阪高判平成23・4・14（賃社1538号17頁（百選34））は，事業主が報酬月額を過少申告した事案について，労働契約に付随する事業主の信義則上の義務に基づいて，事業主の損害賠償責任を認めている。

(c) **損害の発生時期と過失相殺**　損害賠償を請求するには損害の発生が必要であるが，年金受給権への侵害については，いつ損害が発生したといえるかが問題となる。支給開始年齢に達しておらず年金受給権が発生していない時点での損害賠償請求を可能とする裁判例もあるが（55歳時点での請求を認めた前掲新潟地判平成17・2・15），多くの裁判例は，そうした時点ではいまだ損害の発生が不確定であるとして賠償請求はできないとしている（東京地判昭和60・9・26労判465号59頁（46歳時点），仙台高判平成16・11・24判時1901号60頁（45歳時点），前掲大阪地判平成18・1・26（56歳時点））。こうした判断については，支給開始年齢到達までの間に企業が倒産するなど，請求すべき事業主が存在しなくなるリスクを被保険者に負わせることになるとの批判がある（原田啓一郎「判例評釈」賃金と社会保障1426号（2006年）39頁参照）。

また，損害額の算定においては，被保険者本人が確認の請求を行わなかったことなどが被保険者側の過失と評価されて，過失相殺される場合もある（前掲京都地判平成11・9・30，前掲新潟地判平成17・2・15)。なお，被保険者本人が確認の請求をすれば被保険者資格取得の確認を受けられて，事業主が届出義務を履践した場合と同額の給付を受けることができることから，事業主の届出義務の懈怠と損害発生との因果関係は否定されるとも考えられる（雇用保険の事案として，大阪地判平成元・8・22労判546号27頁〔百選74〕→第7章各論1 4)。しかし，事業主が義務を法律に従って履行しさえすれば本来の額を受給できるのであり，また，一般には確認の請求の手続をそれほど認識していない被保険者にとって，確認の請求の存在が事業主の義務懈怠と損害との因果関係を切断するとの理解は，酷に過ぎると思われる。そのため，確認の請求を行わなかったことは過失相殺において評価すべきものだろう。

(d)　**厚生年金特例法による救済**　　平成19（2007）年に，「厚生年金保険の保険給付及び保険料の納付の特例等に関する法律（厚生年金特例法)」が制定され，事業主が被保険者から保険料を源泉徴収していたにもかかわらず被保険者資格取得の届出を懈怠していたなどにより保険料を納付していなかった場合には，消滅時効によって保険料徴収権が消滅した期間についても年金記録の訂正がされ，年金額に反映されるとの救済措置がとられるようになった。これにより，事業主の届出義務懈怠のケースの一部については，本来の年金額が受給できるようになり，被保険者が事業主へ損害賠償請求をせずにすむようになった。

発展 3-8　国際化の進展と公的年金制度

国際化の進展により，人の国境を越えた移動も増加傾向にある。海外に在留している日本人の数は，約81万人（平成12（2000）年）から約135万人（平成29（2017）年10月現在）へと増加し，他方で日本に滞在する外国人数も約169万人（平成12（2000）年）から約247万人（平成29（2017）年6月現在）へと増加している。こうした人の国際的移動の進展により，在外邦人や在日外国人への公的年金制度の適用をいかに行うかが問題となってくる。

一般的に社会保障制度の適用および事業の実施は，基本的には当該国の国内限りであり，(一定の場合を除いて）属地主義に基づいて適用法が決定される。国民年金は，基本的に日本国内に住所を有する者（外国人を含む）を対象に実施される（国年7条1項）が，日本国内に住所を有しない20歳以上65歳未満の日本国籍を有する者は任意加入が可能である（国年附則5条1項3号)。厚生年金保険法では，適用対象となる適用事業所の所在地についての規定はないが（厚年6条参照)，当然に日本国内に所在する事業所のみを対象としていると思われる。そのため，日本人であっても海外の事業所に勤務する場合には厚生年金保険の被保険者とはならない。ただし，日本国内に所在する適用事業所との使用関係を維持した状態で海外の支店に赴任する場合には，厚生年金保険の被保険者であり続ける。他方で，厚生年金保険の被保険者資格の取得について国籍要件はないので，厚生年金保険の適用事業所に使用される外国人労働者も当然に被保険者となる。

上記のように海外で勤務する日本人が厚生年金保険の被保険者であり続ける場合でも，勤務先の国の公的年金制度に加入することもある。この場合，両国で二重に公的年金制度に加入し，二重に保険料を支払うこととなる。他方で，（日本の公的年金制度と同様に）海外の公的年金制度にも年金受給権を取得するのに一定の保険加入期間が必要なものがある。こうした制度の場合，実際の加入期間が受給権取得に必要な保険加入期間を下回ると，受給権が発生せず保険料が掛け捨てとなってしまい，場合によってはいずれの国の制度からも年金を受給できない事態に陥る。

こうした問題は，自国の制度を改正するだけでは完全には解消されない。そこで，日本は，平成12（2000）年2月1日に発効したドイツとの協定を皮切りに，多くの国と社会保障協定を締結している（協定発効17カ国，協定署名済み4カ国，政府間交渉中3カ国，予備協議中1カ国（平成30（2018）年5月現在））。これらの協定では，①二重加入の防止（相手国への派遣期間が5年を超えない見込みの場合には，当該期間中は相手国の法令の適用を免除して自国の法令のみを適用し，5年を超える見込みの場合には，相手国の法令のみを適用する），②保険料の掛け捨ての防止（両国の年金制度での加入期間を通算して，それぞれの国の制度で受給権取得に必要な加入期間を満たしているのかを審査し，それぞれの国の制度から支給される年金額はそれぞれの国の制度における加入期間に応じて計算する）が主に規定されている。

発展 3-8 の参考文献
- 岩村第Ⅱ編第6章
- 堀年金第3章第5節

3 給　　付

1 受給権の発生

(1) 受給権の種類と発生

国民年金および厚生年金保険の受給権には，死亡一時金（国年52条の2）等の一時金の支給を受ける権利もあるが，中心となるのは年金の支給を受ける権利（年金受給権）である。年金受給権は，基本権と支分権とに分類される。基本権とは，年額でいくら年金を受給できるという権利で，受給要件を満たした（支給事由が生じた）時点で発生する。支分権とは，基本権に基づき支払期月（偶数月。国年18条3項，厚年36条3項）ごとに支払うものとされる給付の支給を受ける権利である（国年102条1項，厚年92条1項）。つまり，支給期間（支給事由が生じた日の属する月の翌月から，権利が消滅した日の属する月まで（国年18条1項，厚年36条1項））における各月分の年金を受給する権利として，基本権から発生する権利である。支分権の発生時期について，最判平成29・10・17（民集71巻8号1501頁）は，「厚生年金保険法36条所定の支払期の到来」時と述べ，2カ月ごとの支払期月（偶数月）の到来時に初めて，前月分と前々月分の支分権が発生すると解しているようにも読める。もっとも，未支給年金に関する規定（国年19条，厚年37条→発展3-9）が，年金の後払いの仕組み（当該月分の年金が当該月に支払われるのではなく，直後の偶数月に支払われること）ゆえに被保険者死亡時に未支給となる支分権の存在を想定していることに照らせば（有泉国年52頁），支分権は支給期間における各月の到来により順次基本権から発生し，それが直後の偶数月（支払期月）に支払われると解するのが妥当だろう（広島高松江支判昭和56・5・13訟月27巻8号1526頁。同旨の学説として，堀年金235頁）。

(2)　受給権についての裁定の意義

上記のとおり，各月分の支分権に基づく年金は，当該月の直後の偶数月（支払期月）に支払われるとされているが（国年18条3項，厚年36条3項），実際に年金の支払いを受けるには，厚生労働大臣（厚生年金保険では実施機関）による基本権についての裁定が必要である（国年16条，厚年33条）。したがって，裁定を経る前に保険者に年金の支払いを求める給付訴訟を提起しても，年金の支払いを受けることはできない（本村訴訟最高裁判決・最判平成7・11・7民集49巻9号2829頁（百選41））。裁定を受けて初めて，基本権は受給要件を満たした時点に遡って具体化され，これにより裁定前に既に発生していた支分権も含めて年金が支払われることになる。

裁定の法的性質は，受給権者の請求に基づいて基本権の有無や支給額を確認する行政処分（確認行為）である。公的年金給付の受給につき厚生労働大臣等の裁定が必要とされたのは，画一公平な処理により無用の紛争を防止し，給付の法的確実性を担保するため，その権利の発生要件の存否や金額等につき保険者が公権的に確認するのが適当であるとの見地からである（前掲最判平成7・11・7（百選41））。

2　受給権の消滅

(1)　消滅事由

年金受給権は，受給権者の死亡その他の失権事由の発生により消滅する（国年29条・35条・40条，厚年45条・53条・63条）。受給権の消滅の効果は，行政庁の処分によることなく，失権事由の充足により当然に発生すると解されている（東京地判平成2・10・16訟月37巻1号144頁）。受給権者の死亡の場合，年金受給権は将来に向けて消滅するため，民法896条ただし書にいう一身専属権であり相続の対象とはならない。そのため，死亡した受給権者が，自らの受給権の存在を主張して提起した訴訟は，その死亡によって当然に終了する。年金受給権が相続されない代わりに，公的年金制度では死亡した年金受給権者によって生計を維持されていた一定範囲の遺族に遺族年金を支給する仕組みがとられている。

発展 3-9　受給権者の死亡と未支給年金

上記のとおり，実際に年金を受給するには厚生労働大臣等の裁定が必要であるため，裁定を受ける前に受給権者が死亡した場合には，死亡前に発生していた支分権に係る年金が支給されずに残る。また，死亡前に裁定を受けていた場合であっても，上記のとおり，既発生で支払期月到来前の支分権は未支給となる。このように，死亡した公的年金の受給権者に未支給の年金があった場合には，死亡した者と一定の親族関係にあり生計同一関係にあった者はその未支給年金の支給を請求することができるとされている（国年 19 条，厚年 37 条）。これは，公的年金受給権が一般に保険料拠出に対する対価の性格を有することから，その受益を保障する必要があるためと解される（ちなみに国年旧 19 条 3 項では，無拠出制の福祉年金については遺族が裁定請求できないとされていた。有泉国年 53 頁）。未支給年金を請求できる遺族の範囲は，平成 24（2012）年改正によって，生計を同じくしていた 3 親等以内の親族にまで拡大された。

この未支給年金の受給権は，死亡した受給権者からの相続財産ではなく，遺族固有の権利である（国家公務員共済組合制度の事案について東京地判昭和 62・3・24 訟月 33 巻 10 号 2455 頁）。また，未支給年金を受け取るには，国民年金法 16 条や厚生年金保険法 33 条の趣旨に照らして，厚生労働大臣（現在の厚生年金保険では実施機関）へ請求を行い同大臣等による支給決定を受ける必要があり，同大臣等による支給決定を経ないで訴訟により未支給年金の請求をすることはできないと解されている（前掲本村訴訟最高裁判決・前掲最判平成 7・11・7（百選 41））。

なお，学説では，国民年金法 19 条 1 項等での遺族の列挙は限定列挙ではないとして，未支給年金を請求できる法所定の遺族がいない場合には，相続人が自己の名で未支給年金を請求できると解すべきとする見解が有力である（岩村 67 頁，西村 69 頁。反対，堀年金 362 頁）。もっとも，こうした見解が参照する国家公務員共済組合法旧 45 条（法所定の遺族がいない場合の相続人への未支給年金の支給を認める規定）は被用者年金の一元化により削除され解釈問題としては一応の決着が図られたといいうるが（菊池 154 頁），保険料拠出に対する対価の保障という未支給年金の趣旨に照らせば，上記の解釈の余地はなお残るといえよう。

発展 3-9 の参考文献

・岩村正彦「未支給年金給付についての一考察」『労働保護法の研究（外尾健一先生古稀記念）』（有斐閣，1994 年）443 頁

(2) 消 滅 時 効

(a) 「年金給付を受ける権利」「保険給付を受ける権利」の消滅時効　年金給付

を受ける権利は，上記の失権事由に該当した場合のほか，時効によっても消滅する（5年。国年102条1項，厚年92条1項）。年金受給権の消滅時効に関する規定は，いわゆる「消えた年金記録問題」を契機に，平成19（2007）年に制定された「厚生年金保険の保険給付及び国民年金の給付に係る時効の特例等に関する法律（年金時効特例法）」によって改正された。

同改正以前は，消滅時効にかかる権利として「年金給付を受ける権利」あるいは「保険給付を受ける権利」のみが規定されていた（改正前の国年102条1項，厚年92条1項）。この「年金給付を受ける権利」等については，基本権を意味すると解する見解（学説として堀年金343頁。裁判例として東京地判平成22・11・12賃社1541号16頁，東京高判平成23・4・20平成22年（行コ）第400号裁判所HP，名古屋地判平成23・11・24平成22年（行ウ）第30号判例集未登載，名古屋高判平成24・4・20平成23年（行コ）第69号判例集未登載）と，「保険者に裁定を求める権利」と解する見解（学説として有泉国年254頁，有泉厚年256頁，岩村108頁。東京地判平成17・4・21平成15年（行ウ）第223号等裁判所HPは，厚生年金保険法92条1項で規定されているのは「基本権（保険給付の裁定を受ける権利）」と解する）とに分かれる。裁定を経た（行政庁によって確認された）基本権は消滅時効にかかり得ないと解されること（有泉厚年256頁。ただし，反対説あり（藤田恒雄「公的年金の消滅時効について」季刊社会保障研究26巻3号（1990年）283頁）），法律の規定に従って年金を確実に受給するには裁定を求める必要があること（裁定を経ずにいきなり年金の給付を求める訴訟は提起し得ない（前掲最判平成7・11・7（百選41）））に照らせば，消滅時効にかかる「年金給付を受ける権利」等は基本権ではなく，保険者に裁定を求める権利と解するのが妥当だろう（岩村108頁）。

このように解した場合，「保険者に裁定を求める権利」は国に対する金銭債権そのものではないため，会計法31条1項の適用はなく，保険者（政府）が消滅時効の利益を享受するには援用が必要となる（岩村112頁）。なお，行政解釈も従来より宥恕すべき理由（やむを得ない事情）の有無により援用を行うか否かを判断するとしている（昭和45年9月10日社会保険庁年金保険部国民年金課長・福祉年金課長・業務課長内翰）。

(b)　**支分権の消滅時効**　　支分権の消滅時効については，上記改正前は国民年金法にも厚生年金保険法にも規定がなかったため，会計法が適用されていた（消滅時効期間は5年（会計30条））。また，支分権はまさに国に対する金銭債権であるため，会計法31条1項により援用を要せずに時効期間の経過によって消滅すると解されていた。なお，被保険者の死亡後たびたび社会保険事務所に遺族年金についての問い合わせや相談をしたものの，担当者が年金記録は見当たらないとの回答を繰り返すなど不適切な取扱いをした事案について，遺族年金の支分権について国が同項を根拠に消滅時効の主張をすることは信義則に反するとした裁判例がある（大阪地判平成 26・5・29 賃社 1619 号 15 頁）。

このように会計法 31 条 1 項により 5 年以上前に発生した支分権は当然に時効消滅するため，上記裁判例のように消滅時効の主張が信義則違反と解されない限り，年金記録が訂正された場合でも，その訂正が受給要件を満たした時から 5 年以上経過した時点でなされた場合には，5 年以上前に発生した支分権については取り戻せないという問題があった。「消えた年金記録問題」において注目されたこうした問題に対処するため，年金時効特例法が制定された。これにより，年金記録の訂正があった場合には時効消滅した支分権についても給付されるようになった。また，国民年金法 102 条 1 項および厚生年金保険法 92 条 1 項にいう「年金給付を受ける権利」等に支分権も含めることが明文で規定されるようになったことで，支分権の消滅時効もこれらの法律で規律されることとなり，さらに会計法 31 条の規定の適用が排除された（国年 102 条 3 項，厚年 92 条 4 項。平成 29（2017）年の改正民法に伴う平成 29 年法律 45 号による改正について→(c)）。これにより，支分権の消滅時効についてもその利益を享受するには援用が必要となった。

(c)　消滅時効の起算点

①　国民年金　　国民年金法 102 条 1 項は，支分権を含めた「年金給付を受ける権利」の消滅時効の起算点を「その支給事由が生じた日」と規定する。保険者に裁定を求める権利（あるいは基本権）の「その支給事由が生じた日」とは，受給要件を満たした日と解される（堀年金 346 頁）。支分権については，その発生日となる各月が到来した日と解することも可能であるが，実際に支払われるのはその後の直近の偶数月であるため，この支払期限（支払期月たる偶数月）の到来日と解するのが妥当であろう（堀年金 347 頁参照）。

なお，平成 29（2017）年の改正民法（2020 年 4 月施行予定）が消滅時効に関する民法の規定を改正したのに伴い，「民法の一部を改正する法律の施行に伴う関係法律の整備等に関する法律」（平成 29 年法律 45 号。同月施行予定）は，国民年金法における受給権の消滅時効に関する規定を改正した。同改正は，「年金給付を受ける権利」から支分権（「当該権利に基づき支払期月ごとに……支払うものとされる給付の支給を受ける権利」）を分離した上で，支分権についての消滅時効の起算点を，当該支分権に係る「支払期月の翌月の初日」と定めて，「年金給付を受ける権利」（基本権あるいは保険者に裁定を求める権利）の消滅時効の起算点（「その支給すべき事由が生じた日」）と明確に区別した（国年新102条1項）。支分権については，改正前の規定に関する上記の解釈より起算点が遅く設定されたといえるが，これは受給権者の利益に配慮したためと捉えられる。

②　厚生年金保険　　現行の厚生年金保険法には，消滅時効の起算点についての規定がないため，民法の規律（「権利を行使することができる時」（民166条1項））に服する。保険者に裁定を求める権利については，受給要件を満たすと（抽象的に）基本権が発生してそれについての確認行為である裁定を求めることができるようになるため，その消滅時効の起算点は受給要件を満たした時であると解される。

一方，支分権については，裁定によって初めて受給できるようになると解されることから（前掲最判平成7・11・7（百選41）），裁定時を「権利を行使することができる時」と解する余地がある（年金時効特例法による改正前の障害基礎年金の支分権について，裁定が通知された時点を起算点と解した裁判例として，前掲名古屋高判平成24・4・20）。確かに，裁定がなされていないことは支分権を行使するについての法律上の障害と解することもできよう。しかし，裁定請求に対しては厚生労働大臣等の実施機関に応答義務があるため（有泉国年45頁，有泉厚年81頁），受給権者が裁定請求さえ行えばこの障害を除くことができる。したがって，裁定がなされていないことが時効の進行を止めるとは解されない。支分権については，支払期限（支払期月たる偶数月）の到来によって実際に支払われ得る状態になることから，支払期限の到来時を消滅時効の起算点と解するべきだろう（前掲最判平成29・10・17。同様に解する従来の下級審裁判例として，国民年金通算老齢年金の支分権に関する前掲東京地判平成22・11・12，同控訴審：前掲東京高判平成23・4・20，年金時効特例法による改正前の障害基礎年金の支分権に関する前掲名古屋地判平成23・11・24，同改正前の厚生年金保険法における支分権について前掲大阪地判平成26・5・29）。

なお，上記の「民法の一部を改正する法律の施行に伴う関係法律の整備等に関する法律」により，厚生年金保険法の受給権の消滅時効についても，上記の国民年金法の受給権と同様の起算点が定められるようになった（厚年新92条1項）。

(d)　**消滅時効の中断・停止**　　年金受給権についての消滅時効の中断に関しては，国民年金法および厚生年金保険法の特別の規定が適用される場合を除いて，民法（中断につき民147条～157条，停止につき民158条～161条）の規律に服する。

受給権の消滅時効との関係で，審査請求および再審査請求は裁判上の請求とみなされるため（国年101条3項，厚年90条4項），審査請求や再審査請求を行うと受給権に関する消滅時効は中断される。これに対し，裁定の請求については，こうした規定は設けられていない。裁定の請求を受けて行われる厚生労働大臣等の裁定は，（保険者に裁定を求める権利に対応する）裁定を行う債務および支払期限の到来した支分権のうち消滅時効が成立していないものについて支払う債務の承認と解されるため，裁定がなされれば，そうした権利の消滅時効は中断されるが（前掲東京地判平成22・11・12），裁定請求したが裁定されるまでの間にこれらの時効期間が経過してしまうおそれが残る。こうした不合理と審査請求や再審査請求との均衡を考慮して，裁定の請求には時効中断の効力を持たせるべきとの見解が主張されている（岩村111頁，有泉国年45頁。同旨の裁判例として，前掲大阪地判平成26・5・29）。

また，国民年金法102条2項および厚生年金保険法92条2項では，消滅時効の停止の特則として，全額支給停止（支給停止の意義につき→**4**(2)）されている間は，受給権について消滅時効が進行しないとされている。

なお，平成29（2017）年の改正民法（2020年4月施行予定）が，時効の停止を時効の完成猶予，時効の中断を時効の更新とそれぞれ言い換えることに伴い，国民年金法および厚生年金保険法についても同様の文言の改正がなされる（同月施行予定）。

3 受給権の保護

(1) 譲渡・担保・差押えの禁止

公的年金制度における受給権（基本権および支分権）は，受給権者が譲り渡したり担保に供したり，または第三者が差し押さえたりすることができない（国年24条，厚年41条1項）。このように受給権の移転性が封じられ一身専属権として保護されたのは，過去の負債や一時的な利益のために長期間にわたる給付の利益を失うことになると公的年金給付の趣旨が損なわれるためであり，公的年金給付を真に受給権者の利益に資するものにするためである（有泉国年59頁）。ただし，例外的に，法律の規定に基づいて年金受給権を担保に供すること（具体的には，独立行政法人福祉医療機構による公的年金担保貸付事業）と，老齢基礎年金・老齢厚生年金を国税滞納処分により差し押さえることは可能である（国年24条ただし書，厚年41条1項ただし書）。

差押禁止との関係でしばしば問題となるのは，年金が振り込まれている受給権者の預貯金口座を差し押さえることができるかという点である。これについて，最判平成10・2・10（金判1056号6頁）は，預金口座への年金の振込みによって預金債権に転化し，当該預金債権は差押禁止債権としての属性は承継していないとした原審の判断を是認した。これに対し，その後の下級審裁判例では，預貯金口座の原資が差押禁止債権である公的年金や生活保護費である場合には，当事者の生活状況などを踏まえて預貯金口座の差押えを認めないものも増えており，受給権者への保護をより実質的に及ぼそうとする傾向がみられる（東京地判平成15・5・28金判1190号54頁，東京地立川支決平成22・12・15賃社1572号46頁，東京地立川支決平成24・7・11賃社1572号44頁。生活保護について→**第8章各論⑦1(3)**）。

(2)　公課の禁止

老齢年金および付加年金（第1号被保険者が強制徴収される通常の保険料に加え，月額400円の保険料を任意に納付することによって受給する追加的な老齢年金。国年43条以下→**7(1)**）を除いて，公的年金制度において給付として支給を受けた金銭を標準として，課税することはできない（国年25条，厚年41条2項）。公的年金給付について課税が禁止されるのは，給付として支給を受けた金銭を課税対象とすると，受給権者の生活安定を目的とした公的年金給付の意義を減殺してしまうからである（有泉国年61頁）。ただし，老齢基礎年金・老齢厚生年金は課税禁止の対象外であり（国年25条ただし書，厚年41条2項ただし書），実際，所得税法上は雑所得として課税対象となっている（所税22条・35条）。これは，老齢年金等は退職金と同様に，給与の後払い的性格が強く，また，保険料が全額非課税となっているためと一般に解されている。このように年金の種類によって課税と非課税とに分かれていることが，年金受給者間（とりわけ，老齢年金受給者と遺族年金受給者との間）の不均衡を生じさせているとして問題視する見解もある。

4　給付の調整・制限

(1)　給付の制限

公的年金制度では受給要件を満たしても，受給権者が故意あるいは重大な過失によって保険事故を引き起こしたり，障害の程度を増進させたりした場合には年金が支給されない（国年69条〜71条，厚年73条〜74条・76条）。これは，保険給付の受益者によって意図的に（あるいは重過失に基づいて）引き起こされた保険事故を保険給付の対象から排除することにより，モラル・ハザード（モラル・リスクともいう）を防止して保険制度の健全な運営を担保するためである。こうした場合には，受給要件を満たしても基本権が発生しないことになる（有泉国年178頁，有泉厚年216頁，堀年金297頁）。

⑵ 併給調整

同一人について，2以上の年金受給権が発生した場合には，いずれか一つの年金のみを支給し，他の年金は支給停止となる。支給停止とは，基本権は存在しているが，支分権の行使を所定期間内停止する（有泉国年47頁），あるいは支分権を所定期間内消滅させる（堀年金235頁）ことにより，年金額の全部または一部を支給しないことである。併給調整（あるいは併給禁止）の意義は，保険事故が同一人について複数発生したからといって，稼働能力の喪失・減退の程度がそれによって比例的に加重されるわけではないため，給付の重複を避けて年金財政の効率的運営を確保することにある（有泉国年55頁，有泉厚年93頁，堀年金303頁）。

原則として，公的年金制度の受給権が複数ある場合には，いずれか一つを選択することになるが，国民年金制度と厚生年金保険制度とで支給事由が同一のもの（老齢基礎年金と老齢厚生年金など）は併給される（国年20条1項，厚年38条1項）。また，国民年金制度と厚生年金保険制度とで支給事由が異なるものでも，併給される類型もある（例えば，障害基礎年金と老齢厚生年金。厚年38条1項）。原則として同一制度内で複数の受給権がある場合にはいずれか一つを選択することになるが，老齢厚生年金と遺族厚生年金とは併給される（厚年38条1項。詳しくは→**9**⑵発展3-12）。

こうした併給調整については，別の受給権を有することを理由に給付を制限（支給停止）する仕組みであることから，憲法25条と14条1項に照らした違憲性が問題となり得る。下級審裁判例では憲法14条1項違反を認めるものもあったが（牧野訴訟・東京地判昭和43・7・15行集19巻7号1196頁，堀木訴訟・神戸地判昭和47・9・20判時678号19頁），堀木訴訟最高裁判決（最大判昭和57・7・7民集36巻7号1235頁〔百選2〕）は，憲法25条の要請に応えていかなる立法措置をとるかについて立法府に広範な裁量を認め，障害福祉年金と児童扶養手当の併給禁止規定について憲法25条および14条1項に照らし合憲と判断した（→**第2章**② **1**）。

⑶ 年金の過払分の調整

給付額の計算を間違えて裁定してしまった場合や，支給停止事由があるにもかかわらず支給停止をせず支払い続けた場合など，年金給付が法律の規定に反して過剰になされてしまう場合がある。そうした場合，保険者は受給者に対して過払分について不当利得返還請求を行うことができるが，公的年金制度では過払分の返還についてより簡易な仕組みが設けられている。すなわち，過払分を当該受給権者に対する年金の内払いとみなす調整（国年21条，厚年39条）と，受給権者死亡後の過誤払に関し，遺族への遺族年金額を過誤払についての返還金債権に充当する調整（国年21条の2，厚年39条の2）である。

法令の誤った適用による過払分について返還を求める，あるいは年金給付と調整することは法治主義の要請に沿うものであるが，他方で，受給権者の信頼保護の観点からは問題が生じ得る。裁判例では，誤った裁定の職権による取消しについて，裁定取消しにより受給権者が受ける不利益と，取り消されないことによる公益上の不利益とを比較考量してその違法性を判断している（東京高判平成16・9・7判時1905号68頁〔百選42〕等）。

5　年金受給権と民事損害賠償（→第6章各論7）

⑴　公的年金の逸失利益性

公的年金の受給権者が第三者の不法行為によって死亡した場合，その受給権は消滅し，相続人に相続されることはないため（→2⑴），生存していたならば受給できていたであろう給付相当額を逸失利益として，遺族が加害者に損害賠償請求できるかが問題となる。判例は，年金給付の類型によって異なる判断を示している。

⒜　判　例　　老齢年金・退職年金等に関し，最判昭和41・4・7（民集20巻4号499頁）は，普通恩給につきその目的（損失補償ないし生活保障を与えること）と保護の対象範囲（受給権者本人だけでなくその者に生計を依存する家族も含む）に照らして逸失利益性を肯定していた。最大判平成5・3・24（民集47巻4号3039頁〔百選38〕）は地方公務員等共済組合法に基づく退職年金の逸失利益性を，損害についての差額説（所得喪失説）に立ってこれを肯定している。

障害基礎年金と障害厚生年金については，最判平成11・10・22（民集53巻7号1211頁）が，これらの年金が本人の保険料拠出に基づく給付であるとして逸失利益性を肯定する一方，子・妻の加給分については逸失利益性を否定している。その論拠としては，①保険料拠出と給付との間に牽連性がないこと，②その存続が障害年金ほどには確実でないこと，が挙げられている。

他方，遺族年金については，逸失利益性が否定されている。最判平成12・11・14（民集54巻9号2683頁〔百選39〕）は遺族厚生年金の逸失利益性を否定する論拠として，前掲最判平成11・10・22が判断基準とした①②に加え，遺族厚生年金が専ら受給権者自身の生計維持を目的とした給付であること，を挙げている。この最後の論拠は，遺族年金の一部が蓄積されて相続人に承継される余地を否定するものであり，逸失利益性の否定が差額説に照らしても矛盾しないことを示す意義を持つ。

⒝　判例への批判　　このように判例では老齢（退職）年金と障害年金につい

て逸失利益性が肯定されているが，それについての批判も強く主張されている。

批判の一つは，逸失利益について稼働能力喪失説に立つことを前提に，年金は稼働能力を表象するものではないとしてその逸失利益性を否定する見解である（前掲最大判平成5・3・24（百選38）の藤島昭裁判官による反対意見参照）。

また，公的年金制度の仕組みに照らした有力な批判もある。すなわち，老齢（退職）年金および一部の障害年金（障害等級1級または2級に該当する障害についての障害厚生年金（厚年58条1項3号））の受給権者が死亡した場合には，その者によって生計を維持されていた遺族には遺族年金が支給されるという仕組みになっており，受給権者の死亡によって失われる年金受給権の利益の継受は，被扶養者の生活保障という観点に照らしながら既に制度上図られているのである。したがって，相続人という地位に基づいて，さらに死亡した受給権者の年金権の利益を享受させるのはこうした制度の仕組みに反するとの見解である（岩村81頁，菊池179頁）。もっとも，年金の逸失利益性を認めた上で，遺族年金と損益相殺で調整すればよいという考え方もあり得るが，①判例上損益相殺の対象となる遺族年金に将来支給分は含まれておらず，依然として相続人（遺族）は遺族年金と年金の逸失利益とを二重に取得する部分があること，②遺族年金受給者と相続人とは必ずしも一致しないこと，などから逸失利益性を認めることの問題点はなお残る。

また，公的年金は受給権者本人の生活を保障するための給付であるため，損害賠償という形であっても，相続人に年金と実質的に同様の利益を享受させるのは適当でないとの指摘もなされている（堀勝洋「社会保障と扶養」ジュリスト1059号（1995年）177頁，岩村81頁）。

以上のように，公的年金制度の仕組みと年金給付の趣旨目的に照らせば，年金の逸失利益性は否定すべきだろう。

(1)の参考文献

・西村健一郎「公的年金の逸失利益性――最高裁判例を素材として」同志社法学54巻3号（2002年）1218頁

(2) 第三者行為災害における年金給付と損害賠償との調整

障害や死亡といった保険事故が第三者の加害行為によって引き起こされた場合（第三者行為災害），加害者が行う損害賠償と年金給付（障害年金・遺族年金）とは目的・機能において重複する。そのため，二重取りを防止するため両者の調整が必要となる（→発展3-10）。

(a)　法律に基づく調整（代位・支給停止）　政府は，障害もしくは死亡（またはこれらの直接の原因となった事故）が第三者の行為によって生じた場合において，保険給付を行ったときは，その給付の価額の限度で，受給権者が第三者に対して有する損害賠償請求権を代位取得し，加害者に求償することができる（国年22条1項，厚年40条1項）。

また，同様の場合で，受給権者が第三者から同一の事由について損害賠償を受けたときは，政府はその価額の限度で給付を行う責を免れ（国年22条2項，厚年40条2項），当該給付は支給停止となる。このように第三者の行為により保険事故が引き起こされた場合には，公的年金制度と過失責任主義に立脚する不法行為法との調和を図り，最終的には加害者が損害補塡の責任を負うこととされている。

行政実務では，第三者行為災害の場合の公的年金の支給停止期間を一定の計算式に基づいて算出することとし，従来はその上限が24カ月とされていたが（昭和36年保険発56号および昭和37年庁保発10号），支給停止期間経過後の二重補償額が多額に上ることを回避するための方策を検討すべきとの会計検査院の意見を受け，平成27（2015）年10月1日以降に発生した第三者行為災害については，支給停止期間の上限が36カ月とされている（平成27年年管管発0930第6号）。

(b)　損益相殺的調整　老齢（退職）年金や一部の障害年金（障害等級1級または2級に該当する障害についての障害厚生年金（厚年58条1項3号））の受給権者が第三者の行為によって死亡した場合の得べかりし将来の年金給付額相当の逸失利益と，遺族が受け取る遺族年金との重複については，こうした代位や保険給付の支給停止の調整規定が適用されないと解されている（前掲最大判平成5・3・24（百選38）の藤島昭裁判官による反対意見，岩村88頁など）。保険者は第三者の行為がなくても老齢（退職）年金や障害年金を支給する必要があったため，保険者が第三者の行為によって負担（本来は支給する必要のない給付を支給することになったこと）を被ったとはいえないからである。したがって，こうしたケースでは，保険者は遺族年金を支給する債務を免除されないし，遺族年金を支給しても加害者に求償することもできない。

こうしたケースにおける損害賠償（逸失利益）と遺族年金との調整について，前掲最大判平成5・3・24（百選38）は，「被害者が不法行為によって損害を被ると同時に，同一の原因によって利益を受ける場合には，損害と利益との間に同質性がある限り，公平の見地から，その利益の額を被害者が加害者に対して賠償を求める損害額から控除することによって損益相殺的調整を図る必要があ」るとした上で，死亡した者が受給していた退職年金と遺族が受け取る遺族年金とはその目的・機能において同質性を有するとして，損害額（将来得べかりし退職年金相当額（逸失利益））から遺族年金給付額の控除を認めた。ただし，同判決は同時に，取得した債権について損益相殺的調整を行う場合には，債権の履行の不確実性を考慮して，当該債権が確実に履行された場合またはこれと同視し得る程度にその存続および履行が確実であるということができる場合に限って控除の対象とするべきとして，既に支給を受けた遺族年金と口頭弁論終結時において支給を受けることが確定していた遺族年金（口頭弁論終結時において既に支分権は発生していたが支払期月が到来していない遺族年金）の額の限度で損害額から控除すべきであるとした。なお，同最高裁判決の調査官解説では，同判決の射程は，代位規定が適用されるケースにも及び，そうしたケースでも代位の法理を持ち出すことなく，損益相殺的調整を根拠に，損害額から既払分だけでなく確定分も控除する必要があると解されている。

こうした判例の立場については，逸失利益の算定が仮定ないし擬制に依拠するものであるならば，将来分の遺族年金についても合理的な仮定ないし擬制に基づいて算定することが可能であるため，将来分の遺族年金給付額も控除の対象とするのが妥当であるとの見解がある（岩村正彦「判例評釈」ジュリスト1027号（1993年）67頁）。老齢年金等に逸失利益性を肯定する以上は，将来分の遺族年金についての二重取りを防止する必要性からも，合理的な仮定ないし擬制に基づいて将来分を算出しこれを控除の対象とすべきだろう。

また，第三者の行為によって受給するようになった障害年金や遺族年金は，どの損害項目と調整されるのかという点も問題となる。判例は，給付との同質性を基準に逸失利益のみとの調整を認めてきたが（最判昭和37・4・26民集16巻4号975頁，最判昭和41・4・7民集20巻4号499頁，最判昭和50・10・24民集29巻9号1379頁等），逸失利益の元本のみとの調整なのか，逸失利益の遅延損害金との調整も認められるのかがさらに問題となる。最判平成22・9・13（民集64巻6号1626頁）および最判平成22・10・15（裁時1517号4頁）は，労働者災害補償保険法（労災保険法）上の障害年金・障害基礎年金・障害厚生年金について，損益相殺的調整は損害の元本との間で行い，特段の事情のない限り不法行為の時に補塡されたものと法的に評価すべきと判示した。最大判平成27・3・4（民集69巻2号178頁（百選65））でも，遺族補償年金について同様の判示がなされ，遺族補償年金・遺族厚生年金について遅延損害金からの充当を認めた従来の判例（最判平成16・12・20判時1886号46頁）が変更された。前掲最大判平成27・3・4（百選65）の射程は遺族厚生年金にも及ぶと解されるため，同年金についても判例が変更されたと解される（調整される損害項目，過失相殺との先後関係などについて，詳しくは→第6章各論⑦3)。

発展 3-10　損害賠償と社会保障との調整

人身損害など，社会保障の給付事由が第三者の加害行為によって引き起こされることがある。その場合，被害者は，法所定の社会保障給付の受給権を取得するとともに，第三者に対する損害賠償請求権を取得する。社会保障給付と損害賠償とは，治療費のカバー，喪失所得の補償といった点で機能が重複している。そのため社会保障給付と損害賠償との調整を図る必要がある。

調整方法としては，大きく分けて，①人身損害賠償（の全部または一部）を排除して，社会保障給付のみを行う方法と，②人身損害賠償と社会保障給付との併存を認めつつ，二重取りとならないように両者間で調整する方法とがある。日本では②の方法がとられているが，①の方法を採用する国もある。とりわけ，ニュージーランドでは，事故による人身損害全般について損害賠償制度が廃止され，ニュージーランド国内で生じた事故に関し，居住者だけでなく一時滞在者も含めて，保険料や政府拠出金を財源とする事故補償制度によって治療や喪失所得が補償される仕組みとなっている。

日本でも，現行の救済システムの実効性が十分ではないことや個人に損害賠償責任を負わせることに伴う萎縮効果，さらには損害賠償制度と社会保障制度との調整の複雑さなどを問題視して，これらを解消するため損害賠償制度を排除し，保険料等を原資として定型的給付を行う「総合救済システム」への一本化が一部の論者から提唱されていたが，現在に至るまでそうした主張に沿った制度改正の動きはみられない。

発展 3-10 の参考文献

・岩村 82 頁
・岩村正彦「社会保障法と民法の交錯」ジュリスト 828 号（1985 年）191 頁
・加藤雅信「総合救済システムの提言——損害賠償から社会保障的救済へ」ジュリスト 918 号（1988 年）98 頁

6　給付水準と年金額の自動改定

(1)　年金額改定の仕組み——マクロ経済スライド

国民年金で支給される基礎年金額は，理念的には食費を中心とした基礎的生活費を保障する水準に設定され，これに上乗せされる厚生年金保険で支給される年金額は報酬および被保険者期間（加入期間）に応じて決定される。各受給権者の具体的な給付額は，厚生労働大臣（厚生年金保険では実施機関）の裁定（国年 16 条，厚年 33 条）によって決定されるが，年金の実質価値を維持するため，平成元（1989）年改正により，それまで物価水準が 5% 以上変動した場合に限り行われていた年金額の改定につき，消費者物価指数の変動に応じて毎年自動的に行う完全自動物価スライド制が導入された。

もっとも，平成16（2004）年の法改正では，公的年金の財政難により今後の保険料水準が著しく上昇するのを防ぐため，保険料水準の上限を一定程度に固定するという保険料水準固定方式が導入されたのに対応して，その負担の範囲内で給付を行うように，年金額の伸びを物価や賃金の伸びより抑えるマクロ経済スライドの仕組みが導入された。

具体的には，通常の場合，毎年の年金額（厳密には，基礎年金については改定率（国年27条），厚生年金については再評価率（厚年43条））は，名目手取り賃金変動率（新たに年金を受給する場合。国年27条の2，厚年43条の2）あるいは物価変動率（既裁定の場合（厳密には65歳に達した年度より3年後の年度以降。国年27条の3，厚年43条の3））によって改定されるのに対し，向こう100年間の財政均衡期間（国年4条の3第2項，厚年2条の4第2項）にわたって公的年金財政の均衡を保つことができないと見込まれる場合には調整期間が設定され（国年16条の2，厚年34条），その期間中は，原則として，さらに調整率（保険料負担能力の減少率と寿命の延びを勘案した率）を乗じて得た率により改定されるのである（国年27条の4・27条の5，厚年43条の4・43条の5→下記の式）。

ただし，名目手取り賃金変動率や物価変動率の上昇幅が小さく調整率をそのまま掛けると支給額が減少する場合には前年度の支給額が維持され，またこれらの率がマイナスの場合には調整率は掛けずに年金が改定される（なお，平成28（2016）年法改正による未調整分の繰り越しがある→後述）。

調整期間は，平成17（2005）年4月より開始されているが（国年令4条の2の2，厚年令2条），実際には特例水準（平成12（2000）年度から平成14（2002）年度までの間に物価が下落したものの年金額を特例的に据え置いたことに起因する，本来水準より高い年金給付水準）が平成24（2012）年改正に基づき段階的に（平成25（2013）年10月から平成27（2015）年4月にかけて）解消されたのを受けて，平成27（2015）年4月に初めてマクロ経済スライドが実施された。

＜マクロ経済スライドによる年金改定＞

今年度の給付額＝前年度の給付額×名目手取り賃金変動率（あるいは物価変動率）×調整率*

$$*\text{調整率} = \left(\frac{2\text{年前の公的年金被保険者数}}{5\text{年前の公的年金被保険者数}}\right)^{\frac{1}{3}} \times 0.997$$

⑵　所得代替率の将来予想と課題

平成26（2014）年6月に公表された財政検証によれば，マクロ経済スライドが実施されることにより，標準世帯（平均年収の被用者の夫と専業主婦の妻で構成される世帯）の公的年金受給額の所得代替率は，平成26（2014）年度では62.7％であったのが，経済の高成長ケースでも平成55（2043）年には51.0％に，経済の低成長ケースでは50％を下回ると見通されている（人口前提は中位推計）。もっとも，平成16（2004）年改正法附則2条は，標準世帯における所得代替率の下限を50％と規定し，所得代替率が50％を下回ることが見込まれる場合には，政府は調整期間の終了とともに給付と費用負担について所要の措置を講ずるとされている。この改正法附則に従えば，経済が低成長であっても所得代替率は50％を維持することになるが，こうした措置は，保険料水準固定方式に転換したこととやや矛盾すると指摘されている（菊池153頁）。また，全体の所得代替率を50％に維持するとしても，基礎年金についてもマクロ経済スライドを実施し給付水準の実質的引下げを行えば，基礎的生活費の保障という理念的な給付水準との乖離が生じることになろう。

持続可能な社会保障制度の確立を図るための改革の推進に関する法律（社会保障改革プログラム法）6条2項1号では，マクロ経済スライドのあり方が検討課題として取り上げられ，平成28（2016）年法改正ではマクロ経済スライドによる調整のルールが見直された。従来の制度では，既に年金を受給している高齢者の生活の安定に配慮して，デフレ経済下ではマクロ経済スライドは原則通りには実施しないとされていたが，こうした取扱いは財政的問題を先送りすることを意味することから，平成28（2016）年法改正では将来世代の給付水準を確保するため，景気後退期に生じた未調整部分（年金の名目額を維持するため，マクロ経済スライドによる調整が実施できなかった部分）を景気回復期に繰り越して調整できるように改正された（平成30（2018）年4月施行）。加えて同改正では，現役世代の負担能力に応じた給付とする観点から，既裁定年金額の改定について，賃金変動率が1を下回り，かつ賃金変動率が物価変動率を下回る場合には，賃金変動率に合わせて改定することとされた（平成33（2021）年4月施行）。

⑶　給付水準の引下げと憲法

特例水準の解消やマクロ経済スライドの実施による年金の給付水準の引下げについては，憲法規範との関係で法的問題を生じさせる。実際，特例水準の解消に伴って各受給者に対して行われた年金額改定（減額）決定について，これが憲法25条や29条に違反するとして，取消訴訟が全国で提起されている。

(a) **憲法25条との関係**　年金（とりわけ基礎年金）の給付水準を最低生活水準以下に引き下げる場合，こうした引下げが憲法25条（1項2項二分論では25条1項→第2章第2節1 2発展2-1）に違反するのではないかという問題が生じる。しかし，同条1項が保障している「最低限度の生活」は，社会保障制度全体で保障されていればよく（東京地判平成9・2・27判時1607号30頁参照），実際に生活保護制度が存在していることから，年金水準を最低生活水準以下に引き下げても直ちには同条（1項）には反しないと解される。

憲法25条2項に同条1項とは異なる規範的要請を読み取る1項2項二分論に立つと，年金の給付水準の引下げは同条2項が定める「社会福祉，社会保障」の「向上及び増進」に反するのではないかとの問題が生じる。しかし，二分論に立つ学説では，同条2項の違憲審査基準としてかなり緩やかな基準が主張されていることに加え（京都地判平成元・6・23判タ710号140頁も同旨），社会保障の給付水準は社会経済の状況変化や財政的制約要因によって規定されざるを得ない側面があることなどに照らすと，基本的には給付水準の引下げは憲法25条2項違反を生じさせない，あるいは少なくとも合理的理由に基づく最小限の引下げなら25条2項には反しないと解されている。

(b) **憲法29条との関係**　年金の給付水準の引下げについては，憲法29条が保障する財産権侵害の観点からも問題となる。同条にいう財産権とは一切の財産的価値を有する権利を意味し，公法上の権利も含まれると解されているため，公的年金の受給権も財産権に含まれる（札幌地判平成元・12・27労民集40巻6号743頁）。もっとも，財産権の事後法による変更という枠組みにおいて財産権としての保障が及ぶのは，受給要件を満たして既に発生した年金受給権に限られ，受給要件を満たしていない段階では（年金受給に対する期待はあるとしても）財産権として保障すべきものはないといえる。

法律で定められた財産権を事後法で変更することについて，最大判昭和53・7・12（民集32巻5号946頁）は，当該変更が公共の福祉（憲29条2項）に適合するものであるか否かは，①いったん定められた法律に基づく財産権の性質，②その内容を変更する程度，③これを変更することによって保護される公益の性質などを総合的に勘案し，その変更が当該財産権に対する合理的な制約として容認されるべきものであるかどうかによって判断すべきであるとしている。既に発生した年金受給権（基本権）の引下げについてもこの枠組みに従って判断されることになるが，①②③を総合的に勘案する際には，将来の変化に応じて柔軟に制度を対応させる必要性の考慮と同時に，国民の制度への信頼に対する配慮も必要であろう。将来の社会経済状況の変化に対応するためには，年金の引下げは柔軟に認められた方がよい。しかし，過度に柔軟性を認めると国民の制度への信頼を損ねるおそれがある。したがって，この二つの要請は相対立するモーメントを持つが，いずれも制度の持続性を高めることに資するものと評価できる。

(3)の参考文献
・菊池将来構想第4章
・中野妙子「老齢基礎年金・老齢厚生年金の給付水準——法学の見地から」ジュリスト1282号（2005年）67頁
・堀勝洋「高齢社会における年金」民商法雑誌118巻4＝5号（1998年）484頁

7　老齢年金

(1)　老齢基礎年金

国民年金では，老齢に対する給付として老齢基礎年金が支給される。なお，国民年金では，第1号被保険者および任意加入被保険者については，任意に付加保険料（月400円。国年87条の2）を納付すると，付加年金（年額「200円×付加保険料納付済月数」。国年43条～44条）が老齢基礎年金に加えて支給される仕組みもある。

(a)　**支給要件**　　老齢基礎年金は，保険料納付済期間（国年5条1項）または保険料免除期間（同条2項）を有する者が65歳に達した時に支給される。ただし，保険料納付済期間と保険料免除期間とを合算した期間が10年に満たないときは支給されない（国年26条）。従来，この受給資格期間は25年とされていたが，諸外国に比べて長く（例えば，アメリカの退職給付では10年であり，フランスでは年金受給権を取得するのに被保険者期間の要件は課されていない），また，無年金者（無年金見込み者を含む）が118万人にも及ぶと推計されていた（平成22（2010）年6月現在）ことから，平成24（2012）年の改正法（年金機能強化法）により，消費税の8％から10％への引上げ時期に合わせて10年に引き下げることとされていた。しかし，消費税の引上げが2度にわたって延期されたことから，喫緊の課題である無年金問題により早期に取り組むため，平成28（2016）年に年金機能強化法が改正され，消費税の引上げを待たずに平成29（2017）年8月より受給資格期間の短縮が実施されることとなった。

なお，支給開始年齢は原則65歳であるが，60歳から65歳未満の間での繰上げ受給（国年附則9条の2）および66歳以降の繰下げ受給（国年28条）もできる。

(b)　**支給額**　　老齢基礎年金の支給額は，780,900円に改定率を乗じて得た額である（国年27条。改定率の毎年の改定について→6）。ただし，保険料納付済期間が480カ月未満である場合には以下の式によって計算される。

支給額＝780,900円×改定率
×（保険料免除期間の月数×一定割合* ＋保険料納付済期間の月数）÷480

*保険料免除期間に乗じる一定割合は，免除割合に応じて8分の1から8分の7までの間で定められている（国年27条）。

繰上げ受給の場合の支給額は，65歳から支給されるはずの額から，1カ月繰り上げるごとに0.5%が減額され（国年令12条の2），繰下げ受給の場合の受給額は，1カ月繰り下げるごとに0.7%が加算される（ただし上限42%。国年令4条の5）。

(c) **失　権**　　老齢基礎年金の受給権は，受給権者の死亡により消滅する（国年29条）。

(2) 老齢厚生年金

厚生年金保険では，老齢に対する給付として老齢厚生年金が支給される。

(a) **支給要件**　　老齢厚生年金は，①厚生年金保険の被保険者期間を有する者が，②65歳以上で，③国民年金における保険料納付済期間と保険料免除期間とを合算した期間が10年以上（受給資格期間の25年から10年への短縮の経緯については，老齢基礎年金と同じ）ある場合に支給される（厚年42条）。なお，①と③の要件を満たした60歳以上65歳未満の者は，老齢厚生年金の繰上げ受給が可能である（厚年附則7条の3）。また受給権を取得した日から1年以内に老齢厚生年金の請求をしなかった場合は，支給の繰下げができる（厚年44条の3）。

(b) **支給額**　　老齢厚生年金の支給額は，次式によって計算される（厚年43条）。なお，繰上げ受給の場合には1カ月繰り上げるごとに0.5%ずつ減額され（厚年令6条の2），繰下げ受給の場合には，1カ月繰り下げるごとに0.7%が加算される（ただし上限42%。厚年令3条の5の2）。

$$\text{支給額} = \text{平均標準報酬額} \times \frac{5.481}{1000} \times \text{被保険者期間（月数）}$$

※なお，総報酬制が導入された平成15（2003）年4月以前の被保険者期間については，「平均標準報酬月額×7.125/1000×被保険者期間（月数）」で計算する。また経過措置として，$\frac{5.481}{1000}$ および $\frac{7.125}{1000}$ の給付乗率はそれぞれ，昭和21（1946）年4月1日以前生まれの生年月日に応じて変動する。

平均標準報酬額とは，被保険者期間の各月の標準報酬月額と標準賞与額（ただし，再評価率を乗ずることで現在の貨幣価値に置き換えられた額）の平均である（厚年43条→下記の式）。再評価率は，被保険者の生年月日と被保険者期間の属する時期に応じて定められている（厚年別表）。

$$\text{平均標準報酬額} = \left(\sum_{n=1}^{N} Sn \times \text{再評価率} + \sum_{m=1}^{M} Bm \times \text{再評価率}\right) \div N$$

Sn：被保険者期間の最初からｎカ月目の標準報酬月額
Bm：被保険者期間における最初からｍ番目の標準賞与額
N：当該被保険者の被保険者期間の総月数
M：当該被保険者が被保険者期間において賞与を受け取った総回数

(c)　**標準報酬月額・標準賞与額**　　標準報酬月額とは，各被保険者について，原則毎年7月1日を基準日として，直近3カ月間に支払われた報酬の1カ月当たりの平均額（報酬月額）を厚生年金保険法20条の等級区分に当てはめて決定されるものであり（定時決定），そのように決定された標準報酬月額はその年の9月から翌年の8月までの各月の標準報酬月額となる（厚年21条）。ただし，この期間における3カ月間の実際の報酬の平均が，標準報酬月額の基礎となった報酬月額に比べて著しく高低を生じた場合には，標準報酬月額が改定され得る（随時改定。厚年23条）。標準賞与額とは，被保険者に支払われた賞与額の1000円未満の端数を切り捨てた額（上限150万円）である（厚年24条の4）。これらの標準報酬月額と標準賞与額は，支給額だけでなく保険料額の算定の基礎にもなる。公的年金制度の支給額・保険料算定の基礎に賞与額も含めることを総報酬制といい，平成15（2003）年4月から導入されている。

なお，標準報酬月額・標準賞与額は健康保険法でも規定されているが，厚生年金保険法とは仕組みがやや異なる。具体的には，健康保険法では標準報酬月額の下限が厚生年金保険法より低く設定されるとともに，標準報酬月額の上限および標準賞与額の上限が厚生年金保険法より高く設定され（健保40条・45条），現実の報酬の高低がより反映される仕組みとなっている。これは，健康保険では，標準報酬月額・標準賞与額が保険料の算定根拠となるものの（一部の金銭給付を除いて）給付水準に影響を与えないのに対し，厚生年金保険では保険料だけでなく支給額の算定根拠ともなることから，支給額の面で，報酬の高低による格差があまり拡大しないように配慮されたためである。

(d) **加給年金**　被保険者期間が240カ月以上ある場合で，老齢厚生年金の受給権を取得した当時に，受給権者によって生計を維持していた配偶者または18歳未満の子（障害等級1級あるいは2級に該当する子の場合には20歳未満まで）がいるときには，一定額が加給年金として加算される（厚年44条1項）。

なお，被扶養配偶者の存在に基づく加給年金は，当該被扶養配偶者が老齢基礎年金の支給開始年齢である65歳に達すると打ち切られるが（同条4項4号），その代わりに，加給年金の対象となっていた被扶養配偶者で一定の要件を満たした者については老齢基礎年金が一定額加算される（振替加算。国年昭和60年法律34号による改正附則14条）。これは，昭和60（1985）年の基礎年金改革以前に国民年金に任意加入しておらず加入実績が短い場合には，基礎年金額が低くなってしまうことから，昭和41（1966）年4月1日以前生まれの者（基礎年金改革施行時に20歳以上の者）を対象に基礎年金額を補う趣旨で導入されたものである。

(e) **特別支給の老齢厚生年金**　昭和60（1985）年の基礎年金改革以前の老齢厚生年金の支給開始年齢は60歳であったが，同改革により老齢基礎年金に合わせて老齢厚生年金についても65歳に引き上げられた。しかし，当時は60歳定年が一般的であり，退職して年金を受給するまで5年間のタイムラグが生じてしまうため，同改革時に，60歳から64歳まで，定額部分（老齢基礎年金額に相当）と報酬比例部分（厚生年金保険法43条に基づく老齢厚生年金額に相当）からなる特別支給の老齢厚生年金が支給されることとされた（厚年附則8条・9条の2）。なお，特別支給の老齢厚生年金は，65歳から支給される老齢厚生年金の繰上げではないため，65歳からの老齢厚生年金の支給額には影響しない。

しかし，特別支給の老齢厚生年金は，少子高齢化による厚生年金保険制度の財政難を理由に，平成6（1994）年改正によりまず定額部分の支給開始年齢が平成13（2001）年度から，次いで平成12（2000）年改正により報酬比例部分の支給開始年齢が平成25（2013）年度から，それぞれ3年で1歳ずつ引き上げられることとされ，平成37（2025）年度に完全に廃止されることとされた（女性については全て5年遅れのスケジュールとなる）。報酬比例部分のみの特別支給の老齢厚生年金は「部分年金」と呼ばれる。なお，報酬比例部分の支給開始年齢が段階的に引き上げられる途中の受給権者は，本則の老齢厚生年金の繰上げができる（厚年附則13条の4）。この場合も，1カ月繰り上げるごとに0.5％ずつ減額される（厚年令8条の2の3）。

こうした支給開始年齢の引上げを受けて，高齢者等の雇用の安定等に関する法律（高年齢者雇用安定法）が平成16（2004）年に改正され，高齢者の雇用保障が拡充されている。

（f）**在職老齢年金**　老齢年金の支給開始年齢と実際の退職年齢とが一致せず，老齢年金の受給権を取得してもなお労働して賃金を得ている場合がある。こうした場合，老齢厚生年金の支給額が調整される。すなわち，老齢厚生年金（特別支給の老齢厚生年金も含む）の受給権者が厚生年金保険の被保険者である場合もしくは適用事業所で引き続き使用される70歳以上の者である場合には，賃金（総報酬月額相当額）と老齢厚生年金の月額との合計が一定基準額（60歳以上65歳未満については28万円，65歳以上については46万円。基準額はいずれも平成30（2018）年度について）を超えるときには，年金額の一部または全額が支給停止される。この仕組みを在職老齢年金制度という（厚年46条および厚年附則11条）。なお，調整の対象となる老齢厚生年金には，扶養する配偶者または子がいる場合に加算される加給年金額は含まれない。

年金は退職後の所得保障を目的としているため，賃金を得ながら年金も受給するのは年金制度の趣旨と合致しないとも考えられる（アルマ98頁）。しかし，労働して賃金を得ている場合には年金額が減額されるという仕組みは，高齢者の就労意欲の減退をもたらしかねない。そこで，平成6（1994）年改正では，賃金が増えれば手取りの全収入が比例的に増えるように制度が工夫された。また，平成16（2004）年改正では，働くことに対してさらに中立的な制度とするため，60歳から65歳未満について，一律2割の支給停止が廃止され，賃金の増加2に対し年金を1支給停止する制度へと改正された。

他方で，在職老齢年金制度の適用対象年齢は，昭和60（1985）年改正で65歳以上が対象から外されたものの，現役世代とのバランスを図る観点から，その後徐々に拡大している。すなわち平成12（2000）年改正により，65歳から70歳未満までも被保険者とされたことに伴い，（特別支給でない）老齢厚生年金を受給している65歳以上70歳未満の者についても在職老齢年金制度が適用されるようになった（平成14（2002）年度より実施）。また，平成16（2004）年改正の際には，世代間・世代内の公平を図るため，70歳以上で適用事業所に引き続き使用される者も在職老齢年金制度の対象とされ，65歳以上の者と同様の給付調整がなされるようになった。これにより60歳以上の全ての老齢厚生年金の受給権者が在職老齢年金制度の対象となった。

発展 3-11　**在職老齢年金制度の合理性**

賃金を得ながら年金も受給するのは退職後の所得保障を目的とする年金制度の趣旨と合致しないことから，在職老齢年金制度の合理性は肯定され得る。しかし他方で，同制度は，老齢厚生年金の受給において所得要件を課したものと評価することも可能である。

こうした評価の違いは，老齢厚生年金がカバーする保険事故をいかに解するかによるものといえる。すなわち，老齢厚生年金について退職を保険事故とする退職年金として捉えると，在職老齢年金制度による年金の支給停止は当然のことであり，賃金を得ながら（部分的に）年金を受給することがむしろ特別の優遇ということになる。これに対し，老齢厚生年金がカバーする保険事故を老齢に達したことと解すると，老齢に達したことにより当然受給できるはずの年金が，賃金を理由に（一部あるいは全部が）支給停止されていると捉えられる。このように捉えた場合，在職老齢年金制度は年金受給において所得要件を課したものとみなされ，社会保険の意義（所定の保険事故が発生した受給者に対し，資産調査・所得調査をせずに社会保険料の対価として定型的な給付を行うこと）を損なうと評価される。

昭和 29（1954）年の当初の厚生年金保険法は，被保険者資格喪失を老齢厚生年金の受給要件の一つとしていたため，同年金は退職を保険事故とする退職年金であったといえるが，現行法では，被保険者資格喪失が支給要件から外され，一定の年齢への到達と国民年金での保険料納付済期間・保険料免除期間が 10 年以上あることを支給要件とする老齢年金として規定されていると捉えられる。しかし他方で，老齢厚生年金は依然として退職年金であり，在職老齢年金制度の存在がその証拠であるとの理解も可能かもしれない。こうした現行法における保険事故の不明確さが，在職老齢年金制度の評価に混乱を招いていると思われる。在職老齢年金制度のあり方については，高齢者の就労意欲や世代間の公平への配慮だけでなく，老齢厚生年金がカバーする保険事故を明らかにした上で，在職老齢年金制度の意義や限界を検討することが理論的には重要であろう。

発展 3-11 の参考文献

- 岩村正彦「2004 年公的年金改革――その概要と検討」ジュリスト 1282 号（2005 年）43 頁
- 堀年金第 5 章第 3 節第 4 款
- 坂井岳夫「高年齢の労働者に関する雇用政策・年金政策」村中孝史ほか編『労働者像の多様化と労働法・社会保障法』（有斐閣，2015 年）

(g)　**雇用保険の給付との調整**　本則の老齢厚生年金を繰上げ受給している 65 歳未満の者あるいは特別支給の老齢厚生年金を受給している者が，同時に雇用保険の基本手当の受給資格を満たし雇用保険法 15 条 2 項に規定する求職の申込みをした場合には，65 歳に達するまでの間で基本手当の支給期間中は，老齢厚生年金（特別支給も含む）が全額支給停止される（厚年附則 7 条の 4・11 条の 5）。この併給調整が採用されているのは，老齢により働けない退職者のための老齢厚生年金と，労働の意思と能力を有する失業者のための基本手当とでは給付の趣旨・目的が異なり，両立しないためである。また，本則の老齢厚生年金を繰上げ受給している65歳未満の者あるいは特別支給の老齢厚生年金を受給している者が，雇用保険の高年齢雇用継続基本給付金を受給している場合には，賃金の額に応じて老齢厚生年金（特別支給も含む）の全部または一部が支給停止される（厚年附則7条の5・11条の6）。

(h)　**離婚時の年金分割**　　かつては，厚生年金保険では，離婚した時に夫婦間で受給権を分割する制度がなかった。そのため，被保険者と離婚した専業主婦（夫）には固有の老齢厚生年金受給権がなく，老後の所得保障が不十分であった。

もっとも，離婚時の財産分与という形で，被保険者の老齢厚生年金の一部に相当する額を配偶者に分与することは可能であった。しかし，老齢厚生年金を清算的財産分与の対象とするのか，それとも扶養的財産分与の対象とするのかについて確立した判例はなかった（扶養的財産分与の対象とするものとして横浜地相模原支判平成11・7・30判時1708号142頁等，清算的財産分与の対象とするものとして仙台地判平成13・3・22判時1829号119頁等）。また，離婚時には支給開始年齢に達しておらず年金受給権がない場合は，分与財産には含まれないとされるなどの問題があった（名古屋高判平成12・12・20判タ1095号233頁）。さらに，定期金給付方式での財産分与については，分与義務者（多くは夫）の履行懈怠や死亡による不利益を分与権利者（多くは妻）が被るおそれがあった。

こうした状況を受け，平成16（2004）年改正では，厚生年金保険において離婚時の年金分割制度が導入され，離婚時の年金受給権をめぐる上記の諸問題が解決した。各人が自らの年金受給権を持つことを目指す年金の個人単位化は，昭和60（1985）年の基礎年金改革により国民年金について実現したのに加え，この離婚時の年金分割の導入によって厚生年金保険についても実現したことになる。

導入された離婚時の年金分割は，年金額そのものを分割するのではなく，分割対象期間における夫婦それぞれの標準報酬月額・標準賞与額を改定（増額改定および減額改定）することによりなされる。

①　合意分割　　離婚時の年金分割の二つの種類のうちの一つは，平成19（2007）年4月に導入されたもので，同月以降の離婚につき，婚姻期間中の夫婦の標準報酬月額・標準賞与額を，夫婦で合意した按分割合あるいは家庭裁判所が定めた按分割合に応じて改定するものである（厚年78条の2）。按分割合は，夫婦それぞれの婚姻期間中の標準報酬総額の2分の1を限度とする（厚年78条の3）。家庭裁判所による按分割合の決定については，被用者年金の機能が夫婦双方の同等な老

後の所得保障にあるとして原則として夫婦の寄与を同等とし，別居期間があったとしても按分割合を0.5とするものがほとんどであるが（名古屋高決平成20・2・1家月61巻3号57頁，大阪高決平成22・6・30平成22年（ラ）第602号判例集未登載等），按分割合を0.3とした審判例もある（東京家審平成25・10・1判時2218号69頁（百選40））。

② 3号分割　もう一つの分割類型は，平成20（2008）年4月に導入されたもので，同年5月以降の離婚に関し，同年4月以降の被扶養配偶者（第3号被保険者）期間につき，被扶養配偶者からの請求に基づいて，夫婦それぞれの標準報酬月額・標準賞与額を，被保険者の標準報酬月額・標準賞与額の2分の1に改定するものである（厚年78条の14）。3号分割は，被扶養配偶者を有する被保険者が負担した保険料は被扶養配偶者が共同して負担したものであるという基本的認識に基づく（厚年78条の13）。3号分割導入の議論の出発点は，保険料負担を行わない第3号被保険者の問題（→発展3-14）を解消することであったため，離婚夫婦間での年金受給額の格差を解消することが目的の合意分割とはそもそもの趣旨・目的が異なる。

(h)の参考文献

・堀勝洋ほか『離婚時の年金分割と法――先進諸国の制度を踏まえて』（日本加除出版，2008年）

(i) 失　権　老齢厚生年金の受給権は，受給権者の死亡により消滅する（厚年45条）。

8 障害年金

(1) 障害基礎年金

国民年金では，障害に対する給付として障害基礎年金が支給される。

(a) 支給要件　障害基礎年金は，①疾病にかかりまたは負傷し，かつ，その疾病または負傷およびこれらに起因する疾病についての初診日（初めて医師または歯科医師の診療を受けた日）において被保険者である者（あるいは被保険者であった者であって，日本国内に住所を有する60歳以上65歳未満である者）が，②当該初診日から起算して1年6カ月を経過した日（その期間内にその傷病が治癒した場合は治癒した日（症状が固定し治療の効果が期待できない状態に至った日も含む）。障害認定日）に障害等級1級あるいは2級に該当し，③当該初診日の前日において，当該初診日の属する月の前々月までに被保険者期間があり，かつ，当該被保険者期間にかかる保険料納付済期間と保険料免除期間とを合算した期間が当該被保険者期間の3

分の2以上である場合に，支給される（国年30条1項）。ただし，初診日が平成38（2026）年4月1日より前であって初診日に65歳未満の場合は，初診日の前日において初診日の属する月の前々月までの1年間のうちに保険料の滞納がなければ，③の要件は課されない（国年昭和60年改正法（昭和60年法律34号）附則20条1項）。

障害認定日には障害等級1級にも2級にも該当していなかったが，65歳に達するまでの間に当該傷病により1級あるいは2級に該当するようになったときにも，障害基礎年金が支給される（国年30条の2第1項）。

(b)　**障害等級**　　国民年金法における障害等級は，日常生活の機能が制約される度合いを基準として定められ，より重い障害である1級は「日常生活の用を弁ずることを不能ならしめる程度」の障害であり，2級は，「日常生活が著しい制限を受けるか，又は日常生活に著しい制限を加えることを必要とする程度」の障害とされている（国年令別表1級9号および2級15号参照）。具体的には国民年金法施行令別表にて障害等級表が規定されている（国年令4条の6）。

(c)　**支給額**　　障害等級2級に対する障害基礎年金額は，780,900円に改定率を乗じて得た額であり，障害等級1級の場合は介護費用等の必要性に配慮して，この額の1.25倍の額となる（国年33条）。また，受給権者によって生計を維持している18歳到達年度末までの間にある子（障害等級1級あるいは2級に該当する子の場合には20歳未満まで）がある場合には，加給年金として子の人数に応じて一定の加算がなされる（国年33条の2第1項）。

(d)　**20歳前障害に対する障害基礎年金**　　上記のように基本的には，障害基礎年金を受給するには初診日において被保険者である（あるいは被保険者であった）必要がある（国年30条・30条の2・30条の3）。そのため，初診日において20歳未満であり被保険者でなかった者にはこれらの規定に基づく障害基礎年金は支給されない。もっとも，こうした者に対しては，別規定に基づいて，障害認定日以後に20歳に達したときは20歳に達した日において，障害認定日が20歳以後である場合には当該障害認定日において障害等級1級あるいは2級に該当したときに，障害基礎年金が支給される（国年30条の4第1項）。これは被保険者となる前に初診日がある場合を対象とした給付であるため，当然のこととして保険料の拠出が支給要件とされない無拠出制給付である。

こうした給付は，①20歳前に重度の障害となった場合には，その回復は極めて困難であって稼得能力はほとんど永久に失っており，所得保障の必要性が高い，②年齢的にみて，親の扶養を受ける程度をできるだけ少なくすることが望ましい，などの理由から，昭和60（1985）年基礎年金改革以前から既に障害福祉年金として導入されていた（有泉国年153頁）。所得保障の必要性が高いことから，社会保険の原則（給付の対価性）を修正して無拠出制給付を認めたものといえる。

この無拠出制の障害基礎年金には，拠出を受給要件とする障害基礎年金にはない支給停止事由がある。具体的には，①一定程度以上の恩給や労災保険による年金給付などを受給する場合，②刑事施設，労役場，少年院等に収容されている場合，③日本国内に住所がない場合には全額支給停止される（国年36条の2第1項）。また，受給者の所得の額に応じて，全額または半額が支給停止される（国年36条の3第1項）。保険料拠出の対価としての給付と異なり，無拠出制給付の場合には，個別の受給者について所得保障の必要性が低い場合には支給停止することも正当化されよう。国民年金法30条の4に基づく障害基礎年金が，労災保険の遺族年金の受給により支給停止されることについて，名古屋地判平成17・1・27（判タ1199号200頁）は，20歳前障害にかかる障害基礎年金の社会福祉的な性質は障害福祉年金と異なるところはないため，障害福祉年金と労災給付との併給調整を正当化する根拠（①年金の財源を，所得保障の要請がより切実で，かつ，効果のある者に集中すべきであること，②国家財政上，通常何らかの形で国庫負担を伴う公的年金について重複受給を避けてもやむを得ないことなど）は，20歳前障害にかかる障害基礎年金にも妥当するとして，支給停止が憲法25条および14条に違反しないとしている。

(e) 初診日の解釈　初診日とは，傷病について初めて医師または歯科医師の診療を受けた日である（国年30条1項）。しかし，学生無年金障害者訴訟（→② 1 (2)）における複数の裁判例では，国民年金法30条の4にいう「初診日」を拡大解釈するものがある（東京地判平成16・3・24判時1852号3頁，東京地判平成17・10・27平成13年（行ウ）第222号裁判所HP，東京地判平成17・10・27平成13年（行ウ）第201号裁判所HP，盛岡地判平成18・3・27平成13年（行ウ）第8号判例集未登載，仙台高判平成19・2・26判タ1248号130頁等）。東京高判平成18・11・29（平成17年（行コ）第308号裁判所HP）は，「統合失調症を発症し，医師の診療を必要とする状態に至った時点において20歳未満であったことが，医師の事後的診断等により医学的に確認できた者は，同法30条の4に規定する『その初診日において20歳未満であつた者』との要件を満たすものと解するのが相当である」として，20歳後に初めて受診して統合失調症との診断を受けた者について国民年金法30条の4にいう「初診日」の要件を満たすとして障害基礎年金不支給処分の取消しを認めている。しかしその上告審である最判平成20・10・10（判時2027号3頁（百選35））

は，こうした「初診日」の拡大解釈を認めず，条文を文理通りに解釈している。

(f)　**失　権**　　障害基礎年金は，①受給権者が死亡したとき，②障害等級1〜3級に該当しない者が65歳に達したとき（ただし障害等級1〜3級に該当しなくなった日から3年を経過していないときは除く），③障害等級1〜3級に該当しなくなった日から3年が経過したとき（ただし3年を経過した日において受給権者が65歳未満であるときを除く）に消滅する（国年35条）。また，障害基礎年金の受給権者にさらに同年金の支給事由が生じたときは，前後の障害を併合した障害の程度による同年金の受給権が生じ，従前の同年金の受給権は消滅する（国年31条2項）。

(2)　障害厚生年金

厚生年金保険では，障害に対する給付として障害厚生年金が支給される。

(a)　**支給要件**　　障害厚生年金は，①初診日において被保険者であった者が，②障害認定日に障害等級1〜3級に該当し，③当該初診日の前日において，当該初診日の属する月の前々月までに国民年金の被保険者期間があり，かつ，当該被保険者期間にかかる保険料納付済期間と保険料免除期間とを合算した期間が当該被保険者期間の3分の2以上である場合に支給される（厚年47条）。ただし，初診日が平成38（2026）年4月1日前であって初診日に65歳未満の場合は，初診日の前日において初診日の属する月の前々月までの1年間のうちに保険料の滞納がなければ，③の要件は課されない（厚年昭和60年改正法（昭和60年法律34号）附則64条1項）。なお，障害認定日には障害等級1〜3級に該当していなかったが，65歳に達するまでの間に当該傷病により1〜3級に該当するようになったときにも，障害厚生年金が支給される（厚年47条の2第1項）。

(b)　**障害等級**　　障害厚生年金の支給対象となる障害等級のうち，1級と2級は国民年金法施行令別表で定められている等級表が準用され，3級は厚生年金保険法施行令別表第1で規定されている（厚年令3条の8）。障害等級3級の等級表は，「労働が著しい制限を受けるか，又は労働に著しい制限を加えることを必要とする程度の障害」を基準に定められている（厚年令別表第1の12号〜14号参照）。

(c)　**支給額**　　障害厚生年金の額は，上記の老齢厚生年金の受給額と同じ計算式で算出される。ただし，被保険者期間が短い場合にもある程度の給付額が保障されるよう，被保険者期間の月数が300未満の場合は，300として計算される（厚年50条1項）。また，障害等級1級の場合は，この計算式で算出された額の1.25倍が支給額となる（厚年50条2項）。障害等級3級の場合など，障害基礎年金を受けることができない場合で，この計算式で算出した障害厚生年金の額が，障害基礎年金の額の4分の3に満たないときは，最低額保障として，障害基礎年金の額の4分の3が障害厚生年金の額とされる（厚年50条3項）。

障害等級が1級・2級の場合で，受給権者に扶養する65歳未満の配偶者がいる場合は，加給年金がさらに支給される（厚年50条の2）。

(d) 失 権　障害厚生年金の失権事由は障害基礎年金と同様である（厚年48条2項，53条）。

(e) 障害手当金　障害手当金は，障害厚生年金を支給する程度の障害に至らない障害に対して一時金として支給される。具体的には，①初診日において被保険者であった者が，②初診日以後5年の間における傷病治癒・症状固定日において厚生年金保険法施行令別表第2に定められる障害の程度にある場合で（厚年令3条の9），③当該初診日の前日において，当該初診日の属する月の前々月までに国民年金の被保険者期間があり，かつ，当該被保険者期間にかかる保険料納付済期間と保険料免除期間とを合算した期間が当該被保険者期間の3分の2以上である場合（なお，③の要件については上記障害厚生年金と同様の特例措置がとられている）に，支給される（厚年55条）。支給額は，厚生年金保険法50条1項に基づいて計算した障害厚生年金額の2倍に相当する額だが，その額が障害基礎年金の1.5倍未満の場合はその額が支給額とされる（厚年57条）。

9 遺族年金

(1) 遺族基礎年金

国民年金では，死亡に対する給付として遺族基礎年金が支給される。

(a) 支給要件　遺族基礎年金は，①被保険者，②60歳から65歳未満の被保険者であった者で，日本国内に住所を有する者，③老齢基礎年金の受給権者（ただし，保険料納付済期間と保険料免除期間との合算期間が25年以上ある者に限る），④保険料納付済期間と保険料免除期間との合算期間が25年以上ある者（以下，「被保険者等」という）が死亡した場合に，死亡日の前日において，死亡日の属する月の前々月までに被保険者期間があり，かつ，当該被保険者期間にかかる保険料納付済期間と保険料免除期間とを合算した期間が当該被保険者期間の3分の2以上である場合に，その者の配偶者（事実婚上の配偶者も含む。国年5条7項）または子に支給される（国年37条）。かつての母子年金としての性質を引き継いで，以前は，受給権者は妻と子に限られていたが，妻を亡くした父子家庭に遺族基礎年金が支払われない（子に対する遺族基礎年金は生計を同じくするその子の父があるときは支給停止される（国年41条2項））ことが問題視され，平成24（2012）年改正（年金機能強化法）

によって夫も受給権者に含めることとされた。

なお，平成38（2026）年4月1日前の死亡については死亡日に死亡した被保険者が65歳未満であり，かつ，死亡日の前日において死亡日の属する月の前々月までの1年間のうちに保険料の滞納がなければ，保険料納付に関する上記要件は課されない（国年昭和60年改正法附則20条2項）。

(b)　遺族の範囲　　遺族基礎年金を受けることができる配偶者または子とは，死亡した被保険者等によって死亡当時生計を維持していたものである（生計維持要件）。さらに，子については，18歳に達する年度末までの間にあり（障害等級1級または2級に該当する子の場合には20歳未満），現に婚姻していないことが必要であり，配偶者も，こうした子と生計を同じくしている必要がある（国年37条の2第1項）。

生計維持要件を満たす配偶者または子とは，被保険者等の死亡の当時その者と生計を同じくしていた者であって，厚生労働大臣の定める金額以上の収入を将来にわたって有すると認められる者以外のものその他これに準ずる者として厚生労働大臣が定める者である（国年令6条の4。なお，「その他これに準ずる者として厚生労働大臣が定める者」は定められていない）。厚生労働大臣の定める収入額とは年額850万円であり，これ以上の収入を将来にわたって有すると認められる者以外の者とは，①前年の収入が年額850万円未満である者，②前年の所得が年額655.5万円未満である者，③定年退職等の事情により近い将来（概ね5年以内）収入が年額850万円未満または所得が年額655.5万円未満となると認められる者とされている（平成23年年発0323第1号）。年収850万円（年所得655.5万円）という基準は，所得分位の上位10％に当たる者の推計年収をもって設定されている。生計維持要件は，遺族基礎年金の権利発生要件であることから，社会通念上著しく高額の収入を有している者以外は生計が維持されていたものとして，広く遺族年金の支給対象とする考えによる。この生計維持要件と子との生計同一要件を満たせば，死亡した被保険者が第3号被保険者であっても，その配偶者（第2号被保険者）は遺族基礎年金を受給できることとなる。

(c)　支給額　　遺族基礎年金の額は，780,900円に改定率を掛けて得た額である（国年38条）。ただし，配偶者に支給される遺族基礎年金は，生計を同じくした子の人数に応じて一定額がこれに加算される（国年39条1項）。これは，配偶者が遺族基礎年金の受給権を有するときは，子に対する遺族基礎年金が支給停止されるためである（国年41条2項）。また，遺族基礎年金の支給権を有する子が2人以上いる場合には，人数に応じて一定額をこれに加算した上で子の人数で割った額が，子1人当たりの遺族基礎年金の額となる（国年39条の2第1項）。

(d) **支給停止**　遺族基礎年金の支給停止は，大きく分けて，他の給付との調整によるものと遺族間での調整によるものとがある。

前者のケースとして，遺族基礎年金は，被保険者等の死亡について労働基準法79条により使用者からの遺族補償が行われるべきものであるときには，死亡日から6年間支給停止される（国年41条1項）。ただし，労災保険法の適用拡大により現在ではほぼ全ての労働者について労災保険法が適用されるため，この規定の適用場面は少ない。遺族基礎年金の受給権者に，労災保険法による遺族補償年金または遺族年金が支給されるときは，遺族補償年金・遺族年金が一定割合減額された上で遺族基礎年金と併給される（労災16条の3・22条の4・別表第1）。

後者のケースとして，子に対する遺族基礎年金は，配偶者が遺族基礎年金の受給権を有するときまたは生計を同じくするその子の父もしくは母がいるときには支給停止される（国年41条2項）。ただし，遺族基礎年金の受給権者たる配偶者の所在が1年以上明らかでない場合には，遺族基礎年金の受給権を有する子の申請により，所在が明らかでなくなった時に遡って，配偶者に対する遺族基礎年金が支給停止され，子に対して遺族基礎年金が支給されるようになる（国年41条の2第1項）。また，遺族基礎年金の受給権を有する子が複数いる場合でそのうちの1人以上につき1年以上所在が明らかでない場合にも他の子の申請によって，同様の支給停止がなされる（国年42条1項）。

(e) **失　権**　遺族基礎年金は，受給権者が，①死亡したとき，②婚姻したとき，③直系血族または直系姻族以外の者の養子となったときに消滅する。子に対する遺族基礎年金は，こうした事由に加え，離縁によって死亡した被保険者等の子でなくなったことや，18歳に達する年度が終了したこと（障害等級1級・2級の子の場合は20歳に達したこと）などにより消滅する。また，配偶者に対する遺族基礎年金は，生計を同じくしていた子の死亡・婚姻や，子が18歳に達する年度が終了したこと（障害等級1級・2級の子の場合は20歳に達したこと），子が配偶者と生計を同じくしなくなったことなどにより消滅する（国年40条）。

(2) 遺族厚生年金

厚生年金保険では，死亡に対する給付として遺族厚生年金が支給される。

(a) **支給要件**　遺族厚生年金は，①被保険者，②被保険者であった者で，被保険者資格喪失後に，被保険者期間中に初診日がある傷病により当該初診日から起算して5年を経過する日前に死亡した者，③障害等級1級または2級に該当する障害厚生年金受給権者，④老齢厚生年金受給権者（ただし，保険料納付済期間と保険料免除期間との合算期間が25年以上ある者に限る），⑤保険料納付済期間と保険料免除期間との合算期間が25年以上ある者（以下，「被保険者等」という）が死亡した場合に，死亡日の前日において，死亡日の属する月の前々月までに国民年金の被保険者期間があり，かつ，当該被保険者期間にかかる保険料納付済期間と保険料免除期間とを合算した期間が当該被保険者期間の3分の2以上である場合に，その者の遺族に支給される（厚年58条1項）。なお，平成38（2026）年4月1日前の死亡については死亡日に死亡した被保険者が65歳未満であり，かつ，死亡日の前日において死亡日の属する月の前々月までの1年間のうちに保険料の滞納がなければ，保険料納付に関する上記要件は課されない（厚年昭和60年改正法附則64条2項）。

(b)　**遺族の範囲**　　遺族厚生年金の受給権者たる遺族とは，死亡した被保険者等の①妻，②死亡当時55歳以上の夫・父母・祖父母，③死亡当時18歳に達する年度末までにある（または障害等級1級・2級に該当する場合には20歳未満である）子・孫のうち現に婚姻していないもののうち，死亡当時死亡した被保険者等により生計を維持していた者である（厚年59条1項）。夫・妻には事実婚関係にある夫・妻も含まれる（厚年3条2項）。ここでの生計維持関係の認定基準は，遺族基礎年金と同様である（厚年令3条の10）。

遺族間には優先順位が定められており，より優位の者が遺族厚生年金の受給権を取得した場合には，それに劣後する者は遺族厚生年金を受け得る遺族とはならない。順位は優先順位の高い順に，①配偶者・子，②父母，③孫，④祖父母である（厚年59条2項）。なお，従来の国家公務員共済組合法等とは異なり，厚生年金保険では遺族が遺族厚生年金の受給権を失った場合でも，次順位の者に新たに受給権が発生する「転給」の仕組みはとられていない。

(c)　**支給額**　　遺族厚生年金が老齢厚生年金等の受給権を有する配偶者以外の者に対して支給される場合には，死亡した被保険者等の被保険者期間に基づいて厚生年金保険法43条1項に従って計算した額（死亡した被保険者等の老齢厚生年金額に相当する額）の4分の3に相当する額が支給される。ただし，上記支給要件における①～③の者の死亡については，計算の基礎となる被保険者期間の月数が300未満の場合は，300として計算する（厚年60条1項1号）。また，配偶者以外の者に遺族厚生年金を支給する場合で，受給権者が複数いるときは，この額をその数で割った額が各受給権者の受給額となる（厚年60条2項）。

遺族厚生年金が老齢厚生年金等の受給権を有する65歳以上の配偶者に対して支給される場合には，①死亡した被保険者等の被保険者期間に基づいて厚生年金保険法43条1項に従って計算した額（死亡した被保険者等の老齢厚生年金額に相当する額）の4分の3に相当する額，または②「①×3分の2＋当該配偶者（遺族厚生年金の受給権者）の老齢厚生年金等の額×2分の1」のうち多い額が遺族厚生年金の額となる（厚年60条1項2号，厚年附則17条の2）。ただし，この場合の遺族厚生年金は，遺族厚生年金の受給権者が有する老齢厚生年金等の額分が支給停止となった上で，老齢厚生年金等と併給される（厚年64条の2→発展3-12）。

遺族厚生年金の受給権を取得した当時40歳以上65歳未満であった妻，もしくは40歳到達時に18歳到達年度末までの間にある子（または障害等級1級・2級に該当する20歳未満の子）と生計を同じくしていた65歳未満の妻に対しては，一定の場合を除いて，遺族基礎年金の4分の3に相当する加算（中高年寡婦加算）がなされる（厚年62条1項）。ただし妻が遺族基礎年金の支給を受ける場合には，加算部分が支給停止される（厚年65条）。なお，以前は35歳以上65歳未満を対象としていたが，夫を亡くした比較的若い妻に就労インセンティブを持たせるため，平成16（2004）年改正の際に40歳に引き上げられた。

発展3-12　遺族厚生年金と老齢厚生年金の併給調整

遺族厚生年金の受給権と老齢厚生年金の受給権を同時に有する遺族の場合，平成6（1994）年改正以前は，①遺族厚生年金か②老齢厚生年金のどちらかのみを受給し，もう一方の年金は全額支給停止されるという併給調整が行われていた。実際には夫を亡くした妻の多くが，遺族厚生年金を選択して受給していた。なぜなら，一般的に妻の勤続年数（被保険者期間）は夫より短く，また賃金（標準報酬）も夫に比べて低いことから，夫の被保険者期間と標準報酬に基づいて計算される遺族厚生年金の方が，妻自身の老齢厚生年金より額が高いためである。このような場合，妻の就労が年金受給に反映されず，妻の保険料の支払いがいわゆる「掛け捨て」のようになってしまうことが問題視されるようになった。

そこで，平成6（1994）年改正では，遺族たる配偶者について，上記①②の選択肢のほかに，第3の選択肢として，③遺族厚生年金×3分の2＋老齢厚生年金×2分の1（遺族厚生年金と老齢厚生年金をそれぞれ減額した上での併給）も選択できるようになった（厚年旧38条の2）。③は，妻自身の保険料支払いが，部分的ではあるものの給付に反映される。

ただし，こうした改正にも，妻自身の老齢厚生年金額が，（夫の被保険者期間・標準報酬を基に計算された）夫の老齢厚生年金額の2分の1未満である場合には，③より①の方が有利となるという限界があった。そこで，平成16（2004）年改正の際に，まず遺族たる配偶者自身が老齢厚生年金を全額受給した上で，①と③のうち額が多い方を遺族厚生年金額として定めて，そこから老齢厚生年金額を控除（支給停止）するという現行の併給調整の方式が採用された。なお，この改正の前後で，最終的に遺族たる配偶者が受給する年金額は同じである（厳密には，遺族厚生年金は非課税であるが，老齢厚生年金には所得税が課されるため（→③3(2)），同じ年金総額であるとしても，老齢厚生年金の占める割合が高い程，手取り額は少なくなる）。こうした改正の意義は，遺族たる配偶者本人の就労に基づく保険料拠出実績を，年金受給に反映させる点にある。

(d)　支給停止　　遺族厚生年金は上述した場合のほか，一定の場合に支給停止する。まず，遺族基礎年金と同様，労働基準法上の遺族補償が行われるべき場合には，死亡日から6年間支給停止（厚年64条）される。

夫，父母，祖父母に対する遺族厚生年金は，受給権者が60歳に達するまでの期間は支給停止となる（厚年65条の2。ただし，夫が遺族基礎年金の受給権を有するときには支給停止されない（同条ただし書））。また，子に対する遺族厚生年金は，配偶者が遺族厚生年金の受給権を有する間は支給停止され，他方で，配偶者に対する遺族厚生年金は，配偶者が遺族基礎年金の受給権を有しない場合であって子が当該遺族基礎年金の受給権を有する間は支給停止される（厚年66条）。同時に複数の者が遺族厚生年金の受給権を有する場合，所在が1年以上明らかでない受給権者の遺族厚生年金は，その他の受給権者の申請によって，所在が明らかでなくなった時に遡って，支給停止される（厚年67条・68条）。

(e)　失　権　　遺族厚生年金も，遺族基礎年金と同様の事由により消滅する（厚年63条）が，平成16（2004）年改正では遺族基礎年金にはない新たな失権事由が追加された。すなわち，①遺族厚生年金の受給権を取得した当時30歳未満である妻が遺族基礎年金の受給権を取得しないときには遺族厚生年金の受給権取得日から，あるいは②遺族厚生年金と遺族基礎年金の受給権を有する妻が30歳到達前に当該遺族基礎年金の受給権が消滅したときには当該遺族基礎年金の受給権消滅日から，それぞれ5年を経過したときに遺族厚生年金の受給権が消滅する（厚年63条1項5号）。これは30歳未満の妻で遺族基礎年金の対象となる子と生計を同じくしていない者については，遺族厚生年金の支給期間が5年に制限されたことを意味する。この改正は，遺族厚生年金を有期給付とすることで，夫を亡くした比較的若い妻で子を養育していない者に，就労インセンティブを持たせることを眼目としたものである。

(3)　遺族年金と男女平等

(a)　遺族基礎年金　　遺族基礎年金は，制度創設当初は「母子年金」という名称で，夫を亡くした母子家庭を対象とした給付として導入された。それは，一家の中心となる稼ぎ手である夫が死亡した場合に，子を抱えているために労働して所得を得ることが困難な妻に対し，一定の所得を保障する必要があったためである。妻に先立たれた夫については，こうした問題がないと考えられたため父子家庭は給付の対象から除外されたのだと考えられる。もっとも，近年では労働を取り巻く状況が変化し，父子家庭でも就業が不安定で所得が高くない者もいることから，平成24（2012）年改正によって夫も遺族基礎年金の対象者とされるようになった。

(b) **遺族厚生年金** 他方，昭和29（1954）年に旧厚生年金保険法を全面改正して定められた厚生年金保険法では，遺族に該当する妻については40歳以上であること（ただし55歳までは支給停止）とし，遺族に該当する夫については60歳以上であることとしていた。なお，妻については55歳未満であっても，18歳未満の子あるいは一定の障害の程度にある子と生計を同じくしている場合，あるいは妻自身が一定程度の障害を負っている場合には，遺族に該当するとされていた。その後の改正により，遺族厚生年金の受給権者たる妻については，他の被用者年金制度に合わせるかたちで年齢要件が撤廃され，夫を亡くした妻と妻を亡くした夫との支給要件における差は拡大した。

こうした遺族の範囲についての当初の要件に照らすと，遺族厚生年金は老齢や障害により稼働所得を得られない一定の者を遺族として支給の対象としていたといえる。そして，創設当初から現在まで，一貫して夫を亡くした妻に有利な支給要件を定めているのは，女性の雇用機会や雇用条件が男性と比べて劣っているという雇用の実態を考慮したものであると考えられる（堀勝洋『年金保険法〔第2版〕』（法律文化社，2011年）483-484頁）。

(c) **遺族年金における男女格差と憲法14条1項** 以上によると，遺族厚生年金（および平成24（2012）年改正前の遺族基礎年金）について，男性（夫）と比べ女性（妻）の方に有利な支給要件が定められているのは，労働市場の状況に照らし，妻の方が夫の死亡後の稼得が困難であるという理由によることがわかる。しかし，遺族年金の受給に関し，こうした性別による明確な区別を設けていることは憲法14条1項違反となるおそれがある（菊池69頁）。

この点に関し，平成24（2012）年改正前の遺族基礎年金が夫に支給されないことが憲法14条1項に違反するかについて，東京地判平成25・3・26（平成24年（行ウ）第670号判例集未登載）および東京高判平成25・10・2（平成25年（行コ）第191号判例集未登載）は，違憲性を否定した。すなわち，母子家庭に比べて父子家庭は一般に所得が高く，男性は女性と比べて一般に雇用機会・雇用条件で恵まれていることから，父子家庭を遺族基礎年金の支給対象から除外したことには合理的な理由があるとしたのである。

他方で，地方公務員災害補償法の事案であるが，遺族補償年金について男性にのみ年齢要件を課した同法の規定は，立法当時は合理性があったものの，共働き世帯が一般的な家庭モデルとなった現時点では憲法14条1項に違反し無効であるとした裁判例もある（大阪地判平成25・11・25判時2216号122頁）。同判決は，当該規定の憲法14条1項違反の判断において堀木訴訟最高裁判決の枠組みを用いなかった点が特徴的である。同判決は，立法事実の変化に着目した判断を行った点では国籍法違憲大法廷判決（最大判平成20・6・4民集62巻6号1367頁）の判断枠組みに沿うものであり，また憲法14条1項後段列挙事由による区別のため憲法に照らした不断の検討・吟味を要求する点では，婚外子相続分差別違憲大法廷決定（最大決平成25・9・4民集67巻6号1320頁）を踏襲したものと評価できる。もっとも，同事件の控訴審判決（大阪高判平成27・6・19労判1125号27頁〔百選6〕）は，遺族補償年金について基本的に社会保障制度の性格を有するとして堀木訴訟最高裁判決等を引用して立法府の裁量を広く認めた上で，今日においても男性に比べ女性については労働力率が相当低いこと，非正規雇用の割合が高いこと，賃金が著しく低いこと，専業主婦世帯数が専業主夫世帯数よりはるかに多いことといった社会的実態に照らし，受給要件における男女間の区別の合理性を肯定して憲法14条1項違反を否定した。このように，第1審判決と控訴審判決とで結論が分かれたが，同事件の最高裁判決（最判平成29・3・21労判1162号5頁）は，遺族補償年金制度を憲法25条の趣旨を実現するために設けられた社会保障の性格を有する制度とした上で，①男女間における生産年齢人口に占める労働力人口の割合の違い，②平均的な賃金額の格差，③一般的な雇用形態の違い等からうかがえる妻のおかれている社会的状況に鑑みて，男女間における遺族補償年金の支給要件の違いは合理的な理由を欠くとはいえず，憲法14条1項に違反していないとして，原判決を維持した。最高裁は，遺族補償年金制度を社会保障と性格づけることで，堀木訴訟最高裁判決等に従って，性別に基づく区別の局面においても，立法府の裁量を広く認め，区別の合理性を緩やかに審査する立場を示したといえる。

学説においては，性別のような憲法14条1項後段列挙事由による差別は民主制の下では通常許容されないものであり，その差別は合理的根拠を欠くと推定されると解する立場がある（伊藤正己『憲法〔第3版〕』（弘文堂，1995年）249頁）。この見解に立てば，性別に基づく区別については厳格な審査基準で審査すべきこととなり，遺族年金の支給要件における男女間の区別は，共働き世帯が多数派となった現在だけでなく，立法当初から違憲であったと解される余地もあろう。しかし，上記のように最高裁にて違憲性が端的に否定されたことから，遺族年金の男女差をめぐる争いは，立法の場にて，遺族年金の趣旨・目的といった根本にまで立ち返りながら，解決することが強く求められよう。

(4) 遺族年金と事実婚

(a) 事実婚上の配偶者 国民年金法および厚生年金保険法における「配偶者」「夫」「妻」は，いずれも婚姻の届出をしていないが，事実上婚姻関係と同様の事情にある者も含まれる（国年5条7項，厚年3条2項）。行政実務では，事実婚関係とは，①当事者間に，社会通念上，夫婦の共同生活と認められる事実関係を成立させようとする合意があること，および②当事者間に，社会通念上，夫婦の共同生活と認められる事実関係が存在することを要件とし（平成23年年発0323第1号），裁判例も同様の基準で判断している（近年の事例として高松高判平成26・4・30平成25年（行コ）第17号判例集未登載）。

(b) 重婚的内縁関係の場合 死亡した被保険者に法律婚上の配偶者と事実婚上の配偶者とが存在する場合（いわゆる重婚的内縁関係の場合），遺族年金の受給権者たる配偶者がどちらになるのかという問題がある。国民年金法でも厚生年金保険法でも，配偶者が複数いる場合は想定されておらず，受給権者が複数いる場合の受給額の人数割りの措置の対象から配偶者は除外されている（国年39条の2第1項，厚年60条2項）。

行政実務では，法律婚がその実体を全く失ったものとなっているときに限り，内縁関係にある者が事実婚関係にある者として認定される。法律婚が実体を全く失ったときとは，①当事者が離婚の合意に基づいて夫婦としての共同生活を廃止していると認められるが戸籍上離婚の届出をしていないとき，あるいは②一方の悪意の遺棄によって夫婦としての共同生活が行われていない場合（ⓐ当事者が住居を異にすること，ⓑ当事者間に経済的な依存関係が反復して存在していないこと，ⓒ当事者間の意思の疎通を表す音信または訪問等の事実が反復して存在していないこと，のいずれも満たす場合）であって，その状態が長期間（概ね10年程度以上）継続し，当事者双方の生活関係がそのまま固定していると認められるときとされている（平成23年年発0323第1号）。

この点につき最判昭和58・4・14（民集37巻3号270頁（百選36））も，遺族給付の対象となる配偶者とは，被保険者等（当該事案では，組合員等）との関係において，互いに協力して社会通念上夫婦としての共同生活を現実に営んでいた者をいうとして，法律婚の配偶者でも事実上の離婚状態にある場合には，遺族給付を受けるべき配偶者に該当しないとし，最判平成17・4・21（判時1895号50頁）は，そうした場合には，事実婚の配偶者が遺族給付の対象となる配偶者となるとしている。

このように行政解釈も判例も，遺族年金の社会保障的性格に鑑みて「配偶者」を実態に即して解釈しつつ，法律婚の配偶者につき配偶者該当性が否定される場合を事実上の離婚状態にある場合に限定することで，給付の社会保障的性格と民法の婚姻法秩序との調整を図っている。ただし，このように解釈した場合，法律婚が形骸化しておらず遺族年金の対象となる配偶者が法律婚の配偶者とされても，法律婚の配偶者が生計維持要件を満たさないと遺族年金の受給権は取得できない。そのような場合でも，事実婚の配偶者に受給権が与えられるわけではないため，どちらの配偶者も受給できないという事態も生じ得る。学説においては，重婚的内縁関係の場合には，遺族年金を法律婚の配偶者と事実婚の配偶者との間で配分できる仕組みを主張する見解もある（二宮周平『事実婚の現代的課題』（日本評論社，1990年）182頁）。

(c)　近親婚の場合　　民法が禁止する近親婚関係（叔父と姪）にある内縁配偶者への遺族厚生年金の帰属が争われた最判平成19・3・8（民集61巻2号518頁（百選37））でも，給付の社会保障的性格と婚姻法秩序との調整が行われている。同判決は，民法が禁止する近親婚関係にある者は原則として遺族厚生年金の受給権者たる配偶者には当たらないとしつつ，3親等の傍系血族間の内縁関係については，それが形成されるに至った経緯，周囲や地域社会の受け止め方，共同生活期間の長短，子の有無，夫婦生活の安定性等に照らし，反倫理性，反公益性が婚姻法秩序維持の観点から問題とする必要がない程度に著しく低いと認められる場合には，近親者間における婚姻を禁止すべき公益的要請よりも遺族の生活の安定と福祉の向上に寄与するという法の目的を優先させるべき特段の事情があるものとして，配偶者該当性を肯定する。行政解釈もこの判決に従った認定基準を立てている（平成23年年発0323第1号）。

④ 費　　用

1 国民年金

(1) 保 険 料

(a) 納付義務　被保険者は政府に対し保険料を納付する義務を負い，被保険者の属する世帯の世帯主と被保険者の配偶者も連帯して納付義務を負う（国年88条)。ただし，第2号被保険者および第3号被保険者は保険料納付義務を負わず（国年94条の6)，その代わり厚生年金保険の実施者（政府）および実施機関（共済組合等）が毎年度，基礎年金拠出金を負担・納付する（国年94条の2)。

(b) 保険料額　第1号被保険者が負担する保険料の額は，平成17（2005）年度では月額13,580円に改定率を掛けて得た額であり，その後毎年280円ずつ引き上げられ，平成29（2017）年度以降は16,900円に改定率を掛けて得た額となる（国年87条3項)。この保険料水準固定方式と呼ばれる保険料額の決定の方式は，高齢化の進展による給付額の増大を賄うため保険料水準を段階的に引き上げていくが，現役世代の負担を一定程度に抑えるために保険料水準に上限を設けたもので，平成16（2004）年改正で導入された仕組みである。

(c) 保険料の免除　国民年金は生活保護受給者や低所得者など，保険料の負担が困難な者も被保険者として強制加入させていることから保険料の免除制度がある。保険料免除には，法定免除と申請免除とがある。

法定免除とは，①障害年金を受給していること，②生活保護（生活扶助）を受給していること，③国立ハンセン病療養所や国立保養所等に入所していること，のいずれかを満たすと当然に保険料が免除されることをいう（国年89条)。

申請免除とは，一定の所得以下の被保険者から申請があった場合に，厚生労働大臣の決定により保険料の納付を要しないものとするものである。ただし，保険料の連帯納付義務者である世帯主または配偶者の所得が一定額を超えた場合には，免除されない（国年90条1項ただし書等)。当初，申請免除には全額免除しかなかったが（国年90条)，平成14（2002）年4月から半額免除制度が，平成18（2006）年7月から4分の3免除制度および4分の1免除制度がそれぞれ導入され（国年90条の2)，免除制度の多段階化が進んだ。これにより，低所得者については所得額に応じてより柔軟な保険料の負担が可能となった。保険料が免除された期間は保険料免除期間として扱われ，基礎年金の支給要件の充足を判断するに際して保険料納付済期間と同様に算入される（国年26条・30条1項・37条)。他方で，老齢基礎年金の支給額の算定では，保険料免除期間はその免除割合に応じて免除期間の月数に一定割合が掛けられて計算されるため，その分支給額が減少する（国年27条2号～8号）。ただし，厚生労働大臣の承認を受ければ，免除された保険料は承認日より10年前以内のものであれば追納でき，保険料納付済期間となる（国年94条）。

なお，次世代育成支援のため，平成28（2016）年法改正により，第1号被保険者の産前産後期間について保険料を全額免除する仕組みも導入された（平成31（2019）年4月施行）。この仕組みでは，免除期間であっても上記の免除とは異なり，給付額が減額されることがなく，給付に必要な財源は第1号被保険者の負担する保険料を月額100円程度引き上げて対応することとされた。

(d) **学生の納付特例制度**　上記の保険料免除制度は，世帯主の所得も考慮されるため，20歳以上の学生の場合，世帯主（多くは親）の所得が一定額を超えていると保険料の免除は受けられないことになる。そこで，平成12（2000）年4月から学生のための納付特例制度が導入され，学生本人の前年度の所得が一定額以下である場合などに保険料の支払いの猶予が受けられるようになった（国年90条の3）。この猶予されている期間は保険料全額免除期間に算入され（国年5条3項），各種の基礎年金の支給要件の充足を判断する際には考慮されるが，老齢基礎年金の支給額を算定する際には計算の基礎から除外されるため，一般の全額免除期間とは異なった扱いを受ける（国年27条8号）。これは，通常，卒業後の就労により保険料が負担できるようになることから，追納（10年以内に限る。国年94条1項）を前提とした制度であることによる。

(e) **納付猶予制度**　平成16（2004）年改正によって，平成17（2005）年4月より30歳未満の若年者を対象とした保険料納付の猶予制度が導入された（平成27（2015）年6月までの時限措置であったが，後に平成37（2025）年6月まで延長された）。これは，30歳未満の若年者について，世帯主（多くは親）の所得が一定額を上回るため保険料が免除されず，保険料の滞納により将来年金が受給できなくなるという問題を緩和するため，若年の被保険者とその配偶者の所得のみで所得要件を審査して保険料の納付を猶予するものである（国年平成16年改正法附則19条）。保険料が猶予された期間は保険料全額免除期間に算入され，各種の基礎年金の支給要件の充足を判断する際には考慮されるが，老齢基礎年金の支給額を算定する際には計算の基礎から除外されるため，一般の全額免除期間とは異なる取扱いを受ける（国年27条8号，国年平成16年改正法附則19条4項）。また，この場合にも学生納付特例と同様に追納が可能である。

この保険料の納付猶予制度は，全年齢層において非正規労働者が増加している状況を踏まえて，平成26（2014）年改正（政府管掌年金事業等の運営の改善のための国民年金法等の一部を改正する法律（年金事業運営改善法））により対象者が30歳未満から50歳未満に拡大された（同改正法附則14条）。

(f) **保険料の納付・強制徴収**　保険料の納付方法は，金融機関等における納付書による納付，口座振替による納付，クレジットカード等を利用した指定代理納付者による立替え納付，国民年金基金等への納付委託による納付などがある（国年92条・92条の2・92条の2の2・92条の3）。従来は，国民年金印紙を国民年金手帳に貼り付けて，これを市町村長に提出し検認を受けるという方法によって保険料が納付されていたが，被保険者の利便性を考慮して平成14（2002）年度から納付方法が簡易化された（これとともに，納付先が市町村から国へと変更された）。こうした改正の背景には，深刻な保険料の未納問題がある。保険料の納付率は，1990年代初頭は85％程度であったが，平成12（2000）年以降は70％台前半にまで低下し，平成27（2015）年度分の納付率は73.1％（平成30（2018）年3月末現在）となっている。こうした納付率の低さは，近年回復傾向にあるものの「国民年金の空洞化」として問題視されている。

保険料の納付期限（翌月の末日まで）を過ぎても保険料を納めない場合は，保険料の滞納となる。保険料滞納者に対して，厚生労働大臣は督促状にて期限を指定して納付の督促を行うことができるが，期限までに納付しない場合には国税滞納処分の例によって滞納処分を行うことができる（国年96条）。こうした強制徴収の対象となるという点で，国民年金の保険料と税とは類似の性質を持つものといえる。従来は，徴収コストが大きいため滞納処分はほとんど実施されなかったが，保険料納付率を向上させるため実施例が増加している。また，悪質な滞納者については，厚生労働大臣は滞納処分の権限を財務大臣に委任でき，財務大臣はこの権限を国税庁長官に委任し，さらに国税局長を経由して最終的には税務署長に委任することができる（国年109条の5）。

(g) **保険料徴収権の消滅時効**　保険料を徴収する権利は，援用を要せずに2年で時効により消滅する（国年102条4項，会計31条1項）。国民年金法96条1項による督促は時効中断の効力を有する（国年102条5項）。なお，平成29（2017）年の民法改正に伴い制定された「民法の一部を改正する法律の施行に伴う関係法律の整備等に関する法律」（2020年4月施行予定）は，国民年金法において従来は規定されていなかった保険料徴収権等の消滅時効の起算点について，「これらを行使することができる時」と明記した（国年新102条4項）。

発展 3-13 後納保険料による追納の拡大

保険料徴収権は援用を要せずに2年で時効によって消滅するため，2年を経過すると保険料を納付することができなくなり，受給資格期間（10年）を満たせずに無年金となる者や，受給資格期間は満たしたとしても低年金となる者が少なからず存在した。そこで，無年金・低年金を抑制するため，平成23年の国民年金及び企業年金等による高齢期における所得の確保を支援するための国民年金法等の一部を改正する法律（年金確保支援法）の附則2条で，10年前まで遡って保険料（後納保険料）を納付できる制度が3年の時限措置（平成24（2012）年10月から平成27（2015）年9月まで）として導入された。さらに，平成26（2014）年改正（年金事業運営改善法）の附則10条により，平成27（2015）年10月から平成30（2018）年9月までの時限措置として，過去5年間の保険料の納付を認める制度が新たに導入されている。

追納可能期間を延長する措置は無年金・低年金対策としては有効であるが，他方で，保険事故発生確率が高くなってからのリスク分散への参加を許容することを意味し，公正なリスク分散を阻害することになるため，保険原理の観点からは問題がある。

発展 3-13 の参考文献

・倉田聡「年金と社会保険——保険料納付の規範的意義」法律時報76巻11号（2004年）43頁

(h)　**基礎年金拠出金**　　基礎年金拠出金とは，厚生年金保険の保険者たる政府および厚生年金保険の実施機関（共済組合等）が，基礎年金の給付に要する費用に充てるため，国の年金特別会計の中の基礎年金勘定に拠出するものである（国年94条の2）。このため，第2号被保険者および第3号被保険者は，国民年金の保険料を納付する必要がない（国年94条の6）。政府および実施機関（共済組合等）が納付する基礎年金拠出金の額は以下の式によって算出される（国年94条の3第1項）。

$$\text{基礎年金拠出金の額} = (\text{基礎年金の給付に要する費用} - \text{国庫負担額}) \times \frac{\text{各実施機関(あるいは政府)にかかる被保険者・配偶者数(第2号}^{※}\text{・第3号被保険者数)}}{\text{国民年金の総被保険者数}}$$

※基礎年金拠出金の額の算出に当たり基礎とされる第2号被保険者数は，第1号被保険者・第3号被保険者の年齢要件と整合させるため，20歳以上60歳未満の者の数とされている（国年令11条の3）。

発展 3-14　第３号被保険者の保険料負担

第２号被保険者および第３号被保険者は，基礎年金拠出金の仕組みにより，国民年金の保険料を個々人で納付する必要がない。もっとも，第２号被保険者は厚生年金保険に保険料を支払っており，その保険料を財源に基礎年金拠出金が支払われているため，国民年金の保険料を間接的に負担しているともいえる。これに対し，第３号被保険者は，厚生年金保険の被保険者ではないため，ここでも保険料を支払わない。したがって，第３号被保険者は，国民年金にも厚生年金保険にも保険料を支払うことなく，国民年金の被保険者として様々な給付を受けることができる。

こうした第３号被保険者の地位については，保険料を負担する他の被保険者類型との関係で不公平であるとの批判がなされることが多い。また，第３号被保険者が国民年金保険料を負担する代わりに，第２号被保険者が拠出した厚生年金保険料を財源に基礎年金拠出金が支払われる仕組みであるため，厚生年金保険制度内で第２号被保険者集団が第３号被保険者集団の国民年金保険料を負担しているともいえる。しかし，こうした集団的な再分配がどのようにして正当化されるのかは必ずしも明らかではない。

こうした第３号被保険者制度については，働き方に対して中立な社会保障制度を目指す動きの中で見直しが迫られて久しいが，現時点でも，第３号被保険者制度の抜本的な改正には至っておらず，厚生年金保険の適用拡大や女性の就業継続促進策によって，第３号被保険者数の縮小を図るに留まっている。

発展 3-14 の参考文献

・倉田賀世「3号被保険者制度廃止・縮小論の再検討」日本労働研究雑誌 605 号（2010 年）44 頁
・衣笠葉子「女性と社会保険」日本社会保障法学会編『新・講座社会保障法第１巻　これからの医療と年金』（法律文化社，2012 年）49 頁

⑵ 国 庫 負 担

国庫は，給付費用の一部および事務執行費を負担する（国年 85 条）。給付費用の一部とは，①基礎年金の給付に要する費用の２分の１，②国民年金の保険料免除期間にかかる基礎年金給付費の全額（全額免除期間），５分の３（４分の３免除期間），３分の１（半額免除期間），７分の１（４分の１免除期間），③ 20 歳前障害にかかる障害基礎年金の給付費の一部などである。

従来，①における国庫負担割合は３分の１であったが，年金制度の持続可能性を高めるため，平成 16（2004）年改正により２分の１への引上げが規定され，平成 21（2009）年度から２分の１への引上げが実施された。もっとも，従来の国庫負担割合と２分の１との差額については，平成 21（2009）年度から平成 23（2011）年度までは臨時財源が充てられ，平成 24（2012）年度と平成 25（2013）年度は年金

特例公債（つなぎ国債）が充てられ，安定的な財源が確保されていなかった。そこで，平成24（2012）年改正では，平成26（2014）年度以降は5%から8%への消費税増税分を国庫負担2分の1の維持に充てることとして，安定的財源を確保した。

2　厚生年金保険

(1)　保　険　料

(a)　負担義務・納付義務　保険料は被保険者と被保険者を使用する事業主が半額ずつ負担（労使折半）し（厚年82条1項），事業主が，被保険者負担も含めて政府等に対し納付する義務を負う（厚年81条1項・2項，82条2項）。事業主は，その使用する被保険者に支払う賃金（報酬・賞与）から，被保険者が負担すべき保険料を控除することができる（厚年84条1項・2項）。

(b)　保険料額　保険料額は，標準報酬月額および標準賞与額にそれぞれ保険料率を乗じた額である。保険料率は，平成16（2004）年改正で導入された保険料水準固定方式により，同年10月より毎年0.354%ずつ引き上げられ，平成29（2017）年9月以降は18.3%に固定されている（厚年81条3項・4項）。

(c)　保険料の免除　「育児休業，介護休業等育児又は家族介護を行う労働者の福祉に関する法律」（育児介護休業法）の育児休業を取得している被保険者については，その事業主が厚生労働大臣に申出をすることにより，育児休業開始日の属する月から育児休業終了日の翌日が属する月の前月までの期間について，当該被保険者にかかる保険料が，事業主負担分も含めて徴収されない（厚年81条の2）。また，3歳未満の子を養育する期間中の各月の標準報酬月額が，子の養育を開始した月の前月の標準報酬月額（従前標準報酬月額）を下回る場合，従前標準報酬月額がその期間における標準報酬月額とみなされる（厚年26条）。したがって，育児休業期間中は，保険料負担は免除されるが，年金額の計算においては従前標準報酬月額があったものとして計算される。また，平成24（2012）年改正により，産前産後休業期間中の保険料についても免除されることとされた（厚年81条の2の2）。

こうした仕組みは，次世代育成支援の観点から設けられたものである。また，被保険者が就労を継続し，労働の担い手となることを制度が積極的に評価するという側面もあることから，保険料免除期間に対応した年金給付の財源は保険料によって全て賄われており，税財源は投入されていない。

(d)　保険料の納付・強制徴収　事業主は，毎月の保険料を，翌月末日までに納付しなければならないが，口座振替による納付も可能である（厚年83条1項・83条の2）。また，納付期限内に保険料を納付しない場合には，国民年金保険料と同様の手続で，督促および滞納処分の対象となる（厚年 86 条）。

(e) **保険料徴収権の消滅時効**　国民年金保険料と同様に，厚生年金保険料の徴収権も納付義務者の援用を要せずに 2 年で時効により消滅する（厚年 92 条 1 項，会計 31 条 1 項）。保険料徴収権が時効消滅した場合には，当該保険料にかかる期間に基づく保険給付は行われない（厚年 75 条）。もっとも，当該期間についての被保険者資格の取得について，事業主からの届出（厚年 27 条）あるいは被保険者による確認の請求（厚年 31 条 1 項）があった後に保険料徴収権が時効消滅した場合には，当該期間に基づく保険給付がなされる（厚年 75 条ただし書）。なお，櫻井年金訴訟（名古屋高金沢支判平成 19・11・28 判時 1997 号 26 頁）は，保険者に保険料徴収権の時効消滅についての責任（保険者の事務懈怠など）がある場合には，厚生年金保険法 75 条ただし書の趣旨を類推して，保険料徴収権が時効消滅しなかった場合と同様に保険給付を行うべきであると判示している。

第 1 号厚生年金被保険者については厚生労働大臣による確認がなされないと資格取得の効力が生じないため（厚年 18 条→**各論② 2**(3)），確認がなければ保険料徴収権も行使できないとして確認の欠如が保険料徴収権の行使における法律上の障害に該当すると解する余地がある。しかし，一般に権利行使における法律上の障害が債権者側の意思で除くことができる場合には時効の進行を止めないと解されている。これに従えば，保険料徴収権については，徴収権者（第 1 号厚生年金被保険者については政府）の構成員たる厚生労働大臣の職権で確認をすることもできるため（厚年 18 条 2 項），確認の欠如は法律上の障害に該当しないと解されよう。したがって，確認の有無にかかわらず，毎月の保険料徴収権が抽象的に発生しその納付期限（翌月の末日。厚年 83 条 1 項）が到来すれば「権利を行使することができる時」（民 166 条1項）に当たり，その時点から時効が進行すると解される。なお，平成29（2017）年の民法改正に伴い制定された「民法の一部を改正する法律の施行に伴う関係法律の整備等に関する法律」（2020 年 4 月施行予定）は，国民年金法と同様，厚生年金保険法において従来は規定されていなかった保険料徴収権等の消滅時効の起算点について，「これらを行使することができる時」と明記した（厚年新 92 条 1 項）。

(2) 国 庫 負 担

国庫は，保険者たる政府が負担する基礎年金拠出金の額の 2 分の 1 および事務執行費を負担する（厚年 80 条）。

5 財政方式と積立金運用

1 財政方式

現在の国民年金・厚生年金保険はともに，修正積立方式（積立金を保有しつつ，賦課方式を基本とした財政方式）で運営されている。いずれの制度も創設当初は完全積立方式（かつ平準保険料方式）を採用していたが，戦後のインフレを背景に給付額を引き上げたものの，それに対応した保険料の引上げを段階的に先延ばしにしたため，賦課方式の要素を持つ修正積立方式（かつ段階保険料方式）へと移行した（→総論2 1(2)および(3)発展 3-1）。

2 積立金の運用

現在の公的年金制度は，基本的に賦課方式で運用されているが，他方で積立金を保有している。この積立金は，当初は大蔵省資金運用部に預託され，財政投融資の原資となっていたが，昭和 61（1986）年度以降は，年金福祉事業団（昭和 36（1961）年設立）が，資金運用部から資金を借り入れて資金運用事業を実施するようになった。その後平成 13（2001）年度には，財政投融資制度改革により，年金積立金の資金運用部への全額預託義務が廃止となり，厚生労働大臣が自主運用を行うようになった。これに伴い年金福祉事業団が解散し，それに代わるものとして年金資金運用基金が設立され，厚生労働大臣から寄託された年金資金の運用を実施するようになった。さらに平成 18（2006）年度には，年金資金運用基金が廃止され，新たに年金積立金の管理・運用を担う機関として年金積立金管理運用独立行政法人（GPIF）が設立された（厚年 79 条の 2・79 条の 3）。

6 争　訟

1 不服申立て

国民年金では，被保険者資格に関する処分，給付に関する処分または保険料等の徴収金に関する処分に不服がある者は，処分があることを知った日の翌日から 3 カ月以内に社会保険審査官に対し審査請求をすることができ，さらにその決定に不服がある場合には，決定があったことを知った日の翌日から 1 カ月以内に社会保険審査会に再審査請求ができる（国年 101 条 1 項，行審 18 条 1 項・62 条 1 項）。厚生年金保険でも，被保険者の資格，標準報酬または保険給付に関する処分については，国民年金と同様の 2 段階の行政不服審査制度がとられているが（厚年 90 条 1 項），保険料等の徴収金の賦課・徴収の処分または滞納処分については，社会保険審査会に対して審査請求することとされている（厚年 91 条）。国民年金・厚生年金保険ともに，社会保険審査官に対する審査請求をした日から 2 カ月以内に決定がないときは，審査請求人は，社会保険審査官が審査請求を棄却したものとみなすことができる（国年 101 条 2 項，厚年 90 条 3 項）。

2 不服申立てと取消訴訟

従来，国民年金・厚生年金保険では被保険者資格や保険給付に関する処分等の取消訴訟は再審査請求前置（厚生年金保険の保険料等の徴収金に関する処分および滞納処分については審査請求前置）とされていたが，再審査請求前置等の不服申立前置が国民の裁判を受ける権利を制限しているとの批判により，平成 26（2014）年の行政不服審査法の改正に伴って「行政不服審査法の施行に伴う関係法律の整備等に関する法律」が制定され，同法律により公的年金制度でも再審査請求前置の廃止等がなされた。現在では，国民年金では被保険者の資格に関する処分および給付に関する処分（ただし，共済組合等が行った障害基礎年金にかかる障害の程度の診査に関する処分を除く）についてのみ審査請求前置がとられ，保険料等の徴収金に関する処分については審査請求を経ずに取消訴訟を提起することができる（国年 101 条の 2）。厚生年金保険でも，被保険者の資格，標準報酬または保険給付に関する処分について審査請求前置がとられ，保険料等の徴収金に関する処分と滞納処分については，審査請求を経ずに取消訴訟が提起できることとされている（厚年 91 条の 3）。

なお，年金不支給決定の取消訴訟について，裁判管轄がどの裁判所かという問題がある。すなわち，年金受給権の裁定は厚生労働大臣（ただし，第 2 号〜第 4 号厚生年金被保険者については，その他の実施機関）が行うが，裁定事務について厚生労働大臣より委託されている日本年金機構の事務センターが裁定請求にかかる審査を行うことから，事務センターが「事案の処理に当たった下級行政機関」（行訴 12 条 3 項）に当たると解されれば，事務センターの所在する裁判所の管轄に属するということになる。この点について，最決平成 26・9・25（民集 68 巻 7 号 781 頁）は，事務センターが厚生労働大臣を補助して年金受給権の裁定に関わる事務を行う機関であるとした上で，事務センターが裁定処分に関し事案の処理そのものに実質的に関与したと評価することができれば「事案の処理に当たった下級行政機関」に該当すると判示した（原審差戻し）。

発展 3-15 保険事務の不備と救済

いわゆる「消えた年金記録問題」を機に，近年では公的年金の管理事務の不備に対する様々な救済措置が導入されるようになってきている。

① 年金記録の訂正　誤った年金記録については，そうした記録をもたらした原因となる行政処分（資格得喪の確認，標準報酬月額の決定等）がある場合には，当該行政処分に対する審査請求等によって訂正が実現できることもあるが，審査請求期間等の制限があるため，これを徒過した記録については従来の仕組みでは訂正を求めることができない。また，国民年金の被保険者資格の得喪等，行政処分を伴わない記録については，そもそも不服申立てによって訂正を求めることはできない。他方で，年金記録問題を契機に平成19（2007）年に総務省に設置された年金記録確認第三者委員会では，年金記録の確認に関する当事者からの申立てを受けて記録訂正の要否に関するあっせんの手続が実施されていたが，あっせんは行政処分ではないため，その内容に不服でも不服申立てや取消訴訟で争うことができなかった。

そこで，平成26（2014）年に制定された年金事業運営改善法により，被保険者等に年金記録の訂正請求権が付与された（国年14条の2～14条の4，厚年28条の2～28条の4）。この訂正請求権には請求期間の制限は設けられていないため，いつでも訂正の請求が可能である。訂正または不訂正の決定は，厚生労働大臣より権限を委任された地方厚生（支）局長が行い（国年109条の9第1項，厚年100条の9第1項），この決定に不服がある場合には，最上級行政庁たる厚生労働大臣に対し審査請求を行うことができる（行審4条4号）。また審査請求に対する裁決の有無にかかわらず，（処分行政庁が所属する）国に対し取消訴訟を提起することもできる。

誤った年金記録についてのより深刻な問題は，このように年金記録が訂正されても，本来の年金額にかかる受給権が既に時効消滅しており，受給できないことであった。年金記録問題を契機に顕在化したこうした問題に対処するため年金時効特例法が平成19（2007）年に制定され，年金記録が訂正された上で受給権についての裁定（あるいは裁定の訂正）がなされた場合には，支分権や一時金受給権について消滅時効が完成した場合においても保険給付を行うこととされ，受給権の時効消滅による不利益を年金記録が訂正されたケースについて解消する救済措置が導入された。

② 窓口での誤った説明等の事務処理上の誤り　年金事務所の窓口等における個別の説明や事務処理に誤りがあった場合，それに基づいて保険料の納付をしなかったり，受給手続（裁定請求）を行わなかったりして，不利益を被ることがある。そこで年金事業運営改善法は，誤った説明を受けたなどの事務処理上の誤りにより国民年金保険料の納付（付加保険料の納付，保険料の追納，保険料の免除申請を含む）の機会を逸した場合には，事後的に保険料（特例保険料）の納付等を可能とする制度を導入した（国年附則9条の4の7～9条の4の12）。厚生年金保険についてはこうした救済措置は立法化されていないが，裁判例では，保険者に保険料徴収権の時効消滅についての責任がある場合には，厚生年金保険法75条ただし書の趣旨を類推して，保険料徴収権が時効消滅しなかった場合と同様に保険給付を行うべきであると解するものがある（櫻井年金訴訟・名古屋高金沢支判平成19・11・28判時1997号26頁）。

他方で，窓口での誤った説明により受給手続きがとれず，受給権の消滅時効期間が完成した場合については，保険者（政府）が時効の援用を行わないことにより救済が可能である。こうした対処は，年金時効特例法が，年金受給権について会計法31条の規定を適用除外としたことにより可能となった（国年102条3項，厚年92条4項）。また，保険者が時効の援用をしてしまった場合や年金時効特例法による改正以前に消滅時効期間が完成してしまった場合には，時効消滅した受給権相当額を損害として職務上の義務違反を理由に国家賠償請求ができるだろうし（東京高判平成22・2・18判時2111号12頁〔百選44〕，東京地判平成28・9・30判時2328号77頁），援用が信義則違反あるいは権利濫用（年金時効特例法施行前の事案については，消滅時効の主張が信義則違反）であるとして消滅時効の成立を否定することもできると解される（大阪地判平成26・5・29賃社1619号15頁）。

③　広報・情報提供の不備　一般的な制度の広報や情報提供の不備により，事実上，被保険者や受給権者が適正な手続をとることが困難となる場合もある。いわゆる「運用3号問題」（→発展3-6）は，行政の届出勧奨の不足が原因であったとの認識により法律に則らずに行政が救済措置を講じた例であるが，これが批判され，後に法改正により対応した問題であった。理論的には，情報提供の不備を理由とした国家賠償請求が可能であるが，一般的な情報提供をどの程度行うかは行政の裁量に委ねられていることからすれば，情報提供のあり方について国家賠償法上の違法性を認めることは基本的には難しいだろう（国家賠償法上の違法性を否定した事例として，東京地判平成26・4・28判時2231号59頁）。

7　今後の課題

1　少子高齢化の進展と年金制度

少子高齢化が進展し人口構成がアンバランスになっていくと，賦課方式を採用している公的年金制度は財政的に厳しくなってくる。こうした状況を受けて，財政方式の転換をめぐる議論がなされて久しいが（詳しくは→2），今のところ抜本的な財政方式の変更に議論が収束することはなく，現在の仕組みを基本的に維持しながら制度の持続可能性を模索する改正がなされてきている。中でも平成16（2004）年改正で導入された保険料水準固定方式は，給付水準を固定する考え方から保険料水準を固定する考え方にシフトした点で画期的なものであった。もっとも，これとともに導入されたマクロ経済スライドによっても持続可能性が完全に保障されたともいえなかったため，平成28（2016）年改正によりマクロ経済スライドによる調整方法が見直されたが，こうした改正で十分持続可能性が保障されるのかを今後さらに検証していく必要がある。

高齢化の進展は，賦課方式をとる公的年金制度に深刻な財政的問題を引き起こすことから，給付額の抑制のため支給開始年齢の引上げが議論の的となることが多い。もっとも，保険料水準固定方式の採用により，保険料収入総額に給付総額が規定される仕組みとなったため，支給開始年齢を変えても，長期的な給付総額は変わらない（「社会保障制度改革国民会議報告書」（平成25（2013）年）43頁）。そのため支給開始年齢の引上げの問題は，公的年金制度の財政問題というよりは，個々人において現役期間と引退期間とのバランスをいかにとるべきかという論点に焦点が当てられることになり，社会保障改革プログラム法6条2項3号においても「高齢期における職業生活の多様性に応じ，一人一人の状況を踏まえた年金受給の在り方」が検討課題として挙げられている。この問題を検討するに当たっては，いわゆる「健康寿命」の延びによって老齢のリスクがどのように変容しているのか，ライフスタイルの多様化に伴い引退をめぐる個人の選択をいかに保障するか，高齢者の就労機会の確保をいかに行っていくのか，といった観点からの考察が必要になってこよう。

2　財政方式のあり方

従来の議論では，（国民年金の税方式化とともに）被用者年金制度について賦課方式から積立方式への転換が主張されることが多かった。しかし移行期に生じる「二重の負担」の問題などから積立方式化は実現が困難であるとの認識も根強い。

こうした中，スウェーデンなどの公的年金制度に導入された「観念上の確定拠出年金」という新たな財政方式が注目されている（→総論②1(3)）。この方式は，従来の賦課方式を維持したまま，保険者が運用リスクを負わなくてすむ確定拠出年金への転換を可能とするため，制度の持続可能性を高める。しかし，基本的に賦課方式で運用していることから，現役世代の負担する保険料額が，給付に必要な額を下回る場合には，制度の財政均衡が崩れ制度の安定性が損なわれる。そこで，スウェーデンでは「自動財政均衡メカニズム」が導入され，毎年保険料資産と年金債務とを比較して，年金債務の方が大きい場合には，議会の議決を経ることなく，自動的に年金額のスライド率やみなし運用利回りが引き下げられる仕組みとなっている。こうした自動的な調整装置は年金債務を柔軟化させるものであるが，他方で給付の引下げについて新たに民主的決定がなされないため，現実の受給者の利益への配慮を欠いた引下げがなされるおそれがある点にも注意する必要がある。

3　公的年金制度全体の一元化論

平成21（2009）年8月の総選挙で政権を獲得した民主党は，同選挙における政権公約（マニフェスト2009）で，国民年金と複数の被用者年金とからなっていた公的年金制度を，全ての人が加入する「所得比例年金」へと一元化するとともに，消費税を財源とした「最低保障年金」を創設することを提案していた。ここでいう「一元化」は，被用者だけでなく自営業者等も含めた形で制度を一元化することであり，今後も年金制度のあり方の一つとして検討に値する。

「所得比例年金」は職種を問わず全ての人が同じ所得なら同じ保険料を負担するものとして構想されており，観念上の確定拠出年金で運営することが想定されていた。したがって，「所得比例年金」では高所得者から低所得者への所得再分配は機能しないことになる。こうした「所得比例年金」への転換については，現行制度からの移行措置をどのように行うか，現在の国民年金の第1号被保険者の保険料率をいかに設定するか（とりわけ保険料を労使折半する被用者と同じ保険料率にするのか）といった問題のほか，従来公的年金では所得が把握されてこなかった自営業者等についていかに正確に所得を捕捉するかという問題がある。

「最低保障年金」は，「所得比例年金」では機能しない所得再分配を，税を介して機能させるものであり，現行制度における無年金・低年金の問題を解消することに資する。しかし他方で，生活保護制度との棲み分け，とりわけ生活保護の対象となる他のカテゴリーの者に比して緩やかな要件で高齢者に最低所得を保障することの正当性が必ずしも明らかではなく，理論的な課題を抱えている。

4　所得格差の拡大と国民皆年金体制

公的年金は基本的に，保険料拠出に応じて給付額が決定される仕組みのため，被保険者における所得格差が年金受給時にも引き継がれる。しかし，諸外国も含め一般に社会保険は，高所得者から低所得者への所得再分配がなされるように制度設計されることが多い。日本の公的年金でも，被用者間でみた場合，賃金額に比例した保険料拠出に対し，定額の基礎年金と所得比例の厚生年金とが支給されるため所得再分配効果がある。また国民年金では，国民皆年金の実質化のため，所得のない者も強制加入の被保険者としつつ保険料免除によって一定の年金を保障する仕組みがとられている。このように日本の公的年金は，国民皆年金を実質的なものとするため，（保険料あるいは税を介した）所得再分配を内包したものとなっている。そして，公的年金における所得再分配は，近年しばしば主張される高所得者に対する基礎年金の調整（支給停止）案にみられるように，これを強化する方向性がみられ，社会保障改革プログラム法6条2項4号においても検討課題とされている。

社会保険方式の公的年金における所得再分配の強化は，必要性の高い者に財源を集中させることができる反面，保険原理の侵食をもたらす。社会保険は純粋な保険とは異なるため，高所得者から低所得者への所得再分配効果を持つこと自体は正当化し得るとしても，被保険者や受給者の財産権保障などの観点や保険原理の本質からは，所得再分配には一定の限界があるとも考えられる。所得格差が拡大している現在，社会保険方式による公的年金制度は，これまで通り国民皆年金体制の存続のため所得再分配を維持・強化するのか，あるいは，こうした限界に鑑みて，公的年金制度での所得再分配を一定程度に抑えつつ，公的年金制度を補完する生活保護制度等の他制度の役割を拡大させるのか，という重大な岐路に立たされている。

第３章全体の参考文献

・吉原健二＝畑満『日本公的年金制度史――戦後七〇年・皆年金半世紀』（中央法規，2016年）
・島村暁代『高齢期の所得保障』（東京大学出版会，2015年）
・堀年金
・江口隆裕『変貌する世界と日本の年金――年金の基本原理から考える』（法律文化社，2008年）
・嵩さやか『年金制度と国家の役割――英仏の比較法的研究』（東京大学出版会，2006年）
・森戸英幸『企業年金の法と政策』（有斐閣，2003年）
・有泉国年
・有泉厚年

第4章

医　　療

総　　論

1　日本の医療保障とその沿革

1　医療保障の機能

心身の健康は，人間のあらゆる活動の基礎となる基本的な価値であり，国家による国民に対する医療の保障は，生存権保障（憲 25 条→第2章第2節1）の根本にも位置づけられ得る，最も基礎的な社会保障のひとつである。本章では，医療保険制度を中心としつつ，国家による医療提供体制の整備も含めた医療保障の全体像を検討対象とする。

医療，とりわけ現代の高度に発展した医療には極めて高い費用がかかり，現に傷病にかかった個人がこれに対応することにはおのずから限界がある。社会保障による医療保障の一つの重要な機能は，医療にかかる費用を保障し，また傷病によって収入の全部または一部を失った個人にその収入の一部を補完するという，経済的な側面にある。他方，国民が適切な医療を受けるためには，その費用が提供されるだけでは足りず，実際に医療サービスを提供する医療提供体制が適切に整備され，国民にとってアクセス可能なものとなっている必要がある。こうした医療提供体制の整備・規制・維持は，医療保障のもう一つの重要な機能である。医療は高度な専門性を有するサービスであり，そうした医療サービスの特殊性に十分に配慮した制度設計・法規制が行われる必要がある。

2　医療保障の構造

日本の医療保障は，社会保険の仕組みを基礎として構築されている（(公的）医療保険)。すなわち，被保険者や被保険者を雇用する事業主による拠出（「保険料」）を主たる財源として，傷病のリスクが現実化した際（保険事故の発生時）に，医療サービスや医薬品等の現物給付（療養の給付），あるいは賃金の喪失等をカバーする金銭給付（傷病手当金等）等を提供する。医療保険制度は，大きく，①健康保険等の被用者保険と，②住所を根拠として適用され，都道府県および市町村が主たる運営主体となる国民健康保険，および，③75歳以上の高齢者を対象とする後期高齢者医療制度の三つの柱からなる（その他の各種の保険者を全体として整理するためには，職域保険と地域保険という分類軸が有用である。これらの点に関する詳細は，**各論**[1]を参照)。これらの制度により，日本に安定した住所を有するあらゆる者が，国籍にかかわらず何らかの医療保険によってカバーされている（国民皆保険)。

また，医療保険制度と並行して，患者に十分で適切な医療サービスが提供されるよう，社会保険給付に関する法令，並びに医療サービスの安全性等を規制する医療法等の諸法令が，医療提供体制を構築・規律し，現物給付の医療保険制度を実現している（→[6])。

3　医療保障の特徴

医療保障は，国や地方公共団体といった公的な主体，あるいは，医師や医師会のような専門家およびその集団，さらに，医療保険を管理運営する保険者，被保険者，患者，事業主といった，様々なアクターが長期的・短期的な利害関係を有する分野であるという点で，各種の社会保障制度の中でも特殊な性格を有している。また，同じアクターが異なる役割を同時に担い，そのために，医療保障をめぐって異なる性格の利害関係を同時に有することもある。例えば，国や地方公共団体は，国民・住民に対して医療提供体制を整備する主体としての役割を担うとともに，しばしばその一般会計から医療保障の財源の一部を拠出しており，さらに，医療保険の保険者の役割を直接に担っている（いた）こともある。一方，医師は専門家として良質な医療を提供することを目指して活動するが，同時に，その所得の大部分を公的な医療保障制度から獲得するという意味で，この制度に大きな経済的利害関係を有している。医師の利益団体である医師会は，少なくとも1950年代に遡る長い歴史を持ち，極めて大きな政治的影響力を背景として，場合によっては個々の医師の利害を超えた職業集団としての医師集団の利益を実現すべく活動している。また，医療サービスを受ける立場となり得る国民（患者）が医療制度に利害関係を有することは当然であるが，多くの国民は同時に医療保険の被保険者として，保険料を拠出する主体でもあり（さらに，国民ないし都道府県・市町村住民として，税負担を通じて医療保険財源を拠出する），医療保険財源の効率的な利用に強い関心を持つ。そして，医療保険の被保険者の中にも，同じ保険への加入者，あるいは高齢者と現役世代，というように，一定の，相互に対立し得る利害関係を共有する様々なグループを想定することが可能である（高齢者医療について→2）。

このような特徴を持つ医療保障の分野においては，制度の抜本的改革は困難を極め，そのため，現在の日本の医療保障は，各アクターの間の利益調整の微妙なバランスの上に行われる度重なる法改正を経て，非常に複雑な構造となっている。日本の医療保障を学ぶに当たっては，まずはこのような制度設計・制度改革の経緯の特殊性を意識する必要がある。また，実現された制度の分析・評価に際しても，現行制度が全体としてどのような形で諸アクターの利益調整・均衡を実現しているかという問題意識が欠かせない。

なお，類似の性格を持つ分野として，平成9（1997）年の介護保険法成立により創設された介護保険（→第5章）があり，両者を比較する視点は両分野の理解のために有益であろう。医療保障は，制度自体の歴史が介護保険より古く，医師や医師会といった特別な性格と歴史的背景を持つ専門家・専門家集団が制度の構築・運営に深く関与している点，職域保険と地域保険，あるいは高齢者保険という異なる性格の保険者が混在している点（→各論1 1）等において，介護保険に比べ上記のような特徴をより強く有しているといえる。

4　日本の医療保障制度の沿革

日本の医療保険制度は，もともと，民間部門・公務部門の被用者を対象とするいわゆる被用者保険を中心として発展してきた。大正11（1922）年に成立した健康保険法は，特定の分野の工場労働者を強制被保険者とし，他の一定の事業について任意加入の制度を設け，今日の医療保険制度の原型となる医療保険制度を創設した。つまり，日本における最初の医療保険制度は，労働者のための制度として誕生したのである。その後，昭和13（1938）年に，主として農山漁民の貧困問題への対応を目的として，市町村を単位とした国民健康保険制度を創設する国民健康保険法が制定され，医療保険の適用対象が労働者以外の者にも拡大されることになり，また，並行して，被用者保険の対象も徐々に拡大された。第二次世界大戦後の混乱と制度の再建を経て，1950年代には全国民を対象とした医療制度の必要性が国会等でも議論されるようになり，昭和33（1958）年の国民健康保険法全面改正により，日本に住所を有するあらゆる国民が何らかの医療保険の適用を受ける，いわゆる「国民皆保険」制度が成立した。

発展4-1　日本の医療保険制度の特殊性

被用者保険を中心として出発し，現在に至るまで複数の保険者が並立する社会保険の形式を維持する一方で，比較的早い時期から普遍的で平等な医療保障が目指され，1960年代に既に国民皆保険が達成された，という日本の医療保障制度の沿革には，比較法的にみて特殊性が認められる。例えば，日本の制度設計にも大きな影響を及ぼしているドイツの医療保険制度においては，依然として高額所得者が公的医療保険への加入義務を免除されている（公的医療保険と民間医療保険のいずれかに加入することが義務とされているに留まる）など，日本のような形での国民皆保険制度は今日においても採用されていない。また，同様に被用者保険を柱とした社会保険制度を採用するフランスにおいては，国民皆保険は1990年代末に初めて達成された。他方，あらゆる国民に対して医療保障が提供されることが重視されたイギリスでは，第二次世界大戦後以降一貫して，医療サービスは社会保険制度ではなく主として税財源を用いた制度によって提供されている。

日本の医療制度においては，上記のような特徴的な制度の沿革を背景として，社会保険という独立した保険者が想定される制度設計をとりつつ，国がしばしば直接に，あるいは極めて強く制度の管理運営に関わり（国や地方公共団体が保険者を兼ねることも多い→各論[1] 1），国や自治体から独立した「保険者」という主体の独自の役割がさほど重視されてこなかったという点も，比較法的にみて特徴的である。さらに，上記のような沿革の財源の面での表れとも考えられる点として，社会保険の財源として国庫負担等の税財源が制度創設後間もない時期から相当程度利用されていることも，日本の制度の一つの特徴といえる。これらの点からすれば，日本の医療保険制度は，社会保険方式を採用しつつも，税方式の社会保障制度に近い性格を有するともみることができる（→第1章第1節[3] 3。以上の点に関する今日的課題について→各論[7]）。

[2]　高齢者に対する医療の保障

1　高齢者医療制度の変遷

先進諸国の中でもいち早く人口構造の高齢化の問題に直面することになった日本において，高齢者に対する医療の保障は，常に重要な課題であった。特に，費用負担の観点から，①現役世代よりも高くならざるを得ない高齢者の医療費を，誰がどのような割合で負担するべきか，そして，②一般的に負担能力の低い高齢者自身について，自己負担あるいは保険料の形で，どこまで医療費の負担を求めるべきか，が常に問題となってきた。そして，日本の医療保険制度において特徴的なのは，これらの問題が，国民健康保険制度をめぐって論じられてきたことである。

すなわち，国民皆保険の成立以降，引退した被用者は，原則として全て被用者保険を脱退し，市町村の運営する国民健康保険（市町村国保）に加入する仕組みとされた。結果として，高齢者の医療費負担は市町村国保に集中することとなったのである。このような状況は，市町村国保の保険者としての規模の小ささも相まって，市町村国保の財政状況を著しく困難なものとした。

この問題に対応するため，老人保健法は，70 歳以上の高齢者を対象として，医療保険の各保険者から拠出される老人医療費拠出金と公費によって，老人医療費を支える制度を創設し，老人加入者の少ない保険者から老人加入者の多い保険者へと財源の移動が行われる仕組みを導入した（このような，保険者間の財政基盤・リスクの大小の格差を調整するための保険者間の財源の移動を，一般に「財政調整」と呼ぶ→各論6 2）。

もっとも，この制度については，各当事者の最終的な費用負担割合の分かりにくさが批判の対象となっていた。また，現役世代の保険料により支えられる拠出金が増え続ける中で，高齢者自身にも一定の保険料負担を求めるべきとの主張もみられた。こうした議論を踏まえて構築されてきたのが，**2** で概観するような現行制度である。

また，給付の面では，70 歳以上の高齢者について，一部負担金がゼロとされた時期もあった（昭和 48（1973）年の老人医療費支給制度の創設による「老人医療の無料化」）。もっとも，こうした制度は医療費の急激な増加を招いたと評価され，老人保健法以降，改めて高齢者にも一部負担金が課されている。

2　現在の高齢者医療制度

老人保健法を名称変更し大幅に改正する形で成立した「高齢者の医療の確保に関する法律」（平成 20（2008）年施行）は，上記の問題をめぐる 10 年以上にわたる議論を経て，75 歳以上の高齢者（後期高齢者）について，新たに，高齢者自身が加入者として保険料を負担する独立の医療保険制度（後期高齢者医療制度）を創設した（制度の詳細について→各論1 4）。

この後期高齢者医療の財源は，半分を公費，4 割を各後期高齢者医療以外の医療保険の各保険者（つまり現役世代が加入する保険の保険者）が拠出する後期高齢者支援金，1 割をこの制度に加入する高齢者自身の保険料が支える。一方，65 歳以上 75 歳未満の高齢者（前期高齢者）については，従来の老人保健制度に近い財政調整の制度の大枠が維持され，対象者が拡大されるとともに，費用の負担関係に修正が加えられた。

以上のような現行制度は，75歳以上の高齢者を市町村国保から切り離すとともに，現役世代の負担（後期高齢者支援金）・高齢者自身の拠出部分を明確にすること等によって，高齢者医療の負担をめぐる議論に対して一応の応答を提示したとみることができる。特に，従来，被保険者の被扶養者（→各論①2⑷）等の立場で保険料負担なしに医療保険給付を受けていた高齢者が多かったことからすれば，75歳以上のあらゆる高齢者に原則として保険料拠出を求める点において，高齢者自身にも積極的に保険料負担を求めるという方向性が明らかにされたといえよう。

他方で，こうした高齢者の費用負担の引上げについては批判も強く，後期高齢者という名称にも批判が集中した（制度の廃止・全面改正も議論されたが，実現されなかった。「社会保障制度改革国民会議報告書」（平成25（2013）年）参照）。最近では，財源の4割を占める後期高齢者支援金を，異なる保険者間でいかに分配するかが重要な論点となっている（総報酬割に関して→各論⑥2⑶）。

3　高齢期の医療の特殊性

⑴　特別な診療報酬体系

後期高齢者医療制度の創設により，高齢者のみを対象とする医療保険制度が初めて導入されることになった。これに伴い，診療報酬体系（診療報酬について→各論③2）についても，治療の長期化や複数疾患への罹患，慢性疾患，認知症等，高齢者に特有の傷病リスクに注目し，終末期医療への対応も行うことを目指して，例えば，複数の慢性疾患について一つの医療機関が包括的に診療を行うことを前提とした「後期高齢者診療料」や，「後期高齢者終末期相談料」（→発展4-2）等，若年世代とは異なる報酬算定の方法が取り入れられた。もっとも，こうした特別な診療報酬の算定方法は，後期高齢者のみに異なる医療を提供しようとする点が強い批判の対象となり，上記の制度はいずれも廃止され，その他の報酬体系も，多くのものが廃止・見直しの対象となって，現在では現役世代の診療報酬体系との差異はごく小さいものになっている。

若年者と高齢者で医療のニーズに一定の差異があることは事実であるから，このような試みについて一概に否定すべきではなく，高齢期のニーズを十分に考慮した診療報酬体系は理論的には望ましいものと評価できる。他方で，診療報酬は従来医療費抑制のためのツールとしてたびたび用いられてきたことも事実であり（→発展4-14③），高齢者について医療費抑制の観点から十分な医療が行われないのではないかとの疑念が生じたことも理解できる。また，年齢は医療のニーズを特徴づける一つの指標に過ぎず，個人差や傷病の状況が十分に考慮されるべきなのは当然である。一定年齢以上の者に機械的に異なる診療報酬体系を適用する場合には，患者や状況に応じた例外を緩やかに認める等の慎重さが求められよう。

(2)　医療とケア──介護保険との境界・連携

高齢者医療においては，脳血管疾患を含む循環器系の疾患について，身体上または精神上の障害が残った状態で症状が固定することがしばしばみられる。この場合，病院での医学的治療よりも，むしろ施設に入所するなどして介護サービスを受けることが望ましいことがあるが，従来，高齢者の介護施設の整備が十分でないために，このような状態の高齢者が入院を継続せざるを得ない場合があった（いわゆる「社会的入院」）。介護保険法の導入以降，高齢者の長期的ケアにかかるニーズは，医療保険ではなく介護保険によってカバーされることになり，社会的入院は減少しつつある。

高齢化社会がますます進展する中で，近年の議論の中心は，要介護状態となった高齢者が住み慣れた地域での生活を継続できるようなインフラの整備の必要性へと移っている。医療と介護，さらには介護予防・生活支援といった高齢者向けの各種サービスが地域において一体的に提供される「地域包括ケアシステム」の実現に向け，主として介護保険制度において様々な試みが行われつつある（以上につき→第5章各論2 1(1)）。

発展 4-2　終末期医療

疾病の回復が見込まれない末期状態の患者について，いかなる医療サービスを行うべきか（あるいは行わないのか）は，社会保障の領域を超えた重要な課題である。この問題は必ずしも高齢者だけに関わるものではないが，高齢者の場合には，インフォームド・コンセントや自己決定の尊重について，特に配慮が必要な場合も多い。平成20（2008）年度の診療報酬改定（診療報酬について→各論3 2）に際しては，終末期医療のあり方について高齢者自身が家族等と共に医師等と話し合い，書面を作成した場合に，医療従事者の情報提供と説明に対して診療報酬が支払われる仕組みが導入されたが（後期高齢者終末期相談料），対象を後期高齢者に限定する点などが問題とされ，導入後数カ月で凍結，その後完全に廃止された。

3　社会保険以外の方法による医療保障

現行法上，社会保険の仕組みを用いない医療保障制度も用意されている。こうした医療保障制度には，主に，①社会福祉制度の枠内で提供される医療，②特定の疾患や疾患の原因に着目した医療，③生活保護による医療，の三つの類型が存在する。①は，特別なニーズを持つ患者に着目した医療であり，その例として自立支援医療（育成医療・更生医療・精神通院医療。障害総合支援5条22項，障害総合支援令1条の2）がある。②の例として，結核医療（感染症37条の2），難病の患者に対する医療等に関する法律（難病法）に基づく医療費助成制度，戦傷病者特別援護法に基づく療養給付や更生援護がある。最後に，③生活保護受給者に対して提供される医療扶助がある。これらの各種の制度は，医療保険とは別の制度が専ら給付を行うもの（自立支援医療，戦傷病者への療養の給付，医療扶助。このうち，医療扶助の対象者はそもそも国民健康保険の被保険者資格を持たない。国保6条9号）と，医療保険から給付が行われた上で，これに加えて特別な公的負担が行われるもの（結核医療，難病医療）とがある。

なお，社会保険の仕組みを用いるものの本章で扱う医療保険制度とは異なる制度として，労働者の業務上の傷病については，労災保険制度による療養の補償が行われる（→第6章。医療保険と労災保険の関係について→各論②1⑴発展4-7）。

④　医療と市場

1　医療の分野における市場の機能

医療サービスは，金銭を対価として市場で取引され得る。日本の医療保険制度も，原則として，保険者が，私立・公立医療機関の提供するサービスを市場で購入するという形で，現物給付（→⑤1・2）を実現している。そして，この医療サービス市場は，大きく分けて二つの観点から，法令による大幅な規制を受けている。

まず，社会保険の適用の有無にかかわらず，医療サービスの性格に注目して行われる規制が存在する。医療サービスは患者の心身に危険を及ぼし得るものであるため，自由な競争が時に患者に危険をもたらし得るとの考え方を前提として，こうしたコントロールが必要不可欠と考えられているのである。医師免許や病院開設に関する多様な規制（→各論②2）はその典型例といえる。後述する通り，市場において医療機関が活動し，相互に競争する場合に重要な役割を果たし得る医療広告についても，強い法規制が行われている（→2）。また，広告規制のように情報提供・情報の発信を制限する方向の規制のみならず，医薬品販売時の副作用・危険性の明示等，一定の情報提供を義務づける方向での規制も行われている。

そして，このような医療サービス一般についての市場の機能の制限に加えて，医療保険に関する各種の法令は，公的医療保険の枠内で提供される医療サービスや医薬品の価格を法令により一律に決定する（→各論③2）。これらの医療サービスについては，その内容も，診療報酬に関する定めや後述する「保険医療機関及び保険医療養担当規則」（療養担当規則）によって相当程度画一化されている（→各論③2(7)）。こうした医療保険関連法令による規制は，公的医療保険の給付として提供されるべき医療サービスの水準や範囲を画する役割を担う。このように，医療保険制度の枠内では，私人間の自由な交渉・合意を前提とする市場，あるいはそうした自由な市場において通常想定される競争関係が機能する余地は大きく制限されている。例外は，患者による医療機関の選択を前提とした，上記のような規制が存在しない要素（医療サービス本体の基本的内容や価格以外の，細かなサービスの質，施設の快適さや患者とのコミュニケーションの丁寧さのような要素）に関する競争関係である（→発展4-3。医療市場への独占禁止法の適用を認めた判決として，東京高判平成13・2・16判時1740号13頁（百選33））。このような患者獲得に向けた競争の場面では，広告やインターネット上の情報が重要な意義を有し得る（→2発展4-4）。

さらに，後述の通り，健康保険法等の諸法令は保険診療と保険の適用を受けない診療（自由診療）を同機会に行う混合診療を原則として禁止しており，このことは，保険の適用を受けない自由診療の実施を強く制限する効果を有する（→3，5）。結果として，社会保険制度に関する法規制は，社会保険制度の枠外におかれる自由診療についても，その市場の規模自体を大きく制限している。

このように，日本の医療保障制度は，私的な医療サービスの市場の存在を前提とした制度設計を採用しつつも，この市場の機能を限定的なものに留めることで，個人の資力・交渉力・情報収集能力に左右されない，ある程度画一化された安全で適切な医療を提供することを可能にしている。その裏返しとして，一般に市場における競争が生み出すと考えられている効果——具体的には，最適な資源配分・価格決定，競争を通じた高度な医療技術の発展の可能性——は，相対的には制限されているといえるだろう。

発展4-3 医療機関への「フリーアクセス」

患者は，保険医療機関としての指定を受けた医療機関であれば，地域や医療機関の種類とは無関係に自由に医療機関を選択できる。このような制度を，「フリーアクセス」を認める医療制度と呼ぶことがある。諸外国には，事前に個人・世帯ごとに特定の開業医を「かかりつけ医」や「ホームドクター」等として指定し，この医師の診断とその紹介状によって初めて他の医療機関や大病院の受診を認める制度を採用している国もあり，上記のような「フリーアクセス」は日本の医療保険制度の一つの大きな特徴となっている（諸外国の制度も含め，島崎22頁を参照)。このような制度には，患者による医療機関の選択を尊重するという意味がある。また，患者は，受診の必要性が生じた際にもっともアクセスが容易な医療機関を受診することができるため，こうした制度は患者のニーズに柔軟に応えることができるといえるだろう。さらに，医療機関が患者の獲得を目指して競争関係に立つため，上記のような制約の下で（すなわち，医療サービス本体の内容や価格以外の面で）ではあるが，医療機関による営業努力を促進するというメリットもある。他方で，患者が同様の症状について（セカンドオピニオン等の必要性のある場合以外にも）多数の医療機関を受診することで医療費の膨張を招くことや，あるいは，軽い症状でも直接に大規模な総合病院を受診する患者がいるために，医療機関の機能分化（→各論②2⑶発展4-11）が進まない，といった弱点も有している。

2　医療広告と情報提供

患者による医療機関の選択に際して，患者がいかなる情報に基づいて選択を行うかという問題がある。そして，患者の選択の基礎となり得る情報のうち重要なものとして，医療機関等が行う「広告」がある。医療機関等が行う広告（医療広告）は，主として患者の保護の観点から医療法により厳格に規制されてきたが，過度の規制は憲法上の表現の自由（憲21条）および営業の自由（憲22条1項）を侵害する可能性がある（この問題を扱った最高裁判決として，最判平成18・12・7判例集未登載（控訴審：東京高判平成16・10・20判例集未登載，第1審：横浜地判平成16・6・16判自267号77頁））。平成19（2007）年4月施行の医療法改正（平成18（2006）年公布）以降，広告規制は従来に比べれば大幅に緩和されたものの，憲法上の自由権と患者の保護をいかに調整するかという問題は依然として残る。

直近の平成29（2017）年医療法改正（平成30（2018）年施行）を受けた現行の医療法は，虚偽広告（医療6条の5第1項）および誇大広告・他の病院と比較して優良である旨の広告・公序良俗に反する広告等の不適切な広告を禁止し（同条2項，法施行規則1条の9），一部の例外的な場合を除いて（→発展4-4）広告できる事項を限定する（医療6条の7第3項）と共に，これらの禁止のおそれがある場合の報告・立入検査等（医療6条の8第1項），違反に対する罰則（虚偽広告について。医療87条1号），是正命令（不適切な広告等について。医療6条の8第2項）等により規制の実効性の担保をはかっている。厚生労働省は，「医業若しくは歯科医業又は病院若しくは診療所に関する広告等に関する指針（医療広告ガイドライン）」を策定し（平成30（2018）年5月），規制内容の周知を図っている。

上記の平成18（2006）年医療法改正は，広告規制の緩和と同時に，患者が医療機関の選択に関して必要な情報を容易に得られるように必要な措置を講ずる努力義務を国および地方公共団体に課すとともに，医療機関にも情報提供等の努力義務を課した（医療6条の2）。また，医療機関の選択に必要な各種の情報を都道府県知事に集め，知事が住民・患者に対して提供する制度を導入した（医療機能情報提供制度）。医療機関は，名称や所在地等の基本的な情報に加えて，選定療養（→各論3 5(2)(a)）等にかかる費用負担のあり方やセカンドオピニオンのための情報提供の有無等の情報を都道府県知事に報告する義務を負い，これらの情報は知事により公表される（以上について，医療6条の3，医療則1条の2，別表1）。こうした情報提供は，提供される情報の内容によっては医療機関および患者の双方にとって広告と同様の機能を有する場面も想定できるのであり，広告がもたらし得る弊害を回避しつつ，法的にコントロールされた枠組みの中で患者への情報提供を行い，患者による医療機関の選択を支援しようとする試みといえよう。医療機関の経営・経済活動にかかる自由権や，情報提供義務が小規模医療機関に課す負担等も考慮しつつ，患者にとって入手可能な医療機関の情報に関する規制の整合性を図っていく必要がある。

発展 4-4　インターネット上の医療情報と広告規制

今日，多くの医療機関が，インターネット上にウェブサイトを開設し，当該医療機関に関する情報を提供している。これらのサイトは，従来，医療法上の規制を受ける医療「広告」にはあたらないものと解釈され，広告規制の対象からは除外されてきた（厚生労働省は，「医療機関のホームページの内容の適切なあり方に関する指針（医療機関ホームページガイドライン）を平成24（2012）年に作成・周知し，こうしたサイトの適切な運用に向けた自主的な取組みを促してきた）。もっとも，美容医療サービスに関する消費者トラブルの相談件数が近年著しく増加してきたこと等を背景として，上述の平成29（2017）年医療法等改正にあわせ，平成30（2018）年6月以降は，医療機関のウェブサイト等についても他の広告媒体と同様に，上述の医療法上の規制の対象として取扱われることになった。同時に，こうした規制により患者が知りたい情報を得られなくなることがないよう，ウェブサイト等については一定の条件の下で広告事項の限定を解除し，規制を一部緩和している（医療6条の7第3項，医療則1条の9の2）。なお，ウェブサイトへの規制の実効性を担保するため，厚生労働省の委託事業として，医療機関等の監視を行う「医療機関ネットパトロール」も行われている。

3　自由診療

医療保険制度の適用を受けない医療を，「自由診療」ないし「保険外診療」などと呼ぶ。このような診療を行うことそれ自体は，禁止されていない。ただし，日本では，社会保険が原則としてあらゆる国民をカバーしており（「国民皆保険」），そのため，このような制度をとらない国に比べて，自由診療の普及は小規模なものに留まっている。これに加えて，日本では，医療保険制度の適用を受ける医療と自由診療とを同機会に併用することは一部の例外を除いて法令上禁止されており（いわゆる「混合診療禁止原則」→5），このような制度設計も，自由診療の利用を抑制する効果を有している。結果として，日本では，諸外国と比較して，自由診療が行われる機会が少ない。

もっとも，交通事故による負傷については，患者が保険診療を求める意思表示をできないこともあること，加害者や民間の損害保険等による費用の支払いが行われることから，保険外診療が実務上比較的頻繁に行われている（東京地判平成元・3・14判時1301号21頁〔百選31〕参照→各論③2(5)発展4-15）。確かに，被保険者が明示的に社会保険の適用を排除した場合や保険証が提示できない緊急医療については理論的には自由診療が行われ得る（大阪地判昭和60・6・28判タ565号170頁。同判決は，被保険者証の提示時点以前の診療契約を自由診療，それ以後の治療を保険診療と性格づけている）。また，裁判例によれば，いったん自由診療契約が締結されると，事後的に被保険者証を提示してもこれを遡って保険診療として扱うことはできない（福岡高判平成8・10・23判時1595号73頁）。もっとも，業務上の事由によらないあらゆる傷病について，原則として被保険者は療養の給付を受ける権利を有する（健保1条・63条）。したがって，患者が被保険者資格を有することおよび社会保険の適用を望むことが明らかであるような場合には，例えば被保険者証の提示がない場合でも，実施された治療は保険診療として評価されるべきと思われる。なお，この場合に患者がいったん自費で負担した治療費について，保険者は事後的に療養費の支給を認めることができる（→各論④2(1)）。

なお，第三者損害の場合で第三者からの損害賠償が先行した場合，保険者はその限りで保険給付の義務を免れる（健保57条2項）。他方，医療保険給付が先行した場合，保険者は，その給付の価額の限度で被害者が加害者たる第三者に対して有する損害賠償請求権を取得する（健保57条1項）。

4　民間医療保険

医療をめぐる市場として重要なものに，公的医療保険がカバーしない医療費部分について，公的医療保険を補完する役割を担い得る民間医療保険が存在する。

もっとも，3で述べた通り，公的医療保険が適用されない自由診療が実施される場面は多いとはいえない。さらに，公的医療保険の枠内で医療が提供される限り，医療サービスや医薬品の価格が法令により決定され，あらゆる保険診療にこの価格がほぼ例外なく一律に適用される（→各論③2(2)）。言い換えれば，保険医が保険診療を行う場合には，法令上の価格を超える費用を患者に対して請求することは原則として禁じられている。したがって，公的医療保険を利用する際に，何らかの追加的な費用が発生することも稀である。また，公的医療保険には一部負担金が存在するが（→**各論3 3**(3)），この一部負担金が一定額を超えないような給付を行う制度も公的医療保険制度の内部に用意されている（高額療養費→**各論3 4**(2))。以上のような公的医療保険制度の構造を前提として，日本における民間医療保険の市場は諸外国に比べて小規模なものに留まる。

今日日本において比較的広く普及している民間医療保険契約は，その多くが入院時に定額の給付を行うものであり，発生した医療費を直接にカバーするというより，傷病時の所得補償の機能の実質を有するものである。

5　混合診療禁止原則の意義と問題

混合診療禁止原則（混合診療保険給付外の原則）とは，法令により認められた例外的場面を除いて，公的医療保険が適用される保険診療と保険外診療を同機会に行うことを禁止し，混合診療が行われた場合には保険診療部分も含めて全体が保険給付から排除されるものとする原則である（同原則の法的根拠も含め，本項で扱う制度の具体的内容や詳細について→**各論3 5**)。同原則の帰結として，混合診療を行う場合，本来であれば保険が適用され得る診療についても保険給付を行わない扱いとなる。この原則は，保険外診療の利用を望む患者に重い経済的負担を課すことになるという点において，しばしば批判されてきた。また，このような保険外診療の利用の抑制は，結果として，医療サービスに関する自由な市場の発展を妨げる規制としての意義を持つため（→**1**)，市場の機能の重要性を主張する立場からも批判されている。この問題は，2000年代以降，規制改革に関する議論の一つの重要なトピックとしてたびたび取り上げられ，複数の法令改正を経て，例外的に保険診療と保険外診療の併用が許容される場面が少しずつ拡大されつつある。

最近では，規制改革会議「規制改革に関する第2次答申」(平成26（2014）年6月13日）による提案を基礎とし，社会保障審議会・医療保険部会での議論を経て，社会保障制度改革推進本部決定の「医療保険制度改革骨子」(平成27（2015）年1月13日）が示され，これに基づき，保健診療と保険外診療が許容される例外的場面として，新たに「患者申出療養」が追加された（健保63条2項4号・86条1項。平成27（2015）年に成立した「持続可能な医療保険制度を構築するための国民健康保険法等の一部を改正する法律」(以下，本章において平成27（2015）年国民健康保険法等改正法という）による)。

混合診療に対する規制が緩和されれば，自由診療がより頻繁に利用されることになる。そのため，行われる自由診療の安全性をいかに確保するか，あるいは，価格決定に際して交渉力・情報収集能力に劣る患者に重大な不利益が生じないか，といった点が問題になる。現行法は，例外的に混合診療が許される場面については，自由診療部分についても療養担当規則を通じて，医療機関に情報提供義務を課す等，一定の（緩やかな）コントロールを及ぼしている。混合診療が認められる場面が現在よりも大幅に拡大される場合には，保険診療と併用される自由診療の価格や安全性について，より厳格な法規制が行われることも検討され得る。

さらに，こうした医療と市場の関係をめぐる問題を超えて，混合診療禁止原則については，保険診療の範囲との関係にも，配慮が必要である（→各論③5)。

⑤　給付方式――現物給付と金銭給付

1　現物給付と金銭給付

各種の社会保障給付は，現物あるいは金銭の形で提供される（両者をそれぞれ，現物給付方式，金銭給付方式ということもある)。現物給付とは，例えば医師による診療など，役務・サービス等の形で提供される給付である。この給付方式は，役務・サービス等の提供者に対して，役務・サービス等の受取り手以外の第三者である保険者から対価が支払われるため，次に述べる「費用償還払い」と対置して「第三者払い」と呼ばれることがある。

一方，金銭給付方式には，①特定の役務・サービス等を受給者が購入し，購入にかかった費用を事後的に払い戻すもの（「費用償還払い」→第1章第1節③4(1)(b)）と，②特定の役務・サービス等の購入とは無関係に一定額の金銭を支給するものの二種類があり，前者は，あくまで特定の役務・サービス等を受給者が購入することを前提としていることから，現物給付に接近する。現物給付と費用償還払いの金銭給付を比較すると，現物給付には，患者が必要としている医療サービスそのものが直接に支給され，一部負担を除く費用負担が（一時的にも）患者に発生しないため，患者のサービス購入後に金銭給付が行われる費用償還払いの場合に比べて，患者のニーズが資力の有無にかかわらず即時的に満たされるという強みがある（費用償還払いの場合，患者は，費用を前払いできる一定の資力を持たなければサービスを購入できない)。

2　現物給付原則と各種の金銭給付

日本の医療保険制度においては，原則として，医療サービスや医薬品を保険給付として提供する現物給付方式（→第1章第1節3 4(1)）がとられている。医療というニーズの緊急性からして，傷病が発生した際，患者が速やかに，かつ確実に必要な医療サービスを受けられることが必要であり，現物給付方式はこのような医療保障の必要性に最も合致した給付方法であるといえよう（岩村62頁）。

また，日本の医療保険制度においては，「費用償還払い」の形をとり医療機関等が費用を被保険者に代わって受け取る，いわゆる「代理受領」を法律上認めている場面が存在する（家族療養費，入院時食事療養費，保険外併用療養費等）。法律上，これらの場面について代理受領が「認められている」に過ぎないのであるが，実務上はむしろ代理受領が原則化されている。代理受領が行われる場合，費用償還払いは完全に現物給付と同様の実態を帯びる。なお，実務上は家族療養費のような法律上認められたもの以外にも，法規命令により認められた代理受領や，当事者間の合意による代理受領等，様々な類型の代理受領が行われている（高額療養費，療養費，出産育児一時金等→各論3 4(2)，4 1～5)。他方，上記のものとは異なり，医療サービス等の購入と無関係の金銭給付も，複数存在する（→各論4 6，7）。

3　現物給付の前提としての医療提供体制

現物給付の制度においては，保険給付たる役務・サービスを提供する主体を，何らかの形で制度に関与させる必要がある。医療保障制度の場合には，専門性の高い医療サービスを提供する医師等の専門家や，高度な設備を備えた病院等の施設が制度に参加する必要があり，したがって，こうした専門家・施設について，特別な法的仕組みが必要となる（→6）。

法律上，予定された現物給付が実際に機能するためには十分な医療提供体制が存在することが必要であり，この前提を欠く場合には，被保険者は形式的に受給権を付与されても保険の利益を全く享受できない（現物給付と類似の機能を果たす費用償還払いの場合も同様)。現物給付制度にとって，サービス提供体制の整備は制度が機能するための必要不可欠かつ最低限の前提といえる（医師不足・医療機関の偏在等に関して→6 2)。

4　現物給付の法律関係

上記のような医療提供体制の整備を前提として，医療保険による現物給付をめぐっては，保険者，被保険者（患者）に医療提供主体を加えた三者の間で法律関係が展開する。

このような三者関係は現物給付の社会保険に共通する枠組みといえるが，医療保険制度における現物給付の法律関係の特殊性は，給付提供主体が行政主体としての性格を持たず，また，個別の給付に際して，被保険者に対する保険者等による給付決定が一切行われないという点である（岩村62頁）。これに対して，例えば介護保険の場合，個別の給付に先立ち，介護ニーズを認定する行政決定が存在する（要介護認定→第5章各論②4(1)）。他方で，実施された診療行為等が保険医療として患者の症状に合致した適切なものであったかが，保険者により（審査支払機関（社会保険診療報酬支払基金や国民健康保険団体連合会）を通して）保険医療機関の診療報酬請求の審査という形で——すなわち，あくまで医療提供主体との関係で——事後的にチェックされる構造となっている（→各論③2(8)）。

以上のような現物の医療保険給付をめぐる法律関係の特殊性の帰結として，医療保険給付を受ける権利に関する訴訟の類型にも特殊性が認められる。金銭給付の場合，給付を受ける権利の存否は，通常，受給者と給付を管理する主体（現行法上はそのほとんどが行政主体である）が対峙する形で，給付の前提となる支給・不支給決定（行政処分の法的性格を有する）の適否を問う形で争われる。これに対して，医療保険について受給者たる被保険者と保険者との間で法的紛争が生じることは稀であり，多くの紛争は，上記の診療報酬請求の審査の結果（給付提供者の，保険者（審査支払機関）に対する診療報酬債権の存否）を争うという形で，給付提供者と保険者（審査支払機関）との間で，給付請求訴訟等の形で顕在化する（→各論③2(8)）。もっとも，被保険者による，保険者に対する，現物給付請求権の存在の確認を求める訴え（行訴4条）も，理論的には想定し得る（そのように解釈することのできる判例・裁判例として，いわゆる混合診療問題に関する近年の訴訟を参照（最判平成23・10・25民集65巻7号2923頁（百選29）およびその下級審判決→各論③5）。ただし，当該訴訟では被告が国となっているが，保険者としての国を想定した議論であることを窺わせる認定がなく，下級審から最高裁までいずれの判決もこの点を明言していない（以上の点につき，笠木映里「判批」民商法雑誌147巻2号（2012年）224頁参照））。

⑥　医療提供体制の整備

1　医療提供体制と医療保険法

現物給付の医療保険制度が適切に機能するためには，診療行為等を実際に提供する医療提供体制が整備されていることが必要不可欠である。このために，医療保険に参加する医師や医療機関等を指定や登録により画定する手続（→各論②2(1)，(2)）およびマクロの医療提供体制を適切に整備するための地域医療計画（医療30条の4

以下→各論2 2(3)）等が重要な役割を担っている。

これらの医療提供体制をめぐる法体系は，厳密には，国民の身体・生命の安全に直接関わる医療サービスの特殊性に着目し，安全で適切・十分な医療が国民に提供されることを担保する公衆衛生的観点からの規制と，医療保険給付として適切な医療の実現を担保する医療保険法制とに一応区別することが可能であり，基本的には，医師法・医療法等を前者に，健康保険法・国民健康保険法等の医療保険制度関連法令を後者に分類することができる。もっとも，日本で提供される医療がほぼ全面的に医療保険給付として提供されている状況を受けて，両者は接近・一体化しつつある（そのような場面の典型として，医療計画制度と医療保険制度の関係をめぐる議論について→各論2 2(3)，(4)。また，この点に関連して，都道府県の医療保険制度における役割に関して→各論7 5)。

2 医師の不足・偏在

医療提供体制の核となる存在といえる医師については，その分布に診療科・地域による偏りがあり，一部の診療科・地域において深刻な医師不足が発生していることが問題となっている。診療科別では小児科・産婦人科で特に問題が深刻である。その背景にある事情としては，研修医制度の改革によって医師の配置に関する大学の医局を通じたコントロールが弱体化したことや，病院勤務医の激務（特に休日勤務や夜勤の多い小児科），訴訟リスクの増大（特に産科）などが指摘されている。大学医学部の定員枠の拡大（緊急医師確保対策），いわゆる地域医療対策協議会の設置（医療 30 条の 23 第 1 項），医療計画（→各論2 2(3)）における「救急医療」「周産期医療」「へき地医療」「小児医療」等の事業の義務的記載事項化（医療 30 条の 4 第 2 項 5 号），などの対応がとられているが，期待されたような効果は上がっていない状況である。

発展 4-5 産科医療補償制度

産科医が近年減っていることの一つの理由として，近年，医療事故の際に医師個人や医療機関が訴訟を通じて法的責任を問われることが多くなり，場合によっては刑事責任を問われることもあること，そして，このような訴訟提起は，産科において，相対的にその数が多い（医師数に比して訴訟提起数が多い）という事情がある。もちろん，患者が主体的な態度で医師や医療機関に良質な治療を求めることや，不適切な医療行為について医師や医療機関の責任を追及することはそれ自体悪いことではない。もっとも，個人責任の厳格な追及は，医療事故が個人のミスというよりは医療機関の組織的な機能不全，さらにはその背景にある医療制度全体の抱える問題から生じることも多いことからすれば，必ずしも問題解決のあり方として適切でない場合もある。また，責任追及を恐れた医師や医療機関はむしろ問題を隠そうとするため，問題の原因が明らかにならず，再発の回避につながらないとの指摘もある（医療事故について→各論③3(1)発展4-16）。

平成21（2009）年に厚生労働省のイニシアティブにより導入された産科医療補償制度は，公益財団法人日本医療機能評価機構を運営組織とする保険の仕組みである。分娩を扱う医療機関（分娩機関）が前もって掛金を支払い（この制度に加入する分娩機関で出産する者には掛金相当額が出産育児一時金（→各論④5）に上乗せされる），出生児に一定の条件を満たす重度脳性麻痺が発生した場合に，分娩機関の過失の有無にかかわらず，一定額の補償が行われる（ただし分娩機関に重過失が存在する場合には，分娩機関と保険者たる医療機能評価機構との間で費用負担の調整が行われる）。また，医療機能評価機構は，分娩機関の過失の有無を判定する目的とは切り離して，事故の原因分析・再発防止策のとりまとめ等を行う。

各　論

① 医療保険の適用――保険者・被保険者・被扶養者

1　職域保険と地域保険

日本の医療保険制度は，いわゆる職域保険と地域保険に分けることができる。前者は，被保険者を職業・職種を基準として決定する保険，後者は，居住地域を基準として決定する保険である。

職域保険には，①協会管掌健康保険，②組合管掌健康保険，③国家公務員共済組合，④地方公務員等共済組合，⑤日本私立学校振興・共済事業団，⑥協会管掌船員保険，⑦国民健康保険組合がある。このうち⑦以外はいずれも被用者を対象としており，これらを被用者保険という。また，地域保険として，⑧都道府県・市町村管掌国民健康保険（以下，都道府県・市町村国保という），⑨後期高齢者医療制度がある（それぞれの根拠法も含め，図表4-1参照）。

ここでは，③～⑥については検討を省略し（順に，③国家公務員および公共事業体の被用者，④地方公務員および公共事業体の被用者，⑤私立学校法人の被用者，⑥船舶業の従事者を対象とする），①協会管掌健康保険，②組合管掌健康保険（以上，健康保険法），⑦国民健康保険組合，⑧都道府県・市町村国保（以上，国民健康保険法），⑨後期高齢者医療制度（高齢者の医療の確保に関する法律），について，保険者組織および当該保険に加入する被保険者の類型をみていこう。ごく一部の例外を除き，被保険者の要件を満たす者は強制的に当該保険に加入することとなり（強制加入），

図表 4-1　各種の医療保険

保険の類型	保険・保険者の名称	根拠法
職域保険	**①協会管掌健康保険**	**健康保険法**
	②組合管掌健康保険	**健康保険法**
	③国家公務員共済組合	国家公務員共済組合法
	④地方公務員等共済組合	地方公務員等共済組合法
	⑤日本私立学校振興・共済事業団	日本私立学校振興・共済事業団法
	⑥協会管掌船員保険	船員保険法
	⑦国民健康保険組合	**国民健康保険法**
地域保険	**⑧都道府県・市町村管掌国民健康保険**	**国民健康保険法**
	⑨後期高齢者医療制度	**高齢者の医療の確保に関する法律**

※　太字が本章で取り上げるもの。

当事者は保険を選択する権利を有しない。

なお，以下で検討するいずれの保険者も，被保険者が資格を取得する際に，被保険者証を交付する（健保則 47 条，国保 9 条 2 項，高齢医療 54 条 3 項。また，被用者保険の被保険者資格の届出等にかかる手続については，被用者年金と同じ扱いであるため→第 3 章各論2 1(3))。

2　健康保険の保険者と被保険者

(1)　健 康 保 険

(a)　協会管掌健康保険　　協会管掌健康保険の保険者は，全国健康保険協会である（健保 4 条。協会は船員保険も管掌する。船員保険法 4 条)。全国健康保険協会は，主たる事務所に加え，従たる事務所（「支部」）を各都道府県におく（健保 7 条の 4 第 1 項)。

協会管掌健康保険の被保険者となるのは，（強制）適用事業所に使用される者である（健保 3 条 1 項。任意適用について→(3))。ここで事業所とは，営利・非営利を問わず，工場・事業場・店舗その他，一定の目的のために従業員を使用し，継続的に事業を行う一定の場所をいう。①法令上列挙された事業で常時 5 人以上の従業員を使用する事業所（健保 3 条 3 項 1 号）および，②それ以外の国または法人の事業所で常時従業員を使用する事業所（同項 2 号）が適用事業所とされる。

(b)　組合管掌健康保険　　組合管掌健康保険の保険者は，適用事業所の事業主およびそこに使用される被用者等によって組織される健康保険組合（以下，健保組合という）である（健保 8 条)。健保組合は，700 人以上の従業員を雇用する事業主

（あるいは合わせて3000人以上を雇用する複数の事業主）が，組合員の資格を有する被保険者の2分の1以上の同意を得て，規約を作成し，厚生労働大臣の認可を受けて設立する（健保11条・12条，健保令1条の2）。つまり，健保組合は，比較的大規模な企業，あるいは，全体として多数の労働者を雇用する複数の企業において，労使のイニシアティブで設立されることが予定されている（なお，被保険者となるのはあくまで被用者のみであり，事業主は被保険者とならない）。平成14（2002）年に設定された人材派遣健康保険組合は，複数の事業主が3000人以上の労働者を対象として設立した健保組合の例である。

健保組合の存在する事業所に使用される者は（認可の際に同意していなかった者も含めて）全て当該組合の組合員となり，協会管掌健康保険には所属しない（健保6条・17条1項）。

健保組合は，法令の枠内で独自に保険料率を定める権限を有し（→6 1(2)），多くの場合に全国健康保険協会よりも低い保険料率を設定している。また，独自の給付（→2 1(2)(c)）を行うこともできる。もっとも，近年では，財政上の困難を抱え，保険料率を引き上げる健保組合の増加が指摘されている（健康保険組合連合会「2014年版年次報告書」等を参照）。

(2)　健康保険法上の使用関係

(a)　「使用される者」　協会管掌健康保険および組合管掌健康保険の被保険者は適用事業所に「使用される者」である（健保3条1項）。事業所に「使用される者」と認められるためには，事業主（使用者）との間に事実上の「使用」関係があれば足り，有効な雇用関係の存在まで必要とするものではない（名古屋地判昭和60・9・4判時1176号79頁（百選13））。また，法人の代表者・業務執行者であっても，労務の提供に対し報酬の支払いを受けている場合に使用関係が肯定される（広島高岡山支判昭和38・9・23判時362号70頁（百選12）。以上の点については，被用者年金と同様の取扱いである。詳細について→第3章各論2 2(1)。また，法人の代表者・業務執行者等については，健康保険法と労災保険法との関係に関する→2 1(1)発展4-7）。

(b)　被保険者資格の喪失　被保険者の死亡・解雇・退職・転勤等の事由が生じて当該適用事業所に使用されなくなった場合等には，原則としてその翌日から被保険者資格が失われる（健保36条）。休職中で無給であっても，使用関係が存続しているとみられる場合には，被保険者資格は存続する。ただし，実務上，休職中でも，給料が全く支給されない場合や復職の見込みのない長期の休職状態等，実質的に使用関係の消滅とみることが相当な場合には，被保険者資格を喪失したものとして取り扱うべきとされる（以上，昭和6年保発59号，昭和26年保文発619号）。裁判例においては，争議行為のための就労拒否が著しく長期に及び，その間の賃金も支払われない場合には，雇用契約が継続しても使用関係は事実上消滅しており，被保険者資格が否定されると述べた例がある（仙台高判平成4・12・22判タ809号195頁〔百選14〕）。

発展4-6 パートタイム労働者への健康保険適用拡大

パートタイム労働者については，健康保険法の適用の問題が，厚生年金の適用の問題とパラレルな問題として，長い間活発に論じられてきた。その議論状況と平成24（2012）年に行われた法改正による適用拡大に関する議論は，基本的に年金保険に関するものと重なる（→第3章各論[2] 2(1)発展3-7）。ただし，医療の分野においては，被用者保険への加入の有無という問題は，基本的には国民健康保険の被保険者・健康保険の被保険者・健康保険の被扶養者の「いずれの資格で」医療保険制度に加入するか，という問題に収斂されるという点において年金制度と異なっている（被扶養者の概念について→(4)）。すなわち，健康保険法の被保険者となることは，厚生年金とは異なり，新たな社会保険制度への加入すなわち新たな給付の獲得には結びつかず（ただし，健保のみに存在する傷病手当金等や，健保組合の付加給付との関係では，健保の被保険者となることで新しい給付の獲得が生じることもある），主として保険料拠出の負担者・保険料率等について変化が生じるのみに留まる。

(3) 任意包括被保険者・任意継続被保険者

(a) 例外的な任意加入　医療保険は原則として強制加入であり，健康保険の保険関係も当事者の意思によらずに発生するが，健康保険法は当事者の意思による保険関係の成立（任意加入）を例外的に二つの場面について認めている。このような場面としては，企業単位のものと個人単位のものがある。

(b) 任意包括被保険者　適用事業所に該当しない企業においても，事業主が厚生労働大臣の認可を受けることにより，当該事業所を適用事業所とすることができる（健保31条1項）。認可を受けるためには，事業主は，当該事業所に使用される者で被保険者となるべき者の2分の1以上の同意を得なければならない（同条2項）。当該事業所が認可を受け適用事業所となった場合には，当該事業所に使用される者について，その者の意思によらず健康保険の被保険者資格が発生する（任意包括被保険者）。

(c) 任意継続被保険者　健康保険の適用事業所に使用され，被保険者であった者について，使用関係が終了した場合，原則として当該被保険者は健康保険の被保険者資格を喪失し，この者については市町村国保への加入義務が発生する。健康保険法は，このような場合に被保険者の意思に基づく健康保険の被保険者資格の継続を例外的に認めている（任意継続被保険者）。すなわち，適用事業所に使用されなくなったために被保険者資格を喪失した者で，資格喪失の日の前日まで継続して2カ月以上被保険者であった者は，保険者に申し出て継続して健康保険の被保険者となることができる（健保3条4項）。

任意継続被保険者制度は，昭和36（1961）年に国民皆保険（→3⑶）が成立する以前に，できる限り多くの国民を健康保険法の適用対象とすることを目指すものとして導入された。現在においては，市町村国保によりあらゆる国民に医療保険の適用があるため，導入当初に意図された制度趣旨は当てはまらなくなった。もっとも，被用者保険の資格を喪失して国保に移行する際には，納付すべき保険料の額が急激に高くなることが多い。また，現行法上，給付水準の面では異なる保険者間でほとんど差がないものの，健保組合においては付加給付が認められていること（→2 1⑵）との関係で，給付水準が低下することも想定し得る。このように，任意継続被保険者の現代的意義は，もともとの制度趣旨とは異なり，加入する保険制度の変更に伴う拠出・給付水準の変化を回避する，あるいは緩やかなものにすることを可能にする，というものになっている（アルマ156頁）。上述の通り給付水準の面での保険者間の差が現行法上ごく小さくなっていることを考慮すれば（国民皆保険の成立後も，1970年代までは，国民健康保険の被保険者および健康保険の被扶養者と健康保険の被保険者の間には自己負担割合すなわち給付水準の面での大きな差があった→第1章第2節2 2），上記の意味においても，制度の存在意義は今日において大きく縮小しているというべきであろう。

なお，期限（資格喪失から20日以内）を徒過した申請につき，健康保険法37条1項ただし書は「正当な理由」があると認める場合に保険者が例外的に申出を受理することができると定める。同旨の規定につき，単に法律を知らなかったというだけでは正当な理由には当たらず，また法律を知ってさえいれば申請をしたといえる事情が存在する場合にも正当な理由があるとは認められない旨判示した判決として，最判昭和36・2・24（民集15巻2号314頁）がある（正当事由に関する規定は本判決当時の健保20条2項。また，本判決当時の申出期限は資格喪失から10日）。

⑷ 被扶養者

(a) 被扶養者　健康保険法は，被用者たる被保険者によって扶養される親族等（被扶養者）の傷病について，一定の条件の下で，被保険者に対する給付として被保険者に対するものと実質的に同内容の給付を行う。つまり，被扶養者は，自らに対する医療保険給付としてではなく，自らを扶養する被保険者を介して療養の給付等を受ける。被扶養者は，他の医療保険への加入を義務づけられることもない。被用者保険制度に特有のこのような仕組みは，被扶養者の傷病が結局は被保険者の経済的負担となることを考慮したもので（西村 166 頁），被保険者の経済的負担を軽減するという趣旨で昭和 14（1939）年に任意給付として導入され，昭和 17（1942）年に法定給付とされた。

被扶養者として給付を受けることができるのは，①被保険者の直系尊属，配偶者（事実婚上の配偶者も含む），子，孫および兄弟姉妹で，主として被保険者により生計を維持している者，②被保険者の①以外の三親等内の親族で被保険者と同一世帯に属し，主として被保険者により生計を維持している者，③被保険者の事実婚上の配偶者の父母および子で，被保険者と同一世帯に属し，主として被保険者により生計を維持している者，④③の配偶者の死亡後におけるその父母および子で，引き続き被保険者と同一世帯に属し，主として被保険者により生計を維持している者である（健保 3 条 7 項）。すなわち，全ての類型について，被保険者により生計を維持していること（生計維持関係）が必要であるほか，②〜④については被保険者と同一世帯に属していることが要件となる。なお，後述する後期高齢者医療制度の被保険者となる者（→4）は被扶養者から除外される（健保 3 条 7 項）。

健保法や同法施行規則には，被扶養者資格の取得（実務上はしばしば「被扶養者認定」と呼ばれる）の手続等にかかる規定がほとんど存在せず，わずかに健保則 38 条が被保険者による「届出」について定めているのみである。もっとも，東京高決平成 25・8・15（賃社 1638 号 48 頁）は，健保組合の組合員の母親を被扶養者と認めない旨の健保組合の判断を公権力の行使（行訴 44 条）に当たるものとした。

(b)　**生計維持関係**　　生計維持関係の認定は，特に認定対象者に収入がある場合には実務上重要な問題となる。実務上，認定対象者の年収が 130 万円未満であり，かつ被保険者の年収の 2 分の 1 未満である場合（同一世帯の場合），または，年収が 130 万円未満で，かつ被保険者の援助による収入額より少ない場合（世帯を異にする場合）等には，生計維持関係が認定される（昭和 52 年保発 9 号，庁保発 9 号）。

このような実務上の生計維持関係の認定基準は，認定対象者が被保険者として自ら保険料を負担するか，被扶養者として給付を受けるかを分ける基準として機能する。こうした基準は，認定対象となり得る者（その多くが，男性配偶者により生計を維持される女性）の就労を抑制するとともにその賃金水準を低く抑制する効果を有していることが長く問題とされており（いわゆる「130万円の壁」問題），最近でも活発な議論の対象となっている（関連する問題として，短時間労働者等の被用者保険への加入について→(2)発展4-6）。

3　国民健康保険の保険者と被保険者

(1)　国民健康保険組合

国保組合は同種の事業または業務に従事する者で当該組合の地区（原則として1または2以上の市町村の区域）内に住所を有するものを組合員として組織する（国保13条）。組合を設立しようとする場合，組合員となるべき者300人以上の同意を得て，主たる事務所の所在地の都道府県知事に申請し，その認可を受けなければならない（国保17条）。

(2)　都道府県・市町村管掌国民健康保険

後述する平成27（2015）年改正法の施行以前は，市町村および特別区が，国保の保険者を担当していた（いわゆる市町村国保。平成30（2018）年4月1日以前の国保3条1項）。

平成27年国民健康保険法等改正法の施行（平成30（2018）年）以降は，都道府県と市町村が，地域保険としての国保の保険者を共同で担当している（都道府県・市町村国保。国保4条2項・3項，5条）。

市町村国保については，市町村住民のうち要件を満たす者という比較的小規模の被保険者集団により組織されるため，その財政基盤の不安定さが度々指摘されてきた（高齢加入者の集中という問題について→総論2 1）。上記の改正により，地域保険としての国保は都道府県単位で再編されることとなった。都道府県は，安定的な財政運営，市町村の国民健康保険事業の効率的な実施の確保その他都道府県および都道府県内の市町村の国民健康保険事業の健全な運営に関する中心的役割を果たす（国保4条2項）。市町村は，被保険者の資格の取得・喪失に関する事項，国民健康保険の保険料ないし保険税の徴収，保健事業の実施その他の国民健康保険事業の適切な実施という任務を引き続き保険者として担う（同条3項）。これにより，都道府県は財政運営の責任主体として，市町村は保険料（税）率・保険給付の決定主体，被保険者資格の管理主体，保険事業の実施主体等として，それぞれが保険者として異なる業務を担当する（都道府県は市町村の業務について，点検・助言等の観点からも関与する。また，保険料率決定については，市町村標準保険料率の決定等を通じて関与する→6 1(2)(b)）。当該都道府県内に住所を持ち，他の医療保険の被保険者資格を持たない者は全て，都道府県・市町村国保の被保険者となる（国保5条・6条）。

(3) 国民健康保険法上の「住所」

国民健康保険法は，都道府県・市町村国保への帰属を決定する「住所」について独自の定義をおいていないので，民法 22 条に準拠し，「各人の生活の本拠」を意味すると理解することになる。具体的には，客観的な居住の事実とこれを補足する主観的な定住の意思がある場合に住所の存在が認定される（大阪地判昭和 44・4・19 判タ 237 号 296 頁，大阪地判昭和 40・10・30 行集 16 巻 10 号 1771 頁）。住民票（住民台帳 7 条）の記載は，地方自治法上の市町村・都道府県住民の定義（当該地方公共団体の役務の提供を受け，負担を担う）とも合致し（住民台帳 4 条，地自 10 条），住所にかかる統一的な記録となることが想定されている（住民台帳 1 条）が，国保との関係では住所を認定する際の一つの考慮要素に過ぎず，住民票と異なる場所に住所が認められることもある。

病院等への入院や各種の福祉施設（障害者支援施設，特別養護老人ホーム等）への入所等によって居住地とは異なる市町村に住所を移動した場合には，例外的に入院・入所前に居住していた市町村に住所が残り，被保険者資格の変動は認められない（国保 116 条の 2）。これらの施設が存在する市町村に被保険者が集中し当該市町村が管掌する都道府県・市町村国保の財政負担が重くなることを避けるための例外的ルールである。

4 後期高齢者医療制度の保険者と被保険者

(1) 後期高齢者

満 75 歳以上の高齢者および 65 歳以上 75 歳未満の者のうちで特に政令で定める障害の状態にある者（いわゆる後期高齢者）は，この年齢まで被保険者ないし被扶養者として加入していた保険の適用を外れ，後期高齢者医療制度の対象となる。

(2) 保険者たる広域連合

後期高齢者医療制度において保険者を担当するのは，都道府県の区域ごとに設立される広域連合である（後期高齢者医療広域連合。対象者は，自らが居住する地域の広域連合の被保険者となる。高齢医療 50 条）。

広域連合は，都道府県の区域ごとに当該区域内の全ての市町村が加入する組織であり（高齢医療 48 条），地方公共団体の組合という性格を持つ（特別地方公共団体の一類型。地自 284 条，1 条の 3 第 1 項・3 項）。

5 国民皆保険

各種の医療保険によって，生活保護の対象者等を除き，日本に継続的に居住する全ての者が原則として何らかの医療保険の被保険者となる，いわゆる国民皆保険制度が構築されている。なかでも，他の制度の被保険者・被扶養者となっていない者全てを，住所のみを要件として被保険者とする都道府県・市町村国保は，国民皆保険制度を支える重要な基盤であるといえる。

6　外国人と医療保険の適用

⑴　医療保険の適用を受けない外国人

日本国籍を持たない外国人も，適用事業所に使用されている場合には健保の，日本国内に住所を持つ場合には国保の被保険者とされる。

もっとも，不法に日本に在留している者については，健保については実務上，実際に適用事業所に使用されていても被保険者資格が認められない扱いとなっている（「外国人に係る医療に関する懇談会報告書」（平成7（1995）年5月26日））。また，国保については，法令上，日本国籍を持たない者で，①住民基本台帳法上のいわゆる在留カードを持たない者，②いわゆる医療滞在ビザ（→発展4-7②）により滞在する者，③観光等を目的とし1年未満の期間滞在する者等は被保険者とならない（国保6条11号，国保則1条）。なお，①の在留カードは，従来の外国人登録制度に代わるもので（平成21（2009）年の出入国管理及び難民認定法（入管法）改正に伴い平成24（2012）年から施行されている新しい在留管理制度による），在留資格を持つ中長期間（原則90日以上）在留者，特別永住者等を対象とする（住民台帳30条の45）。言い換えれば，滞在資格を持たない外国人，および，在留カードの対象とならない短期滞在（3カ月以下）の外国人等は，国保の被保険者とはならない（不法在留外国人につき→⑵，発展4-7①）。

発展4-7①　不法在留外国人と国民健康保険

不法在留外国人について国保を適用しないという取扱いは，遅くとも1990年代には実務上確立されていたが，これは，平成16（2004）年の国民健康保険法施行規則改正により適用除外の規定（国保則1条）が導入されるまでは，法令上の直接の根拠のない取扱いであった。同施行規則改正は，国保法が「在留資格を有しないものを被保険者から一律に除外する趣旨を定め」ているとは解されないと述べて，不法在留外国人に例外的に被保険者資格を認めた最高裁判決（最判平成16・1・15民集58巻1号226頁（百選16））を受け，改めて不法在留外国人につき国保の被保険者資格を否定する趣旨のものであった。この規則改正については，上記平成16年最判の趣旨に照らして批判・疑問も提起されている（アルマ159頁，百選35頁）。その後，施行規則1条については，在留カード（→⑴）や医療滞在ビザ（→発展4-7②）等に関連していくつかの改正が加えられているが，不法在留外国人を法令上一律に適用除外とする取扱いは，平成16（2004）年改正以降変わっていない。

発展 4-7② 医療滞在ビザ

平成23（2011）年より，病院・診療所における入院等により医療を受ける活動（ないし医療を受ける者の日常生活の世話をする活動）を行う者に付与される在留資格が新たに導入された（いわゆる医療滞在ビザ。入管法7条1項2号，同別表第1の5，法務省告示「出入国管理及び難民認定法第7条1項第2号の規定に基づき同法別表第1の5の表の下欄に掲げる活動を定める件」25号・26号)。滞在期間は90日，6カ月または1年（有効期限は3年）である。入院を前提としない短期の滞在は，従来通り短期滞在の資格により可能である（入管法別表第1の3参照)。この新たな在留資格は，平成22（2010）年6月18日に閣議決定された「新成長戦略」において，経済成長に向けた戦略の一つとして打ち出された施策を具体化するものである。

医療滞在ビザは，いわゆる医療ツーリズムの日本における発展を目指して導入された制度で，一定の経済力を有する外国人が，滞在にかかる費用を全て自ら負担することを前提としている。そのため，(1)で国保について述べた通り，同ビザの取得者は，原則として，各種の公的医療保険の被保険者とはならない（国保則1条2号，高齢医療51条2号，高齢医療則9条2号。健康保険については法令上これを明示する規定がないが，同様に考えるべきと思われる。判決との関係では傍論であるが，同旨をいうものとして東京高決平成25・8・15賃社1638号48頁)。

(2) 不法在留外国人・短期滞在外国人に関する問題

上記のような国民健康保険法・健康保険法の扱いからすると，短期滞在の外国人や在留資格のない外国人については一切医療保険の適用が行われない（これらの外国人については，生活保護法上の医療扶助も適用されないものと理解されている→**第7章各論[2] 1**)。このような扱いには，特に緊急医療の場面で人道的な問題があることは否定できない。また，これに加えて考慮すべき重要な点は，医療機関は，実際のところ，こうした医療保障を持たない外国人についても，医師・医業という職業上要求される倫理・義務の観点から治療を行う，あるいは治療を行うことを事実上強いられることがしばしばであるという事実である（医師19条参照)。結果として，これらの外国人を受け入れた一部の医療機関・医師が，当該外国人が無資力である場合の費用を負担することになる。このように，医療保険の適用を受けない外国人については，社会保険制度の制度としての整合性および人道上の観点に加え，実際に発生する医療費を誰が負担すべきなのかという観点からも，議論する必要がある。

さらに，不法在留外国人を健康保険法の対象としないという上記の扱いは，当該外国人にかかる社会保険料の負担が発生しないという点において，使用者に，不法在留外国人を雇用するインセンティブを生じさせてしまう。外国人の入国・在留資格の適切な管理という観点からも，使用関係の実態がある場合にはむしろ健康保険法の適用を認め，不法在留外国人を雇用していた使用者に時効にかからない限りで遡って過去の保険料（原則として過去2年分）の拠出を求める（保険料の徴収権限は2年で時効により消滅する→各論⑥1⑴）という取扱いがより整合的ではないだろうか（岩村正彦「社会保険法入門　第27回」自治実務セミナー40巻3号（2001年）15頁）。

2　医療保険給付

1　保険給付

⑴　保険事故

医療保険制度においては，被保険者および被扶養者の傷病・死亡または分娩を保険事故（→第1章第1節③1⑴）として，各種の保険給付が提供される（健保1条，国保2条，高齢医療47条）。労働者の業務上の傷病・死亡については健康保険でなく労働者災害補償保険（労災保険→第6章）から給付が行われる（健保1条）。通勤災害（労災7条1項2号）につき労災保険から給付が行われる場合にも，健康保険給付は重複する限りで不支給の扱いとなる（健保55条1項）。

発展4-8　健康保険と労災補償

健康保険法は，業務上の傷病等については給付を行わず労働者災害補償保険法（労災保険法）による補償が行われることを前提として，後述する平成25（2013）年改正以前の1条では「業務外の事由による」傷病等のみを対象としていたが，健康保険法は役員等もその対象とし得る上（→①2⑵），健康保険法上の「業務」の概念は，「人がその職業その他社会生活上の地位に基づいて，継続して行う事務または事業の総称」等と広く解釈されてきた。他方，労災保険給付は労働者（労災7条。その定義は労働基準法上の労働者と一致するものと理解されている→第6章各論①3）の「業務上の」傷病等のみを対象とする（労災保険における「業務上」の概念について→第6章各論②）。結果として，被保険者や被扶養者が労働者としての立場を有さずに行った業務により負傷した場合等，いずれの制度からも給付を受けられない場面がみられた。特に，労働者に近い立場で業務に従事する中小企業の役員や，シルバー人材センターを通じて請負業務を行う者（奈良地判平成27・2・26平成25年（行ウ）第13号裁判所HP。健康保険法上の被扶養者であり，シルバー人材センターで働いていた原告について，労災保険からも健康保険からも療養の給付等が行われないとされた事案において，改正前の制度が憲法25条違反であるとの主張や，立法不作為の国家賠償法上の違法等の主張が展開されたが，いずれも退けられた）等について問題が顕在化し，平成25（2013）年の健康保険法改正により法律上対応が行われた。改正後の現行法によれば，健康保険の被保険者または被扶養者の負傷等については，業務災害として労災保険の給付対象とならない場合には（業務上・業務外にかかわらず）健康保険の給付対象となる（健保1

条)。他方，法人の役員が役員としての業務によって被った傷病等はなお健康保険の給付対象とならないが（健保53条の2。役員など使用者側の業務上の負傷に対する補償は全額使用者側の負担で行うべき，という考えを背景とする)，被保険者の数が5人未満である適用事業所に使用される法人の役員としての業務であって厚生労働省令で定めるものについては，従来の実務上の取扱い（平成15年保発0701002号）が法律により定められ，健康保険の給付の対象となる（同条)。なお，被保険者の数が5人を超える中小企業事業主については労災保険の任意の特別加入制度（労災33条）の活用が期待されている。

(2) 各種の医療保険給付

(a) **全ての保険者に共通の給付**　現行法上，後期高齢者医療制度も含めたあらゆる保険者に共通の医療保険給付として，①療養の給付，②入院時食事療養費・入院時生活療養費，③保険外併用療養費，④療養費，⑤訪問看護療養費，⑥移送費，⑦埋葬料（健保)，葬祭費または葬祭（国保・後期高齢者医療制度)，⑧高額療養費・高額介護合算療養費がある（ただし国保・後期高齢者医療制度については，保険者は特別の事情がある場合に⑦の給付を全部または一部不支給とすることができる。以上，健保52条1号・3号・9号，国保36条・52条～54条の2・54条の4・57条の2～58条，高齢医療56条・86条)。

(b) **保険者によって異なる給付**　健保および国保に共通する給付として，出産に際して支給される⑨出産育児一時金（ただし国保については葬祭にかかる給付と同様に保険者により不支給とされることがありうる。以上，健保52条4号，国保58条1項）が存在する。

国保および後期高齢者医療制度に共通する給付として，⑩特別療養費がある（国保54条の3，高齢医療56条1号)。この給付は，被保険者による保険料拠出義務の履行を促すために現物給付を金銭給付に切り換える趣旨のものである（→4 **8**)。国保および後期高齢者医療制度については，（使用者が保険料納付義務を負っている健保とは異なり）被保険者自身による保険料納付行為が行われる必要があるため，こうした仕組みが予定されている。

また，健保独自の給付として，傷病・出産等により休業し賃金収入を喪失する場合に支給される⑪傷病手当金（健保52条2号)，⑫出産手当金（健保52条5号・102条)，被扶養者にかかる給付（⑬家族療養費，⑭家族訪問看護療養費，⑮家族移送費，⑯家族埋葬料，⑰家族出産育児一時金。健保52条6号～8号）が存在する。これらの給付は，被保険者が被用者である（また，これに関連して，被扶養者の制度が存在する）という健保の特殊性に由来し，健保についてのみ予定されている。

(c)　付加給付・任意給付　　健康保険組合は規約で定めるところにより上記の給付以外の付加給付を行うことができる（健保53条。付加給付に関する詳細については，島崎270頁）。国保および後期高齢者医療制度においても，保険者（後期高齢者医療広域連合）が条例または規約の定めるところにより行う任意給付が存在する（国保58条2項，高齢医療56条3号）。もっとも，多くの国保組合が傷病手当金の支給を行っている（国保58条2項）ことを別とすれば，実際に任意給付が行われることは稀である。

(d)　現物給付と金銭給付　　上記の各種の給付のうち，①療養の給付は診察や治療・手術等の現物給付であり，日本の医療保険給付の中心に位置づけられる。そのほかは原則として（⑦のうち「葬祭」の給付を除き）全て金銭給付であるが，その多く（②入院時食事療養費・入院時生活療養費，③保険外併用療養費，⑤訪問看護療養費，⑧高額療養費・高額介護合算療養費，⑫出産手当金，⑬家族療養費，⑭家族訪問看護療養費）については代理受領による第三者払いの取扱いが認められており，実際に，ほとんどの場合に第三者払いが行われている。これらの金銭給付については，実際上は現物給付とほぼ同視できる給付が実現されているといえる（現物給付と金銭給付について→第1章第1節③4）。

各給付の具体的な内容や受給権の法的構造については，③・④において詳述する。

(3)　療養の給付から排除される給付

(a)　排除される給付の類型　　①の療養の給付に当たり得る医療サービスないしこれに付随するサービスのうち，ⓐ入院時の食事の提供（食事療養），ⓑ長期入院者に対する食事の提供および入院時の温度・照明・給水にかかる適切な療養環境の形成（生活療養），高度の医療技術を用いた一部の療養（ⓒ評価療養，ⓓ患者申出療養），ⓔ被保険者の選定にかかる療養（選定療養）は，法律上，療養の給付から排除されている（健保63条2項，国保36条2項）。このうちⓓ患者申出療養は，平成27（2015）年国民健康保険法等改正法により追加された新しい制度である（詳細について→③5(2)）。これらのサービスは，いずれも，療養の給付からいったん排除された上で，その費用の一部が特別な金銭給付の対象とされている（ⓐについて入院時食事療養費（健保85条），ⓑについて入院時生活療養費（健保85条の2），ⓒ・ⓓ・ⓔについて保険外併用療養費）。なお，これらの金銭給付は，(2)(d)でみた通り，そのほとんどが現物給付化されている。

(b)　排除の趣旨　　このうち，ⓐ，ⓑの給付に関する規定は，従来は療養の給付の一環として提供されていた給付をこれと切り離し，被保険者に別途一部負担を求める趣旨のものである（ⓔの選定療養にも一部そのような趣旨のものがみられる→3 5(2))。

すなわち，まず，ⓐ食事療養の現物給付からの排除は，平成6（1994）年の健康保険法等改正によって実現されたものである。これによって，従来は保険給付に含められていた入院中の食事提供について，入院にかかる一部負担金とは別に患者に一定の費用負担が課されるに至った。これは，訪問看護療養費（→4 4）の創設に伴って，同制度を利用して自宅で食費等を負担し療養を行う在宅療養の患者と入院患者との均衡を図る趣旨の法改正であった。食事療養にかかる費用の一部について金銭給付たる入院時食事療養費が支給されるが，この金銭給付は実際には代理受領による第三者払いの形で支払われる。入院時食事療養費の額は，食事療養に要する平均的な費用の額を勘案して厚生労働大臣が定める基準により算定した費用の額（ないし当該食事療養に要した費用の額）から，平均的な家計における食費の状況を勘案して厚生労働大臣が定める額（食事療養標準負担額）を控除した額であり，結果として，被保険者は，食事療養についてこの食事療養標準負担額を自己負担することになる（以上につき，健保85条1項・2項・5項・6項等)。

また，ⓑ生活療養は，療養病床（→第5章各論2 5(3)）に入院する65歳以上の者（特定長期入院被保険者）についての食事の提供，温度，照明および給水に関する適切な療養環境の形成をいう。平成18（2006）年の法改正によって，介護保険適用の療養病床に入所する高齢者との負担の均衡を図り，長期入院高齢者に食費・居住費（ホテルコスト）の負担を求める趣旨で療養の給付から排除された。生活療養について支給される入院時生活療養費は，食事療養費と同じく代理受領による第三者払いの形で支払われる。入院時生活療養費の支給額は生活療養に要する平均的な費用の額を勘案して厚生労働大臣が定める基準により算定した費用の額（ないし現に当該生活療養に要した費用の額）から厚生労働大臣が定める額（生活療養費標準負担額）を控除した額であり，結果として，被保険者は，生活療養についてこの生活療養費標準負担額を自己負担することになる（以上につき，健保85条の2第1項・2項，国保52条の2第1項・2項)。なお，生活療養費標準負担額は所得の状況や病状の程度等に応じて軽減される。

(c) **保険診療との併用**　ⓒ評価療養，ⓓ患者申出療養，ⓔ選定療養については，いわゆる混合診療禁止原則（→総論4 5，各論3 5）との関係で理解する必要がある。これらの療養が一定の条件の下で保険診療と同機会に実施される場合には，保険診療部分について療養の給付が行われないこととなる一方で，特別な金銭給付

（保険外併用療養費）が行われる（→③5⑴(b)）。

2　給付提供主体

⑴　医師・医療機関

(a)　**医師による医業の独占**　　療養の給付を中心とした現物の医療保険給付は，医療機関・医師等の医療給付提供主体により構成される医療提供体制によって支えられている（→総論⑥）。

医師法は医師による医業の独占を定めており（医師17条），医師法上の医師国家試験に合格し厚生労働大臣の免許を受けた者だけが医業を行うことができる（医師2条）。違反した者には3年以下の懲役ないし100万円以下の罰金が科される（医師31条1項）。患者の診察・処置・手術等の医療行為（医行為）は身体への侵襲を伴うものも多く，そのため一定の危険性が内在するので，特別な資格を有する者のみがこれを業として行えるとしたものである。

発展4-9①　医行為と看護との境界・看護師の権限拡大

法は，医師が独占すべき「医業」について定義をせず，医師に医療行為の実施を包括的に独占させている（医師免許の包括性。アルマ145頁）。一般に医業は「当該行為を行うにあたり，医師の医学的判断および技術をもってするのでなければ人体に危害を及ぼし，または危害を及ぼすおそれのある行為（＝医行為）を，反復継続する意思をもって行うこと」と定義される（樋口範雄＝岩田太編『生命倫理と法Ⅱ』（弘文堂，2007年）6頁）。

一方，医師と並び，医療現場に関わる重要な専門職として，看護師・准看護師・助産師等が存在する。これらの者も，「医業」に当たらないと解釈される限りで，「医行為」を行うことができる。法は，看護師等は，主治医等の指示がある場合には，診療機械の使用・医薬品投与等，医師等が行うのでなければ衛生上危害を生ずるおそれのある行為（危険行為）を行うことができる旨，また，主治医等の指示がなくとも，臨時応急の手当をすることができる旨を定めている（保健師助産師看護師法37条の反対解釈）。ただし，危険行為や臨時応急の手当についても，法律上の定義等は存在しない。

個別の医行為を，具体的に，医師のみに許されるものと，看護師等が医師の指示を受けて行い得るもの，さらに，医師の指示がなくても行い得るものに分類しているのは，厚生労働省の発している一連の通知であるが，これも網羅的なものではない（例えば，「医師法第17条，歯科医師法第17条及び保健師助産師看護師法第31条の解釈について（通知）」平成17年医政発0726005号）。複雑で個別的な性格を有する医療の現場について，画一的な定義によって専門家の権限を線引きすることは困難であることから，このような柔軟な対応が選択されているといえる。もっとも，こうした柔軟な規制は，規制の対象となる私人の目からみれば明確さを欠き，医行為に該当するかどうかが明らかでない行為について萎縮効果をもたらす可能性もある。上述の通り医師法17条違反は刑事罰の対象となることから，そもそも外部効果のない通知による，かつこのように曖昧な規制のあり方には，罪刑法定主義の観点からも問題を呈しうる。こうした医師法17条の抱える問題点が顕在化した最近の裁判例として，入れ墨の施術が医行為にあたるとして，医師免許をもたずに施術を行った者に罰金刑が科された例（大阪地判平成29・9・27平成27年（わ）第4360号判例集未登載）がある。

近年，医師の不足や医師の過重労働の問題等を踏まえて，看護師や助産師等の権限を拡大し，伝統的には医師に独占されてきた行為を行う権限を，勤務年数等の一定の条件の下でこれらの専門職に付与しようとする議論が活発化している。平成26（2014）年に成立した「地域における医療及び介護の総合的な確保を推進するための関係法律の整備等に関する法律」は，上記のような議論を踏まえて，一定の診療の補助（特定行為）について，当該行為についての手順書を医師または歯科医師が前もって作成し，看護師がこの手順書に従って当該行為を（医師または歯科医師の指示なしに）行うための研修制度を導入し，看護師の権限を従来よりも拡大した（保健師助産師看護師法37条の2等）。

発展 4-9② 医師団体の役割――日本医師会

医師は，高度の倫理的要請と専門性を擁する特殊な職業である。このような特殊性を受けて，日本も含め多くの国においては，医師が組織する自治的な団体が存在し，医療に関わる様々な面で重要な役割を担っている。日本では，1920年代に遡る歴史を持つ「日本医師会」が，医師の全国組織として政治的・社会的に大きな影響力を有しており，医療保険制度を含めた医療政策全般の策定・実施に際して事実上極めて重要な役割を担っている。医療保険制度は医師の職業的・経済的自由に強いコントロールを及ぼす。そうした制度の構築・運営にこのような職業団体が参加することは，制度が適切に機能するために重要な意義を有する。

なお，医師の組織する団体には，専門家として倫理規定を作成し自主規制を行う，あるいは治療のあり方について高度な専門知識を共有し医療の質を担保する，という職業集団・専門家集団としての役割と，政府や医療保険制度等との関係で医師の経済的利益を擁護し追求する利益団体としての役割との二面性が存在し得る。日本の医師会は，場面によってこれらの二つの性格の両方を有し得るといえるが，両者が混同されると，必ずしも関係者の信頼や理解を得られない可能性があろう。この点，外国には異なる制度も存在しており，例えばフランスでは，前者の役割を担う医師会と後者の役割を担う医師組合とが全く異なる組織として分離されており，医師会には医業倫理に関する裁判権，医師組合には診療報酬の交渉権限など，法令上もそれぞれの性格に応じた特別な権限が与えられている。

(b) **病院と診療所の開設**　医療提供体制を構成する医療機関としては，病院および診療所が存在する。病院は，20人以上の患者を収容する施設を有し，傷病者に科学的かつ適切な医療を提供できる施設，診療所はそれ以外の比較的小規模な施設をいう（医療1条の5第1項・2項）。このように，医療法は，専門的治療・処置を必要とする患者を担当する病院と，いわゆるプライマリーケアを担当する診療所との区別を前提としている（医療機関の機能分化について→(3)発展4-11）。

診療所および病院の開設については，開設地の都道府県知事の許可が必要である（医療7条1項。都道府県知事は，施設の構造設備や人員が法令上の要件に適合するときには許可を与えなければならない（医療7条4項））。病院および診療所における病床数や病床の種別等の変更・診療所における病床の設置の際にも同様の手続が要求される（医療7条2項・3項）。ただし，開設者が既に臨床研修を修了した医師である診療所の開設については，開設後10日以内に知事に届出をすれば足りる（医療8条）。

なお，最高裁は，医療法7条に基づく病院の開設許可について，開設予定病院の所在地付近で医療施設を開設している法人・医師等には，当該開設許可の取消しを求める原告適格がないものとしている（最判平成19・10・19判時1993号3頁）。

⑵　医療機関の設置主体

上述の通り，病院および診療所（以下，病院等という）の設置については開設地の都道府県知事の許可が必要であるが，医療法は，設置（経営）主体を特定する規定をおいていない。したがって，国や公的機関による設置，民間法人による設置，個人による設置のいずれも可能である。現存する病院の最も多くを占めているのは，医療法に定められた「医療法人」（医療39条以下）によって経営されている病院である（診療所については，個人による設置が最も多い。以上，平成25（2013）年医療施設（動態）調査の結果による）。医療法人は，病院等を開設しようとする社団または財団であり（医療39条），剰余金の配当を禁じられた非営利法人である（医療54条）。解散時の残余財産の分配も，国・地方公共団体・医療法人等の限定的な範囲で行われる（医療44条5項・56条）。

他方，医療法7条6項は，営利を目的として病院等を開設しようとする者に対しては許可を与えないことができると定めている。実務上は，この規定を根拠として，営利法人の医療機関設置については原則として一切許可を与えない扱いとされている。このような扱いについては，「許可を与えないことができる」との法律の定めの解釈として適法・適切なものかが問題となり得る。また，この取扱いを前提とすれば，現在，株式会社等の営利法人は医療機関を設置できないことになるが，そのことの是非については，特に2000年代以降，規制改革の文脈での議論が活発化している（→発展4-10）。

発展4-10　株式会社による医療機関経営

規制改革論が活発化した2000年代初頭においては，株式会社の医療機関経営への参入の解禁の是非が盛んに論じられた。当時しばしば指摘されたのは，非営利法人とされている医療法人も，法人の残余財産の出資者への帰属を認めている等の点で，利潤を分配する営利法人と本質的に異ならないという点であった。このような批判に対応するため，平成18（2006）年の医療法人制度改革は，医療法人について非営利法人としての性格を徹底し，営利法人との差異を明らかにすることを目的としていくつかの法改正を行った。とりわけ，残余財産の配分先について，従来は制限がなかったところ，上記の通り国や一般の医療機関に限定する内容の法改正が行われた。

このように，株式会社の参入については，差し当たって，医療法人の非営利法人としての性格を強化することによって，営利法人の参入に対する理論的な障壁を強化するという方向性での対応がなされたといえる。もっとも，そもそもなぜ，出資者への利益分配を行う営利法人には医療機関経営を認めるべきでないのかという根本的な問題については依然として議論があり，今後も医療制度をめぐる一つの重要な論点となると思われる（営利法人は市場の機能を活用した資本調達を可能にするため，この論点は**総論4**で論じた内容とも関連している）。

(3) 医療計画と病床数コントロール

医療提供体制の整備のために重要な役割を担う計画制度として，都道府県の作成する医療計画があり，後述の通り（→(4)(c)）医療保険制度とも密接に関連している。

医療計画（医療30条の4以下。最新の第7次計画は平成29（2017）年に策定され，平成30（2018）年から実施されている）は，良質かつ適切な医療を効率的に提供する体制の確保のために国が定める方針に従い（医療30条の3第1項），都道府県が作成する計画であり（医療30条の4），医療機関の地域的偏在の是正と医療施設相互の連携を促進することを直接の目的とする。

この医療計画においては，病床の種別ごとに2次医療圏（一体の区域として入院医療を提供することが相当である地理的範囲）と3次医療圏（2次医療圏を二つ以上併せた地域）が設定され，それぞれについて，必要な病床数の目標として「基準病床数」が設定される（医療30条の4第2項12号〜14号）。そして，実際の病床数が必要な病床数を上回る場合，都道府県知事は，公的医療機関については，病院の開設を許可しないことができる（医療7条の2第1項）。公的医療機関以外の病院等については，都道府県知事は，病院の開設や病床数の増加，病床の種別変更について，病院等の管理者等に対して「勧告」する権限を有するに留まる（医療30条の11。保険医療機関として，「指定」との関係につき→(4)(c)）。なお，逆に，実際の病床数が必要な病床数を下回る場合には，国および地方公共団体は，病院または診療所の不足している地域における病院または診療所の整備など，必要な措置を講ずるように努める（医療30条の10第1項）。

なお，平成26（2014）年の医療法改正により，医療計画の計画年数が従来の5年から6年に改められている（医療30条の6第2項）。1期3年の介護保険事業支援計画（→**第5章各論**①**4**(2)）に足並みを揃えるためである。

発展4-11　医療機関の機能分化

医療が高度化し，専門分化する今日において，あらゆる医療機関に同じ機能を期待することは，医療の質の向上や，効率的な医療の提供の観点からして，ナンセンスである。こうした状況を踏まえて，医療法も，特定機能病院（高度の医療を提供し，高度の医療技術の開発・評価を行う能力を有すること等の要件を満たし，厚生労働大臣の承認を受けた病院。医療4条の2）や，地域医療の中核的役割を果たす地域医療支援病院（医療4条）等の特別な病院の類型を想定している。もっとも，今日においてもなお，多くの医療機関において，入院患者の中に急性期の患者と長期の療養が必要な患者が混在する，あるいは，大病院に外来患者が集中する，といった問題が指摘されており，医療機関の機能分化は，日本の医療制度にとって重要な政策課題となっている。

医療機関への「フリーアクセス」（→**総論**④**1**発展4-3）は，外来部門における上記の問題の重要な背景の一つであり，この問題に対応するために，「フリーアクセス」を一定程度制限する制度も導入された。すなわち，現行法令上，200床以上の大病院を紹介状なしに初めて受診する場合や，病院が他の医療機関（200床未満）に対し紹介を行う旨の申出を行ったにもかかわらず当該病院を受診（再診）する場合には，この受診は療養の給付の対象外の「選定療養」とされ（→**5**(1)・(2)），当該医療機関は患者に当該受診について通常の初診料にかかる一部負担金の他に追加的な費用の負担を求めることができる（平成18年厚労告495号（「厚生労働大臣の定める評価療養及び選定療養」）2条4号・5号参照）。診療報酬制度の変更により患者に追加的支出を求めることによって，間接的に患者の行動を制限するしくみの一例ともいえる（→発展4-14③）。

平成27（2015）年国民健康保険法等改正により，特定機能病院等は，医療機関の機能分担のため，必要に応じて患者に病状に応じた適切な医療機関を紹介する等の措置を講ずるものとされた（健保70条3項）。これを受けて療養担当規則にも改正が加えられ，特定機能病院・500床以上の地域医療支援病院について，他の適切な保険医療機関の紹介が療養担当規則上の義務とされている（療養担当規則5条3項1号）。これらの病院において上記の選定療養に当たる受診（紹介状なしの初診等）が行われる場合には，一定額以上の自己負担の徴収が療養担当規則上の医療機関の義務とされた（療養担当規則5条3項2号。他方，これらの病院以外で選定療養に当たる紹介状なしの受診等が行われる場合には，病院は従来通り自己負担を徴収「できる」に留まる）。

また，平成26（2014）年に成立した「地域における医療及び介護の総合的な確保を推進するための関係法律の整備等に関する法律」（平成26年法律83号）は，医療機関が都道府県知事に病床の医療機能（高度急性期，急性期，回復期，慢性期）等を報告する制度（病床機能報告制度）を導入した。報告された内容は，医療計画において新たに導入される地域医療構想（構想区域における病床の機能区分ごとの将来の病床数の必要量等に基づく，当該構想区域における将来の医療提供体制に関する構想。いわゆる「ビジョン」（アルマ152頁））に反映される（法改正と医療機能の報告を踏まえた最新の（第7次）医療計画は平成30（2018）年度から実施されている。以上，医療法30条の4第2項7号・30条の13第1項等)。都道府県知事は，地域医療構想に基づいて，病床数の削減や，不足している機能区分にかかる医療を提供することなどを要請することができる。この法改正によって，医療計画による病床数コントロールに病床機能の分化の視点が加えられ，機能分化の進展とともに，バランスのとれた病床の分布が実現されることが期待される。

(4)　保険医・保険医療機関

(a)　保険医の登録，保険医療機関の指定　　医療保険給付は，上記のような医師法・医療法等の規制を受ける医師および医療機関を，医療保険制度の中に組み込むことによって実現されている。このような目的のために，各種の医療保険法令は，保険医および保険医療機関という特別な地位を用意している。保険医とは，厚生労働大臣の登録を受けた医師または歯科医師をいい（健保64条)，保険医療機関とは，厚生労働大臣の指定を受けた病院または診療所をいう（健保63条3項1号。保険医・保険医療機関については，国保36条3項，高齢医療65条が，健保法の規定に依る旨を定めている。以下，健康保険法の規定のみを引用する)。国内の医療サービスのほとんどが保険医療として提供される状況においては，医師および医療機関にとって，保険医登録・保険医療機関としての指定を受けることには極めて重要な意味がある。

厚生労働大臣は，法定の指定拒否事由がない限り，保険医としての登録ないし保険医療機関の指定を与えなければならない（健保71条2項・65条3項)。保険医登録にかかる法定の登録拒否事由は，過去5年間に登録取消しを受けたことなど，保険医として著しく不適当と認められる者である場合である（健保71条2項1号〜4号)。保険医療機関にかかる法定の指定拒否事由は，過去5年間に指定取消し（→(b)）を受けたことなど，保険医療機関として著しく不適当と認められる場合である（健保65条3項1号〜6号。医療計画における基準病床数との関係での指定拒否事由について→(c))。

保険医療機関および保険医は，療養の給付の提供に際して，療養担当規則を遵守しなければならない（健保72条1項・70条1項)。療養担当規則の不遵守は，保険医療機関としての指定および保険医の登録の取消しを導く事由である（健保80条1号・81条1号)。

保険医療機関につき，厚生労働大臣は，一定の条件の下では，病床の一部または全部を除いた部分的な指定を与えることもできる（健保65条4項)。

(b)　保険医療機関に対する行政監督　　厚生労働大臣は，療養の給付に関して保険医療機関に指導を行うことや（健保73条1項），保険医療機関の開設者等に報告等を求めることができる（健保78条1項）。さらに，上述の療養担当規則の不遵守をはじめとして，法定された事由が存在する場合，いったん行われた保険医登録および保険医療機関としての指定を取り消すことができる（健保80条・81条）。

発展4-12　保険薬局・保険薬剤師

薬局またはそこで勤務する薬剤師についても，保険医療機関と同様の指定または登録の仕組みが法定されている（保険薬局・保険薬剤師。健保65条・71条等）。保険薬局または保険薬剤師については，遵守すべき規範として，保険薬局及び保険薬剤師療養担当規則（昭和32年厚生省令16号）が定められている（健保72条1項・70条1項）。同規則は，懇切丁寧な療養の給付の担当等，保険医・保険医療機関と共通する義務を定めるのと同時に，構造上・経営上の医薬分業（保険薬局及び保険薬剤師療養担当規則2条の3）など，薬局に特有のルールも定めている。医薬分業とは「医師と薬剤師とがそれぞれの専門分野で業務を分担することにより，国民医療の質的向上を図ろうとする」趣旨のものであり，その利点として，「医師にとっては手持ちの薬剤に縛られずに最善の薬剤を処方することができること，薬剤師にとっては医師から独立した立場」で「その処方を確認することが可能となること，患者にとっては，処方せんが交付されることにより処方内容の開示を受けることができるほか，複数の医療機関を受診した場合であっても，同一の薬剤を重複して投与されることを防止」し，「異なる薬剤の相互作用の確認を受けることもできること等」がある（東京地判平成24・11・1（判時2225号47頁）。同判決は控訴審判決（東京高判平成25・6・26判時2225号43頁）により一部変更されているものの，上記引用部分は維持された）。医薬分業は，直接には薬局にかかる規制であるが，上記の判決も述べる通り，薬剤師に一定の独立性と判断権限を委ねる趣旨の制度とみることも可能である。（薬剤師が重要な役割を果たし得る場面として，ジェネリック医薬品に関する→③2⑷発展4-14④）。

⒞　**医療計画による病床数規制と保険医療機関の指定**　以上の通り，医療保険制度に参加する医師および医療機関については，保険医療への参加の有無とは一応独立に医師・医療機関をコントロールする医師法・医療法上の法規制（→⑴，⑶）と，医療保険法令によって課される法規制（→⑷⒜）とが重畳的に適用される。そして，公的医療保険は広範囲の医療行為を包含し，ほとんど全ての医療機関が保険医療機関としての指定を受けることを目指す。このような状況においては，上記の2種類の法規制は相互に強い関連性を持って機能する。こうした関係が顕在化する場面として典型的なのは，医療法上の医療計画による病床数規制と，健康保険法等における保険医療機関としての指定との関係が問題となる場面である。

医療保険制度においては，病床数等の施設の過剰は不必要な需要を呼び起こし，医療保険の保険給付費を拡大する要素であると考えられてきたため（いわゆる「医師（供給）誘発需要仮説」（→発展 4-13②）），医療計画上の基準病床数の定めは，保険医療費の抑制という観点から，医療保険法令上も，重要な位置づけを与えられてきた。現行法上，厚生労働大臣は，医療法上行われる勧告（→(3)）に従わずに開設された病院の病床の全部または一部については，保険医療機関としての指定を行わないことができる（健保 65 条 4 項 2 号。つまり，理論的には，一つの病院の中に，医療保険の対象となる病床と，対象とならない病床が存在することもあり得る）。この指定拒否処分を根拠づける健康保険法 65 条 4 項 2 号は，平成 10（1998）年健康保険法改正により導入されたものである（改正時の 43 条の 3 第 4 項 2 号）が，同改正以前から，同様の指定拒否処分が実務上は行われていた。当時の法令の下では，私人の権利義務に直接の影響を及ぼさないはずの行政指導たる医療法上の勧告につき，それに従わない場合に，健康保険法上の指定拒否という不利益処分を行うことの適法性が問題とされたが，最高裁は平成 17 年の判決でその適法性を認めた（最判平成 17・9・8 判時 1920 号 29 頁（百選 11））。平成 10（1998）年健康保険法改正は，医療法上の医療計画における基準病床と健康保険法上の保険医療機関指定との関係を法律上明らかにし，この問題に法律のレベルで決着をつけるものであった（残された憲法上の問題について→第 2 章第 2 節3 2）。

発展 4-13①　「勧告」の法的性格

医療法上の勧告（医療 30 条の 11）に従わないことを直接の理由とする不利益処分や罰則等は医療法上予定されておらず，勧告を受けた者も，これに従わずに医療機関の開設や病床数の増加を行うことが可能である。他方で，上述の通り，医療機関を開設ないし病床数を増加した者については健康保険法に基づく保険医療機関としての指定拒否という不利益処分が行われる可能性がある。このことを踏まえて，勧告の法的性格をどのように捉えるかが問題となる。最高裁は，医療法 30 条の 11 の勧告の行政指導としての性格を認めつつ，同時に，「勧告を受けた者に対し，これに従わない場合には，相当程度の確実さをもって，病院を開設しても保険医療機関の指定を受けることができなくなるという結果をもたらすもの」であること，かつ，「いわゆる国民皆保険制度が採用されている我が国においては……保険医療機関の指定を受けることができない場合には，実際上病院の開設自体を断念せざるを得ないことになる」ことを併せ考えれば，行政処分（行訴 3 条 2 項）として取消訴訟の対象となると判断した（最判平成 17・7・15 民集 59 巻 6 号 1661 頁（百選 21））。

発展 4-13②　医師（供給）誘発需要仮説

医療経済学の分野で古くから存在する仮説として，医療においては供給量が需要を決定するという，いわゆる医師（供給）誘発需要仮説がある。この仮説は，しばしば，病床規制による医療費抑制政策等，医療供給量の抑制による医療費抑制を目指す政策の根拠とされる。上記の平成17年最高裁判決においても，病床数のコントロールが医療制度の効率的な運営に資するとの議論の根拠として，判旨の結論を左右する重要な位置づけを与えられている。

医師（供給）誘発需要仮説の根拠は，医療の分野において医師と患者との間に情報の非対称が存在することである。患者は，ある医療行為が自らにとって必要か否かを判断するための十分な情報を持たないため，医師が提案・提供する医療をそのまま受け入れるという傾向がある。そのため，医療機関や医師の数が増大し所得が減少しそうになると，医師は医療の供給量を増やすことで所得を維持することが可能であり，結果として，本来は存在しない需要が生み出され，不必要な医療費が生じるというのである。しかしながら，この仮説については，医療経済学の専門家によってその根拠に疑念が呈されることもあり，必ずしも十分に根拠づけられたものとはいいきれない（竹中康之・百選〔4版〕24頁参照）。少なくとも，診療報酬体系やその水準の変動，診療科目の相違等を考慮せずに広く適用されるべき仮説ではないように思われる。

3　現物給付の法律関係

1　三面関係と審査支払機関

被保険者は，厚生労働大臣の指定を受けた病院または診療所において，現物給付たる療養の給付を受けることができる（健保63条1項・3項）。療養の給付をめぐっては，主として，療養の給付を提供する保険医療機関等・保険者・被保険者（患者）の三者の間で法律関係が展開する。まず，①保険医療機関等と保険者との間では，ⓐ保険医療機関等が被保険者に対して療養の給付を提供する義務を負い，ⓑ保険者は，保険医療機関等によって行われた適切な療養の給付について，その対価（いわゆる診療報酬）を支払う義務を負う（→**2**）。また，②保険医療機関等と被保険者（患者）との間では診療契約が締結され，この契約および法令を根拠としてⓐ保険医療機関等は患者に対して診療を提供する義務を負い，ⓑ患者はこの診療に対する報酬の一部を支払う（→**3**）。最後に，③保険者と被保険者（患者）との間では，ⓐ被保険者は法令上保険者に対して医療保険給付の請求権を有している（従来はこれに加えてⓑ高額療養費等の金銭給付が行われていた）。被保険者は，保険医療機関から給付を受けることでこの請求権を実現するため，保険者に対する請求権は，抽象的・理論的な性格のものといえる（→**総論5 4**）。

①の場面において保険者は，診療報酬の支払いをめぐる事務を，社会保険診療報酬支払基金（被用者保険あるいは国保の場合。健保76条5項，国保45条5項）または国民健康保険団体連合会（国保の場合。国保45条5項）に委託することができる

図表 4-2 現物給付（療養の給付）の構造

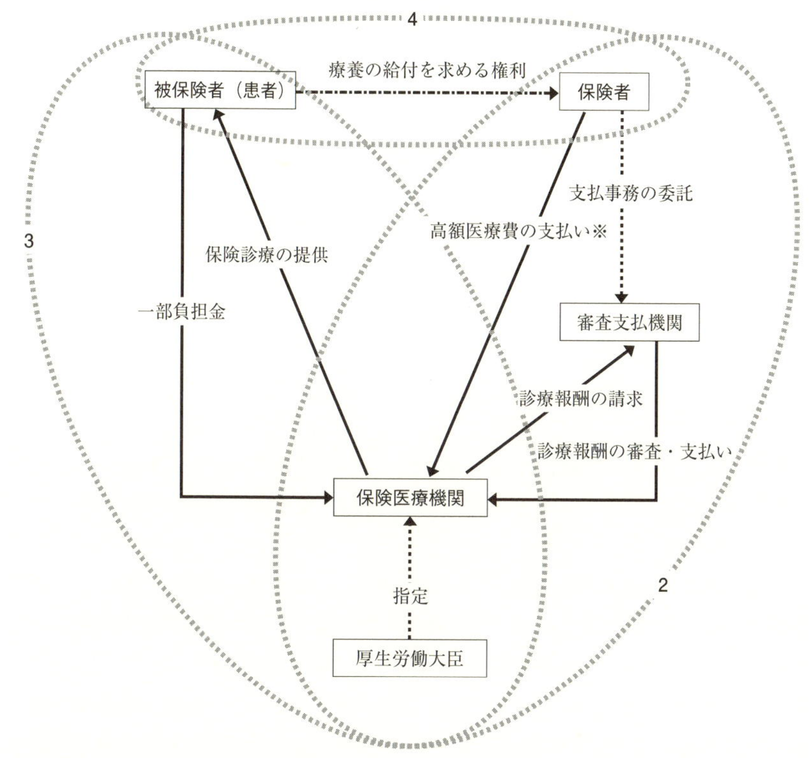

2〜4 は本文の項目番号（③ 2-4）に対応
※代理受領により現物給付化（→ 4 (2)）

(以下，両組織を併せて「審査支払機関」という)。従来，厚生労働省は通知により審査支払機関への委託を保険者に実務上義務づけてきた。現在はこの通知は廃止され，保険者自身による診療報酬審査への途がひらかれているが，実際にはほとんどの保険者が依然として審査支払機関への委託を行っている。

以上の三者関係をごく単純化して整理すると，図表 4-2 のようになる。

こうした三当事者間（審査支払機関を加えれば四当事者間）の多様な法律関係が，患者への適切な医療の提供という医療制度全体の目的の下，全体として一貫したものとして機能することが求められている。そのような目的から，これらの法律関係においては，契約関係の成立が想定されている場合でも，当事者間の合意による決定の余地が法令によって大きく制限され，画一化されている。以下，三当事者間の法律関係が全体として実現する現物給付という観点を十分に意識しつつ，これらの法律関係を規律する法的仕組みやその解釈について，細かく分析を加えていくこととする。

2　保険医療機関と保険者との間の法律関係

(1)「指定」の効果

厚生労働大臣による保険医療機関の指定は，当該保険医療機関と医療保険の全ての保険者との間に療養の給付に関する契約関係を成立させる効果を有する形成的な行政行為である（東京地判平成24・11・1判時2225号47頁。控訴審は東京高判平成25・6・26判時2225号43頁)。この「公法上の」（大阪地判昭和56・3・23判時998号11頁（百選22)）契約関係の効果として，指定を受けた医療機関は，各種の法令の規定を遵守した内容の療養の給付を被保険者に対して提供する義務を負う。法令を遵守して提供した療養の給付について，医療機関はその対価として保険者に診療報酬を請求する権利を獲得し，保険者には診療報酬支払債務が発生する。

なお，「指定」の法的性質については，上記の通り行政処分と捉える見解（指定拒否処分につき鹿児島地判平成11・6・14判時1717号78頁，最判平成17・9・8判時1920号29頁（百選11)）と，大臣が保険者に代わり第三者たる被保険者のためにする契約（準委任契約）と理解する見解（前掲大阪地判昭和56・3・23（百選22)），大阪高判昭和58・5・27判時1084号25頁（百選26)）とが存在するが，両説は，指定の効果として上記のような契約関係（または契約に類似する双務的な債権債務関係）が保険者と保険医療機関との間に成立するという点においては一致しており，実際上の相違は大きくない。

保険医療機関と保険者との間の契約の内容は，以下でみるように，診療報酬に関する法令の規制により詳細にコントロールされており，契約関係の存在は，あくまで，両者が療養の給付をめぐって相互に義務を負っていることを説明するためのツールとして想定されていると理解してよいだろう。

(2)　診療報酬と診療報酬点数表

保険医療機関と保険者との間で展開する法律関係の中心に位置づけられるのが，保険者から保険医療機関に対する費用支払い，いわゆる診療報酬の支払いをめぐる権利義務関係である。

保険医療機関が療養の給付を行った場合，保険者は，「療養の給付に関する費用」，いわゆる診療報酬を保険医療機関に対して支払う（健保76条1項)。この診療報酬の額は,「療養の給付に要する費用」から患者の支払う一部負担金を控除した額であり（同項),「療養の給付に要する費用」は，厚生労働大臣の告示により，全国一律のものとして点数の形で定められる（健保76条2項,「診療報酬の算定方法」(平成20年厚労告59号))。大臣が定めるこの規範は,「診療報酬点数表」と呼ばれることもあり，この点数に1点当たり単価（10円）を乗じるという形で療養の給付に要する費用の具体的な額が決定される。なお，このように，実施された各医療行為についてそれぞれ報酬が付される仕組みを「出来高払い方式」という（→(6))。

以上の通り，診療報酬点数表は，各診療行為について支払われる費用の額を点数の形で決定する規範であり，つまりは，被保険者の受ける「療養の給付」(健保52条等）の価格を決定する規範である（被保険者が支払うべき一部負担金の額も，診療報酬点数表により算定される「療養の給付に要する費用」に基づいて決定される→3(3))。

また，診療報酬点数表は，同時に，この点数表に記載された医療行為についてのみ診療報酬が請求され得るという意味で，診療報酬請求の対象となる医療行為の範囲，ひいては，被保険者の受ける「療養の給付」の範囲を決定する規範という機能も有する。このように，診療報酬点数表は，現物給付の法律関係において，当事者の主要な権利義務関係を決定する基礎となる重要な規範である。

なお，医薬品の価格は，診療報酬点数表の委任を受けて（診療報酬点数表D500注2)，別の告示が定めている（「使用薬剤の薬価（薬価基準)」(平成20年厚労告60号))。

(3) 診療報酬制度の意義

診療報酬による価格決定の制度には，①医療の価格があらゆる患者との関係で一律に決定される，②医療機関等と患者との間で直接に価格交渉が行われない，③医療機関等と保険者との間でも直接に価格交渉が行われない，という三つの特徴がある。このうち①，②の点は，国民がその交渉力や資力にかかわらず平等な医療を受けられることを担保している。患者には医療に関する専門的知識がなく，また緊急に医療サービスを必要とする場合も多く，個々の患者に価格交渉を委ねることは適切ではない（西村205頁)。また，③は，医療機関等と保険者との間の交渉が難航・決裂することで制度が機能不全に陥ることを防ぐという意味，さらには，その時々の政治的・社会的状況によって医療の価格が大きく変動することを回避し，医療保険制度の安定性を担保するという意味を持っている。

(4) 診療報酬点数表の作成・決定

厚生労働大臣は，中央社会保険医療協議会（中医協）に諮問した上で診療報酬を決定する（健保76条2項・82条1項）。法律上，中医協は諮問に応えて診療報酬につき意見を述べる役割を与えられているに過ぎないが，実際の診療報酬額は中医協の提案に全面的に依拠して決定される。そのため，中医協は診療報酬決定に際して実際上極めて重要な役割を果たしているといえよう。

中医協は，①被保険者・保険者・使用者の代表7名，②医師・歯科医師・薬剤師の代表7名，③公益代表6名から構成される（社会保険医療協議会法3条1項）。委員は大臣により任命されるが，①の委員の任命に当たっては「医療に要する費用を支払う者の立場を適切に代表し得ると認められる者の意見」，②の委員の任命に当たっては，「地域医療の担い手の立場を適切に代表し得ると認められる者の意見」にそれぞれ配慮しなければならない（同法3条5項）。

このように，中医協には，医療サービスを提供する者（②）とこれに対して費用を支払う者（①）の代表が同数ずつ参加しており，これらの当事者代表が，公益代表（③）の協力を得ながら，医療サービスについて事実上の価格交渉を行っているとみることもできる。

発展4-14①　医療費抑制政策の交渉・決定の場としての中医協

2年に1度行われる診療報酬改定は，診療報酬を媒介として医療費抑制政策が議論される場でもある。そもそも，大臣による諮問の際には，診療報酬の全体としての伸び率が「改定率」として中医協に示され（例えば平成28（2016）年度について，「諮問書（平成28年度診療報酬改定について）」（平成28年保発0113第1号）を参照），中医協における議論はこの改定率の枠内で行われる。そして，この「改定率」の背景には，国庫負担等の医療費削減・抑制を目指す財務省と厚生労働省との予算折衝が存在する。つまり，診療報酬は医療費総額の伸びを管理するためのツールとしても機能しており，中医協による診療報酬改定に向けた議論は，国の医療費抑制目標の実現に向けた医療費抑制政策の構築・決定の場でもあるといえる。中医協においては，この改定率の枠内で，異なる診療科，病院・診療所等の間でいかに報酬を配分すべきか等が議論される。また，後でみるように（→発展4-14③），診療報酬点数表は，医療行為の価格表の役割を超えて，様々な政策――その多くが医療費抑制に向けられたもの――の実現のツールとしても機能している。

発展4-14②　中医協と診療報酬

既に述べた通り，中医協においては，費用支払主体（保険者・被保険者等）の代表者と給付提供主体（医師等）の代表者とが，公益委員の調整を受けながら実質的な価格交渉を行っているとみることができる。診療報酬点数表は，上述の通り，①価格決定と②医療保険の給付範囲の決定という二つの役割を担っていると評価できるが，このうち，①価格決定の側面に着目すると，上記のように当事者代表を対面させ価格交渉類似の議論を行う中医協への諮問という手続を経ることにより，その内容の適切性がある程度担保されると説明できるだろう（自由診療の報酬に関して診療報酬点数表が用いられることについて→発展 4-15）。

他方，②給付範囲の決定――つまり，日本の医療保険制度がいかなる医療サービスをカバーすべきか――という問題については，はたして上記のような二当事者間の価格交渉類似の決定手続が適切かどうかには疑問も呈し得る。5(2)発展 4-20②で論じる通り，混合診療問題との関係では，医療保険制度における給付範囲を，法令上現在よりも明確な形で限界づけることが必要となる可能性がある。この場合には，例えば①と②の問題を，異なる規範と異なる決定手続に切り離すことも理論的には考え得る。

なお，健康保険法は評価療養のうち高度の医療技術にかかるものについては中医協の諮問の対象から除外しており（健保 82 条 1 項ただし書），この部分については別の特別な専門家委員会（先進医療専門家会議）が諮問を行っている。

発展 4-14①，4-14②の参考文献

・新井裕充『行列のできる審議会――中医協の真実（ロハスメディカル叢書）』（ロハスメディア，2010 年）

発展 4-14③　診療報酬の多様な機能

診療報酬点数表が医師・医療機関の行動に極めて強い影響力を持ち得ることから，診療報酬点数表には，医療費抑制を中心とした多様な政策目的が組み込まれている。

例えば，一部の医療行為について診療報酬を相対的に低く，ないし高く設定することで，当該医療行為に関する経済的インセンティブをコントロールし，当該医療行為の実施を抑制あるいは促進することが行われる。例えば，入院に関しては，必要性の低い長期入院が医療費抑制の観点からも患者の健康上の観点からも望ましくないとの考慮から，診療報酬点数表上，入院期間の長さによって報酬額が減額される仕組み等が存在する（例えば，一般病棟の入院に関する基本点数に対する各種の加算額は，入院期間 14 日，30 日を区切りとして減額される。診療報酬点数表の A100 注 3 を参照）。また，ジェネリック医薬品についてはその普及を促すべく，処方・調剤等について診療報酬の加算が行われている（→発展 4-14④）。

さらに，一部の医療行為を保険診療の範囲から排除し，特別な自己負担を課すことで，より強いコントロール効果が狙われることもある。このような試みは，特に近年，ある医療行為を「選定療養」の対象とし，費用の一部を保険外としつつ混合診療を許すという形で行われている（これにより，当該医療行為にかかる部分のみが「療養の給付」の対象外として自己負担となる一方で，併用される「療養の給付」は保険給付の対象となり得る→5(1)）。例えば，180 日を超える入院（難病患者等一部の患者の入院を除く）や，紹介状なしでの大病院の初診等が，選定療養とされ，患者に特別な費用負担が課されている（180 日を超える入院については，実際には入院基本料の 15% が保険外となり，患者の自己負担となっている。「保険外療養費に係る療養についての費用の額の算定方法（平成 18 年厚労告 496 号）参照）。このような制度も，排除された医療行為の実施を抑制する効果をもたらすという意味で，上記の診療報酬額の減算・加算の制度と連続性を有する。

発展 4-14③の参考文献
・岩村正彦「社会保障法入門　第49回」自治実務セミナー42巻4号（2003年）14頁

発展 4-14④　ジェネリック医薬品

後発医薬品（ジェネリック医薬品）とは，先発医薬品と同一の有効成分を同一量含み，同一経路から投与する製剤で，効能・効果，用法・用量が原則的に同一であり，先発医薬品と同等の臨床効果・作用が得られる医薬品をいう。先発医薬品について開発者が有する特許が切れてから開発・販売されるため，通常は先発医薬品よりも価格が安くなる。

社会保障の観点からすれば，低価格でほぼ同じ薬効を得られる（ただし，薬効の違いについては専門家の間でもなお議論がある）後発医薬品は，医療費抑制の観点からみて望ましい。そのため，これまで，その使用を促進する様々な試みが行われてきた。例えば，診療報酬点数表上，後発医薬品を積極的に使用する医療機関や薬局には，診療報酬の加算が行われる（→発展 4-14③）。また，療養担当規則には，後発医薬品の使用を考慮するとともに，患者が後発医薬品を選択しやすくするための対応に努めなければならないとの定めがある（療養担当規則20条2号ニ。歯科医師について，21条2号ニ）。さらに，保険薬局・保険薬剤師が遵守すべき保険薬局及び保険薬剤師療養担当規則にも，保険薬剤師・保険薬局について，後発医薬品に関する説明義務や，後発医薬品の積極的な利用を促す努力義務が定められている（保険薬局及び保険薬剤師療養担当規則7条の2・8条3項）。

以上のように，現行法令は，診療報酬による経済的誘導と医師・薬剤師等に課される努力義務等によって，後発医薬品が用いられるよう誘導を行っている。日本における後発医薬品のシェアは近年著しく上昇しているものの，欧米諸国と比較すると低いものに留まっている（平成27（2015）年における数量シェアは56.2%）。厚生労働省は，遅くとも平成32（2020）年度末までに数量シェアを80% 以上まで引き上げることを目標に掲げ，周知・広報活動等を行っている（なお，生活保護法におけるジェネリック医薬品の位置づけについて→第7章各論⑦4(1)）。

(5)　告示による診療報酬決定

診療報酬は告示の形で定められるため，その法的効果（外部効果があるか否か）は当然には明らかではないが，健康保険法による明示的な委任を受けた規範であること等からして，外部効果を持つ法規命令であると理解してよいだろう（告示の外部効果については，塩野宏『行政法Ⅰ〔第6版〕』（有斐閣，2015年）112頁を参照）。

なお，診療報酬点数表を改定する告示の制定について，立法行為の性格と同時に，保険者との関係で行政処分としての性格をも有し得ると述べた裁判例がある（東京地決昭和40・4・22訟月11巻4号603頁）。

発展 4-15　自由診療と診療報酬点数表

診療報酬点数表は，保険診療における報酬決定のみならず，自由診療においても，報酬をめぐる紛争解決の際に裁判所による判断の基礎とされることがあり，このことは自由診療の実際の運用にも一定の影響を及ぼしていると思われる。例えば，裁判例には，自由診療において報酬についての有効な合意が当事者間に存在しない場合には，裁判所が診療行為の内容に即応した相当な額を決定すべきとした上で，社会保険制度における診療報酬点数表を基礎として，報酬額を決定したものがある（報酬への課税を考慮した調整を加えている。東京地判平成元・3・14 判時 1301 号 21 頁（百選 31））。また，少し古い裁判例になるが，交通事故の被害者から加害者に対する損害賠償請求訴訟における損害の認定の際に，自由診療の場合の社会一般の常識的な診療費水準は健保基準の 2 倍程度であるとして，この水準よりも著しく高額な治療費を事故と相当因果関係のある支出とは認めないと判断したものが存在する（東京地判昭和 51・3・25 判時 829 号 65 頁）。ここでは，発生した医療費が加害行為との間で相当因果関係のある損害か否かを判断する際に，診療報酬点数表が用いられている。

保険診療に関する基準であるはずの診療報酬点数表が自由診療においても用いられ得る理由として，上述の東京地裁平成元年判決は，「健康保険法の診療報酬体系は，中央〔社会保険医療〕協議会の答申に基づくものであり，手続上，診療報酬に利害関係を有する各界の意見及び公益を十分に反映させ，その調和を図りつつ，公正妥当な診療報酬が定められているということができ，実際にも診療報酬体系が定められた昭和 33〔1958〕年からたびたび改定が行われ，現在では，ほとんどの診療報酬が健康保険法の診療報酬体系により算定されているという事実」（下線部筆者）を挙げている。下線部にみられるように，同判決においては，中医協への諮問のプロセス（→(4)）によって当事者の利益が反映・調整されていることが重視されている。

(6) 包括払い制度の導入とその拡大

診療報酬点数表によって算定される費用は，個別の医療行為の点数を積み重ねる形で計算されるため，「出来高払い」と呼ばれる（→(2)）。これが日本の医療制度における原則的な費用計算・支払いの方法である。これに対して，個々の医療行為ではなくある類型の疾病について包括して一定額を支払う方法を，「包括払い制度」などと呼ぶ。日本でも，平成 15（2003）年以降，急性期病院を対象に，アメリカの制度をモデルとして DPC（Diagnosis Procedure Combination，診断群分類）による包括払いが導入されている。DPC は，1 日当たり定額の医療費が支払われる方法で，この定額は基本的に入院期間により逓減する（診療報酬の算定方法（平成 20 年厚労告 59 号）1 号ただし書，厚生労働大臣が指定する病院の病棟における療養に要する費用の額の算定方法（平成 20 年厚労告 93 号）参照）。また，平成 18（2006）年度以降は，療養病床（→第 5 章各論② 5(3)）についても包括支払いが導入されている。

(7) 療養の給付をコントロールする規範と診療報酬請求権の発生

既に述べた通り，保険医療機関および保険医は，療養の給付の提供に際して，療養担当規則を遵守しなければならない（健保70条1項・72条1項→②2(4)）。この療養担当規則の遵守は，保険医療機関等が診療報酬請求権を獲得するための要件でもある（健保76条4項）。

また，上述の通り，診療報酬支払いの対象となるのは，診療報酬点数表に登載された診療等のみである。この意味で，診療報酬点数表に則って診療が行われたことも，診療報酬請求権発生の要件である（健保76条4項）。診療報酬点数表に登載されている医療行為については，しばしばその実施のあり方について行政通達によってより細かいルールが定められており，これらのルールも，診療報酬点数表を具体化するものとして診療報酬請求権の発生にかかる保険者ないし裁判所の判断に影響を及ぼす（→(8)）。

このように，法は，診療報酬請求権の発生を一定の規範の遵守によって条件づけるという方法で，医師・医療機関等の行動に枠を設定し，提供される医療の範囲・水準をコントロールし，被保険者に対して適切な内容の診療が提供されることを担保している（なお，詳述はしないが，上記の各種法令に加え，法令上定められた手続・方式に則った請求をすることも，診療報酬請求権発生の要件として挙げられる）。保険医療機関と保険者との間に契約関係が成立するとの理解（→(1)）を前提とすると，これらの規範は，準委任契約における委任の本旨（民656条・644条）を画するものとして機能する。

診療報酬（包括払いを含む）についての参考文献
・島崎362-373頁

(8) 審査支払い・減点査定

(a) 審査支払機関の役割　保険者から診療報酬の支払いについて委託を受けた審査支払機関（社会保険診療報酬支払基金・国民健康保険団体連合会）は，単に保険者の審査支払事務を代行するに留まらず，診療報酬支払義務を自らの債務として負担する（最判昭和48・12・20民集27巻11号1594頁〔百選23〕。判旨は，支払委託を「公法上の契約関係」と性格づけた上で上記のように述べた）。なお，審査支払いは，間接的には，現物給付制度における被保険者の給付請求権の内容を事後的に確定する意味も有する。審査支払いによって受給権の具体的内容が確定するという権利の構造は，他の社会保障受給権にはみられない医療保険の特徴である（→4(1)）。

(b)　減点査定　　審査支払機関は，実施された診療が診療報酬点数表と療養担当規則を遵守するものとして診療報酬請求権を発生させるものかを審査し，診療報酬を支払う（健保76条4項。診療報酬請求権発生の要件について→(7)）。審査の結果，保険医療機関等によって請求された診療報酬の一部について，診療報酬請求権が発生していないものとして支払いを行わないことがある。このような，申請された診療報酬額を縮減した上での報酬支払いを，減点査定などと呼ぶ。

審査支払機関は，実施された診療行為の医学的適切性に踏み込んで，その療養担当規則との適合性を審査する権限を有するため（最判昭和61・10・17判時1219号58頁（百選28）。診療報酬点数表との関係でも同様と考えられる），減点査定をめぐっては，実際に治療に当たる医師等と審査支払機関との間で，ある医療行為の医療保険給付としての医学的適切性について争いが生じることがある。こうした争いは，保険医療機関等が減額分の診療報酬の支払いを求めて提起する給付請求訴訟を通じて顕在化する（なお，判例によれば，減点査定は行政処分性を有しない。最判昭和53・4・4判時887号58頁（百選24））。療養担当規則の定め自体は極めて抽象的・概括的なものとなっており，また，診療報酬点数表も各種の通達による解釈が示されているに留まるから，こうした争いに一義的に答えを与えるものではない。そのため，上記のような訴訟では，医師の治療上の裁量と，適切な保険医療の提供という公的医療保険制度の重要な関心とを，審査支払いの場面でどのように両立させるべきかが問題となる。なお，療養担当規則をはじめとする各種の法令を遵守して療養の給付を行った事実（当該法令が規範的評価を含む場合，そのような評価を根拠づける具体的事実）の主張および証明の責任は，原告たる保険医療機関等が負担する（大阪高判昭和58・5・27判時1084号25頁（百選26）。診療報酬請求権の発生要件につき→(7)）。

なお，審査支払機関による審査結果については，保険者ないし保険医療機関からの求めに応じて再審査（再考）が行われ得る（国保則30条・41条，社会保険診療報酬支払基金法15条1項3号）。

(c)　減点査定をめぐる裁判例　　減点査定をめぐる紛争について裁判所は，ほぼ一貫して，診療行為当時の一般的な医療水準に基づいて，当該診療行為の適切性を判断することにより，療養担当規則・診療報酬点数表との適合性を判断していると思われる。例えば，行政通達で定められた抗生物質の使用基準（京都地判平成12・1・20判時1730号68頁（百選27）），薬事法（平成25（2013）年改正による法律名変更前。現在の名称は「医薬品，医療機器等の品質，有効性及び安全性の確保等に関する法律」（医薬法））に基づく医薬品の添付文書（横浜地判平成15・2・26判時1828号81頁）について，これらの基準に適合しないことを理由とした減点査定の適法性（減点された部分の診療報酬請求権の不発生）を認める裁判例が存在する。ただし，このような判断は，一般的医療水準を具体化するとみられる基準の絶対的な遵守を医師に求めるものではなく，何らかの特別な事情がある場合に医師等が異なる判断をとることを否定するものではない。上記の二つの裁判例も，使用基準・添付文書から逸脱した医療行為が，事案ごとの特別な事情に応じて適切なものと判断され得る可能性を認めている（より厳密には，そのような余地を残さない画一的な審査支払いの手法を否定するような結論を導いている）。ただしこの場合にも，個別の事案の状況に鑑みて当該診療行為の必要性や効果が十分であったことについて保険医療機関が立証しなければならない。

こうした裁判例の判断枠組みは，審査支払機関（ひいては医療保険制度）が一定の医学的水準の実現を求めることにより保険診療の医学的な適切さを担保する必要性を認めるのと同時に，医師の専門的裁量，ならびに医療行為の性格上必要とされる事案ごとの個別性・柔軟性が十分に尊重されることにも配慮するものといえる。

3　保険医療機関と被保険者（患者）との間の法律関係

(1)　診療契約

医療保険の被保険者が保険医療機関等を受診し，被保険者証（→①1）を提示するなどして保険診療を希望する旨の明示・黙示の意思表示をした場合（なお，被保険者証の提示は，法令上療養の給付を受けるための要件とはなっていない。もっとも，国民健康保険・後期高齢者医療制度においては，保険料滞納を理由として被保険者証を返還した被保険者は療養の給付を受けることができず，特別療養費の支給を受ける→④8），患者たる被保険者と保険医療機関等との間には私法上の契約が成立する（いわゆる診療契約）。この契約は民法上の準委任契約（民656条）に当たる（東京地判昭和47・1・25判タ277号185頁（百選18））。診療契約上，保険医療機関等は法令等を遵守して適切な保険診療を提供する債務を被保険者に対して負うことになり，被保険者は適切な診療について一部負担金（→(3)）の支払債務を負う。

ただし，これらの義務はいずれも，保険医療機関と患者との間に契約の締結がなくても法令上その存在・発生が規定されているものである。すなわち，保険医療機関が負う上記の債務は，保険医療機関の指定により保険者と保険医療機関との間に成立する契約関係（→2(1)）から生じる効果によっても説明され得るものであるし，患者の負う一部負担金支払義務は，後述の通り，法律上の義務とも説明し得るものである（→(3)）。いずれにしても，医療機関により提供されるべき診療の内容，患者が支払う費用，その際に遵守されるべき規範等は全て法令によって定められており，患者による保険医療機関等の選択（つまり契約の相手方の選択）の場面を除いては，当事者の自由な意思の合致によって決定される契約条項は，ほとんど存在しない。そのため，被保険者と保険医療機関等との間に診療契約の成立を認めることは，医療保険法との関係ではそれほど大きな意味を持たない（減点査定との関係で契約責任が意味を有し得る場面として→**4**(2)発展 4-19。また，診療契約が医療過誤・医療事故に関する医療機関・医師の一般民事法上の責任追及の法的基礎となり得ることについては→発展 4-16）。あくまで保険診療にかかる法令の範囲内で何らかの特約を行うことは可能であるが，保険診療の枠内での特約である以上，例えばそうした特約によって被保険者に追加的な費用負担が生じるような合意は行い得ない（なお，混合診療が例外的に許される選定療養等の保険外診療については，法令の緩やかな規制の枠内で，当事者の合意による価格決定等が行われる。療養担当規則 5 条参照）。なお，純然たる保険外診療の場合には，原則として当事者の合意・特約により自由にその内容や価格が決定され得る（裁判所によるコントロールが行われた例について→**2**(4)発展 4-15）。

発展 4-16 医療事故・医療過誤にかかる医療機関の民事責任

医療事故・医療過誤が発生した場合，患者・家族による医療機関・医療従事者に対する民事法上の損害賠償請求が行われることがある（その他に，医療機関・医療従事者の刑事責任（業務上過失致死傷罪等），行政責任（医師の免許取消しや保険医療機関の指定取消し等）が問われ得る）。このとき，患者と医療機関との間に成立する診療契約は，債務不履行責任（改正民 415 条）追及の法的基礎として機能し得る。また，民事法上の損害賠償請求のための法律構成としては，債務不履行構成に加え不法行為構成（民 709 条）が想定可能であり，今日の学説の多くはいずれの構成を用いても結論には影響がないものと考えている。

これらの民事訴訟においては，債務不履行構成の場合には「診療契約上の注意義務」，不法行為構成をとる場合には，「過失」の具体的内容が問題となる。判例によれば，医師には「危険防止のために実験上必要とされる最善の注意」を尽くして診療に当たる義務があり（最判昭和 36・2・16 民集 15 巻 2 号 244 頁），この注意義務の基準となるのは「診療当時のいわゆる臨床医学の実践における医療水準」である（最判昭和 57・3・30 判時 1039 号 66 頁）。ただし，実際に個々の医療機関について要求される医療水準は「当該医療機関の性格，所在地域の医療環境の特性等の諸般の事情を考慮」して決せられる（最判平成 7・6・9 民集 49 巻 6 号 1499 頁。以上につき，甲斐克則 = 手嶋豊編『医事法判例百選〔第 2 版〕』（有斐閣，2014 年）98 頁［米村滋人］。なお，診療契約上の医療機関の債務に言及する比較的新しい最高裁判例として，最判平成 22・1・26 民集 64 巻 1 号 219 頁）。

保険医療機関が診療報酬請求権獲得のために遵守すべき医療水準（減点査定に関する→**2**

⑻）と，医療機関に不法行為法上・診療契約上求められる注意義務において基準となる医療水準とが常に一致するとは限らない。そのため，理論的には，個別の事案の事情の下で両者に乖離が生じる場合の処理が問題となり得よう（典型的には，保険診療としては不適切で減点査定の対象となる，あるいは少なくとも奨励されていない行為が，診療契約上ないし不法行為法上は医師に義務づけられる場合があり得るか，といった論点が考えられる）。

なお，平成26（2014）年医療法改正（地域における医療及び介護の総合的な確保を推進するための関係法律の整備等に関する法律）によって，医療事故に関する情報を第三者機関（医療事故調査・支援センター）が収集・分析し再発防止につなげる医療事故調査制度が創設された（医療6条の10・6条の15等）。

⑵　対面診療の原則

医師法20条は，「医師は，自ら診察をしないで治療をし，若しくは診断書若しくは処方せんを交付し……てはならない。」等と定め，医師が直接患者に対面して診療を行うこと（対面診療の原則）等を求める。この原則の趣旨は，①根拠のない医療が行われることを防止して患者の安全を図ること，および②不正確な診断書等の作成が社会に悪影響を及ぼすのを防止すること，にあると説明される。同条違反には罰則が科されるものの（医師33条の2第1号），直ちに私法上の過失につながるものではない（大阪地判昭和50・3・26判タ326号293頁ほか）。

近年，IT技術の発展に伴い，情報通信機器（例えばTV電話やカルテの電子的共有等）を用いた診療の支援の可能性が飛躍的に高まっている。高齢化が進展する中，こうした診療支援は，患者のニーズや，医療資源の有効な活用という観点からも基本的には有益なものといえよう。厚生労働省は平成9（1997）年に「情報通信機器を用いた診療（いわゆる「遠隔診療」）について」（平成9年健政発1075号）を発し，情報通信機器を用いて医師と患者の居宅等との間で行われる遠隔診療は，必ずしも対面診療の原則に反するものではないとした。同通知によれば，医師法20条等における「診察」とは現代医学からみて疾病に対して一応の診断を下し得る程度のものをいい，直接の対面診療に代替し得る程度の患者の心身の状況に関する有用な情報が得られる場合，遠隔診療は直ちに同条等に反するものではない。

3⑵の参考文献

・樋口範雄「対面診療から遠隔医療へ――医師法20条」法学教室313号（2006年）117頁

発展 4-17　インターネットを介した医薬品販売

IT 技術の発展に伴う論点としては，他に，インターネット上での医薬品販売の可否という問題がある。

そもそも医薬法は，大臣の指定する一部の医薬品につき，医師等の処方に基づいてのみ販売・授与が可能である旨を定めているが（いわゆる処方せん医薬品。医薬 49 条 1 項），処方せん医薬品に当たらない医薬品のうち，その効能・効果において人体に対する作用が著しくないもので，薬剤師等の医薬関係者から提供された情報に基づく需要者の選択により使用されることが目的とされているもの（一般用医薬品）については，患者が自ら薬局等で購入することができる（なお，医療保険制度の枠内では，いずれの医薬品も原則として保険医による処方せんに基づき，保険薬局を介して給付される（保険薬局及び保険薬剤師療養担当規則 3 条参照））。

このように処方せんなしに購入できる一般用医薬品については，インターネット上での販売が広く行われつつある。厚生労働省は，平成 18（2006）年度の薬事法（平成 25（2013）年改正による法律名変更前。改正後の医薬法。以下同じ）改正に伴い改正された薬事法施行規則において，一部の例外を除き郵便等による医薬品の販売・授与を一律に禁止し，店舗における薬剤師等の専門家との対面を義務づける規定をおいた。これにより，インターネットを介した医薬品販売が広く禁止されることになったが，最判平成 25・1・11（裁時 1571 号 5 頁）はこの規制を薬事法の委任の範囲を逸脱した違法なものであると判断した。同判決を受けて制定された薬事法及び薬剤師法の一部を改正する法律（平成 25 年法律 103 号）は，有形の店舗の存在，専門家の関与等一定の条件の下で，一般用医薬品について一部の医薬品を除き原則としてインターネットでの販売を可能とする法改正を行った。

他方，一般用医薬品に当たらない医薬品（薬局医薬品）についてはインターネット上での販売が禁止されている（医薬 36 条の 3）。現在，このような規制の違憲無効を主張する訴訟が提起されており，今後の動向が注目される。

(3)　一部負担金

(a)　一部負担金の水準　　被保険者は，受診時に，「療養の給付に要する費用の額」の一定割合を負担する（「一部負担金」）。大臣の定めるいわゆる診療報酬点数表によって算定される費用の額の一定割合が，患者の負担する一部負担金である（逆にいえば，「療養の給付に要する費用の額」から一部負担金を除いた額が保険医療機関に支払われる診療報酬となる。以上につき→2(2)）。現行法上，一部負担金は原則として診療報酬の 3 割（健保 74 条 1 項 1 号，国保 42 条 1 項 1 号）であるが，法律上，義務教育就学前の児童および 70 歳から 75 歳の前期高齢者については例外として一部負担金は 2 割，75 歳以上の後期高齢者の一部負担金は 1 割である（ただし現役並みの所得がある高齢者については，前期・後期高齢者のいずれについても原則通り 3 割。以上，健保 74 条 1 項 2 号・3 号・110 条 2 項 1 号ロ・ハ，国保 42 条 1 項 2 号・3 号・4

号，高齢医療67条1項)。なお，70歳から75歳の前期高齢者の自己負担については，自己負担割合を2割に引き上げる平成20（2008）年の法改正以降も，それ以前の割合である1割に据え置く措置が講じられてきた。しかし，平成26（2014）年4月以降新たに70歳に達する者につき法律の定める2割が適用されている。

(b)　一部負担金の機能　　医療保険において予定されている一部負担金は，医療保険から受けた利益に応じて負担するものであるため，応益負担と呼ばれることもある。医療保険における一部負担金には，患者のコスト意識を喚起し，濫受診を抑制する効果および健康維持に向けた努力を促す効果があるといわれる。もっとも，医療行為について十分な知識を持たない患者に，コスト意識を背景とした受診行動を求めることが適切かは必ずしも明らかではない。また，一部負担金が（特に低所得者について）必要な受診を抑制するような高い水準に至る場合には，当該患者の健康にとって望ましくないのはもとより，結果として疾病が悪化し医療費の増加につながる可能性がある。日本では，医療費抑制の観点から，特に1980年代以降，一部負担金が徐々に引き上げられてきたが，他方で，一部負担金の額が高額とならないような仕組みも用意されている（→**4**(2))。

(c)　不適切な診療にかかる一部負担金の帰趨　　被保険者の保険医療機関等に対する一部負担金支払義務は，法律上も，診療契約上も，法令上適切な療養の給付が提供されたときにのみ生じる。したがって，療養担当規則に適合しない等，保険診療として不適切な診療が行われた場合には，被保険者は一部負担金を支払う義務を負わず，既に支払った一部負担金については，法律上の原因のない不当利得（民703条）あるいは契約上の債務の不履行により生じた損害（改正民415条）などとして保険医療機関等に返還を請求することができる（→**4**(2)発展4-19)。

(4)　一部負担金の減免

健康保険においては，被保険者が震災・風水害等によって著しい損害を受けた場合には，保険者は一部負担金を減免することができる（健保75条の2，健保則56条の2)。

国民健康保険の保険者は，特別の理由がある被保険者で，一部負担金を支払うことが困難であると認められる者等に対し，一部負担金を減免することができる（国保44条1項)。なお，一部負担金は「本来的な意味で診療等の対価の一部」であり，これを減免しても「加入者相互扶助の精神に反しないと認められる」ような「特別の理由」がある場合に限って減免等を認めるべきものとした裁判例として，仙台高秋田支判平成23・1・19（賃社1545号40頁）がある。このほか，国民健康保険の保険者は，財政の健全性を損なうおそれがないと認められる場合に限り，一部負担金の割合を減ずることができる（国保 43 条，国保令 28 条）。

発展 4-18 一部負担金の未収

被保険者が保険医療機関で受診する際，何らかの理由で一部負担金を支払わないことがある（いわゆる「未収金問題」）。その額は近年増加傾向にあり，平成 17（2005）年頃の調査では 1 年で 200 億円以上にも上っている（「医療機関の未収金問題に関する検討会報告書」（平成 20（2008）年 7 月））。このような一部負担金の不払いについて，法は，保険医療機関が善良なる管理者と同一の注意をもってその徴収に努める旨，および，この場合になお被保険者が一部負担金を支払わない場合には保険者が被保険者から保険料等の徴収金と同様の処分により徴収することができる旨を定めている（保険者徴収制度。健保 74 条 2 項，国保 42 条 2 項）。法令上および診療契約上，保険医療機関には一部負担金の請求権ないし受領義務が存在することは明らかであるが，他方で，保険医療機関には強制的に徴収を行う権限が与えられていない。保険者徴収制度は，一部負担金の徴収を確実に担保し，また保険医療機関に未収金発生による損失が生じることを回避するためにも，保険医療機関に被保険者への医療の提供を委任している保険者に二次的な責任を認め，両者が共同して一部負担金の徴収に努めることを求める趣旨のものといえよう。

資力が乏しく一部負担金を支払えない被保険者については，減免が行われることが望ましく，特に国保の保険者には，適切な減免基準の設定が強く望まれる（平成 18（2006）年度において減免基準を設けている市町村の数は全市町村の 6 割程度に留まる（前掲報告書）。また，仙台高秋田支判平成 23・1・19 賃社 1545 号 40 頁の判旨も参照）。一方で，資力があるにもかかわらず滞納している被保険者については，保険医療機関と保険者による積極的な徴収が要請される。そして，徴収には人的・物的コストがかかるため，保険医療機関が善良なる管理者と同一の注意義務を満たす程度の督促を行ったといえる場合には，保険者が積極的に強制徴収に踏み切ることが望ましい。そのためには，保険者が徴収処分を行う場面について，条件や手続等のルールを明確化しておくことも必要であろう（保険医療機関が善管注意義務を果たしたといえる場面については，「一部負担金の徴収猶予及び減免並びに保険医療機関等の一部負担金の取扱について」（昭和 34 年保発 21 号）を参照（平成 22（2010）年に一部改正））。

発展 4-18 の参考文献

・橋爪幸代「社会保障給付の一部負担をめぐる法的問題」社会保障法研究 2 号（2013 年）87 頁

4 保険者と被保険者との間の法律関係

(1) 療養の給付を求める権利

保険者の被保険者に対する「療養の給付」（健保 63 条 1 項）は，既に述べた通り，保険医療機関等によって実現される（→1 図表 4-2）。言い換えれば，被保険者が保険者に対して有する療養の給付の請求権は，被保険者が保険医療機関を受診し，保険医療機関が診療報酬を保険者（審査支払機関）に請求するという一連の流れを経て実現される。そのため，療養の給付をめぐって，具体的な債権債務関係が保険者と被保険者との間に顕在化することは原則としてあり得ない。ただし，被保険者は保険者に対して療養の給付を求める抽象的な権利を有するものと考えられ，結果として，この権利の存在を確認する訴訟が理論的には想定できる（参照，最判平成23・10・25 民集 65 巻 7 号 2923 頁（百選 29））。

⑵　高額療養費の現物給付化

療養の給付にかかる一部負担金等の負担額が一定額以上となった場合，被保険者には，高額療養費が支給される（健保 115 条，国保 57 条の 2，高齢医療 84 条）。高額療養費は，従来，療養の給付をめぐって保険者から被保険者に対して直接に（金銭）給付が行われる例外的な場面であった。もっとも，平成 24（2012）年 4 月以降は，保険医療機関が高額療養費を被保険者に代わって受領するいわゆる代理受領が入院・外来診療のいずれについても可能となり（高額療養費の現物給付化。なお，入院については従来からこうした取扱いが行われていた），現在は，被保険者の支払う一部負担金に上限を設定する機能を持つに至っている。また，結果として，療養の給付をめぐって被保険者が保険者に対して具体的な給付請求権を有する場面はなくなった（→1 図表 4-2）。

高額療養費の支給基準は，被保険者の所得・年齢に応じて決められている（健保令 41 条以下，国保令 29 条の 2 以下等）。平成 27（2015）年 1 月以降は，中高所得者について所得の区分が細分化され，中所得者への配慮が強化されるとともに，高所得者の負担が引き上げられた。法令上予定されている定率の一部負担金は給付の価格に応じた負担，すなわち応益負担であり，負担能力の乏しい被保険者の生活を圧迫し，受診を抑制する可能性がある。高額療養費は，被保険者の所得・年齢等に応じて定められた支給基準によって一部負担金に上限を設けることによって，応益負担の制度を応能負担の考え方によって修正するものといえる。なお，平成 20（2008）年以降，医療保険の一部負担と介護保険の一部負担を合算した額が一定額以上となった場合に支給される高額介護合算療養費も導入されている（健保 115 条の 2，国保 57 条の 3，高齢医療 85 条）。

平成 22（2010）年度において，医療保険制度の実効給付率（療養の給付にかかる費用のうち，高額療養費等も考慮して実際に医療保険が負担している費用の割合）は，医療保険制度全体で8割以上，75歳以上の後期高齢者については9割を上回っており，患者の実際の費用負担額は，法律上の原則的な一部負担金割合を下回っている（平成27年11月20日第91回社会保障審議会医療保険部会資料2-2）。こうした状況は，高額療養費の存在が重要な要素となって実現されていると考えられる。ただし，高額な治療を長期にわたって受ける患者にとって，一部負担金のもたらす経済的負担の問題が完全に解決されているわけではなく，さらなる対策が要請されるとの見解も有力に主張されている（高額長期疾病（特定疾病）に関する特例やいわゆる難病患者についての特別な公的助成について，菊池345頁注90を参照）。

発展 4-19 減点査定と高額療養費

高額療養費について代理受領が導入される以前の最高裁判決には，療養担当規則に適合しないものとして減点査定の対象となった療養の給付について，被保険者が支払った一部負担金が高額となっても，これについて高額療養費は支給されないとするものがある（最判昭和61・10・17判時1219号58頁（百選28））。判旨は，医療機関の診療報酬請求権を発生させない療養は，「療養の給付」にかかる被保険者の受給権も発生させないものと説明しており，療養の給付をめぐる保険者・被保険者・保険医療機関の間の法律関係が一体的に解釈されるべき旨を明らかにした判断と理解できる。結果として，被保険者は既に支払った一部負担金について，医療機関に対する不当利得返還請求権（民703条）を行使する等して自ら回収するほかないことになる（こうした可能性を示唆する判決として，上記最判の第1審判決（岐阜地判昭和59・10・15判時1169号43頁）。また，保険診療契約上の債務不履行責任の追及も可能と考えられる。高畠淳子・百選〔4版〕36頁参照）。

高額療養費の現物給付化により，被保険者から保険者への高額療養費請求という場面自体は存在しないこととなったが，この論点が完全に意味を失ったわけではない。上記の判例の立場に従えば，ある被保険者が高額療養費の受給要件を満たしているかどうかは，保険医療機関に診療報酬請求権が発生する療養の給付について負担した一部負担金のみを基礎として判断されるのであり，既に行われた療養の給付について減点査定が発覚した場合には，当該療養の給付について支払われた一部負担金は高額療養費の対象となり得ない（結果として，形式的には高額療養費の基準を満たす額の一部負担金を既に支払っている場合であっても，被保険者は引き続き一部負担金の支払義務を負う）。このとき，当該療養の給付について支払われた一部負担金は，現物給付化以前と同様，被保険者から保険医療機関に対する不当利得返還請求等を通じて回収されるべきことになろう。

5 混合診療

(1) 混合診療禁止原則とその例外

(a) 混合診療禁止原則　現行法上，療養の給付（保険診療）と，医療保険法令の枠外の診療（保険外診療）とを併用すること（混合診療）は禁止されている。

このことの帰結として，混合診療が行われると，保険外診療部分のみならず本来の保険診療部分についても保険給付から排除され，その費用は全て被保険者の自己負担となる（健保86条1項等。前掲最判平成23・10・25（百選29）。混合診療禁止原則をめぐる論争については→総論④5）。

(b)　例外――保険外併用療養費　もっとも，「評価療養」，「患者申出療養」，「選定療養」（健保63条2項3号～5号）については例外的に混合診療が認められており，同一機会に行われる保険診療について通常通り医療保険の適用を受けつつ，当該療養の部分のみを自己負担することができる（療養担当規則5条2項参照）。「評価療養」とは，高度の医療技術を用いた療養等で，保険給付の対象とすべきものであるか否かについて評価を行うことが必要な療養のうち，患者申出療養に当たらないものをいう。「患者申出療養」とは，高度の医療技術を用いた療養で，当該療養を受けようとする者の申出に基づき，保険給付の対象とすべきものであるか否かについて評価を行うことが必要な療養をいう。「選定療養」とは，被保険者の選定にかかる特別の病室の提供等をいう（以上，健保63条2項3号～5号）。

評価療養・選定療養・患者申出療養が行われると，通常の保険診療部分について，「保険外併用療養費」が支給される（健保86条1項，国保53条1項）。保険外併用療養費は法文上原則として金銭給付であるが，実際には代理受領による第三者払いの形がとられ，現物給付化されている（健保86条4項，85条5項・6項）。保険外併用療養費は，保険外診療について費用を支給するのではなく，あくまで保険診療部分についての金銭給付であることに注意が必要である（前掲最判平成23・10・25（百選29））。

(2)　評価療養・選定療養・患者申出療養

(a)　評価療養・選定療養　評価療養・選定療養の具体的な内容は厚生労働大臣が決定する（健保63条2項3号および5号）。平成18年厚労告495号（「厚生労働大臣の定める評価療養及び選定療養」）は，評価療養として，一定の施設基準を満たす医療機関で行われる先進医療や，医薬法上の治験などを挙げている。保険給付の対象とすべきか否かについては依然として評価が必要であるものの，一定のルールの下であれば安全に行われ得る医療行為の実施を許容するという趣旨を有する。先進医療を行うことのできる医療機関は，当該先進医療ごとに決定される施設基準を満たさなければならない（「厚生労働大臣の定める先進医療及び施設基準」（平成20年厚労告129号））。

また，上記平成18年告示によれば，選定療養には，特別の療養環境の提供，予約診療，時間外の診察などが含まれる。選定療養は基本的には，周辺的なサービスであってその利用を患者個人の資力に裏づけられた選択に委ねても構わないものを対象とするものと説明される。もっとも，診療報酬点数表上の回数制限を超えた診療や180日を超える長期入院などは，医学的必要性があれば本来医療保険の給付対象とすべきとも思われるものであり，上記のような趣旨からは逸脱する面がある。選定療養については，法律上「被保険者の選定に係る特別の病室の提供等」と定義されているに留まり，告示によるその範囲の拡大には明確な限界が設定されていない。混合診療禁止の原則の趣旨を踏まえて，選定療養の本来の性格，制度趣旨を改めて明確化し，法律上も明記する必要がある。また，上記の長期入院の例に見られるように（→発展 4-14③），もともと自由診療であるものが多い評価療養の場合とは異なって，選定療養の類型が新たに加えられることは，実際には保険診療の自己負担の拡大，保険診療の範囲の縮小を意味することが多く，慎重な運用が行われるべきである（→発展 4-20②）。

(b) **患者申出療養の創設**　混合診療禁止の例外として，平成27（2015）年国民健康保険法等改正法により，新たに「患者申出療養」が創設された。

患者申出療養は，「高度の医療技術を用いた療養で……当該療養を受けようとする者の申出に基づき，前項の給付の対象とすべきものであるか否かについて，適正な医療の効率的な提供を図る観点から評価を行うことが必要な療養として厚生労働大臣が定めるもの」と定義される（健保63条2項4号）。患者は，保険医療機関たる臨床研究中核病院（医療4条の3）の開設者の意見書等の必要書類を添えて，保険診療の対象となっていない高度の医療技術を用いた療養を患者申出療養として定めることを申請する。厚生労働大臣はこの申出について速やかに（原則として6週間以内）検討を加え，必要と認められる場合には，当該申出にかかる療養を患者申出療養として告示するとともに，その旨を臨床研究中核病院および当該申出を行った患者に速やかに通知する（「健康保険法及び高齢者の医療の確保に関する法律に規定する患者申出療養の実施上の留意事項及び申出等の取扱いについて」（平成28年医政発0304第3号・薬生発0304第1号・保発0304第18号））。この告示により，当該臨床研究中核病院において（申出を行った患者以外についても），当該療養の保険診療との併用が可能となる。また，既に実施されている患者申出療養を他の医療機関が実施する場合には，臨床研究中該病院が原則として2週間以内に審査を行い，実施を認めることができる。これにより，患者にとって身近な医療機関で患者申出療養が実施され得ることになる。

患者申出療養の対象となる療養の性格は，定義規定にみられるように従来から存在する評価療養の延長上に位置づけられる。もっとも，その対象は患者・臨床研究中核病院のイニシアティブによって広がり得る。また，申出から6週間以内で承認の可否が明らかになる点で，既存の制度に比べて迅速な手続が可能となっている。さらに，既に実施された患者申出療養を他の病院が実施する場合には臨床研究中核病院が審査を行い，国は関与しないこと等の点でも，混合診療に対する規制を相当程度緩和する改正といえる。

(c)　**医療機関に課される義務**　評価療養・選定療養・患者申出療養を行う医療機関には，療養担当規則上，特別な義務が課されており，その種類・内容に関して厚生労働大臣が定める基準に従わなければならないほか，予め，患者に対して評価療養・選定療養の内容および費用に関して説明を行い，患者の同意を得なければならない（療養担当規則5条の4第1項）。また，保険医療機関は，病院または診療所の見やすい場所に，上記の内容および費用に関する事項を掲示しなければならない（同条2項）。

このように，現行法は，混合診療禁止によって平等な医療の実現を図りつつ，患者の選択に委ねても不当な帰結を招かず，またその必要性も高いと思われる場面について，患者に対する十分な情報提供・説明を医療機関に義務づけつつ，例外を認めていると評価できる。

発展4-20①　混合診療禁止原則の問題点

混合診療禁止原則については，既に指摘した通り，この原則が自由診療の利用を極めて例外的な場面に制限していることが，市場の機能を十分に活かしていないものとして批判されることがある（→総論④5）。これに加えて，同原則については，法律上の定めが明確でなく，そもそも健康保険法の解釈としてこの原則を導くことができるかが訴訟において争われたこともある（否定した判決として，次に挙げる最高裁判決の第1審判決である東京地判平成19・11・7判時1996号3頁）。

この問題についての初めての最高裁判決（前掲最判平成23・10・25（百選29））は，保険外併用療養費制度およびその前身である特定療養費制度の創設時の議論に遡って，これらの制度の趣旨から，混合診療禁止原則（最高裁は混合診療保険給付外の原則と呼ぶ）が健康保険法上のルールであることを認めた。もっとも，同判決には4名の裁判官による補足意見ないし意見が付されており，これらの意見の中では，この原則の適用が私人に及ぼす影響が甚大であるにもかかわらず，いかなる場面が混合診療として禁止されるのか等の基本的な論点について法令上の定めが存在せず，結果として患者にとって極めて不透明な仕組みとなっていること等が問題とされている。混合診療禁止原則は，後述する通り（→発展4-20②），日本の医療保険制度全体の構造の中で一定の役割を担ってきたといえるが，このような役割を十分に評価した上で，法改正等によって混合診療の明確な定義を示し，混合診療が行われた場合に当事者の権利義務関係に生じる具体的な効果を明らかにすることが望まれる。

発展 4-20② 保険診療の範囲と混合診療禁止原則の関係

混合診療禁止原則の問題の核心の一つは，この原則の背景に，公的医療保険制度の下で国民が受ける医療が資力によって不平等なものとなるべきではなく（前掲最判平成 23・10・25〔百選 29〕に付された寺田逸郎裁判官の「意見」が「公的医療平等論」と呼ぶのはこうした考え方であろうと思われる），また，そのためには原則として公的医療保険のみで――すなわち自由診療との併用なしに――国民に必要十分な医療を提供すべき，との暗黙の前提が存在してきたことである。

これらの前提は，日本において少なくとも従来広く受け入れられてきたものと思われるけれども，医療保険関係の諸法令のどこにも明示されていない。保険診療（「療養の給付」）の範囲についての（「処置」，「手術」等（健保 63 条 1 項）を超える）具体的な定義は法律に定められておらず，行政立法である診療報酬点数表によって，かつ，直接には，被保険者の請求権ではなく保険医療機関の診療報酬請求権の内容を定める規範を通じて決定されている。

このような制度の中で，混合診療禁止原則は，中医協における交渉を通じて診療報酬点数表により保険診療の範囲が決定される際の交渉の前提，いわば交渉のルールとなるのであり（中医協における交渉過程について→2(4)），結果として，例えば給付提供者側の代表は，原則として，少なくとも現在の保険診療の範囲が縮小されないこと，さらには，保険診療の範囲の拡大に向けた強い関心を持つと思われる（保険外診療が強く制限されている制度においては，保険外診療を実施して利益を得ることはごく一部の医療機関でしか考えられないため）。また，診療報酬改定に先立って厚生労働省と財務省の間で行われる予算折衝（→発展 4-20①）においても，混合診療禁止原則が医療支出の縮小に向けた圧力に対する防波堤として機能すると考えられる。つまり，混合診療禁止原則は，保険診療の範囲を法律で明確に設定しない日本の医療保険制度において，保険診療の範囲を相当程度広いものに維持することに貢献してきたと思われる。混合診療禁止原則が撤廃される，あるいは極めて緩やかに適用されることになれば，診療報酬点数表の決定に向けた中医協における議論の前提が変化し，ひいては事務局を担当する厚生労働省を含めた当事者の行動パターンに影響が及び，結果として保険診療の範囲が縮小することも想像され得る。

他方で，既に述べた通り，混合診療禁止原則の適用のあり方には法的にみて様々な問題がある（→発展 4-20①）。今後，この原則が果たしてきた役割に関する正確な理解を踏まえつつ，公的医療保険の給付範囲や保険外併用療養費（→(1)(b)）の対象・限界を法律上より明確化することも含め，保険診療と保険外診療に関するより明確な法令上のルールの設定を行うことが望まれる。

4 金銭給付

1 金銭給付の機能と類型

医療保険における金銭給付のうち主たるものとして，①療養費，②出産育児一時金，③傷病手当金，④特別療養費，⑤訪問看護療養費，⑥家族療養費，がある（入院時食事療養費・入院時生活療養費について→2 1(3)。現物給付と関連して支給される保険外併用療養費，高額療養費等について→3 5(1)(b)，3 4(2))。これらの金銭給付には多様なものが含まれており，以下でみる通り，大きく分けて，現物給付ができない場合に例外的に金銭給付を行うもの（療養費），法律上の建前は金銭給付であるが実質的に現物給付と同視できるもの（家族療養費，訪問看護療養費），出産にかかる費用の一部を支給するもの（出産育児一時金，家族出産育児一時金），休業時の賃金代替の役割を担うためそもそも現物給付にはなじまないもの（傷病手当金，出産手当金），法令不遵守に対するある種のペナルティとして金銭給付の形をとるもの（特別療養費）がある。

2 療　養　費

(1) 療養費の支給

療養費は，①現物給付たる療養の給付等を行うことが困難であると保険者が認めるとき，および②被保険者が保険医療機関ではない医療機関等を受診し，保険者がやむを得ないと認めるときに，例外的に，療養の給付等に「代えて」提供される金銭給付である（健保87条，国保54条)。療養費については，現物給付に関する診療報酬点数表のような給付対象の一覧表が存在しない。そのため，ある療養が上記の①②の要件を満たし療養費の対象となるか否かは個別の事案ごとに保険者が判断する。例えば，被保険者が外国滞在中に受けた治療について，保険者の判断で療養費が支払われ得る（いわゆる海外療養費)。

療養費をめぐる裁判例としては，主として技術的な理由から診療報酬点数表に登載されていない治療用装具について，医師の指示を受けて購入された場合にその購入費用が療養費支給の対象となるか否かが争われた事案として，大阪地判平成16・12・21（判タ1181号193頁（百選〔4版〕30))がある。また，旧老人保健法（→総論2 1）による医療費支給制度をめぐり，療養担当規則，および同規則に基づく大臣告示を逸脱する海外滞在中の治療にかかる医療費についての療養費不支給決定を適法と判断した裁判例として，東京地判平成6・2・14（判自127号66頁）がある。

療養費の額は，当該療養について算定した費用の額（本来受けるべき療養の給付が診療報酬点数表上想定できる場合においては，これにより算定する）から被保険者の一部負担金等を控除した額を「基準として」，諸般の事情を考慮のうえ保険者が定める（健保87条2項・3項。東京高判昭和58・9・27行集34巻9号1643頁）。

なお，療養費のうち海外療養費をめぐっては，近年，不正請求（海外渡航の事実がないケースや，海外に長期滞在中で日本国内に居住の実態がない者による申請等）の例が少なからず確認されていることを受けて，審査の厳格化の傾向が強くなっている（国保則27条4項，健保則66条4項，「海外療養費の支給申請及び審査等に係る事務の取扱いについて」（平成28年保国発0331第4号）等参照）。

⑵ 代理受領

療養費については，実務上，療養費の対象となるサービスの提供者が直接に保険者から費用を受け取る代理受領方式（「受領委任」と呼ばれる扱い）が採用されていることがある（法定の代理受領については家族療養費（→3），入院時食事療養費（→② 1⑶）等）。特に，療養費の対象とされている柔道整復については，このサービスが過去において整形外科医療の一部を代替する役割を果たしてきたこと等の歴史的沿革を受けて，古くからこうした扱いが行われている。現在は「柔道整復師の施術に係る療養費について（通知）」（平成11年老発682号・保発144号）に基づき，都道府県柔道整復師会会長と都道府県知事等との間で締結される協定による合意を通じて広く受領委任が認められており，都道府県知事等が，保険者からの委任を受けて協定を締結するという仕組みが構築されている（上記通知の別添1，2を参照）。他方，鍼灸，あん摩・マッサージ等の分野においてこのような特別な取扱いは存在しないが，患者と鍼灸等の施術者とが合意した上で，保険者の同意が存在する限りで施術者が患者に代わって保険者に療養費請求を行うという形で，契約に基づく代理受領が実務上行われている。

法が複数の給付について代理受領を可能とする明示的な規定をおいている（家族療養費（→3）にかかる健保110条4項・5項，保険外併用療養費（→③ 5⑴(b)）にかかる健保86条4項，85条5項・6項等）にもかかわらず，これ以外の場合について当事者間の協定や個別合意によって代理受領が可能となる法的な根拠についてはあまり議論がない（鍼灸等について，患者・施術者の間で民法上の委任契約（民643条）が締結されるとの説明が実務上は散見される）。裁判例には，こうした取扱いは「健康保険法上，積極的に容認されているとはいえず，受領委任払いの取扱いが認められるのはあくまでも特例的な措置」とし，保険者が，鍼灸，あん摩・マッサージ等について受領委任を認めない扱いを行ったとしても，そのような扱いには合理性が認められると述べた例がある（千葉地判平成16・1・16平成12年(ワ)第112号裁判所HP)。

3　家族療養費

健康保険の被保険者の被扶養者（→①**2**(4)）が，保険医療機関等のうち自己の選定するものから療養を受けたときには，その費用について，被保険者に対して家族療養費が支給される（健保110条)。家族療養費の額は，療養にかかった費用の原則として7割（被扶養者が70歳以上の高齢者である場合や6歳以下の児童である場合等には被保険者の場合と同様に2割の例外的な自己負担割合が適用されるため，支給額は費用の8割となる→③**3**(3)），また，費用の算定基準は，療養の給付については，被保険者に対する現物給付の場合と同様の診療報酬点数表である（健保110条3項)。法は，この家族療養費が，保険者から保険医療機関に直接支払われ得る旨，および，このような支払いがあった場合には被保険者に対して家族療養費の支給があったとみなす旨を定めており（同条4項・5項)，実務上はほぼ例外なくこのような代理受領による第三者払いの取扱いが行われている。

このように，家族療養費は，法令上の原則としては被保険者の家族が受けた療養の費用の被保険者本人に対する償還という，療養の給付とは大きく異なる形式をとっているが，代理受領が行われる結果，実際には，療養の給付と実質的に同視できる給付が行われている。

4　訪問看護療養費

高齢者を中心として，住み慣れた自宅で看護を受け外来で治療を受ける，いわゆる在宅療養へのニーズが近年高まっている。このような在宅療養は，入院医療が医療給付費の4割弱を占める現状を考慮すれば，医療費抑制の観点からも，積極的に導入されることが望ましい。このような観点から，平成6（1994）年の健康保険法改正は，厚生労働大臣の指定を受けた訪問看護事業者を通じて看護師等による訪問看護を受けた場合に，その費用につき支給される訪問看護療養費を創設した（健保88条)。疾病または負傷により居宅において継続して療養を受ける状態にある者であって，主治医が必要性を認めた者が，指定訪問看護事業者から看護を受けたときに，保険者が必要と認める場合に限って訪問介護療養費が支給される。訪問看護療養費も，家族療養費等と同様に法令上代理受領が認められ，事実上現物給付化されている（健保88条6項・7項)。

また，このような在宅療養の患者が食費を自己負担していることとのバランスを考慮して，入院治療時の食費について，患者の自己負担が導入されている（入院時食事療養費→2 1(3))。

5　出産育児一時金

出産育児一時金は，被保険者が出産したときに支払われる金銭給付である（健保101条，国保58条1項。健保の被保険者の被扶養者の出産については，同額の家族出産育児一時金が被保険者に対して支給される。健保114条）。給付額は政令（健康保険），条例または規約（国民健康保険）によって定められる。健康保険法施行令は給付額を40.4万円と定めている（健保令36条。さらに，産科医療補償制度の掛金が加算される。同条ただし書。掛金額は現在1.6万円に設定されている）。国民健康保険については，特別な理由のあるときには出産育児一時金の全部または一部を支給しないことができるとされているものの（国保58条1項），実際にはほとんどの保険者において健保と同水準の給付が実施されている。

正常分娩にかかる診療は保険診療の枠外で行われるため，その費用は診療報酬点数表による規制を受けず，医療機関により自由に決定される。出産する者にとってこの費用の負担が重いものとなり得ることから，少子化対策・医療費不払いの問題への対応として，出産育児一時金の水準の段階的な引上げ，さらに，現物給付化が進められている。

このうち現物給付化をめぐっては，平成21（2009）年から「直接支払制度」，平成23（2011）年以降は，これに加えて「受取代理制度」が，いずれも要綱や通知等の行政規則に基づき導入された（前者について「出産育児一時金等の医療機関等への直接支払制度」実施要綱（平成21（2009）年10月1日制定。その後の改正・改定を経て，現在有効なものは平成23（2011）年1月31日制定），後者について「出産育児一時金等の受取代理制度」実施要綱（平成23（2011）年1月31日制定）等）。このうち，直接支払制度は，出産育児一時金の請求と受領を被保険者等に代わって保険医療機関等が行う制度であり，被保険者等と保険医療機関等との間には支給申請および受給に関する代理契約が成立する（上記要綱参照）。平成23（2011）年に新たに加えられた受取代理制度は，施設の規模が一定以下であることなど，一定の条件を満たし前もって届出を行った医療機関等に適用される。出産予定日まで2カ月以内の被保険者等が医療機関等と合意をし，保険者から直接に医療機関等に出産育児一時金が支払われる制度である。直接支払いに比べて費用支払いが迅速に行われる強みがある。なお，現物給付化により費用の支払いが遅延して小規模の医療機関の資金繰りに困難が生じるとの批判に応える形で，独立行政法人福祉医療機構における低利融資が用意されている。

療養費（→2）に関する受領委任と同様，以上の制度が要綱と当事者の合意により可能となる法的根拠や，上記の二つの制度を基礎づける法律構成やそれを受けた両制度の法的効果の相違等は明確とはいえず，法令上の整理が必要であるように思われる。また，現物給付化等を受けて，医療機関等が出産育児一時金の額を見込んで出産にかかる自由診療の価格を決定する可能性があり，出産育児一時金の引上げが翻って正常分娩にかかる費用を引き上げ，都市部を中心に出産費用の高騰を招いてしまうという問題も存在する。

6　傷病手当金

健康保険の被保険者が傷病の療養のため労務に服することができないときは，傷病手当金が支給される（健保 99 条 1 項）。労働者の就労不能時の賃金を代替する趣旨の所得保障給付であり，（国保において任意給付として給付される例外的な場面を除いては）被用者保険にのみ存在する給付類型である。「労務に服することができない」かどうかは，医学的にみて何らかの仕事ができるかどうかではなく，当該被保険者の従事する業務の種別を考慮して，当該業務に堪え得るか否かを基準に，社会通念に基づき保険者が判断する（昭和 31 年保文発 340 号）。したがって，例えば通院のためまたは将来の病状悪化を防ぐために休業を必要とする場合などは，医学的には労働不能でなくとも，健康保険法の趣旨によって労務不能とみなされる（中野妙子『疾病時所得保障制度の理念と構造』（有斐閣，2003 年）27 頁）。傷病手当金は被保険者が完全に休業する場合にのみ支給され，部分的な労働能力の減少は問題とならない。

傷病手当金は，就労不能が始まった日から数えて 3 日を経過した日から支給される。その額は従来被保険者の標準報酬日額（概ね，標準報酬月額の 30 分の 1 に相当する額。標準報酬月額について→第 3 章各論③ 7 (2)(c)）の 3 分の 2 に相当する額とされていたが，平成 27（2015）年国民健康保険法等改正により，原則として，傷病手当金の支給を始める日の属する月以前の直近の継続した 12 カ月間の各月の標準報酬月額を平均した額の 30 分の 1 に相当する額とされた（健保 99 条 2 項）。休業直前に，形式的に賃金水準を高額に設定して高額な傷病手当金を獲得する不正に対応するための改正である。

同一の疾病または負傷およびこれにより発した疾病については 1 年 6 カ月の支給期間の上限がある（健保 99 条 4 項）。「同一の疾病又は負傷」とは「1 回の疾病又は負傷で治癒するまで」をいい，治癒の認定は必ずしも医学的判断のみによらず，社会通念上判断される（昭和 29 年保文発 3027 号，昭和 30 年保文発 1731 号）。

就労不能時にも報酬を受け取ることができる場合には，報酬が傷病手当金を下回る限りで，その差額が支給される（健保 108 条 1 項）。

なお，健保組合が付加給付（→2 1(2)(c)）を行う場合には，傷病手当金の上乗せや支給期間の延長を行う例が多い。国保において傷病手当金は任意給付とされており（国保 58 条 2 項），一部の国保組合が実施している（→2 1(2)(c)）。市町村国保では実施の例はない。

7　出産手当金

傷病手当金と並んで健保制度のみに存在する所得補償のための金銭給付として，被保険者の出産に際して支給される出産手当金がある。出産手当金は，被保険者が出産の日（出産日が出産の予定日後であるときは，出産の予定日）以前 42 日から出産の日後 56 日までの間において労務に服さなかった期間について支給される（健保 102 条）。出産手当金の額は傷病手当金と同様の計算式（→6）により算定される（平成 27（2015）年改正後の健保 102 条 2 項，99 条 2 項・3 項。傷病手当金と同様，不正請求への対応として改正が行われた）。

出産手当金と傷病手当金のいずれもが給付され得る場合には，出産手当金が優先して支給される（出産手当金の額が傷病手当金の額を下回るときには，差額分の傷病手当金が支給される（健保 103 条 1 項）。出産手当金が支払われるべき場面で傷病手当金が支払われた際には，当該傷病手当金は出産手当金として支給されたものとみなされる（健保 103 条 2 項））。

傷病手当金と同様，就労不能でも報酬を受け取っている被保険者については，報酬が出産手当金を下回る限りで，差額が支給される（健保 108 条 2 項）。

8　特別療養費

(1)　保険料滞納と被保険者証の返還

保険者は，保険料を滞納した世帯主あるいは被保険者に対して被保険者証（→1 1）の返還を求めることができる（国保 9 条 3 項～5 項，高齢医療 54 条 4 項～6 項）。この場合，被保険者証に代えて資格証明書が交付され（国保 9 条 6 項，高齢医療 54 条 7 項），当該被保険者等は，現物給付たる療養の給付を受けられないことになるが（国保 36 条 1 項，高齢医療 64 条 1 項），保険医療機関等を受診し，保険診療と同様の法令の枠内で行われる診療の提供を受けることは可能である。この場合，被保険者は，保険医療機関等の受診にかかる診療報酬相当額の費用をいったん全額支払い，事後的に特別療養費を請求する（国保 54 条の 3，高齢医療 56 条 1 号・82 条）。

⑵　制度の趣旨

被保険者証の返還を踏まえた特別療養費制度は，保険料を滞納している者に対する制裁的な措置としての意味を有し，保険料の納付を間接的に強制する効果を持ち得る。また，医療保険の（完全な）受給権を獲得するには保険料拠出が前提となることを示しているともいえ，医療保険が拠出を基礎とする保険の仕組みを基礎としていることの表れといえる。ただし，逆にいえば，保険料滞納は直ちに一切の医療保険受給権の喪失を導かないのであり，第三者払いを享受できないという不利益を被るに留まっている。市民にとっての医療というサービスの重要性に鑑みて，緩和された形での保険原則を適用する場面とも説明できよう。

特別療養費の支給は被保険者がいったん医療費を全額負担することを前提とするから，対象とされる被保険者が十分な資力を持たない場合，このような仕組みは，当然，受診を抑制する効果を持つ。また，特別療養費が，当該被保険者が滞納していた保険料にかかる債権と相殺され得ることも，こうした効果を増幅させる。資格証明書の取得者が増加する中（平成20（2008）年の調査によれば約33万世帯で，これは国保加入全世帯数の18％にも上る。厚生労働省「資格証明書の発行に関する調査」（平成20（2008）年10月）），特に親の保険料未払いのために被保険者証を持たない子どもの存在が問題とされた。その結果，中学卒業までの国保被保険者に対しては資格証明書ではなく6カ月間の短期保険証を交付するものとする国保改正法が平成20（2008）年に成立した。平成22（2010）年7月以降は短期保険証制度の対象が18歳に達した日以後の最初の3月31日までの間にある者まで拡大されている（国保9条6項）。

5　保険者の行う保健事業

1　保健事業等

保険者は，被保険者等の健康の保持増進のために必要な事業および被保険者等の療養環境の向上，福祉の増進等のために必要な事業等を行う（保健事業等。健保150条，国保82条，高齢医療125条）。保健事業等は，特定の保険事故の発生を予定せずに何らかのサービスを提供するものであり，この点で保険給付と区別される（法は，健保の保険者および国保組合が，保健事業等を当該保険者の被保険者等以外の者にも利用させることを認めている。健保150条4項，国保82条4項）。

2 予防事業

(1) 疾病予防の重視

医療費抑制という政策目標とも強く関連して，近年，疾病予防に向けた取り組みが保健事業の中で重視される傾向がある。平成 18（2006）年の健康保険法等改正により，保健事業の一環として，40 歳以上の被保険者等について特定健康診査および特定保健指導（以下，両者を併せて特定健康診査等という）を行うことが保険者に義務づけられた（健保 150 条 1 項，国保 82 条 1 項，高齢医療 20 条・24 条）。この制度は，日常生活の中で予防がある程度可能な糖尿病等の生活習慣病が高齢期の医療費を大きく引き上げていることを踏まえて，早期の保健指導によってこのような疾病の発症を防ごうとするものである。厚生労働大臣は，これらの事業につき，特定健康診査等基本指針（以下，基本指針という）を定める（高齢医療 18 条，平成 20 年厚労告 150 号。最新の改正は平成 29 年）。平成 30 年から実施されている現行の基本指針は，いわゆるメタボリック・シンドローム（内臓脂肪症候群）を糖尿病等の発症の危険性を示す指標と捉え，保険者に対して，40 歳以上の対象者の中からメタボリック・シンドロームとみられる者を探知する（特定健康診査）とともに，これらの者について生活習慣を改善するための指導を行う（特定保健指導）ことを求めている（特定健康診査・特定保健指導の実施に関する基準（平成 19 年厚労令 157 号）も参照）。

保険者は，基本指針に従って特定健康診査等実施計画を策定する（高齢医療 19 条）。基本指針および実施計画においては，健康診査等の実施方法等に加えて，その成果に関する具体的な目標が定められる（高齢医療 18 条 2 項 2 号・19 条 2 項 2 号）。平成 30（2018）年度から実施されている現行の基本指針は，平成 35（2023）年度に実現すべき目標として，特定健康診査の実施率を 70% 以上とすること，特定保健指導の実施率を 45% 以上とすること，平成 20（2008）年度と比較したメタボリック・シンドロームの該当者および予備軍の減少率を 25% 以上とすること等を挙げ，これを踏まえて各保険者が実施計画（平成 30（2018）年度から平成 35（2023）年度にかかる第三期計画）において目標を定めた。

法律上，目標の達成状況は，各保険者が負担する後期高齢者支援金（→⑥ 2 (3)）の額の算定時の「調整率」決定の際に勘案されるものとされており（高齢医療 120 条・121 条），目標達成の実績に応じて各保険者の負担する後期高齢者支援金が加算・減算される。具体的には，目標の著しい不達成は各保険者の負担する支援金の増額，逆に目標の達成は支援金の減額という効果を導きうるのであり，この意味で，目標の達成状況に応じた支援金の配分は保険者にとって一種の制裁ないし目標達成への経済的インセンティブとして機能している（参照，厚生労働省保険局長「後期高齢者支援金の加算・減算制度の実施について」（平成25年保発0401第10号））。

また，平成27（2015）年国民健康保険法等改正法は，新たに国保の保険者となった（→1 3(2)）都道府県に対する国からの交付金の仕組みとして，「保険者努力支援制度」を導入した（国保72条3項）。同制度は，広く医療費抑制に向けた保険者の努力を交付金を用いて促す仕組みであるが，検診や保健指導といった予防への取り組みが典型的な例として念頭におかれている。

(2)　被保険者・被扶養者等の「自助努力」

平成27（2015）年国民健康保険法等改正法は，保険者が「行うように努めなければならない」保健事業として，被保険者および被扶養者等の疾病予防等に向けた「自助努力についての支援」を法律上新たに明記した（健保150条1項，国保82条1項，高齢医療125条1項。）。こうした事業の実施は保険者の義務ではなく，特定健康診査のような保険者に対する制裁措置も存在しないが，被保険者・被扶養者本人の努力に直接注目する予防事業という点で新しい方向性を示すものであり，注目に値する。

発展4-21　予防政策の光と影

医療保険制度は，何らかのリスクが実現化した際に給付を行う「保険」の仕組みを基礎としていることから，その給付の中核はあくまで傷病治療におかれる。もっとも，国民の健康の維持という公衆衛生の観点から，国や地方公共団体による疾病予防サービスが重要であることはいうまでもない。また，医療費支出の削減という観点から，さらに，医療保険制度が究極的には国民の健康の維持を目的としていると考えられることから，同制度が疾病予防を重要な関心とすることも理に適っている。医療費抑制のために想定し得る様々な政策の中で，予防政策は，給付の縮小・削減を伴わない形で費用を抑制できる点で，一つの理想的なオプションであるといえよう。

他方で，ある程度医学的に治療の必要性を限界づけられ得る疾病概念とは異なり，疾病「予防」は個人の生活習慣・日常の行動に広く対象を拡大し得る概念である。医療費抑制という政策関心を背景として，こうした概念を通じて国家ないし保険者が個人の私的領域や身体への介入を際限なく拡大するおそれも存在しよう。特定健康診査等において重要な位置づけを与えられているメタボリック・シンドロームについては，基準の妥当性や医学的根拠について医学の専門家からも疑問が提示されている。また，平成27（2015）年国民健康保険法等改正で導入された「自助努力についての支援」（→(2)）をめぐっては，自助努力をした被保険者に対するポイントやクーポンの支給が議論されているが，このような自助努力への誘導は，実質的には予防の努力をした者に対する保険料の払い戻し，ひいては，予防の努力をしない者に対する経済的な制裁ともみることが可能である。予防政策の拡大・強化については，国家による個人の私的領域への介入という観点から，慎重な検討が必要であろう。

疾病予防政策の限界づけ——例えば，個人の心身の状況や日常生活上の行動に関するどのような検査や指導が「予防」の名の下に広く行われ得るのか，そうした個人の私的領域への介入に何らかの憲法上の限界を想定し得るのか，さらに，現行法上予定されている保険者が行う予防事業の場合と，国が個人に直接に予防を義務づける場合とで，憲法上の限界につきどのような理論的な違いが生じるのか——等の論点について，保険者自治の概念（→7 3）も考慮に入れた慎重な検討が必要であると思われる。

発展 4-21 の参考文献

・笠木映里「［基調報告］憲法と社会保障法——対話の新たな地平」宍戸常寿ほか編著『憲法学のゆくえ——諸法との対話で切り拓く新たな地平』（日本評論社，2016 年）424 頁以下
・笠木映里ほか「［座談会］憲法と社会保障法——対話の新たな地平」前掲書 454 頁以下

6　医療保険の財源

1　保　険　料

(1)　保険料の徴収

健康保険および国民健康保険の保険者は，それぞれ，健保事業および国保事業に要する費用に充てるため，保険料を徴収する（健保 155 条，国保 76 条）。健康保険においては被保険者及び当該被保険者を雇用する事業主，国民健康保険においては世帯主（都道府県・市町村国保。世帯主自身が被保険者でない場合も同じ）ないし組合員（国保組合）が保険料を負担する（健保 161 条 1 項，国保 76 条 1 項）。都道府県・市町村国保においては，市町村が保険料徴収を担当する（国保 76 条 1 項）。また，後期高齢者事業に要する費用についても，市町村が被保険者から保険料を徴収する（高齢医療 104 条）。

なお，健保事業および国保事業に要する費用には，給付にかかる費用のみならず，前期高齢者納付金・後期高齢者支援金（→2 (2)，(3)），介護給付費・地域支援事業支援納付金（介保 150 条→第 5 章各論2 8 (1)(b)）が含まれる。

国民健康保険および後期高齢者医療制度の保険料徴収については，年金受給者につき，被保険者の年金から天引きする形で，年金保険者を通じて保険料を納付させる特別徴収の方法が認められている（国保 76 条の 3，高齢医療 107 条 1 項）。特別徴収によらない場合には，市町村は，被保険者・被保険者が属する世帯の世帯主等に納入の通知をし，世帯主および被保険者に保険料納入を促す（普通徴収。上記各規

定に加え，高齢医療108条1項，地自231条。なお，後期高齢者医療制度においては，世帯主および被保険者の配偶者は被保険者と連帯して保険料納入の義務を負う。高齢医療108条2項・3項)。

なお，いずれの保険者についても，保険料徴収権限は2年で時効消滅する（健保193条2項，国保110条1項，高齢医療160条1項)。

⑵　保険料額の決定

ⓐ　健康保険の保険料　健康保険の保険料は，医療保険にかかる一般保険料額と，（当該被保険者が介護保険の被保険者でもある場合には）介護保険料（→第5章各論2 8⑴ⓑ）との和であり（健保156条)，一般保険料額は，各被保険者の標準報酬および標準賞与（→第3章各論3 7⑵ⓒ）にそれぞれ一般保険料率を乗じた額である（同条1項1号)。つまり，被用者保険の保険料額は，被用者の賃金水準，すなわち負担能力に応じて決定される（いわゆる応能負担)。もっとも，標準報酬および標準賞与には上限があるため，応能負担の考え方は一定額以上の収入のある者については制限的に適用されているといえるだろう。

一般保険料率は，1000分の30から1000分の120の範囲内で，全国健康保険協会が管掌する健保（協会健保）の場合には，都道府県支部ごとに支出と保険料以外の収入の見込みを考慮して，協会によって決定される（健保160条1項～3項，健保令45条の2)。健保組合の場合には同様の範囲内で組合が規約によって決定する（健保160条13項)。

以上のように，協会健保の保険料率は都道府県支部ごとの財政の均衡を考慮して決定される。社会保険においては，従来も，現行法上も，原則として保険者単位での財政均衡が前提とされているが，協会健保においてはさらに，都道府県支部ごとの均衡も実現されることになる。このような，保険者と異なる「支部」単位での保険料決定という制度は，平成18（2006）年の医療制度改革によって導入された比較的新しい制度であり，現行法体系の中でも例外的な性格を有する（→7 1，2，4)。すなわち，平成18（2006）年健康保険法等改正は，従来政府が直接・全国一律に管掌していた健康保険（いわゆる政府管掌健康保険）を全国健康保険協会に移管するとともに，都道府県ごとに設定される支部のレベルで保険料率が決定される仕組みを導入したのである。

なお，法律上，都道府県支部はあくまで保険者の支部であり保険者ではないが，このような保険料率の算定のあり方を踏まえて，「保険者」ないし「審査支払機関」が行うはずの診療報酬の審査支払いに積極的に関与する支部も存在するようであり，その位置づけ，権限・責任を明確化する必要があると思われる。

(b) **国民健康保険の保険料**　国保の保険料の賦課額・料率等の詳細は，政令で定める基準に従って市町村の条例（都道府県・市町村国保），または規約（国保組合）によって定められる（国保81条）。

平成27（2015）年国民健康保険法等改正以前の市町村国保においても，保険者たる市町村が自らの条例によって保険料に関わるルールを定めていた。改正後の都道府県・市町村国保においても，具体的な保険料水準の決定が市町村に委ねられている点は，従来の制度と変わらない。もっとも，保険料の決定をめぐる制度の枠組みは，上記の改正により大きく変化した。現行法においては，都道府県が，財政運営の責任を担う保険者として（国保4条2項），保険料の水準決定について一定の枠組みを設定し，各市町村がこの枠組みの中で具体的な賦課額・料率等を決定したうえで保険料の賦課・徴収を行う。すなわち，各市町村は，被保険者の属する世帯の世帯主から徴収した保険料により，都道府県に対して「国民健康保険事業費納付金」（以下，納付金という）を納付しなければならない（国保75条の7・76条）。市町村の納めるべき納付金の水準は，都道府県により，原則として市町村ごとの所得水準・医療費水準（市町村ごとの年齢構成の違いを考慮した相対的な水準）を考慮して決定される（ただし，医療費水準を考慮しない，あるいは段階的にのみ考慮することも可能である）。こうした仕組みにより，各市町村が医療費縮小に向けて行う努力が保険料水準に反映されることが想定されている。なお，都道府県は，毎年度，当該都道府県内の市町村ごとの保険料率の標準的な水準（市町村標準保険料率）および当該都道府県内の全ての市町村の保険料率の標準的な水準（都道府県標準保険料率）を算定し，市町村に通知する（国保82条の3第1項・2項）。また，都道府県は，都道府県国民健康保険運営方針（以下，「運営方針」という）において，医療に要する費用および財政の見通し等とあわせて，当該都道府県内の市町村における保険料の標準的な算定方法，保険料の徴収の適正な実施に関する事項等を示す（国保82条の2第1項・2項2号・3号）。

都道府県は，都道府県内の市町村から徴収した納付金ないし国庫負担・都道府県の一般会計からの拠出（→**3** (3)(a)・(b)）を財源として，各市町村が行う国民健康保険事業に要する費用を，「国民健康保険保険給付費等交付金」（以下，交付金という）として交付する（75条の2第1項）。この交付金を財源として，市町村が保険給付・保健事業等を行う（都道府県・市町村の保険者としての役割分担については，→① **3** (2)）。なお，都道府県・市町村の双方に国保特別会計がおかれる（国保10条）。

以上の枠組みを前提として，個々の市町村が保険料水準を決定することになる。結果として，都道府県・市町村国保については，同じ保険者内でも市町村ごとに保険料水準が異なるものとなり得る。そして，市町村における具体的な保険料水準決定のプロセスについては，上述の通り，都道府県が，運営方針において，市町村における保険料の標準的な算定方法等を示すほかは，平成27（2015）年改正以前の仕組みが維持されている（国保令29条の7・29条の8）。大まかにいえば，各市町村は，必要な保険料収入のうちの半分を負担能力（所得割ないし資産割）に応じて，残りの半分を受益（世帯別平等割ないし被保険者均等割。前者は，1世帯につき1の割合で負担，後者は，世帯内の被保険者数に応じた負担を意味する）に応じて調達する形で保険料率を決定する（国保令29条の7第2項1号・2号）。また，市町村国保については，保険料に代えて国民健康保険税を徴収することもできる（国保76条ただし書，地税5条6項5号・703条の4）。なお，国保保険料の算定の際に用いられる所得割の算定方式については，従来，市町村により異なる算定方法が許容されていたが，平成25（2013）年度以降は，所得から基礎控除を行った額に一定率を乗じる，いわゆる「旧ただし書方式」に一本化されている（国保令29条の7第2項4号・5号参照。これ以外の方法を認める6号が削除された）。

(c)　後期高齢者医療制度の保険料　後期高齢者医療保険については，給付にかかる費用の1割を被保険者が保険料として拠出することとされた（→**総論**2 **2**）。後期高齢者医療制度の被保険者が負担する保険料は，広域連合ごとに広域連合の条例により決定され（高齢医療104条2項），被保険者均等割額と所得割額とから構成される（高齢医療令18条）。

(3)　事業主の保険料負担

健康保険の保険料は，被保険者と当該被保険者を雇用する事業主とが折半して負担する（健保161条1項）。事業主は被保険者負担分も併せて保険料を納付する義務を負っており（健保161条2項），被保険者負担分の保険料を賃金から控除（源泉徴収）することができる（健保167条）。なお，任意継続被保険者（→1 **2**(3)）は保険料を全額自ら負担する（健保161条1項ただし書）。健保組合は，規約の定めにより，事業主の負担する保険料の割合を2分の1よりも高い割合に引き上げることができる（健保162条。ただし，事業主が保険料を全額負担することは許されない。横浜地判平成10・9・16判自187号86頁）。

このようにして，事業主は，自らが雇用する被用者の医療費の一部を負担することになる。このような制度の背景には，労働者の心身の健康の維持は事業主にとって良質な労働力の獲得を意味しており，事業主にとっても利益であるとの考え方がある（なお，労災保険において，給付財源は使用者が全面的に負担する→第6章各論⑥2)。また，学説には，労働者に対する配慮義務が背景にあると説明する見解もある（島崎265頁)。なお，健康保険制度には被扶養者制度が存在すること（→①2(4)）の帰結として，事業主は，当該労働者のみならずその家族の医療費についても財源の一部を負担している。

なお，健康保険の保険料は，介護保険の財源（介護給付費・地域支援事業支援納付金として健康保険の保険者から介護保険に拠出される）を併せて徴収するものでもある（→(1)）。そのため，事業主の費用負担は介護保険についても予定されていることになる。介護保険制度には被用者・非被用者の区別が存在しないため，結果として，事業主は間接的に被用者ではない者の介護保険給付の財源も負担しているといえる。

(4) 保険料の未納・滞納

国民健康保険，後期高齢者医療制度において，普通徴収による保険料徴収が行われる場合には，被保険者が保険料を自ら納付しなければならないため，保険料の未納・滞納の問題が生じ得る。既にみたように，被保険者が保険料を滞納する場合，保険者は被保険者証の返還を求め，一時的に第三者払いを停止することができる（特別療養費→④8)。また，未納付の保険料については地方自治法231条の3第3項が適用され，地方自治法上の督促・滞納処分の対象となる（国保79条の2，高齢医療113条)。

(5) 国保保険料の減額賦課・減免

都道府県・市町村国保の保険料のうち，応益負担に属する部分は低所得者にとって過重なものとなり得るため，所得の低い者に関して，被保険者均等割額および世帯別平等割額について，7割までの減額賦課が行われ得る（国保81条，国保令29条の7第5項)。減額賦課された部分については，市町村がいったん一般会計から財源を繰り入れ，そのうちの4分の1を国，4分の3を都道府県が負担する（国保72条2項2号，72条の3第2項)。

また，市町村（都道府県・市町村国保につき）および健保組合は，条例または規約の定めるところにより，特別の理由がある者に対し，保険料を減免し，またはその徴収を猶予することができる（国保77条)。この規定は，原則として災害等の事情により一時的に保険料負担能力の全部または一部を喪失した者に対して保険料を減免することを想定して定められたものであると解釈されており，恒常的な低所得者については，保険料の（一定割合の減額は認めるものの）全額免除は認めない市町村がほとんどである。災害等を理由とした保険料の減免については市町村の一般会計からの繰り入れが行われるが，国が特別調整交付金（国民健康保険の国庫負担金等の算定に関する政令4条3項）により補填するほか，都道府県からの補助金ないし貸付金（国保75条）なども存在する（アルマ187頁）。国民健康保険法77条は「特別の理由」について何も述べていないため，市町村が条例において上記のような一時的な支払能力の喪失以外の場合についても保険料を減免することも違法ではないと考えられるが，その場合には，現状では上記のような国等による財政面での支援が受けられず，全額が市町村の一般会計からの繰り入れにより補填されざるを得ないことになろう。なお，最高裁は，恒常的な生活困窮者であるが生活保護申請をしていない者を保険料の減免の対象としない条例は国民健康保険法77条の委任範囲を超えるものではなく，憲法25条，14条にも反しないと判断した（最大判平成18・3・1民集60巻2号587頁（百選9））。また，市町村が国保税条例および市の取扱要領等に基づいて行った保険料減免申請不承認処分の適法性が争われた事案において，保険料減免を受ける者については，生活保護の受給者に比して相対的に緩やかに預貯金を認めることが適切である等と述べて，市の取扱要領の解釈として，減免の対象者につき，生活保護における最低生活費の年額の2分の1までの手持ち金の保有を許容した裁判例として，秋田地判平成23・3・4（賃社1556号12頁（百選20））がある。なお，2件の判決はいずれも，平成27（2015）年国民健康保険法等改正以前の市町村国保の事案である。

なお，後期高齢者医療制度についても国保制度とほぼ同様の減額賦課（被保険者均等割額について）・減免に関する規定がある（高齢医療104条2項・111条，高齢医療令18条4項）。

発展4-22①　国民健康保険料と国民健康保険税

上述の通り，国民健康保険については，保険料でなく税の形で財源の拠出を求めることができるが（→(2)(b)），国民健康保険税の水準の決定に関するルール（地税703条の4）は保険料率の決定に関するルール（国保令29条の7・29条の8）に準じた内容となっており，いずれの形を取っても，被保険者にとって実質的な違いはほとんどないといえる。

国民健康保険の保険料については，この保険料が憲法84条の定める租税法律主義の適用を受けるかという問題がある（最大判平成18・3・1民集60巻2号587頁（百選8））。最高裁は，国民健康保険の保険料は憲法84条のいう「租税」そのものではないものの，同条の「趣旨」が及ぶとしたが，かっこ書で，国民健康保険税の場合には，形式が税である以上，憲法84条が適用されることになると付記している。このような判例の立場によれば，保険料という形をとるか，保険税という形をとるかによって，租税法律主義との関係では異なる効果が生じ得る（→第2章第2節④1）。

発展4-22② 医療保険と世帯・扶養関係

健保における「被扶養者」は，保険料負担なしに被保険者とほぼ同様の給付を受ける地位を有する（→①2(4)）。これに対して，国保にはそのような制度がなく，家族のメンバーそれぞれが被保険者としての資格を獲得する。もっとも，国保は，上述の通り「世帯主」についてのみ保険料負担義務を課しており，リスク分散の観点からは「世帯」という単位に着目した制度設計となっている（→1(1)）。世帯主とそれ以外の世帯構成員の関係は必ずしも扶養関係にあるとは限らず，したがって両制度を簡単に比較することはできない（かつ，世帯主自身は被保険者でないこともある）が，扶養関係にある者ないし世帯の全体としての負担と給付の関係という観点からこれらの制度を比較すると，健保制度においては，被扶養者の数と被保険者の保険料負担額が全く関連づけられておらず，被扶養者の多い世帯のリスクを被扶養者の少ない世帯が負担しているとみることもできる。他方，国保制度においては，保険料率の決定の際に被保険者たる世帯の構成員の数が他の要素と並んで考慮されており（被保険者均等割→(2)(b)），この部分については，被保険者たる世帯構成員の数と保険料負担額に一定の関連性が生じる。

このように，健保と国保はいずれも，何らかの形で世帯や扶養関係に注意を払ったものとなっており，完全に個人単位の制度とはなっていないという点で共通している。他方で，家族や世帯を給付・保険料のいずれのレベルでどのように考慮するかはそれぞれ異なっているが，そうした両制度の相違を理論的にどう理解・説明すべきかは，必ずしも十分に整理されていないように思われる。

発展4-22②の参考文献

・岩村正彦「社会保障における世帯と個人」岩村正彦＝大村敦志編『融ける境 超える法 Ⅰ 個を支えるもの』（東京大学出版会，2005年）261頁

2 財政調整

(1) 「財政調整」あるいは「財政調整型公費負担」

医療保険制度を含む社会保険制度においては，原則として保険者ごとに当該保険者の責任で財源の調達と給付が行われ，各保険者の収支は相互に独立に均衡している。もっとも，このような各保険者の財政の独立を貫徹すると，保険料負担の水準に保険者間で著しい差異が生じることがあり，場合によっては制度を維持できない状況になる可能性もある。例えば医療保険制度の場合，保険者ごとに，保険料負担能力および傷病発生のリスクが極めて不均衡に分布しているためである。日本の社

会保険制度においては原則として自ら加入する保険者を選択できないことからしても，このような保険料格差を一定程度調整する仕組みの必要性が否定できない。

また，日本の医療保険制度においては，被用者保険たる健康保険と，非被用者が加入する国民健康保険に制度が分かれており，被用者も退職すれば国民健康保険に加入する。そのため，退職者や失業者，就業者であるが健康保険法の適用を受けない程度の就労しかしていない者（→1 **2**(2)発展 4-6）等，保険料負担能力の低い者や高リスク者が国民健康保険に集中するという構造的な問題がある。

これらの問題について，日本の医療保険制度は二つの方法によって対応している。一つは，保険者間で財源をやりとりする，いわゆる「財政調整」である（→(2)）。もう一つの方法は，国や地方公共団体による医療保険の財源負担を，上記のような保険者ごとの負担能力・リスクの違いを修正する形で各保険者に分配する方法である（このような調整のあり方については財政調整とは区別して論じる立場も有力であることから，本章では，「財政調整型公費負担」と呼ぶ→**3**(1))。以下では，前者の財政調整について，主なものを取り上げて検討を加える。

以上を含め，財政調整についての参考文献
・新田秀樹「財政調整の根拠と法的性格」社会保障法研究 2 号（2013 年）63 頁

(2) 前期高齢者納付金

医療保険の各保険者は，社会保険診療報酬支払基金（以下，支払基金という。支払基金について→3 **1**）に対して，「前期高齢者納付金」を拠出しなければならない（高齢医療 36 条・139 条 1 項 1 号)。支払基金は，集めた納付金を，「前期高齢者交付金」として各保険者に配分する（高齢医療 32 条 1 項)。納付金および交付金の額は，各保険者における 65 歳以上 75 歳未満の加入者の数に応じて決定される。結果として，この制度は，65 歳から 74 歳までの前期高齢者が特定の保険者に集中することから生じる保険者間の財政力の格差および傷病リスクの不均衡な分布を調整する効果を持つ。

(3) 後期高齢者支援金

医療保険の各保険者は，支払基金に対して，「後期高齢者支援金」を拠出しなければならない（高齢医療 118 条・139 条 1 項 2 号)。支援金の額は，各保険者の被保険者数と保険料負担能力等を基礎として決定されている。なお，被用者保険については，平成 22（2010）年度以降，各年度における当該保険者の標準報酬総額の見込額を基準とする，いわゆる「総報酬割」が被用者保険の負担する支援金の約 3 分の

1程度について採用され，平成29（2017）年度以降は総報酬割が支援金の全額につき適用されている（→発展4-23）。支払基金は，集めた支援金を「後期高齢者交付金」として後期高齢者医療広域連合（→1 4(2)）に交付する（高齢医療100条）。交付金は，後期高齢者医療制度の財源の約4割を占めている。

後期高齢者医療制度には，75歳以上の高齢者という，拠出能力が比較的低く，他方で傷病リスクが大きい者が集中し，独立した保険としての運営は困難である。後期高齢者支援金・交付金制度は，現役世代から後期高齢者への財源の移転により保険料（→1(1)・(2)(d)），税財源（→3(4)）と並んで後期高齢者医療制度の財源を担保する制度であるとともに，このような後期高齢者医療制度における保険料負担能力の欠如と疾病発生リスクの集中に対応する機能を有する。

なお，後期高齢者支援金の額の決定時には，「調整率」という値が用いられるが，既に述べた通り，この値は，特定健康審査等基本方針ないし同実施計画に定められた，特定健康診査等の実施およびその成果にかかる目標の達成状況に応じて変動する（高齢医療120条2項・121条2項・18条2項2号・19条2項2号。特定健康診査とこれにかかる目標等について→5 2(1)）。

発展4-23 加入者割と総報酬割

後期高齢者支援金の負担は，現役世代が加入する保険者にとって大きな負担となり得る。特に，被用者保険の中でも健康保険組合に比して加入者の報酬の水準が低い全国健康保険協会については，後期高齢者支援金は，財政状況の悪化，ひいては保険料率上昇の重要な要因と考えられてきた。平成21（2009）年度まで，各保険者が負担する後期高齢者支援金の額は，当該保険者の加入者数を基礎として決定されていたが，同年以降，上述の通り，健康保険等の被用者保険については，加入者数のみならず当該保険者の保険料負担能力も考慮されることとなり，平成29（2017）年以降は全面的な総報酬割への切替えが行われた（平成27（2015）年国民健康保険法等改正法）。

総報酬割の適用・適用拡大によって，各保険者の負担能力がより正確に反映された形で財政調整が行われ得る。被用者保険制度において，報酬に応じた負担は個人レベルでは一つの原則ともいえることも考慮すれば（健保156条参照），基本的に支持できる方向性といえよう。他方，このような変化は，所得水準が相対的に高い健保組合にとっては負担の増加を意味するため，これらの保険者団体からの批判も強い。

(4) 市町村国保の都道府県単位での「共同事業」を通じた財政調整

平成27（2015）年国民健康保険法等改正法の施行（平成30（2018）年→1 3(2)）により市町村国保が都道府県・市町村国保に再編される以前には，この改正の準備段階と見ることもできる財政調整も存在した。すなわち，上記改正前の市町村国保について，保険者の規模が小さいために財政基盤が脆弱であるという問題に対応するために，一定の医療費を都道府県レベルで共同で負担する仕組み（高額医療費共同事業・保険財政共同安定化事業）がおかれていた（高額医療費共同事業には，国や都道府県の財政調整型公費負担も存在した→3(3)(b)）。これらの制度は，保険者の単位を市町村としたままで，実質的に都道府県単位の財政運営を可能にするものであったと見ることができるが，上記改正によりいずれも廃止された。

発展 4-24　全国健康保険協会の支部間の調整

全国健康保険協会は，支部ごとの被保険者・被扶養者の年齢の分布および総報酬額の不均衡から生じる財政力の不均衡を是正するために，支部ごとに財政調整を行う（健保160条4項）。都道府県ごとにおかれる支部は独立した保険者ではないから，このような制度は上でみたような保険者間の財政調整の仕組みとは異なっているが，被保険者の分布から生じる保険料率の水準の格差を調整する仕組みである点において，実質的な機能としては財政調整に近い性格を有している（→⑦1）。

3　国または地方公共団体の費用負担

(1)　公費負担の必要性と位置づけ

社会保険は保険の技術を基礎とした制度であるが，様々な理由から，保険料以外の財源を用いることがある。

医療保険制度における公費負担は，二つの類型に分けることができる。一つは，保険給付費にかかる費用の一定割合を国や地方公共団体が負担する場合である。二つめは，保険者間のリスク，財源負担能力の相違を調整する趣旨を含むものであり，国保制度および後期高齢者医療制度にみることができる（財政調整型公費負担→2(1)）。以下，療養の給付にかかる費用と事務費用を中心として，各保険者に認められている公費負担を概観する。

(2)　健康保険

健康保険について，国は予算の範囲内で健康保険事業の事務費用を負担する（健保151条）。また，全国健康保険協会については，療養の給付にかかる費用等の補助を行う（国庫補助。健保153条）。同条によれば，平成22（2010）年以前の国庫補助は，1000分の164から1000分の200の範囲内で定められるものとされ，健康保険法附則5条が「当分の間」1000分の130としていたが，この割合は協会健保の財政状況を踏まえて平成22（2010）年度から平成24（2012）年度まで，1000分の164に引き上げられ（健保附則5条の2），平成25（2013）年健康保険法等改正時に追加された附則5条の3はこの措置を平成26（2014）年度まで延長した（他方，平成25（2013）年健康保険法等改正法附則2条は，これらの規定について，協会健保の財政状況，高齢者の医療に要する費用の負担のあり方についての検討状況，国の財政状況その他の社会経済情勢の変化等を勘案し，平成26（2014）年度までの間に検討を行い，必要に応じて所要の措置を講ずるとした）。

平成27（2015）年国民健康保険法等改正法は，協会健保の国庫補助率を改めて「当分の間1000分の164」と定めたが（健保附則5条），同時に，平成27（2015）年度以降，法定準備金を超える準備金が生じた場合にはこの超過額のうちの国庫補助分1000分の164について翌年度の国庫補助額から減額するものとした（健保附則5条の4から5条の6。これに伴い，平成27（2015）年度の国庫補助につき，平成26（2014）年法定準備金超過分の16.4%に当たる額が減額された）。なお，現行法の本則は，国庫補助の割合を1000分の130から1000分の200までの範囲内において政令で定める割合としている（健保153条1項）。

⑶ 国民健康保険

ⓐ 国庫負担・国庫補助　国は，都道府県・市町村国保について，療養の給付等にかかる費用，前期高齢者納付金，後期高齢者支援金等（負担対象額）の100分の32を負担する（国が都道府県に交付する。国保70条1項）。都道府県または当該都道府県内の市町村が確保すべき収入を不当に確保しなかった場合（保険料徴収の努力を明らかに怠っているような場面を想定することができる）においては，国は，当該都道府県に対して負担すべき額を減額することができる（国保71条1項）。また，国保組合についても，事務費用を負担する（国保69条）ほか，療養の給付等にかかる費用等の100分の13から100分の32までを補助することができる（国保73条1項。組合の財政力等を勘案して増額できる。同条4項）。

ⓑ 財政調整型公費負担　都道府県・市町村国保については国の財政調整型公費負担も存在する。すなわち，国は，都道府県および当該都道府県内の市町村の財政状況等に応じて，都道府県に対して調整交付金を交付する（国保72条）。

なお，平成27（2015）年国民健康保険法等改正法の施行（平成30（2018）年→1 3⑵）により市町村国保が都道府県・市町村国保に再編される以前は，都道府県から市町村国保に対する調整交付金（上記負担対象額（→ⓐ）の9%）も存在したが，上記改正により廃止された（ただし，都道府県の国民健康保険特別会計への繰入れという形で実質的には同規模の都道府県負担が残っている。国保72条の2第1項参照）。都道府県の調整交付金も，市町村国保への都道府県の財政的関与を強化するものであったという意味で，都道府県単位での共同事業（→2⑷）と同様に，国保制度再編の前提・準備段階と見ることのできる制度であった。

⑷　後期高齢者医療制度

国は後期高齢者医療広域連合が行う療養の給付等の費用等（負担対象額）について，その12分の3を負担するとともに（高齢医療93条1項），12分の1を調整交付金として交付する（高齢医療95条）。後者は，広域連合間の財政力格差を調整する財政調整型公費負担であり，平常時に公布される普通調整交付金と災害等の場合に特別に公布される特別調整交付金に分かれる（以上につき，後期高齢者医療の調整交付金の交付額の算定に関する省令（平成19年厚労令141号））。また，都道府県および市町村も，負担対象額の12分の1をそれぞれ負担する（高齢医療96条1項・98条）。

4　社会保険制度における各種財源の機能・意義

以上のように，医療保険給付等の財源は，大きく分けて，保険料・保険者間の財政調整・公費負担の三つの類型からなっているが，これらの財源は，それぞれに異なる理念や機能を有している。このうち，保険料による財源の調達は，被保険者が自らの加入する保険に財源を拠出し，集団的な自助努力を行うという意味を持ち，社会保険制度における原則的かつ基本的な財源調達のあり方である（社会保険方式について→第1章第1節③）。他方，保険者間の財政調整および公費負担（→3）は，リスク分散の単位である保険集団を超えた範囲で財源を調達するものであり，原則的な保険のルールからは逸脱するものといえる。

社会保険制度において，このような保険料以外の財源の利用はほとんど全ての制度に見られるが，なかでも財政調整および財政調整型公費負担は，特に医療保険制度において必要性が大きく，実際の規模も大きい（介護保険制度における調整交付金について，介保122条→第5章各論② 8⑵）。上述の通り，日本の医療保険制度は被用者保険と非被用者保険，さらには高齢者というように，保険料拠出能力に大きな差がある形で保険集団が設定されている。他方で，給付の内容は異なる保険者について基本的に同一である。こうした保険制度の全体的な構造を維持するために，財政調整および財政調整型公費負担が必要不可欠なものとなっている。また，平成27（2015）年国民健康保険法等改正法の施行（平成30（2018）年→① 3⑵）前の市町村国保については，市町村という小規模な保険者の単位が採用されていたため，これら市町村国保の財政調整や国・都道府県による市町村国保への財政調整型公費負担が重要な役割を有していた（→2⑷，3⑶(b)）。

社会保険において，保険料以外の財源が広く用いられ，特に，他の保険者から財源が拠出される形で財政調整が大規模に行われる場合には，保険集団ごとの自助努力という社会保険の基本的な考え方は曖昧なものとなり，そもそも保険者という集団を設定する意味が曖昧になる可能性もある（→7 1(2)）。このような観点からは，国保について，上記の改正により都道府県レベルで保険者が再編されたことによって，保険者の単位と財源負担の単位との対応関係が従来に比べれば明確になったといえよう（既に述べた通り，過去に存在した財政調整・財政調整型公費負担は，この改正の準備段階であったと評することもできる）。

7 医療保険の課題

日本の医療保険制度は，社会保険の仕組みを採用しつつ，様々な面で伝統的な社会保険の枠組み（と考えられてきたもの）を修正している。特に近年，社会保険に関する伝統的な考え方を逸脱する制度改正が相次いでいる。そして，そうした今日の制度を全体としていかに整合的に理解するかが，今後の制度の発展に向けて重要な理論的課題となっている。以下では，「保険者」という社会保険制度独自の概念を軸として，今日の日本の医療保険が抱える理論的課題を分析する。

1 保険者の範囲・規模と財源調達の範囲――「保険者」とは何か

(1) 二つの異なる要請

社会保険において，保険者の範囲・規模をどのようなものに設定するかという問題を考えるに当たっては，①保険財政の安定と，②保険に加入する者の一体性・同質性という二つの異なる要請を考慮に入れる必要がある。すなわち，まず，①保険の技術を用いて，ある集団においてリスク分散を行う場合，当該集団の規模が大きければ大きいほど，保険財政は安定する。他方，②歴史的にみて，社会保険には，同質のリスクを有する者同士の連帯・相互扶助（以下，単に連帯ともいう→第1章第1節3 3(1)）という性格があり，この点を重視するならば，ある程度の一体性・同質性を観念できる保険集団を設定することが要請されるといえよう。この場合，保険者の単位は比較的小規模なものであるべきと思われる（あまりにも大規模な保険者を設定すると，集団としての一体性・同質性が希薄化すると考えられるため）。そのため，②の要請は①の要請と矛盾する場合があろう（菊池将来構想139頁注52を参照）。なお，②の被保険者集団の連帯・相互扶助は，職業集団等を軸として歴史的・自発的に構築され制度化されてきたものであるのと同時に，集団として拠出した財源が当該集団の給付に用いられるという社会保険における財源負担のあり方を一つの重要な理論的・実質的根拠として成立・定着する（したがって，保険料を労使が折半する被用者保険においては，事業主もこの連帯・相互扶助の集団に包含されるとみることができよう)。

日本の健康保険制度と国民健康保険制度について，①および②の観点から検討を加えてみよう。まず，①の観点からは，平成27（2015）年国民健康保険法等改正以前の市町村国保について，リスク分散の規模が小さく，保険財政の安定が維持できないことが長く問題とされ，同改正により都道府県レベルでの再編が行われた（→1 3(2)，2)。次に，②の点についてみると，歴史的には，健康保険も，国民健康保険も，被用者集団（健保）と自営業者集団（国保）という職域による区別によって，一定の同質性のある集団を設定するものであったといえる。健康保険についていえば，全国の被用者を対象とする保険に保険集団の一体性・同質性を認められるかについては議論があり得るものの，健康保険組合のように単一・複数の企業の被用者という同質性の高い集団を基礎とした保険者も組織されている。他方，国民健康保険は，歴史的にも現在も制度上特定の職業集団を対象とするものではないが，その創設当初は，実質的には主として農村住民（農業分野の自営業者）のための制度という性格を有しており，被保険者の同質性が相当程度認められたと思われる。しかしながら，現在では農業以外の様々な分野の自営業者が増加しているほか，（前期）高齢者・無職者等の多様な住民を包含するようになっており，保険集団の一体性・同質性は希薄化しているといえよう。

(2)　保険者の単位とは異なる範囲での財源調達・リスク分散

(1)で論じた，社会保険の要請①②の双方に関連する問題として，本章の各所でみてきたように，実際には，医療保険の財源調達・リスク分散が，常に当該保険者の内部のみで行われているわけではないことも考慮に入れる必要がある。すなわち，医療保険制度においては財政調整や公費負担等（→6 2，3）が重要な役割を担っている。こうした財源調達の方法は，(1)で論じた社会保険の要請①（一定規模以上の保険集団を設定することによる保険財政の安定）との関係で，保険集団の規模を変えないままで，保険財政を一定程度安定させることに資する。他方，(1)で論じた社会保険の要請②（保険集団の一体性・同質性に基づく連帯・相互扶助）との関係では，保険集団の範囲を超えた財源調達の割合が大きくなると，保険集団ごとの連帯・相互扶助の性格は希薄化するといえよう。また，このような財源調達の対象の拡大を踏まえて，財政調整等による間接的な態様も含めた，財源を拠出している者同士の連帯・相互扶助を想定すべきとも思われるが，このような広義の財源拠出者の集団に連帯・相互扶助を基礎づける一体性・同質性を認められるか否かについては，議論があり得よう。他方，健康保険の保険者たる協会健保のように，財源調達は基本的に全国単位で行われるものの，保険者の単位より小さい単位（「支部」）ごとに保険料率が計算される場合（→⑥ 1 (2)）には，当該単位で被保険者が連帯しているとみるべき面がある。

このように，保険者の範囲・規模の設定をめぐっては，「保険者」「被保険者」の範囲をいかに設定するかという問題に加えて，財源調達・リスク分散の面で当該保険を支える者の範囲をどのように設定し，そうした財源調達・リスク分散のあり方を保険集団の連帯・相互扶助という要請との関係でどのように説明するかという問題が存在し得ることも，少なくとも現行法との関係で念頭において議論する必要がある。

最後に，(1)の議論を含めたここまでの検討を前提として後期高齢者医療制度に目を向けてみよう。同制度においては，法令上，広域連合が「保険者」となり，給付財源は，1 割の被保険者拠出と，9 割の税財源ないし他の保険者からの交付金費用によって賄われている（→**総論②** **2**，**各論⑥** **1** (2)(d)）。高齢者のみを集めた医療保険である同制度については，保険者の集団を比較的広域なものとするとともに，保険集団の外からの財源調達を大規模に導入することで，前述①の要請について，保険財政の安定性が確保されているといえよう。他方で，前述②の要請については，年齢によって機械的に区別された保険集団について，集団の連帯を基礎づけるような一体性・同質性は希薄であると考えられる上，財源の 9 割が保険集団外から調達される点において，保険集団の連帯・相互扶助の性格はごく小さいものに留まっている。

2　都道府県単位の地域保険

近年の医療保険制度改革をめぐる議論では，保険者の規模を都道府県の単位に収斂させようとする政策立案者の意図が指摘されることが少なくない。具体的に各制度の改正動向を分析すると，保険者を直接に都道府県に設定するものに加え，**1** (2)で検討したような財源調達・リスク分散の単位の観点から都道府県単位の制度設計を採用するものもみられる。

まず，平成 27（2015）年国民健康保険法等改正法の施行（平成 30（2018）年）前の市町村国保については，高齢者等の負担能力の小さい被保険者の集中と，保険者規模が比較的小規模であることが原因で，その財政基盤の不安定さがたびたび問題となってきた（→**1** (1)）。上記改正は，後者の問題に対応する制度改革として（前者の問題については，高齢者医療に関する**総論**②の記述を参照)，国保を都道府県単位で再編しつつ，都道府県と市町村とが「ともに」保険者を担当するものとした(→① **3**(2))。なお，このような保険者の再編に先立ち，国保においては，費用負担の面において，都道府県単位での財政運営を強化する制度改正が行われてきた(→⑥ **4**)。

他方，平成20（2008）年に導入された全国健康保険協会管掌の健康保険においては，保険者は全国レベルで一つであるものの，保険料率の決定は，都道府県支部ごとに，支部ごとの収支均衡を一定の範囲で実現する形で設定される（→⑥ **1**(2)(a))。このようなしくみは，**1**(2)で論じたことも前提とすれば，財源調達・リスク分散の単位という観点から，都道府県単位での保険者編成と一部重なる意味を有している。

また，同じく平成20（2008）年に導入された後期高齢者医療制度においては，都道府県の区域ごとに設置される広域連合が保険者となっている（→① **4**)。

こうした近年の動向を踏まえて，都道府県を基本的単位とする地域保険へと，日本の医療保険制度の構造を再編することを主張する学説もある（ただし，保険者は地方公共団体たる都道府県から独立した公法人とすべきと述べる。菊池将来構想150頁)。

平成27(2015)年国民健康保険法等改正法による国民健康保険の改革についての参考文献

・島崎謙治『医療政策を問いなおす——国民皆保険の将来（ちくま新書)』（筑摩書房，2015年）225頁

3 「保険者自治」の諸相

(1) 医療保険制度における保険者自治の意義

社会保険においては，租税財源を用いた社会保障制度とは異なり，社会保険の「保険者」ごとに法令の枠内で独自の意思決定が行われるべきであるという考え方がある。このような保険者の自律的意思決定を保険者自治と呼ぶことがある。保険者自治は，ドイツをはじめとするヨーロッパ諸国において，社会保険の誕生・発展の歴史の中で重要な役割を担ってきた概念である。理論的には，社会保険の枠内で被保険者（被用者保険の場合には事業主も含む）が保険料拠出等を通じて連帯し，集団的な自助努力によりリスクに備えるという考え方を基礎としている。もっとも，日本法の体系においては，憲法・法令に直接の根拠を有する概念ではない。なお，保険者自治が，このように保険者集団の連帯という考え方と結びついた概念であることからすれば，保険者自治を論じる際には，保険集団・財源調達・リスク分散の

範囲をどのように設定するかという上記 1 の問題との関係にも十分に配慮する必要がある（なお，菊池将来構想 139 頁は，直接に保険者自治に言及するものではないが，被保険者による「参加」の実現可能性の視点からみた場合，保険者は全国単位でなく，より小規模な方がよいと述べる）。

医療保険制度においては，複数の保険者が，それぞれ単年度ごとに保険財政を均衡させる仕組みとなっているため，例えば年金保険と比較して，保険料水準の決定等において保険者自治が機能し得る余地が大きい。租税法律主義と保険料の関係に関する最大判平成 18・3・1（民集 60 巻 2 号 587 頁（百選 8）→[6] 1 (5)発展 4-22①，第 2 章第 1 節[4] 1）に付された滝井繁男裁判官の補足意見は，市長に広い裁量を与え，租税法律主義（の趣旨）との関係で問題を呈し得る保険料決定のあり方について，「保険集団の議決機関の判断」というべきものであり，「社会保険の目的や保険料の性格に照らし，保険者自治の観点から許容されている」と述べ，注目された。ただし，同補足意見は，憲法上の原則である租税法律主義の緩やかな（趣旨の）適用という解釈が，上記の通り憲法・法令上に直接の根拠をもたない保険者自治という要請により何故正当化されるのかについては十分に説明していないと思われる。

他方，現行法上の医療保険の各保険者の具体的な意思決定のあり方に目を向けると，滝井裁判官が保険者自治の存在に言及した市町村国保（上記平成 18 年判決の事案当時）も含めて，保険者自治の考え方と親和的ともいえる制度が散見される一方で，そのような考え方が貫徹されているとは言い難い。以下では，医療保険の各保険者の運営方法を，保険者の意思決定の手続という観点から詳しく検討してみよう。

(2) 現行法における保険者自治

(a) 都道府県・市町村国保　(1)で言及した平成 18 年最高裁判決は，平成 27（2015）年国民健康保険法等改正法の施行（平成 30（2018）年）以前の，いわゆる市町村国保の保険料率決定に関する事案である。市町村国保においては，保険者たる市町村が，保険料にかかる事項等の重要事項を条例によって決定し，国保を運営していた。このような前提の下で，前掲の滝井裁判官は市町村議会による決定を「保険集団の議決機関の判断」と評している。もっとも，市町村国保の被保険者には重複する部分があるものの，当然ながらあらゆる住民が市町村国保の被保険者ではないことからすれば，市町村議会は厳密には市町村国保の被保険者代表ではない（この点は滝井補足意見も自ら留保している）。

現行法上の都道府県・市町村国保において，保険者は都道府県ごとに組織されるものの，保険の運営は都道府県と市町村が共同で担当する。また，保険料率は市町村によって異なり得る仕組みとなっており，具体的な保険料率の決定は，都道府県による標準保険料率の提示等を前提として市町村の条例によって行われる（以上→1 3(2)，6 1(2))。このような制度においては，そもそも，保険者自治の前提とすべき「保険者」の単位をどのように考えるべきかという点から論じる必要があり，保険者自治の位置付けは従来以上に曖昧なものとならざるをえないと思われる。

なお，都道府県・市町村国保の運営については，都道府県と市町村の双方に，国民健康保険事業の運営に関する重要事項等を審議するための協議会がおかれている（国保11条)。協議会には，被保険者代表に加えて，保険医・保険薬剤師代表・公益代表・被用者保険代表等が参加している。

(b) **組合方式の保険者**　組合の仕組みを用いる健康保険組合，国民健康保険組合においては，組合会という意思決定機関がおかれ重要事項を決定するものとされており（健保18条・19条，国保26条・27条)，この組合会において決定・変更される規約を通じて，組合員の資格や保険料に関する事項を定めるものとされている（健保16条，国保18条ほか)。組合会の議員は，健保組合の場合には被用者たる被保険者の代表と事業主代表であり，被保険者代表は組合員すなわち被保険者の間で互選される（健保18条3項)。国保組合においては組合会議員は組合員により選挙される（国保26条3項)。このように，組合方式をとる保険者においては，法令により定められた一定の枠内で被保険者自らが保険を管理運営する保険者自治の仕組みが取り入れられているとみることができる。また，健保組合については，労使のイニシアティブによって設立されるというこの組織の性格上（→1 2(1))，労使自治の性格も有する意思決定機関がおかれていることが特徴的である。

(c) **協会健保**　全国健康保険協会には，事業主および被保険者の「意見を反映させ」，協会の業務の適正な運営を図るための組織として運営委員会が設置されており（健保7条の18)，事業主代表・被用者たる被保険者代表・学識経験者が委員となる。協会の業務を執行する理事は厚生労働大臣によって任命されるが（健保7条の11第1項)，大臣は任命時に運営委員会の意見を聴かなければならない（同条2項)。また，理事は，業務執行に際して，一定の重要事項については予め運営委員会の議を経なければならない（健保7条の19第1項)。また，都道府県支部には評議会がおかれ，ここにも事業主代表・被保険者代表・学識経験者が評議員として参加する（健保7条の21)。協会は，支部における業務の実施について当該支部の評議会の意見を聴く（同条)。協会による保険料率の変更に当たって，理事長は，支部長の意見を聴取し，運営委員会の議を経なければならない（健保160条6項)。

このように，全国健康保険協会においては，被保険者集団を民主的に代表する者による意思決定という形での保険者自治の仕組みは採用されていないものの，重要事項の決定や保険料率決定の際に，理事の決定を拘束しない緩やかな形で，運営委員会・都道府県支部協議会を通じて，保険集団を構成する被保険者および事業主の代表の意見が考慮されている。

以上のような協会健保の意思決定のあり方については，意見の考慮という仕組みを持たなかった政府管掌健康保険（→6 **1**(2)(a)）に比して被保険者による参加の実現可能性を増大するものとして肯定的な評価を行う学説（菊池将来構想139頁），むしろ自治の不十分さを指摘する見解（下記の参考文献）の両者が存在する。

(d) 後期高齢者医療制度　後期高齢者医療制度において保険者を担当する後期高齢者医療広域連合（→1 **4**(2)）は，都道府県が構成する組合という性格を有する特別地方公共団体であり（地自284条，1条の3第1項・3項），広域連合議会を通じて意思決定を行う。広域連合議会の議員は，広域連合を構成する都道府県の住民あるいは都道府県議会による選挙で決定される（広域連合の規約が詳細を決定する。地自291条の5第1項。広域連合の長については，同条2項参照）。なお，関係市町村や，他の保険者によって構成される保険者協議会（高齢医療157条の2第1項）等の意見を聴く手続も予定されている。これらの意思決定手続について，被保険者たる後期高齢者の直接・間接の参加は（都道府県住民としての参加を除いては）予定されていない。

3の参考文献

・加藤智章「医療保険制度の変容と保険者のあり方」社会保障法26号（2011年）103頁
・同『社会保険核論』（旬報社，2016年）第10章

4 保険者ないし都道府県の役割をめぐる新しい議論

(1) 保険者による費用徴収・医療費抑制の努力

上記の通り，複数保険者が単年度ごとに財政を均衡させる医療保険においては，保険者ごとの支出・収入，さらには財政運営のあり方に応じて保険料水準が変わり得る。こうした点に着目して，近年，費用徴収や給付費用の抑制に向けた各保険者の努力を（時には経済的なインセンティブを付与して）期待する制度が増加しており，また，そうした観点から保険者という主体を強調する議論が活発化している（保険者の機能について，島崎270頁も参照）。

例えば，後期高齢者支援金（→6 **2**(3)）の算定に当たっては，既に述べた通り，

疾病予防に向けた保険者の努力に関する評価結果が反映され，予防の努力を怠った保険者については，当該保険者が拠出すべき支援金額の増額が予定されている（→5 2(1)）。また，平成27（2015）年国民健康保険法等改正法により，新たに，いわゆる保険者努力支援制度（国保72条3項）が導入された。これは，都道府県ないし都道府県内の市町村により行われる医療費適正化のための取り組みを，国が都道府県への交付金により支援するしくみである。

(2)　都道府県による医療費抑制の努力

こうした動きと同時に発展しているのが，「都道府県」という単位に注目して，効率的な医療保険制度の運営に向けた努力を促す各種の制度である（保険者と都道府県にこのように類似の役割が期待されていることをどのように理解すべきかについては，5(2)で改めて論じる）。まず，協会健保における都道府県支部ごとの保険料率の決定の仕組み等を指摘することができる。この制度においては，従来の政管健保とは異なり，都道府県ごとに保険料率が異なるので，各都道府県が積極的に保険料率を下げるための医療費抑制の努力を行うことが期待されている。医療費抑制のための具体的ツールとして，都道府県が策定することとされている医療計画・健康増進計画（健康増進法8条）等が想定され得よう。また，平成16（2004）年に導入された医療費適正化計画（高齢医療8条以下）は，都道府県ごとの医療費の適正化のための努力を促進する仕組みである。同制度においては，国が「国民の高齢期における適切な医療の確保を図る観点から，医療に要する費用の適正化……を総合的かつ計画的に推進するため，医療費適正化に関する施策について」「医療費適正化基本方針」および「全国医療費適正化計画」を策定する。そして，各都道府県が「都道府県医療費適正化計画」において，医療費適正化基本方針に即して具体的な目標を設定する。これまで，生活習慣病の予防や平均在院日数の短縮，ジェネリック医薬品の使用促進等の課題に重点がおかれてきた。平成30（2018）年度から第3期の医療費適正化計画がスタートした。

(3)　医療費抑制政策の重要性

以上の記述から既に明らかであるように，上記のような動きの背景には，日本の医療保険における重要な政策課題である，医療費のコントロール・抑制という関心が存在している。医療費抑制は，当然ながら医療保険制度の究極的な目的ではないが，被保険者の拠出を前提とする制度である以上，持続性のある制度を構築するために一つの重要な考慮要素であることは否定できない。伝統的に，日本でとられてきた医療費抑制のための政策としては，①診療報酬を通じた価格のコントロール

（→3 2(2)〜(4)），②患者の一部負担金の引上げ（→3 3(3)），③都道府県が策定する医療計画による病床数のコントロール（→2 2(3)）等があった。近年発展しつつある上記の制度のうち，都道府県に医療費抑制のための努力を求める制度（→(2)）は，③の医療計画制度と連続性を有するものであるといえ（医療費適正化計画については，医療計画等の都道府県が作成する他の計画との調和が求められている（高齢医療9条6項）。なお，平成27（2015）年国民健康保険法等改正により，5年と定められていた全国ないし都道府県医療費適正化計画の計画年数が，医療計画の計画年数と併せて6年に変更された（国が定める基本方針についても同様。高齢医療8条1項・9条1項）），この観点からは，医療保険制度と医療法等の医療提供体制との関連性・一体性を強める方向の制度と評価することも可能である。他方，保険者という主体に医療費抑制のための努力を求める動き（→(1)）は，従来の日本の医療制度にはなかった新しい動きといえよう。

5　医療保障の理論的課題

(1)「保険者」が担うべき役割

1〜4の論点は，医療保険という社会保険の仕組みにおいて，「保険者」をどのような単位として理解し，またこの主体にいかなる役割を期待するかという大きな問題について再考を迫るものである。

まず，保険者という単位が有する意味について，1〜3で論じたことは，これまで，全体として整合性を持つように議論されてきたとはいえない状況である。特に，近年，市町村と都道府県という異なるレベルの地方公共団体が「ともに」保険者を担当する制度の登場や，全国健康保険協会のように一つの保険者の内部で保険料率が異なる制度の存在に顕著にみられるように，従来「保険者」が担ってきた役割・位置づけが多様化・相対化しつつある。さらに，このような文脈にも十分に配慮しつつ，保険集団ごとの連帯や保険者自治といった，理論的・歴史的に社会保険制度の基本原則と考えられてきたルールと，現行の日本法上存在する医療保険制度の実態とが必ずしも一致しないことを，どのような方向性で整理していくのかが重要な課題となる。これらの基本原則は，税財源の社会保障にはみられない，いわば社会保険制度特有の価値を体現するものともいえるため，この問題をつきつめると，社会保険制度という枠組みを維持することの意義という問題に辿り着く。

より具体的な論点としては，以下のようなものが挙げられよう。まず，「保険者」の包含する被保険者の人的範囲と，財源調達の範囲，リスク分散の範囲が必ずしも一致していないことをどのように考えるか。この問題は，保険者内部に小規模な集団を作って当該集団ごとの保険財政の均衡を維持する場合（協会健保）と，むしろ保険者の外部から財源を調達する場合，さらには異なるレベルの地方公共団体が共同して保険者を担当する場面（国保）とに分けることができる。そして，この点をどう考えるかは，保険集団ごとの連帯・相互扶助という考え方に基づく保険者自治をどの程度重視し，どの範囲で構築すべきか，という問題とも関連している。

1～3で指摘した通り，現行法の傾向は，保険者ごとのリスク分散にはこだわらずに財源調達を行い，ごく緩やかな形での保険者自治を実現するというものに留まっており，社会保険という仕組みを維持することの意義は必ずしも明確ではない。都道府県単位への保険者単位の収斂が，規模の利益による保険の安定という観点や，後述するような医療費抑制に向けた都道府県行政との連携という観点（→(2)）から生じているのであれば，そもそも，社会保険の仕組みを採用し続けることに理論的にどのような意味があるのか（なぜ，税財源の医療保障制度では同じ目的を達成できないのか）を疑う余地がある。

(2) 医療費抑制政策の位置づけ

以上の問題を踏まえて，改めて意識しなければならないのが，高齢化も踏まえてますます重要視される医療費抑制という政策的関心である。効率的な医療制度の運営のために，上記の通り，保健サービスを提供する地方公共団体としての都道府県に医療保険との関係でも重要な役割を期待する傾向が顕著になっており（→4(2)），このような，医療保険と（予防も含めた）多様な公衆衛生サービスの連続性という状況は，医療保険制度の都道府県単位への収斂という最近の傾向（→2）の背景ともなっている（「社会保障制度改革国民会議報告書」（平成25（2013）年）参照）。

すなわち，医療保険の保険者を都道府県に設定することは，国保に典型的にみられるように保険者の規模の拡大による保険財政の安定化等の観点から望ましいのみならず，都道府県が医療提供体制や公衆衛生，保健福祉等の分野で地方公共団体として行うサービス提供・権限行使と，保険者の活動とが効果的・効率的に連携することを期待する考え方からも支持される。

これらの議論は，比較的安定した保険運営が可能になる保険者の規模として都道府県に着目するのか，それとも，地方公共団体としての都道府県に着目するのかという点において，議論の方向性に質的な違いがあるが，両者の関係については十分に議論が整理されていない。4で検討したように，近年では，保険者にも，都道府県にも，予防等の医療費抑制に向けた努力が求められる傾向があるが，保険者と都道府県が実質的には重なり合う場面が増えていることもあって，両者にいかなるロジックで医療保険制度の運営にかかる権限を付与し，どのような役割を期待するのかについても，整理の必要があると思われる。

発展 4-25 医療保険制度への「競争」原理の導入――諸外国の動向

医療保険制度において保険者間の競争・保険者ごとの費用抑制・収入増加に向けた努力という考え方を重視する傾向は，ドイツの医療保険制度にもみられるものである。ドイツでは，伝統的に，職域ごとの保険者が分立し，労働者は自らの職域に応じた保険者に加入するという制度が採用されてきたが，異なる保険者間で大きな保険料率の相異があることなどが問題とされていた。1993 年以降の一連の改正により，現在は，被保険者は自らの加入する保険者を自由に選択する。保険料率は全保険者につき国が一律に決定するものの，一定の条件の下で各保険者が追加保険料を徴収することも可能である。このような枠組みの中で，保険者相互間に競争が生まれ，各保険者が保険料率を引き下げるよう努力することが期待されている。

第 4 章全体の参考文献

・島崎，特に第 7 章-第 9 章
・菊池将来構想第 6 章
・加藤智章『社会保険核論』（旬報社，2016 年），特に第Ⅲ部・第Ⅳ部
・辻哲夫『日本の医療制度改革がめざすもの』（時事通信出版局，2008 年）
・笠木映里『公的医療保険の給付範囲――比較法を手がかりとした基礎的考察』（有斐閣，2008 年）
・岩村正彦「社会保障法入門　第 23 回～第 85 回」自治実務セミナー 39 巻 11 号（2000 年）～46 巻 1 号（2007 年）
・中野妙子『疾病時所得保障制度の理念と構造』（有斐閣，2004 年）

第５章

介護保険・社会福祉

総　　論

1 社会福祉の存在意義

1　社会福祉の意義・目的

高齢者・障害者・ひとり親家庭・児童など，社会生活を営む上で身体的・社会的なハンディキャップを抱える人々がある。社会福祉は，これらの人々に対し，施設への入所や居宅介護サービスなど，主として非金銭的な給付を提供することにより，生活上のハンディキャップを軽減，緩和または除去することを目指す制度である。すなわち，高齢や障害などのハンディキャップを持つ人々が，他者や社会との関わりを通じてその能力を発揮し，自らの人生を主体的に追求できるようにすることが，社会福祉の目的である。

近年，介護保険や障害者総合支援にみられるように，福祉の給付も形式上は金銭給付化される傾向にある。しかし，給付の実質的な目的が所得保障ではなくサービスの給付にある点が，年金保険等と比較した社会福祉の特徴であるといえる。また，サービスの提供を制度の中核とすることから，医療保険と同様，サービス提供主体の整備およびこれに対する法規制が重要となる。

2　日本における社会福祉の発展と性格の変化

日本の社会福祉制度が本格的に発展するのは第二次世界大戦後のことであるが，

戦後当初の社会福祉は，公的扶助と並ぶ低所得者層に対する施策という色彩を色濃く有していた。戦後すぐ，（旧）生活保護法（昭和21（1946）年制定）に続いて，戦災孤児の問題を背景に児童福祉法（昭和22（1947）年制定）が，傷痍軍人をはじめとする戦争による身体障害者に対する保護を目的として身体障害者福祉法（昭和24（1949）年制定）が，それぞれ制定される。後者の二つの法律はその対象者を低所得者に限定するものではなかったが，実際にはサービスの供給量が限られていたために，福祉の措置の中心的な対象は低所得者層であった。昭和37（1962）年の社会保障制度審議会勧告（「社会保障制度の総合調整に関する基本方策についての答申および社会保障制度の推進に関する勧告」）も，社会福祉を，生活保護を受けないボーダーラインの低所得者層に対する防貧政策，社会保険と公的扶助の中間の存在として位置づけていた。

しかし，高度経済成長を通じて日本社会全体の生活水準が向上し，社会保険制度による経済的保障が充実したことに伴い，加齢に伴う身体的・精神的能力の低下のように，個人の経済的状況とは必ずしも直結しない社会生活上のハンディキャップに対する保障が重要視されるようになった。また，社会福祉の供給体制も高度経済成長に伴い拡充され，より多くの国民にサービスを提供することが可能となる。このような中で，1960年代には，精神薄弱者福祉法（昭和35（1960）年制定，平成10（1998）年に知的障害者福祉法に名称変更），老人福祉法（昭和38（1963）年制定），母子福祉法（昭和39（1964）年制定，昭和56（1981）年に「母子及び寡婦福祉法」へ，さらに平成26（2014）年改正により「母子及び父子並びに寡婦福祉法」に名称変更）と福祉分野での立法が相次いだ。これによって，それまで生活保護法の保護施設で保護を受けていた高齢者や知的障害者について，個別の社会福祉制度が立法化された。社会福祉制度は，福祉に対する多様なニーズに対応するために次第に生活保護法から分離・分化し，より広く国民一般に対してサービスを提供する仕組みに変化していったのである。

今日ではさらに，日本社会の少子高齢化や核家族化の進行，共働き世帯の増加などにより，これまで家族の中で提供されていた介護や育児を社会が提供する必要性が増してきている。このような社会経済の変化を受けて，今日の社会福祉は，所得状況にかかわらず個人のハンディキャップに応じて援助を提供する，全ての国民を対象とした普遍的な制度となっている。

２　公的責任の原則と措置制度

1　公的責任の原則と措置制度・措置委託

戦後日本の社会福祉制度の基本的な枠組みは，連合国最高司令官総司令部（GHQ）と日本政府との交渉によって決められた。とりわけ，GHQの「社会救済」覚書（昭和21（1946）年）や「社会福祉行政に関する六項目」（昭和24（1949）年）にうたわれた公的責任の原則は，戦後の社会福祉制度を構築する上で重要な原則の一つとなった。公的責任とは，国家が社会福祉の給付を行い，そのための体制を整備するとともに，財源を確保することを意味する。GHQは，社会福祉事業を政府の責任で行うべきことと，事業の実施を民間の社会事業者に委譲または委託してはならないということを要求したのである。

社会福祉に関する公的責任および公私分離の原則は，昭和26（1951）年に制定・施行された社会福祉事業法（平成12（2000）年に社会福祉法に名称変更）の基本となった。そして，社会福祉に対する公的責任は，措置制度として具体化された。措置制度とは，社会福祉各法に定められた各種の措置（施設入所等）を必要とする者について，行政が措置の決定を行い，措置を実施する義務を負うという仕組みである。

もっとも，当時，社会福祉のための公的施設は整備が遅れ，大幅に供給が不足していたため，民間事業者を利用せずに社会福祉事業を拡充することはできなかった。そのため，民間事業者に福祉の措置を委託し，行政はその費用を措置費として支払うという，措置委託が認められた。措置委託は，行政の側がイニシアティブをとる限り，社会福祉に対する公的責任に反するものではないと考えられた。また，同時に，措置費の支払いが，民間事業者の経営を安定させ，サービス供給量の増加に一定の役割を果たした。

発展5-1　憲法89条と措置委託

憲法89条は，公の支配に属しない慈善・博愛の事業に対する公金の支出を禁じている。そこで，措置委託の仕組みの下における民間事業者に対する措置費の支払いが，同条に反しないかが問題となる。

措置制度の下で民間社会福祉事業の主たる担い手となったのは，社会福祉事業法（今日の社会福祉法）に基づき設立される社会福祉法人であった。社会福祉法人は，社会福祉事業の公共性に鑑みて特別に設けられた法人であり，その設立・運営に厳格な規制を受ける（→各論１1(4)）。このような強い公の関与や，高い公共性を有することから，社会福祉法人は憲法89条にいう「公の支配」の下にあると解され，社会福祉法人が行う社会福祉事業に対する措置費の支出は憲法に違反しないと考えられる（東京高判平成2・1・29判時1351号47頁参照）。

1の参考文献
・江口隆裕『社会保障の基本原理を考える』（有斐閣，1996年）第Ⅰ章

2　措置制度の問題点

措置制度においては，福祉の利用希望者からの申請を受けて，行政がその者の福祉に対するニーズを判定し，措置決定を行って措置を実施する。措置決定，すなわち，行政庁による福祉サービスの提供の要否およびその内容の決定は，行政庁に福祉サービスの提供（措置の実施）を義務づける行政処分であるというのが一般的な理解であった。

しかし，人口構造の少子高齢化や核家族化など，日本の社会経済が変化するにつれて，社会福祉制度が多様化する国民のニーズに対応しきれていないという問題が生じてきた。とりわけ，措置制度とその運用については，様々な問題点が指摘されるようになる。すなわち，①措置決定が行政処分と解されることに伴い，その権力性・一方性が強調され，利用者の法的地位は従属的なものと考えられたこと，②利用者の福祉サービス申請権が否定され（大阪地判平成10・9・29判タ1021号150頁，同控訴審：大阪高判平成13・6・21判自228号72頁），利用者がサービスを受ける利益も措置の実施の結果生じる反射的利益に留まるとして，権利性が否定されたこと（東京高判平成元・3・28東京高等裁判所（民事）判決時報40巻1〜4号31頁。このような見解の根拠は，当時の社会福祉立法の多くが，措置の実施を市町村の権限に委ねる，いわゆる「できる規定」を設けており，利用者からの申請手続に関する規定はおいていなかったことにある），③サービス供給量の不足を理由として必要度・緊急度に応じたサービスの分配を行う行政の裁量を広範に認めざるを得ず，このことが多くの待機者を出し，サービス受給についての権利性を一層弱めるとともに，利用希望者のニーズの抑制に結びついたこと，そして，④国が定める施設の最低基準や措置費の算定基準が画一的かつ低水準であったため，事業者が提供するサービスの内容も全国的に画一的・低水準のものとなり，福祉サービスの質の確保・向上という視点に欠けていたことなど，利用者の権利性の弱さや福祉サービスの質の低さが強く批判されるようになったのである（アルマ257頁）。

3　社会福祉基礎構造改革と契約方式の導入

1　社会福祉基礎構造改革

措置制度の問題点を克服するために，1990年代後半から，社会福祉基礎構造改革と呼ばれる抜本的な制度改革が実施された。改革は，平成9（1997）年の児童福祉法改正による保育所改革および介護保険法の成立に始まるが，その基本的な考え方は平成10（1998）年の中央社会福祉審議会・社会福祉構造改革分科会の意見書「社会福祉基礎構造改革について（中間まとめ）」にまとめられている。

同意見書では，まず，今日の社会福祉制度が，従来のような限られた者の保護・救済に留まらず，国民全体を対象として，生活上の様々な問題が発生したときに自立した生活が送れるよう支援するものであることが確認されている。そして，このような理念に基づく社会福祉を実現するための改革の基本的な方向性として，①サービスの利用者と提供者との間の対等な関係の確立，②地域での総合的な支援，③多様な主体の参入促進，④サービスの質と効率性の向上，⑤福祉事業運営の透明性の確保，⑥社会福祉の費用の公平かつ公正な負担，⑦福祉の文化の創造，が掲げられた。すなわち，民間企業等の様々な事業者を福祉の市場に参入させることによって，サービスの供給量を増加させて利用者の選択の幅を広げるとともに，事業者同士の競争によりサービスの質と効率性を向上させることが目指された。同時に，行政による措置決定に基づく措置方式から，利用者がサービス提供者と直接契約を締結する契約方式へと，サービスの利用方法を大きく転換することが提案されている。併せて，契約方式の下で認知症高齢者，知的障害者など判断能力が低下している者の権利を守るために，権利擁護制度の導入・強化を図ることも提言された。

平成12（2000）年には，この意見書を受けた社会福祉事業法の改正により社会福祉法が成立し，同時に他の社会福祉関連各法も改正された。この改正によって，身体障害者福祉法・知的障害者福祉法による施設サービス・居宅サービスならびに児童福祉法による居宅サービスについて，支援費制度が導入された（平成15（2003）年4月施行）。これまで，地方公共団体の措置決定（行政処分）によって提供されていた施設サービス・居宅サービスが，サービス利用者とサービス提供者との間で直接締結される契約によって提供されるようになり，市町村はサービスの費用を支援費として支給することとなったのである。介護保険制度に続く支援費制度の導入により，社会福祉の主たる給付方式は，サービスそのもの（現物）の給付からサービスの費用（金銭）の給付方式へ，また措置方式から契約方式へと変化したといえる。

その後，障害者に対する障害福祉サービスの提供は，平成 17（2005）年に成立した障害者自立支援法（平成 24（2012）年改正により「障害者の日常生活及び社会生活を総合的に支援するための法律」（以下，障害者総合支援法という）に改称）に一元化された。また，平成 24（2012）年に成立した子ども・子育て支援法（平成 27（2015）年 4 月施行）により，児童に対する保育サービスの提供方法も，原則として児童の保護者が保育所等と直接契約を締結し，市町村はサービスの費用を給付する方式に改められている（子ども・子育て支援新制度）。

2　契約方式の利点と問題点

社会福祉基礎構造改革によって社会福祉の主たる給付方式となった契約方式には，一般に次のような利点があるとされる。まず，利用者が自ら選択したサービス提供者と直接契約を締結することにより，措置方式に比べて，利用者とサービス提供者との間の権利義務関係が明確化することである。また，利用者の選択が尊重され，利用者の満足度が高まることが，利点として挙げられる。さらに，契約方式の導入に伴い，規制緩和が促進されて多様な主体が福祉サービスの提供に参入することで，サービス提供者間の競争が増し，サービスの質・効率性が向上することも，利点の一つであろう。

他方で，契約方式はサービス提供者と利用者の対等な関係を前提としているが，実際には利用者が不利な立場におかれることが多い。例えば，提供者と利用者との間には，サービス内容等に関する情報量や契約締結のための交渉力について格差が存在する。また，利用者である高齢者や障害者の中には，加齢や障害のために契約内容の理解力や契約締結能力が不十分な者も多い。そのため，利用者が適切な内容の契約を締結できるようにするためには，サービス提供者に対する公的な規制や，利用者に対する援助が必要である。

発展 5-2　福祉サービス利用契約と消費者法

契約方式の社会福祉制度においては，サービス利用者は自身の消費生活のためにサービスの購入を行う「消費者」であり，サービス提供者は事業としてサービスの販売を行う「事業者」である。したがって，介護保険法や障害者総合支援法の下で締結される福祉サービスの利用契約は，消費者契約としての性格を有する。そのため，福祉サービス利用契約は，消費者契約法をはじめとする各種の消費者保護立法による規制を受ける。

しかし，学説においては，福祉サービス利用契約については一般の消費者契約に対するのと同じ法規制だけでは不十分であるということが，しばしば強調される。学説からは，福祉サービス利用契約には，対象となるサービスの公共性の高さ，利用者の判断能力の不十分さ，契約の継続性などの特徴が伴うことから，契約締結過程や契約内容について消費者契約を超える法規制を整備することの必要性や，消費者法とは異なる新しい契約モデル（「福祉契約」）を検討することの必要性が主張されている。

発展5-2の参考文献

・丸山絵美子「ホーム契約規制論と福祉契約論」岩村正彦編『福祉サービス契約の法的研究』（信山社，2007年）42頁

3　問題点克服のための法令の規制

上述したような契約方式に伴う問題点を克服するために，社会福祉関係法令には様々な規定が設けられている。

例えば，利用者とサービス提供者の間の情報量の格差の問題については，社会福祉法第8章が事業者に対して情報提供や利用契約申込時の説明の努力義務を課す（→各論①3⑴）。これとは別に，介護保険法115条の35は，提供する介護サービスにかかる情報を都道府県知事に報告する義務を事業者に対して課し，併せて都道府県知事に介護サービス情報の公表を義務づけている。平成28（2016）年の障害者総合支援法の改正により，同様の情報公表制度が障害者福祉についても導入された（障害総合支援76条の3）。また，介護保険法や障害者総合支援法に基づく事業者・施設の運営基準は，利用申込者に対しサービス提供前に重要事項説明書を交付して説明を行い，利用申込者の同意を得ることを定める（この条項は，地方公共団体が条例で運営基準を定めるに際し「従うべき基準」である→各論①2⑶）。これらの規定が，利用者と事業者の間の権利義務関係を規律し，両者の間の交渉力の格差や情報の非対称性を緩和する役割を負っている。もっとも，社会福祉法による情報提供義務や説明義務は努力義務に留まること，運営基準への違反が利用者との関係で有する法的効果が明らかではないことなどから，これらの規定が福祉サービスの利用者保護として十分なものであるかには疑問もある。

利用者とサービス提供者の間には契約内容の交渉力についても格差が存在するため，締結される契約が適正な内容となるには，サービスに関する情報の開示だけでは不十分であり，契約内容に対する規制も必要となる。この点について，社会福祉法，介護保険法および障害者総合支援法は，不当条項の排除などの直接的な規制を設けていない。しかし，介護保険法・障害者総合支援法においては，要介護認定（→各論②4⑴）または支給決定（→各論③3⑴）によって利用者が利用できるサービスの外枠が定まり，また提供されるサービスの価格は法に基づき厚生労働大臣が

定める基準によって算定される（→各論② 6(1)，③ 4(3)）。したがって，サービス利用契約の主要な部分は，行政処分および告示によって定められ，利用者と提供者の間での自由な交渉に委ねられているわけではない。また，介護保険法・障害者総合支援法では，専門の有資格者が利用者のサービス利用計画の作成やサービス提供者との間の連絡調整を援助する，ケアマネジメントの仕組みが取り入れられている（→各論② 4(2)，③ 3(2)）。これも，利用者が締結する契約の内容をニーズに即した適切なものとするための，援助の仕組みの一つである。しかし，ケアマネジメントに携わる専門家と特定のサービス提供業者との間で癒着が生じ，ケアマネジメントが適切に行われないという問題も生じている。

契約の細部については，多くの事業者において全国社会福祉協議会や日本弁護士連合会などが作成したモデル契約書を雛形とした契約書が用いられており，業界内部でのソフトロー的な規制が行われていることが指摘できる。ただし，モデル契約書をそのまま実際の契約書面として採用する義務が事業者・施設に課されているわけではないから，やはり利用者保護として不十分である点は否めないであろう。

さらに，加齢や障害のために利用者の判断力・意思決定力が不十分である場合，社会福祉各法の給付の申請や，サービスや事業者の選択および契約の締結を，利用者自身が行うことは困難である。そのような利用者に対する援助としては，まず，民法上の成年後見制度がある。そして，成年後見制度を補完する仕組みとして，社会福祉基礎構造改革により，社会福祉法に福祉サービス利用援助事業が設けられている（→各論① 3(2)）。福祉サービス利用援助事業によって，利用者は，福祉サービスの利用に関する相談，助言，利用手続の援助，利用料の支払いの援助その他の福祉サービスの利用のための援助を受けることができる。しかし，成年後見制度の利用には申立費用がかかる上に手続が煩雑であること，福祉サービス利用援助事業についても知名度が低いことや利用料がかかることなどが原因となって，これらの権利擁護制度の利用は伸び悩んでいる。そのため，判断能力が不十分な高齢者・障害者本人に代わり，家族や福祉施設職員が契約書に代理署名する，または契約当事者となるといった取扱いが広く行われているのが実情である。

発展 5-3①　契約期間の定めと契約更新拒絶

高齢者や障害者に対する介護は，基本的には終生必要なものであり，サービスの利用は長期に及び得る。しかし，介護保険法や障害者総合支援法の下で締結される福祉サービスの利用契約には，契約期間・更新条項・解除条項といった契約の終了に関する規定が設けられていることが多い。契約の条項で定められているとはいえ，事業者側から契約を解除された場合，高齢者・障害者やその家族は生活の維持に窮してしまう。

この点について，事業者・施設の運営基準（**→各論1 2(3)**）では，正当な理由のないサービス提供拒否の禁止が定められている。障害者自立支援法の事案であるが，大阪地判平成26・5・8（判時2231号68頁）は，運営基準の規定を参照し，指定障害者支援施設の側から契約の更新を拒絶するためには正当な理由が必要であるとして，契約期間満了による契約終了を認めなかった。提供拒否の禁止は，都道府県・市町村の条例に運営基準の策定が委任された今日においても，地方公共団体が「従うべき基準」とされており，同判決の射程は障害者総合支援法の下で締結される契約にも及び得る。ただし，事業者・施設に対して契約の締結を強制できるのかという問題がある。

児童の保育ニーズは一定の年齢に達すれば解消するが，例えば保育所等の利用契約を期間途中で解約されれば，保護者および児童の生活に差し障るであろう。さいたま地決平成27・9・29（賃社1648号57頁），さいたま地決平成27・12・17（賃社1656号45頁）およびさいたま地決平成27・12・17（賃社1656号55頁）は，保護者（母）の育児休業取得を理由として保育所での保育の利用継続不可決定および保育の利用解除処分がなされた事案において，いったん保育所で保育を受け始めた児童が継続的に保育を受ける機会を喪失することによる損害の重大性およびこれを避ける緊急の必要を認め，上記各処分の執行停止の申立てを認容している。

発展5-3②　措置方式と契約方式

措置制度が抱えた問題点（**→総論2 2**）については，法解釈論を通じて運用を改善することによって解決することも可能であったという指摘がある（アルマ258頁）。例えば，申請権について，法令上明示的な規定がなくても，解釈によってこれを肯定する見解が学説では有力であった。また，供給不足を理由とする行政裁量についても，平等原則に基づく裁量統制や審査基準の定立による手続的な統制が可能であると指摘された。したがって，福祉サービスの利用過程における個人の権利利益は，契約方式でなければ実現できないというものではなかったといえよう。他方で，長年の固定化した制度を揺り動かすには，やはり「制度改革」が実効的かつ有用な手法であったとの指摘もある（西村449頁）。

また，措置制度の下での行政解釈および裁判例では，措置委託を受けた民間事業者（サービス提供者）と利用者の間には何らの契約関係も存在しないと理解されていた（二面関係説）。しかし，学説では，措置権者，利用者，民間事業者のそれぞれの間に権利義務関係が成立しているとみる見解（三面関係説）も有力であった。この見解によれば，措置権者と事業者の間には，利用者を受益者として，最低基準に基づくサービスの提供を内容とした第三者のためにする契約が成立すると解され，利用者はこの契約に基づいてサービスの受給権を措置権者のみならず事業者に対しても主張できることになる。また，最低基準を超える部分のサービスについては，利用者と事業者の間の私的自治に委ねられており，両者の間ではサービス提供にかかる準委任契約が成立すると解される。このような理解に立つと，措置と契約は決して二項対立で相反するものではなく，措置方式の下でも福祉サービス利用契約の存在を考えることは十分に可能であるといえよう。

4　契約方式導入後も残されている措置

社会福祉の主たる利用方法が契約方式へと移行した後も，従来通り行政による「措置」として実施される福祉サービスが残されている。例えば，児童福祉法に基づく要保護児童に対する指導，里親への委託，児童養護施設や児童自立支援施設などの児童福祉施設への入所等は，市町村または都道府県による措置として実施される（児福 25 条の 7 以下→各論④ 3 (3))。児童はそもそも法律行為を単独でなすことができない（民 5 条）上，保護者から遺棄されたり虐待を受けたりしている要保護児童の場合，保護者が当該児童の利益を適切に代理するとは限らないことが予想されるためである。また，子ども・子育て支援法の下では，公立保育所については保護者と施設の間で契約が締結されるが，私立の認可保育所については措置方式が維持されていると解される（→各論④ 2 (2)(f))。公立保育所についても，保育を必要とする乳幼児が「やむを得ない事由」により子ども・子育て支援法に基づく施設型給付を利用した保育を受けることが著しく困難であるときには，市町村は当該児童を保育所に入所させる等の措置をとることができる（児福 24 条 6 項)。

同様に，高齢者に対する介護および障害者に対する福祉サービスも，例外的な場合には，今日でも措置によって提供される。すなわち，要介護高齢者が「やむを得ない事由」により介護保険法の規定に基づく介護サービスの利用が著しく困難であると認められる場合，市町村は居宅介護等の提供や特別養護老人ホームへの入所の措置をとることができる（老福 10 条の 4 第 1 項・11 条 1 項 2 号)。行政実務では，家族による虐待または無視（ネグレクト）を受けている場合，本人の意思能力が低下しているが本人を代理する家族がいない場合，家族が年金を本人に渡さないため本人が介護保険の利用者負担を負担できない場合，高齢者本人が指定医の受診を拒んでいるため要介護認定ができない場合などが，「やむを得ない事由」として掲げられている。障害者・障害児が「やむを得ない事由」により障害者総合支援法等の規定に基づく障害福祉サービスの利用が著しく困難であると認められる場合も，同様である（身福 18 条，知福 15 条の 4，児福 21 条の 6 等)。特に障害児の場合，保護者が子どもの障害を受容していない場合も，「やむを得ない事由」として措置を行うこととされている。

これらの例外的な措置には，サービスの利用希望者本人からの申請を前提とした契約方式の下で，受給漏れを解消するとともに，成年後見制度の利用によっては解決できないであろう緊急のニーズを充足するための手段としての機能が期待されている。しかし，とりわけ介護保険については，介護保険を利用するとサービス費用の１割の応益負担が原則となる（→各論2 5(6)）のに対し，福祉の措置を受けた場合は，本人または扶養義務者の負担能力に応じた費用の徴収が行われる（応能負担。老福28条）。そのため，場合によっては，措置を受けた方が介護保険を利用するよりも費用負担が軽くなることが，起こり得る。家族が利用者負担を疎んで介護保険の利用を拒んでいる場合でも，虐待が疑われるときには，行政は本人の福祉のために措置を行わざるを得ない。その結果，利用者側の費用負担が安くなってしまうのは，やや整合性に欠ける帰結であろう。

3の参考文献

・岩村正彦「社会福祉サービス利用契約をめぐる法制度と課題」同編『福祉サービス契約の法的研究』（信山社，2007年）１頁
・岩村正彦「社会福祉サービス利用契約の締結過程をめぐる法的論点」前掲書16頁

4　福祉サービスの提供方法

社会福祉基礎構造改革によって，福祉サービスの提供方法は，上に述べたように措置方式から契約方式へと変化した。しかし，福祉サービスの提供方法を考えるための軸は，措置方式か契約方式かに尽きるわけではない。以下に述べるように，社会保険方式と税方式，現物給付方式と金銭給付方式といった側面においても，社会福祉基礎構造改革によって制度変革が起こってきている。

１　社会保険方式と税方式

社会保障の提供方法としての社会保険方式と税方式について，それぞれのメリットおよびデメリットは既に総論で述べた（→第１章第１節3 3）。それでは，福祉サービスの提供方法としては，どちらの方法が選択されてきたのだろうか。

社会福祉は，公的扶助から分離発展したという歴史的経緯と，特定のニーズを有する者を対象とするという性格から，事前の拠出を要件としない税方式によって長らく運営されてきた。広く国民全体を対象とする制度へと変化する過程で，例えば施設入所にかかる経済的要件を廃し，代わりに応能の利用者負担を課すことで，税方式に伴うミーンズ・テスト（所得・資産調査）や所得制限は回避されてきた。しかし，拠出と給付の牽連関係を欠くことによる権利性の弱さが，社会福祉各法の「できる規定」と相まって，措置制度の下で問題となってきたことは，既に述べた通りである（→総論2 2）。

今日では，介護保険制度の新設によって，高齢者の介護に対するニーズの保障が

税方式から社会保険方式へと転換されている。介護保険制度の創設時には，少子高齢化が進む中で，今後増大する介護サービスのニーズに対して安定的に適切な介護サービスを供給していくためには，保険料を財源とする社会保険方式の導入が適切だと考えられた。社会保険方式による介護保障には，サービス受給の権利性を確保しやすいこと，使途が限定されている保険料は引上げに対する国民のコンセンサスが得やすく少子高齢化に伴うニーズの増大に対応しやすいこと，といったメリットがあると主張される。これに対し，社会保険方式では保険料を払えない低所得者が給付を受けられなくなるとの反対論も主張された。しかし，わが国では消費税の引上げに対する国民の反発が非常に強く，税財源だけに頼る制度の創設は現実性を欠き，社会保険方式に基づく介護保障システムの導入の方が実際的であったと評価されている（西村 286 頁）。

平成 17（2005）年に障害者自立支援法が成立した後は下火になったが，介護保険の被保険者を現在の 40 歳以上から 20 歳以上の者に拡大し，若年障害者への介護サービスを介護保険に統合するという議論もある（→各論② 9）。一般に，社会保険方式は，事故（要保障事由）に遭遇する可能性が普遍性を持ち，国民の相互扶助になじむリスクに対する保障の提供に適しているとされる。障害福祉サービスの介護保険への統合（「介護保険制度の普遍化」ともいわれる）が可能であるかは，障害という事故のリスクを国民全体で共有できるかどうかによっているといえよう。

2　現物給付方式と金銭給付方式

社会保障の提供方法には，その給付に着目した区別として，現物給付方式と金銭給付方式がある（→第 1 章第 1 節③ 4）。社会福祉についてみると，措置制度の下では，行政が在宅介護や入所施設での介護といったサービスそのものを提供する責任を負い，現物給付方式が採用されていた。これに対し，介護保険法および障害者総合支援法（その前身である障害者自立支援法，さらに障害者福祉各法に基づく支援費制度も同じ），子ども・子育て支援法では，市町村がサービスにかかる費用を支給することとされ，金銭給付が法律上の原則となっている。この点でも，社会福祉基礎構造改革以降，社会福祉の提供方法は大きく転換したといえる。

一般に，金銭給付方式では給付の使途の制限ができず，給付の目的の達成が必ずしも確保できないのに対し，サービスそのものを提供することで目的の達成を確保できる点が，現物給付方式のメリットとされる。福祉サービスにおいても，必要なサービスを購入するための費用を金銭給付として支給するだけでは，給付が受給者の生活費に費消されてしまうおそれがある。そこで，社会生活上のハンディキャップの解消という目的を達成するためには，ホームヘルプや施設での介護といったサービスそのもの（現物給付）として福祉サービスにかかる給付を提供する方が望ましいとも考えられる。

実際には，介護保険法，障害者総合支援法，子ども・子育て支援法はいずれも，市町村が利用者に代えてサービス提供者に対して給付を支払うことを認めている（代理受領）。代理受領が行われる場合には，サービス利用者は利用者負担をサービス提供者に支払うのみで足りる（→各論②５(4)，③４(3)，④２(2)(c)）。このことから，これらの制度における給付は，実質的には現物給付化されているといわれる。金銭給付方式を採用することで保険給付と保険外給付を組み合わせた利用を可能にすると同時に，給付の目的の達成を確保するための工夫がなされているといえる。ただし，これらの制度の下で保険者または市町村が法的責任として負うのはあくまでサービスの費用の支給であり，サービスの現物を給付する義務までは負わない点に注意が必要である。

発展 5-4　金銭給付方式の下での公的責任

介護保険をはじめ，金銭給付方式の福祉サービス提供制度の下で，利用者が支給される金銭給付を用いてそのニーズを満たすためには，必要とされるサービスの供給体制が整備されていなければならない。しかし，実際には，福祉にかかる人的・物的資源の不足がしばしば指摘される。福祉サービスが不足している場合に，サービスの利用希望者が市町村に対して，福祉サービスの直接提供を請求することは可能だろうか。

一般に，金銭給付方式の制度では，市町村は，サービスにかかる費用を金銭給付として支給する義務を負う他は，事業者に対する規制監督，提供体制の確保等の基盤整備に責任を負うに留まり，サービスそのものを提供する義務は負わないと解されている。市町村による公営サービスの実施拡大は，社会福祉各法に基づき策定される各種の事業計画（介保117条，障害総合支援88条等→各論①４）の達成のための選択肢の一つに過ぎない。そのため，たとえ計画が達成されずサービスの供給量不足が生じたとしても，市町村が負う責任は政治的責任に留まり，法的責任の追及は難しいと考えられる。裁判例には，市営の障害ホームヘルプサービス事業の廃止に関し，市のサービス直接提供責任を否定したものがある（名古屋地判平成20・3・26判時2027号57頁）。

学説には，今日でも社会福祉各法に残されている市町村の措置権者としての責任を根拠に，サービスが不足したときの市町村のサービス提供義務を導こうとするものもある。しかし，現行法の措置権限に関する規定は，高齢者・障害者に身寄りがない場合や家族から虐待を受けている場合など，介護保険等の利用申請自体ができない場合を念頭におくものと解される（→総論③４）。そのため，サービス供給量の不足が原因でサービスを利用できない場合の問題を，市町村の措置権限によって解決することは難しいであろう。

発展 5-4 の参考文献
・新田秀樹『社会保障改革の視座』(信山社，2000 年) V (229 頁)

5 利用者負担のあり方

1 利用者負担の意義

社会福祉では，施設やサービスの利用者等から，サービスにかかる費用の一部を利用者負担として徴収することが多い。利用者負担は，利用者またはその扶養義務者が，サービス給付に対する見返りとして，その費用の全部または一部を負担するものである (堀 61 頁)。介護保険や障害者総合支援制度における利用者負担，保育所の保育料などがその例である。

発展 5-5　利用者負担と地方税条例主義

介護保険や障害者総合支援制度，子ども・子育て支援制度における利用者負担は，法令に負担者・負担水準が明記されている。これに対し，社会福祉各法に基づく利用者負担 (措置によるサービス利用時の費用負担等) の徴収は，地方公共団体の裁量に委ねられる (老福 28 条，身福 38 条等)。多くの地方公共団体が，地方公共団体の長が制定する規則で，利用者負担の徴収について定めている。そこで，利用者負担が条例で定められなければならないかが，問題となる。

判例は，平成 24 (2012) 年改正前の児童福祉法に基づく保育所の保育料について，租税法律主義 (憲 84 条) の適用を否定している (最判平成 2・9・6 保育情報 165 号 34 頁 (百選〔4 版〕103) 等)。福祉サービスの利用者負担は，社会保険料以上に対価性・反対給付性が強く，租税法律主義を問題にする意味は弱い (→第 2 章第 2 節4 2)。

学説には，利用者負担が地方自治法 225 条の使用料に当たるとし，同法 228 条により条例で定められなければならないと主張するものも多い。しかし，利用者負担は，これを支払わない者に対しても福祉のサービスが提供され，また応能負担により徴収されるなど，公の施設等の使用料との比較では対価性・反対給付性が弱いものである。利用者負担は，負担能力に応じた費用の事後的徴収としての性質を有し，使用料とは異なるものと考えられよう (西村 486 頁，堀 186 頁)。裁判例にも，保育料 (平成 24 (2012) 年改正前の児童福祉法に基づくもの) は児童福祉法に特別の根拠を持つ負担金であり，使用料には該当しないとしたものがある (京都地判平成 11・6・18 賃社 1269 号 56 頁)。

したがって，憲法 84 条，地方自治法 228 条のいずれの観点からも，解釈論として利用者負担が条例で定められなければならないとすることは難しい。もちろん，利用者負担を条例で規定することが法律上妨げられるわけではないし，議会による民主的コントロールが及ぶ方が望ましいとは考えられる。

2　応能負担と応益負担

社会保険料と同様に，利用者負担の負担方法にも，支払能力に応じた負担（応能負担）と受益に応じた負担（応益負担）がある。例えば，老人福祉法に基づく措置によって老人福祉施設に入所した場合の利用料は，利用者本人または扶養義務者の収入を基準として課され，応能負担の考え方に基づいている（老福 28 条）。障害者総合支援制度，子ども・子育て支援制度における利用者負担も，利用者本人または世帯の負担能力を考慮して決定される応能負担である（障害総合支援 29 条 3 項 2 号，子育て支援 27 条 3 項 2 号等）。社会福祉制度では，低所得者をその主たる対象としてきたため，利用者負担については実質的公平の観点から応能負担が原則とされてきた。

これに対し，介護保険は，原則としてサービスにかかった費用の 1 割を負担するという，応益負担の考え方を採用している（介保 41 条 4 項等）。介護保険においては，措置方式と比べ，給付決定の際に行政庁が裁量によってサービスの供給量を調整する余地がない。しかし，福祉サービスの利用者の一般化，高齢化の進展や社会福祉基礎構造改革を受けて福祉サービスへのニーズが増大する中で，限られたサービス資源を効率的に配分する必要がある。そのため，応益負担によって利用者にコスト意識を持たせ，サービスの受給を自律的に調整することが求められているのである。なお，介護保険法の平成 26（2014）年改正により，一定以上の所得を有する者の負担割合が 2 割に引き上げられた（介保 49 条の 2）。さらに，平成 29（2017）年改正により，特に所得の高い者の負担割合が 3 割に引き上げられている（同 2 項（平成 30（2018）年 8 月施行予定））。これは，利用者負担について応益負担を原則としながら，応能負担の考え方を取り入れたものといえよう（**→各論2 5**(6)）。

応益負担には，サービスの利用者と非利用者の間の負担の公平性を確保し，利用者にコスト意識を持たせ，効率的な資源配分をもたらすという効果がある。他方で，負担能力を無視した応益負担には，サービス利用の過剰抑制を招くという問題もある。施行当時の障害者自立支援法は，介護保険法と同様，サービスの費用の 1 割を自己負担とする応益負担をとったが，サービスを多く必要とする重度障害者にとって利用者負担が重くなることが多く，強い批判がなされた。そのため，平成 22（2010）年の障害者自立支援法改正により，障害福祉サービスにかかる利用者負担は応能負担へ戻された（**→各論3 4**(4)）。

3　ホテルコストの負担

介護保険法の施行後，施設サービスの利用者については，施設における介護サービスに加えて食費や光熱水費等の住居費（いわゆるホテルコスト）が保険給付により賄われるのに対し，在宅でのサービス利用者はこれらの生活費を自己負担しなければならず，両者の間に経済的負担の格差があることが問題となった。そのため，介護保険法の平成17（2005）年改正により，デイサービスやショートステイ，施設サービスの利用時にかかる食費，日用品費，居住費（滞在費）などの費用は，保険給付の対象外となった（介保48条1項等）。これらの費用は，利用者が自己負担しなければならない。障害福祉サービスについても同様に，支援費制度では給付対象となっていた食費等の日常生活において通常必要となる費用が，障害者自立支援法の制定以降は利用者の自己負担となった（障害総合支援29条1項等）。ただし，低所得者への配慮として，所得（介護保険法では資産も考慮）に応じた負担限度額が設けられている（→各論2 5(6)，3 4(4)）。

従前の措置制度は，施設サービスの提供を中心としていたために，衣食住を含む「生活」を包括的に提供するものであった。これに対し，介護保険法および障害者総合支援法は，衣食住にかかる「生活」の費用は公的年金等の所得保障制度に委ね，専ら介護サービスまたは障害福祉サービスのみを支給対象とする。このような給付内容のいわば「純化」に対しては，給付の体系的整理としての合理性が評価されつつも，高齢者や障害者の「生活」全体を支援するための給付システムを構築する必要性も指摘されている。

5の参考文献

・橋爪幸代「社会保障給付の一部負担をめぐる法的問題」社会保障法研究2号（2013年）87頁

各　　論

1 総　　則

1 社会福祉の実施運営主体

(1) 国・都道府県・市町村

社会福祉に関わる行政組織には様々なものがあるが，国のレベルにおいて中心となる行政機関は厚生労働省である。厚生労働省は，社会福祉関係法令を所管し，地方公共団体の事務処理に対して技術的助言を含めた法定の関与を行う。また，国は，福祉サービスの給付や施設の設置等に要した費用について，法律の規定に基づき負担あるいは補助を行う。厚生労働大臣の諮問機関として設置されている社会保障審議会は，社会福祉に関する基本施策の検討・討議を行い，厚生労働大臣や関係行政機関に対して意見を述べる。社会保障審議会には多くの部会・分科会が設置されており，社会福祉に関わる問題を取り扱うものとして，介護給付費分科会，児童部会，介護保険部会などがある。

今日では，福祉サービスの事務の大部分は，市町村の権限となっている。市町村は，介護保険法による要介護認定，障害者総合支援法に基づく給付の支給決定，子ども・子育て支援法に基づく支給認定や事業者・施設の確認，社会福祉各法に基づく居宅介護・入所の措置など，多くの権限を有する。

都道府県は，社会福祉法人の認可，社会福祉施設の設置の許可，介護保険法および障害者総合支援法に基づく事業者・施設の指定，指定事業者・施設に対する規制監督などの権限を有している。また，要保護児童の一時保護や施設入所など，一部の措置は都道府県が行う。

発展 5-6　社会福祉制度における地方分権

戦後，社会福祉に関する事務は，公的責任の考え方を背景として，機関委任事務として取り扱われてきた。しかし，住民の生活に直接関わる社会福祉サービスは，住民に身近な地方公共団体が実施するのが望ましいことから，国から地方公共団体へ，とりわけ市町村への権限移譲が進められてきた。

日本が低経済成長の時代に入った1970年代後半以降，行財政改革の一環として社会保障制度においても歳出の削減・合理化が進められるようになる。このような流れの中で，社会福祉制度においても国と地方の役割分担の見直しが行われた。昭和61（1986）年には，社会福祉に対する国の財政負担割合が引き下げられる（「国の補助金等の臨時特例等に関する法律」によるもので，平成元（1989）年に恒久措置とされた）一方で，社会福祉施設への入所措置事務の機関委任事務から団体委任事務への移管，社会福祉法人の設立認可に関する権限の国から都道府県知事への移譲など，国から地方公共団体への大幅な権限移譲が行われた（「地方公共団体の執行機関が国の機関として行う事務の整理及び合理化に関する法律」，いわゆる機関委任事務整理合理化法）。ただし，この時期の改革は，財政再建を目的としたものであって，必ずしも日本社会の少子高齢化に伴う福祉サービス需要の増大・多様化への対応というわけではなかった。

その後，急速な少子高齢化の進行を背景として，住民に最も身近な地方公共団体である市町村の，社会福祉の総合的な実施主体としての役割が重視されるようになる。平成2（1990）年のいわゆる社会福祉関係8法の改正（「老人福祉法等の一部を改正する法律」）では，高齢者・障害者の施設入所にかかる措置の権限が都道府県から市町村に移譲され，施設サービスと在宅サービスの決定権が市町村に一元化された。さらに，平成9（1997）年の児童福祉法の改正によって保育所の入所措置が団体委任事務化され，各市町村が，保育所に入所させる児童の基準を政令の枠内で条例により定めることができるようになる。そして，平成 11（1999）年のいわゆる地方分権一括法による地方自治法等の改正により，機関委任事務は廃止された。今日では，社会福祉に関する事務は，社会福祉法人の認可や生活保護に関する事務が法定受託事務である他は，概ね自治事務となっている。

一方で，2000 年代に進められた三位一体の改革により，社会福祉の費用にかかる国庫補助負担金の多くが廃止・縮減された。国庫補助負担金の税源移譲による一般財源化や交付金化は，市町村にとってより自主的・弾力的な財政運営を可能にする。しかし，これまで法律によって義務づけられていた福祉施設の設備費用に対する国庫負担が，予算の範囲内での交付という任意的な制度に切り替わったことは，社会福祉サービスの安定的・継続的な運営という観点からは慎重に評価すべきであろう。また，公立保育所における保育の実施に要する費用（保育所運営費）に対する国庫負担が廃止されたことは，地方公共団体にとって公立保育所を維持するインセンティブを弱め，保育所の民営化が推し進められる一因となっている（→4 **2**(2)(b)発展 5-18①）。

さらに，地方分権改革推進計画（平成 21（2009）年 12 月閣議決定）を踏まえて平成 23（2011）年に成立したいわゆる第一次・第二次分権一括法ならびに平成 25（2013）年のいわゆる第三次分権一括法による，地方公共団体に対する義務付け・枠付けの見直しと条例制定権の拡大は，社会福祉の領域における地方分権をいっそう推し進めた。これまで厚生労働大臣が省令によって全国一律に定めてきた施設・事業者の最低基準・指定基準は，平成 24（2012）年度より，原則として条例に委任されている。省令は，事項ごとに，地方公共団体が「従うべき基準」，「標準」とすべき基準または「参酌すべき基準」を定める（→**2**(2)，(3)）。基準の義務付けの見直しは地域の実情に合った最適なサービスの提供を目指すものであり，既に国の基準とは異なる地方独自の基準を定めた地方公共団体の例もある。他方で，社会福祉のナショナルミニマムの保障という観点から，サービスの切下げにつながるのではないかとの危惧も示されている。これらの改正では，福祉サービスの量的確保のために地方公共団体が定める計画についても，計画手続や計画記載事項の見直しがなされた（→**4**(2)）。

発展 5-6 の参考文献

・下井康史「2011 年第二期地方分権改革の意味・意義・課題」社会保障法 27 号（2012 年）5 頁

(2) 福祉事務所

福祉事務所（福祉に関する事務所）は，社会福祉に関わる行政機関の中でも，住民に対して社会福祉に関する相談指導や給付等の業務を直接行う現業の専門機関である。都道府県と市（特別区を含む）には，福祉事務所の設置が義務づけられている（社福 14 条）。

福祉事務所には，所長のほか，現業を行う現業員，現業事務の指導監督を行う査察指導員，事務員がおかれる。現業員は，社会福祉各法に定める措置を必要とする者に対する家庭訪問や面接，資産や環境の調査，措置の必要の有無および種類の判断，生活指導などのケースワークを行う。査察指導員および現業員は社会福祉主事の資格を有していなければならず，特に現業員については生活保護を受ける被保護世帯数に応じた一定数の所員を配置しなければならない（社福15条・16条）。しかし，現業員の社会福祉主事の資格保有率は7割程度に留まる上，被保護世帯数に対し必要とされる人数の現業員を配置できていない福祉事務所も多い。社会福祉行政の専門性をどのように確保するかが，課題として指摘されている。

従来の措置制度の下では，措置権限を職権で発動するための積極的な情報収集が福祉事務所に期待されていた。しかし，高齢者および障害者に対する福祉サービスの主たる提供方法が契約方式へと移行した今日，利用者に対する個別のケースワークは事業者・施設が行う場合が多くなっており，福祉事務所の役割にも変化が生じている。今日の福祉事務所には，契約方式の下での円滑な福祉サービスの利用を促進するための情報提供，虐待やネグレクトに対する緊急的な措置の実施（→総論[3] 4），地域福祉の推進といった役割が期待される。

福祉事務所の他に，福祉の各分野に分化した業務を行う専門機関として，児童相談所（児福12条以下），身体障害者更生相談所（身福11条以下），知的障害者更生相談所（知福12条以下）などが法定されている。

⑶　社会福祉協議会

社会福祉協議会は，社会福祉を目的とする事業の企画・実施や，社会福祉に関する活動への住民参加のための援助等を行うことで，地域福祉の推進を図るために設置される民間団体である。都道府県および市町村に設置され，その区域内の社会福祉事業または更生保護事業を経営する者の過半数が参加する（社福109条・110条）。NPOや住民ボランティア組織なども社会福祉協議会への参加が予定されている。

社会福祉協議会が行う事業には各種の福祉サービスや相談活動，生活福祉資金等の貸付け，住民参加やボランティア活動の支援，共同募金運動への協力などがあり，その内容は地域により様々である。市町村社会福祉協議会には，訪問介護や配食サービスなどの福祉サービスの提供に直接携わるものもある。都道府県社会福祉協議会は，福祉サービス利用援助事業（→3⑵），福祉サービスの苦情相談，福祉サービスの第三者評価事業（→5⑵），福祉従事者への研修の実施などを行う。社会福祉基礎構造改革による福祉分野への多様な民間事業者の参入に伴い，民間事業者には期待できない事業や公正性・中立性を要求される事業において，社会福祉協議会の重要性が増している。

⑷ 社会福祉法人

社会福祉法人とは，社会福祉事業を行うことを目的として，社会福祉法の規定に基づき設立される特別な法人である（社福 22 条）。社会福祉法人を設立するには，所轄庁（原則として都道府県知事）による定款の認可を受ける必要がある（社福 31 条）。社会福祉法人は，社会福祉事業を行うに必要な資産を備えていなければならず（社福 25 条），この要件を満たさない場合には定款の認可を受けられない（社福 32 条）。また，所轄庁は，社会福祉法人が法令や定款を遵守するよう監督する権限を有する（社福 56 条）。社会福祉法人が，その設立認可，組織，運営等について社会福祉法に基づく特別な規制を受けることは，国や地方公共団体が社会福祉法人に対して公費による助成や公の財産の供与を行う（社福 58 条）ための前提となっている（→総論2 1 発展 5-1）。

社会福祉法人は，旧社会福祉事業法によって創設された特別な法人類型である。すなわち，民間の社会福祉事業の自主性や創意工夫を重視しつつ，公共性の高い社会福祉事業を担うに値する社会的な信用力を担保するために，社会福祉法人という特別な法人が設けられたのである。社会福祉法人は，措置制度の下での福祉サービス提供を事実上独占してきた。しかし，そのことによって行政事務の受託者という性格が強くなり，事業経営の自主性や，経営の効率性・透明性が弱まったことが問題となった。

そこで平成 12（2000）年改正後の社会福祉法では，社会福祉法人の運営の活性化に必要な規制緩和を行うとともに，事業経営の効率性および透明性の確保が図られた。具体的には，①自主的な経営基盤の強化や事業経営の透明性の確保等を内容とする，経営の原則に関する規定の新設（社福 24 条），②収益事業による収益を充当できる事業の範囲の公益事業への拡大（社福 26 条），③事業報告書，財産目録，貸借対照表および収支計算書を福祉サービスの利用希望者その他の利害関係人の閲覧に供する義務に関する規定の新設（平成 28（2016）年改正前社福 44 条）などが挙げられる。

今日では，社会福祉基礎構造改革に伴う規制緩和によって民間事業者の参入が促進され，福祉サービスの提供主体が多様化し，社会福祉法人の役割は相対化してきている。しかし，第一種社会福祉事業の経営主体が国・地方公共団体の他は原則として社会福祉法人に限定される（→2⑴）など，その公共性の高さに着目した制度設計が現在でもとられている。また，地域における様々な福祉ニーズへの柔軟な対応や，既存の制度では対応できない人々に対する柔軟な支援などが，社会福祉法人の新しい役割として期待される。

社会福祉法人が以上のような役割を果たすためには，これまで以上に公益性の高い事業運営が求められる。また，近年，一部の社会福祉法人による不適正な運営が問題となったことや，公益法人制度改革，規制改革の流れなどを受けて，社会福祉法人の公益性・非営利性を徹底する観点から制度の見直しが図られることとなった。平成28（2016）年の社会福祉法の改正により，社会福祉法人の経営の原則に，支援を必要とする者に対し無料または低額な料金で福祉サービスを積極的に提供する努力義務が追加された（社福24条2項）。この他，評議員会の必置（社福36条）などの経営組織の見直し，定款・財務諸表等の公表（社福59条の2）など事業運営の透明性の向上，役員報酬基準の作成・公表（社福45条の35・59条の2）などの財務規律の強化，行政監督の強化（社福56条）といった改革が行われている。

⑸　社会福祉事業の従事者

福祉サービスの提供には，それを担う社会福祉施設職員やホームヘルパーなどの人材を確保することが不可欠である。福祉サービスに対する需要の増大と少子化による労働力不足が相まって，福祉従事者の質・量両面における拡充が重要な課題となっている。社会福祉法は，社会福祉事業等に従事する者（社会福祉事業等従事者）の確保の促進のための基本指針の策定，社会福祉事業等従事者の確保を図るための福祉人材センター，また社会福祉事業等従事者の福利厚生の増進を図るための福利厚生センターについて，規定を設けている（社福89条以下）。とりわけ介護に携わる人材の確保が喫緊の課題となっていることから，平成28（2016）年改正により，基本指針の対象を社会福祉事業に該当しない介護保険サービスにも拡大し（社福89条），介護福祉士等の有資格者が離職する場合には福祉人材センターへの住所氏名等の届出を努力義務として課すこととなった（社福95条の3）。

社会福祉分野の専門資格としては，「社会福祉士及び介護福祉士法」に基づく社会福祉士，介護福祉士，精神保健福祉士法に基づく精神保健福祉士などがある。社会福祉士は身体上・精神上の障害や環境上の理由により日常生活に支障がある者に対する相談，助言・指導その他の援助を行い，精神保健福祉士は精神障害者に対する相談，助言・指導その他の援助を行う者で，いわゆるソーシャルワーカーの資格である。また，介護福祉士は身体上・精神上の障害により日常生活に支障がある者に介護を行う者で，いわゆるケアワーカーである。これらの資格はいずれも業務独占ではなく名称独占であり，無資格者であってもこれらの業務への従事を妨げられるわけではない。これは，福祉の担い手をできるだけ広範な人に委ねるためには，業務独占が障害となり得ることが考慮されたためである。

発展 5-7 福祉従事者の雇用問題

社会福祉の従事者，特に介護保険施設などで働く介護労働者については，その労働内容の重さに比して賃金水準が低いなどの理由から離職率が高く，人材確保の困難が指摘されている。EPA（経済連携協定）に基づく東南アジア諸国からの外国人介護士の受入れも始まっているが，日本での就労資格を取得する条件である介護福祉士国家試験への合格が難しいことなどから，制度定着への道のりは厳しい。

介護労働者の雇用環境を改善し，質・量の両面から人材を確保するためには，その能力・経験・取得資格に見合った報酬の設定や処遇，適切な労務管理を行うとともに，継続的な研修・教育訓練の機会を確保していく必要がある。「介護労働者の雇用管理の改善等に関する法律」（介護労働者法）は，事業主に対し，雇用する介護労働者の福祉の増進に努める責務を課す。同法に基づき厚生労働大臣が定める介護雇用管理改善等計画では，介護労働者の雇用管理の改善や能力開発のための具体的な施策として，雇用管理の改善のための相談・援助事業の実施や，雇用管理の改善を支援する助成金の活用促進，介護労働安定センターによる能力開発と支援などが挙げられている。

また，平成 21（2009）年度の介護報酬改定では，負担の大きな業務や専門性の高い人材への報酬上の評価が導入された。これとは別に，平成 21（2009）年度から，介護労働者の賃金改善に取り組む事業主に対し，その資金が介護職員処遇改善交付金として交付されてきた。しかし，根本的な処遇改善のためには，事業者にとって安定的・継続的な事業収入が見込まれる介護報酬において対応することが望ましいとの考えから，平成 24（2012）年度介護報酬改定では，介護職員処遇改善交付金に代えて，介護報酬内に介護職員処遇改善加算が創設された。その後の介護報酬改定でも，さらなる上乗せ評価を追加しつつ，介護職員処遇改善加算の仕組みは維持されている。賃金を含む労働条件は本来，労使間において自立的に決定されるものであり，賃金の支払いに対する公的な介入には反対する声も強い。介護報酬における加算は，確実に処遇改善を担保するためにやむを得ないものであり，例外的かつ経過的な取扱いと位置づけられている。

発展 5-7 の参考文献
・柴田洋二郎「介護サービス従事者の資格制度と人材養成」社会保障法 25 号（2010 年）143 頁
・皆川宏之「介護労働者の雇用と能力開発をめぐる課題」季刊労働法 228 号（2010 年）27 頁

2 社会福祉事業に対する規制監督

(1) 社会福祉事業の種類

社会福祉事業とは，「社会福祉を目的とする事業」（社福 1 条）のうち，社会福祉法に基づく規制を受けるものをいう。社会福祉法 2 条により，社会福祉事業は第一種社会福祉事業と第二種社会福祉事業とに分けられる。社会福祉法は第 7 章で社会福祉事業に対する一般的な規制監督について定めているが，第一種社会福祉事業と第二種社会福祉事業とでは規制の程度が異なる。なお，社会福祉法74条により，同法62条から72条まで（72条2項を除く）の規定は，施設の設置または事業の開始について個別の法律に別途手続が定められている場合には適用されない。この場合は，各法律の規定が優先適用される（例えば，養護老人ホームについては，老人福祉法15条～19条の規定が優先的に適用される）。

第一種社会福祉事業は，社会福祉法2条2項に列挙される事業である。児童養護施設や特別養護老人ホーム，障害者支援施設などの，利用者を入所させる施設の経営に関わる事業が中心となっている。このような事業は，その実施により提供される福祉サービスの利用者に対する影響が特に大きく，事業の継続性や安定性を確保する必要性が特に高いため，相対的に強い公的規制を課される必要がある。そのため，第一種社会福祉事業は，原則として国，地方公共団体または社会福祉法人のみが経営することができる（社福60条）。これら以外の者が第一種社会福祉事業を経営するには，都道府県知事の許可を受けなければならない（社福62条2項）。

これに対し，第二種社会福祉事業は，保育所や老人居宅介護等事業，老人デイサービス事業など，在宅サービスや通所サービスの経営を主たる内容とする（社福2条3項）。第二種社会福祉事業には経営主体の制限がなく，事業を開始する者は届出義務を負うに留まる（社福69条）。第二種社会福祉事業については，事業実施に伴う弊害のおそれが第一種社会福祉事業と比較して小さいことから，事業運営の自主性や創意工夫を助長することの方が重要視されているためである。実際に，訪問介護やグループホーム（認知症対応型老人共同生活援助）などで，営利法人をはじめとする民間事業者の参入が進んでいる。なお，平成30（2018）年改正により，貧困ビジネスへの対策として，住居用の施設（社会福祉住居施設）を設置する第二種社会福祉事業の経営に対する規制が強化される（社福68条の2以下。2020年4月施行予定）。

⑵　施設の最低基準

都道府県は，第一種社会福祉事業として設置される施設（社会福祉施設）における設備の規模および構造，福祉サービスの提供方法，利用者等からの苦情への対応その他の社会福祉施設の運営について，条例で基準を定めなければならない（社福65条1項）。措置方式の下での最低基準は，社会福祉施設におけるサービスについて，設備や構造，人員配置といった外形的な基準を中心に定めていた。平成12（2000）年改正後の社会福祉法では，外形的な基準だけでなくサービスの提供過程や苦情対応といった運営のソフト面をも重視する観点から,「社会福祉施設の運営」についての基準を定める趣旨が明確にされている。

これまでは, 厚生労働省令で全国一律の最低基準を定めてきたが, 地方分権の流れの中で, 平成 24 (2012) 年度より都道府県条例に基準策定が委任されている (→1 (1)発展 5-6)。都道府県が条例を定めるに当たっては, 社会福祉施設の人員, 居室の床面積, 利用者の適切な処遇および安全の確保ならびに秘密の保持に密接に関連する事項は省令で定める基準に従い (「従うべき基準」), 施設の定員については省令の基準を標準として (「標準」), その他の事項については省令で定める基準を参酌して (「参酌すべき基準」), 定めなければならない (社福 65 条 2 項)。「従うべき基準」が条例の内容を直接的に拘束するのに対し,「標準」とはよるべき基準であり, 合理的な理由がある範囲内で地域の実情に応じて異なる内容を定めることが許容される。「参酌すべき基準」は, 地方公共団体が十分参酌した結果としてであれば, 地域の実情に応じて異なる内容を定めることが許容されるものである。都道府県が条例で定める基準が, その区域内における社会福祉施設の最低基準となる。

社会福祉施設の設置者は, 条例で定められた施設の基準を遵守する義務を負う (社福 65 条 3 項)。都道府県知事は, 社会福祉事業の経営者に対し必要事項の報告を求め, または職員に施設・帳簿・書類等を検査し, その他事業経営の状況を調査させることができる (社福 70 条)。社会福祉施設が基準に適合しないと認められる場合, 都道府県知事は, 事業の経営者に対して必要な措置をとるよう改善命令を出すことができる (社福 71 条)。社会福祉事業の経営者が, 70 条による検査・調査を拒んだり, 71 条に基づく改善命令に違反したりしたときは, 知事は, 社会福祉事業の経営の制限, 停止または許可の取消しをすることができる (社福 72 条 1 項)。

上述した社会福祉法第 7 章の各規定は, 施設の設置または事業の開始について個別の法律に別途手続が定められている場合には適用されない (社福 74 条)。その場合, 社会福祉各法において基準の策定が都道府県に課されており, 施設設置者の遵守義務についても別途規定されている (児福 45 条, 老福 17 条等)。また, 保育所のように, 第二種社会福祉事業であっても, 個別の法律で施設の最低基準の策定が義務づけられているものもある。これらの施設に関する基準も, 従前は省令で定められていたが, 平成 24 (2012) 年度より条例に委任されている。省令では, 事項ごとに, 都道府県が条例を定めるに当たり「従うべき基準」,「標準」とすべき基準および「参酌すべき基準」を定めている (なお, 保育所の居室面積は省令の基準が「従うべき基準」となるが, 三大都市圏の一部に限り, 待機児童解消までの一時的な措置として省令の基準が「標準」とされている。2019年度末までの時限措置)。

⑶　指定制と事業者の指定基準

ⓐ　**指定制の概要**　社会福祉基礎構造改革によって導入された介護保険および障害者総合支援制度では，事業者・施設の指定制が採用されている。利用者は，予め都道府県知事（介護保険の地域密着型サービス等，一部の事業については市町村長）による指定を受けた事業者または施設（指定事業者・施設）のうちから，サービスを受ける事業者等を選択しなければならない。指定制によって一定の水準を満たした事業者にのみ制度への参加を認めることにより，サービス供給主体の多元化とサービスの質の確保との両立が図られている。

事業者・施設が指定を受けるためには，一定の基準を満たす人員を有し，かつ，設備および運営に関する基準に従って適正な事業の運営をすることができると認められることなどが必要である（介保70条2項，障害総合支援36条3項等)。事業者による報酬の不正請求事案などが増えていることを背景に，犯罪や不正行為を行った事業者は，一定期間指定を受けられないようになっている。また，指定には有効期間が設けられており，事業者等は数年ごとに指定の更新を受けなければならない（介保70条の2，障害総合支援41条等)。

都道府県知事等は，事業者・施設が法が定める指定拒否事由に該当しない場合には，指定をしなければならないと考えられる（→発展5-8②)。他方で，指定拒否事由の中でも，適正な事業運営が可能と認められるか否かの判断には，行政庁の裁量を認める余地があろう（適正な事業運営が可能かの判断に行政庁の要件裁量を認め，行政庁の判断が全く事実の基礎を欠くまたは判断の過程が著しく合理性を欠く場合にその判断が違法となるとして，介護保険の指定地域密着型サービス事業者の指定拒否処分を適法とした例として，東京高判平成24・11・22（判自375号58頁）がある。また，東京地判平成24・10・19（賃社1605号52頁）は，介護保険の指定地域密着型サービス事業者として指定を受けるには，単に所定の基準に外形的に従うだけでなく，必要なサービスを継続的かつ安定的に提供する能力があると認められることを要するとする)。

指定を受けるために事業者・施設が満たすべき人員，設備および運営の基準（いわゆる指定基準）は，従来は，事業および施設の種類ごとに厚生労働省令によって定められていた。しかし，地方分権推進の流れの中で，平成24（2012）年度より，指定基準の定めが都道府県条例（介護保険の地域密着型サービス等，一部の事業については市町村条例）に委任された（介保74条，障害総合支援43条等→1⑴発展5-6)。省令では，地方公共団体が条例を定めるに当たって「従うべき基準」，「標準」とすべき基準および「参酌すべき基準」を定める。人員，居室の床面積，利用者のサービスの適切な利用，適切な処遇および安全の確保ならびに秘密の保持に密接に関連する事項については，省令の基準が「従うべき基準」として条例を拘束する。利用定員は「標準」，その他の事項は「参酌すべき基準」とされている。

平成 27（2015）年度より施行された子ども・子育て支援新制度では，事業者・施設の確認制が採用されている。利用者が，一定の基準を満たし確認を受けた事業者・施設からサービスを受けた場合に給付を行うという点で，確認制は上述した指定制に類似する。この場合において，子ども・子育て支援法上は確認の拒否事由は定められておらず，確認権者たる市町村長は児童福祉法等に基づく事業者・施設の認可を前提として確認を行わなければならない（子育て支援 31 条・43 条）。事業者・施設が基準を満たしたサービスの提供をすることができるかの実質的な審査は，児童福祉法等に基づく認可の段階で行われる。認可については，従前は広い行政裁量が認められてきたが，子ども・子育て関連 3 法による改正により，法が定める認可基準を満たす事業者・施設は原則として認可されることとなった（児福 35 条 5 項・8 項等）。なお，確認には有効期間が設けられていない（→4 **2**(2)(b)）。

発展 5-8① 指定の法的性質

介護保険における事業者・施設の指定の法的性質については，これを知事と事業者との間の公法上の契約と解する学説もあるが，事業者等が法令の定める基準を満たしているかを確認する行為とする見解が有力である（西村 310 頁，堀勝洋『社会保障・社会福祉の原理・法・政策』（ミネルヴァ書房，2009 年）101 頁，菊池 482 頁)。指定は，事業者等に対し，介護保険給付の支給対象となるサービスを提供し，保険給付を代理受領することが認められる地位を付与する，行政行為であると考えられる。

医療保険における保険医療機関の指定（→第 4 章各論3 **2**(1)）と比較すると，介護保険においては，保険者たる市町村が被保険者に対して介護サービス提供義務を負っていないことから，保険者と指定事業者・施設の間で被保険者に対する介護サービスの提供を委託する契約が成立するわけではない。そのため，指定事業者等は，指定によって被保険者に介護サービスを提供する法的義務を負うわけではないと考えられる。ただし，事業者・施設の運営基準が正当な理由のないサービス提供拒否を禁じているから，医師の応召義務に類する義務が指定事業者等には課されると考えられよう。

また，保険医療機関の指定により医療保険の保険者と保険医療機関の間には双務的な契約関係が生じるのに対し，介護保険における事業者・施設の指定の効果は片務的なものである。すなわち，指定事業者等は指定権者たる行政に対する関係で人員，設備および運営の基準に従ったサービスの提供義務を負うのに対し，保険者たる市町村が保険給付としてサービス費用を支払う義務を負うのは被保険者に対してである。保険者は，あくまでも代理受領が認められる一定の場合に，事業者に費用の支払いをすることが「できる」に留まる。

以上のような理解は，障害者総合支援法上の指定制や子ども・子育て支援法による確認制についても当てはめることができよう。

発展 5-8②　事業計画を理由とする指定の拒否

介護保険法・障害者総合支援法は，施設サービスをはじめ計画的な整備が必要とされる一定のサービスについて，区域内におけるサービスの量が地方公共団体が策定する事業計画（都道府県介護保険事業支援計画，市町村介護保険事業計画，都道府県障害福祉計画など→4(2)）の中で計画された量に既に達しているとき，新たな事業者・施設の指定によって計画された量を超えるとき，その他の事業計画の達成に支障を生ずるおそれがあると認めるときには，都道府県知事等が事業者・施設の指定を拒否することができる旨を規定している（介保 70 条 4 項・5 項・78 条の 2 第 6 項 4 号，障害総合支援 36 条 5 項等）。同様の仕組みは児童福祉法に基づく認可制においてもとられており，市町村長や都道府県知事は，子ども・子育て支援事業（支援）計画の達成に支障を生ずるおそれがある場合には，家庭的保育事業や保育所の認可をしないことができる（児福 34 条の 15 第 5 項・35 条 8 項）。

すなわち，都道府県知事等には，その区域内でのサービス提供体制の整備状況に応じて，事業者・施設の指定を拒否する裁量が与えられている。これらの規定は，サービスの過剰供給によって制度の健全な財政運営が妨げられることを防ぐために，サービスの供給量の調整等を行うことを目的とする。しかし，新規参入を抑制することによって量的規制を図る手法には，被保険者の選択権の制約につながる上，競争が働きにくくなることで既存の事業者・施設の質の確保・向上の阻害要因になり得るといった問題が指摘される（→第 2 章第 2 節③ 2，第 4 章各論② 2(4)(c)）。

なお，法律が指定拒否の対象として列挙していないサービスについて，事業計画の達成に支障が生ずるおそれがあることを理由に事業者・施設の指定を拒否することは，許されないと解される（介護保険法の小規模多機能型居宅介護について福井地判平成 20・12・24 判自 324 号 56 頁，同控訴審：名古屋高金沢支判平成 21・7・15 平成 21 年（行コ）第 2 号裁判所 HP（百選 108））。指定拒否は事業者等の自由な職業活動を阻むことになるのであるから，指定を拒否できる場合の解釈はできる限り厳格になされるべきである。もっとも，居宅サービスや在宅型の地域密着型サービスについても，介護保険法の平成 23（2011）年改正による公募指定制（介保 78 条の 13）および市町村協議制（介保 70 条 10 項）の導入によって，一定の量的規制が可能となっている（→各論② 5(2)(b)）。

(b)　基準に基づくサービス提供の確保　　指定事業者・施設は，指定を受けた後も，人員，設備および運営に関する基準に従って事業を運営することが義務づけられている（介保 73 条・74 条，障害総合支援 43 条等）。基準に従った運営を確保するために，介護保険法および障害者総合支援法は，地方公共団体の長に規制監督権限を付与している。

まず，都道府県知事または市町村長は，必要があると認めるときは，指定事業者・施設に対し，報告，帳簿書類の提出，事業者の出頭などを求めることができ，また，職員による関係者に対する質問や，事業所への立入検査等を行うことができる（介保 76 条，障害総合支援 48 条等)。そして，事業所・施設の人員が基準に適合していない，または基準に従った適正な事業の運営がなされていないと認められる場合，都道府県知事等は当該事業者等に対して基準を遵守すべきことを勧告することができる。勧告を受けた事業者等がこれに従わない場合，都道府県知事等はその旨を公表することができる。また，勧告を受けた事業者等が正当な理由なく勧告にかかる措置をとらなかったときは，都道府県知事等は，当該事業者等に対し，勧告にかかる措置をとるべきことを命ずることができる（介保 76 条の 2，障害総合支援 49 条等)。事業者等が報告・検査を拒んだ場合や，基準に違反する状態が解消されなかった場合には，都道府県知事等は指定を取り消し，またはその全部もしくは一部の効力を停止することができる（介保 77 条，障害総合支援 50 条等)。

ただし，指定を取り消されても，あくまで介護保険または障害者総合支援制度を利用したサービスの提供ができなくなるだけであり，事業を行うこと自体は止められない。事業の経営自体の規制は，最低基準への違反にも当たる場合に，社会福祉法その他の福祉各法に基づき行われることとなる。

子ども・子育て支援新制度に基づく確認制においても，事業者・施設には，児童福祉法等に基づく認可基準（保育所の場合は最低基準→(2)）および子ども・子育て支援法に基づき市町村条例で定める運営の基準を遵守したサービスの提供が義務づけられている（子育て支援 34 条・46 条)。市町村長には事業者等に対する監督権限が付与されており，基準に従った事業運営ができない事業者等に対しては確認の取消し，またはその全部もしくは一部の効力の停止をすることができる（子育て支援 38 条～40 条・50 条～52 条)。

(4) 最低基準・指定基準とサービス利用者

以上にみたように，社会福祉施設の最低基準および指定制における事業者・施設の指定基準は，監督権限を有する行政庁（都道府県知事等）と事業者・施設との間の関係を規律する。これに対し，これらの基準が利用者と事業者・施設との間の関係においてどのような意味を有するか，すなわち利用者が基準に基づくサービスを受ける権利を有するか否かは，別途検討を有する問題である。

裁判例には，児童福祉施設の最低基準について，保育所の入所児童が最低基準に基づく保護を受ける権利を有することを確認したものがある（本山保育所事件・神戸地決昭和48・3・28判時707号86頁（百選〔3版〕104））。今日でも，措置方式（サービスを給付する方式）による福祉についてはこの判決の理論が当てはまり，利用者は最低基準に従ったサービスを受給する権利を有すると考えられる（アルマ272頁，倉田聡『これからの社会福祉と法』（創成社，2001年）32頁）。もっとも，利用者が受けるサービスが最低基準を下回った場合に具体的にどのような請求が可能かは事案にもより，上記判決も保育所入所児童に対し最低基準に基づく履行請求権を一般的に認めるものではないと解される（西村467頁）。

一方，介護保険や障害者総合支援制度によるサービスの利用（サービスの費用を給付する方式）には，上記決定の射程は及ばない。これらの制度の下では，最低基準および指定基準は，利用者と事業者・施設の間を直ちに規律するものではないと解される。そのため，利用者が最低基準・指定基準に適合したサービスを希望する場合には，これらを契約条項または解釈を通じて事業者との間で締結するサービス利用契約の内容とする必要がある。現在のところ，最低基準・指定基準の内容は社会福祉協議会などが作成したモデル契約書に取り込まれており，それを各事業者・施設が採用することを通して，実際の契約内容に反映されている。もちろん，モデル契約書をそのまま実際の契約書面として採用する義務が各事業者・施設に課されているわけではない。そのため，学説には，最低基準や指定基準がサービス利用契約に対し一定の拘束力を持つよう，明示的な立法を行うことが望ましいとの見解もある。もっとも，立法措置をとらなくとも，行政の監督権限の発動をより積極的に求めることにより，事業者による基準の遵守を追求してゆくことも可能であろう。

3　サービス利用者の保護

(1)　社会福祉法の利用者保護規定

社会福祉基礎構造改革によって，契約方式が福祉サービスの利用方法として主流となった。しかし，契約方式の下では，事業者・施設と利用者の間の情報量や交渉力の格差，加齢や障害による利用者の判断能力の低下などが原因となって，サービスの適切な利用が妨げられるおそれがある（→**総論③2**）。

そこで，社会福祉法は，利用者を保護するための一連の規定を設けている。同法はまず，社会福祉事業の経営者に対して，福祉サービスを利用しようとする者が適切かつ円滑にこれを利用することができるように，事業に関する情報提供を行うよう努力義務を課す（社福75条1項）とともに，誇大広告を禁止する（社福79条）。また，経営者は，サービスの利用希望者から契約の申込みがあった場合には，福祉サービスを利用するための契約の内容およびその履行に関する事項について説明する努力義務を負う（社福76条）。さらに，同法77条は，利用契約の成立時に一定の重要事項を記載した書面を交付する義務を，経営者に課す。これらの規定が，利用者と事業者の間の交渉力の格差や情報の非対称性を緩和する役割を負っている。

重要事項説明書類交付義務や誇大広告の禁止に違反した事業者に対して，都道府県知事は，社会福祉事業の経営の制限，停止または許可の取消しをすることができる（社福72条2項）。これに対し，情報提供や契約内容説明に関する規定は努力義務に留まり，これらの規定が利用者保護として十分なものであるかについて，疑問も指摘されている。

⑵ 福祉サービス利用援助事業

福祉サービスの利用者の中には，社会福祉各法の給付の申請や，サービスや事業者の選択および契約の締結を，自分自身で行うことが困難な者も多くいる。そのような者は，まず民法上の成年後見制度を利用することが考えられるが，社会福祉法にも利用者を援助するための制度として福祉サービス利用援助事業が規定されている。

平成11（1999）年から，国庫補助事業として地域福祉権利擁護事業が開始された（平成19（2007）年度に「日常生活自立支援事業」に改称）。日常生活自立支援事業は，判断能力が不十分な高齢者・障害者に対し，利用者との契約に基づき，福祉サービスの利用を援助する事業である。事業の実施主体は，都道府県社会福祉協議会または政令指定都市社会福祉協議会である。この事業の一部が，平成12（2000）年の社会福祉法改正時に，福祉サービス利用援助事業として法制化された。

社会福祉法による福祉サービス利用援助事業は，福祉サービスの利用に関する相談・助言，利用手続の援助，利用料の支払いの援助その他の福祉サービスの適切な利用のための援助を行う事業である（社福2条3項12号）。福祉サービスの利用援助に伴う日常的な金銭管理サービスも，事業内容に含まれる（税金，社会保険料，公共料金等の支払い，日常生活に必要な預金の払戻手続など）。これに対し，財産管理は福祉サービス利用援助事業としては行えず，民法上の成年後見制度を利用する必要がある。

福祉サービス利用援助事業は第二種社会福祉事業に分類され，その運営主体は限定されない。しかし，現在のところ，主たる担い手は社会福祉協議会である。特に，都道府県社会福祉協議会には，域内で福祉サービス利用援助事業があまねく実施されるために必要な事業を行うことが義務づけられている（社福81条）。また，事業の適正な運営を確保するため，福祉サービス利用援助事業を監督する機関として，都道府県社会福祉協議会の下に運営適正化委員会が設置される（社福 83 条）。

日常生活自立支援事業の契約件数・利用者数は徐々に伸びており，近年の実利用者数は４万人を超えている。利用者の約半数が認知症の高齢者である。しかし，高齢化に伴う認知症高齢者の増加や，障害者福祉における知的障害者・精神障害者の地域移行の促進（→③ 4⑴）に鑑みれば，本事業を必要とする潜在的な利用希望者はもっと多くいるはずであるし，今後も増加が見込まれる。利用が伸び悩む原因としては，事業の知名度の低さ，契約による利用という仕組みゆえ利用希望者の契約締結能力に疑義がある場合には手続に時間がかかること，利用料が低所得者にとって負担となること，多くの場合に家族が利用者本人に代わって福祉サービスの利用契約を締結している実態があることなどが指摘されている。

4　福祉サービスの量の確保

⑴　サービスの量的確保をめぐる課題

利用希望者が必要とする福祉サービスを提供するには，そのための人員・施設を用意する必要がある。しかし，社会福祉の各分野では，従来から，サービスの需要に対して人的・物的資源が不足していることが一般に指摘されてきた。

高齢者福祉においては，急速な高齢化や核家族化の進展を背景に，介護サービスの基盤整備が進められてきた。国は，平成元（1989）年に「高齢者保健福祉推進十か年戦略」（ゴールドプラン）を策定し，10 年間で在宅および施設サービスを大幅に拡充するとの目標を掲げた。平成 6（1994）年には，全国の地方公共団体の老人保健福祉計画を積み上げる形で「新・高齢者保健福祉推進十か年戦略」（新ゴールドプラン）が定められ，ゴールドプランを全面的に見直して新たな数値目標が設定された（平成 11（1999）年度末で終了）。その後，平成 12（2000）年の介護保険法施行に伴い，「今後 5 か年の高齢者保健福祉施策の方向」（ゴールドプラン 21）が策定され，特に在宅サービスを重視したサービス基盤の整備が目指された（平成 16（2004）年度末で終了）。

障害者福祉についても，国は，障害者基本法に基づき定める障害者基本計画を具体化するために，平成 7（1995）年に「障害者プラン～ノーマライゼーション 7 か年戦略～」を策定し，在宅・施設サービスの基盤整備を進めてきた（平成 8（1996）年度からの 7 か年計画）。平成 14（2002）年に新しい障害者基本計画が定められると，その前期（平成 15（2003）年度から平成 19（2007）年度まで）および後期（平成 20（2008）年度から平成 24（2012）年度まで）に重点的に実施する施策および達成目標が，2 度の「重点施策実施 5 か年計画」として定められた。現在は，第三次障害者基本計画（平成25（2013）年策定）に基づきサービスの整備が進められている。

また，児童福祉においては，進行する少子化への対策として子育て支援策の充実が求められるようになったことを受けて，平成6（1994）年に「今後の子育て支援のための施策の基本的方向について」（エンゼルプラン。平成11（1999）年度末までの5か年計画）が策定された。エンゼルプランは，平成11（1999）年策定の「重点的に推進すべき少子化対策の具体的実施計画について」（新エンゼルプラン。平成16（2004）年度までの5か年計画）へと引き継がれた。平成15（2003）年の少子化社会対策基本法の制定以降は，同法7条に基づく少子化社会対策大綱およびその具体的実施計画（「子ども・子育て応援プラン」（平成16（2004）年策定）など）において，保育サービスの充実をはじめとする数値目標が定められてきている。

しかし，今日でもなお，特別養護老人ホームの待機者が全国で約30万人に上り，保育所の待機児童も都市部を中心に2万人を上回るなど，福祉サービスに対する需要の伸びに供給体制の整備が追い付いていないのが実情である。少子高齢化の進行，核家族化や共働き家庭の増加の他に，措置方式の下では行政裁量によって抑えられていた潜在的なサービス需要が契約方式への移行によって顕在化したことが，福祉サービスに対する需要の急速な伸びの要因となっていると考えられる。

(2) 量的確保のための取り組み

国が定めるサービス基盤整備の目標を実現するためには，各地方公共団体において具体的な数値目標を設定した計画を策定し，その達成に向けて供給体制の整備を進めていくことが重要となる。社会福祉各法は，地方公共団体に対し，福祉サービス基盤の計画的整備を図るため，事業計画の作成を義務づけている。

例えば，老人福祉法20条の8により，市町村は，高齢者のための在宅・施設サービスの供給体制の確保に関して老人福祉計画を定める義務を負う。市町村老人福祉計画には，当該市町村の区域において確保すべき老人福祉事業の量の目標が定められなければならない。また，市町村は，目標として定めた量の確保のための方策を計画に定めるように努める（地方分権改革を受けた平成23（2011）年改正により努力義務化）。都道府県は，市町村老人福祉計画の達成に資するため，広域的な見地から，都道府県老人福祉計画を定める（老福20条の9）。

介護保険法117条により，市町村は，国が定める基本方針に即して，各年度の給付対象サービスの種類ごとの量の見込みおよび地域支援事業の量の見込みを介護保険事業計画に定めなければならない。見込み量の確保のための方策，サービスの円滑な提供を図るための事業に関する事項などは，平成23（2011）年改正によって計画に定めることを努める事項となった。介護保険事業計画は３年ごとに見直される。市町村は，介護保険事業計画を策定または変更するときは，予め，被保険者の意見を反映するために必要な措置を講ずることとされており，住民参加の途が開かれている。介護保険法 118 条により，都道府県も，３年を１期とする介護保険事業支援計画を定める義務を負う。市町村および都道府県の老人福祉計画と介護保険事業計画は一体のものとして作成されなければならず（老福 20 条の 8 第 7 項，介保 117 条 6 項等），また，社会福祉法に基づく地域福祉計画と調和が保たれたものでなければならない（老福 20 条の 8 第 8 項，介保 117 条 10 項等）。なお，平成 29（2017）年の介護保険法改正により，被保険者の自立支援や介護予防・重度化防止などのための施策およびその目標が，市町村介護保険事業計画の義務的記載事項に追加された。市町村には，この目標の達成状況の評価の実施と，都道府県知事への報告が義務づけられている（介保 117 条 7 項・8 項）。国は，交付金の交付によって市町村の取り組みを支援する（介保 122 条の 3）。

同様に，障害者総合支援法は，市町村および都道府県に対し，サービスの種類ごとの必要量の見込み，施設の必要入所定員総数等を定める障害福祉計画を策定するよう義務づけている（障害総合支援 88 条・89 条）。平成 23（2011）年の第二次分権一括法による改正で，必要量の確保のための方策等，多くの記載事項が例示化された。他方で，平成 24（2012）年改正により，サービス提供体制の確保にかかる目標に関する事項が，計画に定める義務的事項に加えられた。また，同改正により，市町村および都道府県は定期的に，障害福祉計画に定めた事項について調査，分析および評価を行い，必要な措置を講ずることとされた（障害総合支援 88 条の 2・89 条の 2）。市町村および都道府県が定める障害福祉計画は，障害者基本法に基づく障害者計画および社会福祉法に基づく地域福祉計画と調和が保たれたものでなければならない（障害総合支援 88 条 7 項・89 条 5 項）。障害者計画は，政府が定める障害者基本計画に基づき策定される，当該地方公共団体における障害者のための施策に関する基本的な計画である（障害基 11 条）。障害児に関するサービスの整備については，児童福祉法に基づき，市町村および都道府県が障害児福祉計画を策定する（児福 33 条の 20・33 条の 22。平成 28（2016）年改正により新設）。

保育に関しては，子ども・子育て支援法が子ども・子育て支援事業計画について規定する。市町村は，内閣総理大臣が定める基本指針に即して，５年を１期とする市町村子ども・子育て支援事業計画を策定する。計画では，教育・保育および子育て支援事業に関して各年度のサービスの量の見込みと，その確保のための方策を定めなければならない（子育て支援61条）。市町村が計画を定めるに当たっては，子どもの保護者の意向を勘案することとされており，計画の策定・変更に際して条例で設置する審議会または保護者等の意見を聴取することが義務づけられている。同様に，都道府県は都道府県子ども・子育て支援事業支援計画を策定する（子育て支援62条）。いずれの計画も，後述する地域福祉計画と調和が保たれたものでなければならない。また，児童福祉法により，市町村は，必要な保育を確保するために必要があると認めるときには，当該市町村における保育所等の整備に関する計画（市町村整備計画）を作成することができる。市町村整備計画は，市町村子ども・子育て支援事業計画と調和が保たれたものでなければならない（児福56条の4の2）。

さらに，社会福祉法は，同法の理念の一つである地域福祉の推進（社福4条）を計画的に図るために，市町村が地域福祉計画を，都道府県が地域福祉支援計画を策定するよう努めることを規定している。市町村地域福祉計画には，福祉の各分野に共通して取り組む事項（平成29（2017）年改正により追加），地域における福祉サービスの適切な利用の推進，地域における社会福祉事業の健全な発達，地域福祉に関する活動への住民の参加の促進に関わる事項などを定める（社福107条）。都道府県地域福祉支援計画には，広域的な見地から，市町村の地域福祉の支援に関する事項を定める（社福108条）。これらの計画の策定・変更に当たっては，住民や社会福祉事業の経営者などの意見を反映させるよう努め，また，策定した計画を公表するよう努めることが求められる。住民の意見反映および計画の公表の義務は，平成23（2011）年の第二次分権一括法による改正で努力義務へと緩和された。地域福祉計画の策定はこれまで各地方公共団体の任意に委ねられてきたところ，市町村地域福祉計画の策定率は7割程度であり，特に町村部での策定率が低くなっている。平成29（2017）年改正により，地域福祉計画の策定は努力義務化された（社福107条1項・108条1項）。

これらの計画は，その達成状況が新規事業者の指定拒否事由となる（**→2**⑶(a)発展5-8②）など，一定の法的効果を持つ場合がある。しかし，計画に定められた整備目標が達成されていない場合に，地方公共団体に法的責任を問うことは困難であると解される（**→総論④ 2** 発展5-4）。地方分権改革に伴う平成23（2011）年改正（**→1**⑴発展5-6）によって計画の記載事項の多くが努力義務化されたことに対しては，地方公共団体の裁量の範囲を拡大する一方で，サービス供給体制の基盤整備の責任が希薄になったとの批判もある。また，住民の意見反映のための措置や計画の公表にかかる規定の多くが廃止または努力義務化されたことについても，住民の行政参加や情報アクセスのための法的保障を縮減させ得るとの懸念が示されている。

5　福祉サービスの質の確保

⑴　質の確保をめぐる課題

福祉サービスは，在宅か施設かを問わず対人サービスを内容とするものであるから，適切な水準・質のサービスが提供されることが重要である。しかし，従来は，福祉サービスの量的拡充が専らの課題であり，サービスの質の向上については必ずしも十分な取り組みがされてこなかった。サービス面では主として施設の最低基準の維持・確保に重点がおかれてきたが，最低基準の内容は設備や人員数が中心であり，入所者の処遇や介護内容といった運営のソフト面での規律は不十分であった。

社会福祉基礎構造改革後，在宅サービスについては多様な事業主体がサービス供給主体として参入するようになり，サービスの供給量の増加とともに利用者の選択の幅が広がった。利用者の選択権の拡大は，事業者間の競争を通じてサービスの質の向上にもつながる。加えて，介護保険法および障害者総合支援法に基づく事業者・施設の指定基準では，設備や従業員数のみならず，適切な技術を用いたサービスの提供や，緊急時を除く身体的拘束の禁止など，サービスのソフト面に関する規定も設けられている。

この他にも，事業者自身によるサービスの自己評価・自己点検，第三者評価による客観的なサービスの評価等を通じて，事業者が課題を認識し，自らサービスの質の向上に取り組むことを促進する必要がある。また，利用者がサービスの内容を吟味した上で事業者・施設を選択できるようサービスに関する情報を提供・公表することや，利用者またはその家族等からの苦情に対して事業者が迅速かつ適切に対応することも，サービスの質の確保・向上にとって重要となる。

⑵　質の確保のための取り組み

福祉サービスの質を確保するための取り組みとして，まず，事業者・施設の指定制および行政監督によって，指定基準を満たす水準のサービスおよび法令を遵守した業務管理体制の確保が図られている（→2）。

サービスの質の向上のためには，上述のように，事業者がサービスの問題点を具体的に把握し，改善を図ることも重要である。そこで，社会福祉法78条は，社会福祉事業の経営者に対し，自ら提供するサービスの質の評価を行うなどの措置を講ずることによって，良質かつ適切な福祉サービスを提供するよう努力義務を課している。また同条は国に対し，社会福祉事業の経営者が行う上記の措置を援助するために，福祉サービスの質の公正かつ適切な評価の実施に資するための措置を講ずるよう努力義務を課す。この規定を受けて，国は福祉サービス第三者評価事業の制度を整えている。

第三者評価事業とは，事業者が提供するサービスの質を，当事者（事業者および利用者）以外の公正・中立な第三者機関が，専門的かつ客観的な立場から評価する事業である。その目的は，個々の事業者が事業運営における具体的な問題点を把握し，サービスの質の向上に結びつけるとともに，利用者の適切なサービス選択に資するための情報を提供することにある。各都道府県に第三者評価事業の推進組織が設置され，第三者評価を行う機関の認証，評価基準の策定，第三者評価に関する情報公開および普及・啓発などの役割を担う。第三者評価機関の主たる担い手は社会福祉協議会であるが，NPO 法人や市民団体も制度に参加している。事業者は，評価を行う第三者評価機関を選択して，評価を申し込む。評価の基準については，厚生労働省の助言の下，全国社会福祉協議会がガイドラインを策定している。第三者評価の結果は公表し，利用者の適切なサービス選択に資することが目指されている。

しかし，第三者評価を受けるかは事業者の任意に委ねられており，事業者に対し受審のインセンティブをいかに与えるかが今後の課題である。第三者評価の受審件数は概ね増加傾向にあるが，全国の事業者・施設数に占める受審率は年数% 程度である。また，評価結果の公表には事業者・施設の同意が必要であるため，結果の公表も一部に留まる。第三者評価については，この他に，評価機関の水準の差や，福祉サービスの評価は標準化になじまない，利用者が活用するには情報の公開方法や内容が不十分といった問題も指摘されている。

なお，介護保険の地域密着型サービスの指定基準（平成 18 年厚労令 34 号）は，指定認知症対応型共同生活介護事業者に対し，定期的に（少なくとも年に 1 回）外部評価を受け，かつその結果を公表することを義務づけている（同 97 条 7 項）。定期巡回・随時対応型訪問介護看護事業，小規模多機能型居宅介護事業，複合型サービス（看護小規模多機能型居宅介護）等については，自己評価の結果を運営推進会議等に報告した上で公表することが義務づけられており，運営推進会議等における外部評価が予定されている（平成 18 年厚労令 34 号 3 条の 21・3 条の 37 等。これらの規定は，市町村が条例で指定基準を定めるに当たり「参酌すべき基準」である）。また，平成 24（2012）年度より，児童養護施設等の社会的養護関係施設では，定期的な（3 年に 1 回以上）第三者評価の受審と評価結果の公表が義務づけられた（児童福祉施設の設備及び運営に関する基準（昭和 23 年厚労令 63 号）45 条の 3 等）。将来的には，他の種類のサービスについても，同様の義務づけを行うことが望まれよう。

② 介護保険

1　介護保険の理念

(1)　介護保険法の制定と改正

わが国では，急速な少子高齢化の進行が，介護を必要とする高齢者の増加や介護期間の長期化をもたらした。誰でも相当程度の確率で要介護状態となる可能性が高くなったことは，「介護リスクの一般化」と表される。他方で，核家族化や女性の社会進出によって家族の介護力が低下し，家庭内で高齢者を介護する家族の身体的・精神的・経済的負担が過重なものとなってきた。

要介護高齢者に対する介護の提供は，従来，老人福祉法に基づく老人福祉制度および老人保健法に基づく老人医療制度によって担われてきた。しかし，老人福祉制度においては，既に述べた措置方式における利用者の法的地位の弱さ，サービスの量的不足，サービス内容の画一性といった問題が存在した（→総論② 2)。老人医療制度においても，老人医療費の増大が，老人医療費拠出金を通じて各医療保険者の財政を圧迫していた（→第4章総論② 1)。特に，福祉サービスの不足が原因で自宅での介護が難しく福祉施設でも受け入れられない要介護高齢者が，医療の必要がないにもかかわらず長期入院するという，いわゆる「社会的入院」が，老人医療費の増加の要因となっていた。また，生活環境面での施設環境の不十分さ，老人福祉制度との間での利用者負担や利用手続の不均衡も，問題となった。

そこで，福祉と医療の分野に分立していた介護関連制度を再編成し，利用者本位の，公平で利用しやすいシステムの構築が目指された。その保障方法は，給付と負担の関係が明確で，国民の理解を得られやすいとのことから，社会保険方式によることとされた（→総論④ 1)。また，社会的入院の解消のために，医療保険から介護が切り離された。こうして，平成9（1997）年に介護保険法が成立し，平成12（2000）年4月より新しい社会保険制度として介護保険が導入されたのである。これにより，社会全体を通じて高齢者介護を支える，「介護の社会化」が図られた。

介護保険法は，その附則2条で施行後5年を目途に制度の見直しを行うことを予定しており，この規定に基づいて平成17（2005）年に大幅な改正が行われた。平成17（2005）年改正では，制度施行後の受給者数の増加およびこれに伴う介護保険給付費用の増大，今後の高齢化の進展の見込みを背景として，制度の持続可能性を高めるために，「予防重視型システム」への転換，施設給付の見直しによる在宅と施設の利用者負担の公平化，地域密着型サービスの導入などが行われた。

その後は，3年を1期とする市町村介護保険事業計画の策定・見直しの機会にあわせて，法改正が行われてきている。平成20（2008）年には，介護サービス事業者による不正事案が発生したことを受けて，不正事案の再発を防止し，介護事業運営の適正化を図ることを目的として，介護サービス事業者に対する規制のあり方が見直された。また，近年では，介護サービスの充実だけでなく，医療・介護・予防・住まい・生活支援サービスを一体的に提供する「地域包括ケアシステム」の実現が目指されている。平成23（2011）年改正では，要介護度の重い高齢者の在宅生活を支えるための仕組みとして，24時間対応の定期巡回・随時対応サービス（定期巡回・随時対応型訪問介護看護）や複数のサービスを組み合わせて提供する複合型サービス（看護小規模多機能型居宅介護）が創設された。また，地域支援事業の一つとして，介護予防・日常生活支援のためのサービスを総合的に実施する介護予防・日常生活支援総合事業が創設された。平成26（2014）年改正では，地域支援事業の充実と併せて，要支援者に対する訪問介護・通所介護の地域支援事業への移行，特別養護老人ホームの入居者の中重度要介護者への限定，といった改正がなされた。また同改正では，制度の持続可能性を確保するため，低所得者の保険料軽減措置を強化する一方，一定以上の所得を有する者（一定以上所得者）については介護保険利用時の自己負担が2割へ引き上げられた。

そして，平成29（2017）年改正では，被保険者の自立支援・重度化防止のための取り組みの推進（→① **4**(2)），長期療養のニーズに応えるための介護療養院の創設，障害福祉サービスと介護サービスを同一の事業所が提供する共生型サービスの特例の新設，特に所得が高い層の自己負担の3割への引上げ，被用者保険の保険者が納付する介護納付金への総報酬割の導入といった改正が行われている（一部を除き平成30（2018）年4月施行）。

発展 5-9　老人福祉に関わる法制度

介護保険法の成立により，それまで老人福祉法による措置として提供されていた在宅および施設における介護サービスは，主として介護保険を通じて提供されることとなった。ただし，やむを得ない事由により介護保険による給付を利用できない場合には，老人福祉法に基づく措置がとられる（老福10条の4第1項・11条1項2号→**総論**③ **4**）。また，養護老人ホームへの入所措置（老福11条1項1号），措置入所者の死亡時の葬祭（同条2項）は，介護保険の給付対象に含まれず，老人福祉法に残されている措置である。さらに，市町村は，法定の措置の他にも，地域の実情に応じたきめ細かな措置の積極的な実施に努める義務を負う（老福10条の3）。この規定に基づき，配食サービス，寝具類洗濯サービス，外出支援サービス等，高齢者の生活を支えるために必要な各種の事業が行われている。

今日の老人福祉法は，サービスの実施法としての性格は縮小したものの，老人福祉の基本的理念を定める基本法としての性格を有するとともに，施設の設置認可や事業実施の監督など，高齢者福祉サービスに対する規制監督を定める法として重要な役割を果たしている。すなわち，今日では基本的に介護保険法に基づき提供される在宅・施設での介護サービスも，その事業の開始または施設の設置，休止・廃止は，老人福祉法に規定されている（老福 14 条以下）。また，養護老人ホームおよび特別養護老人ホームについては，省令で定める基準に基づき都道府県の条例で，設備および運営の最低基準を定めなければならない（老福 17 条→**各論**①**2**⑵)。そして，法令および基準に従った事業・施設の運営を確保するため，都道府県知事は，報告の徴収や立入検査，改善命令，事業の停止・廃止命令などの権限を付与されている（老福 18 条以下)。

なお，有料老人ホームは老人福祉施設には含まれないが，入居者保護の観点から，適切な運営を確保する必要がある。そのため，老人福祉法は，有料老人ホームについても，設置・休止・廃止時の事前の届出制を定め，都道府県知事に立入検査や改善命令等の権限を付与するなど，一定の規制を設けている（老福 29 条→**5**⑶ⓐ発展 5-10)。

老人福祉に関わる法制度として，他に，「高齢者虐待の防止，高齢者の養護者に対する支援等に関する法律」（高齢者虐待防止法）がある。同法は，家庭や介護施設における高齢者虐待の問題の深刻化を受けて平成 17（2005）年に制定されたもので，高齢者虐待の防止に関する国等の責務，虐待を受けた高齢者に対する保護，養護者に対する支援の措置等を定める。

⑵　介護保険法の目的

介護保険法は，要介護状態となった者が，尊厳を保持し，その有する能力に応じ自立した日常生活を営むことができるよう，必要な保健医療サービスおよび福祉サービスにかかる給付を行うことを目的とする（介保 1 条)。その保険給付は，要介護状態等の軽減または悪化の防止に資するように行われるとともに，医療との連携に十分配慮して行われなければならない。また，被保険者の選択に基づき，適切なサービスが，多様な事業者または施設から，総合的かつ効率的に提供されるよう，配慮されなければならない。さらに，保険給付の内容・水準は，要介護者が可能な限り居宅において自立した日常生活を営むことができるように配慮されなければならず，居宅介護が優先される（介保 2 条)。

介護保険法は，介護保険制度が国民の共同連帯の理念に基づくことを定める（介保 1 条)。国民は，この理念に基づき，介護保険事業に要する費用を公平に負担することとされている（介保 4 条 2 項)。この規定は，保険料の設定方法や滞納者への制裁等に関する政策論において，基本理念として機能する（アルマ 286 頁)。

2 保険者

介護保険の保険者は，市町村（特別区を含む）である（介保3条1項）。保険者は，被保険者の資格の管理，要介護認定，保険給付の支払い，保険料の設定と徴収，市町村介護保険事業計画の策定といった業務を行う。

市町村を介護保険の保険者としたのは，従来の老人福祉や老人保健事業との連続性，地方分権の考え方，財政主体と給付主体の一体化等の観点に基づくものである。すなわち，地域住民に最も身近な行政主体である市町村が，保健福祉を一元的かつ統一的に推進することが望ましいと考えられた。市町村が保険者となることには，介護サービス水準や介護ニーズの地域ごとの相違を反映した事業運営が可能になるというメリットがある。しかし反面，規模の小さな市町村にとっては事務的・財政的負担が過重となり，保険財政の安定化が困難となり得る。

そのため，介護保険法は，保険者の負担を軽減するための仕組みを設けている。具体的には，要介護認定の審査判定業務の都道府県への委託が可能である（介保38条2項）ほか，第1号被保険者の保険料を年金保険者が老齢年金から天引きし，第2号被保険者の保険料を医療保険者が徴収する仕組みにより，保険料徴収事務の負担も軽減されている（→8(1)）。財政面では，市町村の介護保険の財源不足を賄うために都道府県に財政安定化基金を設置し（介保147条），複数市町村が調整保険料率を通じて介護保険に要する費用の財源を相互調整する市町村相互財政安定化事業を制度化している（介保148条→8(2)）。また，地方自治法に定める広域連合，一部事務組合等（地自284条以下）を利用して，介護保険業務を広域的に実施する市町村も相当数に上る。

3 被保険者

介護保険の被保険者には，第1号被保険者と第2号被保険者の2種類がある。前者は，市町村の区域内に住所を有する65歳以上の者であり，後者は，市町村の区域内に住所を有する40歳以上65歳未満の医療保険加入者である（介保9条）。

第2号被保険者については，医療保険の加入者であることが要件とされる。そのため，生活保護法による保護を受け，医療保険に非加入となっている者（国保6条9号）は，第2号被保険者とはならない。これらの者が介護を要する状態となった場合は，介護保険からの給付はなされず，生活保護法に基づく介護扶助として介護サービスが支給される。これに対し，65歳以上の被保護者は介護保険の第1号被保険者となるが，介護保険料相当分が生活扶助に上乗せされ，また，サービスを利用した際の利用者負担について介護扶助が支給される（→第8章各論[8] 2(2)，6）。

第１号被保険者と第２号被保険者の間には，保険給付の範囲および保険料の負担の方法について差異が存在する。保険給付については，第１号被保険者は，要介護・要支援状態と認定された場合には，その原因を問わず受給することができる。他方で，第２号被保険者は，その要介護・要支援状態が加齢に伴う心身の変化に起因する一定の疾病（特定疾病）によるものである場合にのみ，保険給付を受けることができる（介保７条３項・４項）。現在，末期がん，初老期認知症，関節リウマチなど16種類の疾病が，政令によって指定されている（介保令２条）。保険料負担の面では，第１号被保険者の保険料は市町村単位で算定されるため，市町村によって異なる（介保129条）。これに対し，第２号被保険者の保険料は，医療保険者が社会保険診療報酬支払基金へ納付する介護給付費・地域支援事業支援納付金に充てるために必要な額を，各医療保険者が算定する（介保150条）。

なお，介護保険施設，特定施設（有料老人ホームや軽費老人ホーム）または養護老人ホームに入所するために，他の市町村から当該施設の所在する市町村へ住所を変更した者については，転入前の市町村が行う介護保険の被保険者とされる（住所地特例。介保13条）。これは，施設の所在する市町村に要介護高齢者が集中することで，当該市町村の保険給付費用，ひいては保険料が増大することを防ぐための措置である。従来，サービス付き高齢者向け住宅の大半が住所地特例の対象外となっていたが，サービス付き高齢者向け住宅の増加や他の有料老人ホームとの均衡を考慮して，平成26（2014）年改正により，有料老人ホームに該当するサービス付き高齢者向け住宅には住所地特例が適用されることとなった。

4　給付受給のための手続

(1)　要介護認定

(a)　要介護状態・要支援状態　介護保険の保険給付は，被保険者が要介護状態または要支援状態になったときに行われる。要介護状態とは，身体上または精神上の障害により，入浴，排泄，食事等の日常生活における基本的な動作について，継続して常時介護を要する状態であって，厚生労働省令で定める要介護状態区分に該当するものをいう（介保７条１項）。そして，要支援状態とは，要介護状態の軽減もしくは悪化の防止に特に資する支援を要すると見込まれる状態，または身体上・精神上の障害のために継続して日常生活を営むのに支障がある状態であって，厚生労働省令で定める要支援状態区分に該当するものを指す（同条２項）。

省令では，被保険者に提供する介護や支援に要する時間（要介護認定等基準時間）の長さに応じて，５段階の要介護状態と２段階の要支援状態をあわせて，７段階の区分が定められている（要介護認定等に係る介護認定審査会による審査及び判定の基準等に関する省令（平成11年厚令58号）1条・2条）。介護保険制度施行当初は，5段階の要介護状態に1段階の要支援状態をあわせた6段階の区分であった。介護保険法の平成17（2005）年改正に際し，予防重視型システムへの転換の一環として，従来の要介護度1に相当する状態のうち状態の維持・改善の可能性が高いものを新たに設けられた要支援2に区分し，予防給付の支給対象とした。

(b)　**要介護認定の申請**　　要介護状態に対する保険給付を受けようとする被保険者は，要介護の状態にあること，およびその該当する要介護状態区分について，市町村による認定（要介護認定）を受けなければならない（介保19条1項。7(1)の図表5-2も参照）。以下では要介護認定についてのみ述べるが，要支援状態に対する給付を受ける場合も同様の手続を経て，要支援認定を受ける必要がある（同条2項）。

要介護認定を受けようとする被保険者は，被保険者証を添えて市町村に申請をしなければならない（介保27条1項）。このように，介護保険法は申請に関する明文規定を設け，利用者の申請権を明示的に認めている。なお，地域包括支援センター（→7(3)）の他，省令で定める要件を満たす指定居宅介護支援事業者，地域密着型介護老人福祉施設または介護保険施設は，要介護認定の申請手続を被保険者本人に代わって行うことができる。申請の代行は被保険者の利便性を図るためのものであるが，利用者の意思に反した過度の申請が行われることを防ぐため，平成17（2005）年改正によって居宅介護支援事業者や介護保険施設による申請代行には制限が付された。

(c)　**要介護状態の調査と審査判定**　　申請を受けた市町村は，職員を被保険者に面接させ，その心身の状況，おかれている環境等，必要な事項を調査させる（介保27条2項）。平成17（2005）年改正前は，市町村は，認定調査を居宅介護支援事業者や介護保険施設に委託することが認められていた。しかし，委託による認定調査では平均要介護度が高くなる傾向があり，過度のニーズを掘り起こしているとの指摘がなされた。そのため，認定調査の公平・公正の観点から，平成17（2005）年改正により，新規認定時の調査は市町村が実施することが原則とされている。

市町村職員は，全国共通の調査票を用い，被保険者の日常生活の動作能力や精神的状況を調査する。調査結果は，まずコンピューター処理にかけられ，要介護認定等基準時間の算出と要介護状態区分への該当性の判断が行われる（一次判定）。次いで，市町村の介護認定審査会が，一次判定の結果と被保険者の主治医からの意見に基づき，要介護状態区分の審査・判定を行う（二次判定。介保 27 条 4 項・5 項）。介護認定審査会は要介護認定の審査判定業務を行うために市町村に設置されるもので，その委員は保健・医療・福祉に関する学識経験者により構成される（介保 14 条・15 条）。

(d)　**要介護認定の結果の通知**　　介護認定審査会の審査判定結果は，市町村に通知される。市町村は，この結果に基づいて要介護認定を行い，その結果を被保険者に通知する。この場合，市町村は，該当する要介護状態区分および審査会から付された意見を被保険者証に記載して，被保険者に返還する（介保 27 条 7 項）。他方で，要介護認定をしなかったとき（要介護状態に該当しないと認めたとき）は，市町村は，理由を付して，被保険者にその旨を通知する（同条 9 項）。

要介護認定または不認定は，申請があった日から 30 日以内にしなければならない。ただし，調査に日時を要する等の特別な理由がある場合には，市町村は，被保険者に対して処分にかかる見込み期間とその理由を通知して，処分を延期することができる（同条 11 項）。

要介護認定の効力は，申請の日に遡って生じる（同条 8 項）。被保険者が，要介護認定の効力が生じる日より前に緊急その他やむを得ない理由により介護サービスを受けた場合には，その費用の 9 割が償還される（介保 42 条等。一定以上所得者については利用者負担の割合が異なる→**5**(6)）。

要介護認定には有効期間があるため，継続的に介護サービスを利用するためには定期的に認定の更新を申請しなければならない（介保 28 条）。有効期間は原則として，新規認定の場合は 6 カ月，更新認定の場合は 1 年となっている。更新時の認定調査については，市町村は，省令に定める要件を満たす事業者・施設に調査を委託することができる（同条 5 項）。

(e)　**要介護認定の法的意義**　　要介護認定の法的性格は，保険者が，介護サービスを利用しようとする被保険者に対して，保険給付を受けることができる要件に該当するかどうか一定の基準に基づき確認する行為であるとされる。また，要介護認定を受けることによって，被保険者が利用できるサービスの種類および支給限度額が定まる。例えば，居宅サービスの利用については要介護状態区分別の支給限度額が設定されているし（介保 43 条），要支援状態に該当する場合には施設サービスは保険給付の支給対象とならない（介保 52 条）。また，平成 26（2014）年改正により，特別養護老人ホームでの施設サービスにかかる保険給付は，原則として要介護状態区分 3 以上の認定を受けた中重度の要介護者のみが対象となった（介保 8 条 22

項，介保則 17 条の 9)。さらに，介護認定審査会の意見が付された場合，市町村は，当該意見に基づいて，保険給付の対象とするサービスの種類を指定することができる（介保 37 条)。他方で，要介護認定は，措置方式下における措置決定と異なり，どの事業者・施設からどのようなサービスを受けるかといった，サービスの具体的内容を決定するものではない。サービスの具体的内容の選択・決定は，要介護認定を受けた被保険者自身に委ねられている。

したがって，要介護認定は，被保険者が有する保険給付の受給権を確認するとともに，支給する給付の内容（包括的な支給限度）を決定する行政処分であるといえる。ただし，その受給権は，保険事故たる要介護状態の発生時ではなく，要介護認定の申請時に発生するという点で，年金保険における裁定（→第 3 章各論③ 1）とは異なる。

要介護認定では，全国一律の基準に基づき，被保険者本人の心身の状態に照らして介護サービスをどの程度必要とするかが判断される。市町村における介護サービスの整備状況や，高齢者を介護する同居家族の状況などは，考慮要素とはならない。措置方式の下で認められていたような，サービスの供給量不足を理由に申請を拒否する行政裁量は，介護保険法の下では認められないのである。介護保険法は，要介護認定について市町村の裁量を認めておらず，給付決定の客観性，ひいては給付の公平性が重視されている。他方で，要介護認定を受けた被保険者が，保険給付の受給権を有しながらもサービス供給量不足のためにそれを有効に行使できないという問題も生じ得る。

(2) ケアプラン作成とケアマネジメント

要介護認定を受けると，被保険者は，自ら選択する事業者・施設と契約を締結し，介護サービスを利用することとなる。ただし，介護保険法は，介護サービスの利用が介護サービス計画（いわゆるケアプラン）に基づいて行われることを前提としている。これは，要介護認定を受けた被保険者（要介護者）に，決定された保険給付の範囲内で，心身の状態や環境に照らし必要かつ適切な福祉・医療・看護等のサービスを，総合的に提供するためである。

居宅サービスを利用する場合には，被保険者が居宅サービス計画を作成し，市町村に届け出る。被保険者が居宅サービス計画を作成しない場合，または作成したが届け出ない場合には，保険給付の代理受領（→5 (4)）を利用することができない（介保 41 条 6 項等)。この場合，被保険者は居宅サービスの利用時に費用の全額を負担しなければならず，後に費用の 9 割（一定以上所得者については利用者負担の割合が異なる→**5**(6)）が介護保険から償還払いされることとなる。

居宅サービス計画は，被保険者本人が自らこれを作成することも可能であるが，実際上は困難である。そのため，介護保険法は，在宅の要介護者に対するケアマネジメントを居宅介護支援として規定している。居宅介護支援とは，要介護者の心身の状況，環境，要介護者およびその家族の希望等を勘案して課題を把握し（アセスメント），利用する居宅サービスの種類および内容などを定めた居宅サービス計画を作成するとともに，計画に基づくサービスの提供が確保されるよう，居宅サービス事業者等との連絡調整その他の便宜の提供を行うことをいう。居宅サービス計画の作成後も計画の実施状況を把握し（モニタリング），要介護者についての継続的なアセスメントを行い，必要に応じて居宅サービス計画の変更を行うことも含まれる。また，要介護者が施設への入所を要する場合には，介護保険施設への紹介その他の便宜の提供も行われる（介保８条24項）。居宅介護支援に当たる事業者を居宅介護支援事業者といい，アセスメントや居宅サービス計画の作成は介護支援専門員（いわゆるケアマネージャー。介保７条５項）と呼ばれる有資格者が行う。要介護者が，市町村長（平成26（2014）年改正により，都道府県知事から市町村長へ指定権限を移譲）の指定する居宅介護支援事業者から居宅介護支援を受けたときは，必要な費用の全額が居宅介護サービス計画費として支給される（介保46条）。上述の代理受領の仕組みと併せて，介護保険法は，居宅サービスを利用する要介護者が介護支援専門員によるケアプラン作成を利用するよう積極的に誘引しているといえる。

施設サービスにおいては，施設サービス計画の作成が施設に義務づけられており（介保８条26項以下），介護保険施設は介護支援専門員を配置して施設サービス計画の作成に当たらせる。

介護保険制度が実際に有効に機能するためには，専門性を有する介護支援専門員によって適切なケアプランが作成されることが必要不可欠である。しかし，介護保険法施行後，居宅サービス事業と居宅介護支援事業の併設事業所が大半を占め，サービスの利用計画が特定の事業者・サービスに偏るなど，ケアマネジメントやケアプラン作成が適正に行われていないことが問題となった。そのため，平成17（2005）年改正によって，ケアマネジメントの独立性・中立性を確保するため，介護支援専門員に対し，提供されるサービスが特定の種類または特定の事業者・施設に不当に偏ることのないよう，公正かつ誠実にその業務を行うことが義務づけられた（介保69条の34）。また，名義貸しの禁止，信用失墜行為の禁止，秘密保持義務が規定され，これらの規定に反した介護支援専門員に対しては登録の消除が可能となった（介保69条の35以下）。さらに，介護支援専門員の資質の向上を図るため，資格の更新制（5年ごと）が導入されている（介保69条の7第3項・69条の8）。

なお，平成17（2005）年改正により，要支援者（要支援認定を受けた被保険者）に対するケアマネジメント（介護予防支援）については，公正・中立な立場から地域におけるケアマネジメントを行うため，同改正で設置された地域包括支援センター（→7(3)）が行うことが原則とされている（介保8条の2第16項）。ただし，業務の一部については，居宅介護支援事業者に委託することができる（介保115条の23第3項）。

5 保険給付

(1) 給付の種類

介護保険法による保険給付には，要介護者に対する介護給付と，要支援者に対する予防給付がある（介保18条1号・2号）。介護給付は，居宅介護サービス費，地域密着型介護サービス費，施設介護サービス費など，様々な介護サービス費の支給を内容とする（介保40条）。同様に，予防給付として，各種の介護予防サービス費の支給がなされる（介保52条）。すなわち，介護保険の保険給付は，サービスにかかる費用を支給する金銭給付となっている。

また，これらの他に，要介護状態または要支援状態の軽減または悪化の防止に資する保険給付を，市町村が条例で独自に定めて支給する，市町村特別給付がある（介保18条3号）。市町村は，地域のニーズに合わせて，配食サービス，寝具乾燥サービス，移送サービスなどの「横出し給付」を，市町村特別給付として提供することができる。市町村特別給付にかかる費用は，第1号被保険者の負担する保険料により賄われる。

以下では主に，介護給付の支給の仕組みについて述べることとするが，予防給付についても基本的には同様の仕組みとなっている。

(2) 指定事業者・施設

(a) 指定制の概要　介護保険法による保険給付は，原則として，利用者が都道府県知事（地域密着型サービスについては市町村長）の指定を受けた指定事業者・施設によるサービスを利用した場合に支給される。事業者・施設が指定を受けるためには，条例で定める者（法人等）であること，人員，設備および運営の基準（指定基準）を満たしていること，法に列挙された欠格事由（過去5年以内に指定の取消しを受けているなど）に該当しないことが要求される（介保70条2項等）。地方分権改革を受けた平成23（2011）年改正により，指定基準の策定が原則として条例に委任された（介保74条等）。また，同改正では，介護従事者の確保を図るためには事業者による労働環境整備の取り組みを推進する必要があるとの考えから，労働基準法等の労働法規に違反し罰金刑を受けていることが，新たに指定拒否事由として追加された。指定基準を満たす事業所・施設のみを制度に参入させることによって，介護サービスの質・水準の保障が図られている（→1 2(3)）。

事業者・施設には，条例に定められた人員，設備および運営の基準を遵守した介護サービスを提供し，介護保険法および同法に基づく命令を遵守することが義務づけられている（介保73条・74条等）。さらに，平成20（2008）年改正により，法令の遵守が確保されるよう，業務管理体制を整備し，整備に関する事項を届け出ることが義務づけられた（介保115条の32）。同改正では，他にも，国，都道府県，市町村の事業者の本部への立入検査権，事業者に対する是正勧告・命令権など，介護サービス事業者による不正事案の再発を防止するための規制が創設された。

なお，平成29（2017）年改正により，訪問介護，通所介護等の一部の居宅サービス・地域密着型サービスについて，共生型サービスが新たに設けられた。これは，児童福祉法または障害者総合支援法に基づく指定を受けた事業者について，介護保険法上の指定基準を緩和し，指定を受けやすくする仕組みである（介保72条の2）。改正の背景には，福祉ニーズの多様化や利用者の利便性，福祉従事者の人材確保といった課題に対応するために，同一の事業所で介護サービスと障害福祉サービスの双方を一体的に提供できるようにする必要があるとの考えがある。これにより，障害福祉サービスを利用してきた障害者が老齢に達して介護保険を利用する場合に，従来とは別の事業所を利用しなければならなくなるといった問題が解消されることが期待される（→3 2(1)発展5-14①）。

(b)　指定拒否等によるサービスの量的統制　法が定める指定拒否事由に該当しない限り，都道府県知事または市町村長は申請のあった事業者・施設を指定しなければならない。ただし，施設で提供される地域密着型サービスおよび施設サービスについては，地域のサービス量が介護保険事業計画に定められた必要定員数に既に達しているなど，事業計画の達成に支障を生ずるおそれがある場合には，都道府県知事または市町村長は事業者・施設の指定を拒否することができる（介保78条の2第6項4号・94条5項等→1 2(3)(a)発展5-8②）。

これに対し，居宅サービスや在宅型の地域密着型サービスについては，事業計画の達成を理由とする指定拒否は認められてこなかった。しかし，平成23（2011）年改正で導入された24時間対応の定期巡回・随時対応型訪問介護看護などの事業

(→(3)(b)) は，夜間対応の必要や事業規模の制約などから経営基盤が不安定になるおそれがある。これらの事業の普及のためには，日常生活圏域内で必要なサービス量を踏まえた事業者の指定を行う裁量を保険者（市町村）に付与し，事業者が地域に根差して安定的にサービス提供を行うことができる体制を構築することが必要であると考えられた。そのため，定期巡回・随時対応型訪問介護看護をはじめ一定の在宅型の地域密着型サービスについて，サービスの見込み量の確保および質の向上のために特に必要があると認めるときは，市町村長は公募により事業者の指定を行うことができるとされた。市町村長は，公募指定をするときは，省令で定める基準に従い，公正な方法で事業者を選考・決定しなければならない（介保 78 条の 13 以下）。また，市町村長は，定期巡回・随時対応型訪問介護看護等の在宅型の地域密着型サービスの事業所が区域内にあり，市町村介護保険事業計画で定める居宅サービスの見込み量に既に達している場合などに，都道府県知事による訪問介護等の居宅サービス事業者の指定について知事に対し協議を求めることができる。都道府県知事はこの求めに応じなければならない。都道府県知事は，市町村長との協議の結果に基づいて，居宅サービス事業者に対する指定を拒否し，または地域密着型サービスの事業の適正な運営の確保に必要な条件を付して指定を行うことができる（介保 70 条 10 項・11 項）。

行政解釈は，これらの公募指定制・市町村協議制は，定期巡回・随時対応型訪問介護看護等の普及を図るためのものであり，事業者の参入の抑制を目的としたものではないとして，市町村にもこの趣旨に沿った公募指定や協議制の運用を求めている。しかし，実際には，居宅サービスおよび在宅型の地域密着型サービスについても一定の量的規制を課すものと考えられ，事業者による地域独占を招く危険性も指摘されている。

平成 29（2017）年改正では，居宅サービスの指定に対する保険者（市町村）の関与がさらに強化されている。まず，市町村長は，都道府県知事が居宅サービス事業者の指定をしようとするときには予め通知をするよう求め，通知がされたときは市町村介護保険事業計画との調整を図る見地から意見を申し出ることができるようになった。都道府県知事は，この意見を勘案して，事業者の指定を行うに当たり条件を付すことができる（介保 70 条 7 項～9 項）。これによって，上述の市町村協議制以外の形でも，市町村が都道府県知事の行う居宅サービス事業者の指定に関与することができるようになる。また，定期巡回・随時対応型訪問介護看護等の普及をさらに進めるために，地域密着型通所介護については，定期巡回・随時対応型訪問介護看護等の事業所がある区域内の地域密着型サービスの量が市町村介護保険事業計画で定める量に既に達しているなど一定の条件を満たす場合には，市町村長は指定を拒否することができるようになった（介保78条の2第6項5号）。

(3)　対象となるサービス

介護給付・予防給付の支給対象となるサービス（図表5-1）は，大別すると，居宅サービス，地域密着型サービス，施設サービスに分けることができる。

(a)　居宅サービス　　居宅サービスには，訪問介護，訪問看護のように，ホームヘルパー等が高齢者の自宅を訪問して提供するサービスと，通所介護（デイサービス），短期入所生活介護（ショートステイ）のように自宅で生活する高齢者が施設に通所して利用するサービスとがある。介護保険法施行後，居宅サービスの利用者数は大幅に伸びている。

要支援認定を受けた者が利用する介護予防サービスは，その状態の悪化を防ぐという目的から，日常生活の活発化に資する通所系サービスを中心に構成されている。既に述べたように，平成17（2005）年の法改正では，予防重視型システムへの転換の観点から，予防給付の対象者の範囲（→4(1)(a)），サービス内容，ケアマネジメント体制（→4(2)）等が見直され，「新予防給付」へと再編された。新予防給付では，訪問介護，通所介護等の既存のサービスについて内容・提供方法・提供期間等の見直しが行われた上，新たに筋力向上，栄養改善，口腔機能向上等のサービスが加えられている。さらに，平成26（2014）年改正により，予防給付のうち訪問介護および通所介護を，全国一律の保険給付から地域支援事業に移行することになった（平成29（2017）年度末までに完全移行）（→7(1)）。

発展5-10　居住系サービス

介護保険法では，老人福祉法に規定する養護老人ホームや軽費老人ホーム（ケアハウス），有料老人ホームを「特定施設」として法律上位置づけている。特定施設に入居する要介護者に対して当該施設が提供する介護サービスは，施設サービスではなく，居宅サービスの特定施設入居者生活介護となる（介保8条11項。当該施設が地域密着型特定施設としての指定を受けている場合は，地域密着型サービスの地域密着型特定施設入居者生活介護（同条21項）となる）。認知症の高齢者が，小規模で家庭的な環境を有する施設であるグループホームに入居して受けるサービスも，施設サービスではなく，地域密着型サービスの認知症対応型共同生活介護として提供される（同条20項）。これらのサービスを総称して，居住系サービスと呼ぶ。

高齢者が住み慣れた地域での生活を継続できるようにするためには，「施設」以外の多様な住まいの選択肢が整備されることが重要である。施設サービスが重度要介護者へとそ

図表 5-1　介護保険の保険給付等の内容

	総合事業におけるサービス	予防給付におけるサービス	介護給付におけるサービス
都道府県が指定・監督を行うサービス	—	・介護予防サービス 介護予防訪問入浴介護 介護予防訪問看護 介護予防訪問リハビリテーション 介護予防居宅療養管理指導 介護予防通所リハビリテーション 介護予防短期入所生活介護 介護予防短期入所療養介護 介護予防特定施設入居者生活介護 介護予防福祉用具貸与 特定介護予防福祉用具販売	・居宅サービス 訪問介護 訪問入浴介護 訪問看護 訪問リハビリテーション 居宅療養管理指導 通所介護 通所リハビリテーション 短期入所生活介護 短期入所療養介護 特定施設入居者生活介護 福祉用具貸与 特定福祉用具販売 ・居宅介護支援 ・施設サービス 介護老人福祉施設 介護老人保健施設 介護療養型医療施設 介護医療院（平成 30（2018）年 4 月より新設）
市町村が指定・監督を行うサービス	・介護予防・日常生活支援総合事業 第 1 号訪問事業 第 1 号通所事業 第 1 号生活支援事業 第 1 号介護予防支援事業	・介護予防支援 ・地域密着型介護予防サービス 介護予防認知症対応型通所介護 介護予防小規模多機能型居宅介護 介護予防認知症対応型共同生活介護	・地域密着型サービス 定期巡回・随時対応型訪問介護看護 夜間対応型訪問介護 地域密着型通所介護 認知症対応型通所介護 小規模多機能型居宅介護 認知症対応型共同生活介護 地域密着型特定施設入居者生活介護 地域密着型介護老人福祉施設入所者生活介護 看護小規模多機能型居宅介護（複合型サービス）
その他	—	・住宅改修	・住宅改修

注 「地域の自主性及び自立性を高めるための改革の推進を図るための関係法律の整備に関する法律」の一部施行に伴い，都道府県が指定・監督を行うサービスについて，指定都市・中核市に権限移譲されている。
（出典）『平成 29 年版厚生労働白書』資料編 233 頁より筆者作成

の重点を移す中，軽度の要介護者や独居高齢者に対応する居住系サービスの拡充が求められている。そのため，介護保険法の平成 17（2005）年改正では，特定施設入居者生活介護の給付対象が一定の高齢者専用賃貸住宅（サービス付き高齢者向け住宅）にも拡大され，外部の介護サービス事業者との連携によるサービス提供も可能となるなど，居住系サービスの充実が図られた。

他方で，有料老人ホームでは契約をめぐるトラブル等も多く生じており，入居者保護の必要性が高まっている。老人福祉法は29条で有料老人ホームに対する規制監督を定めているが，平成17（2005）年の同法改正では，有料老人ホームの定義の見直しによって規制対象の範囲が拡大された。また，同改正により入居一時金等の前払金の保全措置が義務づけられ（老福29条7項），平成23（2011）年の改正で，権利金の受領禁止（同条6項）や短期解約時の前払金の返還義務（同条8項）が追加されている。さらに，平成29（2017）年改正により，法令等に違反した有料老人ホームの設置者に対し，都道府県知事が事業の制限・停止を命じることができるようになった（同条14項）。サービス付き高齢者向け住宅も，有料老人ホームに該当する場合には，老人福祉法に基づく規制監督の対象となる。

なお，居住系サービスでは，食費や居住費（ホテルコスト）は自己負担となる。平成17（2005）年改正によって施設サービスにおいてもホテルコストが自己負担化されたことにより，従来存在していた施設サービスとの間の格差は縮小した。ただし，居住系サービスの場合は，施設サービスと異なり，低所得者の負担軽減のための補足給付は支給されない（→(6)）。

(b)　**地域密着型サービス**　　地域密着型サービスは，認知症高齢者や一人暮らし高齢者の増加を背景に，住み慣れた地域での生活を支えるために身近な市町村で提供されることが適当なサービス類型として，平成17（2005）年改正により創設された。地域密着型サービスの中には，居宅および施設において提供されるサービスが混在している。

地域密着型サービスの創設後も，夜間・深夜・早朝の対応の不十分さや，医療・看護サービスとの連携不足などの問題があり，要介護となっても在宅生活の継続を希望する高齢者およびその家族を十分に支える仕組みとはなっていなかった。そこで，平成23（2011）年改正により，定期的な巡回訪問と利用者からの通報を受けての随時対応を日中・夜間を通じて行う定期巡回・随時対応サービス（定期巡回・随時対応型訪問介護看護。介保8条15項），および，訪問看護と小規模多機能型居宅介護など，要介護者にとって一体的に提供されることが特に効果的かつ効率的なサービスを単独の事業者が組み合わせて提供する複合型サービス（介保8条23項。平成27（2015）年度介護報酬改定に際し，指定基準等では看護小規模多機能型居宅介護に改称）が，新たに設けられた。これらのサービスを提供する指定事業者は増加しているが，いまだ十分な数には達しておらず，サービスの普及啓発が課題となっている（→(2)(b)）。

また，平成 26（2014）年改正では，地域密着型サービスの新しい類型として地域密着型通所介護が創設された（介保 8 条 17 項）。これは，小規模の通所介護を，地域との連携や運営の透明性を確保するため，地域密着型サービスに位置づけるものである。

地域密着型サービスは，市町村長がサービス事業者の指定・監督権限を有し（介保 78 条の 2 以下），利用者が原則として当該市町村の被保険者に限られ（介保 78 条の 2 第 1 項），市町村ごとに必要量を介護保険事業計画に定める（介保 117 条 2 項 1 号）といった点に特徴がある。また，地域密着型サービスの基準の策定は市町村条例に委任されているが，条例の策定に当たり省令の基準が「従うべき基準」とされる項目についても，市町村は省令の基準を下回らない範囲で独自の基準を定めることができる（介保 78 条の 4 第 5 項）。地域密着型サービスに対し支払われる保険給付の額についても，厚生労働大臣が定める基準による額を上限として，市町村は地域の実情に応じた独自の支給額を定めることができる（介保 42 条の 2 第 4 項）。

(c) 施設サービス　施設サービスは，介護給付のみの対象となり，要支援者が保険給付の枠内で利用することはできない。施設サービスが提供される施設には，介護老人福祉施設（特別養護老人ホーム），介護老人保健施設および介護医療院（平成 29（2017）年改正により新設）があり，これらを総称して介護保険施設と呼ぶ（介保 8 条 25 項）。これまで介護保険施設に含まれていた介護療養型医療施設（いわゆる療養病床）は，社会的入院の解消のために廃止されることとなった（健康保険法等の一部を改正する法律（平成 18 年法律 83 号））。介護医療院は，これまで介護療養型医療施設が果たしてきた機能（日常的な医学管理が必要な重度要介護者の受入れや，看取り，ターミナルケア等）と，生活の場としての機能を兼ね備えるもので，慢性期の医療・介護ニーズに対応するための施設である。介護療養型医療施設の廃止の時期は当初，平成 23（2011）年度末とされていたが，他の介護保険施設等への転換が予定通りに進んでおらず，平成 29（2017）年改正により平成 35（2023）年度末に延期されている。

従来の施設サービスは多床室が中心であったが，できる限り在宅に近い居住環境の中で入居者の個性や生活リズムを尊重することが求められており，ユニットケア（少数の居室および居室に近接して設けられる共同生活室により一体的に構成されるユニットごとに入居者が生活するケア）の普及が図られている。

他方で，介護保険法の施行によって措置制度下よりも施設入所の手続が簡便になったこと，在宅介護を支える仕組みがいまだ不十分であることなどから，利用者の施設サービス志向が高まっている。増加する入所希望者に対して施設数が依然として著しく不足しており，待機者が多すぎて施設サービスを真に必要とする者が入所できないという状況も生じている。そこで，平成14（2002）年に施設の指定基準が改正され，施設サービスを受ける必要性が高い者を優先的に入所させる努力義務が介護保険施設に課されるとともに，都道府県に対して入所選考の指針を作成するよう指導がされてきた。さらに，平成26（2014）年改正により，特別養護老人ホームへの入所を原則として要介護状態区分3以上の認定を受けた要介護者に限定することとなった。ただし，要介護状態区分1または2の要介護者であっても，やむを得ない事由により居宅において日常生活を営むことが困難と認められる場合には，入所が可能である（介保8条22項，介保則17条の9・17条の10）。

発展 5-11　サービス利用中の事故と賠償責任

介護保険法の施行後，利用者側の権利意識の高まりを背景として，サービス利用中の誤嚥や転倒等による傷害・死亡事故について，事業者・施設の責任を利用者・家族が追及する裁判例が増えている。

介護保険や障害者総合支援制度のように，サービスの利用が契約に基づく場合，事業者・施設の債務不履行責任または不法行為責任が問われる。裁判例では，事業者・施設に，利用契約上ないし利用契約に付随する信義則上の義務として，事故から利用者の生命・身体の安全を守る安全配慮義務を負わせるものが多い。例えば，グループホームでの入居者の転倒・骨折事故（大阪高判平成19・3・6賃社1447号55頁）や，デイサービス利用者の転倒・骨折事故（横浜地判平成17・3・22判時1895号91頁），グループホーム入居者のベッドからの転落・骨折事故（大阪地判平成19・11・7判時2025号96頁），介護老人保健施設の入所者の転倒・骨折事故（東京地判平成24・3・28判時2153号40頁（百選109））について，施設職員に安全配慮義務違反があったとして，施設を運営する法人の債務不履行責任が認められている（不法行為構成をとる例としては，東京地判平成19・5・28判時1991号81頁，東京地判平成26・2・24判時2223号56頁等）。裁判例は一般に，家庭内介護の際に家族が行う注意に比べ，高度の注意義務を事業者・施設またはその職員に課す。

これに対し，措置によるサービス利用や保育所入所のように，地方公共団体が福祉サービスの給付義務を負う場合は，民間事業者に委託されたサービスの利用中の事故について委託者である地方公共団体の責任を問い得るかが問題となる（保育所での事故について→4 2(2)(f)発展5-19②）。市が設置し社会福祉法人に運営委託をした精神薄弱者援護施設における入所者の死亡事故について，市が行う福祉事業は国家賠償法1条1項の「公権力の行使」に当たり，市から委託を受けて業務の執行に携わる法人の職員が同項にいう「公務員」に当たるとして，国家賠償請求を認めた裁判例がある（広島地福山支判昭和54・6・22判時947号101頁）。また，積善会暁学園事件の最高裁判決（最判平成19・1・25民集61巻1号1頁（百選106））は，児童福祉法27条1項3号に基づく入所措置により社会福祉法人が設置運営する児童養護施設に入所した児童が負った傷害について，県に対する国家賠償請求を認めた（→④3⑷発展5-20）。ただし，同判決は施設職員の公務員該当性を判断するに際し，児童福祉法が都道府県に負わせる責務や児童養護施設の長に付与する権限に着目しており，その射程が問題となる。

発展5-11の参考文献

・品田充儀「福祉契約と契約当事者――介護事故における損害賠償の法理」新井誠ほか編著『福祉契約と利用者の権利擁護』（日本加除出版，2006年）165頁

⑷　給付の方法

介護保険法は，被保険者がサービスの利用時に費用の全額を立替払いし，事後的にその9割（ただし，一定以上所得者については8割，平成30（2018）年8月より特に所得の高い者は7割→⑹。居宅介護サービス計画費・介護予防サービス計画費については10割）を市町村が支給するという，費用償還払い方式を建前とする（介保41条等）。このように介護保険法が費用償還払いを原則とするのは，支給限度を超える訪問介護や個室への入所など，保険給付の範囲を超えるサービスを自己負担で利用できるようにするためである。医療保険と異なり（→第4章各論③5），介護保険法では，保険給付の対象となるサービスと保険給付外のサービスを組み合わせて利用すること（いわゆる混合介護）が一般的に認められている。

ただし，市町村は，被保険者が事業者・施設から受けたサービスの費用のうち保険給付に相当する部分を，被保険者に代わり事業者・施設に支払うことができる（介保41条6項等）。事業者・施設への支払いが行われることで，被保険者に対する保険給付の支給がされたものとみなされる（同条7項等）。この場合，被保険者は，1割（一定以上所得者の場合は2割，平成30（2018）年8月より特に所得の高い者は3割→⑹）の自己負担分のみを事業者・施設に支払えば足りる。この仕組みを代理受領という。代理受領では，被保険者から事業者・施設に対して保険給付の受領に関する委任がなされていると解される。実際には，被保険者の負担能力や利便性への配慮から，代理受領が一般的となっており，介護保険による給付は事実上「現物給付化」しているともいわれる（ただし，保険者たる市町村が負う責任は，あくまで金銭給付を支給することに留まる→総論④2）。なお，既に述べたように，居宅サービスの費用について代理受領を利用するためには，被保険者が居宅サービス計画を作成し，市町村に届け出る必要がある（→4⑵）。

⑸　支給限度額

居宅サービスおよび地域密着型サービスについては，相互に代替可能なサービス

もあることに配慮して，サービスの区分ごとに要介護状態区分に応じた保険給付の支給限度額（居宅介護サービス費等区分支給限度基準額）が設けられている（介保43条)。支給限度額は厚生労働大臣が定める。支給限度額を超えるサービスの利用は全額が被保険者の自己負担となるため，限度内での利用となる場合が多い。

市町村は，条例で定めるところにより，厚生労働大臣が定める支給限度額よりも高い額を当該市町村における支給限度額とすることができる（介保43条3項。いわゆる「上乗せサービス」)。しかし，その費用は第1号被保険者の負担する保険料によって賄うため，支給限度額の引上げは保険料の引上げにつながることとなる。

⑹　利用者負担

被保険者は，原則として，サービスに要した費用の1割を自己負担する。ただし，平成26（2014）年改正により，一定以上所得者の負担割合は2割に引き上げられた（介保49条の2)。さらに，平成29（2017）年改正により，特に所得の高い層の負担割合が3割に引き上げられている（同条2項。平成30（2018）年8月施行予定)。

定率負担は，被保険者が受けたサービスの量に応じて負担が増減する応益負担の考えに基づく。しかし，応益負担は，重度の要介護者や低所得者にとっては負担が重くなり，サービス利用が抑制されるおそれがある。そのため，利用者負担の合計額が一定水準を超えた場合に超えた分を償還払いする，高額介護サービス費の仕組みが用意されている（介保51条)。高額介護サービス費の支給基準は，被保険者の所得区分に応じて定められている。介護保険の利用者負担と医療保険制度における一部負担金の合計額が高額となった場合は，同様に，高額医療合算介護サービス費が支給される（介保51条の2)。また，市町村は，災害その他の特別の事情により利用者負担を支払うことが困難な被保険者について，保険給付の水準を9割（一定以上所得者については8割または7割）より引き上げて支給する（介保50条)。ただし，この特例が認められるのは災害や生計維持者の死亡・失業などの場合に限定され（介保則83条)，低所得者一般を対象とした負担軽減の規定ではない。

居宅介護支援については，その積極的な利用を促進するために利用者負担は設けられていない（→4⑵)。しかし，ケアマネジメントが普及・定着したこと，施設サービスではケアマネジメントの費用も含めて保険給付がなされ，利用者負担があることなどから，居宅介護支援にも利用者負担を導入すべきであるとの意見もある。

介護保険法制定当初は，施設サービス利用時の居住費・食費（いわゆるホテルコスト）も保険給付の対象となっていた。在宅の利用者と施設入所者の間での利用者負担の公平を図るため，平成17（2005）年改正により，ホテルコストは保険給付の対象外とされた（介保48条1項等）。ホテルコストの負担額は施設と利用者の契約によって定められる。ただし，低所得者については所得に応じた負担限度額が定められており，限度額を超える負担分には介護保険から特定入所者介護サービス費が支給される（いわゆる補足給付。介保51条の3→**総論⑤3**）。従来は，補足給付の支給に際し被保険者と世帯員の所得のみを勘案していたが，預貯金等の資産を保有しているような場合にまで補足給付を受給できることが，公平性の観点から問題視された。そのため，平成26（2014）年改正により，補足給付の支給に際して資産の状況も斟酌することとなった。預貯金等の把握は本人の自己申告を基本とするが，保険者は必要に応じて金融機関等に照会することが可能である（介保203条1項）。また，補足給付の不正受給は加算金徴収の対象となる（介保22条1項）など，適正な申告を促す仕組みが用意されている。

6　介護報酬の支払いの仕組み

(1)　介護報酬の定め方

介護報酬とは，事業者が利用者に介護サービスを提供した場合に，その対価として事業者に支払われるサービス費用をいう。原則として，介護報酬の1割（一定以上所得者は2割，平成30（2018）年8月より特に所得が高い者は3割）は利用者が負担し，残り9割（一定以上所得者については8割，平成30（2018）年8月より特に所得が高い者については7割）が保険給付によって賄われる。代理受領が行われる場合，市町村から事業者に支払われる保険給付を，介護給付費と呼ぶ。

介護報酬および介護給付費の額は，厚生労働大臣が定める基準（介護給付費単位数表）に基づいて算定される（介保41条4項等。地域密着型サービスについては，市町村が独自の支給額を定めることができる→**5(3)(b)**）。厚生労働大臣は，サービスの種類ごとに，当該サービスに要する平均的な費用を勘案して介護給付費単位数表を定める。介護給付費単位数表では，サービスの費用を「単位」として規定する。1単位当たりの単価は，人件費（賃金水準）の地域差を反映するために地域によって異なる。概ね，居宅サービスの介護報酬は時間数に応じた1回払い，施設サービスの介護報酬は要介護度に応じた1日当たりの定額払いとして定められている。平成24（2012）年度より導入された定期巡回・随時対応型訪問介護看護および複合型サービス（看護小規模多機能型居宅介護）に対する介護報酬も，必要なサービスの柔軟な提供や事業者の安定的な運営を図るため，要介護度に応じた定額払いとなっている。

介護報酬は，通例，介護保険事業計画と保険料の見直しにあわせて3年ごとに改定される。介護報酬の基準は，利用者が利用できるサービスの内容・水準を定めるものであるとともに，事業者の経営の継続性や介護労働者の処遇にも影響を与える。介護労働者の処遇改善に関して，平成24（2012）年度の介護報酬改定で導入された介護職員処遇改善加算は，当初は3年間の時限措置の予定であったが，その後の介護報酬改定においても拡充のうえ維持されている（→1 1(5)発展 5-7）。

⑵　介護給付費の請求と審査支払い

被保険者から保険給付の代理受領を委託された事業者・施設は，介護サービスに要した費用のうち保険給付に相当する部分を，介護給付費として市町村に請求する。市町村は，介護給付費単位数表ならびに設備および運営に関する基準に照らして請求を審査した上で，事業者・施設に介護給付費を支払う（介保41条9項等）。市町村は，介護給付費の請求の審査および支払いに関する事務を，国民健康保険団体連合会に委託することができる（同条10項等）。

審査によって，提供された介護サービスが介護給付費単位数表または設備・運営の基準に合致しないことが判明した場合は，請求された介護給付費の額を減額する減額査定が行われる（減額査定が行政処分ではないことを前提に，減額分の支払いを求める訴訟を民事訴訟として審理する裁判例として，高松高判平成16・6・24判タ1222号300頁（百選111））。これに対し，支払い後に要件を欠くことが判明した場合は，過払いとなった介護給付費の返還の問題となる。この場合は，市町村は民法上の不当利得返還請求権を行使することになる（最判平成23・7・14判時2129号31頁（百選112））。さらに事業者・施設が偽りその他不正の行為によって介護給付費の支払いを受けた場合は，市町村は，支払った介護給付費のうち返還させるべき額を事業者・施設から徴収するほか，4割の加算金を徴収することができる（介保22条3項）。この規定は，返還金の徴収については市町村の義務として，加算金の徴収については市町村の裁量として，規定するものと解される。返還金および加算金の支払いに応じない事業者等に対しては，介護保険法144条により滞納処分が可能である。

他方で，人員基準は介護給付費の審査の基準に含まれておらず，事業者・施設が人員基準に違反して提供したサービスについて介護給付費を受領したとしても，不当利得とはならない。そこで，市町村が，このような事業者等に対し，介護保険法22条3項に基づく返還請求をなせるかが問題となる。この点につき，最高裁は，介護保険法22条3項が民法の不当利得の特則であるとした上で，事業者が同項に基づき介護給付費の返還義務を負うには，その前提として，介護給付費の受領に法律上の原因がないといえる場合であることを要するとし，不正の手段によって指定を受けた一事をもって直ちに法律上の原因がないとはいえないと述べている（前掲最判平成 23・7・14（百選 112））。この判決に従うと，事業者・施設が人員基準を充足していないにもかかわらず不正の手段によって指定を受け，介護給付費の支払いを受けた場合であっても，当該指定が指定時に遡って取り消されない限り，市町村が介護保険法 22 条 3 項に基づく返還請求をすることはできないこととなる。同判決に対しては，介護給付費の不正受領が指定に関わるか否かによって介護給付費の返還請求の可否に差が生じるのは均衡を失することなどから，介護保険法 22 条 3 項の条文にはない要件を解釈によって付加するべきではないとの批判がある。

また，この最高裁判決のように，介護保険法 22 条 3 項を不当利得の特則と解すると，不当利得返還を請求する市町村が，事業者等の得た利得に法律上の原因がないことを立証する責任を負うことになる。このことを前提に，通所介護事業者がサービス提供の記録を適切に作成していなかった運営基準違反の事案において，同じ法人が経営する有料老人ホームの記録もサービス提供の証拠となるとして，保険者による返還金・加算金の返還命令処分を一部取り消した判決がある（佐賀地判平成 27・10・23 判時 2298 号 39 頁）。しかし，市町村の監督権限の範囲を超えて立証責任を負わせることは，返還金・加算金の徴収を困難にし得る。また，たとえサービス提供の事実があったとしても，運営基準に合致しないサービスについては介護給付費は支払われないのであり，事業者の受領に法律上の原因がない（すなわち事業者に不当利得返還義務が生じる）と解すべきであろう。

7 地域支援事業

⑴ 地域支援事業の内容

介護保険法の施行後，軽度の要介護者が著しく増加したことから，要介護状態になる前の段階から統一的な体系の下で効果的な介護予防サービスを提供するシステムの構築が必要だと考えられた。そこで，平成 17（2005）年改正によって，国庫補助事業として行われていた老人保健事業や介護予防・地域支え合い事業が見直され，介護保険制度内の事業として地域支援事業が創設された。地域支援事業は，被保険者が要介護・要支援状態になることの予防を推進するとともに，要介護状態となった後も可能な限り地域において自立した日常生活を営むことを支援するための事業である（介保 115 条の 45）。実施主体は市町村であり，介護保険給付が全国一律の給付であるのに対し，地域支援事業では地域の実情に応じた柔軟な取り組みが可能である。

地域支援事業の内容は，導入当初は介護予防事業，包括的支援事業および任意事業の3種類であったところ，平成23（2011）年改正によって旧介護予防・日常生活支援総合事業が創設された。さらに，平成26（2014）年改正による予防給付の一部の地域支援事業への移行に伴い，介護予防事業が介護予防・日常生活支援総合事業に再編されるなど，地域支援事業全体も見直された（平成30（2018）年4月より完全実施）。これにより，現在の地域支援事業は，介護予防・日常生活支援総合事業，包括的支援事業および任意事業から構成される。

介護予防・日常生活支援総合事業（総合事業。介保115条の45第1項）は，①要支援認定を受けた在宅の被保険者および要支援認定を受けていないが事業の対象者と判断された被保険者に対する，訪問型・通所型サービス（従前の介護予防訪問介護・介護予防通所介護に相当），生活支援およびケアマネジメントを内容とする介護予防・生活支援サービス事業（同項1号）と，②広く第1号被保険者全体を対象に要介護状態等の予防，軽減または悪化防止のために必要な事業を行う，一般介護予防事業（同項2号）からなる（図表5-2）。市町村は総合事業の実施を省令で定める基準に適合する者に委託することができる（介保115条の47第4項。ただし，ケアマネジメントについては地域包括支援センターに限られる→(3)）ほか，指定事業者制も設けられている。指定事業者が提供するサービスの費用については，事業者による代理受領が可能であり，国民健康保険団体連合会による審査支払いの仕組みがあるなど，保険給付に準じた枠組みが用意されている（介保115条の45の3以下）。また，NPOや住民ボランティア等への補助・助成を通じた事業の実施も可能である。総合事業では，人員，設備および運営の基準を緩和することで，指定事業者以外にもNPOや住民ボランティアなど多様な主体の参入が期待されている。事業者等に支払う報酬や利用料も，市町村がサービス内容に応じて多様な設定をすることができる。

予防給付も介護予防・日常生活支援総合事業も介護保険制度の枠内でのサービス提供であり，財源の構成も変わらない（→(2)）。しかし，訪問介護・通所介護の地域支援事業への移行により，担い手の多様化に伴いサービスの多様化と費用の効率化が同時に可能となることが期待されている。他方で，要支援者に対する給付が予防給付と地域支援事業に分散したことが利用者にとっては分かりにくいこと，市町村の裁量が強まることで地域格差を生じ得ることに，懸念も示されている。

包括的支援事業（介保115条の45第2項）は，既存の①地域の高齢者の実態把握，介護保険以外の施策に関する情報提供や連絡調整などの総合相談支援事業，②虐待の防止・早期発見その他の権利擁護事業，③医療機関を含めた関係機関との連携体

図表 5-2 介護サービスの利用手続

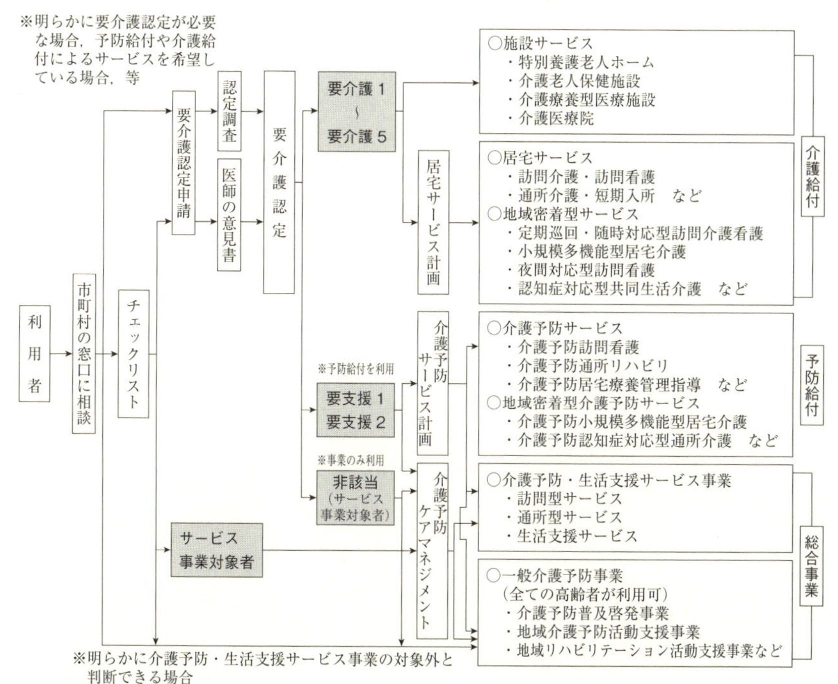

（出典）厚生労働省「介護予防・日常生活支援総合事業のガイドライン」（平成 27 年老発 0605 第 5 号別紙，平成 29 年老発 0628 第 9 号別添新旧対照表および平成 30 年老発 0510 第 4 号別添新旧対照表により一部改正）62 頁より筆者作成

制の構築や地域のケアマネージャーのネットワーク作りなどの包括的・継続的ケアマネジメント支援事業に，平成 26（2014）年改正により新設された，④在宅医療・介護連携推進事業，⑤生活支援体制整備事業，⑥認知症施策推進事業を内容とする。③のケアマネジメント支援の推進のため，市町村には，介護支援専門員，保健医療や福祉の専門家，民生委員等の関係者からなる地域ケア会議を設置する努力義務が課されている（介保 115 条の 48）。市町村は，包括的支援事業の実施を老人福祉法に規定する老人介護支援センター等に委託することができる（介保 115 条の 47 第 1 項）。

介護予防・日常生活支援総合事業および包括的支援事業は，市町村に実施が義務づけられている（必須事業）。これに対し，介護給付費等費用適正化事業や家族支援事業などからなる任意事業は，市町村が任意に実施する（介保 115 条の 45 第 3 項）。

発展5-12　介護予防・日常生活支援総合事業の利用に伴う法的問題

従来の予防給付から移行する訪問型・通所型サービスについては，そのサービス提供量が多いことや，委託契約締結に伴う市町村の事務負担の軽減を考慮して，指定事業者制および国民健康保険団体連合会による審査支払いの枠組みが設けられている。ただし，介護予防・日常生活支援総合事業が地域の実情に応じて多様な支援を形成していくものであること，また，指定制が事業実施の一類型として位置づけられていることから，保険給付にかかる指定制に比べ，指定・指定拒否にかかる市町村の裁量が広いと解されている。すなわち，市町村には，公募による指定を行ったり，サービス供給体制の整備状況等を考慮して指定を拒否する裁量が認められる。

また，指定事業者による訪問型・通所型サービスの利用については，要支援者の場合は予防給付と併せて支給限度額（介保55条）による給付管理が行われ，要支援者以外の事業対象者の場合は市町村が給付管理の上限額を定める。他方で，委託や補助により実施される訪問型・通所型サービスについては，限度額の設定はなされない。委託や補助の場合には個々のサービス提供に対する単価を設定しないためであるが，この場合も，地域包括支援センター等によるケアマネジメントを通じてサービスの提供内容・提供量の適正化を図ることとされている。

以上のように，地域支援事業に移行した後の訪問型・通所型サービスは，サービス提供体制の整備の面でも，個々の要支援者等に対する給付の面においても，市町村による供給量の調整が強く働く仕組みとなっている。

なお，介護予防・生活支援サービス事業のみを利用する場合，「基本チェックリスト」による簡易な審査で事業対象者と判断されることで，要支援認定を受けずにサービスを利用することができる（図表5-2）。行政実務では，これは要支援状態に相当する状態の者を簡便にサービスにつなぐための仕組みであり，基本チェックリストによるサービスの振り分けは行政処分には当たらないと説明されている。基本チェックリストによるサービスの決定に不服がある者は，要支援認定を申請し，その結果をもって審査請求（介保183条）や取消訴訟を提起することになろう。

(2)　地域支援事業の財源

地域支援事業は，市町村における介護予防に関する事業の実施状況，介護保険の運営状況等を勘案し，政令で定める額の範囲内で行うこととされており，事業費に上限が付されている。平成26（2014）年改正により，事業の効率化推進のため，75歳以上の被保険者の数も考慮することとなった（介保115条の45第4項）。

地域支援事業のうち介護予防・日常生活支援総合事業の費用は，第1号・第2号被保険者が負担する保険料および公費によって賄われる。その負担割合は，保険給付費と同様，保険料50%，公費50%であり，公費の内訳は国25%（うち5%分は調整交付金），都道府県と市町村が12.5%ずつとなっている。これに対し，包括的支援事業および任意事業の費用は，第1号被保険者が負担する保険料と公費で賄われる。第1号被保険者の負担分を除いた費用を，国50%，都道府県25%，市町村25%の割合で負担する（介保122条の2以下）。

なお，介護予防・日常生活支援総合事業のうち介護予防・生活支援サービス事業は要支援認定を受けた被保険者を，一般介護予防事業は第1号被保険者のみを対象としており，第2号被保険者は地域支援事業の利用からも大きく除外されている。そのため，第2号被保険者が利用できるサービスの内容を増やす，または，第2号被保険者の地域支援事業に対する保険料負担を縮減すべきといった議論もある。

(3) 地域包括支援センター

地域支援事業の創設にあわせて，包括的支援事業等を地域において一体的に実施する役割を担う中核的機関として，地域包括支援センターが導入された。地域包括支援センターは，包括的支援事業等の実施により，住民の保健医療の向上および福祉の増進を包括的に支援することを目的とする施設である（介保115条の46）。市町村，または市町村から包括的支援事業の実施を委託された者が，地域包括支援センターを設置することができる。

地域包括支援センターは，指定介護予防支援事業者として要支援者に対するケアマネジメント（介護予防支援）を行う（介保8条の2第16項→**4**(2)）ほか，これを利用せずに介護予防・生活支援サービス事業を利用する者に対するケアマネジメントを行う（介保115条の45第1項1号ニ）。事業者による過度のニーズの掘り起こしが指摘されていた軽度者に対するケアマネジメントを地域包括支援センターが一括して行うことで，公正・中立的な観点からのケアマネジメントの実施が確保されている。また，要支援・要介護状態になる前からの，一貫性・連続性のあるケアマネジメントがなされる体制となっている。

現在，地域包括支援センターは全ての市町村で設置されており，数としては普及している。しかし，地域における役割が不明確であるとか，介護予防事業に忙殺されて役割を十分に果たせていないなどの指摘がある。平成26（2014）年改正による地域支援事業の拡充によって，今後さらに地域包括支援センターの業務の増大が見込まれ，これに応じた人員体制の強化や財源確保が必要となっている。

8 財　　源

(1) 保 険 料

介護保険の保険給付に要する費用の50%は，被保険者が負担する保険料により賄われる。第1号被保険者と第2号被保険者の負担の割合は，全ての被保険者が公平に費用を分担するという考えから，被保険者1人当たりの平均的な保険料負担が同水準となるよう，第1号被保険者と第2号被保険者の総人数比を勘案して3年ごとに政令で定められる（介保125条2項）。平成30（2018）年度から平成32（2020）年度にかけては，第1号被保険者が23%，第2号被保険者が27%を負担する。

(a)　**第1号被保険者**　第1号被保険者の保険料は，市町村が徴収する（介保129条）。保険料額は，政令で定める基準に従い条例で定めるところにより算定された保険料率により，算定される。市町村は，市町村介護保険事業計画で定めるサービスの見込み量に基づき算定される保険給付費用の予想額などに照らして，概ね3年を通じ財政の均衡を保つことができるように保険料率を定めなければならない。保険料は所得に応じた定額保険料で，応益負担と応能負担の性格を併せ持つ。政令では，従前は基準額（必要な保険料収入の総額を第1号被保険者数で除した額）を中心とした6段階を定めていたが，保険料負担の応能性を高めるため，平成27（2015）年度より9段階が標準とされている（介保令38条。所得段階別定額保険料）。各市町村はその裁量で，負担割合の引下げやさらなる多段階化を行うことができる（介保令38条・39条）。

保険料の徴収方法には，普通徴収と特別徴収の2通りがある（介保131条）。年額18万円以上の公的年金を受給する第1号被保険者については，年金保険者が年金から天引きして保険料を徴収し，市町村に納入する（特別徴収）。特別徴収は，保険料徴収の効率性や市町村の事務負担の軽減を図ることを目的としている。特別徴収の対象とならない第1号被保険者については，市町村が保険料を直接徴収する（普通徴収）。

市町村は，条例で定めるところにより，特別の理由がある者に対して，保険料の減免または徴収の猶予をすることができる（介保142条）。本条は個別の申請に基づく単独の減免措置を定めるもので，減免等を行う具体的事由としては災害，生計維持者の死亡などが挙げられる。従来の行政解釈は，国民の連帯という介護保険法の趣旨（介保4条2項参照）からして，保険料の全額免除，収入のみに着目した保険料の一律減免，一般財源による保険料減免分の補塡といった措置は適切ではないとしてきた。しかし，高齢化の進行に伴う介護保険の給付費用の上昇により，第1号被保険者の保険料も増加傾向にあり，低所得者のために独自の保険料減免措置を設ける市町村も少なくなかった。そこで，低所得者の保険料負担の軽減を強化するため，平成26（2014）年改正により，公費で低所得者の保険料軽減を行う仕組みが設けられた。具体的には，市町村は市町村民税非課税世帯の被保険者の保険料負担割合を政令で定める範囲内で引き下げ，保険料軽減にかかる費用を国・都道府県・市町村がそれぞれ2分の1，4分の1，4分の1の割合で負担する（介保124条の2）。

なお，保険料の特別徴収については，所得の少ない者にとっては年金からの保険料の天引きが生活に与える影響が大きいとの批判もある。最高裁は，生活保護法上の要保護者で市町村民税が非課税となっている者について保険料を全額免除としない条例の規定と，特別徴収の制度について，いずれも著しく合理性を欠くものとはいえず，憲法14条・25条に違反しないと判断している（最判平成18・3・28判時1930号80頁）。

(b) **第2号被保険者**　第2号被保険者の保険料は，その加入する医療保険の保険者が医療保険の保険料と併せて徴収する（→第4章各論⑥1(1)）。徴収された保険料は社会保険診療報酬支払基金に介護給付費・地域支援事業支援納付金として納付され（介保150条），支払基金から市町村へ介護給付費交付金および地域支援事業支援交付金として交付される（介保125条・126条）。介護給付費交付金は，当該市町村における介護給付および予防給付に要する費用のうち，第2号被保険者が負担すべき割合（平成30（2018）年度から平成32（2020）年度までは27%）を賄う。地域支援事業支援交付金は，地域支援事業の介護予防・日常生活支援総合事業に要する費用のうち，第2号被保険者が負担すべき割合を賄うものである（→7(2)）。

従来，医療保険の各保険者は，介護給付費・地域支援事業支援納付金を各保険者に加入する被保険者数に応じて負担してきた（加入者割）。しかし，協会管掌健康保険と組合管掌健康保険の間で負担能力に差があることなどから，平成29（2017）年改正により，被用者保険の保険者の間では報酬額に比例した負担とすることとなった（総報酬割。介保152条・153条。平成29（2017）年8月分より段階的に実施）。

第2号被保険者が負担する保険料の保険料率および額は，各医療保険者における保険料の賦課方法によって算定される。第2号被保険者のうち，健康保険等の被用者保険に加入する者の保険料は，医療保険料と同様に原則として労使折半となる。これに対し，国民健康保険に加入する第2号被保険者の保険料には事業主負担がなく，代わりに国庫負担がなされる（→第4章各論⑥3(3)(a)）。

(c) **保険料滞納者に対する給付制限等**　医療保険者が保険料を徴収する第2号被保険者および保険料を特別徴収される第1号被保険者については，保険料の未納・滞納はあまり問題とならないと考えられる。しかし，保険料を普通徴収の方法により徴収される第1号被保険者については，市町村が保険料を直接徴収するため，未納・滞納が起こり得る。

第１号被保険者が保険料を滞納している場合，市町村は，地方税の滞納処分の例により処分をすることができる（介保 144 条）。また，市町村は，要介護・要支援状態にある第１号被保険者が納付期限の経過後１年以内に保険料を納付しない場合，被保険者証の提出を求め，当該被保険者証に保険給付の支払方法を変更する旨を記載する（介保 66 条）。支払方法変更の記載を受けた被保険者は，保険給付の代理受領を受けられなくなるため，介護サービスの利用時にサービスの費用を全額立替払いしなければならない。被保険者が納付期限から１年６カ月を経過しても保険料を滞納している場合，市町村は保険給付の全部または一部の支払いを一時差し止める。支払方法変更の記載を受けた被保険者が，保険給付の支払いの差止めを受けてもなお保険料を納付しない場合には，市町村は，差し止めた保険給付から滞納保険料を控除することができる（介保 67 条）。

市町村が有する保険料徴収権は，２年間で時効消滅する（介保 200 条）。第１号被保険者が要介護認定やその更新を受ける際に，保険料徴収権が時効消滅した期間があると，保険給付の減額および高額介護サービス費等の不支給といった措置がとられる（介保 69 条）。

第２号被保険者についても，同様に，保険料滞納に対する不利益措置が用意されている。要介護・要支援状態にある第２号被保険者に医療保険料の未納がある場合，市町村は，当該被保険者の被保険者証に保険給付の代理受領を適用しない旨および保険給付の全部または一部の支払いを差し止める旨の記載をすることができる（介保 68 条）。

⑵　公　　費

介護保険は社会保険方式に拠っているものの，その給付費用の 50% は公費によって賄われる。公費の内訳は，国が 25%（介護保険施設および特定施設入居者生活介護については 20%），都道府県が 12.5%（同 17.5%），市町村が 12.5% となっている（介保 121 条以下）。国の負担のうち５％分は，第１号被保険者の年齢階級別の分布状況，第１号被保険者の所得の分布状況等を考慮して市町村に対し交付される，調整交付金である（介保 122 条）。これは，市町村ごとの介護保険財政の格差を調整するためのものである。このほかにも，国は，市町村や都道府県が行う被保険者の自立支援，介護予防・重度化防止などの取り組みを支援するために，予算の範囲内で交付金を交付する（介保 122 条の 3）。地域支援事業についても，一定の公費負担がなされる（→7⑵）。

また，都道府県は，介護保険の財政の安定化のために，財政安定化基金を設置する（介保147条）。財政安定化基金は，保険料の収納不足や予想を上回る給付費の増加により，市町村の介護保険財政に不足が生じることとなった場合に，市町村に対して資金の交付・貸付けを行うための仕組みである。財政安定化基金の原資は，国・都道府県・市町村が3分の1ずつ負担する。

9 介護保険の課題

介護保険法の施行後，介護サービスを受ける高齢者の数は大幅に増加し（平成12（2000）年4月149万人→平成28（2016）年4月496万人），事業者・施設の数も増えて介護サービスの基盤の整備も進んできた。しかし，同時に，給付費の総額も急速に増大し（平成12（2000）年度3.6兆円→平成29（2017）年度10.7兆円），平成37（2025）年には約21兆円に達すると見込まれている。保険財政の拡大は保険料負担の上昇につながっており，第1号被保険者の保険料は制度創設当時は全国平均月3,000円程度であったが，平成37（2025）年には約8,200円になると見込まれる。

今後一層の高齢化が進む中で制度の持続可能性を高めていくためには，サービス供給体制の一層の整備を図ると同時に，給付の重点化・効率化を図る必要がある。この点については，平成26（2014）年改正において既に，予防給付の地域支援事業への移行，一定以上所得者に対する給付の引下げ（利用者負担の引上げ），特別養護老人ホームの重度者への重点化といった改革が実施された。平成29（2017）年改正による高所得者の負担割合のさらなる引上げや，介護給付費・地域支援事業支援納付金への総報酬制の導入も，負担のあり方の見直しにより制度の持続可能性の確保を図るものといえる。今後の検討課題としては，軽度者への支援のさらなる見直し，被保険者範囲の拡大，ケアマネジメント（居宅介護支援）への利用者負担の導入などが挙げられている。現役世代・高齢者世代の双方にとって負担を適正な範囲に抑えつつ，同時に必要な介護サービスを保障するために，給付と負担のバランスの取れた仕組みづくりが求められる。

とりわけ，被保険者・受給者の範囲の若年層への拡大は，介護保険制度の創設以来長く議論されてきた（いわゆる「介護保険制度の普遍化」）。介護保険法の平成17（2005）年改正時にも，被保険者および保険給付の受給者の範囲について検討を行い，平成21（2009）年度を目途として所要の措置を講ずることとされていた（介保平成17年法律77号改正附則2条）。被保険者範囲の拡大により，要介護となった理由や年齢を問わず介護保険からの給付が受けられるようになれば，サービス提供の効率性や財政基盤の安定性が高まることが期待される。他方で，保険料負担に対する若年者の納得を得られるか，高齢者と障害者に共通する要介護認定やケアマネジメントの仕組みを開発できるかなど，介護保険制度の普遍化には課題も多い。普遍化が可能であるかは，障害者施策の動向にも大きく左右されよう。

2の参考文献

・石橋敏郎『社会保障法における自立支援と地方分権——生活保護と介護保険における制度変容の検証』（法律文化社，2016年）第2部
・稲森公嘉「超高齢社会の日本における介護をめぐる法制度の現状と課題」日本労働研究雑誌658号（2015年）6頁
・福島豪「高齢者・障害者の地域生活支援」法律時報89巻3号（2017年）6頁

3　障害者支援

1　障害者福祉法制の展開

(1)　障害者福祉に関わる法制度

障害者施策の基本的理念や施策の基本となる事項を定める法律として，障害者基本法（心身障害者対策基本法を平成5（1993）年に名称改正）がある。同法は，ノーマライゼーションの理念に基づき，医療，介護，年金，教育，雇用促進，住宅の確保，公共施設のバリアフリー化等，障害者の福祉に関わる各施策の基本的方針を定める。また，同法は，国が障害者のための施策に関する基本的な計画（障害者基本計画）を定め，これを受けて各地方公共団体が障害者計画を策定することを義務づけている（障害基11条）。

障害の類型および年齢に応じた個別の施策は，身体障害者福祉法，知的障害者福祉法，「精神保健及び精神障害者福祉に関する法律」（精神保健福祉法）および児童福祉法に定められている。今日では，障害者に対する福祉サービスの給付は障害者総合支援法に一元化されている（ただし，障害児に対する通所サービス・施設サービスを除く）が，やむを得ない事由により障害者が障害者総合支援法による給付を利用できない場合には，これらの個別の法律に基づき福祉の措置がとられる（→総論3 4）。また，平成16（2004）年には，発達障害者の生活全般にわたる支援の促進を図ること等を目的とする，発達障害者支援法が制定された。

障害者基本法の制定の背景には，国際障害者年の設定（1981年），「障害者に関する世界行動計画」の採択（1982年），「国連障害者の十年」（1983年〜1992年）の宣言といった，国際連合（国連）による一連の取り組みがあった。国連ではさらに，2006年，「障害者の権利に関する条約」（障害者権利条約）が採択された（2008年発効）。日本は，平成19（2007）年に同条約に署名し，平成26（2014）年に批准した。

同条約の締結に向けた国内法整備の一環として，平成 23（2011）年，障害者基本法の抜本的な改正が行われた。この改正により，全ての国民が障害の有無にかかわらず相互に人格と個性を尊重し合いながら共生する社会の実現が，新たに障害者基本法の目的として定められた（障害基 1 条）。また，障害の定義が従来の「医学モデル」から「社会モデル」（障害者の社会参加の制限や制約の原因が，機能障害と社会的障壁との相互作用によって生じるという考え方）に基づくものへと転換し（障害基 2 条），社会的障壁の除去の実施について合理的配慮を提供しないことをも差別に包含するよう，差別禁止規定が見直された（障害基 4 条）。各施策の基本方針も，新しい基本理念や障害の社会モデルに即したものへと見直されている。

この他にも，障害者に対する虐待の禁止，虐待を受けた障害者に対する保護，養護者に対する支援のための措置等を定める「障害者虐待の防止，障害者の養護者に対する支援等に関する法律」（障害者虐待防止法）が平成 23（2011）年に制定された。また，障害を理由とする差別を禁止し，差別を解消するための支援措置等を定める「障害を理由とする差別の解消の推進に関する法律」（障害者差別解消法）が，平成 25（2013）年に成立している。

⑵　障害者自立支援法から障害者総合支援法へ

社会福祉基礎構造改革によって平成 15（2003）年に支援費制度が導入され，障害者に対する福祉サービスの提供方法は措置方式から契約方式へと大きく転換した（→総論③ 1）。しかし，支援費制度には，障害種類別の縦割りのサービス提供体制であったこと，サービス提供体制の整備状況に市町村間の格差があったこと，契約方式化により急増するサービスの需要を賄う財源の確保が困難となったことといった問題が伴っていた。

そこで，平成 17（2005）年に障害者自立支援法が制定され，それまで身体障害者福祉法等の障害者福祉各法から個別に提供されていた障害福祉サービスが，自立支援給付として一元化された。支援費制度には含まれなかった精神障害者に対する福祉サービスも，障害者自立支援法に包含されることとなった。また，国が定める基本指針に基づき地方公共団体が障害福祉計画を策定することとなり，障害福祉サービスの計画的な整備を図る仕組みが導入された。財政面では，居宅サービスにかかる費用の一部の負担を国・都道府県に義務づける（義務的経費）とともに，サービス利用時の利用者負担が応能負担から応益負担へ変更された。

しかし，利用者負担が応益負担へ改められたことにより，低所得者や重度障害者にとっては，支援費制度と比べてサービス利用時の費用負担が大きく増えるという問題が生じた。低所得者のための負担の減免措置が講じられたが，批判は強く，平成20（2008）年10月には障害者自立支援法の違憲を問う訴訟が全国で提起された。これらの訴訟は，平成22（2010）年1月，当時の民主党政権と原告団との間で障害者自立支援法の廃止を前提として和解が成立し，終結した。和解の基本合意文書では，遅くとも平成25（2013）年8月までに障害者自立支援法を廃止し，新たな総合的な福祉法制を実施することが約束された。

この和解の基本合意文書と，前記（→(1)）の障害者権利条約の締結を踏まえて，障害者自立支援法の廃止およびこれに代わる新しい法律の検討が進められた。平成22（2010）年12月の障害者自立支援法改正では，法制度の見直しがなされるまでの支援として，利用者負担の見直し，相談支援の充実，地域生活の支援の充実などが行われた。平成23（2011）年8月に障がい者制度改革推進会議総合福祉部会が提出した「障害者総合福祉法の骨格に関する総合福祉部会の提言」では，障害程度区分に代わる新たな支給決定の仕組みの導入や，障害福祉サービスを原則無償で提供することなどが，新法の骨組みとして述べられた。これを受けて，平成24（2012）年6月，障害者自立支援法は「障害者の日常生活及び社会生活を総合的に支援するための法律」（障害者総合支援法）へと改められた（平成25（2013）年4月施行）。しかし，その内容は，基本理念の規定（障害総合支援1条の2）の追加，障害者の範囲の拡大，地域生活支援事業等の拡充，障害福祉計画の記載事項の追加（→1 **4**(2)）などの他は，障害者自立支援法をそのまま引き継ぐものとなっている。

発展5-13　障害者総合支援制度と障害者福祉各法

3のように，今日では，障害者に対する在宅・施設での福祉サービスの提供については，障害者総合支援法が中心的な役割を負う。ただし，やむを得ない事由により同法による給付を利用できない場合は，身体障害者福祉法等の障害者福祉各法に基づき福祉の措置がとられる（身福18条，知福15条の4・16条1項2号，児福21条の6等→**総論**3 **4**）。なお，障害児にかかる通所サービス・施設サービスは，児童福祉法に基づく障害児通所給付費または障害児入所給付費の支給対象となる（→4 **3**(5)発展5-21）。

また，個別の法律に基づき提供される各障害に特有の制度も残されており，障害者総合支援法に基づく給付と相まって，障害者の福祉の増進に寄与している。そのような援助の例として，身体障害者福祉法に基づく盲導犬等の貸与（身福20条），社会参加を促進する事業（身福21条。点字や手話の訓練，手話通訳者の派遣，障害者スポーツ事業等），知的障害者福祉法に基づく職親（知的障害者を自己の下に預かり，その更生に必要な指導訓練を行う者）への委託（知福16条1項3号），児童福祉法に基づく療育の指導（児福19条）などがある。精神保健福祉法には，措置入院（精福29条）や医療保護入院（精福33条）を含む，精神障害者の医療および保護にかかる規定が多く残されている。

市町村は，障害者を発見し，または相談に応じて，必要な指導を行い，福祉に関して必要な情報を提供する責務を負う（身福9条5項，知福9条5項）。この点に関する裁判例として，民間事業者による介護者の運賃割引に関する情報が身体障害者の福祉に関し必要な情報に当たり，市町村は当該情報を提供する義務を負うとしたものがある（東京高判平成21・9・30賃社1513号19頁）。本判決は身体障害者福祉法に関わるものであるが，同様の規定がある知的障害者福祉法にもその射程は及ぶと解される。この他に，市町村は，法定の措置以外にも地域の実情に応じたきめ細かな福祉サービスが積極的に提供されるよう，地域の実情に応じた支援体制の整備に努める義務を負う（身福14条の2，知福15条の3）。

さらに，障害者総合支援法における障害者（児）の定義は，身体障害者福祉法等による障害者（児）の規定によるものとされている（障害総合支援4条）。これは，自立支援給付を利用できる障害者の範囲を，従来から障害福祉サービスを利用していた者の範囲と同じにするためである（→2）。

2 対 象 者

(1) 障 害 者

障害者総合支援法は，同法における障害者の定義に関し，障害者福祉各法における障害者の定義を参照する（障害総合支援4条1項）。すなわち，障害者とは，身体障害者福祉法上の身体障害者，知的障害者福祉法にいう知的障害者のうち18歳以上の者，精神保健福祉法にいう精神障害者のうち18歳以上である者，および難病により一定の障害のある18歳以上の者をいう。難病患者は平成24（2012）年改正により，同法の対象者に含まれた。

発達障害者については，知的障害に該当する場合は知的障害者として，知的障害に該当しない場合は精神障害者として，従来から自立支援給付を利用することができたが，法律上の位置づけが明確ではなかった。そこで，サービスを受けやすくするため，平成22（2010）年の障害者自立支援法改正により，発達障害者も障害者の範囲に含むことが明記された。

発展5-14①　障害者総合支援法と介護保険法の関係

障害者が65歳以上となり介護保険の第1号被保険者になった場合や，介護保険の第2号被保険者で特定疾病により要介護状態となった者が障害者にも該当する場合など，同一人が介護保険法と障害者総合支援法の双方の対象となることがある。このような場合，障害者総合支援法7条により，原則として介護保険給付が優先され，介護保険から相当する給付がなされる限度で自立支援給付は行われない（支援費制度において同様の調整を定めていた身体障害者福祉法の規定について憲法25条に違反しないと判断した裁判例として，大阪高判平成19・9・13賃社1479号63頁（百選102））。ただし，介護保険に相当するものがない障害福祉サービス固有のもの（行動援護，就労移行支援等）については，自立支援給付が支給される。また，介護保険の居宅介護サービス費には支給限度が設けられている（→②5(5)）ことから，必要とするサービスが介護保険給付のみでは確保できない場合，自立支援給付を上乗せ支給することができる。

なお，障害者総合支援制度では応能負担の利用者負担を課すのに対し，介護保険制度では原則として費用の1割が利用者負担となるため，障害福祉サービスを利用していた者が介護保険を利用するようになると利用者負担が増えることがある。そのため，障害者総合支援法の平成28（2016）年改正により，65歳に達するまで長期間にわたり障害福祉サービスを利用していた障害者のうち一定の者を高額障害福祉サービス等給付費の支給対象とし，介護保険サービスの利用者負担を軽減する措置が導入された（障害総合支援76条の2第1項2号）。

また，介護保険給付の優先により，障害者が高齢になり介護保険の第1号被保険者となったとき，それまで利用していた障害福祉サービスの事業者が介護保険法による指定を併せて受けていない場合，介護保険法による指定を受けた別の事業者によるサービスを利用しなければならないという状況が生じていた。そこで，介護保険法の平成29（2017）年改正により共生型サービスが導入され，障害者総合支援法または児童福祉法に基づく指定を受けた事業者が介護保険法に基づく指定を受ける場合の特例が設けられた（→②5(2)(a)）。同様の特例は障害者総合支援法および児童福祉法にも設けられている（障害総合支援41条の2，児福21条の5の17）。介護保険法上の指定事業者であれば障害福祉サービス事業者としての指定を受けやすくする（逆の場合も同様）ことによって，障害者（児）が年齢を問わず同一の事業所で福祉サービスを受けられるようになることが期待される。

発展5-14②　障害者手帳の交付の法的性格

身体障害者福祉法における身体障害者とは，同法別表に掲げる身体上の障害がある18歳以上の者で，都道府県知事から身体障害者手帳の交付を受けた者をいう（身福4条）。また，同法施行規則は，身体障害者障害程度等級表（別表5号）により，1級から7級までの障害等級を定めている。身体障害者が同法による各種サービスおよび障害者総合支援法による給付を受けるためには，申請により手帳の交付を受けなければならない（身福15条）。身体障害者手帳の交付は，対象者が身体障害者福祉法上の身体障害者に該当することを公権的に明らかにする行為で，その後の行政庁による給付決定を拘束するものであり，行政処分に当たると解される。したがって，手帳の不交付（または手帳が交付された場合であっても障害等級の認定内容）に不服がある場合には，取消訴訟によってこれを争うこととなる（東京地判平成26・7・16判自393号63頁等）。

これに対し，知的障害者福祉法は，知的障害者についての判定方法および基準が統一・確立されていないなどの理由により，知的障害者の範囲を画する明確な定義規定をおいていない。しかし，知的障害者に対して一貫した指導・相談を行うとともに，これらの者に対する各種の援助措置を受けやすくするため，要綱（昭和48年厚生省発児156号別紙）によって療育手帳制度が設けられている。療育手帳は，児童相談所または知的障害者更生相談所において知的障害者と判定された者に対し，都道府県知事が交付する。裁判例には，療育手帳の交付が，知的障害者としての地位，障害の程度を公証し，障害の程度に応じた統一的な援助措置を受けることができるという地位を付与する行為であり，行政事件訴訟法上の処分に当たると解するものがある（東京高判平成 13・6・26 平成 13 年（行コ）第 49 号裁判所 HP（百選〔4 版〕109））。しかし，身体障害者手帳と異なり，療育手帳の交付は知的障害者福祉法による各種の援助措置や障害者総合支援法に基づく給付を受けるための直接の要件となっておらず，学説には処分性を疑問視するものもある。

精神保健福祉法は，精神障害者を，統合失調症等の精神疾患を有する者と定義する（精福 5 条）。精神障害者は，申請により，都道府県知事から精神障害者保健福祉手帳の交付を受けることができる（精福 45 条）。手帳の交付は，精神保健福祉法上の精神障害者に該当するための要件ではなく，同法および障害者総合支援法による援助または給付を受けるための要件ともなっていない。手帳制度の目的は，その所持者が一定の精神障害の状態にあることを示すことにより，各種の支援を受けやすくすることにある。行政解釈は，精神障害者保健福祉手帳の交付を行政処分と解するが，療育手帳と同様，処分性を消極的に解することもできよう。

療育手帳および精神障害者保健福祉手帳の交付または不交付の処分性を否定する見解に立つならば，これに不服がある者は，取消訴訟ではなく実質的当事者訴訟（行訴 4 条）により争うこととなろう。

(2) 障 害 児

障害者総合支援法における障害児は，児童福祉法に規定する障害児をいう（障害総合支援 4 条 2 項）。児童福祉法上，障害児とは，身体障害のある児童，知的障害のある児童，精神障害のある児童（発達障害児を含む），または難病により一定の障害のある児童と定義される（児福 4 条 2 項）。

障害者自立支援法施行当時は，児童デイサービスは障害者自立支援法に，施設入所は児童福祉法に規定が分かれていた。平成 22（2010）年改正により，障害児にかかる通所サービス・施設サービスは児童福祉法に一本化された（→④ 3 (5)発展 5-21）。今日の障害者総合支援法による給付では，訪問系居宅サービスの一部および相談支援が障害児も対象としている。

3 給付受給のための手続

(1) 支給決定の手続

障害者総合支援法による支援の中心となるのは，介護給付費をはじめとする自立支援給付（→4）の支給である。自立支援給付の利用手続は，介護保険の利用手続に類似している。

介護給付費等の受給を希望する障害者（障害児の場合は保護者）は，まず，市町村による支給決定を受けなければならない（障害総合支援 19 条）。障害者総合支援法では支給決定の申請手続が明記されており（障害総合支援 20 条），受給希望者の申請権が認められている。申請を受けた市町村は，その職員をして面接調査を行い，障害者の心身の状況，そのおかれている環境その他省令で定める事項について調査をさせる（なお，面接調査は指定一般相談支援事業者に委託することが可能である）。調査は，厚生労働大臣が定める全国共通の調査票を用いて行われる。

障害者が介護給付費または共同生活援助にかかる訓練等給付費の受給を申請した場合，市町村は，障害支援区分の認定手続を行わなければならない。障害支援区分は，障害者の障害の多様な特性その他の心身の状態に応じて必要とされる標準的な支援の度合いを総合的に示すものである（障害総合支援4条4項）。まず，面接調査の結果に基づきコンピューターによる一次判定がなされ，さらに，一次判定の結果および主治医の意見を踏まえて，有識者からなる市町村審査会が二次判定を行う。市町村は，判定の結果に基づいて，当該申請にかかる障害者の障害支援区分の認定を行う（障害総合支援21条）。障害支援区分の判定の基準は厚生労働省令が定めており，区分1から区分6の6段階に分けられる。なお，行政実務では，障害支援区分の認定自体が独立した行政処分であるとされている。

市町村は，障害支援区分，当該障害者の介護を行う者の状況，障害者のおかれている環境，障害者のサービス利用に関する意向，その他省令で定める事項を勘案して，介護給付費等の支給の要否を決定する（障害総合支援22条1項）。必要があるときは，市町村は，市町村審査会または身体障害者更生相談所等の専門機関の意見を聴くことができる（同条2項）ほか，サービス等利用計画案の提出を求めることができる（同条4項）。支給の要否決定に際して，障害者の心身の状況を示す障害支援区分は勘案事項の一つに留まり，介護者の状況や障害者がおかれている環境なども考慮される点が，障害者総合支援法の特徴である。また，省令は，市町村が考慮できる事項として，当該申請にかかる障害福祉サービスの提供体制の整備の状況をも挙げる（障害総合支援則12条9号）。すなわち，当該区域内での福祉サービスの提供体制が不十分であるために，申請にかかる障害福祉サービスの提供が不可能な場合には，支給を拒否する決定も可能である。介護保険においては，サービスが不足していても介護保険給付の受給権だけは確保される仕組みとなっているのに対し，障害者総合支援制度では一定の行政裁量が認められている。

共同生活援助以外のサービスにかかる訓練等給付費の支給申請の場合は，障害支援区分の認定はなされない。この場合は，できる限り障害者本人の希望を尊重して暫定的な支給決定を行い，一定期間サービスを利用した上で，その結果を踏まえて正式の支給決定を行う。

支給決定を行う場合，市町村は，障害福祉サービスの種類ごとに，支給対象となる障害福祉サービスの量（支給量）を月単位で定めなければならない（障害総合支援22条7項)。これが，障害者が受給できる自立支援給付の上限となる。介護保険においては要介護度に応じて一律にサービスの利用上限が定められるのに対し，自立支援給付の支給上限は個別に決定される。

発展 5-15 支給量にかかる行政裁量とその統制

障害者総合支援の関係法令は支給量の明確な上限を規定していないので，理論上は，障害者の個別のニーズに応じて支給量を決定することが可能である。しかし，実際には，サービス提供体制の不足や財源上の制約から，必ずしも十分な支給量を付した支給決定が行われない場合も多い。そのため，希望通りの支給量の決定を受けられなかった障害者側から，処分の取消しまたは希望する内容の処分の義務づけを求める訴訟が相次いで提起されている（支援費制度の下での事案として第一次鈴木訴訟・東京地判平成18・11・29賃社1439号55頁，船引町支援費訴訟・福島地判平成19・9・18賃社1456号54頁，障害者自立支援法の事案として第二次鈴木訴訟・東京地判平成22・7・28判タ1356号98頁，石田訴訟・和歌山地判平成22・12・17賃社1537号20頁，同控訴審：大阪高判平成23・12・14賃社1559号21頁，和歌山地判平成24・4・25判時2171号28頁〔百選101〕（同事案の仮の義務づけ命令として和歌山地決平成23・9・26賃社1552号21頁），札幌地判平成24・7・23判自407号71頁，同控訴審：札幌高判平成27・4・24判自407号65頁等)。

支給量の決定に際して市町村が考慮すべき事項は，法令上は明記されていない。しかし，支給決定に際しての勘案事項（障害総合支援則12条）が，支給量の決定に際しても考慮すべき事項となると解される。そして，個々の障害者に対しどの種類の障害福祉サービスをどのような支給量をもって提供するかの判断は，勘案事項の調査結果を踏まえた市町村の合理的な裁量に委ねられていると考えられる。したがって，市町村が考慮すべき事項を考慮しない場合または考慮すべきでない事項を考慮した場合は，裁量権の逸脱・濫用に当たり，支給量決定が違法となる。裁判例の多くも，裁量判断の過程に着目することで，市町村の裁量に対し一定の統制を行っている。

法令が支給決定および支給量決定の勘案事項に介護者の状況や提供体制の整備状況を含むことに対しては，批判もある。しかし，自立支援給付の財源は公費であり，サービス提供のための人的・物的資源にも限りがあることを考えれば，財源・資源の適正な分配という観点から市町村の政治的な判断に給付の決定を委ねることには一応の合理性がある。他方で，法令は市町村または障害者総合支援制度の財政状況を勘案事項として挙げてはいないため，市町村が支給決定・支給量決定に際して財政事情を直接的に考慮することは許されないと考えられる。この点，裁判例の中には，市町村が財政への考慮を前提として裁量権を行使することを認めるものもある（前掲札幌高判平成27・4・24等）が，疑問である。

なお，行政解釈によれば，障害支援区分の認定は，それ自体が独立した行政処分であるとされる。したがって，先行処分である障害支援区分の認定に対する取消訴訟の出訴期間の徒過後に支給決定・支給量決定に対する不服を争う訴訟を提起した場合，当該訴訟において障害支援区分認定の違法を主張するためには，違法性の承継が認められるかが問題となる。

⑵　サービス利用計画の作成とケアマネジメント

介護保険と同様，サービス利用計画（ケアプラン）の作成やサービス事業者との連絡調整などを行うケアマネジメントの仕組みが，障害者総合支援法にも取り入れられている。

従来から，サービス利用計画の作成その他の相談支援にかかる費用に対しては，サービス利用計画作成費が支給されていた。しかし，サービス利用計画の作成が市町村による支給決定後に行われ，かつサービス利用計画作成費の支給対象が重度障害者等に限定されていたため，あまり利用されていなかった。そこで，平成22（2010）年改正により，サービス等利用計画案を介護給付費等の支給決定の前に作成し，支給決定の参考とすることによって，支給決定の時点からケアマネジメントを実施するようになった（→⑴）。また，対象も，障害福祉サービスを利用する全ての障害者へ拡大されることとなった。

支給決定に際して市町村からサービス等利用計画案の提出を求められた障害者が，市町村長が指定する特定相談支援事業者から，サービス等利用計画案の作成，支給決定後の事業者等との連絡調整その他の便宜の供与，およびサービス等利用計画の作成（サービス利用支援。障害総合支援5条22項）を受けた場合，これにかかる費用に対して計画相談支援給付費が支給される。支給決定後のサービス等利用計画の見直し等のモニタリング（継続サービス利用支援。同条23項）についても，同様である（障害総合支援51条の17）。計画相談支援に通常要する費用の全額が支給され，利用者の自己負担はない。

4　自立支援給付

⑴　給付の種類と対象となるサービス

障害者総合支援法6条は，同法により支給される自立支援給付の種類を定める。大別すると，介護・訓練などの障害福祉サービスに対して支給される介護給付費・訓練等給付費，相談支援に対する地域相談支援給付費・計画相談支援給付費（→3⑵），医療に関する自立支援医療費，補装具費に分けられる。給付対象となる主なサービスの内容は，図表5-3に掲げた通りである。

障害者自立支援法の制定以前は，障害者に対する福祉サービスは，障害種別ごとに居宅サービスと施設サービスに分類されていた。しかし，住まいの場としての施設での生活と地域における日中活動との連続性を重視して両者を総合的に捉えるとともに，自立および就労支援を強化するとの観点から，このような区分を廃止し，機能に応じたサービス体系への再編がなされた。これにより，施設で提供されるサ

図表 5-3　障害福祉サービスにかかる自立支援給付の体系

	サービス	サービスの内容
介護給付	居宅介護（ホームヘルプ）	自宅で，入浴，排せつ，食事の介護等を行うもの
	重度訪問介護	重度の肢体不自由者または重度の知的障害もしくは精神障害により行動上著しい困難を有する者で常に介護を必要とする人に，自宅で，入浴，排せつ，食事の介護，外出時における移動支援などを総合的に行うもの
	同行援護	視覚障害により，移動に著しい困難を有する人に，移動に必要な情報の提供（代筆・代読を含む），移動の援護等の外出支援を行うもの
	行動援護	自己判断能力が制限されている人が行動するときに，危険を回避するために必要な支援，外出支援を行うもの
	重度障害者等包括支援	介護の必要性がとても高い人に，居宅介護等複数のサービスを包括的に行うもの
	短期入所（ショートステイ）	自宅で介護する人が病気の場合などに，短期間，夜間も含め施設で，入浴，排せつ，食事の介護等を行うもの
	療養介護	医療と常時介護を必要とする人に，医療機関で機能訓練，療養上の管理，看護，介護および日常生活の世話を行うもの
	生活介護	常に介護を必要とする人に，昼間，入浴，排せつ，食事の介護等を行うとともに，創作的活動または生産活動の機会を提供するもの
	障害者支援施設での夜間ケア等（施設入所支援）	施設に入所する人に，夜間や休日，入浴，排せつ，食事の介護等を行うもの
訓練等給付	自立訓練（機能訓練・生活訓練）	自立した日常生活または社会生活ができるよう，一定期間，身体機能または生活能力の向上のために必要な訓練を行うもの
	就労移行支援	一般企業等への就労を希望する人に，一定期間，就労に必要な知識および能力の向上のために必要な訓練を行うもの
	就労継続支援（A型・B型）	一般企業等での就労が困難な人に，働く場を提供するとともに，知識および能力の向上のために必要な訓練を行うもの
	共同生活援助（グループホーム）	主として夜間において，共同生活を行う住居で相談，入浴，排せつまたは食事の介護その他の必要な日常生活上の援助を行うもの

注　平成 28（2016）年改正により，平成 30（2018）年 4 月から，訓練等給付費の対象となるサービスに自立生活援助および就労定着支援が加えられている。
（出典）『平成 29 年版厚生労働白書』資料編 221 頁より

ービスも，日中活動に対する支援（介護，訓練等）と夜間のケア（障害者支援施設での施設入所等）に分離され，障害者がサービスの組み合わせを選択することができるようになった。また，例えば施設入所者が地域生活に移行した場合にも，日中活動への支援を継続して利用することが可能となった。就労支援の強化としては，一般就労への移行を支援する就労移行支援と，一般就労は困難な者を対象とする就労継続支援（雇用契約を締結するA型と，締結しないB型がある）が創設された。

障害者についても，高齢者と同様，病院や施設に長期的に入院・入所する社会的入院・入所が生じており，地域生活への移行の促進が課題となっている。平成22（2010）年改正では，これまで補助事業として実施されてきた地域移行支援および地域定着支援が法定化された。地域移行支援は，入院・入所している障害者について，住居の確保その他の地域生活に移行するための相談支援を行うことをいい（障害総合支援5条20項），地域定着支援は，居宅において単身で生活する障害者について，常時の連絡体制の確保，緊急時の相談等の支援を行うものである（同条21項）。地域移行支援および地域定着支援は，地域相談支援給付費（障害総合支援51条の14）の支給対象となる。また，平成28（2016）年改正により，施設やグループホームから地域生活へ移行する障害者に対し，一定期間，定期的な巡回訪問や随時対応によって相談等の支援を行うサービスとして，自立生活援助が新設された（障害総合支援5条16項）。

障害者の地域移行を推進するためには，住まいの場となるグループホーム・ケアホームならびに就労支援等の日中活動系サービスの整備も重要である。平成24（2012）年改正では，共同生活介護（ケアホーム）の共同生活援助（グループホーム）への一元化により，サービスの柔軟化が図られた。また，平成28（2016）年改正では，就労移行支援等を経て一般企業に就職した障害者に対し，一定の期間，就労の継続に必要な支援（事業主等との連絡調整など）を行うサービスとして，就労定着支援が新設されている（障害総合支援5条15項）。

(2)　指定事業者・施設

事業者・施設が自立支援給付の仕組みを利用して障害福祉サービスを提供するためには，都道府県知事による指定を受ける必要がある（→1 2(3)）。

都道府県知事は，事業者からの申請により，障害福祉サービスの種類および事業所ごとに指定を行う（障害総合支援36条1項）。なお，障害福祉サービスのうち生活介護および就労継続支援A型・B型（特定障害福祉サービスという）については，供給量の調整を行いつつ計画的な整備を行う必要があることから，サービスの量を定めて指定がなされる（同条2項）。障害者支援施設についても，地域移行の促進の観点から供給量の調整を行う必要があるため，入所定員を定めて指定がなされる（障害総合支援38条1項）。申請者が都道府県条例で定める者（原則として法人）ではないとき，条例で定める人員，設備および運営に関する基準（いわゆる指定基準）を満たしていないとき，過去5年以内に指定の取消しを受けている場合などは，指定を受けることができない（障害総合支援36条3項・38条3項）。平成24（2012）年改正により，労働法規に違反し罰金刑を受けていることが，指定拒否事由として追加された。事業者・施設の指定基準の策定は，平成23（2011）年改正により都道府県条例へ委任されている（→1 1(1)発展5-6）。なお，平成29（2017）年改正により，居宅介護，生活介護等のサービスについて共生型サービスの特例が設けられ，介護保険法または児童福祉法に基づく指定を受けた事業者が障害者総合支援法による指定を受けることが容易になった（障害総合支援41条の2→**2**(1)発展5-14①）。

また，特定障害福祉サービスおよび障害者支援施設については，その量または入所定員総数が都道府県障害福祉計画で定める必要量に既に達しているときなど，指定によって障害福祉計画の達成に支障を生ずるおそれがある場合には，都道府県知事は指定を拒否することができる（障害総合支援36条5項・38条2項）。これらのサービスについては上述のように量的調整が必要とされているためであるが，利用者の選択の自由への制約や事業者間の競争の抑制にもつながり得る（→1 **2**(3)(a)発展5-8②）。

指定を受けた事業者・施設は，条例で定める人員，設備および運営の基準に従ってサービスを提供しなければならない（障害総合支援43条・44条）。また，指定事業者等は，障害者総合支援法および同法に基づく命令を遵守する義務を負う（障害総合支援42条3項）。さらに，平成22（2010）年改正により，指定事業者等に，この義務の履行を確保するための体制（業務管理体制）を整備し，整備に関する事項を届け出ることが義務づけられた（障害総合支援51条の2）。同改正では，事業の廃止等をする事業者・施設が，利用者が引き続き必要なサービスを受けることができるように，他の事業者・施設との連絡調整その他の便宜の提供を行う義務も新設された（障害総合支援43条4項・44条4項）。

都道府県知事または市町村長は，必要があると認めるときは，指定事業者や施設の設置者に対し報告・出頭を求め，または職員による事業所等への立入検査をすることができる（障害総合支援48条）。組織的な不正行為の発生を防止するため，平成22（2010）年改正により，新たに事業者の本部等への立入検査の権限が付与された。指定事業者・施設が指定基準を遵守していない場合，または廃止時のサービスの利用継続に関する便宜を適正に提供していない場合には，都道府県知事は，これらの義務を果たすよう勧告，命令することができる（障害総合支援49条）。指定事業者・施設による指定基準への違反，介護給付費等の不正請求，報告や立入検査の拒否などに対しては，都道府県知事は，指定の取消し，全部または一部の効力の停止を行うことができる（障害総合支援50条）。

(3) 支給の仕組み

自立支援給付はいずれも金銭給付であり，利用したサービスにかかる費用が給付される。市町村による支給決定を受けた障害者が，指定事業者・施設との間で利用契約を締結し，障害福祉サービスの提供を受けた場合，その費用について介護給付費または訓練等給付費が支給される（障害総合支援29条1項）。

介護給付費等の支給額は，厚生労働大臣が定める基準により算定される障害福祉サービスに通常要する費用の額から，障害者の家計の負担能力等を斟酌して定める額（利用者負担→(4)）を引いた額となる（障害総合支援29条3項）。費用の算定基準は介護給付費等単位数表として定められており，一単位当たり単価は地域差を反映した額となっている。

法律上の建前としては，障害福祉サービスの提供を受けた障害者は，いったん事業者・施設にサービスの対価を全額支払わなければならず，介護給付費等は後から償還払いされるのが原則である。しかし，市町村は，介護給付費等の支給相当額，すなわちサービスの費用から利用者負担を除いた額を，当該障害者に代わり事業者・施設に直接支払うことができる（障害総合支援29条4項）。そして，事業者等に対して支払いがあった場合は，障害者に対して介護給付費等の支給があったものとみなされる（同条5項）。すなわち，介護保険と同様に代理受領の仕組みがとられており，障害者は事業者等に利用者負担を支払うのみで足りる。

事業者等から介護給付費等の請求があったときは，市町村は，厚生労働大臣が定める基準（介護給付費等単位数表）ならびに都道府県条例で定める設備および運営に関する基準（指定基準）に照らして審査し，これを支払う（障害総合支援29条6項）。市町村は，介護給付費等の審査および支払いに関する事務を国民健康保険団体連合会に委託することができる（同条7項）。従来は，審査の事務については委託できなかったが，障害福祉サービスの事業者数・利用者数の増加によって市町村の業務量が大幅に増加したことを受けて，平成28（2016）年改正により審査の事務についても国民健康保険団体連合会に委託できることとなった。

発展5-16　介護給付費の支払決定の処分性

東京地判平成25・1・29（判時2191号33頁），同控訴審：東京高判平成26・1・16（平

成25年（行コ）第81号裁判所HP（百選100））では，1日24時間の重度訪問介護サービスを利用した障害者につき，市が入院期間中は1日4時間分のみを介護給付費の支給対象とするとしたため，事業者は1日4時間分のサービスについてのみ介護給付費を請求し，代理受領した。残りの1日20時間分のサービス費用は障害者本人の自己負担となったため，同人が相当する介護給付費の支払いを市に請求したところ，市はこれを支給しない旨の通知を行った。そこで，同人が市に対して介護給付費の支払いを求める訴えを提起し，その際に，市が同人に対してなした不支給の回答が取消訴訟の対象となる処分に当たるかが問題となったという事案である。裁判所は，障害者自立支援法（当時）に市町村による介護給付費の支払決定にかかる規定がないことなどから，市町村が事実上，支払決定という文言を用いていても，当該決定は抗告訴訟の対象となる処分には当たらないとした。

この判決に従えば，障害者が代理受領の仕組みを利用せず，障害者総合支援法29条1項に基づき市町村に介護給付費等の支払いを直接請求した場合で，市町村による支払拒否または支払額に不服がある場合には，障害者は市町村に対し，実質的当事者訴訟（行訴4条）または民事訴訟の給付訴訟により介護給付費等の支払いを求めることになる。しかし，障害者本人からの直接の支払請求に対して市町村がなす支払いないし支払拒否の決定は，直接に個人の権利を形成し，またはその範囲を確定するものであって，処分性を有すると考えられる（医療保険の療養費の支払拒否について処分性を前提とする大阪地判平成16・12・21判タ1181号193頁（百選〔4版〕30）を参照→**第4章各論④2(1)**）。また，障害者総合支援法は，97条において介護給付費等にかかる処分に不服がある障害者からの審査請求を認め，105条でこれらの処分について審査請求前置主義を定める。審査請求の対象となる処分には，障害支援区分の認定（障害総合支援21条），介護給付費等の支給決定（障害総合支援22条），利用者負担の決定（障害総合支援29条3項2号）などの他，介護給付費等の支払決定も含まれると解されている。法律上，特別な争訟の手続が用意されていることからも，支払決定の処分性が肯定されよう。したがって，介護給付費等の支払決定ないし支払拒否決定に不服のある障害者は，審査請求を経た上で，抗告訴訟によってこれを争わなければならないと考えられる。

これに対し，代理受領が行われた場合の審査支払いの法律関係は，医療保険の療養の給付における法律関係（→**第4章各論③2(8)**）に類似すると考えられる。したがって，事業者・施設からの介護給付費等の請求に対し国民健康保険団体連合会が行う減額査定は処分性を有さず，事業者・施設はこれを抗告訴訟により争うことはできないと解されよう。このような理解は，障害者総合支援法97条が事業者・施設からの審査請求は認めていないこととも整合する。

なお，本判決の背景には，重度訪問介護の対象が居宅の重度障害者に限られ，医療機関に入院すると支援が受けられなくなるという事情があった。平成28（2016）年改正により，重度訪問介護のサービス提供が居宅以外の場所にも拡大され（障害総合支援5条3項），利用者が入院した場合もサービスを利用し続けることができるようになった。

(4)　利用者負担

指定事業者・施設による障害福祉サービスを利用した障害者は，サービスに要した費用のうち，原則として，家計の負担能力等を斟酌して政令で定められた額を負担する（障害総合支援29条3項2号。ただし，1割負担の方が低い場合には1割を負担）。現行法は，利用者負担について応能負担を原則としている。

障害者自立支援法の制定当時は，介護給付費等の支給額がサービスに要する費用の9割と規定されており，すなわち費用の1割を利用者が負担する応益負担となっていた。応益負担化には，障害者自身にも制度を支えるための負担を求めるとともに，必要な税財源を確保するために国民の理解を得やすい仕組みにするとの目的があったとされる。もっとも，応益負担の原則の下で，所得に応じた負担上限額を定めるなど，低所得者への配慮はなされていた。しかし，低所得者・重度障害者にとって負担が重すぎるとの批判が強く，障害者自立支援法違憲訴訟の和解に際しては，応益負担の速やかな廃止が合意された（→1(2)）。これを受けて，平成22（2010）年改正により，応能負担の原則が法律上明記された。

障害福祉サービスにかかる利用者負担，介護保険の対象となるサービスにかかる利用者負担および補装具の購入・修理に要する費用の自己負担の合計額が著しく高額となる場合には，負担を軽減するため，上限額を超えた負担分について高額障害福祉サービス等給付費が支給される（障害総合支援76条の2）。従前より，障害福祉サービスの利用者負担が一定額を超える場合には高額障害福祉サービス費が支給されていたが，平成22（2010）年改正により，一層の負担軽減のために補装具にかかる利用者負担も支給対象に含まれることになった。

また，障害福祉サービスにかかる費用のうち，食費や居住・滞在に要する費用等の特定費用（いわゆるホテルコスト）は介護給付費等の対象とならず，原則として全額が自己負担となる（障害総合支援29条1項）。在宅のサービス利用者との公平を図るためであるが，措置制度・支援費制度の下ではこれらの費用も給付対象であったため，この点についても障害者の負担の増加が指摘される。ただし，障害者支援施設やグループホーム（共同生活援助）に入所する低所得者に対しては，負担軽減のために，食費および居住費について特定障害者特別給付費が支給される（障害総合支援34条。いわゆる補足給付）。グループホームは，平成22（2010）年改正によって特定障害者特別給付費の支給対象となった。

5　地域生活支援事業

市町村は，地域生活支援事業として，障害者または介護者に対する相談支援，虐待の防止および早期発見のための連絡調整，成年後見制度の利用に要する費用の補助，手話通訳者等の派遣，日常生活用具の給付・貸与，移動支援，地域活動支援センターへの通所による便宜の供与といった事業を行う（障害総合支援77条）。平成

24（2012）年改正により，障害者の日常生活等に関する理解を深めるための研修・啓発，障害者や地域住民等による自発的な活動（ボランティア活動）に対する支援，手話通訳者等の養成が，地域生活支援事業の内容に加えられた。また，市町村は，地域における相談支援の中核的機関として，基幹相談支援センターを設置することができる（障害総合支援 77 条の 2。平成 22（2010）年改正により新設）。

都道府県は，相談支援事業，手話通訳者等の養成・派遣にかかる事業のうち，特に専門性の高い事業および広域的な対応が必要な事業を行う。また，都道府県は，障害福祉サービスまたは相談支援に従事する人材の育成事業などを行うことができる（障害総合支援 78 条）。

自立支援給付が個別のニーズに対応して障害者本人に給付されるのに対し，地域生活支援事業は，地域の実情や利用者の状況に応じて地方公共団体が柔軟に実施することができる。また，個別の給付では対応できない複数の利用者への対応が可能なのも，地域生活支援事業の特色である。事業の実施形態や，利用者の範囲，利用料の設定，事業内での財源配分も地方公共団体の裁量に委ねられているが，この点に対する批判もある。

6 財　源

(1) 自立支援給付の財源

介護給付費をはじめとする自立支援給付の支給に要する費用は，全額を公費により賄っている。自立支援給付として市町村が支弁した費用のうち，4 分の 1 を都道府県が，2 分の 1 を国が負担する（障害総合支援 92 条以下）。支援費制度の下では居宅サービスに対する国の費用負担が裁量的な補助金であったのに対し，これを義務的経費としたことが障害者自立支援法制定の一つの意義として評価されている。

ただし，国・都道府県の負担は，市町村が支弁した費用の全てを対象とするわけではない。市町村における障害支援区分ごとの障害者数等を勘案して算定された額が，国・都道府県の負担の対象となる。居宅介護等の居宅サービスおよび重度障害者が利用するサービスについては，障害支援区分等に応じた国庫負担の基準を厚生労働大臣が定めている（いわゆる国庫負担基準）。国庫負担基準は，財源の効果的な配分を行うとともに，特に提供量の地域格差が著しいサービスについて一定の水準を示すことで，市町村に示された基準に即した支給のインセンティブを付与することを目的とする。他方で，国庫負担基準を超える給付を行うと超えた分については全額が市町村の負担となるため，事実上，これが市町村の支給量決定に際して上限として機能しているとの批判もある。

(2) 地域生活支援事業の財源

地域生活支援事業の費用は，第一次的には実施主体である地方公共団体が支弁する（障害総合支援92条・93条）。都道府県は，市町村が行う事業に要する費用のうち4分の1以内を，国は，市町村および都道府県が行う事業に要する費用の2分の1以内を，予算の範囲内で補助することができる（障害総合支援94条2項・95条2項2号）。すなわち，補助がなされるか否かは任意であり（裁量的経費），また，法定の割合が上限となっている。したがって，事業の水準の確保には，実施主体である地方公共団体による積極的な取り組みが必要となる。

7　障害者福祉の課題

平成24（2012）年改正によって障害者自立支援法は障害者総合支援法へ改められたが，難病患者への適用拡大などの他は障害者自立支援法の枠組みをほぼ引き継ぐものとなった。そのため，同法の廃止を約束した違憲訴訟の和解合意や総合福祉部会の提言を無視したものであるとの批判も強い。しかし，全額を公費で賄う制度において限りある財源やサービス資源の適正な配分が求められる以上，利用者負担が有する意義（→総論5 2）を無視することはできない。障害福祉サービスの無償化を直ちに実現することは，財源の確保の点からも難しいであろう。

平成24（2012）年改正法の附則3条は，改正法施行後3年をめどに障害福祉サービスのあり方等に検討を加え，その結果に基づいて所要の措置を講ずることとしている。これを受けた社会保障審議会障害者部会の報告書（平成27（2015）年12月）では，今後の見直しの方向性として，①障害者本人の意思を尊重した地域生活の実現，②常時介護を必要とする者等への対応，③障害者の社会参加の促進，④障害児に対する専門的支援の促進，⑤高齢障害者のサービス利用の円滑化，⑥精神障害者の地域生活の支援，⑦特性やニーズに応じた意思疎通支援，⑧利用者の意向を反映した支給決定の促進，⑨障害福祉サービスの質の向上と制度の持続可能性の確保が挙げられている。

障害者の社会的入院・入所の解消，地域生活への移行は大きな課題の一つである（上記①，②，⑥）。既にみたように，平成22（2010）年改正では地域移行支援および地域定着支援が法定化され，平成28（2016）年改正により自立生活援助が新設された（→4(1)）。施設や病院に長期的に入所していた障害者が地域生活に移行するためには，グループホーム等の居住の場や，生活を支える様々なサービスを整備する必要もある。

障害者が地域で自立した生活を送るためには，就労を通じた経済的自立の支援も重要である（上記③に関わる）。就労系サービス（就労移行支援，就労継続支援）の利用者数は大きく伸びており，特に就労移行支援から一般企業への就職率は上昇している。ただし，事業所間や地域間での支援の質・量の差も指摘されており，就労移行支援事業の普及や質の向上，障害者雇用に関わる他施策との連携の強化が求められる。平成 28（2016）年改正で新設された就労定着支援は，一般就労に移行した障害者の早期離職を予防し，職場への定着を支援するものである（→**4**(1)）。一方，就労継続支援からの一般企業への就職率は低い。特に，非雇用型の就労継続支援 B 型では，障害者に支払われる工賃が最低賃金を大きく下回る。一般就労の難しい障害者の自立を支えるためには，就労継続支援 B 型における工賃の水準の引上げも課題である。

上記⑧に関しては，障害者の心身の状態を総合的に示す客観的尺度として障害者自立支援法下で導入された障害程度区分に対し，知的・精神障害者の障害特性に配慮した調査項目が少ない，社会参加を考慮した項目に欠ける等の批判があった。平成 24（2012）年改正により，障害程度区分は，「心身の状態に応じて必要とされる標準的な支援の度合」を示す尺度である障害支援区分へと改められたが（障害総合支援 4 条 4 項），依然として知的障害や精神障害の認定に地域差があるなどの問題が指摘されている。

障害福祉サービスの提供が拡大する一方で，障害福祉サービスにかかる予算がこの 10 年間で倍増したことは，制度の持続可能性に関わる問題である。上述の報告書は，財源の確保と併せて，既存のサービスの重点化・効率化や利用者負担の見直しを進める必要を指摘する（上記⑨）。長期的な財源の確保の観点からは，障害者福祉と介護保険制度の関係についても改めて議論する必要があろう（→2 **9**）。

3の参考文献

・永野仁美『障害者の雇用と所得保障』（信山社，2013 年）第 1 章

4　児童福祉と子育て支援

1　児童福祉法制の展開

(1)　児童福祉法制の発展

昭和 22（1947）年の児童福祉法の制定は，戦後の混乱の下，戦災孤児等に対する児童保護事業を強化する必要があったことを背景とする。しかし同時に，同法は，要保護児童の保護のみでなく，広く児童一般の健全な育成，全ての児童の福祉の積

極的増進を基本方針とする，児童に関する総合的な福祉法として制定された。

高度経済成長の終焉後は，少子化の進行，共働き家庭の一般化，家庭や地域の子育て機能の低下，非行・虐待の増加等，児童をめぐる環境も大きく変化した。とりわけ平成元（1989）年に合計特殊出生率が過去最低を記録した1.57ショックは，少子化問題への関心を高め，児童福祉施策に大きな影響を及ぼした。これらの状況に対応するため，平成9（1997）年，児童福祉法の大改正が行われる。同改正では，保育所の措置制度の見直し，児童自立支援施策の充実，児童家庭支援センターの創設による地域の相談援助体制の整備等の措置が講じられた。同改正は，平成6（1994）年に批准された児童の権利に関する条約の理念，すなわち児童の権利主体性および児童の最善の利益という同条約の趣旨を踏まえたものともなっている。

平成15（2003）年には，次世代育成支援対策推進法の成立に伴い，児童福祉法においても地域における子育て支援の強化を図るための改正がなされた。同改正では，市町村による子育て支援事業が法定化されたほか，保育需要が増大する市町村での市町村保育計画の作成が定められた（平成24（2012）年改正により，市町村保育計画は廃止され，代わって市町村整備計画が導入されている→1 **4**(2))。また，平成16（2004）年，「児童虐待の防止等に関する法律」（児童虐待防止法）の改正にあわせて児童福祉法も改正され，市町村の役割の明確化，要保護児童対策地域協議会の法定化等が行われた。児童虐待防止のために，児童相談所の機能や市町村が行う子育て支援を強化する法改正は，その後も頻繁になされている。さらに，児童福祉法の平成20（2008）年改正では，家庭的保育（いわゆる保育ママ）が法制化され，平成26（2014）年改正では，小児慢性特定疾病療養費の支給等，小児慢性特定疾病に罹患する児童およびその保護者に対する援助が制度化された。平成28（2016）年には，障害児に対する支援の拡充等のための改正がなされている。

平成24（2012）年，社会保障・税一体改革の一環として，子ども・子育て支援法をはじめとする子ども・子育て関連3法が成立し，平成27（2015）年4月より施行された。これにより，認定こども園・幼稚園・保育所を通じた共通の給付が創設され，利用者が保育所等と公的契約を締結する仕組みが導入されている（子ども・子育て支援新制度→**2**)。あわせて，従来は認可外の保育であった小規模保育等が，認可制の事業として児童福祉法に位置づけられた。

(2)　児童福祉法の概要

児童福祉法は法の目的を特別に規定せず，その総則の冒頭に児童の福祉を保障するための原理を掲げる。すなわち，全ての児童は，適切に養育され，生活を保障され，愛護され，心身の健やかな成長・発達および自立が図られること等を等しく保障される権利を有する（児福1条）。全ての国民は，児童が良好な環境で生まれ，児童の年齢・発達の程度に応じてその意見が尊重され，その最善の利益が優先して考慮され，心身ともに健やかに育成されるよう努める義務を負う。児童の健やかな育成に対する第一義的責任は児童の保護者が負うが，国および地方公共団体は，児童の保護者と共に，児童を心身ともに健やかに育成する責任を負う（児福2条）。1条および2条は平成28（2016）年に改正され，児童の福祉の保障のための原理の明確化が図られている。

児童福祉法にいう児童とは，満18歳未満の者をいい，さらに年齢によって乳児，幼児および少年に分けられる（児福4条1項）。同法は，障害児に対する療育の指導（児福19条），小児慢性特定疾病医療費の支給（児福19条の2以下），障害児通所給付費等の支給（児福21条の5の2以下）および子育て支援事業の実施（児福21条の8以下）による児童の居宅生活の支援，保育所をはじめとする児童福祉施設への入所（児福22条以下），障害児入所給付費等の支給（児福24条の2以下），要保護児童の保護措置（児福25条以下）など，児童に対する各種の福祉施策について定めている。

発展 5-17　児童の福祉に関わる法制度

児童福祉法は児童に関わる総合的な福祉法であるが，児童の福祉の増進に関しては他にも多くの法律が制定されている。例えば，母性ならびに乳児および幼児の健康の保持・増進を図るため，保健指導，健康診査，未熟児の養育医療等について規定する母子保健法は，児童福祉法から昭和40（1965）年に独立したものである。また，ひとり親家庭および寡婦の生活の安定・向上を図るため，「母子及び父子並びに寡婦福祉法」が，福祉資金の貸付け，日常生活支援事業，就業支援事業等について定める。児童手当法，児童扶養手当法および「特別児童扶養手当等の支給に関する法律」に基づいて支給される各金銭給付も，児童の福祉の増進にとって重要な制度である（→⑤）。

急増する児童虐待への対策としては，平成12（2000）年に制定された児童虐待防止法が，児童虐待の禁止，児童虐待の防止に関する国等の責務，虐待を受けた児童の保護等について定めている。児童福祉法に基づく要保護児童に対する措置等の施策と連携して，虐待の予防，早期発見・早期対応が総合的に推進されることが期待される（→3）。

児童福祉法に基づく保育所制度に関連して，未就学児の教育および保育に対する需要の多様化に対応するため，「就学前の子どもに関する教育，保育等の総合的な提供の推進に関する法律」（認定こども園法）が平成18（2006）年に制定され，認定こども園制度が導入されている（→2⑵⒝発展5-18②）。さらに，平成24（2012）年の子ども・子育て支援法の制定により，保育所や家庭的保育事業等での保育の実施にかかる費用は，同法に基づく施設型給付費または地域型保育給付費として支給されるようになった（→2）。

2　保育サービスの利用

(1)　子ども・子育て関連３法の成立

児童福祉法に基づく保育の実施は，公立保育所または同法に基づく認可を受けた民間保育所（認可保育所）における集団保育を基本としてきた。しかし，従来の保育制度には，待機児童が問題となっている都市部において認可保育所の機動的な増設に限界があり，他方で人口減少地域では一定規模を必要とする認可保育所の維持が困難となるという問題があった。また，個人に対する保育の利用保障が弱く，施設や事業者の選択の幅が狭く，必ずしも利用者本位の仕組みとなっていないという問題も指摘されてきた。そこで，保育にかかる財政的措置の個人給付化，認可制度の改善による施設・事業者の参入促進，小規模な保育事業に対する公的な財政支援の強化といった対策が求められた。

内閣府は，少子化社会対策会議が決定した「子ども・子育て新システムに関する基本制度」に基づき，平成 24（2012）年３月，子ども・子育て新システム関連３法案を国会に提出した。同法案では，認定こども園制度の廃止と指定制による総合子ども園の創設，保育所の総合子ども園への移行などが提案されていた。しかし，社会保障・税一体改革に関する民主・自民・公明の３党合意により，総合子ども園は撤回され，現行の認定こども園制度の改革（→(2)(b)発展 5-18②）や保育所の認可制度の見直しを行うこととなった。修正協議を踏まえた法案が，同年８月，子ども・子育て関連３法（子ども・子育て支援法，認定こども園法の改正法およびこれら二つの法律の施行に伴う関係法律の整備法）として成立し，子ども・子育て支援新制度が平成 27（2015）年４月より本格的に施行されている。

子ども・子育て支援法は，児童手当（→5 1）を「子どものための現金給付」として同法上に位置づけ（子育て支援９条），「子どものための教育・保育給付」（以下「教育・保育給付」という）と併せて子ども・子育て支援給付とする（子育て支援８条）。教育・保育給付は，認定こども園・幼稚園・保育所に共通の給付である施設型給付費と，家庭的保育等を対象とする地域型保育給付費からなる（子育て支援 11 条）。未就学児童の教育・保育にかかる財政措置が一本化された点が特徴である。

なお，子ども・子育て支援法では，18 歳に達した年度末までにある者を「子ども」と定義する（子育て支援６条１項）。すなわち，一般に高校卒業までの者を同法による支援の対象としており，児童福祉法における「児童」の範囲（→1 (2)）とは

図表 5-4　子ども・子育て支援法による児童の区分と給付の対応関係

児童の区分（子育て支援 19 条 1 項）	施設型給付費の支給（子育て支援 27 条）	地域型保育給付費の支給（子育て支援 29 条）
満 3 歳以上小学校就学前の児童（同項 1 号）	認定こども園における教育・保育，幼稚園における教育	×**
満 3 歳以上小学校就学前の児童で，家庭において必要な保育を受けることが困難なもの（同項 2 号）	認定こども園における教育・保育，保育所における保育*	×**
満 3 歳未満の児童で，家庭において必要な保育を受けることが困難なもの（同項 3 号）	認定こども園における保育，保育所における保育*	○

*ただし，施設型給付費の支給は当分の間は公立保育所に限られ，私立保育所については従来通り，市町村が保育所に委託費を支払う形で保育が実施される（子育て支援附則 6 条）。

**ただし，地域における教育・保育体制の整備状況等を勘案して，市町村が必要と認める場合などは，地域型保育事業を利用することができる（子育て支援 30 条）。

必ずしも一致しない。以下では主として保育所の利用について述べるので，子ども・子育て支援法と児童福祉法を区別せずに「児童」との文言を用いる。

(2)　子どものための教育・保育給付

(a)　支給認定の手続　　教育・保育給付を受けようとする保護者は，居住地の市町村に対し，教育・保育給付の受給資格を有することおよび該当する子どもの区分の認定を申請し，支給認定を受けなければならない（子育て支援 20 条 1 項）。子ども・子育て支援法 19 条は児童を 3 つの区分に分けており，区分によって受給できる給付および支給対象となるサービスが異なる（→図表 5-4）。以下では，家庭において保育を受けることが困難な児童が保育を利用する場合（子育て支援 19 条 1 項 2 号および 3 号の場合）について，支給の手続・仕組みを概観する。

従来の児童福祉法では児童が「保育に欠ける」ことを保育所入所の要件とし，常態的な昼間労働，妊娠中または出産直後，疾病または負傷，同居の親族の常時介護，災害復旧等の事由により，保護者のいずれもが児童を保育することができない場合であることが必要であった。子ども・子育て支援法では，内閣府令で定める事由により家庭において「必要な保育を受けることが困難である」場合に，保育所等での保育について給付を受けることができる。上述の事由に加え，求職活動，就学，児童虐待や配偶者による DV のおそれがある場合，ならびに育児休業取得時に既に保育を利用している子どもがおり継続利用が必要である場合にも保育の必要性が認められるようになり，対象となる児童の範囲が拡大された（子育て支援則 1 条。保護者の育児休業取得を理由とする保育の利用継続不可決定および利用解除処分の効力停止の申立てが認容された事例として，さいたま地決平成27・9・29賃社1648号57頁，さいたま地決平成27・12・17賃社1656号45頁，さいたま地決平成27・12・17賃社1656号55頁がある→**総論**3 **3**発展5-3①)。支給認定の申請は保育利用希望の申込み（→(d)）と同時に行うことができ，また，施設または事業者を経由して行うことができる。

市町村は，申請にかかる児童が必要な保育を受けることが困難な児童に該当すると認められる場合，当該児童にかかる保育必要量の認定を行う（子育て支援20条3項)。保育必要量は，フルタイム就労を想定した保育標準時間（1日11時間まで）およびパートタイム就労を想定した保育短時間（1日8時間まで）の2区分に分けて行われる。保育必要量は，教育・保育給付を受けて利用できる保育サービスの上限を定めるものとなる。

市町村は，支給認定を行った場合は，その結果を保護者に通知し，支給認定証を交付する（子育て支援20条4項)。申請に対する処分は，原則として申請から30日以内にしなければならない（同条6項)。支給認定には有効期間があり，保育を必要とする事由ごとに有効期間が定められている（子育て支援21条)。

(b)　**事業者・施設**　　教育・保育給付の支給対象となるのは，支給認定を受けた保護者（支給認定保護者）の児童（支給認定子ども）が，市町村長が確認した認定こども園・幼稚園・保育所（特定教育・保育施設）または地域型保育を行う事業者（特定地域型保育事業者）から教育・保育を受けた場合である（子育て支援27条1項・29条1項)。施設・事業者は，各施設・事業の根拠法に基づく認可または認定を受けた上で（子育て支援7条4項・6項～9項)，子ども・子育て支援法に基づく確認を受けなければならない（子育て支援31条・43条)。子ども・子育て支援法は確認の拒否事由を定めておらず，市町村長は認可または認定があることを前提として必ず確認を行わなければならない（すなわち，確認を拒否する行政裁量はない)。

保育所とは，保育を必要とする乳幼児を日々保護者の下から通わせて保育を行うことを目的とする，利用定員20人以上の施設である（児福39条)。保育所の経営は第二種社会福祉事業（社福2条3項2号→1 **2**(1)）であり，事業の経営主体に制約はない。ただし，市町村が保育所を設置するには都道府県知事への届出が必要であり，国・都道府県・市町村以外の者が保育所を設置する場合は，都道府県知事の認可が必要である（児福35条3項・4項)。社会福祉法人等の民間事業者が知事による認可を受けて設置運営する保育所を，認可保育所という。

従来の認可制の下では，介護保険等における指定制と異なり，既存事業者の分布状況等を勘案した上で設置の必要性を判断する行政裁量が広く認められた。しかし，子ども・子育て関連3法による改正により，客観的な認可基準が法定され，保育所が基準に該当する場合には原則として認可をすることとなった（児福35条5項・8項）。これにより，認可制は，事実上，指定制に近づいたといえる。ただし，認可をすることで区域内の特定教育・保育施設の利用定員総数が都道府県子ども・子育て支援事業支援計画（子育て支援62条）で定める必要利用定員総数を超えることになるなど，供給過剰が生じる場合には，都道府県知事は認可をしないことができる。

民間保育所の場合，児童福祉法上の認可を受けた上で，子ども・子育て支援法に基づき特定教育・保育施設としての確認を受けることになる。確認は，教育・保育給付の給付主体である市町村が行う。市町村長は，児童の認定区分ごとの利用定員を定めて確認を行う（子育て支援31条）。教育・保育施設の安定的・継続的な運営を担保する観点から，その設置者は法人に限られる。

地域型保育とは，家庭的保育（いわゆる保育ママ），小規模保育，居宅訪問型保育および事業所内保育の総称である（子育て支援7条5項）。家庭的保育は児童福祉法の平成20（2008）年改正で保育所の代替施策として法制化され，その他の事業は平成24（2012）年改正によって法律上位置づけられた（児福6条の3第9項～12項）。また，従来，家庭的保育事業の実施主体は市町村に限られていたが，平成24（2012）年改正によって民間事業者も市町村長の認可を得てこれらの事業を行うことができるようになった（児福34条の15第2項）。家庭的保育事業等についても認可基準が法定されており，欠格事由に該当する場合や供給過剰となる場合を除いて，原則として認可される（児福34条の15第3項・5項）。市町村長は，児童福祉法に基づく認可を得た地域型保育事業者からの申請により，利用定員を定めて子ども・子育て支援法上の確認を行う（子育て支援43条）。地域型保育事業者は，法人である必要はない。

認可を受けた保育所は，児童福祉法45条に基づき都道府県が条例で定める設備および運営の基準を，地域型保育事業者は同法34条の16に基づき市町村条例で定める設備および運営の基準を，遵守しなければならない（最低基準→1 2(2)）。施設・事業者には，これらの最低基準（認可基準）の遵守に加え，子ども・子育て支援法に基づき市町村条例で定める運営に関する基準（運営基準）に従ったサービスの提供が義務づけられている（子育て支援34条・46条）。市町村長は確認権者として，施設・事業者に対して報告の徴収や立入検査等を行う権限を有し，運営基準に従った運営がなされていない場合などには勧告・命令をすることができる。施設・事業者が認可基準または運営基準に従った運営をできなくなったと認められる場合，市町村長は確認の取消し，全部または一部の効力停止をすることができる（子育て支援38条以下・50条以下）。また，児童福祉法も，最低基準の遵守を確保するための行政監督を規定している。保育所については都道府県知事が，家庭的保育事業等については市町村長が，それぞれ監督を行う（児福46条・34条の17）。認可保育所や家庭的保育事業等が同法に基づく命令や処分に違反したときは，知事または市町村長は認可を取り消すことができる（児福58条）。

発展5-18①　公立保育所の民営化

近年，行政のコスト削減および民間活力の活用による多様なサービスの提供を目的として，全国的に，公立保育所を廃止し民間事業者に委託する民営化が進められている。しかし，入所児童の保護者が公立保育所の民営化に反対することも少なくなく，各地で訴訟が提起されてきた。

これらの訴訟では，公立保育所を廃止する条例の制定を処分と捉えて，その取消しを求める請求がなされる。そこで，訴えの適法性，すなわち保育所廃止条例の制定行為が取消訴訟の対象となる処分（行訴3条2項）であるかが問題となる。最高裁は，まず，特定の保育所で現に保育を受けている児童および保護者が，保育の実施期間が満了するまでの間は当該保育所における保育を受けることを期待し得る法的地位を有することを認める。その上で，保育所を廃止する条例は他に行政庁の処分を待つことなく，その施行により保育所廃止の効果を発生させ，現に入所中の児童およびその保護者という限られた特定の者らに対して，直接，上記の法的地位を奪う結果を生じさせるものであるから，条例の制定行為を行政庁の処分と実質的に同視し得るとして，処分性を肯定している（横浜市立保育園廃止処分取消請求事件・最判平成21・11・26民集63巻9号2124頁（百選96））。

一方，訴訟の本案，すなわち具体的な廃止条例制定行為の適法性については，公立保育所の廃止の決定について市の広範な裁量を認め，請求を棄却する裁判例が多い（高石市立保育所廃止処分取消し等請求事件・大阪地判平成16・5・12判自283号44頁，同控訴審：大阪高判平成18・1・20判自283号35頁，大東市保育所廃止処分取消し等請求事件・大阪地判平成17・1・18判自282号74頁，同控訴審：大阪高判平成18・4・20判自282号55頁，枚方市保育所廃止処分取消し等請求事件・大阪地判平成17・10・27判自280号75頁など）。これらの裁判例では，公立保育所の廃止は市町村の広範な裁量に委ねられており，民営化による経費削減や保育サービスの拡充という廃止の目的には合理性が認められ，入所児童が受ける不利益についても移管後の民営保育所において同水準の保育が受けられるよう一定の配慮がされていることなどから，市町村の裁量権の逸脱・濫用はなく，廃止条例の制定は適法とされている。しかし，移行期間が極端に短く移管後の保育の質を保障できないような例外的な場合には，保育所廃止が裁量権の逸脱・濫用となり得る（神戸地決平成19・2・27賃社1442号57頁参照。なお，本決定は，公立保育所廃止条例の制定の仮の差止め（行訴37条の5）を認めたものである。条例制定行為に処分性が認められることの帰結として，差止訴訟（行訴3条7項）および仮の差止めも認められることとなる）。

発展5-18② 幼保一元化と認定こども園

保育所において待機児童が増加する一方，幼稚園の入園者は減少傾向にある。また，急速な少子化の進行や，家庭や地域を取り巻く環境の変化に伴い，未就学児の教育・保育に対するニーズが多様化している。幼稚園・保育所における教育・保育や，保護者に対する子育て支援の総合的な提供を推進するため，平成18（2006）年，認定こども園法が制定された。

認定こども園法により，幼稚園・保育所のうち，未就学児に教育・保育を一体的に提供するとともに，地域における子育て支援事業を行うものは，都道府県知事による認定を受けることができる。認定こども園の基準は，内閣総理大臣，文部科学大臣および厚生労働大臣が協議して定める基準を参酌して，都道府県条例で定める。認定こども園には，①幼稚園と保育所の機能を併せもつ，認定子ども園法に基づき設置される幼保連携型，②認可幼稚園が保育所的な機能を備える幼稚園型，③認可保育所が幼稚園的な機能を備える保育所型，④幼稚園・保育所のいずれの認可もない施設が認定こども園として必要な機能を果たす地方裁量型，の4類型がある。

認定こども園制度の創設により，既存の幼稚園の活用による待機児童の解消が期待された。しかし，認定こども園への移行のための財政支援の不十分さ，省庁間や地方公共団体間の連携の不足，事務手続の煩雑さなどから，普及が進まなかった。そこで，幼保一元化を含む新たな次世代育成支援システムの構築の検討が，内閣府の子ども・子育て新システム検討会議で進められた。同会議での取りまとめを踏まえ，少子化社会対策会議が平成24（2012）年3月に決定した「子ども・子育て新システムに関する基本制度」では，認定こども園に代えて，学校教育・保育および家庭における養育支援を一体的に提供する総合こども園を創設し，保育所については総合こども園への移行を義務づけるとの提言がなされた。しかし，民自公3党の合意を受けて認定こども園制度は維持されることとなり，平成24（2012）年8月の子ども・子育て関連3法による認定こども園法の改正では，幼保連携型認定こども園について，認可・指導監督の一本化，学校かつ児童福祉施設たる単一の施設としての位置づけ等の改善がなされるに留まった。

このため，現在は，保育所・幼稚園・認定こども園に三本化した状況となっている。幼保連携型認定こども園の設置者は，国，地方公共団体，学校法人および社会福祉法人に限定され，株式会社等は参入できない。また，認定こども園には3歳未満児の受入れは義務づけられておらず，既存の幼稚園・保育所から認定こども園への移行も義務づけられていない。待機児童の解消に関しては，認定こども園が果たす役割は限定的となっている。

(c) **支給の仕組み**　支給認定を受けた保護者（支給認定保護者）が，特定教育・保育施設に支給認定証を提示して契約を締結し，当該施設による保育サービスを支給認定にかかる児童（支給認定子ども）に受けさせると，市町村はサービスに要した費用について施設型給付費を支給する（子育て支援27条1項）。給付の額は，保育サービスに通常要する費用の額を勘案して内閣総理大臣が定める基準により算定した費用の額から，保護者の属する世帯の所得状況等を勘案して市町村が定める額を控除した額である（同条3項）。したがって，保護者は応能負担の保育料を負担する（→(e)）。また，法律上の建前としては費用償還払いが原則であるが，市町村は施設型給付費に相当する額を保護者に代わり施設に直接支払うことができる（代理受領。同条5項）。

満3歳未満の児童は，地域型保育給付費の支給対象にもなる。支給認定保護者が特定地域型保育事業者と契約し，支給認定にかかる児童に地域型保育を受けさせたときは，市町村はその費用について地域型保育給付費を支給する（子育て支援29条）。平成24（2012）年改正によって家庭的保育事業等が地域型保育事業として法律上位置づけられ，給付の対象とされたことで，公的な財政支援が強化されることとなった。今後は，施設における集団保育を基本としつつも，家庭的保育や小規模保育の拡充によって待機児童の解消を図るとともに，利用者に対し多様な選択肢を提供することが期待される。とりわけ人口減少地域の市町村にとっては，地域の実情に応じて，より柔軟な保育関連事業の整備が可能となる。

なお，3歳以上の児童は集団生活の中で育つことが発達に重要であることから，原則として地域型保育事業の対象とならない。ただし，地域における教育・保育体制の整備状況等を勘案して，市町村が必要と認めるときは，3歳以上の児童も地域型保育事業を利用することができる（特例地域型保育給付費の対象となる。子育て支援30条）。

(d)　市町村による契約への関与　子ども・子育て支援法の下では，保護者が施設・事業者を選択して直接契約を締結する。特定教育・保育施設の設置者や特定地域型保育事業者は，支給認定保護者からの利用の申込みを正当な理由なく拒んではならず，申込みが利用定員を超える場合には公正な方法で児童を選考しなければならない（子育て支援33条・45条）。子ども・子育て支援法に基づく運営基準では，選考方法を運営規程に予め定めて保護者に明示すること，保育の必要性が高い児童が優先的に利用できるよう選考することを，施設・事業者に義務づけている。公立保育所の場合は選考基準が行政手続法上の審査基準に当たり，市町村は同法によりこれを予め作成・公表することを求められると考えられる（行手5条）。

申込みを拒否することができる「正当な理由」として，行政解釈では，①定員に空きがない場合，②定員を上回る利用の申込みがあった場合，③その他特別な事情がある場合が挙げられている。ここで，児童の年齢，性質，体力，障害の程度等から保育所の集団保育の方法によっては適切な保育が不可能と判断される場合が申込みを拒否する「正当な理由」に該当するかが，問題となり得る。児童の障害の程度および内容に照らし，保育所に通う障害のない児童と身体的・精神的状態および発育の点で同視することができ，保育所での保育が可能である場合には，障害を理由に入所を拒否することは許されないと解すべきであろう（平成24（2012）年改正前の事案であるが，さいたま地判平成16・1・28判自255号78頁，東京地判平成18・10・25判時1956号62頁（百選95）を参照）。

もっとも，保育においてはサービスの提供量が需要に追い付いていないのが実情であり，保護者が施設・事業者に直接申し込む方法では適切なサービスの利用が確保できないおそれが大きい。そのため，当面の間は，全ての市町村が保護者と保育所・認定こども園・家庭的保育事業等との間で利用の調整を行うとともに，認定こども園の設置者や家庭的保育事業等の事業者に対して児童の利用の要請を行うこととされている（児福24条3項，児福附則73条1項）。したがって，保護者は市町村に対して保育の利用を申し込み，市町村が保護者の希望や施設の利用状況，保育の必要性の程度を踏まえて利用調整を行い，その結果を受けて保護者と施設・事業者の間で利用契約が締結されることになる。なお，支給認定の申請と利用希望の申込みは同時に行うことができる。施設・事業者は，利用調整および利用の要請にできる限り協力しなければならない（児福46条の2第2項）。市町村による利用調整の法的性格については，これを行政指導と解する見解もあるが，行政解釈は，利用調整は事実上入所の可否を左右するものであって処分に当たるとする。

また，子ども・子育て支援法は，支給認定保護者から求めがあった場合その他必要と認められる場合には，市町村が，児童が特定教育・保育施設または特定地域型保育事業を適切に利用できるよう，相談・助言または利用のあっせん（利用可能な施設・事業者との契約締結の補助）を行うとともに，施設設置者または事業者に対して児童の利用の要請を行う旨を定める。施設・事業者には，市町村からのあっせんおよび要請に協力する義務が課されている（子育て支援42条・54条）。保育を必要とする児童が，あっせん等の支援を受けたにもかかわらず保育を利用できないなど，やむを得ない事由により施設型給付費等の支給による保育を受けることが著しく困難である場合（すなわち，契約による利用が著しく困難な場合）には，市町村は，保育所・認定こども園への入所または入所委託，家庭的保育事業等での保育または保育の委託の措置をとることができる（児福24条6項）。

なお，被虐待児や障害児など，優先的に保育を行う必要があると認められる児童については特別な規定がある。市町村は，これらの児童の保護者に対し，保育所等における保育の利用の申込みを勧奨し，保育の利用を支援しなければならない。勧奨や支援を行っても，なおやむを得ない事由により施設型給付費等の支給による保育の利用が著しく困難である場合には，市町村は，保育所・認定こども園への入所または入所委託の措置をとり，当該児童の保育を行わなければならない（児福24条4項・5項）。施設の設置者は，正当な理由がない限り，市町村長からの措置の委託を拒否できない（児福46条の2第1項）。

以上のように，子ども・子育て支援法の下では，保護者と施設・事業者が直接契約を締結するとはいえ，市町村による積極的な関与と施設・事業者の応諾義務に基づく公的契約となっている。介護保険・障害者総合支援制度に比べ，市場原理が働く余地は小さいといえる。

(e)　**利用者負担**　　特定教育・保育施設または地域型保育事業による保育サービスを利用した保護者は，施設・事業者に対して応能負担の利用者負担を支払う。利用者負担の額は，市町村が，政令で定める額を限度として，保護者の属する世帯の所得状況等を勘案して定める（子育て支援27条3項・29条3項）。なお，平成29(2017）年12月8日の閣議決定（「新しい経済政策パッケージ」）により，今後，3歳から5歳までのすべての児童について利用者負担をなくすことが決定されている(幼児教育の無償化。2020年4月から全面的に実施予定)。

施設・事業者は，この他に，文房具費・行事費・通園送迎費等の実費や，保育の質の向上を図る上で特に必要と認められる対価（いわゆる上乗せ徴収）を，保護者から徴収することができる。これらの費用徴収については，施設・事業者が保護者に対し事前の説明を行い，同意（上乗せ徴収については書面による同意）を得ることが，運営基準により義務づけられている。

(f)　**認可保育所の場合**　　以上に子ども・子育て支援法に基づく給付の仕組みを概観したが，保育所については，施設型給付費が保護者個人に支給されるのは公立保育所を利用する場合に限られる。児童福祉法24条1項は，市町村に対し，保育を必要とする児童を保育所において保育する義務を課す。市町村の保育の実施義務を果たすために，都道府県・市町村以外の者が設置する保育所，すなわち認可保育所による保育については，当分の間は施設型給付費の支給に関する規定（子育て支援27条）は適用されない（子育て支援附則6条1項）。

代わりに，支給認定にかかる児童が認可保育所から保育を受けた場合，市町村は，内閣総理大臣が定める基準により算定した保育サービスの費用の額に相当する額

（保育費用）を，委託費として当該保育所に支払う。この場合，認可保育所での保育を希望する保護者は市町村に対して利用を申し込み，入所児童の選考は市町村が行う（児童福祉法24条3項に基づく利用調整の結果，認可保育所への入所を拒否された保護者が国家賠償を請求した事案において，支給認定を受けた児童につき保育所の定員超過を理由として入所不承諾処分を行うことは同法24条1項に違反しないとした例として，東京高判平成29・1・25賃社1678号64頁がある）。そのため，定員超過時の選考（子育て支援33条）や市町村によるあっせん等の支援（子育て支援42条）にかかる規定も適用されない（子育て支援附則6条2項）。利用調整後の利用契約も，保護者と市町村の間で締結される。また，保護者からの保育料の徴収も認可保育所ではなく市町村が行い，滞納に対しては滞納処分が行われる（同条4項・7項）。

公立保育所・認定こども園と認可保育所とで利用の仕組みが異なることは，利用者にとって分かりづらく，批判がある。もっとも，認可保育所から幼保連携型認定こども園への移行が進めば，市町村の保育の実施義務の対象外となり，認定こども園として保護者と直接契約を結ぶことになる。

発展5-19① 保育所入所の法的性格

保育所への入所の仕組みは，平成9（1997）年の児童福祉法改正により，市町村の措置による方式から，保護者による申込みを受けて市町村が保育所入所を決定する方式へと変更された。

行政解釈では，平成9（1997）年改正によって，保育所の利用関係は，保護者と市町村の間で保育所の利用契約（公法上の契約）を締結する仕組みに変更されたと説明される。しかし，学説では，平成9（1997）年改正後の児童福祉法の下でも，市町村による保育所入所決定は行政処分に当たるとの見解が有力であった。すなわち，市町村が入所要件該当性の審査と入所の優先順位の判断を行った上で保育所入所を決定し，これによって保育所入所の法的効果が生じるのであるから，入所決定は行政処分に当たるという理解である。また，行政解釈は，市町村による入所不承諾や保育の実施の解除は，行政不服審査法による不服申立てや行政事件訴訟法上の取消訴訟の対象となるとしていた。すなわち，入所申込みに対する拒否等については処分性が認められており，このことからも，市町村による入所決定も行政処分と解する方が自然であると指摘される。

平成24（2012）年の児童福祉法改正後も，同法24条に市町村の保育の実施義務が引き続き規定され，認可保育所における保育の費用については従前と同様，委託費を支払う扱いとされている。すなわち，認可保育所の利用関係は平成24（2012）年改正前と変わっておらず，上記の学説の議論は今日においてもそのまま当てはまるといえよう。

公立保育所の民営化が争われた裁判例（→(b)発展5-18①）は，市町村による保育所入所決定が公法上の契約の締結であるとするもの（前掲大阪地判平成16・5・12，前掲大阪地判平成17・1・18，前掲大阪高判平成18・4・20，前掲大阪地判平成17・10・27）と，入所決定が行政処分であるとするもの（前掲大阪高判平成18・1・20）に分かれている（なお，いずれも平成24（2012）年改正前の事案である）。また，前掲東京高判平成29・1・25は，国家賠償の事案であるが，市による保育所の入所不承諾が行政処分であることを前提とする。

入所決定の処分性は，申込み時の第一希望以外の保育所への入所が決定された場合に抗告訴訟（行訴3条）の方法で不服を争い得るか，入所拒否処分を争う際に入所決定の義務づけを求め得るかといった問題に関わる（前掲東京地判平成18・10・25は，保育所への入所決定が行政処分であることを前提に，市に対して保育園入園の承諾を義務づけた）。

発展5-19②　保育所における事故と損害賠償責任

保育所に入所した児童が，保育サービスを受ける過程で事故に遭い，傷害・死亡などの損害を被った場合，児童またはその保護者は誰に対してどのような法律構成で損害賠償を請求することができるであろうか。まず，保育所の職員個人や運営主体（公立保育所であれば市町村，私立の認可保育所であれば民間事業者）に対し，保育委託契約上の債務不履行責任（安全配慮義務違反）などを理由として民事上の損害賠償請求をすることが考えられる（仙台高判平成27・3・20判時2256号30頁（東日本大震災での津波による町立保育所の児童の死亡事故。予見可能性を否定し，結論消極））。これに加えて，児童福祉法上の保育の実施主体である市町村に対し国家賠償請求をすることができるかは，保育所の設置運営主体によって分けて考える必要がある。

行政法の通説・判例によれば，国家賠償法1条1項にいう「公権力の行使」には権力的作用のみならず非権力的作用も広く含まれる（広義説）。そして，同項にいう「公務員」とは，公務員法上の公務員である必要はなく，「公権力の行使」を委託されたものであればよいとされている。

市町村が設置運営する公立保育所における保育サービスの提供行為が「公権力の行使」に当たり，保育サービスの提供に従事する職員が「公務員」であることには，おそらく異論がないであろう。したがって，公立保育所での保育サービスの提供過程で生じた事故による損害については，国家賠償法1条1項に基づき，市町村に対して賠償を請求することができる（市立保育所での死亡事故につき，さいたま地判平成21・12・16判時2081号60頁）。

裁判例は，市が設置し，社会福祉法人に運営を委託した精神薄弱者援護施設における死亡事故について，同施設の職員が「公務員」に当たるとして，市の国家賠償責任を認めている（広島地福山支判昭和54・6・22判時947号101頁）。この判決の考え方に従えば，市町村が設置し，民間事業者に運営が委託された公設民営保育所での事故についても，国家賠償法1条1項に基づき市町村に対する国家賠償請求が認められることになる。近年では，地方自治法244条の2に基づく指定管理者として公設保育所の管理運営を民間事業者に委託する事例が増加しているが，この場合も，「公権力の行使」が指定管理者に委託されていると考えることができよう。ただし，公設民営保育所の場合に，施設を管理運営する民間事業者も賠償責任（民法715条に基づく使用者責任）を負うのか，それとも国家賠償法1条2項により故意または重大な過失があった場合に限り民間事業者に対する求償が認められるのかについては，議論がある（前掲広島地福山支判昭和54・6・22は市の国家賠償責任と併せて施設を経営する社会福祉法人の使用者責任も認めたが，積善会暁学園事件・最判平成19・1・25（民集61巻1号1頁（百選106））は施設の運営法人の使用者責任を否定する。学説では，最高裁判決に対する疑問も強い)。

なお，公立保育所および公設民営保育所での事故の原因が保育所の施設の瑕疵にある場合には，国家賠償法2条に基づく賠償請求も可能である（市立保育所のすべり台での死亡事故につき，松山地判昭和46・8・30判時652号69頁)。

私立の認可保育所で生じた事故につき，保育の実施主体である市町村に対する国家賠償請求が認められるかについては，学説と裁判例で見解が分かれている。児童福祉法の平成9（1997）年改正以前の事案であるが，認可保育所における保育業務は「公権力の行使」の性質を有しないとした裁判例がある（浦和地熊谷支判平成2・10・29昭和60年（ワ）第333号判例集未登載)。これに対し，学説からは，認可保育所は保育に欠ける児童の保育という，本来であれば市町村がなすべき公務を委託されているものであり，認可保育所の経営者および職員に公務員性を認めることができるとの主張がなされてきた。児童福祉法の平成9（1997）年改正および平成24（2012）年改正後も認可保育所の利用関係は変わらないというのが学説の理解であるから（→発展5-19①)，この主張は現行法の下でも当てはまることになる。

学説には，無認可保育所（→発展5-19③）についても，市町村による児童のあっせんや補助金の支出といった強い関与がある場合には，経営者およびその職員に公務員性が認められ，市町村に対する国家賠償請求が可能であると主張するものがある。しかし，一般的には，無認可保育所における保育サービスの提供は児童福祉法24条に基づく保育とはみなされないから，そこでの保育業務に「公権力の行使」への該当性を認めることは，認可保育所の場合以上に困難であろう。規制権限の不行使の場合を除き，無認可保育所での事故について行政に対し国家賠償を請求することは難しいと思われる（→発展5-19④)。

発展5-19②の参考文献

・交告尚史「国賠法1条の公務員――福祉行政における民間委託に着目して」神奈川法学30巻2号（1995年）75頁

発展5-19③ 無認可保育所と子ども・子育て支援新制度

都道府県知事の認可を受けた認可保育所に対し，知事の認可を受けていない認可外保育施設を，一般に無認可保育所と呼ぶ。公立または認可保育所への入所を希望しながら入所することができない待機児童の増加を背景に，無認可保育所は施設総数，入所児童数共に増加してきた。

平成24（2012）年改正前の児童福祉法は，市町村が，保育に欠ける児童に対してやむを得ない事由により保育所への入所を拒否する場合，「その他の適切な保護」を提供しなければならない旨を定めていた（平成24（2012）年改正前児福24条1項ただし書)。「その他の適切な保護」の具体例としては，家庭的保育による対応の他，一定の質が確保された無認可保育所へのあっせん等が挙げられてきた。裁判例には，児童が入所した無認可保育所への補助金交付をもって，市町村がとるべき代替措置として足りるとするものもあった（東京地判昭和61・9・30判時1218号93頁，前掲さいたま地判平成16・1・28)。

平成24（2012）年改正後の児童福祉法24条は，市町村に対し，保育所における保育の実施義務を課す（同条1項）とともに，認定こども園または家庭的保育事業等により必要な保育を確保するための措置を講じる義務を課す（同条2項）。従前の「その他の適切な保護」という文言は削除され，保育所以外の保育サービスの提供方法が認定こども園および家庭的保育事業等に限定・明確化された。したがって，今日では，無認可保育所へのあっせんや補助金交付によっては，市町村は児童福祉法が課す義務を果たしたことにはならないと解される（もっとも，利用調整（児福24条3項）の結果，認定こども園等による保育も利用できないということは起こりうる→(d)。前掲東京高判平成29・1・25も参照）。前述（→(b)）した児童福祉法の認可制の改善や，家庭的保育事業等の多様な保育事業の法制化により，従来の無認可保育所が認可保育所または家庭的保育事業等へ移行することが期待されている。

発展5-19④　無認可保育所に対する規制監督

上述のように無認可保育所が保育ニーズの充足に実際上重要な役割を果たす一方で，無認可保育所における事故や虐待が問題となり，無認可保育所に対する規制監督の強化が求められてきた。都道府県知事は，児童の福祉のために必要があると認めるときは，無認可保育所の設置者からの報告の徴収や，職員による施設への立入調査を行うことができる。また，知事は，設置者に対し，施設の設備または運営の改善勧告をしたり，事業の停止または施設の閉鎖を命じることができる（児福59条）。さらに，児童福祉法の平成13（2001）年改正により，無認可保育所の設置者に対し，知事への届出（児福59条の2）や運営状況の報告（児福59条の2の5），サービス内容の掲示（児福59条の2の2），利用者に対する契約内容の説明（児福59条の2の3）や契約締結時の書面交付（児福59条の2の4）が義務づけられた。

無認可保育所において入所児童が事故や虐待を被った場合，無認可保育所に対する行政の規制監督権限の行使・不行使の適否が問われ得る。判例によれば，公務員による規制権限の不行使は，その権限を定めた法令の趣旨・目的や権限の性質等に照らし，具体的事情の下でその不行使が著しく不合理と認められるときは，国家賠償法1条1項の適用上違法となると解される（最判平成16・10・15民集58巻7号1802頁）。高松高判平成18・1・27（平成17年（ネ）第185号裁判所HP）は，無認可保育所の園長の虐待による児童の死亡について，県が行った改善指導等の規制権限の行使および事業停止命令の権限の不行使が著しく不合理であったとして，県に対する国家賠償請求を認容した。また，世田谷区保育ママ事件判決（東京地判平成19・11・27判時1996号16頁）は，区の認定を受けた保育ママの虐待により児童が負った傷害について，区が調査や保育ママ認定取消しの権限を行使しなかったことが著しく合理性を欠くとして，区に対する国家賠償請求を認めている（平成20（2008）年改正による家庭的保育事業の法制化以前の事案）。他方で，無認可保育所での死亡事故につき，従前に重大な事故の発生や利用者からの苦情がなかったことから通常の立入調査を行うに留まっていた行政の対応に指導監督義務違反はないとした例として，福岡地小倉支判平成23・4・12（平成20年（ワ）第1084号判例集未登載（百選97））がある。

⑶　財　　源

施設型給付費・地域型保育給付費の財源は全額が公費により賄われるが，公立施設であるか民間施設かによって国・都道府県・市町村の間での負担配分が異なる（子育て支援65条以下）。

都道府県または市町村が設置する公立の教育・保育施設については，施設型給付費の全額を設置者たる都道府県または市町村が負担する。都道府県・市町村以外の者が設置する，すなわち民間の教育・保育施設にかかる施設型給付費の支給，および認可保育所に対する委託費にかかる費用は，市町村が支弁した上で，都道府県が4分の1を，国が2分の1を負担する。公立保育所に対する国庫負担は，三位一体の改革による国庫補助負担金の整理・合理化の中で廃止された（→① 1⑴発展 5-6）。公立保育所と認可保育所の間での市町村の財政負担の差は，公立保育所の廃止・民営化問題の背景となっている（→⑵⒝発展 5-18①）。

地域型保育給付費の支給に要する費用は，事業主体の公私を問わず，国・都道府県・市町村が2分の1，4分の1，4分の1の割合で費用を負担する。

待機児童解消のための保育の量的拡充，そして職員配置基準の改善をはじめとする保育の質の向上のためには，今後も多額の財源が必要となる。子ども・子育て支援法附則には，政府が安定した財源の確保に努める旨が規定されている（子育て支援附則3条）。

3　要保護児童の保護措置

⑴　要保護児童

保護者のない児童または保護者に監護させることが不適当であると認められる児童を，要保護児童という（児福6条の3第8項）。具体例としては，孤児，保護者に遺棄された児童，家出した児童，保護者に虐待されている児童，保護者に放任されている児童，保護者の労働または疾病のために必要な監護を受けることのできない児童，保護者の保護能力を超えて不良行為をする児童などが挙げられる。

近年は特に，児童虐待の件数増加が大きな問題となっている。虐待には身体的暴力，性的暴力の他，児童の心身の正常な発達を妨げるような監護の怠慢，児童に心理的外傷を与える暴言や拒絶等も含まれる（児童虐待2条）。被虐待児童に対しては，児童福祉法上の保護措置と児童虐待防止法上の施策とが連携して，速やかな対応が図られることが重要である。平成28（2016）年の児童福祉法・児童虐待防止法等の改正では，児童相談所の体制・権限の強化，里親委託の推進等による被虐待児童への自立支援などが図られている。また，平成29（2017）年改正により，要保護児童の保護について家庭裁判所の関与を強化する措置が講じられた。

⑵　発見者の通告義務

要保護児童を発見した者は，これを市町村，都道府県の設置する福祉事務所または児童相談所に通告する義務を負う（児福25条）。行政機関による要保護児童の発見には限界があるため，発見者に通告義務が課されている。ただし，これは罰則のない，道徳的な義務である。

また，児童虐待防止法は，学校，児童福祉施設，病院その他児童の福祉に業務上関係のある団体およびそこで働く者など，児童虐待を発見しやすい立場にある者に，児童虐待の早期発見に努める義務を課す（児童虐待5条）。同法は，児童虐待を受けたと思われる児童を発見した者に対し，市町村，都道府県の福祉事務所または児童相談所への通告を義務づけている（児童虐待6条）。

⑶　通告への対応

通告を受けた市町村・福祉事務所・児童相談所は，速やかに，当該児童の状況の把握を行い（児福25条の6），必要な措置をとらなければならない（児福25条の7以下）。市町村および福祉事務所長は，児童福祉法27条に基づく措置が必要な者や専門的な判定を要すると認める者を，児童相談所に送致する。その他に市町村・福祉事務所長がとる措置として，児童・保護者に対する社会福祉主事等による指導，児童自立生活援助の実施が適当と認める児童についての都道府県知事への報告などがある（児福25条の7・25条の8）。

通告ないし送致を受けた児童相談所は，当該児童について調査・判定を行い，援助の内容を決定する。児童相談所が行う援助には，助言指導や継続指導（継続的なソーシャルワークやカウンセリング等を行うもの）など，措置によらないものもある。児童相談所長は，訓戒・誓約措置，児童福祉司等による指導，小規模住居型児童養育事業（ファミリーホーム）または里親への委託，乳児院や児童養護施設等の児童福祉施設への入所，あるいは家庭裁判所への送致といった措置が必要と認められる場合は，これを都道府県知事に報告する。都道府県は，報告のあった児童について，いずれかの措置をとらなければならない（児福26条・27条）。児童福祉施設の長には，措置の受諾義務が課されている（児福46条の2第1項）。

児童相談所長および都道府県知事は，必要があると認めるときは，これらの措置がとられるまでの間，児童の一時保護を行うことができる（児福33条）。一時保護の必要は，緊急に児童を保護する必要がある場合の他，児童の行動観察や短期入所指導が必要な場合にも認められる。一時保護は児童本人や親権者の同意を得て行うのが望ましいが，同意を得られない場合にも行うことができる。この場合に，家庭裁判所による承認は不要である。一時保護が終局的な援助を行うまでの短期間のものであること，虐待などへの迅速な対応を要する場合が多いことなどが，その理由とされる。しかし近年，虐待を理由とする一時保護が増加し，親権者の意に反した一時保護が増えるとともに，一時保護が長期化する傾向が指摘される。このため，平成 29（2017）年改正により，親権者の意に反した一時保護を 2 カ月を超えて行う場合には，家庭裁判所の承認を得なければならないことになった（児福 33 条 5 項）。

親権者等の同意を得ずに一時保護が行われた場合，児童相談所長または知事による一時保護の決定の適法性が争われることがある。この点に関する裁判例としては，一時保護の判断に合理的な根拠がなければ違法となるとするもの（東京高判平成 25・9・26 判時 2204 号 19 頁（保護者によるネグレクトが認められたとして結論消極）等）や，一時保護の必要性の判断は児童相談所長の専門的合理的な裁量に委ねられており，その判断が著しく不合理で裁量の逸脱・濫用と認められる場合にのみ違法となるとするもの（東京地判平成 25・8・29 判時 2218 号 47 頁（保護者による身体的虐待があったとして結論消極）等）がある。

(4) 要保護児童が入所する施設

児童福祉法 27 条 1 項 3 号に基づく措置（3 号措置）により児童が入所する児童福祉施設には，乳児院，児童養護施設，障害児入所施設，児童心理治療施設（平成 28（2016）年改正前の情緒障害児短期治療施設），児童自立支援施設がある。各施設および里親・ファミリーホームの内容は**図表 5-5** の通りである。

これらの児童福祉施設は，国および都道府県が政令の定めるところにより設置するほか，市町村は都道府県知事に届け出て，国・都道府県・市町村以外の者は都道府県知事の認可を得て，設置することができる（児福 35 条）。

児童福祉施設の設備および運営の基準は，都道府県が条例で定める（児福 45 条）。条例の策定に際して都道府県は，人員，設備に関する事項で児童の健全な発達に密接に関連するもの，児童の適切な処遇の確保および秘密の保持等に関する事項については，厚生労働省令で定める基準に従わなければならず，その他の事項については省令で定める基準を参酌しなければならない（→1 **2**(2)）。施設設置者は，設備・運営の基準を遵守する義務を負う。また，都道府県知事は，設備・運営の基準の維持のために必要な監督を行う権限を有する（児福 46 条）。

3 号措置に基づき施設に入所する児童については，都道府県が，入所に要する費用および入所後の保護について設備・運営の基準の維持に必要な費用を支弁する

図表5-5　要保護児童にかかる児童福祉施設等

事業・施設		内容・対象児童
家庭と同様の養育環境	里親	家庭における養育を里親に委託
	ファミリーホーム	養育者の住居において家庭養護を行う（定員5～6名）
施　設	乳児院	乳児（特に必要な場合は，幼児を含む）
	児童養護施設	保護者のない児童，虐待されている児童その他環境上養護を要する児童（特に必要な場合は乳児を含む）
	児童心理治療施設	家庭環境，学校における交友関係その他の環境上の理由により社会生活への適応が困難となった児童
	児童自立支援施設	不良行為をなし，またはなすおそれのある児童および家庭環境その他の環境上の理由により生活指導等を要する児童
	母子生活支援施設	配偶者のない女子またはこれに準ずる事情にある女子およびその者の監護すべき児童
	自立援助ホーム	義務教育を修了した児童であって，児童養護施設等を退所した児童等

（出典）『平成29年版厚生労働白書』資料編187頁を参考に筆者作成

（児福50条7号）。国庫は，都道府県が支弁する費用の2分の1を負担する（児福53条）。また，都道府県は，児童の扶養義務者から，その負担能力に応じ，費用の全部または一部を徴収することができる（児福56条2項）。

なお，児童福祉法は原則として満18歳未満の者を「児童」としての支援の対象とする（児福4条）が，児童養護施設等への入所措置は，児童が18歳に達した後も，満20歳になるまで延長することができる（児福31条2項・3項）。施設に入所していた者が退所後，進学や就労をしながら自立するのは容易ではなく，措置延長の積極的な活用が求められている。また，施設を退所した児童等に対する自立支援の一環として，義務教育を終了した20歳未満の者（大学等で就学中の場合は22歳に達する年度末まで。平成28（2016）年改正により拡大）で，児童養護施設等を退所した者に対し，これらの者が共同生活を営む住居（自立援助ホーム）において相談その他の日常生活上の援助，生活指導，就業の支援等を行う，児童自立生活援助事業がある（児福6条の3第1項・33条の6）。

発展5-20　入所施設内での事故・虐待

児童福祉法27条1項3号の措置（3号措置）により親から分離された児童が，入所した児童福祉施設内で他の入所児童から暴力を振るわれたり，施設職員から虐待を受けたりするといった問題が生じている。

前掲積善会暁学園事件最高裁判決（最判平成 19・1・25（百選 106））は，社会福祉法人が設置運営する児童養護施設に入所した児童が，他の児童からの暴行により傷害を負った事案である。同判決は，3 号措置に基づく施設入所後の児童の養育監護は本来都道府県が行うべき事務であり，施設の長は本来都道府県が有する公的な権限を委譲されてこれを都道府県のために行使しているから，施設職員による養育監護行為が公務員の職務行為に当たると解して，県に対する国家賠償請求を認めた。同判決はまた，国家賠償法 1 条 1 項の趣旨に基づき，法人の使用者責任（民 715 条）を否定する。東京高判平成 21・2・26（平成 20 年（ネ）第 444 号判例集未登載）は，社会福祉法人が設置する児童養護施設の施設長による入所児童への体罰・虐待が問題となった事案において，上記最高裁判決を引用し，元入所児童らからの県に対する国家賠償請求を認容している（法人の使用者責任は否定）。

児童福祉施設の長は，入所児童に対し，監護，教育および懲戒のために必要な措置をとることができる（児福 47 条 3 項）が，懲戒権の濫用は許されない。平成 20（2008）年の児童福祉法改正により，施設職員による虐待の禁止，施設内虐待の発見者の通告義務，通告があった場合に都道府県や都道府県児童福祉審議会等が講ずべき措置などの規定が設けられ，施設内虐待の対策・防止が図られている（児福 33 条の 10 以下）。

(5) 親権者の意に反する措置

児童福祉法 27 条 1 項 3 号に基づく里親委託，児童福祉施設入所等の措置（3 号措置）は，児童の親権者の意に反して行うことはできない（児福 27 条 4 項）。ただし，保護者による虐待や著しい監護の怠慢等がある場合には，親権者の意に反していても，都道府県は家庭裁判所の承認を得て上記措置をとることができる（児福 28 条）。この点について，都道府県が児童福祉法 27 条 1 項 3 号に掲げる措置のいずれをとるか具体化せず，包括的な措置の承認を求められるかが問題となる。審判例では，都道府県がとるべき措置や入所させる施設を判断した上で，具体的な措置について家庭裁判所の承認を求めるのが原則であるとされている（福岡高決昭和56・4・28 家月 34 巻 3 号 23 頁）。しかし，児童の心身の状態によって適切な施設を見極めることが困難な場合や，適合する施設の種類が変化することが具体的に予測されるような場合には，理由を付して複数の種類の施設を特定して承認を求めることもできる（東京高決平成 15・12・26 家月 56 巻 9 号 35 頁。複数の種類の措置を承認した例として，浦和家審平成 8・5・16 家月 48 巻 10 号 162 頁（百選 92））。

家庭裁判所の承認に基づく 3 号措置には，児童福祉法の平成 16（2004）年改正により，2 年の期間が付された。ただし，保護者に対する指導措置（児福 27 条 1 項 2 号）の効果等に照らし，3 号措置を継続しなければ著しく児童の福祉を害するおそれがあるときは，都道府県は，家庭裁判所の承認を得て，期間を更新することができる（児福 28 条 2 項）。審判例では，児童の心身の状態やケアの必要性，保護者の生活状況や養育に対する意識等の事情を総合的に考慮して，措置継続の必要性が判断されている（更新の承認例として，東京家審平成 18・2・7 家月 58 巻 6 号 69 頁，東京家審平成 19・12・21 家月 60 巻 7 号 87 頁，大阪高決平成 21・3・12 家月 61 巻 8 号 93 頁。却下例として秋田家審平成 21・3・24 家月 62 巻 7 号 79 頁（百選 93））。

虐待の再発防止や親子の再統合のためには，保護者に対する指導措置が重要である。家庭裁判所は，措置を承認する審判をする場合，保護者に対して指導措置をとることが相当と認めるときは，都道府県に対して指導措置をとるよう勧告することができる（児福 28 条 6 項）。さらに，平成 29（2017）年改正により，3 号措置または措置期間の更新の承認の申立てがあった場合や，措置に関する承認の申立てを却下する（家庭での養育を行わせる）場合にも，家庭裁判所が都道府県に対して指導措置をとるよう勧告することができるようになった（児福 28 条 4 項・7 項）。

親権者の同意を得ない 3 号措置の場合はとりわけ，親が親権を主張して児童の引取りを強く主張することもあり，親権との調整が必要となる。行政解釈では，家庭裁判所の承認に基づく入所の場合，施設長の監護権（児福 47 条 3 項）が保護者等の監護権に優先し，親権者による引取要求を拒むことができるとされる。また，虐待を受けた児童が一時保護や施設入所の措置を受ける間，児童相談所長および施設の長は，虐待を行った保護者と児童の面会・通信を制限することができる（児童虐待 12 条 1 項）。さらに，保護者による児童の連れ戻し等のおそれがある場合には，児童相談所長は，当該保護者に対して児童の住所・居所を明らかにしないことができる（同条3項）。児童相談所長による面会通信制限決定の違法性の判断基準に関して，制限の必要性の判断は児童相談所長の専門的合理的な裁量に委ねられており，その判断が著しく不合理で裁量の逸脱・濫用と認められる場合に限り違法となるとする裁判例がある（前掲東京地判平成 25・8・29（結論消極））。

児童の親による親権の行使が著しく困難または不適当であり，児童の利益を著しく害するときは，家庭裁判所が親権喪失の審判をすることができる（民 834 条。虐待を行った母親とその配偶者の親権停止を認めた例として，名古屋高決平成 17・3・25 家月 57 巻 12 号 87 頁（百選 94））。親権喪失の審判は，児童相談所長も請求することができる（児福 33 条の 7）。しかし，親権喪失は親権の全てを無期限に奪うものであり，家庭の再構築を困難にする。そこで，平成 23（2011）年の民法改正により，2 年以内の期間を定めて親権を停止する制度が新設された（民 834 条の 2）。あわせて，児童福祉施設の長の監護権等の行使を親権者が不当に妨げることを禁止する規定が，児童福祉法に設けられた（児福 47 条 4 項）。

発展 5-21　児童福祉法によるその他の施策

本章では，保育所および要保護児童の保護を中心に児童福祉法に基づく施策を取り上げた。同法はこの他に，障害児に対する支援，市町村による子育て支援事業等についても定める。

障害児に対する福祉サービスのうち，居宅介護等の訪問系居宅サービスの一部は障害者総合支援法に基づく給付の対象となる（→3 **2**(2)）が，放課後等デイサービス・保育所等訪問支援などの障害児通所支援や，障害児入所施設に入所する障害児に対する障害児入所支援は，児童福祉法による障害児通所給付費または障害児入所給付費の給付対象となる。いずれの利用も契約方式によっており，給付決定を受けた障害児の保護者が，事業者または施設と契約を締結してサービスを利用し，受けたサービスに要した費用について障害児通所給付費等が支給される（児福 21 条の 5 の 2 以下・24 条の 2 以下）。ただし，障害児の保護者が，やむを得ない事由により障害児通所給付費または障害者総合支援法に基づく介護給付費の支給を受けることが著しく困難であるときは，市町村は，措置または措置の委託により，障害児に対して障害児通所支援等の福祉サービスを提供することができる（児福 21 条の 6）。施設入所について障害児入所支援費の支給を受けることが困難であるときは，都道府県により，要保護児童に対する保護として入所の措置がとられる（児福 27 条 1 項 3 号）。

子育て支援事業は児童の健全な育成に資するために保護者による児童の養育を支援するもので，放課後児童健全育成事業（いわゆる学童保育や放課後児童クラブ），乳児家庭全戸訪問事業など各種の事業がある。市町村にはこれら事業の実施は義務づけられておらず，体制整備や着実な実施のために必要な措置の実施に努力する義務が課されるに留まる（児福 21 条の 8 以下）。また，市町村は，子育て支援事業に関する情報提供や，保護者への相談・助言を行う義務を負う（児福 21 条の 11）。子育て支援事業は，子ども・子育て支援法において地域子ども・子育て支援事業の一部として位置づけられ，その充実が図られている（子育て支援 59 条）。

4の参考文献

・衣笠葉子「子ども・子育て支援新制度と幼保改革」論究ジュリスト 11 号（2014 年）43 頁
・橋爪幸代「子どもを巡る福祉――経済的支援，保育サービス，児童虐待防止制度」法律時報 89 巻 3 号（2017 年）14 頁

5　児童手当等

1　児 童 手 当

(1)　児童手当の目的

児童手当は，児童を養育する者に支給されることで，家庭等における生活の安定

に寄与するとともに，児童の健やかな成長に資することを目的とする（児手1条）。

金銭給付である児童手当には，目的外使用の可能性がある。そのため，児童手当法は，児童手当の受給者に対し，同法1条の趣旨に従って児童手当を用いる責務を課す（児手2条）。ただし，この責務に反した場合の制裁措置等はない。児童手当を遊興費等に費消し，児童の養育を放棄しているような場合，次に述べる支給要件としての監護を欠くこととなり，手当の受給権を失うことはありうる。しかし，児童手当の目的外使用のみをもって直ちに受給資格を剥奪することは難しいだろう。

⑵ 支給要件

児童手当は，15歳到達後最初の年度末まで（中学校修了まで）の児童を監護し，かつ生計を同じくする父母等に支給される。児童養護施設等の施設に入所する児童については，施設設置者に児童手当が支給される。児童と受給者は，共に国内に住所を有する者でなければならない（児手3条1項・4条1項。ただし，留学等の場合の例外あり）。

制度創設当初は，多子による貧困の予防という視点や財政的制約から，第3子以降のみが支給対象とされた。しかし，育児支援という制度本来の趣旨からは全ての児童を対象とすべきであるとの考えに基づき，段階的に支給対象が拡大され，平成3（1991）年改正により第1子から支給されるようになった。支給期間も，何度かの改正を経て，平成24（2012）年改正により中学校修了までの児童が対象となった。

児童手当には所得制限が設けられており，前年の所得が政令で定める額（夫婦と児童2人の世帯で年収960万円未満が基準）を超える者には支給されない（児手5条）。ただし，当分の間，所得制限を超える者にも特例給付が支給される（児手附則2条）。児童を平等に取り扱うという観点からは所得制限は望ましいものではないものの，児童養育に伴う経済的負担を軽減するという目的からすれば，その必要性が必ずしも大きくない高所得者層を排除することは，不合理ではないと考えられる（西村430頁）。

児童手当の受給資格者は，受給資格および児童手当の額について，住所地の市町村長の認定を受けなければならない（児手7条。認定の法的性質について→**2**⑷）。

⑶ 支給額

児童手当の額は，支給対象となる児童の年齢および出生順（第1子・第2子か第3子以降か）により異なる（児手6条→図表5-6）。

なお，市町村は，受給資格者が措置による保育所入所につき費用を負担すべき扶養義務者である場合，または保育所・認定こども園等に支払うべき利用者負担を滞

図表 5-6 児童手当の月額

0～3歳未満	15,000円	
3歳～小学校修了まで	第1子・第2子	10,000円
	第3子以降	15,000円
中学生	10,000円	
所得制限以上	5,000円（特例給付）	

（出典）内閣府HPを参考に筆者作成

納している保護者である場合には，児童手当の支払いをする際にこれらの費用（保育料）を徴収することができる（児手22条）。学校給食費や幼稚園の保育料など，学校教育に伴う費用については，受給資格者が申し出た場合に，児童手当から当該費用を徴収することができる（児手21条）。いずれも，徴収の実施は市町村の判断に委ねられている。

児童手当の受給権には，譲渡・担保提供・差押えの禁止および公租公課の禁止といった保護が及ぶ（児手15条・16条）。児童手当の振込日を認識した上で，振込直後に，児童手当により大部分が形成されている預金債権に対してなされた差押処分は，実質的に児童手当の受給権自体の差押えと変わりがなく，児童手当法15条の趣旨に反し違法であるとした裁判例として，広島高松江支判平成25・11・27（判自387号25頁（百選98））がある。

発展 5-22 子ども手当の創設と廃止

平成21（2009）年に成立した民主党政権は，所得制限なしに中学卒業までの子供に1人当たり月額26,000円を給付するという，「子ども手当」の創設を公約に掲げていた。しかし，必要な財源の確保や国と地方公共団体の負担調整が難航し，公約通りの制度の創設には至らなかった。

平成22（2010）年度および平成23（2011）年度前半は，中学卒業までの児童に半額（月額13,000円）の子ども手当が支給され，平成23（2011）年度後半は，子どもの年齢および出生順に応じて月額10,000円から15,000円の子ども手当が支給された。費用負担については，子ども手当の一部は児童手当法に基づく児童手当として支給され，その他の費用を国庫が負担した。結局，平成24（2012）年3月に児童手当法が改正され，子どものための金銭給付は児童手当に回帰することになり，子ども手当は廃止された。

子ども手当の創設と廃止を経て，児童手当は，支給年齢が小学校修了までから中学校修了まで延長され，支給額も現行額へと引き上げられた。また，子ども手当において，海外に居住する児童にも支給されることは制度目的に照らし適切ではないこと，児童養護施設等に入所する児童が手当の支給対象とならないことなどが問題となったことを受けて，児童手当法においても，住所要件の新設や施設入所児童への支給拡大などの支給要件の見直しが行われた。さらに，子ども手当の廃止により，児童手当における所得制限が復活することとなったが，所得制限限度額は引き上げられている。

なお，「控除から手当へ」との考えの下，子ども手当創設にあわせて，所得税および住民税の年少扶養控除は廃止，特定扶養控除は縮減された。この点について，児童手当法の平成 24（2012）年改正法附則は，政府が速やかに子育て支援にかかる財政上または税制上の措置等の検討を行い，必要な措置を講ずることを定めている（平成 24 年法律 24 号児手改正附則 2 条）。

⑷　財　　源

児童手当の支給に要する費用は，国・都道府県・市町村が 4 対 1 対 1 の割合で分担する。ただし，民間企業の被用者の 3 歳未満児にかかる児童手当は，その費用の 15 分の 7 を事業主が負担し（子ども・子育て支援法 69 条による拠出金として徴収），残りを国・都道府県・市町村が 4 対 1 対 1 の割合で分担する（児手 18 条 1 項～3 項）。特例給付の支給費用は，被用者と被用者以外の者の双方について，国・都道府県・市町村が 4 対 1 対 1 の割合で負担する（児手附則 2 条 3 項）。

児童手当は国の将来を担う児童の健全育成対策として全国民を対象とする統一的な国の制度であることから，国がその費用を負担する。また，児童福祉施策等の一環として地域住民の福祉の向上につながるという観点から，地方公共団体にも費用負担が求められている。事業主の費用負担は，児童手当が将来の労働力の維持・確保につながるという観点から理由づけがされる。

なお，公務員に支給される児童手当の費用は，その公務員の所属する行政庁が全額を負担する（児手 18 条 4 項）。

2　児童扶養手当

⑴　児童扶養手当の目的

児童扶養手当は，父または母と生計を同じくしていない児童が育成される家庭の生活安定と自立促進に寄与するために支給される（児扶手 1 条）。

昭和 34（1959）年の国民年金制度の創設に当たり，無拠出制の福祉年金の一つとして母子福祉年金が設けられた。母子福祉年金は，父の死亡による死別母子世帯を対象とするものであったが，母子家庭が抱える経済的・社会的な困難は死別・生別の別を問わず同じであるから，離婚等による生別母子世帯についても同様の制度を設けるべきであるとの議論が起こった。しかし，離婚が年金の保険事故になじまないため，昭和 36（1961）年に児童扶養手当法が制定され，年金保険とは別の制度として児童扶養手当が創設された。このように，制度創設当初の児童扶養手当は，母子福祉年金の補完として，離婚等による所得の減少に対する給付を行う所得保障制度であった（堀木訴訟・最大判昭和57・7・5民集36巻7号1235頁（百選2））。

その後，離婚の急増に伴う児童扶養手当受給者の増加により，児童扶養手当の位置づけが不明瞭なものとなる。そのため，児童扶養手当法の昭和60（1985）年改正により，目的規定に「家庭の生活の安定と自立の促進」という文言が加えられた。これにより，児童扶養手当は，母子家庭が抱える経済状況に着目して児童の養育にかかる費用を保障し，もって児童の健全育成を図ることを目的とする，独自の福祉制度に改められた（ただし，裁判例には，所得制限規定等に着目し，児童扶養手当は昭和60（1985）年改正後も母子家庭に対する所得保障を趣旨とすると解するものがある。金沢地判平成23・4・22賃社1560号55頁）。

さらに，近年の経済情勢や雇用情勢の変化等を背景に，父子家庭の中にも母子家庭と同様に厳しい経済状況におかれている家庭があり，経済的支援が必要であることが認識されるようになった。このため，平成22（2010）年改正により，児童扶養手当の支給対象が父子家庭に拡大された。

(2) 受給者の責務

児童扶養手当の受給者は，児童の心身の健やかな成長に寄与するという児童扶養手当の趣旨に従って手当を用いなければならない（児扶手2条1項）。児童扶養手当は金銭給付であり，目的外使用の可能性があるため，これを防止するために設けられた規定である。ただし，目的外使用に対する制裁措置等がない点は，児童手当法と同様である。

また，従来，母子家庭に対する支援は児童扶養手当による経済的支援が中心であったが，平成14（2002）年の母子及び寡婦福祉法（現在の「母子及び父子並びに寡婦福祉法」），児童扶養手当法等の改正により，就業・自立に向けた総合的支援への転換が図られた。これに伴い，児童扶養手当法2条2項に，手当を受給する母（平成22（2010）年改正後は父も）が自ら進んで自立を図り，家庭の生活の安定と向上に努めなければならない旨の規定が加えられた。受給資格者が正当な理由なしに求職活動等の自立を図るための活動をしないときは，手当の全部または一部の支給が停止され得る（児扶手14条4号）。

(3) 支給要件

児童扶養手当は，①父母が婚姻を解消した児童，②父または母が死亡した児童，③父または母が政令で定める程度の障害の状態にある児童，④父または母の生死が明らかでない児童，⑤その他①から④に準ずる状態にある児童で政令で定めるものを，監護する母，または監護しかつ生計を同じくする父に対し，支給される。父母以外の者が児童を養育する場合は，養育者に支給される（児扶手4条1項）。⑤について政令では，⑤-1 父または母が1年以上遺棄している児童，⑤-2 父または母が配偶者に対する暴力（DV）により裁判所から保護命令を受けた児童，⑤-3 父または母が法令により1年以上拘禁されている児童，⑤-4 母が婚姻によらず懐胎した児童等が挙げられている（児扶手令1条の2・2条）。⑤-2 の DV 被害者に対する支給要件は，平成24（2012）年の施行令改正で追加された。

ただし，児童および受給資格者の双方が，日本国内に住所を有していなければならない（児扶手4条2項・3項）。

平成26（2014）年の児童扶養手当法改正前は，児童または受給資格者たる父母・養育者が公的年金給付等の受給者である場合，児童扶養手当は支給されなかった。この併給調整については，児童扶養手当よりも低額の年金給付の受給権の発生によって児童扶養手当が不支給となり，受ける給付の総額が低下する場合のあることが問題として指摘された（当時の併給調整規定について，児童扶養手当は母子世帯に対する所得保障を趣旨とし，所得保障の二重給付を回避する併給調整には合理性が認められるなどとして，立法府の裁量の逸脱・濫用には当たらないとした裁判例として，前掲金沢地判平成23・4・22）。そのため，平成26（2014）年改正により，公的年金給付等の受給額が児童扶養手当を下回る場合には，その差額を手当として支給するように改められた（→(5)）。

なお，昭和60（1985）年の児童扶養手当法改正法では，同法4条に4項および5項を追加し，父母が婚姻を解消した児童については，離婚の前年の父または母の所得が一定額以上であるときは，児童扶養手当を支給しないこととする旨が定めらている。この改正規定は，公的扶養よりも私法上の扶養義務の履行によって，児童の生活の安定を図るべきであるとの考えに基づく。しかし，改正規定は，離婚した父母の扶養義務の履行の状況，父母の所得の把握方法の状況等を勘案して政令で定める日から施行することとされており（昭和60年児扶手改正附則1条），現在も未施行である。

発展 5-23　婚姻外懐胎児童と児童扶養手当

平成10（1998）年改正前の児童扶養手当法施行令1条の2は，母が婚姻によらないで懐胎した児童（婚姻外懐胎児童）を支給対象として挙げながら，かっこ書で「父から認知された児童を除く」との除外事由を設けていた。その理由は，父によって認知されれば出生時に遡って父子関係が生じ，認知した父は子に対して当然扶養義務が生じるためと説明された。この規定により，婚姻外懐胎児童が父から認知されると児童扶養手当を受けられなくなった。しかし，父母が婚姻を解消した後に父から認知された児童は，認知によって父に扶養義務が生じる点は同じであるにもかかわらず，児童扶養手当の支給対象となる。これが婚姻外懐胎児童を合理的な理由なく差別するものであるかが問題となり，下級審判決は，かっこ書の規定を憲法14条違反とするもの（奈良地判平成6・9・28判時1559号31頁等）と合憲判断を下すもの（同控訴審：大阪高判平成7・11・21判時1559号26頁等）に分かれた。

最高裁は，違憲判断を回避し，委任立法における委任の範囲の問題としてこの問題を処理した。すなわち，最高裁はまず，児童扶養手当法4条1項各号は，世帯の生計維持者としての父による現実の扶養を期待することができない児童を支給対象児童として類型化するものであると解する。その上で，認知によって父による現実の扶養が期待できるともいえず，4条1項各号に準ずる状態が続いているにもかかわらず，認知された婚姻外懐胎児童を支給対象から除外する施行令のかっこ書は，法の委任の趣旨に反する違法な規定として無効であると判断した（同上告審：最判平成14・1・31民集56巻1号246頁〔百選99〕，最判平成14・2・22判時1783号50頁）。

一連の訴訟を受けて施行令が改正され，問題となったかっこ書は削除され，婚姻外懐胎児童にも父からの認知の有無を問わず児童扶養手当が支給されるようになった。これらの最高裁判決は，児童扶養手当の支給対象児童の範囲を考える上で，今日においても参考となる。

(4) 受給資格の認定

支給要件に該当する者（受給資格者）が児童扶養手当の支給を受けるためには，その受給資格および手当の額について，市町村長（福祉事務所を設置していない町村については都道府県知事）の認定を受けなければならない（児扶手6条1項）。手当は，認定を請求した月の翌月から，支給事由が消滅する月まで支給される（児扶手7条1項）。したがって，児童扶養手当の支給は，受給資格者が認定を請求する以前の期間には遡らない（非遡及主義）。

このことから，行政解釈・裁判例は，児童扶養手当では，年金保険等と異なり，所定の支給要件に該当したからといって直ちに受給権が発生するわけではなく，認定によって初めて受給権が発生すると解する。すなわち，年金保険における裁定が既に発生している受給権の確認処分である（→第3章各論3 1(2)）のに対し，児童扶養手当における認定は受給権を発生させる権利創設的な性質を帯びるとされる（京都地判平成3・2・5判時1387号43頁。学説としては堀228頁）。これに対し，認定も本質的には確認行為であるとする見解も有力である（西村57頁，431頁）。

発展 5-24　行政の情報提供義務違反と損害賠償

行政解釈・裁判例の立場に立つと，支給事由の発生後直ちに児童扶養手当を受給することを希望する者は，迅速に受給資格の認定を請求する必要がある。そのためには，行政による広報等の情報提供により，受給資格者が自身が利用し得る手当について知り得ることが重要である。この点について，前掲京都地判平成3・2・5は，行政庁には通常の受給者が相応の注意をもって普通の努力をすれば制度を知り得る程度に周知徹底する法的義務があるとして，制度の周知徹底が不完全であったために認定請求が遅れたことにより失われた児童扶養手当についての国家賠償請求を認容した。しかし，同事件の控訴審：大阪高判平成5・10・5判自124号50頁（百選〔4版〕106）は，制度の広報・周知徹底は法的強制の伴わない国の責務に留まり，国等の対応がその裁量の範囲を著しく逸脱したような場合にのみ違法なものとなるとして，原判決を取り消している。

他方で，具体的に制度を特定した上で受給の可否につき質問された場合には，行政庁は受給可能な制度を教示する職務上の義務を負い，明らかに受給可能な制度の教示を怠ったり，誤った説明により相談者の受給を妨げた場合には，行政庁の対応が違法と評価される場合もあるとする裁判例がある（神戸地判平成15・12・24判自278号65頁。職員の対応に過失がなかったとして結論消極。同控訴審：大阪高判平成17・6・30（判自278号57頁）は，相談ではなく受給資格の口頭での認定請求に対する違法な受付拒否であるとしたが，職務上の義務違反と損害の因果関係を否定）。また，特別児童扶養手当（→3(2)）の事案であるが，来訪者が制度を特定せずに相談や質問をした場合であっても，具体的な相談内容等に応じて何らかの手当を受給できる可能性があると考えられるときには，窓口の担当者には相談内容に関連する制度について適切な教示等を行う職務上の法的義務があるとして，受給資格者からの国家賠償請求を認容した例がある（大阪高判平成26・11・27判時2247号32頁）。

発展 5-24 の参考文献

・山下慎一「社会保障法における情報提供義務に関する一考察」福岡大学法学論叢60巻2号（2015年）235頁

(5)　支給額・支給制限

児童扶養手当の額は，1カ月当たり41,100円を基準に，児童の数に応じた加算がなされる（2人目の児童について10,000円，3人目以降は1人につき6,000円を加算。加算額は平成28（2016）年改正により倍額となった）。手当の額は毎年，消費者物価指数の変動に応じて自動的に物価スライドされる（児扶手5条・5条の2，児扶手令2条の2）。従来は年3回の支払いだったが，ひとり親家庭の利便性の向上および家計の安定を図るため，平成30（2018）年改正により年6回の支払いに見直された（児扶手7条3項。2019年9月施行予定）。

受給資格者の前年の所得が政令で定める額以上であるときは，児童扶養手当の全部または一部が支給停止となる（児扶手9条・9条の2）。受給資格者である父または母が，児童のもう一方の親から養育費の支払いを受けたときは，父または母の所得の計算に養育費が算入される（児扶手9条2項）。所得制限の限度額は扶養親族の有無や数により異なるが，親と児童1人の2人世帯の場合，所得が57万円（給与所得控除等の控除前の収入が130万円）を超えると一部停止に，230万円（同365万円）を超えると全部停止になる。平成14（2002）年改正によって所得制限限度額と一部支給時の手当額が見直され，就労等によって収入が増えた場合に手当を加えた総収入がなだらかに増えるよう，きめ細かな設定になった。なお，平成30（2018）年8月より，一部停止となる所得制限限度額が収入ベースで160万円に引き上げられる予定である。

また，児童が，公的年金給付や遺族補償を受けることができるときや，父または母に支給される公的年金給付の加算の対象となっているときは，児童扶養手当の全部または一部が支給停止される。同様に，父母または養育者が老齢福祉年金以外の公的年金給付や遺族補償を受けられるときも，手当の全部または一部が支給停止となる（児扶手13条の2）。従前は，児童または受給資格者が公的年金等を受給できる場合には児童扶養手当は支給されなかったが，平成26（2014）年改正により，公的年金等との差額を児童扶養手当として受給できるようになった。

児童扶養手当の受給期間が5年（3歳未満の児童を監護する者については，当該児童が3歳に達したあと5年）を超える受給資格者については，手当の半額が支給停止される（児扶手13条の3）。これは平成14（2002）年改正により導入されたもので，児童扶養手当を離婚直後の一定期間に重点的に支給することで，離婚等による生活の激変を一定期間で緩和し，自立を促進する制度に改めるという観点に基づく。ただし，受給者が就業または求職活動をしている場合，障害がある場合，傷病により就業が困難である場合などには，一部支給停止の適用除外となる（同条2項，児扶手令8条）。

児童扶養手当の受給権は，譲渡，担保提供または差押えをすることができない（児扶手24条）。児童扶養手当の他，生活保護や各種年金，子ども手当などを原資とする預金債権に対する差押えは，受給権の差押えを禁止する法の趣旨等を考慮して相当ではないとした例として，東京地立川支決平成24・7・11（賃社1572号44頁）がある。また，児童扶養手当に対する公租公課は禁止されている（児扶手25条）。

(6) 財　　源

児童扶養手当の支給にかかる費用は，3分の1を国が，3分の2を都道府県，市および福祉事務所を設置している町村が負担する（児扶手21条）。

制度創設当初は，母子福祉年金の補完的制度という位置づけから，財源の全額を国が負担した。しかし，昭和60（1985）年改正によって児童扶養手当を福祉制度と位置づけたことに伴い，地方公共団体の費用負担が導入された。

3　特別児童扶養手当等

(1) 特別児童扶養手当法の目的

「特別児童扶養手当等の支給に関する法律」（特別児童扶養手当法）に基づき支給される手当には，精神または身体に障害を有する児童に対する特別児童扶養手当，精神または身体に重度の障害を有する児童に対する障害児福祉手当，および精神または身体に著しく重度の障害を有する者に対する特別障害者手当がある。同法は，これらの手当の支給により，支給対象となる者の福祉の増進を図ることを目的とする（特児扶手1条）。

(2) 特別児童扶養手当

特別児童扶養手当制度は，障害福祉年金の支給対象とならない20歳未満の障害児について均衡を図る必要があったこと，在宅で介護される精神障害児の福祉を強化する必要があったことを背景に，昭和39（1964）年，重度の精神障害児を支給対象とする手当として創設された。その後の改正により，重度身体障害児（国民年金の障害等級1級に相当する障害児等）へ，さらに国民年金の障害等級2級に相当する障害児へと，支給対象が拡大された。

特別児童扶養手当は，障害児を監護する父または母（父母以外の者が養育する場合は養育者）に支給される（特児扶手3条1項）。障害児とは，20歳未満で，政令で定める障害等級に該当する程度の障害の状態にある者をいう（特児扶手2条1項）。特別児童扶養手当の障害等級には1級および2級があり，障害の程度は国民年金法の障害等級に相当する（特児扶手令別表第3）。ただし，障害児が日本国内に住所を有しないとき，または障害児が障害を支給事由とする年金給付を受けることができるときは，特別児童扶養手当は支給されない（特児扶手3条3項）。父母または養育者が，日本国内に住所を有していない場合も同様である（同条4項）。

支給要件に該当する者（受給資格者）は，特別児童扶養手当を受給しようとするときは，受給資格および手当の額について都道府県知事等の認定を受けなければならない（特児扶手5条）。特別児童扶養手当も，児童扶養手当と同様，非遡及主義を採用しており（特児扶手5条の2第1項），受給資格者が受給の機会を失うことのないよう，行政による制度の周知や窓口における適切な対応が求められる（→2(4)発展5-24）。

手当の額は，障害児1人につき月額33,300円（障害等級1級の場合は5万円）を基準に，消費者物価指数の変動に応じて毎年，物価スライドされる（特児扶手4条・16条）。ただし，受給資格者およびその扶養義務者等の所得による支給制限がある（特児扶手6条～8条）。特別児童扶養手当は国が支給するもので，その給付費用は全額国庫負担である。

(3) 障害児福祉手当

障害児福祉手当は，在宅の重度障害児に対する福祉の措置の一環であり，障害による精神的・物質的な特別な負担の軽減の一助として支給される。重度障害児とは，障害児のうち，政令で定める程度の重度の障害の状態にあるため，日常生活において常時介護を必要とする者をいう（特児扶手2条2項）。ただし，重度障害児が，障害を支給事由とする年金給付を受けることができるとき，または障害児入所施設等に入所しているときは，支給されない（特児扶手17条，特児扶手令6条）。特別児童扶養手当とは併給される。

障害児福祉手当の額は月額14,170円を基準として，消費者物価指数の変動に応じて毎年，物価スライドされる（特児扶手18条・26条）。受給には，都道府県知事等による受給資格の認定を受ける必要がある（特児扶手19条）。また，受給資格者（重度障害児本人）および扶養義務者等の所得による支給制限がある（特児扶手20条・21条）。

障害児福祉手当の給付費用は，4分の3を国が，4分の1を都道府県，市および福祉事務所を設置する町村が負担する（特児扶手25条）。

(4) 特別障害者手当

特別障害者手当は，20歳以上で，政令で定める程度の著しく重度の障害の状態にあるため，日常生活において常時特別の介護を必要とする者（特別障害者）に対し，支給される（特児扶手2条3項・26条の2）。

特別障害者手当は，障害基礎年金と共に障害者の所得保障を構成する制度であり，在宅の最重度の障害者を対象に，最重度の障害による特別な負担の軽減を図ることを目的とする。そのため，障害者が障害者支援施設等に入所している場合や病院に継続的に入院している場合には，支給されない（特児扶手26条の2）。また，特別障害者手当は，障害に対する年金給付と併給される。

特別障害者手当の額は月額 26,050 円を基準に，消費者物価指数の変動に応じて毎年，物価スライドされる（特児扶手 26 条の 3・26 条の 5)。受給資格の認定，所得による支給制限，費用の負担については，障害児福祉手当と同様である。

5の参考文献

・黒田有志弥「社会手当の意義と課題――児童手当制度及び児童扶養手当制度からの示唆」社会保障研究 1 巻 2 号（2016 年）370 頁

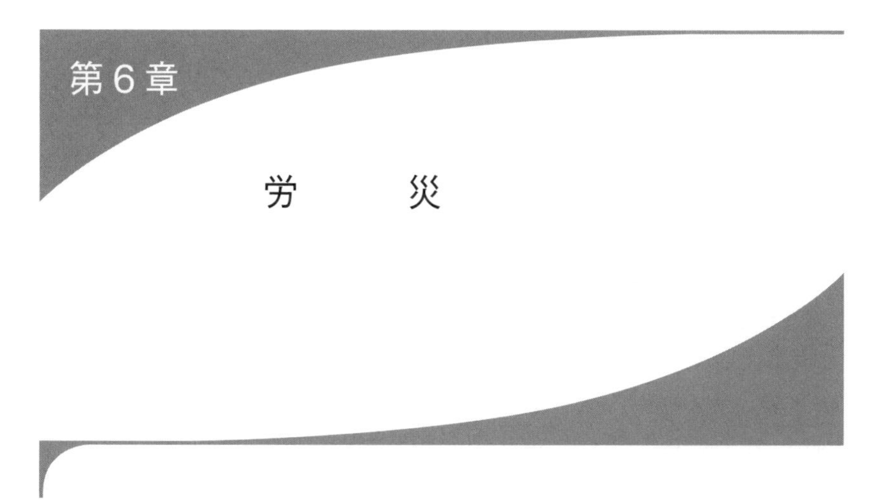

第6章 労災

総論

1 労災補償制度の意義

1 「労働者」の登場

産業の機械化・工業化が進むにつれ，社会では「労働者」と呼ばれる人々が登場した。物の製造過程における機械化は，それまでの職人による熟練した技術がなくても，誰でも簡単に作業に従事することを可能にした。これは，生産基盤となる資本を有していない人々に，自己の労働力を売り，生活の糧を得る機会を与えた。すなわち，それまで農村地域等において働く場のなかった人々に，工場という働く場が提供されることとなり，人々は工場のある都市部へと流入していくこととなった。

このような労働者は，物を生産する担い手である一方で，物を購入して消費する消費者でもあったため，その後の大量生産・大量消費社会を招来することとなった。

2 市民法の原則

産業の機械化・工業化の進展は，資本主義経済の発達を促したが，それを可能にした，この当時の社会における法の基本原則は，①私的所有権の保障，②契約の自由，③過失責任の原則であった。つまり，市民法は，私人による財貨の排他的な支配を承認した上で，財貨の自由な取引とその履行を保障し，経済生活における活動について故意・過失がなければ責任を負わないことを明らかにすることで，市民の市場での自由な経済活動を法的に保障したのであった。

このような法体制の下では，労働関係も当事者間の自由な合意に基づく契約関係と捉えられた。労働者と使用者は対等な契約当事者として契約を締結することになるが，実際には，労働者と使用者との経済的実力等の違いから，両者の間には歴然とした交渉力の差が生じていた。にもかかわらず，そのことは考慮されずに契約が締結されるため，労働者は著しく不利な立場におかれていた。結果的に，労働者と使用者との間で取り決められる労働条件は，低賃金，長時間労働，不衛生で危険な職場環境といった劣悪さを極めることとなったが，それらは自由な合意の結果として契約締結当事者である労使双方が遵守すべきものとされた。そして，劣悪な労働条件の遵守を義務づけられた労働者は悲惨な状況に陥りやすかったが，そのような状況は，契約自由の名の下に，社会的に放置された。

ところで，労働者が，労務に従事したことによって，怪我や病気をしたり，死亡したりすることを労働災害（「労災」と略される）というが（菅野605頁），産業の機械化・工業化は，労働災害を引き起こす要因にもなった。すなわち，機械化によって労働者が未熟練の状況でも簡単に作業に従事できるようになったことは，その反面で，労働者が機械の操作を誤るなどして日常的に事故が起こる状況を生み出すこととなり，時には労働者の死亡等の重大な被害を生じさせるようになった。特に，安全対策が十分にとられていない工場等で機械を用いる作業に労働者を従事させることは，当然のことながら労働災害を発生させる危険を多く含むものであったが，このような状態の中での就労も，市民法の原則の下では，契約締結当事者双方の合意内容の一つとして容認されていた。しかも，労働者が不幸にも労働災害に遭遇した場合，その責任は被災した労働者に帰せられることがほとんどであった。なぜならば，労働災害によって労働者が被った怪我等は，労働者自身の過失（機械の操作ミス等）による場合が多く，労働者が被った損害（怪我の治療費等）について，当該労働者を働かせていた使用者の責任を追及することは困難であった。すなわち，被災した労働者が，その責任を使用者に求める場合，不法行為等を理由として損害賠償を請求することになるが，その請求が認容されるには，使用者に故意・過失があったと認められる必要があり（過失責任の原則），被災労働者やその遺族は，使用者の故意・過失，因果関係，損害等を立証することが求められる。しかし，被災労働者側がこのような立証を行うことは難しく，また，産業の機械化・工業化は，労働災害における使用者の故意・過失の介在を希薄化させる面を有しており，使用者の責任を追及することを困難にしていた。さらに，被災労働者側が使用者に損害賠償を求め訴訟を提起するに当たっては，解雇される危険を覚悟する必要があり（現在では，このような解雇は違法との評価を免れないが，市民法の下では，契約自由の原則により解雇の自由が広く認められており，使用者の恣意による解雇も違法とはみなされなかった），基本的に資力に乏しい労働者側にとって多額の費用と長い日数を要する訴訟を提起すること自体が困難なことであった。加えて，訴訟において使用者に責任があると立証できた場合であっても，上記のような機械の操作ミス等の過失が被災労働者にあると，過失相殺によって賠償額が減額されるなど，実際に被災労働者側が使用者によって損害を賠償してもらえる可能性はほとんどなかった。そして，労働災害によって重度の障害を負うなどして働けなくなった労働者は，その後の生活の糧を得る手段を失うため，さらに苛酷な状況に陥っていった。

3　社会的保護の必要性と市民法の修正

市民法の下で，労働者は，劣悪な労働環境におかれた上，消費されるモノと同じように使い捨てされる状態にあった。特に，社会的に弱い立場にあった女性や年少者に関する労働環境は劣悪を極め，深刻な健康被害を引き起こしていた。このような状況は，労働者層が拡大するに従って，社会的に問題視されるところとなり，法律による規制が整えられていくこととなった。

労働災害については，被災労働者側による使用者の故意・過失の立証を不要として，業務によって被災した場合，当然に，使用者から被害の程度・内容に応じた一定の補償を受けられるようにする仕組み，すなわち労災補償制度が導入された。これは，無過失責任としての災害補償責任を使用者に課すことで，被災労働者の救済を図るものであり，労働災害の場面では過失責任の原則に大幅な修正が加えられたことを意味している。使用者に，このような無過失責任を課すことが許容されたのには，報償責任主義（使用者は労働者を働かせることによって利益を得ているのであるから，仮に労働災害という不利益が生じた場合には，利益を得ている使用者がその責任を負うことが公平である）や危険責任主義（企業活動の過程では事故が発生する危険が常に内在しているのであるから，その危険が現実化した場合には，使用者は当然その危険を負担すべきである）の考え方が大きな影響を及ぼしている。

発展 6-1　欧米諸国にみる労災補償制度の形成過程

産業の発展に伴う労働災害の増加を背景として，被災労働者側からの使用者に対する災害責任を追及する声は強まったものの，使用者の経済的利益と結びついていた過失責任主義の支配力は強く，また被災労働者に対する救済を不法行為等の損害賠償制度の下で処理する体制は強固であった。このような損害賠償制度下での被災労働者の救済に関して，欧米各国では，まず労働災害についての使用者の特別の責任を規定する法が制定された。このような特別責任法は，不法行為法上の賠償責任を拡大するものであり，イギリスでは1880年に雇主責任法（The Employer's Liability Act, 1880）が制定され，同法に倣った立法がアメリカにおいて19世紀末から20世紀初頭にかけて州立法において誕生した。その最初は1885年のアラバマ州法であり，連邦では1908年に連邦雇主責任法（Federal Employer's Liability Act, 1908）が州際交通事業を対象として制定された。また，ドイツでは1871年に鉄道，鉱山およびこれに関連する工場を対象とする賠償責任法（Reichshaftpflichtgesetz）が制定された。同法は，使用者の無過失責任を規定した点でイギリス法より先進的であった。

これらの立法は，従来よりも労働災害における過失責任主義の要件を緩和することに貢献はしたが，被災労働者が賠償請求訴訟を提起しなければならないこと，契約自由の原則の下で労働者に予め労働災害に対する賠償請求を放棄させることも可能であったこと等から，被災労働者に対する救済面ではなお不十分なものに留まっていた。そのため労働者側は，このような損害賠償制度下での救済ではなく，新たな救済制度（使用者の無過失責任による，訴訟手続を経ずに迅速確実に救済を得られる制度）を求め，各国の雇主責任立法から長い時を経ずに，労災補償立法が成立をみることとなった。

イギリスでは1897年に，鉄道，工場，鉱山，建築等の労働を対象とする労働者補償法が制定され，1906年の改正により実質的に全ての雇用労働者に適用範囲が拡大された。アメリカでは，使用者の無過失責任を定め，強制的に補償させる内容を含む労災補償立法は，コモンローの原則（一般的な不法行為責任の法理）に反するとして違憲判決が相次ぎ，なかなか進展しなかった。その後，法定の補償と賠償とのいずれかを当事者の選択によって行使させるとする選択補償方式がアメリカの主流となり，その最初の立法はマサチューセッツ州で1911年に成立した。フランスでは，1898年に鉱工業部門を適用範囲とする労災補償法が制定され，徐々にその適用範囲を拡大し，1938年には労働関係一般を対象とするものとなった。ドイツでは，1884年に工業労働者および低所得職員を対象とする災害保険法が制定された。同法は，世界で最初に災害補償保険制度を創設したものであり，他国の立法が使用者の直接補償制度を定めた上で責任保険と結合させ，最終的に災害補償保険へと発展したのに対して，当初から保険制度として出発した点に大きな特徴がある。

発展6-1の参考文献

・荒木誠之『労災補償法の研究――法理と制度の展開』（総合労働研究所，1981年）第1章，第2章

2　日本における労災補償制度の成立と発展

1　第二次世界大戦以前

日本における労働災害に対する救済立法は，官営事業に関する明治8（1875）年の「官役人夫死傷手当規則」，明治12（1879）年の「各庁技術工芸ノ者就業上死傷

手当内規」に端を発している。民間事業に対する労災救済立法は，明治23（1890）年の鉱業条例による救恤制度，明治38（1905）年の鉱業法に始まり，明治44（1911）年の工場法の災害扶助によって，鉱山労働の分野で試みられてきた労働者保護が工場労働一般に拡大されるに至った。

工場法は，日本で最初の一般的労働条件保護立法であり，同法において「職工自己ノ重大ナル過失ニ依ラスシテ業務上」負傷し，疾病に罹患しまたは死亡した場合についての工業主の扶助義務が規定された（15条）。同義務の具体的内容は工場法施行令において，傷病についての療養に必要な費用を負担し，休業に対する賃金の2分の1以上（3カ月以上にわたるときは3分の1）の支払い等と規定されていた。この災害扶助制度は，その後，適用範囲の拡大などの改正が加えられるが，基本的には第二次世界大戦後の労働基準法制定に至るまで維持されることとなる。

また，大正11（1922）年に制定された健康保険法は，業務上と業務外とを区別することなく，傷病に対する給付を行うこととされたことから，実際には，使用者の災害扶助義務が健康保険法と結合して実施されることとなり，災害扶助義務の保険化がここから始まったとされる。すなわち，健康保険法の施行によって，使用者の災害扶助義務の履行が個々の使用者から政府へと委ねられ，労災に関する救済が社会保険制度の中に組み込まれたのであった。このほかに，昭和16（1941）年の労働者年金保険法（後の厚生年金保険法）においても，業務上と業務外の区別をせずに障害および死亡に関する給付を行うこととされたため，労災を原因とする場合も支給対象に含められることとなった。

1の参考文献

・荒木誠之『労災補償法の研究——法理と制度の展開』（総合労働研究所，1981年）第2章

2　労働基準法上の労災補償責任と労災保険法との関係

第二次世界大戦後，昭和22（1947）年に労働基準法が制定され，同法75条以下において，使用者の無過失責任としての災害補償責任が定められた。そして，この使用者の災害補償責任の履行を確保することを目的として，同年に，労働者災害補償保険法（労災保険法）も制定されている。保険方式による実施が構想された理由は，当時の日本は戦後間もない頃であり，日本全体が貧しい状況にあったために，労働基準法で使用者の無過失責任としての災害補償責任を定めたとしても，補償できるだけの資力のない使用者も多く，現実問題として被災労働者への補償がなされないという事態が容易に予想できたからである。さらに，労働災害は，その予防策

に資金を投入することができない企業で多発する可能性が高いといえるが，予防措置を講ずることができない企業は当然のことながら事後的な補償をすることも困難であった。つまり，労働災害の起きやすい企業ほど資力に乏しいという状況が考えられた。また，使用者にとっても，災害補償に要する費用が高額である場合には事業の存続の危機に陥る可能性もあったことから，そのようなリスクを分散する上でも保険方式による補償制度が求められた。そこで，政府による強制保険として労災保険制度が設立されることとなった。

3　労災保険法の発展

その後，労災保険制度は法改正を重ねるに従い，給付内容の充実化，適用範囲の拡大など，労働基準法に定める使用者の災害補償責任の範囲を超えて，すなわち使用者の災害補償責任を担保する責任保険の枠を超えて，社会保障制度としての性格を強めながら独自の発展を遂げていくこととなる（「労災保険の一人歩き現象」とも呼ばれる）。その主なものは以下の通りである。

まず，昭和40（1965）年改正では，小規模事業主や一人親方のような「労働者」以外の者であって，労働者に準じる就業者と考えられる者にも労災保険の適用を認める特別加入制度が導入された。この特別加入制度を利用できる対象者の範囲はその後も徐々に拡大されている。

次に，適用事業については順次拡大され，昭和47（1972）年4月からは，労働者を使用する事業全てが労災保険の適用事業とされることとなった（労災3条1項。ただし適用除外や暫定任意適用事業となっているものもある）。

また，保険事故の拡大がなされている。すなわち，昭和48（1973）年改正では，業務災害とはいえない通勤による負傷，疾病，障害または死亡についても保険給付を行う通勤災害制度が創設された（労災7条2項）。労働基準法に定める災害補償は，業務災害といえる場合に限って通勤途上の災害も補償するに過ぎないことから，労働基準法の補償事由の枠を超えた保険事故が設定されたことになる。さらに，平成13（2001）年4月から，「労働安全衛生法……第66条第1項の規定による健康診断又は当該健康診断に係る同条第5項ただし書の規定による健康診断のうち，直近のもの（以下この項において「一次健康診断」という。）において，血圧検査，血液検査その他業務上の事由による脳血管疾患及び心臓疾患の発生にかかわる身体の状態に関する検査であつて，厚生労働省令で定めるものが行われた場合において，当該検査を受けた労働者がそのいずれの項目にも異常の所見があると診断されたとき」，が新しい保険事故として規定され（労災26条），二次健康診断等給付が支給されることとなった。

保険給付については，けい肺や脊椎損傷などの長期療養者の補償問題を契機として，昭和35（1960）年に長期傷病者補償制度が導入され，年金形態の長期給付が創設され，障害補償費についても同様に，治癒後も重度の障害を有する者（障害等級3級以上）を対象とする年金給付が設けられた。その後，昭和40（1965）年の改正では，年金支給対象とされる障害の範囲が拡大され（障害等級7級まで），遺族補償費の年金化や長期傷病補償給付の導入が行われた。このような保険給付の年金化や年金給付の実質的購買力の維持を目的とするスライド制の採用以外にも，労災保険では，上記の通勤災害に関する各種給付や二次健康診断等給付，平成7（1995）年改正で導入された介護補償給付といった，労働基準法の災害補償には存在しない保険給付も創設されており，本来の使用者の災害補償責任の範囲を超えた保険給付の拡大化，充実化が図られている。

このほかに，労災保険事業の保険施設に端を発する労働福祉事業（現在の社会復帰促進等事業。労災29条）の拡充が進められた。労働福祉事業では，保険給付の給付水準を実質的に引き上げる役割を果たしている特別支給金の支給や労災病院・リハビリテーション施設の運営，被災労働者の療養生活の援護や遺族の就学援護など各種援護事業等が行われるとともに，労働災害や労働安全衛生の確保とは直接的に関係しない未払い賃金の確保のための事業なども含められるなど，多様な事業を展開させるに至っている。

3の参考文献

・東京大学労働法研究会編『注釈労働基準法　下』（有斐閣，2003年）849頁以下［岩村正彦］
・厚生労働省労働基準局労災補償部労災管理課編『労働者災害補償保険法〔7訂新版〕』（労務行政，2008年）序論第2章

各　　論

1　適用事業と労働者概念

1　保　険　者

労災保険は，政府が管掌する（労災2条)。すなわち，政府は，労災保険の保険者として労災保険事業を運営しており，事業主から保険料を徴収し，被災した労働

者等に保険給付を行う。労災保険に関する事務は原則として都道府県労働局長が行うこととされているが，被災した労働者等に対する保険給付に関する事務を行うのは労働基準監督署長となっている（労災則1条）。したがって被災労働者等が保険給付を請求する場合の窓口は，所轄（事業場の所在地を管轄する）の労働基準監督署となる。

2　適用事業

労災保険は，「労働者を使用する事業」を適用事業とし（労災3条），その業種や規模にかかわりなく，労働者を1人でも使用する全ての事業に強制的に適用される。ただし，国の直営事業などは独自の労災補償制度を持っていることを理由に非適用事業とされているほか（労災3条2項），農林水産業で労働者5人未満の個人経営事業については暫定的に任意適用事業とされる（労災昭和44年附則12条）などの例外がある。労災保険の適用外とされていた船員保険については大幅な改正がなされることとなり，船員保険の中の職務上疾病・年金部門が平成22（2010）年1月より労災保険に統合されることとなった（なお，下船後の療養補償給付や行方不明手当金，その他労災保険よりも給付水準が上回っていた部分などについては，新船員保険制度の独自給付として支給される）。

労災保険の保険関係は，労働保険の保険料の徴収等に関する法律（労働保険徴収法）によって規律されており，同法における「労働保険」とは，労災保険および雇用保険の総称である（労保徴2条）。したがって，後述する雇用保険に関する保険関係についても，同法によることになる（→第7章各論①(2)）。労災保険の適用事業については，その事業が開始された日または当該事業が適用事業に該当するに至った日に保険関係が成立し（労保徴3条，失業保険法及び労働者災害補償保険法の一部を改正する法律及び労働保険の保険料の徴収等に関する法律の施行に伴う関係法律の整備等に関する法律（整備法）7条），これは事業主の手続を待つことなく自動的に成立する。保険関係の成立に伴い，事業主には保険料の納付義務が発生し，そこで雇用される労働者は，業務災害および通勤災害についての給付請求権が認められることになる。また，保険関係は，当該事業が廃止され，または終了した翌日に消滅する（労保徴5条）。なお，事業主が保険料を滞納している場合でも，被災した労働者等への各給付は行われる。

3　労働者概念

労災保険では，他の社会保険とは異なり「被保険者」という概念は存在せず，被災した労働者は，単に保険給付を受ける受給者となる。上述したように，労災保険は「労働者を使用する事業」を適用事業としており，保険給付も労働者が業務上被災した場合に支給されることからすれば，ここでいう「労働者」とは何かを明らかにすることは非常に重要である。そこでは，正社員か非正社員かといった雇用管理上の区分は問題とならず，また，不法就労の外国人であっても「労働者」に該当する限り，労災保険は当然適用される。

労災保険法に「労働者」に関する定義規定は存在しないが，そもそも労災保険は，労働基準法に定める使用者の災害補償責任の履行を確保するために設けられたことから，労災保険法にいう「労働者」とは，労働基準法9条にいう「労働者」と同一と解されている。すなわち，事業に「使用される者」で「賃金を支払われる者」である。労働者に該当するか否か（労働者性の有無）は，契約の形式や名称ではなく，実質的な使用従属関係の有無により判断される。昭和60（1985）年の労働基準法研究会報告書は，従来の裁判例や学説を分析・検討した上で，労働者性の具体的判断基準を整理しており，その後の行政解釈や裁判例に大きな影響を与えている。同報告書によれば，まず，「使用従属性」に関する判断基準として①指揮監督関係の有無（仕事の依頼や業務従事の指示等に対する諾否の自由の有無，業務の内容および遂行方法に対する指揮命令の有無，勤務場所および勤務時間の指定・管理による拘束性の有無，他人による代替性の有無）と，②報酬の労務対償性が問題とされている。そのうえで，使用従属性の判断が困難な場合に，「労働者性」の判断を補強する要素として，③事業者性の有無（高価な機器などの生産手段の保有の有無等）および④専属性の程度，⑤その他（所得税の源泉徴収の有無や労働保険の適用関係等）の事情を総合的に勘案して，労働者性が判断されるとする。

この労働者概念をめぐっては，昨今の就労形態の多様化とあいまって裁判で争われるケースが増えている。例えば，ある企業の運送業務を専属的に請け負っていたトラック運転手について，企業から業務の性質上当然に必要となる指示は受けていたが，使用従属関係にあるとは認められないとして労働者性が否定され（最判平成8・11・28労判714号14頁〔百選48〕），作業場を持たず1人で工務店の大工仕事に従事する形態で稼動していた大工についても労働者性が否定されている（最判平成19・6・28労判940号11頁）。他方で，県民共済のパンフレットを担当区域の各家庭に配布する普及員について，マニュアルや支部長による詳細な指示・命令を受けていたなど使用従属関係があるとして労働者性が肯定され（東京地判平成20・2・28労判962号24頁），映画の撮影技師についても，監督の指示に従う義務があり，時間的・場所的拘束を受けていたなど使用従属関係が認められるとして労働者性が肯定されている（東京高判平成14・7・11労判832号13頁）。また，シルバー人材センターに登録し，センターと契約を締結する会社の工場内で作業していた者について，同会社において定年退職の前後を通じて全く同様の労務に従事しており，会社による指揮命令や報酬の労務対償性が認められるとして，会社との使用従属関係が肯定された裁判例がある（神戸地判平成22・9・17労判1015号34頁）。さらに，法人の代表者や役員は通常は労働者には該当しないが，取締役であっても法人との間に雇用契約を締結しそれに基づき労務を提供しているような場合は，労働者に該当すると判断されている（大阪地判平成15・10・29労判866号58頁，東京地判平成23・5・19労判1034号62頁）。

なお，事業主自体は労働者ではないため，労災保険による保護の対象とはならない。これらの者についても被保険者資格を認め得る健康保険等とは大きく異なる点である（→第3章各論②2(1)）。

4　特別加入制度

事業主や自営業者等は労働者ではないため労災保険の適用対象外となっているが，その就労実態や災害の発生状況等から，それらの者についても労災保険によって保護をするのが妥当な場合がある。そこで一定の要件を満たす事業主等については，労災保険に特別加入することを認める制度が設けられた。現在，特別加入できるのは，①中小事業主およびその者が行う事業に従事する者（家族従事者等），②個人タクシー運転手や大工などの一人親方およびその者が行う事業に従事する者，③特定作業従事者（特定農作業従事者，職場適応訓練従事者，労働組合の常勤役員等），④海外派遣者である（労災33条，労災則46条の16・46条の17・46条の18）。

特別加入者の業務や作業の内容は，労働者の場合と異なり，本人の主観によって決まる場合が多く，その範囲を確定することが難しい。行政実務では，特別加入者が労災保険による保護を受ける業務の範囲は，あくまでも労働者の行う業務に準じたものであり，特別加入者の行う全ての業務に対して保護を与える趣旨ではないと解されている。最高裁も，中小事業主に関する特別加入制度は，労働者に対して成立している労災保険関係を前提として，当該保険関係上，中小事業主を労働者とみなすことで労災保険法による保護を及ぼすものであることからすれば，中小事業主が労働者を使用することなく行っていた業務については，保険関係は成立せず，保険給付は支給されないと判断している（最判平成9・1・23判時1593号127頁，最判平成24・2・24民集66巻3号1185頁（百選55））。また，業務上外の認定は，特別加入に当たり申請した業務を基礎として行われることとされており（高松地判平成

23・1・31 労判 1028 号 67 頁では，特別加入にあたり申請した業務は，業務上外の判断の基礎となるだけでなく，休業補償給付の支給要件の解釈（従事不能要件の判断対象となる事業の範囲）についても基準となると判断），特別加入する際には，特別加入者の実態を踏まえた上で業務内容等を判断し，申請することが求められている。

労災保険法の施行地外（海外）で行われる事業に使用される海外派遣者が，国内事業場の労働者とみなされ，労災保険法上の保険給付の対象となるためには，特別加入手続が必要となる。他方で，海外で就労している点では共通するが，国内で行われる事業に使用される海外出張者の場合には，特別加入手続を要することなく当然に労災保険法上の保険給付の対象となる。いずれに該当するかは，単に労働の提供の場が海外にあるだけで，国内の事業場に所属して当該事業場の使用者の指揮に従って勤務しているのか，それとも，海外の事業場に所属して当該事業場の使用者の指揮に従って勤務しているのかという観点から，当該労働者の従事する労働の内容やこれについての指揮命令関係等の当該労働者の国外での勤務実態を踏まえ，どのような労働関係にあるかによって，総合的に判断される（東京地判平成 27・8・28 労経速 2265 号 3 頁（海外派遣者と判断），同控訴審：東京高判平成 28・4・27 労判 1146 号 46 頁（海外出張者と判断））。

2 業務災害

1 認定の意義

労災保険法に基づく，業務災害に関する各種保険給付は，労働基準法 75 条から 77 条まで，79 条および 80 条に定める災害補償の事由が生じた場合に行われる（労災 12 条の 8 第 2 項）。他方で，労働基準法の災害補償事由について労災保険の給付が行われるべきものである場合には，使用者は補償の責を免れる（労基 84 条 1 項）ことから，労災保険法にいう業務災害と労働基準法の災害補償事由とは同一のものと解されている（最判平成 5・2・16 民集 47 巻 2 号 473 頁）。

そして，労災保険法は，業務災害を，「労働者の業務上の負傷，疾病，障害又は死亡」と定義（労災 7 条 1 項 1 号）している（したがって，ここでいう「災害」とは，作業中等に生じた事故や自然災害などではなく，労働者の被った「負傷，疾病，障害又は死亡」のことである）。他方で，労働基準法では，業務上の疾病については労働基準法施行規則で定める（労基 75 条 2 項）としているものの，それ以外に災害補償事由に関する定義はない。そのため，何が業務災害（労働基準法の災害補償事由）であるかは，労働基準法施行規則で定める業務上の疾病を除き，解釈に委ねられている状況にある。

労働者に生じた災害（傷病等）が業務上のものといえる場合，使用者の災害補償責任が肯定され，労災保険給付が支給されることになる。したがって，当該傷病等が「業務上」のものであるか否かを判断することが必要不可欠となり，その判断をするために行政実務上行われるのが「認定」である。

業務によって災害が生じたとは，業務に内在あるいは通常随伴している危険が具体化したことを意味し，天変地異や労働者が故意に発生させた災害などは，業務上の災害とはいえない。すなわち，労働者が従事していた業務と発生した災害との間に相当因果関係が存在することが必要であり，このことを認定実務では「業務起因性」と称している。判例も，労働者に生じた傷病等が，業務に内在する危険が現実化したものである場合に，当該傷病等と業務との間の相当因果関係を認めている（公務員に関する事案であり，労災保険法における判断をしたものではないが，最判昭和51・11・12判時837号34頁，最判平成8・1・23判タ901号100頁，最判平成8・3・5判タ906号203頁（百選53））。

以下では，業務起因性がどのように判断されているか概観する。この場合において，業務上の明確な「事故」による傷病等（災害）と，そのような「事故」が介在しない疾病等（災害）とでは，業務起因性の判断の構造も大きく異なることから，両者を区別して取り扱うこととする。

なお，業務上の事故がある場合を災害性傷病，ない場合を非災害性疾病と呼んで区分することも多いが，「災害」という用語が多義的に用いられる結果，混乱しやすくなることから，ここでは，業務上の事故が介在する場合を「事故性」，ない場合を「非事故性」といい，被災労働者の傷病等を意味する災害とは区分することとする。

1の参考文献

・中益陽子「労災補償における『業務』の意義」『労働法学の展望（菅野和夫先生古稀記念論集）』（有斐閣，2013年）399頁

発展6-2　業務起因性の内容

傷病等の発生には業務以外の様々な原因が競合して関わり得るため，相当因果関係を判断する際に業務と傷病等との結び付きの程度が問題となる。この点は，とりわけ，後述する過労死の業務上認定に関連して議論されてきた。過労死すなわち急性脳心臓疾患の発症

には，労働者が有する素因（心因的・身体的要因）ないし基礎疾病（動脈硬化，動脈瘤などの血管病変等），加齢，食生活，喫煙・飲酒等の生活習慣等の，過重な業務以外にも様々な原因が関わるためである。

行政解釈は，業務起因性が認められるためには，傷病等にかかる因果関係のうち，業務との関係が最も有力なもの（最有力原因）であることまでは要しないが，業務が相対的に有力な原因であることが必要であるとする（相対的有力原因説）。これに対し，下級審裁判例は大きく，行政解釈と同様に相対的有力原因説に立つもの（東京高判平成 22・10・13 判時 2101 号 144 頁，宇都宮地判平成 15・8・28 判時 1849 号 113 頁等）と，基礎疾病と過重な業務が共働原因となって発症を招いたものであれば足りるとする共働原因説に立つもの（広島高判平成 16・12・9 労判 889 号 62 頁，大阪高判平成 7・4・27 判タ 893 号 146 頁等）とに分かれてきた。学説も同様に，相対的有力原因説と共働原因説に分かれる。もっとも，裁判例の分析からは，両者の判断枠組みは実質的に近似しており，いずれの立場に立つかによって判断に大きな差は生じていないことが指摘されている。

なお，最高裁は，相対的有力原因ないし共働原因のいずれの文言も用いず，業務による過重な負荷が基礎疾病を自然の経過を超えて増悪させたか否かという点から判断している（最判平成 12・7・17 労判 785 号 6 頁（百選 51），最判平成 9・4・25 判時 1608 号 148 頁）。近年の下級審裁判例には，最高裁に倣って，業務による過重な負荷が基礎疾病を自然の経過を超えて増悪させたと認められるかを端的に判断するものも多い（東京地判平成 23・11・10 労判 1042 号 43 頁，東京地判平成 22・1・18 判時 2093 号 152 頁等）。

発展 6-2 の参考文献

・小畑史子「過労死の業務上外認定――最高裁判決と行政通達」ジュリスト 1197 号（2001 年）8 頁
・小畑史子「脳血管疾患・虚血性心疾患の業務上認定に関する裁判例――『共働原因』と『相対的に有力な原因』」花見忠先生古稀記念論集刊行委員会編『労働関係法の国際的潮流（花見忠先生古稀記念論集）』（信山社，2000 年）97 頁

2 業務上の負傷（事故性傷病等）

(1) 事故の業務起因性

明確な事故を介在して発生した労働者の災害（傷病等）の業務起因性の判断においては，第一次的に，労働者に生じた「事故」が労働関係の下にある（業務遂行性が認められる）時に発生したかが問題とされる。すなわち，事故が発生した時，労働者が労働契約に基づき事業主の支配下にあるといえる状態におかれていることを要する。そして，この業務遂行性が認められなければ業務起因性は否定される。ただし，業務遂行性が認められてもそれだけでは業務起因性は当然には肯定されず，さらに当該事故について，労働関係下にあることに伴う危険が現実化したものといえるか否かが検討されることになる。

業務遂行性があるとされるのは，次のような場合であり，大きく三つに類型化す

ることができる。第一に，事業主の支配下にあり，かつその管理下にあって業務に従事している場合であり，例えば事業場内で作業に従事している最中のことである。第二に，事業主の支配下にあり，かつその管理下にあるが，業務には従事していない場合であり，これは事業場内での休憩中や，始業前・終業後に事業場内で行動している場合が該当する。第三に，事業主の支配下にはあるけれども，その管理を離れて，業務に従事している場合であり，事業場外で働いている時や出張中がこれに当たる。

以上のような業務遂行性が認められる場合に発生した事故について，今度は業務起因性が判断されることになる。第一の場合，原則として業務起因性は肯定されるが，当該事故が自然現象や外部の力（強盗が押し入ってきた等），規律違反行為（酒に酔っての行為），私的逸脱行為（けんか等）などによって発生した場合は，業務起因性が否定される（最判昭和49・9・2民集28巻6号1135頁）。第二の場合，原則として業務起因性は否定されるが，当該事故が事業場の設備の不備や欠陥によるものであると認められる場合には，業務起因性が肯定される。第三の場合，危険にさらされる範囲が広いことから，業務起因性も広く認められる（福岡高判平成5・4・28労判648号82頁）。例えば，出張先の宿泊施設内で酔って階段から転落死したという場合も，業務と全く関係のない私的行為や恣意的行為ないしは業務遂行から逸脱した行為によって被災労働者が自ら招来したものでないときは，業務起因性が肯定されることになる（前掲福岡高判平成5・4・28）。

⑵　事故と傷病等（災害）との因果関係

被災労働者やその遺族が労災保険給付を受けるためには，事故に業務起因性が認められるだけでは足りず，その事故によって当該傷病等（災害）が引き起こされたという因果関係の存在（当該傷病等（災害）の業務起因性が肯定されること）が必要となる。ここでの因果関係の存否は，医学的な経験則に照らして判断される（通常は，業務起因性の認められる事故によって引き起こされた負傷等（災害）の業務起因性は肯定される）。

この事故と傷病等との因果関係は，大きく二つの場合に問題になり得る。

まず問題となるのは，業務起因性の認められる事故による直接的な被災労働者の身体への侵襲（例えば打撲，創傷等）の範囲を超えて症状が拡大し，より重大な結果に至った場合である。例えば，頭部への打撲とくも膜下出血による障害との因果関係（東京高判平成4・7・30労判613号11頁）や，頚部損傷と四肢脱力歩行障害との因果関係（東京高判平成3・1・30労判580号10頁）等である。これらの場合の因果関係の存否の判断については，医師による鑑定が重要な役割を果たす。なお，当該災害の発生に影響を与え得る基礎疾病を有する被災労働者の場合，当該基礎疾病との関係性も問われることになることから，因果関係の判断は難しく（医師によって鑑定結果が異なることもあり得る），その判断をめぐり争われることも多い。

次に問題となるのは，再発の場合である。業務起因性のある事故による傷病が治癒し，療養補償給付等が打ち切りとなった後に，従前の傷病が悪化したり，あるいは従前の傷病から別の傷病が派生したりした場合に，業務上災害として労災保険給付の対象となるかが問題となる。行政解釈において，このような再発は，原因である業務上の負傷または疾病の連続であって，独立した別個の負傷または疾病ではないことから，引き続き労働基準法に定める災害補償の対象となるとされており（昭和23年基災発13号），後発の傷病も業務起因性のある事故との間に因果関係が認められれば，労災保険給付の支給対象となる。そして，再発と認められるかどうかは，従前の傷病との因果関係を特に慎重に調査すべきことと解されている（昭和25年基発843号）。裁判例では，労災保険給付の支給対象となる再発というためには，①現傷病と業務上の傷病である従前の傷病との間に医学上の相当因果関係が存在し，②従前の傷病の治癒時の症状に比し現傷病の症状が増悪し，③現傷病の症状について治療効果が期待できるものであることの三要件を満たすことが必要と解されている（東京地判平成2・1・30労判556号16頁，大阪地判平成4・8・28労判623号56頁，大阪地判平成9・11・26労判729号31頁等）。なお，従前の傷病を負った会社を退職した後に再発した場合，別の会社に勤務していたとしても，従前の傷病を負った会社（退職した会社）との関係で補償が行われる（昭和23年基災発13号，昭和25年基発843号）。

2の参考文献

・東京大学労働法研究会編『注釈労働基準法　下』（有斐閣，2003年）861頁以下［岩村正彦］

3　業務上の疾病（非事故性疾病等）

労災保険法に基づく保険給付の対象となる「業務上の災害」には，業務上の明確な事故が介在せずに発生する非事故性の疾病も含まれている。しかし，非事故性の疾病は，明確な事故に遭遇することなく発症するため，就寝中に発症することもあれば，時には退職後に発症する場合もあり，事故性傷病等のように業務起因性の判断に際して業務遂行性を判断することは通常意味を持たない（当該疾病が長期間にわたって有害物質に曝される職場での就労後に発症すること等からすれば，業務遂行性は当然の前提とされていると解することもできる)。また，一般的に，疾病の発症には様々な要因が考えられ，労働者個人の素因や基礎疾病等が影響を与えることも多いことから，その業務起因性を立証することは容易ではない。

そこで，このような非事故性の疾病については，医学的な経験則から業務起因性が認められる疾病（職業病）をリスト化する（労基75条2項，労基則35条・別表第1の2）ことで，立証の困難性が緩和されている。すなわち，労働基準法施行規則別表第1の2に列挙されている疾病（例示疾病）については，労働者は，①列挙されている特定の業務に従事し，医学的経験則に照らして発症する程度に有害因子に曝露された事実と，②対応する疾病に罹患し，かつ，有害因子への曝露と発症の時期との間隔および症状の経過が医学的に矛盾しないことを立証すれば，特段の事情のない限り業務起因性が推定されることになる。

労働基準法施行規則別表第1の2は，第11号に「その他業務に起因することの明らかな疾病」と規定し，リストに具体的に例示されていない疾病であっても業務上の疾病と認める包括規定をおいている。ただし，同号の疾病については，例示疾病とは異なり業務起因性の推定は働かないため，被災労働者・遺族は業務と疾病との相当因果関係を個別的・具体的に主張立証しなければならない。

発展6-3　石綿（アスベスト）被害と労災認定

石綿（アスベスト）は耐熱性・耐酸性・耐摩耗性に優れた繊維状の鉱物で，その特性から工業製品の原料等として広く用いられてきた。特に，昭和50（1975）年に原則禁止されるまで，建築工事では保温断熱目的での石綿の吹付け作業が広く行われていた。

石綿の繊維を人が吸入すると，肺線維症（じん肺）や悪性中皮腫の原因となり，ひいては肺がんを起こす可能性がある。労働基準法施行規則別表第1の2は，石綿にさらされる業務を原因とする一定の疾病を業務上の疾病として例示している（労基則別表第1の2第4号7・7号8)。しかし，石綿にさらされる機会が様々な業種・業界に及んでいること，石綿を取り扱う業務に直接従事していなくても，その周辺で間接的な曝露を受ける可能性もあること，石綿による健康被害は潜伏期間が長い（原発性肺がんで15～40年，中皮腫で20～50年）ことなどから，石綿被害の業務上認定は困難であることが多い（業務起因性が認められた例として，大阪高判平成25・2・12判時2188号143頁，東京地判平成24・2・23労判1048号85頁，同控訴審：東京高判平成25・6・27平成24年（行コ）第137号裁判所HP等)。

石綿被害の増加を受けて，平成18（2006）年に「石綿による健康被害の救済に関する法律」(石綿健康被害救済法）が制定された。同法により，石綿による健康被害を受けた者およびその遺族で，労災保険給付の対象とならない者に対し，医療費，療養手当，特別遺族給付金等が支給されるようになった。給付の財源は，国・地方公共団体および事業主の負担により賄われる。

発展6-3の参考文献
・労務行政研究所編『業務災害及び通勤災害認定の理論と実際――労災保険　下巻』(労務行政, 2010年) 359頁以下

4 過 労 死

(1) 職業病リストへの掲載

いわゆる「過労死」とは, 医学的には急性の脳・心臓疾患 (心筋梗塞, くも膜下出血等) による死亡のことであるが, その原因が長時間労働等による慢性的な疲労やストレスの蓄積, すなわち「過労」にあることから社会的に用いられるようになった言葉である。ある労働者が「過労」によって死亡したのであれば, 当該労働者の遺族が, その死亡について業務災害として補償されるのは当然であると考えることは無理もない。しかし, 労働者を死に至らしめた急性脳心臓疾患は, 動脈硬化等の労働者の有する基礎疾病が悪化して発症することが多く, その悪化については, 加齢や食生活, 喫煙や飲酒の習慣等, 日常生活の様々な要因が影響しており, 特定業務と疾病との医学的な蓋然性が認められ難い疾病として (換言すれば, あらゆる業務において発症するリスクがある), これまで労働基準法施行規則別表第1の2には例示列挙されなかった。そのため, いわゆる過労死については, 包括規定である「その他業務に起因することの明らかな疾病」を用いて, 個別具体的に業務起因性が認められた場合に保険給付の支給対象とされてきた。そこでの業務起因性の認定に当たっては, 行政解釈としての認定基準が示され, その基準に従い判断がなされてきた。

平成22 (2010) 年, これまで行政の認定基準等に基づき労災補償の対象とされてきた, いくつかの疾病が労働基準法施行規則別表第1の2の例示疾病として新たに加えられた。その中の一つが, いわゆる「過労死」であり, 労働基準法施行規則別表第1の2第8号に「長期間にわたる長時間の業務その他血管病変等を著しく増悪させる業務による脳出血, くも膜下出血, 脳梗塞, 高血圧性脳症, 心筋梗塞, 狭心症, 心停止 (心臓性突然死を含む。) 若しくは解離性大動脈瘤又はこれらの疾病に付随する疾病」として例示されるに至っている。この改正により,「長期間にわたる長時間の業務」や「その他血管病変等を著しく増悪させる業務」に従事し, 急性の脳心臓疾患を発症した場合には, 業務起因性が推定されることになった。しかし,

実際には，「長期間にわたる長時間の業務」と認められるためには何時間働いている必要があるのか，「その他血管病変等を著しく増悪させる業務」とは具体的にはどのような業務であるのか等，個別具体的に判断する必要があり，過労死の労災認定においては，包括規定の下で行われてきた認定基準が依然として重要な位置を占めている。

(2)　認定基準の変遷

いわゆる過労死の労災認定に関しては，上記のように，急性脳心臓疾患にかかる業務災害の認定基準が作成され，それに基づき業務起因性が判断されてきたが，行政は，かつては極めて厳しい態度を示していた。例えば，脳梗塞の発症24時間前までに，普段の仕事ではみられない異常な出来事に遭遇した場合に業務起因性を肯定する（災害主義）という基準（昭和36年基発116号）によって判断がなされていた。すなわち，過労死を引き起こす大きな要因として考えられてきた，長期間にわたる長時間労働による疲労の蓄積といった視点は完全に欠如していた。

しかし，その後，このような取扱いに対する批判や，労災保険給付の不支給決定を争う取消訴訟で遺族側の勝訴が相次ぎ，徐々に認定基準が緩和される方向での改定が重ねられた。現在の認定基準（平成13年基発1063号）は，長期間にわたる疲労の蓄積を考慮して業務起因性が肯定された最高裁判決（最判平成12・7・17労判785号6頁（百選51），最判平成12・7・17労判786号14頁）を契機にして作成されたものであり，業務による明らかな過重負荷によって，基礎疾病がその自然的経過を超えて著しく増悪し，急性脳心臓疾患が生じた場合には，業務起因性が認められるとしている。具体的には，①発症直前から前日までの間に業務に関連する異常な出来事に遭遇した場合，②発症に近接した時期（発症前，概ね1週間）において，日常業務（通常の所定労働時間内の所定業務をいう）に比較して，特に過重な業務に従事した場合，③発症前の長期間（発症前，概ね6カ月間）にわたり，著しい疲労の蓄積をもたらす特に過重な業務に従事した場合，という三つの類型化がなされ，それまでよりも長期間にわたる疲労の蓄積が考慮される内容となっている。

また，「特に過重な業務」の判断については，誰を基準とするのかという点が問題になるが，被災労働者と同じ程度の年齢，経験等を有する健康な状態にある者のほか，基礎疾病を有していたとしても日常業務を支障なく遂行できる者をいうとしている。

さらに，業務の過重性の判断要素としては，業務量，業務内容，作業環境等が挙げられており，その中で特に重要な要素である労働時間については，目安が示された。発症前の1カ月〜6カ月にわたって，1カ月当たりの時間外労働が45時間を超えると，業務と発症との関連性が徐々に強まり，発症前1カ月間に100時間，または発症前2カ月〜6カ月間の時間外労働が1カ月当たり80時間を超えていた場合には，業務と発症との関連性が強いとの判断が示されている。

以上の認定基準を参考に，行政実務では，「長期間にわたる長時間の業務」や「その他血管病変等を著しく増悪させる業務」に該当するかが判断されている。

なお，過労死問題の対策の一環として，平成12（2000）年の労災保険法の改正によって，新たに二次健康診断等給付（労災26条）が設けられた。

発展6-4① 過労死等防止対策推進法の制定

過労死および次に述べる過労自殺に関する調査研究，啓発，相談体制の整備等を推進するために，過労死等防止対策推進法が平成26（2014）年に制定された。同法7条では，政府は，過労死等の防止対策を効果的に推進するため，「過労死等の防止のための対策に関する大綱」の策定が義務づけられ，同条に基づく初となる大綱が平成27（2015）年7月に公表された。同大綱では，過労死等についての調査研究を推進するとともに，啓発活動の促進，相談体制の整備，民間団体の活動に対する支援の各対策を講じることが定められた。また，長時間労働の解消（平成32（2020）年までに週労働時間60時間以上の雇用者の割合を5% 以下），年次有給休暇の取得率の向上（平成32（2020）年までに取得率70% 以上），企業のメンタルヘルス対策の推進（メンタルヘルス対策取り組み事業場の割合を80% 以上）に関する目標の早期達成を目指すことが示されている。

なお，同法において，「過労死等」とは，「業務における過重な負荷による脳血管疾患若しくは心臓疾患を原因とする死亡若しくは業務における心理的負荷による精神障害を原因とする自殺による死亡又はこれらの脳血管疾患若しくは心臓疾患若しくは精神障害をいう」と定義づけられている（過労死等防止対策推進法2条）。

発展6-4② 裁判例の動向①——業務の過重性の判断方法

現在の認定基準である通達（平成13年基発1063号）が出された以後の裁判例には，認定基準の内容に合理性を認めた上で，認定基準に沿った行政庁の判断を肯定するものがある（大阪高判平成23・1・25労判1024号17頁，東京高判平成22・10・13判時2101号144頁等。いずれも業務起因性を否定）。他方で，認定基準が示す医学的知見を参考にしつつ，認定基準や行政庁が認定した労働時間数に必ずしもとらわれずに，急性脳心臓疾患の業務起因性を柔軟に判断する裁判例も多い。

例えば，時間外労働時間数がそれほど多くない（月45時間を上回るが80時間を下回る）事案において，業務の量的過重性（労働時間の長さ）のみでなく，不規則な勤務形態（東京地判平成23・11・10労判1042号43頁）や業務に伴う精神的緊張（東京地判平成25・2・28判時2186号103頁）など業務の質的な過重性を加味して，業務起因性を認めた裁判例がある。勤務形態等の事由は認定基準においても業務の過重性の考慮要素として挙げられており，これらの裁判例は認定基準によった上で行政とは異なる判断をしたものということができる。

また，業務の過重性の評価期間について，認定基準は発症前概ね6カ月間とする。これに対し，発症前6カ月間の業務に過重性が認められない事案において，発症前6カ月より以前の勤務における過重業務に基づき発症の業務起因性を認めた裁判例がある（東京地判平成23・4・18労判1031号16頁。ただし同控訴審：東京高判平成24・11・7平成23年（行コ）第180号判例集未登載により原判決取消し）。これは，認定基準とは異なる判断基準を用いた例といえる。

発展6-4①，6-4②の参考文献
・山口浩一郎『労災補償の諸問題〔増補版〕』（信山社，2008年）178頁
・菅野615頁

発展6-4③　裁判例の動向②――業務の過重性判断の基準となる労働者

急性脳心臓疾患の業務上外認定に際しては，誰を基準として業務の過重性を評価するかが問題となる。

現在の認定基準は，業務の過重性の判断基準として，「当該労働者と同程度の年齢，経験等を有する健康な状態にある者のほか，基礎疾患を有していたとしても日常業務を支障なく遂行できる者」をも含む同僚等を用いる（平成13年基発1063号）。現実には，何らかの基礎疾病を有しながら支障なく就労している中高年労働者が多く存在し，これらの者が通常よりも過重な業務を遂行したために急性脳心臓疾患を発症した場合にも，労災補償の保護を及ばせる必要があるためである。

これに対し，裁判例には，認定基準が示す時間外労働時間数の基準を下回り，かつ被災労働者に重い基礎疾病があるという事案において，当該労働者本人を基準に業務の過重性を判断し，業務起因性を認めるものがある（札幌高判平成22・8・10労判1012号5頁等）。また，身体障害者であることを前提として業務に従事させた場合には，災害の業務起因性の判断基準は平均的労働者ではなく，当該労働者を基準とすべきとした裁判例もある（名古屋高判平成22・4・16判タ1329号121頁）。学説にもこうした本人基準説を支持ないし主張する立場がある。

しかし，被災労働者本人を基準とすると，基礎疾病が重篤で業務の負担がわずかに過ぎない場合にまで急性脳心臓疾患の業務起因性が認められることになり，妥当ではない。とりわけ，障害者に対する本人基準の適用については，企業の障害者雇用に与える影響も考慮する必要があろう。

発展6-4③の参考文献
・良永彌太郎「職業病の認定」日本労働法学会編『現代労働法講座　第12巻』（総合労働研究所，1983年）210頁
・石田眞「作業関連疾患」日本労働法学会編『講座21世紀の労働法　第7巻』（有斐閣，

2000年）88頁
・東京大学労働法研究会編『注釈労働基準法　下』（有斐閣，2003年）874頁［岩村正彦］
・西村360頁

発展6-4④　治療機会の喪失

疾病の発症自体に業務起因性が認められなくとも，発症後も引き続き業務に従事せざるを得ず，適切な治療を受けることができなかった場合に，発症およびその結果である死亡等に業務との相当因果関係が認められるかという問題がある。従来の裁判例では，海上（東京高判昭和32・12・25労民集8巻6号1037頁，船員保険の事案）や不案内な遠隔地（名古屋高判昭和63・10・31判タ693号105頁）など，物理的ないし地理的な事情により疾病の治療を受けられなかった場合に，業務と疾病との相当因果関係が認められてきた。しかし近年では，特に急性脳心臓疾患について，発症前の業務に過重性が認められない（したがって疾病自体は私傷病と判断される）場合に，発症後の業務継続による治療機会の喪失を理由として業務起因性を認める例が増えている。

最高裁は，公務災害の事案において，公務の性質や遂行状況等から客観的にみて，急性脳心臓疾患の発症後も引き続き公務に従事せざるを得なかったために治療機会を喪失した場合には，公務に内在する危険が現実化したものとして，発症と公務との間に相当因果関係が認められるとしている（最判平成8・1・23判タ901号100頁，最判平成8・3・5判タ906号203頁〔百選53〕）。治療機会の喪失の論理は，下級審裁判例において，民間労働者の労働災害にも拡大されつつある（東京高判平成12・8・9労判797号41頁，東京高判平成13・1・23労判804号46頁等）。

裁判例に対し，学説からは，被災労働者の基礎疾病が重いほど治療機会の喪失が認められやすくなる，症状の自覚がない基礎疾病の場合には事実的因果関係がない（業務がなくとも被災労働者は治療に行かず，結果を回避できない）にもかかわらず業務起因性を認めることになる，といった問題点が指摘されている。

発展6-4④の参考文献
・中益陽子「判批」ジュリスト1226号（2002年）114頁
・東京大学労働法研究会編『注釈労働基準法　下』（有斐閣，2003年）879頁［岩村正彦］

5　精神障害

(1)　職業病リストへの掲載

現代社会はストレス社会であると表現されることがあるが，過重な業務による著しい心理的負荷によって労働者が鬱病等の精神障害に罹患し，最悪の場合，当該労働者が自殺するということが起きるようになった。このような労働者の自殺は，一般に，働きすぎた（過労の）ために当該労働者が精神障害を発病し，その精神障害によって引き起こされることから「過労自殺」と呼ばれ，過労死と共に現代社会の問題として認識されるに至っている。

過労自殺の原因となっている精神障害は，急性脳心臓疾患と同様に，職業性疾病としての特異性がないことや，労働者の個体側要因が発病に大きな影響を与えること等から労働基準法施行規則別表第1の2に示される例示疾病とはされず，包括規定を用いて，個別具体的に業務起因性の判断がなされてきた。しかしながら，上記の平成22（2010）年の労働基準法施行規則改正において，「人の生命にかかわる事故への遭遇その他心理的に過度の負担を与える事象を伴う業務による精神及び行動の障害又はこれに付随する疾病」（労基則別表第1の2第9号）として例示されることとなった。ただし，過労死の場合と同様に，実際の労災認定の場面における「心理的に過度の負担を与える事象を伴う業務」の具体的な判断については，これまでと同様に行政解釈で示される認定基準が大きな意味を持ち続けるといえる。

⑵　認定基準

精神障害の労災認定基準については，平成11（1999）年に定められた「心理的負荷による精神障害等に係る業務上外の判断指針」（平成11年基発544号）が用いられてきたが，労働環境の急激な変化等を背景とする業務の集中化による心理的負荷や，職場におけるいじめやハラスメントといった問題に対処する必要性が高まったことから，平成21（2009）年に判断指針が改正された（平成21年基発0406001号）。その後も精神障害の労災請求件数は増加し（平成10（1998）年度42件→平成22（2010）年度1,181件），今後さらなる増加が見込まれるとともに，事案審査にかかる時間は長く，事務量も多いことから，審査の迅速化，効率化を図るための認定基準の見直しが進められた。その結果，平成23（2011）年11月に提出された「精神障害の労災認定の基準に関する専門検討会報告書」に基づき，「心理的負荷による精神障害の認定基準について」（平成23年基発1226第1号）が新たに作成された。

そこで定められた認定のための要件は，①認定基準の対象となる精神障害を発病していること，②当該精神障害の発病前概ね6カ月の間に，業務による強い心理的負荷が認められること，③業務以外の心理的負荷や個体側要因により発病したとは認められないことである。

心理的負荷の判断については，具体例を記載した心理的負荷評価表が定められ，ストレスの強度を判断しやすいよう工夫されている。また，心理的負荷評価表では，業務による心理的負荷の強度を評価するに際して，「特別な出来事」と「特別な出来事以外」という区分が設けられており，前者では当該出来事のみで心理的負荷の総合評価が「強」と判断されるとしつつ，後者の場合では，出来事後の状況や恒常的長時間労働（月 100 時間程度となる時間外労働）という事情が適切に反映されるよう心理的負荷を総合評価する視点が明確化されている。心理的負荷が「強」と判断される「特別な出来事」の例示には，「極度の長時間労働」が定められており，具体的には発病直前の 1 カ月に概ね 160 時間を超えるような時間外労働がこれに当たるとされている。また，いじめやセクシュアルハラスメントに関しては，6 カ月という評価期間にとらわれることなく，その開始時からの全ての行為を対象として心理的負荷の評価を行うこととされた。さらに，これまでは全ての事案について必要とされていた精神科医の合議による判定が，判断の難しい事案に限定されることとなった。

⑶　労働安全衛生法の改正

業務上のストレスによる精神障害を予防するためには，職場におけるメンタルヘルス対策が重要となる。労働安全衛生法の平成 26（2014）年改正により，事業者には，労働者の心理的な負担の程度を把握するための検査（ストレスチェック），高ストレス者に対する医師による面接指導，面接結果を踏まえた職場環境の改善措置の実施等が義務づけられた（労安衛 66 条の 10。ただし，従業員数 50 人未満の事業場については当分の間は努力義務とされる）。

⑷　「自殺」と給付制限

労働者が，故意に負傷，疾病，障害もしくは死亡またはそれらの直接の原因となった事故を発生させた場合には，保険給付は行われない（労災 12 条の 2 の 2 第 1 項）。また，労働者が故意の犯罪行為もしくは重大な過失などによって，負傷等もしくはそれらの原因となった事故を生じさせた場合などには，政府は保険給付の全部または一部を行わないことができる（同条 2 項）。

この労働者の「故意」という点で問題となるのが，自殺の業務起因性である。通常，自殺は「労働者の故意による死亡」として労災保険給付の支給対象外となる。しかし，自殺であっても業務上のものと認められる場合がある。

行政実務では，自殺が業務上の負傷または疾病により発した精神異常のため，かつ心神喪失の状態において行われ，しかもその状態が当該負傷または疾病に原因しているときのみを業務上の死亡として取り扱う（昭和 23 年基収 1391 号）こととしていた。しかし，裁判例において，被災労働者が心神喪失の状態に陥っていない場合の自殺につき，当然には労災保険法 12 条の 2 の 2 第 1 項にいう故意に該当するとはいえないとするものも現れ（大阪地判平成 9・10・29 判タ 962 号 145 頁），また，過労自殺に対する社会的関心の高さを背景として，行政解釈の見直しが行われた。

その結果，業務上の精神障害を発病した労働者が自殺した事案において，当該精神障害によって正常の認識，行為選択能力が著しく阻害され，または自殺行為を思い留まる精神的抑制力が著しく阻害されている状態で自殺をしたものと認められる場合には，結果の発生を意図した「故意」には該当せず，原則として業務起因性が肯定されることになった（平成11年基発545号）。

発展6-5　心理的負荷の強度の判断基準

精神障害の業務上認定においても，業務による心理的負荷の強度を，誰を基準に判断するかが問題となる。行政実務では，平成11（1999）年の判断指針（平成11年基発544号）も現在の認定基準（平成23年基発1226第1号）も，一貫して精神障害を発病した労働者本人ではなく，「同種の労働者」，すなわち職種，職場における立場や職責，年齢，経験等が類似する者を基準としている。

これに対し，裁判例は大別して，①当該労働者と職種，職場における立場，経験等の点で同種の者で，何らかの個体側の脆弱性を有しながらも，特段の勤務軽減を必要とせずに通常業務を遂行することができる者を「平均的労働者」として基準とするもの（東京地判平成24・11・28判時2202号130頁，鳥取地判平成24・7・6労判1058号39頁〔百選52〕等）と，②同種労働者（①にいう平均的労働者）の中でその性格傾向が最も脆弱な者（ただし，同種労働者の性格傾向の多様さとして通常想定される範囲内の者）を基準とするもの（名古屋地判平成23・12・14労判1046号42頁，名古屋地判平成18・5・17労判918号14頁等）に分けられる。中には，②の基準を示した上で，当該労働者の性格傾向が同種労働者の性格傾向の多様さとして通常想定される範囲を外れるものでない限り，労働者本人を基準として判断すればよいとして，本人基準に近い立場をとる裁判例もある（名古屋地判平成13・6・18判時1769号117頁。本人基準説の問題点については→④の発展6-4③）。また，平均的労働者を基準としつつ，使用者側が当該労働者の資質・性格等を把握していた場合にはそのような主観的・個別的要素を十分に配慮すべきとする裁判例もある（福岡高判平成21・5・19労判993号76頁）。

裁判例は全体として，判断指針ないし認定基準を参照しつつも，より緩やかな判断を示す傾向にあるといえよう。

発展6-5の参考文献

・水町勇一郎「判批」ジュリスト1413号（2010年）123頁
・水島郁子「職場における心理的負荷評価表の改正とその影響」季刊労働法227号（2009年）36頁
・山口浩一郎『労災補償の諸問題〔増補版〕』（信山社，2008年）第2編第2章
・上田達子「ストレス関連疾患の法的救済――補償と賠償の課題」日本労働法学会誌109号（2007年）36頁

図表 6-1　通勤形態の 3 種類
（2 および 3 の形態については，一定の要件がある）

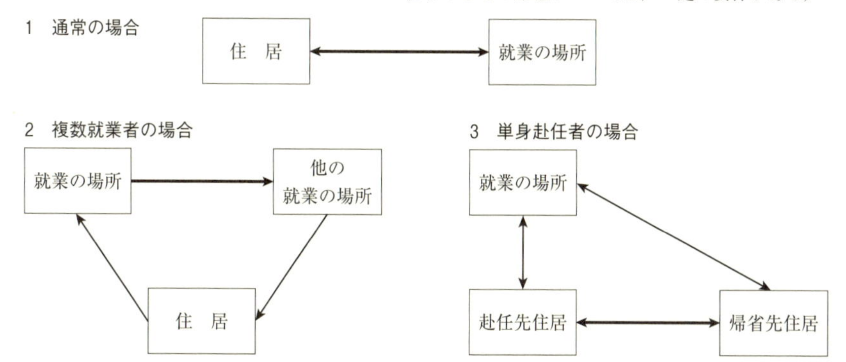

（出典）厚生労働省ほか「労災保険給付の概要」人事実務 1118 号（2012 年）6 頁より

3　通勤災害

1　通勤中の事故と保護の必要性

通勤中の事故による労働者の負傷や死亡等に対する保障を行うことを目的として，昭和 48（1973）年に通勤災害制度が創設され，業務災害とほぼ同様の給付が労災保険から支給されている。

通勤災害制度が創設された当時の日本は，高度経済成長期を経て，労働者の通勤の長時間化や交通事故の多発といった通勤事情の悪化が社会問題視された時期であった。そして，労働組合などからは，通勤が労務の提供と密接に関連する定型化された行為であって，通勤途上での災害を完全な私傷病として取り扱うことへの強い反発が示されるなど，通勤途上での災害を保護する制度の必要性が議論された。結果的に，労災保険制度の枠組みの中で通勤災害が保障されることとなった。ただし，通勤災害は業務外の災害であることに変わりはないため，使用者の労働基準法上の災害補償責任は存在しないことに注意が必要である（通勤災害に関する各種保険給付の名称からは「補償」という表現が削除され，このことが端的に示されている）。

2　通勤災害の概念

労災保険法は，「通勤災害」を「労働者の通勤による負傷，疾病，障害又は死亡」と規定し（労災 7 条 1 項 2 号），通勤と相当因果関係にある災害，すなわち，通勤に通常伴う危険が具体化した災害を給付対象としている。したがって，通勤途上において，自然災害による被害や犯罪被害を受けたような場合で，通勤が単なる機会を提供したに過ぎないときは，通勤に通常伴う危険が具体化したとはいえず，通勤災害とは認められないと解される（大阪高判平成12・6・28労判798号7頁）。

ここでいう「通勤」とは，労働者が，就業に関し，労災保険法7条2項各号に定める移動を，合理的な経路および方法により行うことをいい，業務の性質を有するものを除くもの（労災7条2項）である。そして同項各号に定める「移動」には，①住居と就業の場所との間の往復，②厚生労働省令で定める就業の場所から他の就業の場所への移動，③住居と就業の場所との間の往復に先行し，または後続する住居間の移動（厚生労働省令で定める要件に該当するものに限る）の3種類がある（②，③にいう就業の場所，要件については労災則6条・7条）。また，「住居」とは労働者の就業の拠点となる居住場所であり，日常生活を送っている家屋のほか，勤務の都合によって一時的に宿泊する場所も住居といえる。さらに，「就業の場所」とは，業務を開始しまたは終了する場所をいい，本来の業務を行う場所のほか，用務先から直接帰宅するような場合の最後の用務先等も就業場所に当たる。

以前は①の移動のみが通勤と認められていたが，複数事業場で働く労働者や単身赴任者の通勤事情を考慮し，②および③の移動が認められることとなった。そして，これらの移動は，一般に労働者が用いると認められる合理的な経路および方法によって行われる必要がある。合理的な経路は，常に最短でなければならないということではなく，通常利用することが考えられる経路が複数ある場合には，その経路はいずれも合理的経路とされる。例えば，他に子どもを監護する者がいない共働き労働者が，保育所や親戚等に子どもを預けるためにとる経路は合理的なものといえる（昭和48年基発644号）。方法とは交通手段のことを指し，徒歩，電車，バス，自動車，自転車等の利用は一般的に合理的と認められる。

また，「就業に関し」とは，業務に就くため，または業務を終えたために行うことを意味しており，当該移動が業務と密接に関連して行われたことが要求されている（就業関連性）。そのため，業務終了後に業務とは関係のない用件（例えばサークル活動等）のために長時間会社に残り，その後帰宅した場合，その帰宅という移動行為は「通勤」に当たらないことがある。一方で，酒食を伴う宴会であっても，それへの参加が強制されるなど宴会が業務と認められる場合には，宴会場（「就業場所」に当たる）からの帰宅は「通勤」に該当すると解される（仙台地判平成9・2・25労判714号35頁）。

図表 6-2 通勤の範囲（逸脱・中断）

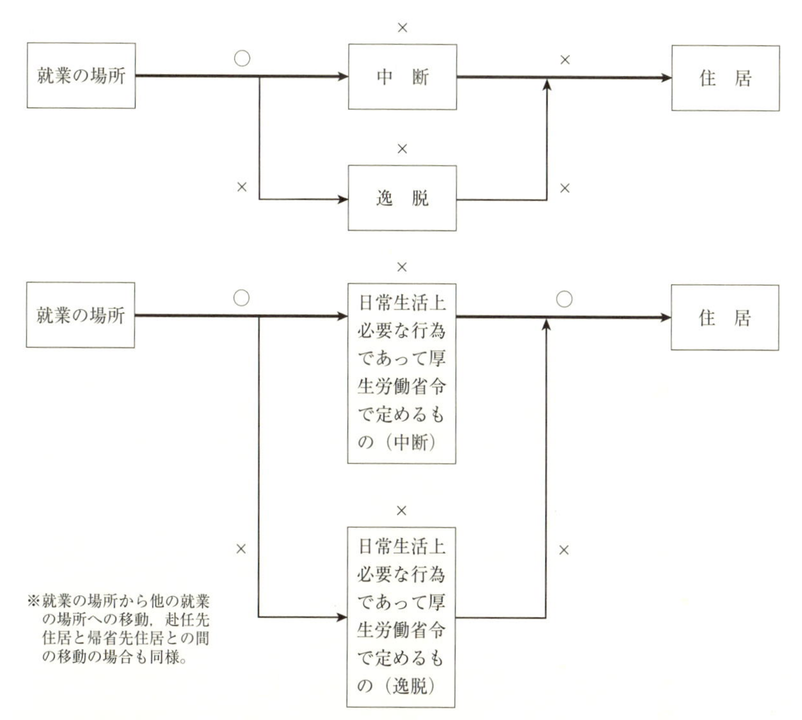

（出典）厚生労働省ほか「労災保険給付の概要」人事実務 1118 号（2012 年）6 頁より

3 合理的な経路からの逸脱・中断

上記の①から③の移動の経路を逸脱し，または中断した場合は，当該逸脱または中断の間およびその後の移動は「通勤」とはされない（労災 7 条 3 項）。ただし，当該逸脱または中断が，日常生活上必要な行為であって厚生労働省令で定めるものをやむを得ない事由により行うための最小限度のものである場合は，逸脱または中断の間を除き，「通勤」とされる（同項ただし書）。

「逸脱」とは，通勤の途上において通勤とは関係のない目的で合理的な経路を逸れることをいい，「中断」とは，経路上で通勤とは関係のない行為を行うことをいう。日常生活上必要な行為として厚生労働省令で定められているものは，日用品の購入，職業教育訓練の受講，選挙権の行使，病院での診療，要介護状態にある父母等の介護等である（労災則8条）。

発展6-6　「日常生活上必要な行為」と介護

厚生労働省令で定める「日常生活上必要な行為」の中に，以前は父母等の介護という事項は含まれていなかった。これは，終業後に義父の介護のために義父宅に立ち寄り，1時間40分程度滞在した後の帰宅途中で交通事故に遭ったことが通勤災害に当たるか否かが争われた事件（大阪高判平成19・4・18労判937号14頁〔百選54〕。裁判所は義父の介護を日常生活上必要な行為と認めた）を契機として定められた。

この「日常生活上必要な行為」とは，当該労働者にとっての必要な行為と解されるが，当該労働者が介護する側である場合，その介護は当該労働者にとっての必要な行為なのであろうか。介護は，介護される側にとっては当然必要であるが，介護する側にとっても同様と解し得るのであろうか。また，介護に要する時間は長時間にわたる場合もあり，就業との関連性が希薄化するという問題もある。進展する少子高齢化に鑑みれば，労働者の生活の中で親族の介護が大きな問題となり得ることは容易に想像できるが，親族の介護を労働者にとっての「日常生活上必要な行為」と解することには疑問の余地もある。

4　保険給付の内容

1　給付の種類と不服申立て

業務災害に関する保険給付としては，①療養補償給付，②休業補償給付，③障害補償給付，④遺族補償給付，⑤葬祭料，⑥傷病補償年金，⑦介護補償給付の7種類がある（労災12条の8）。また，通勤災害についても，業務災害に準じて7種類の給付があり，内容もほぼ同様である（労災21条。例外として31条2項）。以下では，業務災害に関する保険給付について具体的内容を整理する。

業務災害に関する保険給付は，傷病補償年金および介護補償給付を除き，労働基準法75条から77条まで，79条および80条に規定する災害補償事由が生じた場合に，被災労働者等の請求に基づいて行われる（労災12条の8第2項。請求手続については労災則12条以下）。この請求に基づき，所轄の労働基準監督署長は必要な事実の調査を行い，その結果を基にして保険給付の支給または不支給決定を行う。すなわち，保険事故である業務災害および通勤災害の発生によって被災労働者等が取得するのは，労働基準監督署長に給付の支給決定を求める権利であって，具体的な保険給付請求権ではない。被災労働者等は，自らの請求に基づき労働基準監督署長が保険給付の支給決定をすることで，初めて給付内容が定まり，その保険給付を求める具体的な権利を取得することになる（最判昭和29・11・26民集8巻11号2075頁〔百選61〕）。

被災労働者等に保険給付に関する具体的請求権を付与することとなる，労働基準監督署長の行う保険給付の支給・不支給決定は，行政処分である。労働基準監督署長の決定に不服がある場合，被災労働者または遺族は労働者災害補償保険審査官に対し審査請求を行い，その決定に不服がある場合には，労働保険審査会に再審査請求をすることができる（労災38条1項）。取消訴訟を提起するには，原則として労働者災害補償保険審査官の決定を経なければならず（労災40条），不服申立（審査請求）前置主義が採用されている。審査請求をした日から3カ月を経過しても審査請求に対する決定がないときは，審査請求が棄却されたものとみなすことができ（労災38条2項），再審査請求または取消訴訟を提起することができる（労災38条1項・40条）。行政不服審査法の平成26（2014）年の全面改正に伴い，多くの法律において不服申立前置が廃止・縮小されたが，労災保険においては大量の不服申立てがあり，直ちに出訴されると裁判所の負担が大きくなると考えられたことから不服申立前置主義が維持された。ただし，従前は再審査請求を経なければ取消訴訟を提起することができなかったが，同改正によって再審査請求は自由選択となり，審査請求のみが前置されることとなった。

発展6-7 労災保険給付支給・不支給決定とメリット制

労災保険の保険料算定には，一定規模以上の事業主に対してはメリット制（→6 2）が採用されていることから，ある労働者の傷病が業務災害と判断されると，その後に事業主が負担する保険料は増額されることになる。したがって，このようなメリット制の適用を受ける事業主は，自己の利益のために，労働基準監督署長の行った労災保険給付の不支給決定を争う取消訴訟への補助参加を求めることがある。判例は，事業主に対する安全配慮義務違反による損害賠償請求訴訟への影響を理由とする補助参加は認めないが，メリット制の適用を理由とする補助参加については，事業主は労働基準監督署長の敗訴を防ぐことに法律上の利害関係を有するとして肯定している（最決平成13・2・22労判806号12頁〔百選70〕）。

また，メリット制の適用により引き上げられた労災保険料率に基づき算定された保険料の認定処分を争った事件では，事業主が，保険料率の引上げ理由となった保険給付支給処分の違法性を主張できるかどうかが問われた（東京地判平成29・1・31労経速2309号3頁，同控訴審：東京高判平成29・9・21労経速2341号29頁）。同事件において裁判所は，まず，事業主が，自らの事業に係る労災保険給付の支給処分について，同処分の取消しを求める「法律上の利益を有する者」（行訴9条1項）として，支給処分の取消訴訟の原告適格を有すると判断した。次に，労災保険料の認定処分の取消訴訟において，同処分の前提とされた労災保険給付の支給処分の違法を主張できるか（いわゆる違法性の承継の有無）という点については，①保険給付支給処分と保険料認定処分は，同一の目的を達成するための連続した一連の手続を構成していると解される余地があるとはいえ，実体的に相互に不可分の関係にあるものとして本来的な法律効果が後行の処分に留保されているものということはできないこと，②法的には，保険給付支給処分の内容が事業主に通知されるようにはなっていないものの，保険給付の請求手続への事業主の関与や被災労働者との関係から事実上，支給処分内容を把握しやすい立場にあることから，事業主への保険給付支給処分の適否を争うための手続的保障に欠けるところはないこと，③保険料認定処分の取消訴訟において先行処分である保険給付支給処分の違法を主張することを認めることは，労働者保護の観点から要請される保険給付支給処分の法律効果の早期安定を著しく害すること等を理由に，否定した。結局，保険料認定処分の取消訴訟においては，前提となる保険給付支給処分が取消判決等によって取り消されたものまたは無効なものでない限りは，その違法を主張することは許されないと判断されている。なお，同事件では，業務災害と認定された疾病（脳出血）を発症した従業員が，事業主に対して損害賠償請求訴訟を提起し，第1審判決において疾病の発症と業務との間に相当因果関係は認められないと判断された別件判決が存在し（控訴審で和解），事業主は業務災害認定に疑問を抱いていたという事情があった（この点について裁判所は，保険給付支給処分にかかる業務起因性判断に明白な瑕疵があるとはいえないとして，支給処分は有効と判断している）。

上記の労災保険給付不支給決定取消訴訟への補助参加や保険料認定処分取消訴訟における違法性の承継に対する裁判所の判断からすると，メリット制適用による増額された保険料支払を免れたいと考える事業主は，保険給付の支給決定がなされた段階で，その取消訴訟を提起しなければならないことになる（その前提として，前掲東京地判平成29・1・31が指摘するように，保険給付支給処分に関する通知が事業主に対しても行われる必要がある）。他方で，被災労働者側からみれば，決定された支給処分が事業主の訴訟提起によって覆る可能性があり（被災労働者は支給処分を取り消されないようにするため訴訟への補助参加を求めなければならない可能性もある），事業主に対するメリット制適用の有無により，被災労働者に対する保険給付支給決定の安定度が異なることになる。

2 時　　効

療養補償給付，休業補償給付，葬祭料，介護補償給付および二次健康診断等給付を受ける権利は2年，障害補償給付，遺族補償給付を受ける権利は5年で，時効によって消滅する（労災42条）。ここでの保険給付を受ける権利として時効が消滅するのは，当該保険給付の支給決定請求権であり，年金たる保険給付については，基本権の確定を受ける権利と解されている（昭和41年基発73号）。また，支給決定のあった保険給付の支払請求権（年金たる保険給付については，支払期月ごとに生ずる支分権たる支払請求権）は，会計法30条後段の規定により，5年で時効消滅する（昭和41年基発73号）。

傷病補償年金を受ける権利については，被災労働者の請求によらずに，政府が職権で給付を決定するものであることから，基本権の裁定について時効の問題が生じることはない（労災12条の8第3項・42条。昭和41年基発73号）。ただし，支分権については会計法30条の規定により5年で消滅する。

公立医療機関の労災保険にかかる診療費請求権の時効については，地方自治法236条1項の規定の適用があるものとして5年と解されていたが，最判平成17・11・21民集59巻9号2611頁において，公立病院において行われる診療も私立病院における診療と本質的な差異はないことから，公立医療機関における診療費請求権にかかる時効も民法170条によるべきとされ，3年とされている（昭和26年基災収3002号，平成19年基発0606001号）。平成29（2017）年の民法改正によって短期消滅時効を定める同条が削除されたことから，今後は，改正民法166条に基づき，権利を行使することができると知った時から5年，権利を行使することができる時から10年という取扱いになると解される。

発展6-8　時効の起算点について

消滅時効の起算点は，明文の規定があればそれによることになるが，そのような規定がない場合は，一般法である民法166条1項により，権利を行使し得る時である。例えば休業補償給付については，労働者が業務上の傷病等の療養のために労働することができず賃金を受けなかった日の翌日から，障害補償給付については業務上の傷病等が治った日の翌日から，消滅時効が進行する。

被災労働者または遺族が傷病等が業務上のものであると認識せず，労災保険給付を請求しないまま，消滅時効期間が過ぎてしまうことがある。このような場合に消滅時効を機械的に適用すると，労働者等にとっては酷に過ぎる結果となってしまう。この点につき，かつての裁判例には，民法724条（不法行為による損害賠償請求権の消滅時効）を類推適用し，労働者等が傷病等の業務起因性を認識した時を起算点とするものもあった（和歌山地判平成3・11・20労判598号17頁，岐阜地判平成2・4・23労判562号42頁等）。しかし，労災保険給付の給付を受ける権利は使用者の帰責事由を問わないため民法724条の類推適用は相当ではない上，時効の進行を労働者等の主観的判断に委ねることには批判もあった。近年の裁判例では，民法166条1項の一般原則によった上で，権利の行使につき法律上の障害がなく，かつ，権利の性質上その権利行使が現実に期待できる時（労働者等が諸般の事情から権利の存在を認識し得た時）を起算点とするもの（名古屋高判平成4・2・26労判611号79頁，名古屋高判平成3・4・24判タ774号177頁，神戸地判平成25・7・30平成23年（行ウ）第94号判例集未登載等。最大判昭和45・7・15民集24巻7号771頁も参照）が増えている。

なお，平成29（2017）年の民法改正（2020年4月施行予定）では，民法166条に定める債権の消滅時効について，「権利を行使することができることを知った時」という主観的起算点から5年（同条1項1号），「権利を行使することができる時」という客観的起算点から10年（同条1項2号）という二元的なシステムが採用された。また，1年から3年の短期消滅時効を定めていた各条項（170条～174条）が削除され，消滅時効に関する取扱いが整理された。

そして，このような民法における消滅時効の見直しに合わせて，これまで消滅時効の起算点が定められていなかった労災保険法42条も改正された（民法の一部を改正する法律の施行に伴う関係法律の整備等に関する法律166条）。すなわち，「これらを行使することができる時から」という文言が加えられ，労災保険法42条に定める各保険給付の消滅時効の起算点は，客観的起算点によることが明示された。大量に発生する労災保険給付を受ける権利の迅速かつ画一的処理の必要性や，これまでの裁判例で示された解釈等に鑑みれば，客観的起算点によることは妥当であろう（→第3章各論③2(2)(c)）。

3　給付基礎日額

労災保険法における金銭給付の額の算定については，「給付基礎日額」が用いられている。給付基礎日額は，原則として労働基準法12条に定める平均賃金（原則として，これを算定すべき事由の発生した日以前3カ月間の賃金総額をその期間の総日数で除した金額）に相当する額である（労災8条1項）。

休業補償給付や年金給付等については，合理的な給付水準を維持できるよう給付基礎日額を賃金水準の変動に応じて改定（一般の労働者1人当たりの平均給与額の変動率を基準として，厚生労働大臣が定める改定率により実施）する制度（スライド制）が採用されているほか，療養開始日から1年6カ月を経過した日以後についての年齢階層別の最低限度額と最高限度額が定められている（労災8条の2～8条の4）。

4　療養補償給付

療養補償給付は，「療養の給付」として行われるのが原則であり，療養の給付（診察，薬剤等の支給等）をすることが困難な場合などに，療養の給付に代えて療養の費用を支給することができることになっている（労災13条）。すなわち，医療保険と同様に，現物給付原則が採用されている（→第4章総論⑤）。この療養の給付を実際に提供するのは，労働福祉事業として設置された病院もしくは診療所または都道府県労働局長の指定する病院もしくは診療所，薬局もしくは訪問看護事業者である（労災則11条）。

療養の給付の範囲は，労働基準法に定めるものと同様（労基75条，労基則36条）であるが，「政府が必要と認めるもの」に限られている（労災13条2項）。「政府が必要と認めるもの」とは，療養上相当と認められるものであって，療養の効果が医学上一般的に期待できるものをいう（長野地判昭和34・6・9労民集10巻3号620頁）。

療養補償給付は，当該傷病が治癒するまで支給される。ここでいう「治癒」とは，日常的に用いられる病気や怪我が治った状態になることを意味するのではなく，傷病の症状が安定して，固定した状態にあり，もはや治療の必要がなくなった状態をいう（東京地判昭和 63・11・17 労判 531 号 80 頁，最判平成 2・10・18 労判 573 号 6 頁，昭和 23 年基災発 3 号）。

なお，医療保険による療養の給付と異なり，被災労働者の自己負担はない。

発展 6-9 療養補償給付と労働基準法 19 条の関係

労働基準法 19 条は，労働者が業務上の傷病により療養のために休業する間およびその後 30 日間の解雇を制限する。ただし，労働基準法 75 条の規定による療養補償を受ける労働者が，療養開始後 3 年を経過しても傷病が治癒しない場合，使用者は労働基準法 81 条に基づき打切補償を支払うことができる。そして，打切補償が支払われると，労働基準法 19 条 1 項ただし書により，解雇制限が解除される。

この規定に関して，労働基準法上の療養補償ではなく，労災保険法上の療養補償給付を受給している労働者についても打切補償を行うことで解雇制限が解除されるかが問題となる（傷病補償年金を受給する場合については→9）。この点について，最高裁（最判平成 27・6・8 民集 69 巻 4 号 1047 頁）は，労災保険法の療養補償給付を受ける労働者についても，労働基準法による療養補償を受ける労働者の場合と同様に，打切補償を支払うことにより労働基準法 19 条 1 項ただし書の適用を受けることができると判示し，労働基準法上の療養補償を受ける場合のみ打切補償を支払うことで解雇制限が解除されるとした高裁判決（東京高判平成 25・7・10 労判 1076 号 93 頁）を破棄し，さらに当該解雇の有効性を判断するための必要な審理を尽くさせるため差し戻した（差戻審（東京高判平成 28・9・12 労判 1147 号 50 頁）では，解雇には客観的合理的理由があり，社会通念上相当であるとして解雇有効と判断された）。今日では労働災害に対する使用者の災害補償責任は労災保険制度を通じて果たされる仕組みとなっており，使用者が直接に療養補償を行う場面は非常に限られることを考慮すると，妥当な判断といえよう。

5 休業補償給付

休業補償給付は，労働者が業務上の負傷または疾病による療養のため労働することができないために賃金を受けない日の第 4 日目から支給される（労災 14 条）。

まず，ここでいう「労働することができない」とは，業務上の傷病の治療のために労働することが不可能あるいは不適当であることをいい，全部労働不能か一部労働不能かを問わない。また，「労働することができない」とは，一般的な意味での労働不能であると解されており，被災前の業務に就けないという意味ではない。したがって，被災前の業務には就けないが，別の作業に従事できるならば，労働不能には該当せず休業補償給付は受けられないことになる（東京地判平成 27・3・23 平成 25 年（行ウ）第 434 号判例集未登載。同事件では，業務中に普通乗用自動車に追突され負傷したタクシー運転手について，一般的に労働不能の状態にあったとは認められないとして（運転手自身もタクシー乗務が無理であっても事務職は可能であったと認識していたこと等を考慮），休業補償給付の対象となるのは休業した全期間ではなく，診療機関で受診した日数のみであると判断された）。もっとも，労働能力はあっても，療養のため医師の指示により労働することが禁止されている場合は，「労働することができない」と解される。

なお，特別加入者の場合，休業補償給付を受けるためには一部労働不能では足りず，全部労働不能であることが求められている（昭和40年基発1454号）。特別加入者に対してこのような要件を付加していることについて，労災保険法が一般の労働者と特別加入者を完全には同列に扱っていないこと等を理由に違法とはいえないとした裁判例がある（高松地判平成23・1・31労判1028号67頁）。

次に，「賃金を受けない」とは，賃金全額の支払いがない場合に限られず，一部の支払いがなされない場合も含まれる（賃金の一部が支払われる場合，給付基礎日額から支払われる賃金額を控除して得た額の60%が休業補償給付額となる。労災14条1項ただし書）。

休業初日から3日目までは待期期間とされており，休業補償給付は支給されない。この期間については，使用者が労働基準法76条に基づき休業補償を行わなければならない。

休業補償給付の支給額は，給付基礎日額の60%相当である（労災14条）。これに加えて，社会復帰促進等事業の休業特別支給金が休業4日目から支給されることとなっており（→5 2），その支給額は給付基礎日額の20%相当である。したがって，被災労働者は，休業補償として実質的には給付基礎日額の80%相当額を支給されることになる。

休業補償給付は，当該傷病が治癒するまで支給されるが，傷病補償年金の支給要件を満たした場合には傷病補償年金が支給され，休業補償給付は支給されないこととなる（労災12条の8第3項・18条2項）。

6　障害補償給付

業務上の傷病が治癒した時に，厚生労働省令で定める障害等級に該当する障害がある場合には，その等級に応じて障害補償年金または障害補償一時金が支給される（労災15条）。

障害の程度は，「障害等級表」（労災則別表第1）に基づいて判断される。「障害等級表」では，身体障害であって労働能力の喪失・減少を伴うものが，一定の序列に従い 14 等級に分類され，各等級ごとの補償額が示されている。障害等級表に記されていない障害については，その障害の程度に応じて，障害等級表を準用して等級が決定される。2 以上の障害が認められる場合には，原則として重い方の等級によって障害等級が決定される。13 級以上に該当する身体障害が 2 以上ある場合等については，それぞれの等級に応じて，1 級～3 級の繰上げが行われる（併合繰上げ，労災則 14 条 3 項）。

外貌の醜状障害について，以前の障害等級表では，男性の場合に比して女性の場合はより重度の障害に位置づけられていた（「外ぼうに著しい醜状を残すもの」について女性は 7 級，男性は 12 級であり，「外ぼうに醜状を残すもの」について女性は 12 級，男性は 14 級であった）。しかし，そのような取扱いは，厚生労働大臣の裁量権の範囲が比較的広範であることを前提としても，差別的取扱いの程度（男女で 5 級の差があること）について合理性が立証されていないとして，憲法 14 条 1 項に違反しているとの判決が下され（京都地判平成 22・5・27 労判 1010 号 11 頁（百選 56）），同判決を契機として，男性の場合を女性の場合と同様に扱う方向で平成 23（2011）年に障害等級表の改正がなされた（→第 1 編第 2 章第 2 節②）。

障害の程度が重いとされる 1 級から 7 級に該当する場合には障害補償年金が支給され，比較的軽度である 8 級から 14 級までは障害補償一時金が支給される（労災則別表第 1・第 2）。

発展 6-10 「障害等級表」と職業能力

「障害等級表」では，被災労働者の年齢，職種，経験等の職業能力に関わる条件が，障害の程度を決定する要素として考慮されていない。例えば，ピアニストが右手の小指を失った場合と大学教員が右手の小指を失った場合を考えると，職業生活に与える影響は全く異なるにもかかわらず，障害等級表によれば，同一の障害等級（13 級）として，同基準による障害補償を受けることになる。これは，障害を負ったことにより喪失した労働能力を，一般的な平均的労働能力と捉えていることに起因している。すなわち，障害補償は，このような一般的な平均的労働能力の喪失に対する損失補填を目的とするものであり，被災労働者の個別事情を考慮することは予定されていないということになる。したがって，職業能力との関係で完全な補償を求めようとする場合，民事による賠償を求めなければならない（→各論⑦）。

7 遺族補償給付

労働者が業務上死亡した場合，その遺族に対して遺族補償年金または遺族補償一時金が支給される（労災 16 条）。遺族補償年金を受給することができる遺族は，労働者の死亡当時その収入によって生計を維持していた配偶者，子，父母，孫，祖父母および兄弟姉妹であり（労災16条の2第1項），遺族はこの順番（順位）に従って遺族補償年金を受ける（同条3項）。妻以外の遺族については，労働者の死亡当時に一定の年齢にあること，あるいは一定の障害状態にあることが要件とされている（労災16条の2第1項1号〜4号）。

夫婦に関する取扱いという観点からすれば，同じ「配偶者」という立場にありながら，遺族が夫の場合には，妻の場合にはない要件が付加されており，そこには男女で異なる取扱いが規定されているといえる。このような支給要件における男女の差は，平等原則に反しないかが問題となり得る。地方公務員災害補償法の事案であるが，同法による遺族補償年金の受給資格の男女差が争われ，第1審（大阪地判平成25・11・25判時2216号122頁）では，憲法14条の平等原則に反すると判断されたものの，控訴審（大阪高判平成27・6・19労判1125号27頁（百選6））では合憲と判断され，最高裁（最判平成29・3・21労判1162号5頁）でも合憲とされた（→第3章各論③9(3)）。

死亡した労働者の収入によって生計を維持していたこと，すなわち労働者との間での生計維持関係が認められるか否かは，当該労働者との同居の事実の有無，当該労働者以外の扶養義務者の有無その他必要な事項を基礎として，厚生労働省労働基準局長が定める基準によって判断され（労災則14条の4），具体的には労働者の死亡当時，その労働者の収入により日常の消費生活の全部または一部を営んでいたこと（生計依存関係）が認められれば，生計維持関係を認めて差し支えないとされている（昭和41年基発1108号，平成2年基発486号）。したがって，共稼ぎの場合であっても相互に生計依存関係がないことが明らかな場合を除き，遺族補償年金を受給することができる（遺族基礎年金等の場合のような，具体的な年収額による基準は設けられていない）。

配偶者には，婚姻の届出をしていないが，事実上婚姻関係と同様の事情にあった者も含まれる。時に法律婚の配偶者と事実婚の配偶者の両方が存在する場合があり，遺族補償年金の受給権をめぐって問題が生じることがある（「重婚的内縁関係」の問題→第3章各論③9(4)(a)）。日本の法体系からすれば，事実婚よりも法律婚が優先されるのは当然のことであるが，法律婚関係が事実上の離婚状態にあるなど，遺族補償年金の趣旨・目的に照らし，事実婚の配偶者に受給権が認められる場合もあり得る（東京地判平成10・5・27労判739号65頁）。

遺族補償年金の額は，受給資格者の人数によって異なり，1人の場合には給付基礎日額の153日分（55歳以上の妻等については175日分），2人の場合は給付基礎日額の201日分となっている（労災16条の3・別表第1）。同順位者が複数人いる場合は，年金額は等分して支給される（労災16条の3第2項）。

遺族補償年金を受ける権利は，その権利を有する遺族が死亡したときや婚姻をしたときなどに消滅する（労災16条の4）。この場合において，同順位者がなく，後順位者があるときは，次順位者に対して遺族補償年金が支給されるという転給の仕組みが定められている（同条）。

上記のように，遺族が遺族補償年金を受けるには，生計維持要件や妻以外については年齢等の要件を満たす必要があることから，場合によっては遺族補償年金を受給できる者がいない場合もあり得る。このように遺族補償年金の受給資格者がいない等の場合，遺族（労災16条の7）に対して遺族補償一時金が支給される（労災16条の6）。遺族補償一時金の額は，遺族補償年金受給資格者がいない場合，給付基礎日額の1,000日分となっている（労災16条の8・別表第2）。

8 葬 祭 料

葬祭料は，業務上死亡した労働者の葬祭を行うために支給されるものであり，通常葬祭に要する費用を考慮して厚生労働大臣が定める額が支給される（労災17条）。

9 傷病補償年金

傷病補償年金は，被災労働者の傷病が療養開始後1年6カ月を経過した日または同日以後も治癒せず，かつ，当該傷病による障害の程度が厚生労働省令で定める傷病等級（労災則別表第2）に該当する場合に支給される（労災12条の8第3項）。年金額は，傷病等級に応じて定められており，3等級に区分されている。

被災労働者が療養開始後3年を経過した日において傷病補償年金を受けている場合，または同日後に傷病補償年金を受けることになった場合，労働基準法19条1項の適用については，労働基準法81条に定める打切補償が支払われたとみなされる（労災19条→発展6-9）。

10 介護補償給付

労働基準法上の災害補償には介護補償に関する規定はなく，介護補償給付が創設される以前，労災保険では，自宅において介護を受けている被災労働者に対して，労働福祉事業（現在の社会復帰促進等事業）の一環として「介護料」の支給が行われていたに過ぎなかった。被災労働者の自宅介護に関しては，このような労働福祉事業として行うのでは不十分であるとの認識が広まり，平成7（1995）年の労災保険法改正によって，介護補償給付が新たに保険給付として導入された。

介護補償給付は，障害補償年金または傷病補償年金を受ける権利を有する労働者が，これらの年金の支給事由となる障害であって厚生労働省令で定める程度（労災則18条の3の2・別表第3）のものにより，常時または随時介護を要する状態にあり，かつ，常時または随時介護を受けているときに，支給される（労災12条の8第4項）。

11　二次健康診断等給付

二次健康診断等給付は，過労死防止対策の一環として設けられたものであり，脳心臓疾患の発生に関わる身体の状態に関する検査において，受診した労働者が全ての項目で異常の所見があると診断されたときに，当該労働者からの請求に基づき支給される給付である（労災26条）。

具体的には，脳血管および心臓の状態を把握するために必要な検査を行う医師による健康診断（二次健康診断），また，二次健康診断の結果に基づき，脳心臓疾患の発生の予防を図るため，面接により行われる医師または保健師による保健指導（特定保健指導）がある（同条2項）。

5　社会復帰促進等事業

1　施設の設置・援護事業

労災保険法は，被災労働者の社会復帰の促進，当該労働者およびその遺族の援護，労働者の安全および衛生の確保等を図り，もって労働者の福祉の増進に寄与することを目的としており（労災1条），その目的を達成するため，上記の保険給付を行うほか，社会復帰促進等事業を行っている（労災2条の2）。

社会復帰促進等事業としては，①療養やリハビリテーションに関する施設の設置やその運営，被災労働者の円滑な社会復帰を促進するための事業，②被災労働者の療養生活や介護の援護，遺族の就学援護等の事業，③業務災害防止に関する活動に対する援助，労働者の安全・衛生の確保や賃金の支払いの確保等を図るための事業がある（労災29条）。

社会復帰促進等事業の一つである労災就学援護費は，その支給要件等が要綱で定められており，その支給・不支給決定が抗告訴訟の対象となる行政処分に当たるか否かが争われていた。下級審裁判例は，処分性を肯定するもの（東京地判昭和58・12・12判タ525号194頁，東京高判昭和59・11・26労民集35巻6号615頁）と否定するもの（東京地判平成10・3・4判時1649号166頁，東京高判平成11・3・9労判858号55頁）に分かれていた。最高裁は，労災就学援護費の支給根拠は労災保険法にあり，支給・不支給の決定は法に基づく公権力の行使であって被災労働者等の権利に直接影響を及ぼすものであるとして，不支給決定の処分性を認めている（最判平成15・9・4判時1841号89頁（百選57））。

2 特別支給金

労働協約による労災保険給付の上積み制度に倣って，昭和49（1974）年から保険給付の上積みを行うための特別支給金制度が導入された。特別支給金は，現在，社会復帰促進等事業の一環として行われており，労働者災害補償保険特別支給金支給規則に基づき支給される。

休業，障害，遺族，傷病に関する特別支給金のほか，障害，遺族，傷病に関する特別年金，障害と遺族に関する特別一時金といった給付がある。これらの特別支給金は，被災労働者やその遺族の援護等によりその福祉を増進させるもので，損害の填補の性質を有する上記の各保険給付とは性格を異にするものであり，他の社会保険給付や民事損害賠償との併給調整の問題は生じないと解されている（最判平成8・2・23民集50巻2号249頁（百選66））。しかし，特別支給金が実際上は労災保険給付と一体化され，全体としてその給付率を改善している（例えば休業補償給付のみでは給付基礎日額の60％に過ぎないが，特別給付金として20％分が自動的に加算されることにより80％の水準に達する）ことや，保険料算定において特別支給金支出額も合算（メリット制を適用）され，保険給付支出額と同様に取り扱われていることに鑑みれば，このような実際の機能面に一切着目することなく，法に定める目的から形式的になされた性格分けによる取扱いが妥当かは疑問の余地がある。

6 財 政

1 労働保険料

労災保険の各保険給付等に要する費用は，基本的には労働保険徴収法に基づき徴収される保険料によって賄われている。労働保険の保険料には，一般保険料，特別加入保険料，印紙保険料，特例納付保険料がある（労保徴10条）。一般保険料は，労災保険および雇用保険の双方に適用される。特別加入保険料は，労災保険における特別加入者から徴収されるもので，その種別に応じて3種類に分けられる。また，印紙保険料は，雇用保険における日雇労働被保険者に関する保険料である（労保徴22条）。なお，特例納付保険料とは，事業主が被保険者資格の届出を行わなかったことにより，雇用保険を適用されていなかった者について，賃金から雇用保険料を控除されていたことが確認された場合には，保険料の徴収時効である2年経過後においても，保険料を納付することができるとされており，それに基づき支払われる保険料のことである（労保徴26条）。

2　一般保険料

一般保険料は，事業主がその事業に使用する全ての労働者に支払う賃金総額に一定の保険料率を乗じて算出される。労災保険と雇用保険にかかる保険関係が共に成立しているか，労災保険関係のみか，または雇用保険関係のみ成立しているかによって，適用される保険料率が異なる。

労災保険関係についてみると，労災保険は労働基準法上の事業主の災害補償責任を担保するための制度であることから，その保険料は事業主が全額負担することとなっている。また，このような労災保険の成り立ちに鑑みて，事業の内容によって異なる災害の発生率を保険料率の設定に際しても考慮し，事業の種類ごとに異なる保険料率が設定されている（平成30（2018）年度以降は1000分の2.5～1000分の88の範囲内で設定）。保険料率は，過去3年間の災害発生率などを基に，原則3年ごとに改定される。近年の改定では，保険料率は全体的に引下げ傾向にある。

また，同種の事業であっても，事業所によって災害の発生率は異なる。そのため，一定の規模以上の事業所について，厚生労働大臣が，災害の発生率に応じて保険料率を100分の40の範囲で上下させることができることとされている（労保徴12条3項）。これをメリット制という。メリット制を採用することによって，災害予防に対する活動を促進する効果が期待されている。なお，平成24（2012）年4月よりメリット制の適用範囲の拡大が図られた。

3　国庫補助

既に述べたように，労災保険は，労働基準法に定める事業主の災害補償責任の履行を確保するために創設されたものであることから，労災保険にかかる費用は，全て事業主の負担する保険料によって賄われてきた。しかし，昭和35（1960）年の法改正によって長期補償制度が導入され，保険給付の内容が労働基準法に定める災害補償の枠を超えて拡充されるに伴い，事業主に責任の範囲を超える負担を強いることになることに鑑み，国がその一部を負担することとなった。このような国による負担は，元は過渡的なものとして予定されていたが，昭和40（1965）年の法改正によって労災保険事業の費用に対する国庫補助として規定され，事業主全体の負担を考慮し，政策的配慮として国庫補助を行うことができるよう仕組みが整えられた。すなわち，国庫は，予算の範囲内において，労災保険事業に要する費用の一部を補助することができることとされた（労災32条）。しかし，実際にはほとんど国庫補助は投入されていない（平成28（2016）年度予算において約2億円）。

6の参考文献

・厚生労働省労働基準局労災補償部労災管理課編『労働者災害補償保険法〔7訂新版〕』（労務行政，2008年）553頁

7　労働災害と損害賠償

1　併存主義の採用

労災補償制度およびその履行を確保するために導入された労災保険制度は，被災労働者に生じた損害を全て補償するものとはなっていない。例えば，補償（給付）内容に精神的損害は一切考慮されておらず，休業補償については労災保険の特別支給金を加えても最高で平均賃金（給付基礎日額）の80%であり，賃金全額の補償には至っていない。また，障害補償に関しても被災労働者の職業等の個別事情は捨象されており，いわゆる逸失利益が適切に反映されていない（→4 **6** 発展6-10）。これは，労災補償制度においては，被災労働者やその遺族に対して，一定の補償を簡易迅速に行うことに主眼がおかれたためであり，労災保険制度では，その目的のために給付の定型化が図られているからである。

そこで，労災保険等で塡補されない損害について，被災労働者やその遺族は，加害者たる使用者または第三者に対して損害賠償を請求することが可能となっている。日本では，このように労災補償制度と損害賠償制度とが併存している。

発展6-11　諸外国における労災補償と損害賠償制度

比較法的にみると，労災補償と民事上の損害賠償制度の併存主義は普遍的な立法政策ではない。例えば，アメリカの多くの州やドイツ，フランスでは，原則として使用者に対する損害賠償請求は認められず，労災保険からの給付のみを受ける仕組みとなっている。これは，民事上の損害賠償を認めないことによる不利益が労働者に生じ得るとしても，使用者に無過失責任としての災害補償責任を課し，労働者に過失があったとしても補償がなされることからすれば公平の観点からは妥当であると考えられること，労災保険の保険料負担が使用者のみであること（ドイツ），損害賠償をめぐって生じ得る企業内における紛争状態を極力回避すべきこと（ドイツ）などを理由としている。イギリスでは日本と同様，使用者等に対する損害賠償請求が可能であり，保険給付と損害賠償の間での調整がなされる。スウェーデンでは，労災保険制度上は労災保険給付と民事上の損害賠償の併給が認められているが，実際には多くの使用者が労働協約に基づく上積み保険制度に加入しており，その協約において協約保険に加入する使用者等に対する民事損害賠償が禁止されている。

2　労災民訴（労働災害に関する民事損害賠償請求訴訟）

⑴　法的構成

被災労働者やその遺族が全損害を塡補するため，加害者たる使用者の損害賠償責任を追及するには，大別すると二つの法的構成が考えられる。すなわち，不法行為構成（民709条等）と債務不履行構成（民415条）である。

かつては不法行為構成によって損害賠償責任が追及されるのが一般的であったが，使用者には雇用契約上の安全保証義務があることを明らかにした上で，安全施設や保護具の不備による労働災害の責任を同義務違反の債務不履行として構成する裁判例（福岡地判昭和47・11・24判時696号235頁，東京地判昭和47・11・30判時701号109頁）が現れた。そして，自衛隊員に対する国の「安全配慮義務」に関する最高裁判決（最判昭和50・2・25民集29巻2号143頁（百選68））において，「安全配慮義務は，ある法律関係に基づいて特別な社会的接触の関係に入った当事者間において，当該法律関係の付随義務として当事者の一方または双方が相手方に対して信義則上負う義務として一般的に認められるべきものであ」ると判示され，安全配慮義務の観念は判例上確立したものとなり，また，このような安全配慮義務は，公務員関係に限られず，民間企業の使用者と労働者との間においても認められる（最判昭和59・4・10民集38巻6号557頁）ことが示されたことから，債務不履行構成による責任追及方法が広く用いられるようになった。

⑵　不法行為構成

不法行為の一般規定として民法709条があるほか，土地工作物責任（民717条）をはじめとする過失責任主義を緩和する特殊の不法行為に関する規定が民法714条以下にあり，それらも労働災害にかかる民事上の損害賠償請求の法的根拠となり得る。さらに，国家賠償法や自動車損害賠償保障法なども不法行為責任に関する根拠規定として用いられる。

労災民訴で特に追及されるのは，民法709条による使用者自身の不法行為責任のほか，民法715条に定められている使用者責任である。後者は，報償責任や危険責任の考えに基づく規定であり，被用者が事業の執行につき第三者に違法に損害を加えた場合に成立する（例えば，長時間労働によって急性脳心臓疾患を発症させた労働者が事業主に対して，使用者責任を理由として損害賠償請求をした場合，長時間労働という状態を放置した当該被災労働者の上司の行為が，ここでいう「被用者」の行為として問題となる）。そこで問われるのは，①使用・被用の関係の存在，②当該被用者の行為に関する民法709条の要件の充足，③当該損害が事業の執行につき加えられたものであることである。労働災害をめぐる争いの場合，通常，雇用関係の存在があり，労務提供の過程での事故であることから，①と③は基本的に肯定され得る（重層的な請負関係が存在する場合などは①が重要な争点となる）ため，多くは②における被用者の不法行為法上の過失の認定が争点となる。具体的には，被用者の注意義務違反の有無が検討されることになる。なお，使用者責任が成立し，使用者が被害者に損害賠償を支払った場合，使用者は被用者に求償することが可能であるが（民 715 条 3 項），この使用者の求償権に対しては，信義則に基づく大幅な制約が課せられている（最判昭和 51・7・8 民集 30 巻 7 号 689 頁）。

発展 6-12　不法行為構成と債務不履行構成の相違

使用者の損害賠償責任の追及方法において，不法行為構成と債務不履行構成では次のような点で違いがある。遺族固有の慰謝料（債務不履行構成では認められない（民 711 条）），遅延損害金の起算点（不法行為構成では不法行為時から，債務不履行構成では請求日の翌日から），立証責任である。改正民法により，人の生命または身体を害する行為に対する損害賠償請求権の消滅時効については，主観的起算点について（損害および加害者を知った時から（不法行為），権利を行使することができることを知った時から（債務不履行））は 5 年，客観的起算点について（不法行為の時から（不法行為），権利を行使することができる時から（債務不履行））は 20 年とされ（民 166 条・167 条・724 条・724 条の 2），期間が統一された。

立証責任に関しては，不法行為構成では，被災労働者側が使用者の故意・過失を主張・立証しなければならないことの困難性が指摘されていた。債務不履行構成では，使用者側が帰責事由の不存在を主張・立証することになることから，被災労働者側の負担軽減につながると期待された。しかしながら，使用者が負うとされる安全配慮義務の内容の特定および当該義務違反に該当する事実の主張・立証責任は被災労働者側にあるとされており（最判昭和 56・2・16 民集 35 巻 1 号 56 頁），期待された通りに負担が軽減されたとは言い難い状況にある。また，不法行為法上の注意義務の内容について，高度の予見義務および結果回避義務が課されるとの考え方が一般化するようになると，実体法上の使用者の義務の内容・程度において両構成上の実質的な違いはほとんどないことになる（菅野 633 頁）。近時の多くの事件では，安全配慮義務違反と不法行為の双方が主張され，どちらの構成によって裁判所が判断しているのか判然としないものも多い（安全配慮義務は，労働契約上の義務であると同時に，不法行為法上の注意義務をも構成すると解され（最判平成 12・3・24 民集 54 巻 3 号 1155 頁（百選 69）），どちらの構成においても，安全配慮義務違反の有無が主たる争点となることに起因する）。法的構成の違いにかかわらず，依然として被災労働者側が使用者の損害賠償責任を追及することが難しいことに変わりはない。

このほか，訴訟追行を弁護士に依頼した場合の弁護士費用の請求について，不法行為を理由とする損害賠償請求においては，相当額の弁護士費用を請求することができると解されているが（最判昭和 44・2・27 民集 23 巻 2 号 441 頁），債務不履行を理由とする損害賠償請求においては，弁護士費用の請求について否定的に解されている（金銭債務の不履行につき，最判昭和 48・10・11 判時 723 号 44 頁は弁護士費用の請求を否定している）。しかしながら，使用者の安全配慮義務違反を理由とする債務不履行責任に基づく損害賠償請求権は，不法行為に基づく損害賠償を請求する場合と同様に，労働者がこれを訴訟上行使するためには弁護士に委任しなければ十分な訴訟活動をすることが困難な類型に属する請求権であるとして，例外的に相当額の弁護士費用請求が肯定されている（最判平成24・2・24判時2144号89頁）。

(3)　安全配慮義務

前掲の昭和50年最高裁判決（最判昭和50・2・25（百選68））後の判例において，雇用契約上の義務として，使用者は「労働者が労務提供のため設置する場所，設備もしくは器具等を使用し又は使用者の指示の下に労務を提供する過程において，労働者の生命及び身体等を危険から保護するよう配慮すべき義務」を負うとされた（前掲最判昭和59・4・10）。現在では，労働契約法において「使用者は，労働契約に伴い，労働者がその生命，身体等の安全を確保しつつ労働することができるよう，必要な配慮をするものとする」と明文化されるに至っている（労契5条）。

しかしながら，使用者の安全配慮義務違反による損害賠償を請求するためには，このような抽象的安全配慮義務の存在を主張するだけでは足りず，当該災害の状況に適用した場合の具体的安全配慮義務の内容を特定することが求められている。

裁判例において認められた安全配慮義務の具体的内容としては，例えば，盗賊侵入防止の物的設備を十分に施し，かつ宿直員の安全教育を行う等の義務（前掲最判昭和59・4・10），高血圧をさらに増悪させ，脳出血等の致命的な合併症に至らせる可能性のある精神的緊張を伴う過重な業務に就かせない，または業務を軽減する等の義務（東京高判平成11・7・28労判770号58頁）などがある。

このような安全配慮義務は，上記のように，特別な社会的接触関係における付随的義務として信義則上一般的に認められるものであり，労働契約関係に限られるものではない。したがって，請負契約における元請企業や注文者企業であっても，下請企業の従業員や社外工に対して安全配慮義務を負うことがある（最判昭和55・12・18民集34巻7号888頁等）。

3　労災保険給付と損害賠償との調整

労災補償または労災保険給付と労災民訴による損害賠償は，いずれも被災労働者の損害を塡補する点で共通の機能を果たす。したがって，二重塡補を回避するために調整が図られる（→第3章各論③5）。

(1)　使用者行為災害

労災保険法に基づいて保険給付が行われるべき場合には，使用者は労働基準法上の災害補償責任を免れる（労基 84 条 1 項）。また，使用者は，労働基準法に基づく災害補償を行った場合，同一の事由については，その価額の限度において民法上の損害賠償責任を免れる（同条 2 項）。労災保険給付が行われた場合の使用者の民法上の損害賠償責任については，明文の規定はないが，労災保険が使用者の災害補償責任の履行を確保するためのものであることから，労災保険給付が行われた場合にも，その価額の限度において民法上の損害賠償責任を免れると解されている（労基 84 条 2 項の類推適用）。ただし，労災補償または労災保険給付は，一定の財産的損害（主に逸失利益）の塡補を行うものであり，そこに含まれていない精神的損害（慰謝料）やその他の積極的損害（入院雑費や付添看護費等）等の賠償には影響を与えない（最判昭和 58・4・19 民集 37 巻 3 号 321 頁，最判昭和 62・7・10 民集 41 巻 5 号 1202 頁）。以上のことから，既に支給された労災補償または労災保険給付の額は，使用者の損害賠償額から控除されるべきものとなる。

労災保険給付が一時金の形態である場合には，損害賠償額から労災保険等の給付額を控除することは難しいことではなかったが，障害や死亡に対する労災保険給付が年金として支払われるようになると（→**総論2 3**），将来の年金給付との調整をどのようにすべきかという問題が生じた。この問題について，学説・裁判例では，損害賠償額から将来の年金額は控除すべきではないとする非控除説と控除すべきとする控除説とが対立していたが，最高裁は非控除説を採用した（第三者行為災害について最判昭和 52・5・27 民集 31 巻 3 号 427 頁，使用者行為災害について最判昭和 52・10・25 民集 31 巻 6 号 836 頁（百選 64））。これにより，解釈論上の決着は図られたが，この見解に従った場合，使用者が労災保険に加入する利益が小さくなることから，立法論として控除説に立った調整規定を設けるか否かが問題となった。結果的に，昭和 55（1980）年の労災保険法改正において，被災労働者等に対し，障害補償年金や遺族補償年金等が支給される場合，当分の間，使用者は当該年金の前払一時金（障害補償年金等を受ける権利を有する者の請求に基づいて，所定の限度額の範囲内で「年金」ではなく，「一時金」として保険給付を受け取ることができる。労災附則 59 条・60 条等）の額の限度で損害賠償の支払いを猶予されると同時に，前払一時金や年金が支払われた場合には，その限度で損害賠償責任を免れることになった（労災 64 条 1 項）。なお，逆に，使用者が損害賠償を支払った場合，その価額の限度で，政府は同一の事由について保険給付を行わないことができる（同条 2 項）。

発展 6-13　控除説と非控除説

同一の原因に基づく損害賠償額と将来の年金給付との調整問題については，その後の最高裁大法廷判決（最大判平成 5・3・24 民集 47 巻 4 号 3039 頁〔百選 38〕）において，公平の見地から，損益相殺的な調整を図る必要性が肯定されつつ，そのような損益相殺的な調整を図ることが許されるのは，当該債権が現実に履行された場合またはこれと同視し得る程度にその存続および履行が確実であるということができる場合に限られるべきであって，実際に損害賠償額から控除できる年金の範囲は既に支給を受けることが確定した部分（具体的には原審の口頭弁論終結時に受給が確定していた分）に限られるとされた。最高裁大法廷は，基本的には非控除説の立場に立ちつつ，控除できる範囲について現実に履行された部分よりも若干広くしたに過ぎないと考えられる。

これに対して，自動車損害賠償保障法（自賠法）72 条 1 項（加害車両の保有者が不明であるなど，被害者が自賠法に基づく損害賠償請求をすることができない場合の政府の自動車損害賠償保障事業）により政府が塡補すべき損害額の算定に当たり，労災保険から支給される障害年金の控除の範囲が問題となった事件において，最高裁は，支給を受けることが確定した年金額を控除するのではなく，当該受給権に基づき被害者が支給を受けることになる将来の給付分も含めた年金額を控除して算定すべきと判断した（最判平成 21・12・17 民集 63 巻 10 号 2566 頁〔百選 43〕）。労災保険法などの給付を受ける場合に，その給付に相当する金額の限度において政府の自動車損害賠償保障事業による塡補をしない旨定めている自賠法 73 条 1 項は，損益相殺の問題ではないとして，将来分も含めて控除すべきと判断された。他方で，加害者が賠償すべき損害額に関する上記平成 5 年最高裁大法廷判決と同様に支給未確定の将来分は控除すべきではないとする宮川光晴裁判官の反対意見が付されている。

⑵　第三者行為災害

労働災害は，使用者以外の第三者の故意・過失によって，または第三者の所有する土地工作物の瑕疵によって引き起こされる場合もある。この場合，第三者が不法行為等を理由に損害賠償責任を負うことになる。

この第三者によって引き起こされた労働災害について，労災保険給付が行われると，その給付の価額の限度で，政府は被災労働者やその遺族が第三者に対して有する損害賠償請求権を取得する（労災 12 条の 4 第 1 項）。そのため，被災労働者等が第三者に対して損害賠償を請求する場合には，使用者に対するのと同様に，労災保険が塡補したのと同質の損害（精神的損害等は含まない）については，保険給付額が賠償額から控除されることとなる。労災保険給付が年金である場合の将来の年金額と賠償額との調整については，最高裁は，非控除説を採用している（前掲最判昭和 52・5・27）。しかしながら，使用者行為災害の場合と異なり，第三者行為災害の場合について労災保険法は特に調整規定を設けていない。

労災保険の給付でなく，労働基準法に基づく災害補償を使用者が先に行った場合については，民法422条が類推適用され，使用者は被災労働者に代位して第三者に対する損害賠償請求権を取得すると解されている（最判昭和36・1・24民集15巻1号35頁）。

第三者からの損害賠償が労災保険給付より先に支払われた場合には，政府はその価額の限度で保険給付をしないことができる（労災12条の4第2項）。行政実務では，この労災保険給付の支給を停止する期間を，民法724条の損害賠償請求権行使の時効期間との均衡を図るとの観点から，最長で事故発生から3年と定めていた（平成17年基発0201009号）。そのため，第三者等から多額の損害賠償金が支払われた場合であっても，事故発生から3年経過後に支給停止を終了し，労災保険給付を支給する取扱いがなされていたことから，そこに二重塡補が生じてしまうという問題点が指摘されていた（会計検査院の報告では，平成20（2008）年度から平成22（2010）年度までの間で，傷病（補償）年金，障害（補償）年金，遺族（補償）年金との二重塡補となっていた件数は，9都道府県労働局で308件，合計約7億6,000万円となっている）。そこで，二重塡補の問題に対処しつつ，年金給付を導入した労災保険制度の趣旨を損なわない範囲で控除期間の見直しがなされることとなり，これまで最長3年であった支給停止期間が最長7年に変更された（平成25年基発0329第11号）。他方で，政府が取得した損害賠償請求権の行使（求償）については，引き続き，災害発生後3年以内に支給事由の生じた保険給付であって，災害発生後3年以内に支払うべきものを限度としている（平成25年基発0329第11号）。

なお，第三者が損害賠償をした場合，労災保険法12条の4を類推し，使用者は災害補償責任を免れるというのが通説となっている。

⑶ 示　　談

第三者行為災害の場合に，被災労働者が加害者たる第三者との間で示談を行い，その損害賠償債務の全部または一部を免除することがある。被災労働者が損害賠償債務を免除することは自由であるが，その場合，その価額の限度で損害賠償請求権に関する政府の法定代位権も消滅すると解されている（最判昭和38・6・4民集17巻5号716頁（百選62））。そのことから，被災労働者が示談によって損害賠償請求権を放棄した以上，政府はその価額の限度において保険給付の義務を免れるとも解されている（前掲最判昭和38・6・4）。そのため，被災労働者と加害者たる第三者との間で真正な労災保険給付を含む全損害の塡補を目的とする示談が行われた場合には，療養（補償）給付，休業（補償）給付，介護（補償）給付，障害（補償）一時金，遺族（補償）一時金については，示談後は一切支給されない（昭和38年基発687号)。したがって，当該示談が「真正に」成立しているものであり，かつ「全損害」の塡補を目的とするものかの判断は，慎重に行われる（昭和38年基発687号)。

3の参考文献

・西村健一郎『現代労働法学の課題　労災補償と損害賠償』（一粒社，1988年）第3章5

発展6-14①　労災保険給付の控除と過失相殺の先後関係

労災保険では，被災労働者に故意または重過失があった場合にのみ給付が制限されるが（労災12条の2の2)，損害賠償請求においては，被災労働者に過失があると，過失相殺が行われ得る。その場合，労災保険給付の控除と過失相殺のどちらを先に行うかで実際に被災労働者や遺族が受け取る損害賠償額に大きな差が生じるため，その先後関係は実務上重要な問題となる（例えば，損害額1,000万円，過失相殺2割，労災保険給付100万円の場合，労災保険給付の控除を先に行うと，1,000万円－100万円＝900万円から2割相殺し，720万円が損害賠償額となるのに対し，過失相殺を先に行うと1,000万円から2割相殺した800万円－100万円＝700万円が損害賠償額となる)。控除後の相殺の方が被災労働者等に有利ではあるが，判例は，被災労働者等が取得する損害賠償請求権は，過失相殺による減額がなされた後の額であるとの立場から，控除前に相殺するとの考え方を採用している（使用者行為災害について前掲最判昭和55・12・18，第三者行為災害について最判平成元・4・11民集43巻4号209頁（百選67))。

なお，精神疾患の発症等，被災労働者側の素因が寄与している場合に，それを過失と捉えるのかどうかにつき，最高裁は，ある業務に従事する特定の労働者の性格が同種の業務に従事する労働者の個性の多様さとして通常想定される範囲を外れるものでない限り，その性格およびこれに基づく業務遂行の態様等が業務の過重負担に起因して当該労働者に生じた損害の発生または拡大に寄与したとしても，そのような事態は使用者として予想すべきであり，損害賠償額を決定するに当たり，被災労働者の過失として斟酌することはできないと解している（前掲最判平成12・3・24（百選69))。

発展6-14①の参考文献

・菅野646頁

発展6-14②　損益相殺的調整の対象となる損害の範囲

被災労働者等が受け取る損害賠償額から，労災保険給付額が控除されることは認められてきたところであるが，その場合に，不法行為に基づく損害賠償にかかる遅延損害金との関係が問題となっていた。すなわち，不法行為に基づく損害賠償債務については，催告を要せずに不法行為時から遅滞となることを前提に（最判昭和37・9・4民集16巻9号1834頁），労災保険給付との損益相殺的な調整を図る際に，遅延損害金も対象となるのか，対象となった場合，元本と遅延損害金とのいずれを先に控除すべきかが問題となった。この点について，二つの最高裁判決（最判平成16・12・20判時1886号46頁と最判平成22・9・13民集64巻6号1626頁）が異なる見解を示していたことから混乱が生じていた。その状況の解決を図ったのが，最高裁大法廷判決（平成27・3・4民集69巻2号178頁（百選65））である。同最大判は，損益相殺的調整の対象となる損害の範囲を，同性質と相互補完性という判断基準に求め，不法行為時に填補されたと評価した上で損益相殺的調整を行うことを判示し，前掲最高裁平成22年判決で示された考え方を採用する立場を明らかにした。これにより，労災保険の各種年金給付については，損害賠償額の元本から不法行為時に控除され，遅延損害金を発生させないとする処理方法が確立された。今後は，労災保険給付に限らず，他の社会保険給付についても同様の処理がなされることとなろう。

発展6-14③ 労災上積み補償制度

企業によっては，労働災害が生じた場合に，労災保険法あるいは労働基準法に定める法定補償額を上回る補償（上積み補償，法定外補償などといわれる）を行うことを規定する労働協約等を有していることがある。その多くは，法定補償が行われる場合に，それに上乗せする（したがって，業務起因性の判断は法定補償の基準でなされる）方法がとられるが，企業独自の基準を設けて補償を行うか否かを判断するものもある。休業補償給付の給付率が特別支給金を含めても80%に留まること等に鑑みれば，このような上積み補償の果たす役割は小さくない。そして，上積み補償は，通常，法定補償の不足を補うものと解されることから，上積み補償の支払いは原則として労災保険給付等に影響を与えない（支給調整の対象外）と解されている（昭和56年基発696号）。また，保険会社においては，企業における上積み補償制度の整備状況を背景に，上積み補償を責任保険化している。

このような上積み補償制度の中には，当該制度からの補償を受けた場合に損害賠償請求権を放棄する規定や損害賠償額の予定（民420条1項）である旨の規定を設けているものがあり，そのような条項の有効性が問題となり得る（労働協約において損害賠償請求権放棄条項を定めることに否定的な見解を示す裁判例として，福岡高判昭和55・12・16労判355号34頁がある）。

発展6-14③の参考文献
・菅野647頁
・西村健一郎＝朝生万里子『労災補償とメンタルヘルス』（信山社，2014年）193頁

[8] 他の社会保険給付との調整

労災保険は，労働者の業務上または通勤による負傷，疾病，障害および死亡に対して保険給付を行うが，このような事故が生じた場合，他の社会保険制度における

保険給付の支給要件を満たす場合があり得る。すなわち，同一の事由に基づいて複数の制度から保険給付が支給される可能性があり，二重塡補を防止するといった観点からは，それらの給付と調整することが必要となる。

1　健康保険との調整

労働者が負傷したり，病気にかかったりした場合，それが業務上のものであれば労災保険で補償され，それが業務外のものであれば健康保険によって保障されることとなっており，業務上・外によってその適用対象を画していることから，そこに競合の問題は生じない。

かつては，シルバー人材センターから業務委託を受けて働いている最中に事故に遭った高齢者やインターンシップ中に負傷した学生には，どちらの給付もなされず，結果的に全額自己負担となる問題（労災保険法の適用がなく，健康保険では業務上と判断されたような場合には，どちらの保険給付も受けることができないという消極的競合の問題）が生じていたが，そのような問題を解消すべく平成25（2013）年に健康保険法1条が改正され，健康保険給付の対象が，従来の「業務外の事由」から，労災保険法7条1項1号に規定する「業務災害以外」の事由とされた（→第4章各論 2 1 発展 4-7）。なお，通勤災害に関しても，労災保険による給付がなされる場合には，健康保険による給付は行われない形で調整がなされている（健保55条）。

2　公的年金との調整

(1)　障害・遺族給付

同一の事由によって，労災保険と厚生年金保険等の受給権を同時に獲得することがあり得る。この場合，次のような方法によって給付の調整が図られる。

労災保険法に基づく障害補償給付，遺族補償給付等の一時金による給付を受ける権利を有する場合，厚生年金保険法に基づく障害手当金は不支給となり（厚年56条），障害厚生年金や遺族厚生年金は，その受給権者が当該傷病について労働基準法上の障害補償・遺族補償を受ける権利を取得したときは，6年間支給停止される（厚年54条1項・64条）。

労災保険法に基づく障害補償年金，遺族補償年金，傷病補償年金といった年金による給付を受ける権利を有し，同一の事由により厚生年金保険等の年金が支給されるときには，厚生年金保険等の年金はそのまま支給され，使用者側の保険料負担の重複を排除することを目的として，労災保険の年金額に対して政令で定められた調整率を乗じ，労災保険法に基づく障害補償年金等を減額して支給する形で調整が図られることとなっている（労災15条・16条の3・18条1項等・別表第1。昭和63年基発 203 号)。厚生年金等の給付は，被災労働者の生活の基本部分をカバーするものであることから，全額支給することが望ましく，また，被保険者である労働者自身の保険料拠出を給付として反映させるため，労災保険給付に優先して支給されている。

⑵　老齢給付

労災保険法に基づく障害補償年金や遺族補償年金と厚生年金保険等に基づく障害厚生年金や遺族厚生年金等を併給している者が，厚生年金保険法等に基づく老齢厚生年金等の受給権を取得し，その受給を選択した場合は，従来支給されていた障害厚生年金等または遺族厚生年金等は支給停止されることとなるが，労災保険法に基づく障害補償年金等の併給調整は行われなくなる。すなわち，労災保険法に基づく障害補償年金等と厚生年金保険法等に基づく老齢厚生年金等を完全受給することになるため，従前よりも受給総額が増えることがある。一般に，労働者は老齢厚生年金等を受給する年齢に達すると，それまでよりも収入が減少するのに対し，労災保険給付と他の社会保障給付との併給のあり方は，その逆の事態が生じる結果となっていることから，稼働年齢以降（老齢期）の労災保険給付や併給調整のあり方について，他の制度との整合性等に考慮しつつ検討する必要があろう。

9　労災保険の今後の課題（→第 7 章各論7）

1　労働者概念

労災保険の保護対象である「労働者」について，労災保険法上は特に定義規定を設けていないが，その歴史的成り立ちから労働基準法上の「労働者」と同一であると解されている。近年の働き方の多様化は，労働基準法上の「労働者」に該当するか否かの判断を困難にさせており，結果，労災保険においても同様の事態が生じている。他方で，労災保険が，労働基準法上の災害補償の枠外に保護を拡大する方向で独自の発展を遂げている点に鑑み，労災保険法の趣旨・目的に照らして，労働基準法とは別に，労災保険の適用対象者たる労働者か否かを判断すべきとの見解もある。労働基準法上の労働者には該当しないと判断される就業者の中にも，労災保険法による保護を及ぼす必要性があると解される者もいることからすれば，労災保険法独自の労働者概念について検討することの必要性も否定できない。しかしながら，労働基準法上の災害補償と労災保険との関係性に鑑みれば，解釈論ではなく立法論としての可能性に留まることになろう。

なお，労働者として保護されない者についての対応については，現に存在する特別加入制度の利用を主張する見解もあるが，特別加入制度が抱える問題点も多く指摘されており（加入対象範囲の限定，加入の任意性，業務上外認定のあり方等），根本的な解決が望まれる。

1の参考文献
・渡邊絹子「労災保険法上の『労働者』概念をめぐって」野川忍ほか編著『変貌する雇用・就労モデルと労働法の課題』（商事法務，2015年）457頁

2　マルチジョブホルダーへの対応

近年，マルチジョブホルダー（複数事業所を掛け持ちして働く労働者）が増加しているにもかかわらず，労災保険や雇用保険の適用に関してはそのような現状に対応しきれていないため，問題が生じている。

労災保険の適用関係は，それぞれの事業主との間で成立する。そのため，労働者が二つの事業場で働き，それぞれから賃金の支払いを受けている場合，通常はその合算した額により生計を立てているものであると考えられる。しかしながらそのような場合であっても，労災保険給付の算定基礎となる給付基礎日額は，発生した災害に関わる事業場から支払われていた賃金のみに基づいて算定されることとなる。その結果，業務災害または通勤災害による労働不能や死亡により失われる稼得能力は二つの事業場から支払われる賃金の合算分であるにもかかわらず，実際に労災保険から給付がなされ，稼得能力の補塡がなされるのは片方の事業場において支払われていた賃金に見合う部分に限定されることとなる。特に，賃金の高い本業と賃金の低い副業を持つ二重就職者が，副業に関して業務上または通勤途上で被災した場合には，喪失した稼得能力と実際に給付される保険給付との乖離は顕著なものとなる。

他方で，厚生年金保険法の老齢厚生年金等や健康保険法の傷病手当金については，同時に複数の事業所から報酬を受ける被保険者については，複数の事業所からの報酬の合算額を基礎とした給付がなされることとされている。

上記のように労災保険制度の目的は，労働者が被災したことにより喪失した稼得能力を補塡することにある。このような目的からは，労災保険給付額の算定は，被災労働者の稼得能力をできる限り給付に的確に反映させることが適当であると考えられる。したがって，複数事業所で就労するマルチジョブホルダーについての給付基礎日額は，業務災害の場合と通勤災害の場合とを問わず，複数の事業場から支払われていた賃金を合算した額を基礎として定められることが望ましい。もっとも，

そのような取扱いをするためには，業務起因性の判断や保険料負担のあり方等の問題を整理，検討することが必要不可欠となろう（隠れて兼業していた労働者の自殺について，一方の事業主との関係で業務起因性を肯定しつつ，他方との関係では否定した裁判例として東京地判平成25・9・26平成24年（行ウ）第407号判例集未登載）。

第6章全体の参考文献

・荒木誠之『労災補償法の研究——法理と制度の展開』（総合労働研究所，1981年）
・西村健一郎『現代労働法学の課題　労災補償と損害賠償』（一粒社，1988年）
・西村第4章
・山口浩一郎『労災補償の諸問題〔増補版〕』（信山社，2008年）
・厚生労働省労働基準局労災補償部労災管理課編『労働者災害補償保険法〔7訂新版〕』（労務行政，2008年）
・労務行政編『労災保険法解釈総覧〔改訂8版〕』（労務行政，2013年）
・西村健一郎＝朝生万里子『労災補償とメンタルヘルス』（信山社，2014年）
・冨田武夫＝牛嶋勉監修『最新実務労働災害〔改訂2版〕』（三協法規出版，2015年）
・アルマ第6章
・菅野第3編第3章第6節・第9節
・菊池第5章第1節

第7章

失　　業

総　　論

1　雇用保険制度の意義・沿革

1 「失業」というリスク

現在，働いている人の多くは，使用者に労務を提供し，その労務の対償として賃金を得る「労働者」となって生活をしている。労働者にとっては，基本的に賃金が生活を支えるほぼ唯一の糧であり，解雇などにより失業することは，生活を維持するための手段を失うことと等しく，労働者本人やその家族の生活を脅かすことに直結する重大な事態である。他方で，失業は，有用な労働力を無為に放置することであり，税収の低下などを招くものとして国民経済的にも問題となり得るものといえよう。

そもそも失業は，基本的には資本主義経済によることで生じる社会的な現象といえるが，当初，自己責任の原則を基本とする資本主義国家では，失業も労働者の自己責任に属する問題として捉えられていた。そのため，失業した労働者に対する救済は，救貧政策の中で行われるに過ぎなかった。しかし，19世紀末以降，重化学工業への産業構造の変化や大恐慌の発生などを経て，大量に失業者が発生し，さらにそれが長期化，慢性化するようになるに従って，失業を，労働者個人の努力でどうにかなるような自己責任の問題として片付けることに無理が生じてくるようになった。すなわち，社会の需要不足や労働力需給の構造的不均衡が原因となって失業という現象が生じていることを背景にして，失業対策が労働運動を通じて強く要求されるようになり，その結果，職業紹介や失業中の生活保障の諸制度が各国で誕生した。

失業による所得喪失に対する保障制度としては，社会保険（失業保険）と社会手当（失業手当）の二つの方式が考えられてきた。失業保険制度は，事前の保険料拠出に基づき，失業という保険事故が発生した場合に保険給付を支給する方式であり，失業手当制度は，公費を財源として生活に困窮する失業者に給付を行うものである。いずれの方式を採用するかは，各国の政策選択の問題であるが（→第1章第1節3），多くの国では，財源の確保や給付内容・水準の充実化を図ることが比較的容易とされる，事前拠出を要件とする失業保険制度が採用されている。

1の参考文献

・清正寛＝良永彌太郎編著『論点社会保障法』（中央経済社，2003年）159頁

発展7-1　失業をめぐる諸外国の所得保障制度と日本の特徴

上記のように，失業による所得喪失に対する保障制度としては，失業保険制度と失業手当制度の二つの方式がある。多くの国では失業保険制度が採用されているが，失業保険による給付を受給することができない者（失業保険給付の受給期間を満了した者，そもそも失業保険給付の受給資格のない者）を対象とする失業手当制度を失業保険制度と併せて導入している国（フランス，ドイツ等）も少なからず存在する。日本では，雇用保険給付を受給することができない者を対象とする求職者支援制度が導入されたが，求職者支援制度はその財源を雇用保険勘定に求めていることから（公費負担が半分含まれてはいるものの），ここでいう公費を財源とする失業手当制度として把握することは妥当ではなく，日本の特徴的な制度として捉えることができよう。

また，失業保険制度とはいっても，その制度設計は多種多様である。制度の適用対象範囲に自営業者を含む国（デンマーク，スウェーデン）もあれば，日本と同様に被用者に限っている国（フランス，ドイツ）もあり，また，適用対象者を強制加入としている国（フランス，ドイツ）もあれば，任意加入としている国（デンマーク，スウェーデン）もある。さらに財源についても，保険料は徴収しつつも，大部分は公費によって賄っている国（デンマーク）もあれば，基本的に保険料収入によって運営されている国（フランス，ドイツ）もある。保険料負担の割合についても，労働者よりも事業主負担を軽くしている国（デンマーク）もあれば，事業主負担を重くしている国（フランス）もある。

日本の制度の特徴を簡単にまとめると，被用者のみを対象とする強制保険として設計されており，保険料負担は失業等給付に係る部分は労使折半だが，社会復帰促進等事業を加えた全体でみると事業主負担が多く，財源には国庫負担も組み込まれ，補足的制度として求職者支援制度を設けているということになろう。

発展7-1の参考文献
・労働政策研究・研修機構編『JILPT資料シリーズNo.143　失業保険制度の国際比較——デンマーク，フランス，ドイツ，スウェーデン』（労働政策研究・研修機構，2014年）

2　勤労の権利および義務と失業保険

日本では，第二次世界大戦前に，失業保険法案の議会提出などの動きはみられたものの，失業保険法の制定までには至らず，戦後の昭和22（1947）年になって失業保険法および失業手当法が制定された（失業手当法は失業保険法の被保険者であって，同法による保険給付が開始される以前に失業した者の救済措置として制定されたものであったことから，同法に基づく保険給付が開始された昭和24（1949）年に廃止された)。その当時の日本では，敗戦に伴う復員軍人，海外からの引揚者，軍需工場の徴用解除等によって社会に大量の失業者が発生していたことから，その対策が急務となっていたこと，また，戦後に制定された日本国憲法において，生存権および労働権が基本的人権として保障されたことが大きく影響している。

憲法27条1項に定める「勤労の権利」とは，国に二つの政策義務を課すものと解されている。一つは，労働者が自己の能力等を活かした労働の機会を得られるように労働市場の体制を整備する義務であり，もう一つは，そのような労働の機会を得られない労働者に対して，その生活を保障する義務である。雇用保険法（その前身は失業保険法）は，後者の義務に対応する立法である。

また，憲法27条1項は，「勤労の義務」についても規定している。これは，勤労の権利が定められていることから，確かに国は，労働の機会を得られない労働者に対して，その生活を保障する義務を負ってはいるが，それは働こうとする労働意欲を持った労働者に対するものであり，働く意思を持たない者の生活まで保障する義務はないという政策上の指針を表明したものと解されている。それゆえ，現行の雇用保険法に定める失業等給付は労働の意思を有していることが支給要件とされており，後述するように，求職活動を通して労働の意思を有していることを示すことが求められている。また，公共職業安定所から紹介された職業に就くことを拒んだとき等には，一定の条件の下で，給付制限も予定されている（→各論③1(4)）。

2の参考文献
・菅野26頁

3　失業保険から雇用保険へ

昭和22（1947）年に制定された失業保険法は，昭和48（1973）年の第1次石油危機を契機に，失業した後に保険給付を行うという事後的な施策に留まらず，雇用の安定や失業の防止といった積極的な雇用施策を実施する制度へと抜本的な改正が行われ，昭和49（1974）年に名称も雇用保険法と改められた。同法は，失業保険制度の合理化を図るとともに，従来の失業給付に加え，積極的雇用施策である雇用改善，能力開発，雇用福祉という雇用改善等三事業を制度化した。雇用保険法1条は，同法の目的として，労働者の「生活」の安定に加え，労働者の「雇用の安定」を図り，その「就職を促進」すること，「失業の予防，雇用状態の是正及び雇用機会の増大，労働者の能力の開発及び向上その他労働者の福祉の増進」を掲げている。それ以前の失業保険法1条が「被保険者が失業した場合に，失業保険金を支給して，その生活の安定を図ること」としていたのと比較して，その目的を雇用政策の分野へと大きく拡大したことが読み取れる。

雇用保険法は，その後も社会の変化に対応すべく改正が重ねられている。

平成6（1994）年の法改正では，雇用継続が困難となる事由が生じた場合に必要な給付を行うための「雇用継続給付」制度が創設された。具体的には，60歳時点に比べて賃金が低下した高年齢者に対する高年齢者雇用継続給付と育児休業を取得した労働者に対する育児休業給付が支給されることとなった。これに介護休業給付が加えられたのは平成10（1998）年の法改正である。同改正では，労働者が自ら職業に関する教育訓練を受けた場合に必要な給付を行うための「教育訓練給付」も創設された。いずれの給付も，労働者が失業状態にあることを要件としない給付である点で，原始的な失業保険・雇用保険給付とは異質なものといえよう。

平成12（2000）年には，失業率の上昇による保険財政の悪化といった事態を受け，給付と負担の両面からの制度の見直しが図られ，雇用保険料率の引上げとともに，離職理由によって失業給付の所定給付日数を区別するといった改正がなされた。離職理由による所定給付日数の区別は，失業に対する事前の備えが困難な解雇者等に対して，十分な保護を与えることができるよう給付の重点化を図る目的でなされた。また，少子高齢化の進展を考慮し，育児休業給付および介護休業給付の改善が図られた。

その後も，雇用保険財政の悪化への対処や多様な働き方への対応，早期再就職の促進といった観点等からの改正が重ねられている。

3の参考文献

・濱口桂一郎『労働政策レポート Vol. 7　労働市場のセーフティネット』（労働政策研究・研修機構，2010年）第1部
・菅野80頁

4　社会保険方式の限界

上記のように，失業による所得喪失に対する保障制度としては，事前の保険料拠出に基づき，失業という保険事故が発生した場合に保険給付を支給する社会保険と，公費を財源として生活に困窮する失業者に給付を行う社会手当の二つの方式が考えられ，いずれを選択するかは各国の政策判断によるが，日本では，社会保険方式が採用された。

社会保険制度では，事前に保険料を拠出する制度の適用対象者の範囲が定められ，一定の保険料拠出が保険給付の受給要件として規定されることになる。そのため，そもそも制度の適用対象外とされた者に「失業」というリスクが現実化した場合に，雇用保険制度は何ら意味をなさないことになる。雇用保険制度が，失業者の生活を保障するための給付を行うという観点からは，当然のことながら，制度の適用対象者の範囲は可能な限り広く設定することが求められる。

雇用保険制度の適用対象者の範囲をめぐっては，事前の保険料拠出を求めることから，その基礎となる賃金を獲得していない状況にある者は，そもそも制度の対象外とされた。この典型は，新規学卒者である。仮に，大学卒業直後から「失業」状態に陥った場合，この者は雇用保険制度の対象となったことがないため，当然のことながら保険給付を受給することができないことになる。これは事前拠出を要求する限り，やむを得ない帰結ということになろう。

さらに，社会保険制度では，保険料拠出（負担）と給付との均衡を無視し得ないことから，保険料納付期間等の所定の受給要件を満たしていないとして，保険給付を受給することができないことがある。また，受給要件を満たして保険給付を受給したとしても，引き続き失業状態にあるにもかかわらず，支給期間の満了によって保険給付を受けられなくなる場合もあり得る。

以上のように，雇用保険制度の下では，救済されない失業状態にある者が多く生じることとなり，それに対して雇用保険制度だけでは有効な手立てを講じることはできないといった限界がある。このような制度上の限界に鑑みて導入されたのが，求職者支援制度である（→各論⑥）。

発展 7-2　日本と諸外国の失業率

日本の失業率は，平成 14（2002）年の 5.4% という数値が過去 50 年間に例のない高水準であったことからもわかる通り，国際的にみた場合，非常に低い水準で推移してきた（OECD 加盟国平均より概ね 3 ポイント低い水準で推移。2016 年の調整失業率（Harmonised unemployment rate. ILO 指針に基づき，各国失業率が比較可能となるよう試算したものであり，各国公表失業率とは異なる）は，日本 3.1%，アメリカ 4.9%，イギリス 4.8%，ドイツ 4.1%，フランス 10.1%，スウェーデン 7.0%，スペイン 19.7%，韓国 3.7%。小数点第 2 位で四捨五入）。平成 14（2002）年以降の日本の失業率は徐々に低下していたものの，リーマン・ショックによって再び上昇に転じ，平成 21（2009）年の失業率は 5.1% を記録した。このリーマン・ショックの影響による失業率の悪化は，全失業者に占める長期失業者（1 年以上）の割合が増加している問題（平成 17（2005）年は 33.3%，平成 22（2010）年は 37.6%，）とともに，失業した際の第 2 のセーフティネットのあり方に関する議論を活発化させる契機となった。

上記のように，日本の失業率は諸外国に比べると低水準で推移してきているが，長期失業者（失業期間が 1 年以上）の割合に関しては，ヨーロッパ諸国と同様に日本も高い水準で推移しており（2016 年において，日本 39.5%，ドイツ 41.2%，フランス 44.4%，スペイン 48.4%，アメリカ 13.3%。小数点第 2 位で四捨五入），共通の課題を抱えている状況にある。日本において問題化している長期失業者に対する施策のあり方を検討するに際して，ヨーロッパ諸国の状況は参考となろう。なお，諸外国で問題となっている若年失業者の割合が高い点については，日本では近年の労働市場・経済状況を背景に改善傾向にある。ただし，景気の変動等により，再び若年失業者の増大が問題となり得るため，職業訓練等の施策のあり方は継続して検討すべき課題といえよう。

発展 7-2 の参考文献
- OECD ホームページ（oecd.org）統計データ
- 労働政策研究・研修機構編『データブック国際労働比較 2018』（労働政策研究・研修機構，2018 年）

2　雇用政策との関係

1　就業行動の多様化への対応

パートタイマーやアルバイトといった非正規雇用によって働く労働者が増加し，マルチジョブホルダーと呼ばれる複数事業所で働く者や，テレワークといった在宅での勤務形態も登場し，労働者の働き方が多様化してきている。このような就業行動の多様化によって，雇用保険の適用関係をはじめ，失業の認定等についても判断が難しい状況が生じている。また，制度の狭間に落ち込んでしまい，救済が及ばない労働者が生じる可能性も懸念されるところである。

具体的には，まず，雇用保険の適用をめぐって，非正規労働者をどのように取り扱うかが問題となり得る。非正規労働者の多くは，短期の有期契約による雇用者（短期雇用者）や短時間労働者である。このうち短期雇用者に関しては，非正規雇用の増加を背景に，その一部が雇用保険の被保険者となっていなかったことが2000年代に問題となり，現在ではあらゆる雇用期間の者が雇用保険制度の適用対象となっている（→各論1 3）。他方，短時間労働者については，週20時間以上勤務する者のみを雇用保険法の適用対象としている。この時間数での線引きが妥当かどうかは，雇用保険制度で保護する労働者像をどのように捉えるか（生計維持に必要な程度の稼得を得ている者のみとするか，生計補助的な稼得を得ている者も含むか，生計維持に必要な程度の稼得を得るための労働時間数をどのように捉えるか等），再就職意欲の低下（モラル・ハザード）を招くことになるかどうか等の判断によって異なり得るだろう。

マルチジョブホルダーについては，生計維持のための主たる賃金を得ている事業主との関係のみに雇用保険関係の成立を認める（複数事業主との間で保険関係の成立を認めることはしない）との行政解釈が示されている（雇用保険業務取扱要領20352。なお，二つの事業に雇用されていた労働者について，その両事業の実態（労働の提供が不可分一体のものであったこと，労働者の採用・解雇の一体的実施状況等）から実質的に一つの事業と解されるとして，両事業から支払われた賃金の合計額を基礎として賃金日額を算定すべきと判断した労働保険審査会の審査裁決例（平成18年雇用保険関係裁決例10（平成11年雇第7号）がある)。ただし，そこでも週20時間（以上）の要件が適用されるため，いずれの事業主との関係においても週20時間に満たない勤務に留まる場合は，雇用保険の適用対象外となり，保護は受けられないことになる（→各論7）。

テレワークについては，雇用保険の適用対象者たる「労働者」に該当するか否かが問題となり，就業場所が自宅であることを踏まえた労働者性の判断が求められている。

発展 7-3　雇用保険のジレンマ

雇用保険制度は，労働する意思および能力があるにもかかわらず，労働の機会を得られずにいる労働者の生活の安定を図るために保険給付を支給するが，その給付水準や支給期間の設定に関しては，特に労働者の就労意欲を喚起・維持するとの観点からの検討が欠かせないものとなる。失業中に受給する保険給付額が，就労時の収入に近ければ近いほど，労働者の生活は安定し，また，その支給期間が長ければ，労働者は焦ることなく，自分に適した就職先を探すことが可能となり，労働者にとって望ましいとも考えられる。その一方で，保険給付によって失業中の生活が安定することは，時に労働者の就労意欲を減退させ，失業期間が長期化することも十分考えられる。失業期間の長期化は，労働者の労働能力の低下を招来しやすく，再就職を困難にするといった悪循環を引き起こすことにつながりかねず，結果的に労働者にとって望ましくない状況を生じさせることも懸念される。すなわち，雇用保険の目的である「失業中の労働者の生活の安定を図ること」と「就職を促進すること」という二つの要請は，時として相反する結果を導き得る。失業中に支給する保険給付の水準およびその支給期間を定めるに際しては，このような雇用保険の目的に起因するジレンマに陥ることなく，二つの目的が同時に達せられるようバランスをとることが求められている。

2 就職・就労支援と生活保障

雇用保険制度による保険給付は，失業中の生活保障という目的に加え，失業者が労働能力を喪失することなく，再び職業生活に入ることを支援，促進する目的も有している。そのため，失業中の生活保障のために支給される保険給付のみならず，職業能力の開発のための給付や，再就職を促進するための給付なども雇用保険から支給される。近年では特に，この就職促進を図るという目的が重視されており，労働者が自ら職業能力を開発したり，早期に再就職したりするための動機づけを強める観点から保険給付の見直しがなされている（→各論③3）。また，失業中の生活保障のための保険給付を受給する上でも，その前提となる「労働の意思」を有することを示すための求職活動を積極的に行っていることが求められており，求職活動に関する判断が従前に比べて厳格化している（→各論②1⑵）。

さらに，雇用保険では，労働者の能力開発を支援するための事業に対して，各種助成金を支給し，就職・就労支援を促進している（→各論④3）。

3 労働市場政策

雇用保険制度は，被保険者に失業等給付を行う以外に，労働者の職業の安定に資するための各種施策を雇用保険事業（→各論④）として行っており，労働市場政策上，失業を防止し，雇用を創出する役割を果たす重要な制度として位置づけられる。雇用安定事業は，事業主に対する助成金の支給を主たる内容としており，そのような助成金の支給によって雇用を維持することにより失業を防止し，また，事業主の自発的・任意的な雇用拡大を誘導することにより雇用創出を図ろうとするものである（→各論④2）。事業主に助成金を支給するという方式は，失業防止や雇用創出という目的実現に向けて間接的に働きかけをする手法であり，現在の雇用創出等施策の中心となっているものである。

また，雇用安定事業を含む雇用保険二事業は，「雇用」に関する様々な施策に助成金などの形で費用を支出しており，労働市場政策の重要な財源となっている（厚生労働省が公表している平成29（2017）年度雇用保険二事業にかかる評価対象となっている目標設定事業数は80に上っている）。他方で，雇用保険二事業にかかる事業として実施されているものの中には，「企業における雇用」の枠を超える施策であって，雇用保険二事業として実施するのに不適切であるとの批判を受けているものもある。雇用保険二事業は事業主のみが負担する保険料を財源としていることからすれば，その観点からの制約は当然受けるべきものと考えられる。各施策に要する費用をどのように支弁するかは重要な問題であり，各施策の趣旨・目的等を踏まえ，慎重に検討すべきであろう。

各　論

1　雇用保険の適用関係

1　保　険　者

雇用保険の保険者は，政府である（雇保2条）。政府が保険者となっている理由は，失業という保険事故が地域的にも時期的にも，その発生を予想することが極めて困難な事故であり，このような保険事故に対する給付を安定して行うためには，全国的かつ長期的な視点から保険財政の均衡を図る必要があること，また，保険給付の受給資格者について失業認定を行うに当たっては，全国的に統一した基準により，公共職業安定所が行う職業紹介業務と密接に関連して行うことが要請されるところ，そのような事業は政府が直接運営するのが最も相応しいと考えられたことにある（氏原正治郎ほか編『社会保険事典』（社会保険新報社，1968年）701頁，西村396頁）。

なお，失業等給付に関する事務などを行い，雇用保険に関する失業者との基本的な窓口となっているのは公共職業安定所（ハローワーク）である。雇用保険法に基づく厚生労働大臣の権限は，公共職業安定所長に委任されている（都道府県労働局長からの再委任。雇保81条1項・2項）。

2　適用事業

「労働者が雇用される事業」であれば，業種・規模等を問わず，全てが当然に雇用保険の適用事業となる（雇保5条1項）。したがって，労働者を1人でも雇用する事業は，これに該当する。ただし，農林・畜産・水産事業のうち労働者5人未満の個人経営事業は，事業所の把握等に困難が予想される等の理由から，暫定的に任意適用事業とされている（雇保附則2条1項）。適用事業についての保険関係の成立および消滅については，労災保険と同様に労働保険の保険料の徴収等に関する法律（労働保険徴収法）の定めるところによる（雇保5条2項→**第6章各論1 2**）。

3　被保険者

雇用保険の被保険者は，雇用保険の適用事業に雇用される労働者であり，1週間の所定労働時間が20時間未満である者など雇用保険法6条に定める一部の適用除外の者以外をいう（雇保4条1項）。労働者災害補償保険法（労災保険法）の適用を判断する場合と同様に，「雇用される労働者」概念が問題となり得るが，基本的には労災保険法における労働者の場合と同じ判断基準により解釈されている（東京高判昭和59・2・29労民集35巻1号15頁，東京地判平成16・7・15労判880号100頁。なお，「専門職スタッフ委任契約」の下で生命保険等の契約成立・保険金等の支払いにかかる確認の業務を行う者について雇用保険法上の被保険者性を認めた最近の裁判例として，福岡高判平成25・2・28判時2214号111頁（百選71））。

被保険者は，労働者の年齢や就労形態から，①一般被保険者，②高年齢被保険者，③短期雇用特例被保険者，④日雇労働被保険者の四つに分類される。②は65歳以上の者（雇保37条の2），③は季節的に雇用される者であって，4カ月以内の期間を定めて雇用される者および1週間の所定労働時間が20時間以上30時間未満の者以外の者（日雇労働被保険者を除く）であり（雇保38条），④は日雇労働者（雇保43条1項）に対する分類である。①は，以上述べた②から④以外の者のことであり，一般的な労働者はここに該当することとなる。

②の高年齢被保険者は，平成28（2016）年雇用保険法改正によって新しく設けられた被保険者の種類である。従前は，高年齢継続被保険者と称して，65歳以上の労働者については，同一の事業主の適用事業に65歳に達した日の前日から引き続きそれ以後も雇用されている者のみを対象とし，その者が離職して求職活動をする場合に高年齢求職者給付金（賃金の50～80%の最大50日分）を一度だけ支給するという取扱いであった。また，64歳以上の者については雇用保険料の徴収を免除していた。このような65歳以上の高年齢者に対する取扱いについて，生涯現役社会の実現の観点から見直しを図ったのが平成28（2016）年改正である。すなわち，65歳以降に雇用された者についても雇用保険を適用し，その者が離職して求職活動をする場合には，その都度，高年齢求職者給付金（支給要件・内容には変更なし）

を支給することとし，それまで支給対象外とされていた介護休業給付，教育訓練給付等についても支給を行うこととされた。また，保険料の徴収免除は廃止され，原則通りの保険料徴収が行われる（平成31（2019）年度分まで経過措置あり）。

このほか，雇用保険の適用については，近年の非正規労働者の増加およびそれらの者の雇止め等による雇用不安問題を受け，拡大傾向にある。具体的には，行政解釈が示された雇用保険業務取扱要領に定める適用基準において，それまで「1年以上」の雇用見込みとされていたものが，平成21（2009）年に「6カ月以上」の雇用見込みに変更され，さらに平成22（2010）年の雇用保険法の改正によって「31日以上」の雇用見込み（雇保6条3号）へと緩和された。なお，「31日以上」の雇用見込みがある場合とは，31日以上雇用が継続しないことが明確である場合を除く全てがこの要件に該当すると解されている。そして，30日以内の場合には日雇労働被保険者として取り扱われる（雇保42条・43条）ことからすれば，雇用期間の観点からは全ての範囲の労働者（季節的に雇用される者を除く）を雇用保険の適用対象としたといえよう。

4　届出と確認

適用事業に雇用された労働者は，その雇用された日から雇用保険の被保険者となるが，その被保険者資格の取得・喪失を把握するため，雇用保険法では「確認」の制度が設けられている（雇保9条）。事業主は，労働者を雇用した場合や解雇した場合など，被保険者資格の取得および喪失に関する事実について，厚生労働大臣に届け出る義務を負っており（雇保7条），通常は，この事業主による届出に基づき確認が行われるが，被保険者または被保険者であった者はいつでもその確認を請求することができ（雇保8条），さらに厚生労働大臣の職権によっても行われる（雇保9条）。

被保険者資格取得の確認がなされる日の2年前の日以前における被保険者であった期間については，被保険者期間や後述する基本手当の所定給付日数の算定基礎期間に算入されないこととなっているため（雇保14条2項2号・22条4項），事業主が被保険者資格取得の届出をせず，確認が行われないまま2年経過した場合，被保険者は，基本手当を受給することができない，あるいは基本手当の支給日数が短くなるといった不利益を被ることになる。このような事業主の雇用保険加入手続の懈怠による被保険者の不利益に関して，平成22（2010）年の改正により，事業主が被保険者の資格取得の届出を行わなかったために雇用保険に未加入となっていた者が，賃金から雇用保険料を控除されていた場合には，被保険者資格取得の確認より2年以上前の被保険者であった期間についても（雇用保険料控除がなされていた最も古い時期として厚生労働省令が定める日に遡って）被保険者期間および算定基礎期間に含めることとされた（雇保14条2項2号かっこ書・22条5項）。この場合，当該事業主が雇用保険の保険関係の成立の届出（労保徴4条の2）をしていなかったときは，保険料の徴収権が時効（2年。労保徴41条）消滅した後も特例納付保険料の納付が勧奨されることとなっている（労保徴26条→第6章⑥1）。

事業主の雇用保険加入手続の懈怠や雇用保険料納付の懈怠によって，結果的に失業等給付を受給できなかった場合，労働者は受給し得なかった保険給付相当額を当該事業主に対して損害賠償請求することが考えられる。この問題に関しては，労働者自身が被保険者資格取得の確認を請求することが可能であり，その確認を受ければ，事業主が所定の手続を履行した場合と同様の給付を受給し得たことから，事業主の届出等の懈怠と労働者が求職者給付を受給できなかったこととの間には因果関係がないとして，労働者の損害賠償請求を棄却した裁判例がある（大阪地判平成元・8・22労判546号27頁（百選74））（事業主の届出義務の懈怠と損害賠償請求の関係については→第3章各論②2(4)）。

②　失業の認定

1　「失業」の定義

雇用保険法に定める失業等給付の中でも最も重要なものは，一般被保険者に対する求職者給付の一つである基本手当（失業中の所得保障給付）である（雇保13条→各論③1）。この基本手当を受給する要件となっている「失業」とは，単に勤めている会社を辞めた，あるいは解雇された状態をいうのではない。ここでいう「失業」とは，被保険者が離職し，労働の意思および能力があるにもかかわらず，職業に就くことができない状態にあることと定義されている（雇保4条3項）。すなわち，①被保険者が離職したこと，②労働の意思を有すること，③労働の能力を有すること，④職業に就くことができない状態にあることの四つの要件を満たして，「失業」と認められることとなる。

(1)　被保険者の離職

ここでいう「離職」とは，被保険者について，事業主との雇用関係が終了することであり（雇保4条2項），その離職理由は問われていない。したがって，解雇であろうが，辞職であろうが，定年退職であろうが，ここでいう「離職」であることに違いはない。ただし，平成12（2000）年の改正によって基本手当の所定給付日数が離職理由によって区別され，そこには大きな差があることから（特定受給資格者・特定理由離職者→③1⑶），支給期間との関係では，離職理由の判定は重要な事項となっている。

解雇された労働者が，当該解雇の効力を争っているような場合も，離職票が受理されることで，解雇の適法性やそのことが争われていることに関係なく，通常の失業認定が行われ，認定されれば基本手当が支給されることになる。ただし，争っていた当該解雇が無効となった場合は，その期間について労働者は賃金請求権があることから，雇用保険から支払われた保険給付は返還しなければならないと解されている。裁判例でも，解雇が撤回されることによって，失業状態が遡及的に消滅した，すなわち雇用関係は遡及的に元の状態に回復したとするものがある（金沢地判昭和48・4・27労民集24巻6号535頁〔百選77〕）。

なお，解雇が無効となることにより，賃金請求権が存在するとして既に支給した基本手当の返還を労働者に求めるという，上記のような問題の処理について，実際に賃金が支払われなかった場合のリスクを労働者に負わせることになるとの懸念から，立法論として，労働者の賃金請求権を保険者に移行し，使用者に対する求償問題として処理する方が適切であるとの批判がある（西村399頁）。

⑵　労働の意思を有すること

「労働の意思」（雇保4条3項）とは，行政解釈上，自己の労働力を提供して就職しようとする積極的な意思のこととされ（雇用保険業務取扱要領51202），実務上は具体的な求職活動を行っていることが求められている。現在の基準では，失業の認定を受けようとする期間（認定対象期間。原則として前回の認定日から今回の認定日の前日までの期間であり，4週間となる）中に，原則として2回以上の求職活動の実績が必要とされている（雇用保険業務取扱要領51254）。なお，単なる新聞やインターネット，公共職業安定所等での求人情報の閲覧，知人への紹介依頼だけでは，求職活動を行ったことにはならず，求人へ応募したり，公共職業安定所や民間職業紹介機関等が行う職業相談，職業紹介等を受けたり，各種講習，セミナーの受講等を行うことが求められている。

⑶　労働の能力を有すること

「労働の能力」とは，労働に従事し，対価を得て自己の生活に役立て得る精神的，肉体的および環境上の能力のことと解されている（雇用保険業務取扱要領51203）。例えば，怪我や病気のためにすぐに就職できない状態にある者や産後休業期間に当たる産後8週間以内の女性などは，この要件を満たしていないとされる。

⑷　職業に就くことができない状態にあること

「職業に就くことができない状態」（雇保4条3項）とは，公共職業安定所が求職申込みに応じて最大の努力をしたが就職させることができず，また，本人の努力によっても就職できない状態のことと解されている（雇用保険業務取扱要領51204）。ここでいう就職とは，通常の生計を維持するに足る収入を得る地位に就くことであり，家計補助的な収入しか得られないような場合には就職したとはいえない。もっとも，その場合でも，獲得した収入金額に応じて保険給付（基本手当）が減額されることになる（雇保19条）。

2　認定と給付請求権

基本手当を受給するためには，受給資格の決定を受ける必要がある。受給資格の決定は，公共職業安定所長が離職票を提出した者について求職者給付の支給を受けることのできる資格を有する者であると認定することであり，この受給資格者であるとの決定を受けると，失業の認定日が指定され，受給資格者証が交付されることとなっている。

受給資格者は，指定された失業認定日に公共職業安定所に出頭し，受給資格者証および失業認定申告書を提出して，失業の認定を受けなければならない。この失業の認定は，受給資格者が失業していたか否かを確認する行為であるとされ，原則として離職後最初に公共職業安定所に出頭した日から起算して4週間に1回ずつ，当該認定日の直前の28日に行われる（雇保15条3項）。ある一定の時間的範囲において「失業」状態にあったか否か，特に，労働の意思の存否や，職業に就くことのできない状況にあったか否かは，事後的にしか評価することができないため，このような手続が必要となる。このように過去に遡った保険事故の認定を行うのは，他の社会保険制度と比較した雇用保険制度の特徴といえる。

基本手当を受ける権利は，受給資格者が法所定の要件を履践し，かつ公共職業安定所長が失業の認定をした上で，その支給を決定することによって初めて具体的に発生すると解されており（横浜地判昭和59・4・27判タ530号186頁），失業認定日に出頭しない場合，基本手当は支給されない。ただし，怪我や病気，求人者との面接，職業訓練の受講，天災その他やむを得ない理由のために，失業認定日に公共職業安定所に出頭できない場合は，原則として事前に証明書を提出することによって失業の認定を受けることが可能となっている（雇保15条4項）。

3　不服申立て

被保険者資格にかかる確認，失業等給付に関する処分または偽りその他不正の行為があった場合の返還命令等にかかる処分（雇保10条の4）に不服のある者は，雇用保険審査官に対して審査請求をし，その決定に不服のある者は，労働保険審査会に対して再審査請求をすることができる（雇保69条1項）。

審査請求の対象となっている処分の取消しの訴えは，当該処分についての審査請求に対する雇用保険審査官の決定を経た後でなければ，提起することができないとされており（雇保71条），不服申立て（審査請求）前置主義が採用されている。以前は，労働保険審査会の裁決を経た後でなければ取消訴訟の提起はできなかったが，平成26（2014）年の行政不服審査法の改正に伴い，再審査請求は自由選択（再審査請求を経る必要はない）となり，審査請求を行うのみで取消訴訟を提起できるようになった。なお，審査請求をした日の翌日から起算して3カ月を経過しても審査請求についての決定がないときは，当該審査請求は棄却されたものとみなすことができ（雇保69条2項），それ以後は取消訴訟を提起することができる。

3　保険給付の種類

1　求職者給付

雇用保険において，被保険者に対して支給される保険給付のことを失業等給付と総称している（図表7-1参照）。その失業等給付の中核をなしている求職者給付は，被保険者の種類に応じて規定されており，①一般被保険者については基本手当，技能習得手当，寄宿手当，傷病手当があり，②高年齢被保険者には高年齢求職者給付金，③短期雇用特例被保険者には特例一時金，④日雇労働被保険者には日雇労働求職者給付金がある（雇保10条1項・2項）。上記のように，一般被保険者に関する求職者給付の中で最も重要な給付は基本手当であり，これが主に失業中の所得を保障する役割を担っている。ここでは一般被保険者に対する求職者給付について概説する。

(1)　基本手当の支給要件

基本手当を受給するためには，上記の失業認定を受けることのほかに，離職の日以前2年間に，被保険者期間（雇用保険の被保険者であった期間のうち，離職日から1カ月ごとに区切っていた期間に賃金支払いの基礎となった日数が11日以上ある月を1カ月とする。雇保14条1項）が通算して12カ月以上なければならない（雇保13条1項）。ただし，特定受給資格者または特定理由離職者については，離職の日以前1年間に，被保険者期間が通算して6カ月以上あることで足りる（同条2項）。ここでいう「特定受給資格者」とは，①離職が，その者を雇用していた事業主の事業に

図表 7-1　雇用保険制度の概要

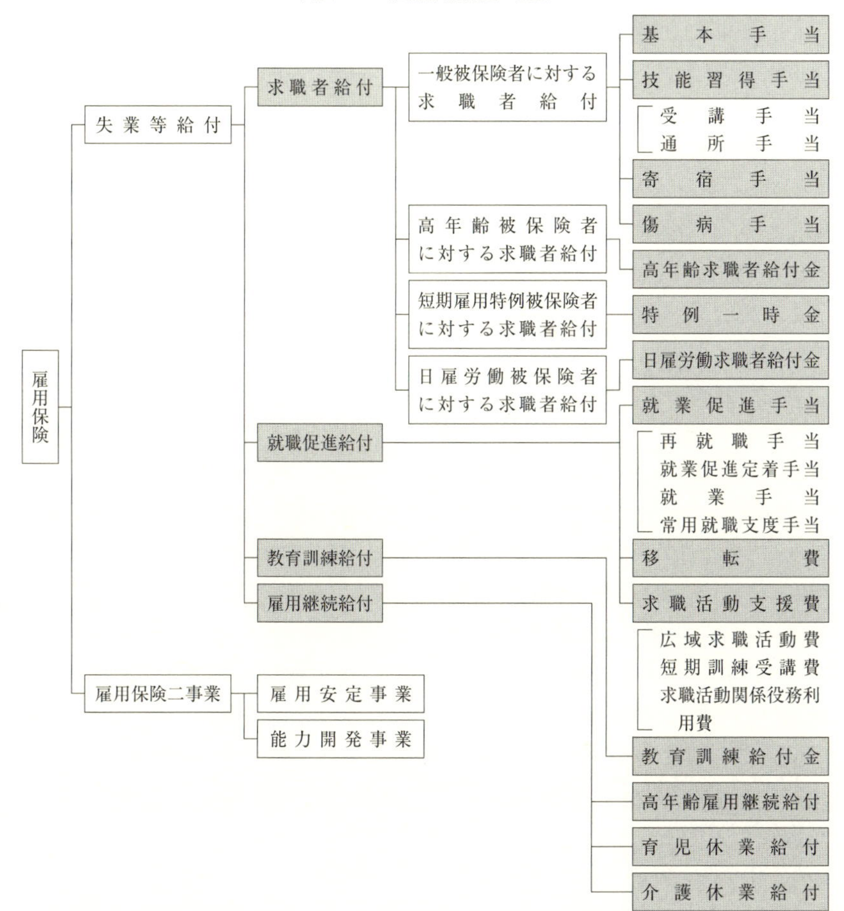

（出典）厚生労働省職業安定局：ハローワークインターネットサービス「雇用保険制度の概要」

ついて発生した倒産または当該適用事業の縮小もしくは廃止に伴うものである者として厚生労働省令で定めるもののほか，②解雇（自己の責めに帰すべき重大な理由によるものを除く），その他厚生労働省令で定める理由（労働条件と事実の著しい相違，職場内での嫌がらせ，マタニティ・ハラスメント，セクシャル・ハラスメント，退職勧奨等）により離職した者である（雇保 23 条 2 項，雇保則 34 条～36 条）。また，「特定理由離職者」とは，期間の定めのある労働契約が満了し，かつ，①当該労働契約の更新を希望したにもかかわらず更新されず離職した者，または②その他のやむを得ない理由により離職したものとして厚生労働省令で定める者（心身の障害や父母の扶養，結婚等による住所の変更によって通勤が困難となったこと等の「正当な理由」のある自己都合離職者）のことである（雇保13条3項・33条1項，雇保則19条の2，雇用保険業務取扱要領52203）。

上記の雇用保険の適用対象の拡大（31日以上の雇用見込み者に適用→各論①3）に関しては，短期間での離職と受給が繰り返されることが予想されたが，その問題に対する方策とされたのがこの受給資格要件の維持である。結果的に，雇用保険に加入することはできても，離職に際して受給資格を得られない者が生じることとなっている。

⑵　受給期間および待期期間

基本手当の支給を受けることができる期間は，原則として離職の日の翌日から起算して1年間となっている（雇保20条1項1号）。この受給期間内の失業している日について，法所定の給付日数に相当する日数分を限度として，基本手当が支給されることとなるが，離職後，給付請求に必要な手続を速やかに行わなかったなどの理由によって，受給期間が経過した場合，給付日数が残存していたとしても，基本手当は支給されないことになる。

1年を超える受給期間が定められているのは，法所定の給付日数の多い特定受給資格者等の場合（雇保20条1項2号・3号）や，後述（→各論③1⑶）するような一定の事由がある場合である。また，当該1年間に妊娠，出産，育児等の理由によって引き続き30日以上職業に就くことができない日がある場合についても，当該日数が加算される（最長4年）といった取扱いが規定されている。

基本手当は，受給資格者が離職後最初に公共職業安定所に求職の申込みをした日以後，失業している日が7日に満たない間は支給されない（雇保21条）。この期間を待期期間という。

⑶　支給額および給付日数

基本手当の日額は，原則として離職した日の直前の6カ月に毎月決まって支払われた賃金総額を180で割って算出した金額（これを「賃金日額」という）に，賃金日額に応じて定められている給付率を乗じて算定される（雇保16条・17条）。この給付率は，およそ50～80％（60歳～64歳については45～80％）となっており，失業中の生活保障という観点から，平均的な給付を行うとされ，賃金が低い場合には給付率は高く，賃金が高い場合には給付率は低く設定されている。平成15（2003）年の法改正以前，給付率は 60～80％（60 歳～64 歳については 50～80％）であったが，支給額の算定が離職直前の賃金を基準としているため，60 歳以上の高年齢層を中心に，基本手当日額の方が再就職して得る賃金よりも高額になるという逆転現象が生じていた。そのため，失業者の就業意欲を低下させているとして，現在の給付率に引き下げられた。しかしながら，このような保険給付額と再就職後の賃金額との逆転現象が，失業者の再就職意欲を阻害していると結論づけるには慎重であるべきである。特に，中高年齢層における逆転現象は，長期雇用を前提とする日本社会における再就職の困難さと労働市場の厳しい現実を反映しているとの見方が実態に即していると考えられる。すなわち，長期雇用を前提とする年功型賃金制度を採用している企業社会では，再就職先での賃金が従前のものよりも低くなるのは避け難く，労働者は生活のために，そのような前職よりも低い賃金であってもやむなく再就職しているとの評価が的を射ているように思われる（→**2**(1)）。

また，基本手当日額の算定基礎となる賃金日額に上限が設定されている（雇保 17 条 4 項）ことから，基本手当日額についても年齢区分ごとにその上限額が定められることとなる。この賃金日額は，法定の額を毎年の平均給与額の変化率に応じて自動変更した額を適用することとなっているが（雇保 18 条 1 項），平成 28（2016）年の下限額が最低賃金額を下回る状態となったことから，平成 29（2017）年改正によって，賃金日額の水準の見直しが図られることとなった。同改正により定められた賃金日額の上限額は，30 歳未満では 13,370 円，30 歳以上 45 歳未満では 14,850 円，45 歳以上 60 歳未満では 16,340 円，60 歳以上 65 歳未満では 15,590 円とされ，下限額は 2,460 円となった（雇保 17 条 4 項。平成 29（2017）年 8 月 1 日施行）。加えて，今後，最低賃金額との逆転現象が生じないよう，賃金日額の下限額が地域別最低賃金を基礎として算出された最低賃金日額を下回る場合には，当該最低賃金日額を下限額とする規定が新設された（雇保 18 条 3 項）。

給付日数は，算定基礎期間，年齢，受給資格者の類型に応じて定められている。ここでの「算定基礎期間」とは，受給資格者が同一の事業主の適用事業に被保険者として雇用された期間（当該雇用期間前に被保険者であった期間を有する者はその期間を合算した期間）である。ただし，当該雇用された期間または当該被保険者であった期間にかかる被保険者となった日の直前の被保険者でなくなった日が，当該被保険者となった日前 1 年以内にないときは，当該直前の被保険者でなくなった日前の被保険者であった期間は，算定基礎期間から除かれる（雇保 22 条 3 項，図表 7-2〔例示〕1・2 参照）。また，当該雇用された期間にかかる被保険者となった日前に基

図表7-2　算定基礎期間

〔例示〕1

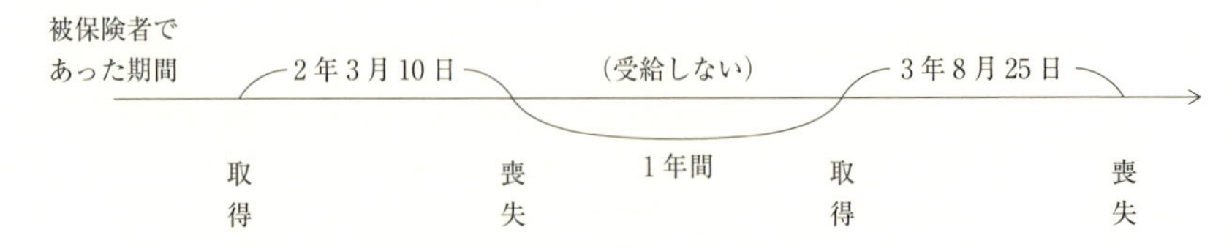

算定基礎期間＝2年3月10日＋3年8月25日
＝5年11月35日
＝6年0月5日

〔例示〕2

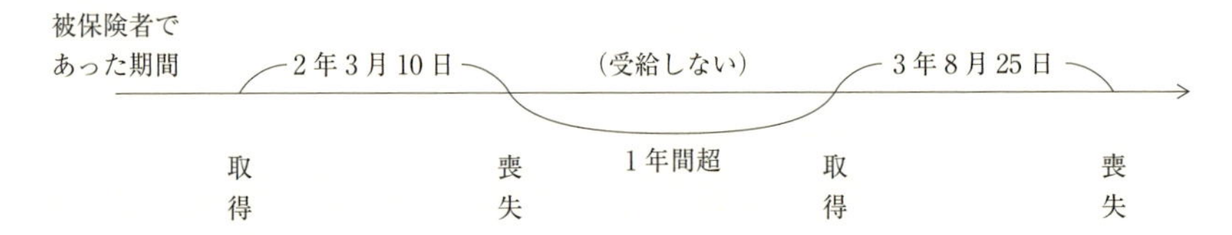

算定基礎期間＝3年8月25日

〔例示〕3

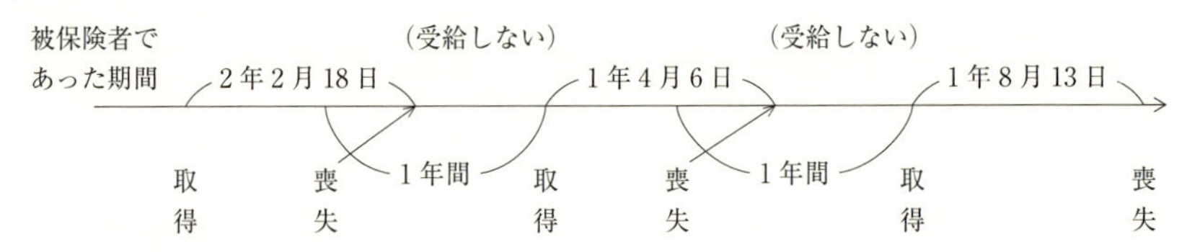

算定基礎期間＝2年2月18日＋1年4月6日＋1年8月13日
＝5年3月7日

〔例示〕4

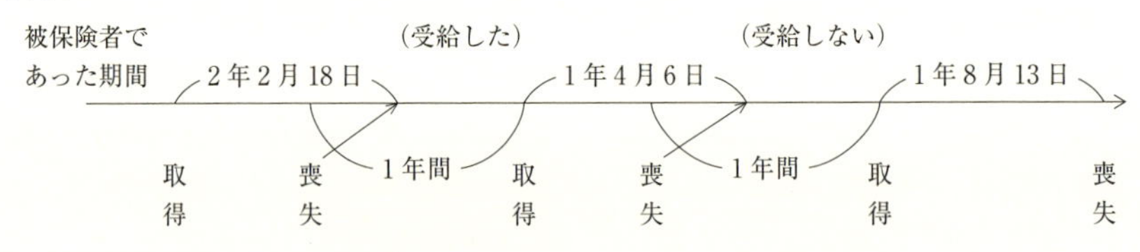

算定基礎期間＝1年4月6日＋1年8月13日
＝3年0月19日

(出典) 雇用保険業務取扱要領50302 (労務行政編『雇用保険法解釈総覧』(労務行政, 2015年) 389頁, 390頁より一部修正)

図表 7-3　基本手当の所定給付日数

①特定受給資格者および特定理由離職者（③の就職困難者を除く）

<table>
<tr><th>被保険者であった期間
区分</th><th>1年未満</th><th>1年以上
5年未満</th><th>5年以上
10年未満</th><th>10年以上
20年未満</th><th>20年以上</th></tr>
<tr><td>30歳未満</td><td rowspan="5">90日</td><td>90日</td><td>120日</td><td>180日</td><td>—</td></tr>
<tr><td>30歳以上35歳未満</td><td>120日
（90日）※</td><td rowspan="2">180日</td><td>210日</td><td>240日</td></tr>
<tr><td>35歳以上45歳未満</td><td>150日
（90日）※</td><td>240日</td><td>270日</td></tr>
<tr><td>45歳以上60歳未満</td><td>180日</td><td>240日</td><td>270日</td><td>330日</td></tr>
<tr><td>60歳以上65歳未満</td><td>150日</td><td>180日</td><td>210日</td><td>240日</td></tr>
</table>

※受給資格にかかる離職日が平成29（2017）年3月31日以前の場合の日数

②特定受給資格者および特定理由離職者以外の離職者（③の就職困難者を除く）

<table>
<tr><th>被保険者であった期間
区分</th><th>1年未満</th><th>1年以上
5年未満</th><th>5年以上
10年未満</th><th>10年以上
20年未満</th><th>20年以上</th></tr>
<tr><td>全年齢</td><td>—</td><td colspan="2">90日</td><td>120日</td><td>150日</td></tr>
</table>

③就職困難者

<table>
<tr><th>被保険者であった期間
区分</th><th>1年未満</th><th>1年以上
5年未満</th><th>5年以上
10年未満</th><th>10年以上
20年未満</th><th>20年以上</th></tr>
<tr><td>45歳未満</td><td rowspan="2">150日</td><td colspan="4">300日</td></tr>
<tr><td>45歳以上65歳未満</td><td colspan="4">360日</td></tr>
</table>

（出典）厚生労働省職業安定局：ハローワークインターネットサービス「基本手当の所定給付日数」

本手当または特例一時金の支給を受けたことがある者については，これらの給付の受給資格または特例受給資格にかかる離職の日以前の被保険者であった期間も，算定基礎期間から除外される（雇保22条3項，図表7-2〔例示〕3・4参照）。

受給資格者は，①特定受給資格者（倒産・解雇等により離職をした者）または特定理由離職者（雇止め等によって離職をした者。ただし期限付きの暫定的措置→発展7-4），②その他の一般離職者，③障害者等の一定の就職困難者（雇保則32条）に区別されている（図表7-3参照）。所定給付日数は従来，被保険者の年齢と被保険者であった期間に応じて決定されていたが，平成12（2000）年改正によってこのような区分によることとされた。①に当たる者については，離職を事前に予測して再就職の準備をすることが難しいことが，比較的長期の給付日数が適用される理由とされる。さらに，平成29（2017）年改正によって，①に該当する者に関して，所定給付日数内の就職率が低い層に対する所定給付日数の引上げが行われている。

なお，給付日数および上記の受給期間について，訓練延長給付（雇保24条），個別延長給付（雇保24条の2），広域延長給付（雇保25条），全国延長給付（雇保27条）を受給する場合，延長規定が設けられている。

発展7-4　近時の改正動向――不況・震災への対策

雇用保険法は，近時の不況や震災を背景とする失業者の増加，失業期間の長期化といった問題に適宜対処するため，多くの暫定的措置を講じてきている。例えば，平成20（2008）年のリーマン・ショックによる不況への対応として行われた平成21（2009）年改正では，平成21（2009）年3月31日から平成24（2012）年3月31日の間に離職した特定理由離職者に，暫定的に特定受給資格者と同じ給付日数の基本手当を支給する措置が講じられたが，この措置は平成24（2012）年改正（平成26（2014）年3月31日まで），平成26（2014）年改正および平成29（2017）年改正によって平成34（2022）年3月31日まで延長されている（雇保附則4条）。また，平成21（2009）年改正では，離職日において45歳未満の者や雇用機会が不足している地域として指定する地域に居住する者等について，給付日数を原則60日分延長する暫定措置が平成24（2012）年3月31日まで行われたが，上記の措置と同様に2年間延長され，さらに同じく平成26（2014）年改正によって平成28（2016）年度末まで延長された。この暫定措置は平成28（2016）年度末で終了となったが，他方で，雇用情勢が悪い地域に居住する特定受給資格者・特定理由離職者の給付日数を60日延長する暫定措置（5年間実施）が新たに講じられた（雇保附則5条）。このほか，東日本大震災によりやむを得ず離職した者については，この60日間の延長措置に加えて，さらに60日分延長（最大120日延長）できる措置が講じられている（東日本大震災に対処するための特別の財政援助及び助成に関する法律82条）。

(4)　給付制限

基本手当は，①受給資格者が「公共職業安定所の紹介する職業に就くこと又は公共職業安定所長の指示した公共職業訓練等を受けることを拒んだとき」（雇保32条1項）や「再就職を促進するために必要な職業指導を受けることを拒んだとき」（雇保32条2項），②「被保険者が自己の責めに帰すべき重大な理由によつて解雇され，又は正当な理由がなく自己の都合によつて退職した場合」（雇保33条1項）には，一定期間支給されない。ただし，受給資格者が職業紹介等を拒否した場合であっても，紹介された職業等が受給資格者の能力からみて不適当であったり，紹介された職業に就くために必要な転居が困難であったり，また，拒否することについて正当な理由がある等の場合には，給付制限は行われない（雇保32条1項ただし書・2項）。

発展 7-5　離職理由と給付制限

上記のように，被保険者が「正当な理由がなく自己の都合によつて退職した場合」，7日間の待期期間満了後1カ月以上3カ月以内の間で公共職業安定所長の定める期間，基本手当が支給されないこととされている（雇保33条1項）。行政解釈および裁判例では，「正当な理由」とは，事業所の状況，被保険者の健康状態，家庭の事情などから，その退職がやむを得ないものであることが客観的に認められる場合と解されている（東京地判平成4・11・20労判620号50頁〈百選72〉）。行政実務上，離職理由が「自己都合退職」となっていると，通常3カ月の給付制限期間が設定されるため，失業者は経済的に厳しい状況に追い込まれ得る。そのため，特に会社の退職勧奨に応じて退職した等（労働者は会社都合と思っていたにもかかわらず，離職票に自己都合と記載された等）の場合に，離職理由をめぐり労使で紛争が生じることもある。

この給付制限規定は，自ら恣意的に失業状態になった者に対してまで，失業後直ちに基本手当等を支給することが制度の運営上，また保険財政上も妥当ではないとの考慮に基づいて設けられたものであると解されている。学説上も，雇用保険（失業保険）は失業を余儀なくされた労働者の生活を保障するものであって，恣意的に退職する者まで保護する趣旨ではないことから，保険給付をあてにして退職する者に給付制限を課すことには合理性が認められるとする。その一方で，退職に正当理由を求めることは，労働者の退職，転職の自由を制限することとなり妥当ではないとの批判的な見解もある。

発展 7-5 の参考文献

・西村418頁
・籾井246頁
・松林和夫・百選〔初版〕161頁

(5) 基本手当以外の一般被保険者に対する求職者給付

基本手当のほかに，一般被保険者に対して支給され得る求職者給付としては，受給資格者が公共職業安定所長の指示した公共職業訓練等を受ける場合に支給される技能習得手当と，それら訓練を受けるために当該受給資格者により生計を維持されている親族と別居した受給資格者に支給される寄宿手当（雇保36条），受給資格者が公共職業安定所で求職申込みをした後で，疾病または負傷により就職できない場合に，基本手当の支給期間内における当該手当の支給を受けることができない日について支給される傷病手当（雇保37条）がある。

2 雇用継続給付

平成6（1994）年の法改正により，雇用保険の目的として，労働者について雇用の継続が困難となる事由が生じた場合に労働者の生活および雇用の安定を図ることが掲げられることになり，保険給付として「雇用継続給付」という類型が新たに加えられた。この雇用継続給付は，当初，①高年齢雇用継続給付と②育児休業給付とされていたが，その後③介護休業給付が追加されている。

(1) 高年齢雇用継続給付

多くの企業では，60歳定年制が採用されている。そのような状況の中で，老齢厚生年金の支給開始年齢を65歳とする改正が行われた（年齢の引上げは段階的に実施→第3章総論③）。そのため，60歳定年後から老齢年金が支給されるまでの間，定期的な収入源がないという状態が生じることとなった。この間の生活をどのように支えるのかについては，老齢基礎年金の繰上げ支給や私的年金，貯蓄等で対応することが考えられる一方で，定年後においても健康の面で問題のない限り就労したいという意欲を持つ者が多いことや，少子高齢化の進展による就業人口の減少が見込まれる状況下では，高年齢者の就労の促進が必要との考え方も示された。そのため，少なくとも老齢年金の支給開始年齢である65歳までの雇用を促進すべきとの政策方針が打ち出され，高年齢者等の雇用の安定等に関する法律（高年齢者雇用安定法）では，今日，65歳までの雇用確保措置を講じることが使用者に義務づけられている（高年9条→発展7-6）。60歳代前半層の雇用促進においては定年後の継続雇用および再就職の支援が必要であったが，そこには，上記のように（→③1(3)）定年前賃金と比較して賃金が大幅に低下するという問題が存在していた。このような賃金の低下は，定年後に別の会社に再就職する場合のみならず，同じ会社に継続雇用される場合においても，定年年齢で一度退職した扱いとなる（再雇用という形式がとられる）ことから，それまでの年功型賃金制度の枠外におかれることで否応なしに生じていた。このような問題に対処しつつ，高年齢者の雇用促進を図るために高年齢雇用継続給付が創設された。

高年齢雇用継続給付は，賃金の低下を補う役割を果たす一方で，実質的には企業への賃金補助となることから，支給対象となる高年齢者層の労働力需要を生み出す機能を有し，雇用を促進するものと評価することが可能である。その一方で，このような高年齢雇用継続給付の持つ企業への実質的な賃金補助という機能は，60歳代前半層の賃金水準を低いものに固定化するものであるとして，高年齢者雇用継続給付に対する批判的見解も存在する。

高年齢雇用継続給付には，高年齢雇用継続基本給付金（雇保61条）と高年齢再就職給付金（雇保61条の2）とが設けられている。

高年齢雇用継続基本給付金は，60歳時点に比べて賃金額が75% 未満に低下した状態で雇用を継続する60歳以上65歳未満の被保険者（被保険者期間5年以上の者）に対して支給される（雇保61条1項・2項）。支給額は，60歳以後の賃金額の15%相当額であるが，支払われた賃金額が60歳時点の賃金額の61%を超えて75%未満であるときは，当該賃金額の割合が逓増するのに応じて，一定の割合で逓減する15%未満の率を乗じて得られた額が支給される（雇保61条5項）。高年齢雇用継続基本給付金は，60歳以降も離職せず雇用を継続している被保険者に対して，65歳になるまで支給される。

これに対して，高年齢再就職給付金は，一度離職して基本手当を受給した者であって，賃金に関する所定の要件を満たす60歳以後に再就職した者に対して支給されるもので，基本手当の給付日数の残りが200日以上ある場合は2年間，100日以上199日以下では1年間を限度として支給される（雇保61条の2第1項・2項）。支給額などについては高年齢雇用継続基本給付金と同様である。

発展7-6①　高年齢者の雇用継続義務化の影響

高年齢者の雇用は，事業主の定める定年によって大きく影響を受けるものであるが，現在，事業主が定年の定めをする場合，当該定年は原則として60歳を下回ることができないこととなっている（高年8条）。この60歳定年制は広く社会に定着しているものであるが，上記のように，老後の生活を支える老齢年金の支給開始年齢が65歳とされている（老齢厚生年金については引上げ途上にある）ことから，定年と年金の支給開始年齢との間にズレが生じていることが問題となっている。そこで，年金の支給開始年齢までの安定した雇用の確保を図ることを目的として，高年齢者雇用安定法は，65歳未満の定年を定めている事業主に対して，65歳までの安定した雇用を確保するための措置（高年齢者雇用確保措置）を講じることを義務づけた（高年9条）。具体的には，①定年の引上げ，②継続雇用制度の導入，③定年の定めの廃止のいずれかの措置を事業主は講じなければならない。②の継続雇用制度の導入については，労使協定で継続雇用制度の対象となる高年齢者にかかる基準を定めた場合，当該基準によって継続雇用対象者を選別することを可能としていたため，高年齢者の安定した雇用を確保する観点からは不十分であるといわざるを得ない状況にあった。しかし，平成24（2012）年の同法改正によって，労使協定による対象者選別を可能としていた規定が削除されたことから，事業主は，継続雇用希望者全員を継続雇用することが義務づけられることとなった（経過措置あり）。上記のように，継続雇用に際しては賃金の大幅な低下が見込まれることから，同改正によって，今後，その穴埋めをする機能を持つ高年齢雇用継続給付へのニーズはさらに高まるものと予想される。このほか，雇用保険では，高年齢者の雇用を経済的に誘導するため，雇用安定事業として，65歳以上への定年の引上げまたは定年の廃止を行う等の事業主に対して助成金を支給することとしている（雇保則104条）。

発展7-6②　老齢厚生年金と雇用保険給付との調整（→第3章各論③7(2)(g)）

特別支給の老齢厚生年金や老齢厚生年金等の繰上げ受給により，65歳に達する前から老齢厚生年金を受給している場合がある。他方で，60歳以降にも求職活動を行う者もおり，その場合の雇用保険給付（基本手当）と老齢厚生年金との調整が問題となり得る。

基本手当と65歳未満で受給する老齢厚生年金は併給することができず，公共職業安定所（ハローワーク）で求職の申込みを行った日の属する月の翌月から基本手当の受給期間が経過した日の属する月まで，老齢厚生年金が全額支給停止される（厚年附則7条の4・11条の5）。このような調整が行われるのは，老齢厚生年金は基本的には職業生活から引退する者に支給されるものであることに鑑み，求職活動を通じて就労する意思および能力を示している基本手当受給者に，老齢厚生年金を支給するのは矛盾するとの考え方による。

また，雇用保険では，上記のように，一定の要件を満たす60歳以上65歳未満の者に高年齢雇用継続給付が支給される。この高年齢雇用継続給付と65歳未満で受給する老齢厚生年金との間でも調整が行われ，高年齢雇用継続給付を受給する場合には，高年齢雇用継続給付の4割相当の老齢厚生年金が支給停止となる（厚年附則7条の5・11条の6）。このほか，賃金（高年齢雇用継続給付を除く）と老齢厚生年金の合計金額によっては，在職老齢年金に関する支給調整（→第3章各論③7(2)(f)）も行われ得る。

なお，65歳以降については，雇用保険給付（高年齢求職者給付金→各論①3）と老齢厚生年金との間で調整は行われず，また，老齢基礎年金との間では65歳未満で繰上げ受給したとしても調整は行われず，併給が可能である。

(2)　育児休業給付

被保険者（短期雇用特例被保険者，日雇労働被保険者を除く）が，1歳（保育所に入れない等の場合には最長で2歳）未満の子を養育するために育児休業を取得した場合に，育児休業開始前2年間に被保険者期間（休業開始日を雇用保険法14条における離職日とみなすため「みなし被保険者期間」と呼ばれる）が通算して12カ月以上あることを要件として，休業期間中に育児休業給付金が支給される（雇保61条の4）。支給額は，休業開始時賃金日額（原則として，休業開始前6か月間の総支給額（賞与除く）を180で除した額）×支給日数（1支給単位期間の支給日数は原則30日）×給付率で算出される。給付率は，本来，40%とされているが（雇保61条の4第4項），当分の間，50%とされている（雇保附則12条）。さらに，平成26（2014）年雇用保険法改正では，休業開始後180日（6カ月）に達するまでの期間について，給付率を67%（3分の2）とする暫定的な措置が導入された（雇保附則12条）。

育児休業給付は，平成21（2009）年の雇用保険法改正前は，休業期間中に支給される「育児休業基本給付金」（給付率30%）と，休業終了後に職場復帰して6カ月を経過した時に支給される「育児休業者職場復帰給付金」（給付率20%）の二段階に分けられていた。これは，育児休業給付が休業終了後の職場復帰，すなわち雇用継続を促進するために支給されるものであることから行われていたものであるが，現在は，上記のように，育児休業期間中に育児休業給付金として一括して支給される方式に変更されている。このような支給方式の変更は，育児休業期間中の労働者の賃金については，労働契約上，特に取り決めがない限りは無給であることから，休業期間中の被保険者の所得を一定程度保障するものとしての役割，すなわち賃金代替給付としての性格が強められた結果と評価できよう。しかしながら，休業期間中の賃金代替給付として位置づけるには，本来の給付率よりも引き上げられ，休業開始後 180 日に達するまでについては給付率が 67%（この水準は，所得税や社会保険料等を控除した手取り賃金額の概ね 8 割程度となる）となったものの，それ以降の期間は 50% とされることからすれば，いまだ不十分であるといわざるを得ず，他方で，職場復帰後の給付がなくなったことから，雇用継続への動機づけは弱まり，育児休業終了後，職場復帰をすることなく離職することを防止することが困難な状況となっており，本来の雇用継続を促進するという目的が達成されないことが懸念される（これまでは，保育所に入れない等の理由がある場合，子どもが 1 歳 6 カ月になるまで育児休業を延長することができたが，平成 29（2017）年 10 月からは，2 歳まで再延長することが可能となった。育児休業期間の長期化は，職場復帰を困難にさせる要因となり得る点にも目を向ける必要があろう）。職業生活と家庭生活との調和を図る観点からは，労働者が育児に参加することを可能にする育児休業の取得は促進されるべきであり，休業期間中の所得保障のあり方は，取得率を増加させる上で重要な鍵を握っている。そのため，現在，休業期間中の所得保障の役割を担っている育児休業給付は充実が図られるべきものといえよう。しかしながら，それは，育児休業給付の本来の目的である雇用継続の援助・促進とは別の目的からの要請であることに注意が必要であり，育児休業給付を休業中の所得保障制度と位置づけるのであれば，この給付を雇用継続給付として支給すること自体の見直しが必要になるように思われる。

なお，休業期間中に休業開始前賃金日額×支給日数の 80% 以上の賃金が支払われている場合は，育児休業給付金は不支給となる。また，80% 未満の場合でも，育児休業給付金との合計が 80% 以上であるときは，超過する分に応じて育児休業給付金が減額される（雇保 61 条の 4 第 5 項）。

⑶　介護休業給付

被保険者が，育児休業，介護休業等育児又は家族介護を行う労働者の福祉に関する法律（育児介護休業法）に定める要介護状態にある対象家族（配偶者，父母，子，配偶者の父母等）を介護するために介護休業を取得した場合に，介護休業給付金が支給される（雇保61条の6）。介護休業給付金を受給するためには，介護休業（当該対象家族を介護するための2回以上の介護休業をした場合にあっては，初回の介護休業）を開始した日前2年間に，みなし被保険者期間が通算して12カ月以上なければならない。

介護離職の防止を目指して，平成28（2016）年に育児介護休業法の改正がなされ，介護休業を3回まで分割して取得することが可能となった。これに伴い，介護休業給付金も3回まで分割受給することができるようになった。ただし，介護休業の取得可能日数は，改正後も変わらず，対象家族ごとに合計で93日であり，介護休業給付金もその日数を限度として支給される。支給額は，育児休業給付金と同様の算定式により算出され，給付率も本来は40%であるが（雇保61条の6第4項），平成28（2016）年雇用保険法改正により暫定的措置として67%に引き上げられている（雇保附則12条の2）。

育児休業の場合と同様に，介護休業においても，休業期間中の賃金は労働契約の定めによるため，特別な合意がない限り，休業期間中は無給となるのが原則である。介護休業給付金が，その間の所得保障の機能を一定程度果たしている点，また，その機能からみた場合の給付水準の低さに関して問題が存在していた点は，育児休業給付金の場合と同様である。暫定的措置ではあるものの，給付水準が67%へと引き上げられたことは，介護休業期間中の所得保障の充実という面からは評価することができよう。介護休業は，対象家族が要介護状態に陥った直後やその終期等の時宜に適った対応ができるようにするとの観点から，分割取得が認められることとなったものの，休業期間は通算して最長でも93日間と比較的短く，育児休業に比して休業取得後の職場復帰を困難とする事情は少なく，雇用継続という目的に適った態様で支給されやすい給付であると思われる。

なお，休業期間中に事業主から賃金を支払われる場合に関する介護休業給付金の不支給・減額の取扱いは，育児休業給付金の場合と同様である（雇保61条の6第5項）。

3　就職促進給付

就職促進給付は，失業者の再就職を直接援助・促進することを目的として支給される給付である。就職促進給付には，就業促進手当としての①再就職手当，②就業促進定着手当，③就業手当，④常用就職支度手当があるほか，移転費，求職活動支援費がある。

(1)　就業促進手当

(a)　**再就職手当**　再就職手当（雇保56条の3第1項1号ロ，雇保則82条・82条の2・82条の7）は，基本手当の受給資格者が，安定した職業に就いた場合に，基本手当の支給残日数が所定給付日数の3分の1以上あり，一定の要件に該当する場合に支給される。これにより，受給期間いっぱいまで給付を受けようとする行動を抑制し，早期に失業状態を脱することを促している。支給額は，所定給付日数の支給残日数×給付率×基本手当日額となっており，給付率は，平成20（2008）年秋のリーマン・ショック後の不況時の雇用対策として，暫定的に引き上げられ，さらに平成28（2016）年の雇用保険法改正によって基本手当の支給残日数が所定給付日数の3分の2以上ある場合には70%，基本手当の支給残日数が所定給付日数の3分の1以上ある場合には60%まで引き上げられ，早期の再就職に対する動機づけが強化されている。

(b)　**就業促進定着手当**　就業促進定着手当（雇保56条の3第3項2号，雇保則83条の2・83条の3・83条の4）は，平成26（2014）年雇用保険法改正により，再就職手当の拡充策として導入された。これは，再就職手当を受給した者が，再就職先に6カ月以上雇用され，再就職先での6カ月間の賃金が離職前の賃金から低下した場合に，離職時賃金と再就職後賃金の差額の6カ月分を一時金として上乗せ的に支給するものである（基本手当支給残日数の40%相当額が上限）。特に前職よりも低い賃金水準の再就職先が見つかった場合に，再就職を躊躇する失業者が多いことを踏まえ，就職促進の効果をさらに強めようとしたものといえる。

(c)　**就業手当**　就業手当（雇保56条の3第1項1号イ，雇保則82条・82条の5）は，基本手当の受給資格者が，再就職手当の支給対象とならない常用雇用等以外の形態で就業した場合に，基本手当の支給残日数が所定給付日数の3分の1以上かつ45日以上あり，一定の要件に該当する場合に支給される。支給額は，就業日×30%×基本手当日額である。

(d)　**常用就職支度手当**　常用就職支度手当（雇保56条の3第1項2号，雇保則82条の3・83条の6・84条）は，基本手当等の受給資格のある就職困難者が，安定した職業に就いた場合に，基本手当の支給残日数が所定給付日数の3分の1未満であり，一定の要件に該当する場合に支給される。支給額は，90（原則として，基本手当の支給残日数が90日未満である場合には，支給残日数に相当する数（その数が45を下回る場合は45））×40%×基本手当日額である。

(2) 移 転 費

移転費は，受給資格者等が公共職業安定所の紹介した職業に就くため，または公共職業安定所長の指示した公共職業訓練等を受講するため，その住所または居所を変更する必要がある場合であって，就職準備金その他移転に要する費用が就職先から支給されないとき，または就職先からの支給額が移転のために実際に支払った費用に満たないときに支給される（雇保58条，雇保則86条以下）。平成29（2017）年雇用保険法改正により，公共職業安定所に加え，特定地方公共団体（職安4条8項），職業紹介事業者（職安18条の2）が紹介した職業に就く場合も支給対象とされた。それにより，さらに広域的な職業紹介等が促進されることが目指されている。移転費には，鉄道賃，船賃，航空賃，車賃，移転料，着後手当の6種類があり，移転費の支給を受けることができる者およびその者が随伴する家族について，その旧居住地から，新居住地までの区間の順路によって計算した額が支給される。

(3) 求職活動支援費

平成28（2016）年の雇用保険法改正により，それまでの広域求職活動費は，給付内容を拡充することを目的として求職活動支援費と改められた。求職活動支援費は，受給資格者等が，公共職業安定所の紹介により広範囲の地域にわたる求職活動をする場合（広域求職活動費），公共職業安定所の職業指導に従って行う職業教育訓練の受講等の活動を行う場合（短期訓練受講費），求職活動を容易にするための役務を利用する場合（求職活動関係役務利用費）に支給される（雇保59条雇保則95条の2）。広域求職活動費は，鉄道賃等の交通費のほか，一定の場合には宿泊料も支給される。交通費の対象となる遠隔地の求職活動は往復200 km以上とされ，従前の往復300 km以上とする基準が緩和されている。また，短期訓練受講費として求職活動に際して必要性が高い短期の資格講座を受講する場合の受講費の一定割合が支給されたり，求職活動関係役務利用費として求職活動に際して子どもの一時預かりを利用する場合の費用の一定割合が支給されることとなった（雇保則100条の2～100条の8）。

4　教育訓練給付

教育訓練給付は，労働者の主体的な能力開発の取り組みについて，その費用を一定割合負担することで雇用の安定と再就職の促進を図ることを目的として支給される給付である（雇保60条の2）。同給付は平成26（2014）年雇用保険法改正によって拡充され，従来の枠組みを引き継いだ「一般教育訓練の教育訓練給付金」と，拡充された「専門実践教育訓練の教育訓練給付金」の二本立てとされた（雇保則101条の2の7）。また，平成28（2016）年雇用保険法改正によって，一般被保険者に加えて高年齢被保険者も支給対象に含められることとなった。

一般教育訓練にかかる給付金は，教育訓練の受講開始日時点において，雇用保険の被保険者であった期間が3年以上（初めて支給を受けようとする場合については，当分の間，1年以上）ある等の一定の要件を満たす一般被保険者と高年齢被保険者または一般被保険者か高年齢被保険者であった者が，厚生労働大臣の指定する教育訓練を受講・修了した場合に，教育訓練施設に支払った教育訓練経費の一定割合に相当する額が，教育訓練給付金として支給される。支給額は，教育訓練経費の20%（上限10万円）となっている（雇保60条の2，雇保則101条の2の7第1号）。

他方，新たに創設された専門実践教育訓練にかかる給付金は，「雇用の安定及び就職の促進を図るために必要な職業に関する教育訓練のうち中長期的なキャリア形成に資する専門的かつ実践的な教育訓練として厚生労働大臣が指定する教育訓練」の受講中および修了後に支給される給付金であり，教育訓練経費の40%が支給額とされる（雇保則101条の2の7第2号）。また，資格取得等の上で就職（一般被保険者等の地位の取得）に結びついた者には，さらに教育訓練経費の20%が上乗せで支給される（雇保則101条の2の7第3号）。平成29（2017）年雇用保険法改正では，在職者の中長期的なキャリアアップを支援するため，専門実践教育訓練給付による支援を強化する方針が打ち出され，給付率および支給上限額の引上げがなされた。具体的には，教育訓練に要した費用について，現行の40%を50%に引き上げ，資格取得等がなされた場合の20%と合わせて合計70%まで拡充されることとなる。また，年間上限額は，現行の32万円から40万円とされ，資格取得等の場合の16万円と合わせて合計56万円が上限となる。

以上の給付に加え，平成26（2014）年改正では，平成31（2019）年3月31日までの暫定的な給付として，教育訓練支援給付金が創設された（雇保附則11条の2）。同給付金は，45歳未満の離職者が教育訓練を受講する場合に，訓練中に離職前賃金に基づき算出した額（基本手当の50%）を給付するものであった。この教育訓練支援給付金の暫定措置は，平成29（2017）年雇用保険法改正により，平成33（2021）年度末まで延長され，さらに給付率も基本手当の50%から80%に引き上げられた。

4 雇用保険二事業

1 三事業から二事業へ

雇用保険法1条は，雇用保険の目的を「労働者が失業した場合及び労働者について雇用の継続が困難となる事由が生じた場合に必要な給付を行うほか，労働者が自ら職業に関する教育訓練を受けた場合に必要な給付を行うことにより，労働者の生活及び雇用の安定を図るとともに，求職活動を容易にする等その就職を促進し，あわせて，労働者の職業の安定に資するため，失業の予防，雇用状態の是正及び雇用機会の増大，労働者の能力の開発及び向上その他労働者の福祉の増進を図ること」と規定しており，失業等給付の支給のみならず，雇用の安定に資するための施策を雇用保険事業として行うこととしている点に大きな特色がある。

雇用保険法は，平成19（2007）年改正以前には，雇用安定事業，能力開発事業，雇用福祉事業の三事業を行っていたが，行政改革の推進に伴って，助成金事業の基本的な見直しがなされた。その中で，被保険者の福祉の増進を幅広く図るための事業とされていた雇用福祉事業が廃止され，雇用安定事業と能力開発事業の二事業が残されることとなった。

2　雇用安定事業

雇用安定事業は，「被保険者」，「被保険者であつた者」および「被保険者になろうとする者」に関し，失業の予防，雇用状態の是正，雇用機会の増大その他雇用の安定を図るために行われるもので，次の事業を行うことができるとされている（雇保62条1項）。

①景気の変動，産業構造の変化その他の経済上の理由により事業活動の縮小を余儀なくされた場合において，労働者を休業させる事業主その他労働者の雇用の安定を図るために必要な措置を講ずる事業主に対して，必要な助成および援助を行うことであり（雇保62条1項1号），「雇用調整助成金」を支給する（雇保則102条の2・102条の3）。

②離職を余儀なくされる労働者に対して，再就職援助計画を策定して求職活動をするための休暇を与える等その他再就職を促進するために必要な措置を講ずる事業主に対して，必要な助成および援助を行うことであり（雇保62条1項2号），「労働移動支援助成金」を支給する（雇保則102条の4・102条の5）。

③定年の引上げや継続雇用制度の導入等により高年齢者の雇用を延長し，または高年齢者等に対し再就職の援助を行い，もしくは高年齢者等を雇い入れる事業主その他高年齢者等の雇用の安定を図るために必要な措置を講ずる事業主に対して，必要な助成および援助を行うことであり（雇保62条1項3号），「労働移動支援助成金」を支給する（雇保則102条の4，102条の5）。また「65歳超雇用推進助成金」を支給する（雇保62条1項3号，雇保則103条・104条）。

④地域高年齢者就業機会確保計画（高年34条1項）にかかる国が実施する高年齢者の雇用に資する事業のうちの，雇用の安定にかかる事業を行う（雇保62条1項4号）。

⑤雇用機会を増大させる必要がある地域への事業所の移転により新たに労働者を雇い入れる事業主，季節的に失業する者が多数居住する地域において，これらの者を年間を通じて雇用する事業主その他雇用に関する状況を改善する必要がある地域における労働者の雇用の安定を図るために必要な措置を講ずる事業主に対して，必要な助成および援助を行うことであり（雇保62条1項5号），「地域雇用開発助成金」，「通年雇用助成金」を支給する（雇保則111条〜114条）。

⑥以上のほか，障害者その他就職が特に困難な者の雇入れの促進，雇用に関する状況が全国的に悪化した場合における労働者の雇入れの促進その他被保険者等の雇用の安定を図るために必要な事業であって，厚生労働省令で定めるものを行うことであり（雇保62条1項6号），「特定求職者雇用開発助成金」，「トライアル雇用助成金」を支給する（雇保則109条〜110条の3）。また，「両立支援等助成金」等を支給する（雇保則115条〜119条の2）。

すなわち，これら事業の具体的な内容としては，事業主に対して雇用調整助成金等の助成金を支給することが中心となっている。

なお，雇用安定事業の代表的な助成金である雇用調整助成金は，平成20（2008）年のリーマン・ショック以後の失業率上昇を背景に，失業抑制策の要として大々的に活用されることとなり，助成率の引上げや支給限度日数の増加，支給要件の緩和がなされ，利用拡大が図られた。このような雇用調整助成金の積極的な利用の推進は，完全失業率の悪化に歯止めをかけることに相当程度寄与したと評価される。これら緊急対策的に実施された雇用調整助成金の助成率の引上げ等の措置は，その後の景気の回復を背景にして，平成24（2012）年10月と平成25（2013）年4月の二段階に分けて，雇用保険法施行規則改正によってほぼ従来通りの助成内容・要件に戻された。

2の参考文献

・菅野90頁

3　能力開発事業

能力開発事業は，被保険者等（「被保険者」，「被保険者であつた者」および「被保険者になろうとする者」）に関し，職業生活の全期間を通じて，これらの者の能力を開発および向上させることを促進するために行われるもので，次の事業を行うことができるとされている（雇保63条）。

①職業訓練を行い，もしくは行おうとする事業主等および職業訓練の推進のための活動を行う者に対して，雇用する労働者にかかる職業能力の開発および向上が段階的かつ体系的に行われることを促進するために作成された計画に基づく職業訓練等，その他当該事業主等の行う職業訓練を振興するために必要な助成および援助を行うことならびに当該職業訓練を振興するために必要な助成および援助を行う都道府県に対して，これらに要する経費の全部または一部の補助を行うこと（雇保63条1項1号）。

②公共職業能力開発施設または職業能力開発総合大学校を設置し，または運営すること等，および公共職業能力開発施設を設置し，または運営する都道府県に対して，これらに要する経費の全部または一部の補助を行うこと（同項2号）。

③求職者および退職を予定する者に対して，再就職を容易にするために必要な知識および技能を習得させるための講習ならびに作業環境に適応させるための訓練を実施すること（同項3号）。

④有給教育訓練休暇を与える事業主に対して，必要な助成および援助を行うこと（同項4号）。

⑤職業訓練（公共職業能力開発施設または職業能力開発総合大学校の行うものに限る）または職業講習を受ける労働者に対して，当該職業訓練または職業講習を受けることを容易にし，または促進するために必要な交付金を支給すること，および認定職業訓練等その他の職業訓練を受けさせる事業主に対して，必要な助成を行うこと（同項5号）。

⑥技能検定の実施に要する経費を負担すること，技能検定を行う法人その他の団体に対して，技能検定を促進するために必要な助成を行うこと，および技能検定を促進するために必要な助成を行う都道府県に対して，これに要する経費の全部または一部の補助を行うこと（同項6号）。

⑦同意地域高年齢者就業機会確保計画（高年34条）にかかる国が実施する高年齢者の雇用に資する事業のうち，労働者の能力の開発および向上にかかるものを行うこと（同項7号）。

⑧以上のほか，労働者の能力の開発および向上のために必要な事業であって，厚生労働省令で定めるものを行うこと（同項8号）。

これら事業の具体的な内容としては，広域団体認定訓練助成金（雇保則122条），

認定訓練助成事業費補助金（雇保則123条），人材開発支援助成金（雇保則125条），職業能力開発推進者講習（雇保則125条の3），公共職業能力開発施設の設置・運営（雇保則127条），職場適応訓練（雇保則130条），介護労働講習（雇保則131条），中央職業能力開発協会費補助金（雇保則135条），都道府県職業能力開発協会費補助金（雇保則136条）といった事業主や都道府県への助成金，補助金の支給等がある。

5 財 政

1 保 険 料

雇用保険事業に要する費用は，事業主および被保険者が負担する保険料と国庫負担によって賄われる。労災保険および雇用保険の保険料は，労働保険徴収法に基づき徴収され，労災保険および雇用保険双方に適用される一般保険料は，保険関係の成立の状況に応じて，適用される保険料率が異なっている。

雇用保険の保険料率は，法規定上は賃金総額の1000分の15.5とされているが（労保徴12条4項），厚生労働大臣は保険財政の状況に応じて1000分の11.5から1000分の19.5の範囲内で増減させることができるとの弾力条項が設けられており（労保徴12条5項），さらに一定の要件を満たす場合には1000分の0.5の率を控除した率（1000分の11から1000分の19の範囲）に変更する規定がある（労保徴12条8項・9項）。

雇用保険における積立金残高等が一定水準を超えていることから，弾力条項が発動され，平成28（2016）年度の雇用保険料率は弾力条項による下限となっていた。しかし，雇用保険財政の状況からはさらなる引下げが必要であったことから，平成29（2017）年雇用保険法改正によって，平成29（2017）年度から平成31（2019）年度の3年間の保険料率が時限的に引き下げられた（労保徴附則10条～11条）。その結果，平成30（2018）年度の雇用保険の一般保険料率は，1000分の9とされ，そのうち1000分の3は雇用安定等二事業の費用に充てられる部分であり，1000分の6は失業等給付の費用に充てられる部分である。雇用保険二事業の費用負担は事業主のみであり（労保徴31条4項），失業等給付の費用部分については事業主と被保険者（労働者）の折半（労使折半）負担となっている（労徴保31条1項）。したがって，被保険者は1000分の3，事業主は1000分の6をそれぞれ負担する。

2 国庫負担

雇用保険財政における国庫負担については，近年の行政改革の影響を受け，その廃止も含めて検討される（簡素で効率的な政府を実現するための行政改革の推進に関する法律（行政改革推進法）23条）など，国庫負担のあり方そのものから議論がなされてきた。結果的に，失業保険時代から国庫が失業給付にかかる費用の一部を負担している経緯やその根底にある考え方，すなわち，失業が政府の経済政策，雇用対策と無縁ではなく，政府もその責任の一端を担うべきとの考え方に立ち，失業等給付にかかる国庫負担を全廃することは，国の雇用対策にかかる責任放棄につながり適当ではないとされ，国庫負担を廃止することについては否定されることとなった。ただし，その負担割合に関しては，行政改革推進法の趣旨や雇用保険財政を考慮するといった観点から，以下に述べる本来の負担額よりも低い負担額とする暫定的な措置がとられるなど，流動的な取扱いがなされてきている。

現在の国庫負担は，日雇労働求職者給付金以外の求職者給付に要する費用の4分の1，日雇労働求職者給付金に要する費用の3分の1，雇用継続給付（高年齢者雇用継続給付を除く）に要する費用の8分の1，職業訓練受講給付金に要する費用の2分の1，および予算の範囲内において事務の執行に要する費用とされている（雇保66条）。暫定措置の内容は，本来の負担額の55％を当分の間負担するというものであったが（雇保附則13条。高年齢者雇用継続給付に関する国庫負担は廃止されている），現下の雇用情勢，雇用保険財政状況等を勘案した結果，平成29（2017）年雇用保険法改正によって，国庫負担率のさらなる引下げが行われた。具体的には，国庫負担率について，平成29（2017）年度から平成31（2019）年度までの3年間，本来負担すべき額の55％から10％とされた（雇保附則14条・15条）。すなわち，国庫負担率は13.75％から2.5％まで引き下げられている。

3　保険会計

雇用保険では，雇用保険事業の失業等給付に充てるために必要な金額を積立金として積み立てることとされており（特会103条3項），労働保険特別会計徴収勘定から繰り入れられた労働保険料の一部を積み立てている。

また，雇用勘定からの繰入金および雇用安定事業等にかかる剰余金のうち，雇用安定事業費に充てるために必要な組入金をもって充てる雇用安定資金がおかれている（特会104条）。この雇用安定資金は，不況期に雇用安定事業の経費を機動的・集中的に支出することを可能にするため，平常時に将来必要となる資金を積極的に積み立て，雇用安定事業をその目的に即して円滑に実施できるようにするためのものである。

6　求職者支援制度

失業者の所得保障として，雇用保険制度は一定の役割を果たしているが，雇用保険による求職者給付は，雇用保険の被保険者として一定の要件を満たす場合に，一定の期間に限って行われるものである。2000年代の非正規労働者の増加や新規学卒未就職失業者の増加，さらに長期失業者の増加の中で，このような雇用保険制度の枠内で給付を受けられない者の存在が問題視されるようになった。例えば，近年増加している非正規労働者の多くは，かつて雇用保険の適用対象外として扱われ，新規学卒の未就職者はそもそも雇用保険に加入していない状況にあり，失業等給付の受給対象者とはなり得ない状況にあった。また，雇用保険に加入していたとしても，失業等給付の受給要件を満たす前に失業した場合には保険給付を受けられない。さらに，基本手当は最大でも360日（障害者等の就職困難者について）の期間内でのみ給付を予定しており（→各論3 1），1年を超えるいわゆる長期失業は保護の枠外となる。このため，雇用保険の給付を受けられない，あるいは給付を使い切った者は，その失業中の生活を支える制度としては，生活保護以外にはないという状況におかれていた。そして，生活保護法には厳格な補足性要件の適用があることや，再就職に向けた支援が必ずしも十分でないことから（→第8章），雇用保険制度と生活保護制度との間に，何らかの新しいセーフティネットを構築する必要性が論じられてきた。このような状況を受けて平成23（2011）年に制定されたのが，「職業訓練の実施等による特定求職者の就職の支援に関する法律」（求職者支援法）であり，同法によって，雇用保険からの失業等給付を受けられない者に対して，職業訓練と金銭給付を同時に行う制度（求職者支援制度）が創設された。

この求職者支援制度は雇用保険制度の付帯事業として位置づけられ，その財源は完全な公費負担によるのではなく雇用保険に求められた。しかしながら，本来，労使の拠出による雇用保険で保障されない部分について手を差し伸べるという趣旨からすれば，労使負担による雇用保険に財源を求めるのは適切ではなく，全額公費負担で賄うべきだとの批判もある。

1　求職者支援訓練

求職者支援制度の対象者は，①公共職業安定所に求職の申込みをしており，②雇用保険の被保険者（または雇用保険給付の受給者）ではなく，③労働の意思と能力があり，④職業訓練等の支援を行う必要があると公共職業安定所長が認めた者である（いわゆる「特定求職者」。求職者支援2条）。

厚生労働省の認定を受けた職業訓練が民間の訓練機関によって提供され，基本的能力を習得する基礎コースと特定の職種の職務に必要な実践的能力を習得するための実践コースが用意されており，訓練期間は3カ月から6カ月で設定されている。女性の活躍促進を図る観点から，育児中の女性等が訓練を受講しやすくなるよう，託児サービス支援付きの訓練コースや短時間の訓練コースの設定が検討されている（公共職業訓練（委託訓練）では託児サービス付き訓練および短時間訓練が設定されており，特に託児サービス付き訓練の利用数が伸びている）。

なお，求職者支援が円滑かつ効果的に実施されることを目的として，一定の要件を満たす求職者支援訓練を行う実施機関に対しては，認定職業訓練実施奨励金（基本奨励金と付加奨励金）が支給されることとなっている。

2　職業訓練受講給付金

特定求職者が，公共職業安定所長の指示を受けて求職者支援訓練や公共職業訓練を受講し，一定の要件を満たす場合には，国は，職業訓練を受けることを「容易にする」ために，職業訓練受講給付金を支給することが「できる」(求職者支援7条1項)。

職業訓練受講給付金は，職業訓練受講手当と通所手当および寄宿手当からなり，職業訓練受講手当を受給するためには，①本人収入が月額8万円以下，②世帯全体の収入が月額25万円（年額300万円）以下，③世帯全体の金融資産が300万円以下，④現在の居住場所以外に土地・建物を所有していない，⑤全ての訓練実施日に出席（本人の病気・負傷，親族の看護，求人者との面接等やむを得ない理由による欠席がある場合でも，支給申請対象となる訓練期間の8割以上の出席が必要（3カ月単位または全訓練期間における出席率が8割未満であっても，1カ月単位で8割以上の期間がある場合は，その期間については支給対象となる）とされている。なお，やむを得ない理由による遅刻・欠課・早退をした場合で，1実施日における訓練の2分の1以上に相当する部分を受講したものについては，1/2日出席として取り扱われる)，⑥同世帯に同時に給付金を受給して訓練を受けている者がいない，⑦過去3年以内に不正行為により特定の給付金の支給を受けたことがない，という要件を全て満たす必要がある（求職者支援則11条1項)。

職業訓練受講手当は月額10万円であり（求職者支援則11条2項)，職業訓練実施施設までの通所経路に応じた所定額（上限あり）が通所手当として支給される（求職者支援則12条)。

なお，職業訓練受講給付金を受給できるが，それだけでは生活費が不足する者について，その者の希望に応じて，労働金庫の融資制度を利用する仕組みが設けられている（求職者支援資金融資）。

3 財　　源

上記のように，求職者支援制度は雇用保険の付帯事業として位置づけられており，その費用は国が2分の1（雇保66条1項4号），労使が4分の1ずつ負担する。労使の負担分に関しては，雇用保険の一般保険料徴収額から二事業率を乗じて得た額を減じた額から賄われる（雇保68条）。なお，国庫負担については，雇用保険と同様の国庫負担の暫定措置（原則の割合の55/100）が適用されていることから，雇用保険に関する平成29（2017）年改正による国庫負担率の引下げに伴い，求職者支援制度における負担割合も引き下げられている（原則の割合の10/100）。

発展 7-7　求職者支援制度の二面的性格

求職者支援法は，「職業訓練等の支援の必要性がある」者を対象としている。他方で，上記の通り職業訓練受講給付金には個人ないし世帯単位の収入・資産要件があり，求職者の経済的困窮状態の有無にも同時に着目しているようにみえる。雇用保険法と生活保護法との狭間を埋めようとする同法は，このように，労働市場に着目する職業訓練のための法という性格と，低所得者の生活保障のための法という二つの性格を有しているようにみえる。

こうした二つの性格は立法時に十分に整理されたとはいえないが，上記の通り職業訓練受講給付金はあくまで職業訓練を受けることを容易にするための給付とされていることは重要であり，本制度について，生活保障の側面を強調すべきではないように思われる。収入・資産要件は，むしろ，限られた給付をできる限り優先性の高い者（訓練を有効に行うために給付金がより重要な意味を持ち得る者）に配分する趣旨のものと評価すべきであろう。

7　今後の課題（→第6章9）

1　雇用保険法上の労働者概念

労災保険の場合と同様に，近年著しく進展している雇用形態や就業形態の多様化は，被保険者となる労働者か否かの判断を難しくさせている。しかしながら，そもそも雇用保険法の適用対象を画する労働者概念については，学説上，これまでほとんど議論されていない。数少ない裁判例では，雇用保険の被保険者は労働基準法上の労働者であることを前提にその労働者性を判断しているが，そのような解釈が妥当なのか，労働基準法上の労働者概念とは別に，雇用保険法の趣旨・目的に照らして，被保険者となる労働者か否かを独自に判断するべきか等，検討が必要であろう。

2　マルチジョブホルダー等への適用問題

非正規雇用の増大を背景に，被保険者範囲の拡大を図っているが（→1 3），なお不十分であるとの指摘もされている。

マルチジョブホルダーという，複数の仕事を掛け持ちして生計を維持する者の存在は，近年において増加傾向にあり，総務省統計局「就業構造基本調査」によると，本業も副業も雇用者である労働者数は，平成19（2007）年には100万人を超え，平成29（2017）年で約129万人となっている。このような複数事業所に雇用されている労働者の雇用保険の適用は，行政解釈上，個別事業所ごとの関係で判断されることになっている。したがって，二つの事業所の所定労働時間を合わせれば1週38時間となる場合でも，各事業所との関係では，どちらも週20時間に満たないときは，現行法上は雇用保険の適用がない。

雇用保険の適用基準は，雇用保険が自らの労働により賃金を得て生計を立てている労働者が失業した場合の生活の安定等を図る制度であるという趣旨に鑑みて設けられている。また，その範囲を考えるに際しては，同種類の偶発的な事故によるリスクにさらされている者が，そのリスクの分散を図るために集団を構成するという保険制度の仕組みを踏まえる必要があるとされ，雇用保険において同種のリスク分散を行うに適した集団の範囲が検討された。結果的に，法定労働時間（週40時間）を考慮し，その半分の週20時間という基準が立てられた。

1週間の所定労働時間が20時間以上という適用要件の妥当性をはじめ，マルチジョブホルダーへの適用に関する行政解釈の妥当性や「失業」という保険事故の考え方，労働時間の把握方法等，検討すべきことは多い。雇用保険制度によって保護すべき被保険者の範囲についての議論の深化が求められているといえよう。

なお，マルチジョブホルダーへの適用において技術的に問題となっている複数事業所における労働時間数の把握等については，マイナンバー制度の活用が期待されている。

第7章全体の参考文献

・労務行政編『雇用保険法解釈総覧』（労務行政，2015年）
・清正寛『雇用保障法の研究』（法律文化社，1987年）
・西村第5章
・菅野第2編第2章4，第3章
・藤原稔弘「雇用保険法制の再検討——基本原理に基づく制度の再設計」日本労働法学会誌103号（2004年）52頁
・アルマ第6章2・6
・菊池第5章第2節

第8章

生活保護

総　　論

① 公的扶助の意義

1 公的扶助の発展

公的扶助は，自力では最低限度の生活を送れない困窮者に対して，税を財源として最低限度の生活を保障することを目的とする制度で，歴史的には，イギリスの1601年（旧）救貧法（エリザベス救貧法）に淵源がある。もっとも同法では，貧困は個人的要因により生ずるという貧困観に基づいて，困窮者に対し強制労働を課すなど，治安防衛的観点から懲罰的・管理的な対応がとられていた。しかし，その後イギリスでは，20世紀前後に貧困に関する社会調査が実施され，貧困が労使関係などの資本主義社会の構造を原因とすることが浮き彫りにされた。こうした貧困観の変化とともに，人間の尊厳の観念が広がったことなどにより，公的扶助は人間の尊厳に値する生活を権利として保障する制度として諸国で発展することになる。

2 公的扶助の位置づけ

1942年に発表されたイギリスのベヴァリッジ報告書では，包括的な社会保険制度の創設が提唱される一方で，社会保険の範囲がどんなに拡大されても，社会保険を補足する不可欠なものとして公的扶助を位置づけている（山田雄三監訳『社会保障研究所翻訳シリーズ no.7　社会保険および関連サービス――ベヴァリジ報告』（至誠堂，1969年）218頁）。このように公的扶助は多くの場合，社会保険や社会福祉などのその他の社会保障制度では十分に保障されなかった困窮者を最終的に救済する補完的機能を持つ。また公的扶助は，困窮者の自助努力や私的扶養との関係でも一般に補完的なものとして位置づけられる。もっとも民法上の扶養義務（私的扶養）の定めは国により多様であり，夫婦間と未成年子に対する親にのみ課されている国も少なくない（イギリス，フランス，スウェーデンなど）。

公的扶助は伝統的には困窮者に最低限度の生活を保障することを目的としている制度であるが，近年では，長期失業者の増加を受けて，失業者のための公的扶助制度の創設が諸外国で多くみられる。そこでは積極的な求職活動や職業訓練を条件として最低生活保障給付が実施されることが多く，最低限度の生活保障だけでなく受給者の自立の実現が追求される傾向にある。

2　日本の公的扶助制度の沿革

1　第二次世界大戦前・第二次世界大戦中

日本における公的扶助制度は，明治7（1874）年に制定された恤救規則にその端緒を持つ。ただし，同規則は救済を「人民相互ノ情誼」（封建的共同体・家族制度の相互扶助）によるものとした上で，それでは救済されない「無告ノ窮民」（障害，病気，70歳以上，13歳以下の稼働能力のない者で扶養者のいない者）を対象とした制限的なものであった。

第一次世界大戦の経済不況による大量の貧困者の発生を受け，極めて制限的であった恤救規則に代わり，昭和4（1929）年に救護法が制定され昭和7（1932）年から実施されるようになった。同法は貧困者への救護を国家事務として規定し，市町村長が国の機関としてその実施機関となった。また，費用は国・道府県・市町村による負担とされ，恤救規則より充実した内容となっている。もっとも，対象者は65歳以上の老衰者，13歳以下の者，妊産婦，障害者，傷病等により労務ができない者に限定され，制限扶助主義がとられていた。また，救護を受ける権利は否定され，救護は単に法の反射的利益に過ぎないとされていた。さらに，扶養義務者が扶養可能の場合には，実際に扶養がなされていなくても救護は受けられず，また素行が著しく不良の場合や著しく怠惰の場合にも救護が受けられないとされた。

2　第二次世界大戦後

第二次世界大戦後の日本では，GHQ（連合国軍最高司令官総司令部）の支配の下，公的扶助の近代化が推進された。昭和21（1946）年には，GHQは指令「社会救済に関する覚書」を日本政府に発し，公的扶助について①無差別平等，②国家責任の明確化，③必要な保護費に制限を加えないことの3原則を示し，同年生活保護法（旧法）が制定された。旧法は，生活の保護を必要とする状態にある者に対し国が無差別平等に保護することを規定し（旧生保1条），救護法のような制限扶助主義ではなく一般扶助主義を採用した形となった。しかしながら，旧法は，勤労を怠る者や素行不良な者，扶養可能な扶養義務者がいる者には保護を行わないとするとともに，保護受給権を否定したため，救護法の特徴を継受した側面があった。

そこで，さらなる公的扶助の近代化のため，昭和24（1949）年の社会保障制度審議会による「生活保護制度の改善強化に関する件」を骨子として，昭和25（1950）年に生活保護法（新法）が制定された。新法では，旧法で規定されていた怠惰・素行不良による欠格条項が廃止され，全ての国民は要件を満たす限り，保護を無差別平等に受ける権利があることが明らかにされた（生保2条）。

各　　論

1　生活保護の目的

1　最低生活保障

生活保護は，困窮する全ての国民に対して最低限度の生活を保障することを目的とし，憲法25条1項が規定する「健康で文化的な最低限度の生活を営む権利」を具体的権利として保障している（生保1条・3条）。朝日訴訟最高裁判決（最大判昭和42・5・24民集21巻5号1043頁（百選1））も，「憲法25条1項は，……直接個々の国民に対して具体的権利を賦与したものではない……。具体的権利としては，憲法の規定の趣旨を実現するために制定された生活保護法によつて，初めて与えられているというべきである」と判示している。

生活保護による最低生活保障は，具体的には，厚生労働大臣が最低限度の生活の需要を満たすのに十分でかつこれを超えないものとして定める保護基準（→5）によって担保される（生保8条）。朝日訴訟最高裁判決は，この保護基準の設定行為について，厚生労働大臣（当時は厚生大臣）に広範な裁量権を認めている。もっとも，新規の基準の設定行為と既存の基準の改定（引下げ）行為とについて，厚生労働大臣の裁量権の範囲を同様に解せるかについては問題がある（→5）。

2　自立助長

生活保護法は，最低生活保障とともに，自立の助長を目的とする（生保1条）。ここでいう自立とは，生活保護への依存からの脱却という経済的自立のみを意味するのではなく，生活保護を受給しつつ主体的生活者として精神的・人格的に自立することをも意味すると解されている。憲法13条に基礎をおく「自由」を社会保障の根源的理念であると捉える見解では，自立助長が本質的要素であり，最低生活保障の要請と同等もしくはそれ以上に尊重される必要があるとされる（菊池291頁）。

自立助長は，最低限度の生活を保障する生活保護給付（金銭給付・現物給付）の支給により保障されるだけでなく，実施機関等が行う援助・支援等（ケースワーク）によっても促進される（→9）。また，近年では生活保護受給者の増加等を背景に，自立支援プログラムの導入をはじめとした自立助長を目指した組織的な取り組みが強化されてきている（→12）。

2　生活保護法と外国人

1　外国人への生活保護法の適用の有無

生活保護法では，1条で「国民」という言葉が使われていることから，その対象が日本国籍を有する者に限定され，外国人には同法の適用が及ばないと一般に解されている（最判平成26・7・18賃社1622号30頁〔百選79〕。従来の下級審裁判例として，東京地判昭和53・3・31行集29巻3号473頁，神戸地判平成7・6・19判自139号58頁）。ただし外国人については，「生活に困窮する外国人に対する生活保護の措置について」と題する通知（昭和29年社発382号）に基づいて，行政措置による生活保護の「準用」という形で給付が行われてきた（「準用」の法的意義について→3）。その後平成2（1990）年には，この行政措置の適用対象となる外国人を，出入国管理及び難民認定法別表第2記載の外国人（永住者，定住者等）に限定する旨の口頭指示がなされた。そのため，不法滞在外国人をはじめ行政措置の対象外の外国人については，とりわけ医療保障が問題となっており，市町村によっては，明治32（1899）年に制定された「行旅病人及行旅死亡人取扱法」に基づいて，最終的には市町村の負担で外国人への救護を行うところもある（→第4章各論1 5(2)）。

2　外国人への生活保護法不適用の違憲性

生活保護法が外国人に適用されないことについて，学説では，経済的必要性に着目して生まれてきた社会保障は，共同体の一員として生活しているという社会経済的事実に着目して適用範囲を画するのが本来の姿であるとして，批判的な見解がある（河野正輝「外国人と社会保障――難民条約関係整備法の意義と問題点」ジュリスト781号（1983年）47頁）。

これに対し，東京地判平成8・5・29（行集47巻4＝5号421頁），東京高判平成9・4・24（行集48巻4号272頁），大分地判平成22・10・18（賃社1534号22頁）等は，外国人の基本的人権の保障について性質説（最大判昭和53・10・4民集32巻7号1223頁参照）をとった上で，外国人に対する生存権保障の責任は，第一次的にはその者の属する国家が負うべきであり，社会保障上の施策において在留外国人をどのように処遇するかについて，国は，特別の条約が存しない限り，外交関係や国際情勢等に照らしながら，その政治的判断によりこれを決定することができ，その限られた財源の下で給付を行うに当たり，自国民を在留外国人よりも優先的に扱うことも憲法上許されるべきとした（塩見訴訟・最判平成元・3・2判時1363号68頁（百選4）参照）。その上で，これらの裁判例は，憲法25条の規定の趣旨に応えた立法措置の選択決定は立法府の広い裁量に委ねられているとして（堀木訴訟・最大判昭和57・7・7民集36巻7号1235頁（百選2）参照），在留外国人に生活保護法が適用されないことは憲法25条に反せず，また憲法14条1項にも反しないとした。最判平成13・9・25（判時1768号47頁（百選5））も，判断を不法残留外国人のケースに絞った上で，医師の応召義務を定める医師法19条1項の規定等を勘案して，不法残留外国人に生活保護法の適用がないことは憲法25条に反せず，また不当な差別的取扱いに当たらないとして憲法14条1項にも反しないとした。

人道的には，不法残留外国人についても本国への送還までの間は保護を実施すべきとも考えられるが，移民政策との整合性をも考慮すると不法残留外国人に生活保護法を適用しないのは，立法府の裁量の範囲内であると考えられる。

3 「準用」と外国人の法的権利

行政措置による外国人に対する生活保護の「準用」とは，保護を法律上の権利として保障する趣旨ではないため，外国人は権利として保護を請求したり，不服申立てをしたりすることはできないと一般に解されていた。もっとも，前掲大分地判平成22・10・18は，外国人が行う生活保護申請には，①外国人にも生活保護法の適用があるとの解釈を前提に同法に基づいて生活保護の開始を求める趣旨の申請と，②生活保護法に基づかない任意の行政措置としての生活保護の開始を求める趣旨の申請とがあり，①の申請に対する却下処分は，法を根拠とする優越的地位に基づいて一方的に行う公権力の行使であって，当事者の権利義務ないし法律上の地位に直接影響を及ぼす法的効果を有するものということができるとして，処分性を肯定している。したがって，外国人による①の趣旨の申請に対する却下処分は，審査請求や抗告訴訟の対象となる。なお，同判決では外国人には生活保護法の適用がないとして，①の趣旨の申請に対する却下処分の取消請求は棄却されている。

これに対し同事件の控訴審である福岡高判平成23・11・15（判タ1377号104頁）は，難民条約の批准およびこれに伴う国会審議等を契機として，一定範囲の外国人（永住的外国人）は生活保護法の準用による法的保護の対象になるに至ったと判示した上で，同事件の控訴人たる外国人に急迫した事由（生保4条3項）の存在を認めて却下処分を取り消したため注目を集めた。しかし結局，上告審の前掲最判平成26・7・18（百選79）は，生活保護法がその適用対象につき定める「国民」とは日本国民を意味し，適用範囲を外国人に拡大するような法改正は行われていないことから，一定の範囲の外国人に生活保護法が適用または準用されている（つまり，外国人が生活保護法に基づく受給権を有する）と解する余地はないとした。したがって，同最高裁判決は，外国人について生活保護の法的権利を否定したことになるが，上記①の趣旨の申請に対する却下処分の取消請求を棄却した第1審判決を是認していることから，同却下処分の処分性は肯定したといえる。

なお，同最高裁判決に照らせば，行政による外国人への生活保護の「準用」という一般的に用いられている表現は，同判決が用いている意味での準用（法律の適用の場合と同様の法的効果を生じさせること）ではなく，生活保護法と同様の保護が外国人に事実上実施されること（行政措置）を意味するに過ぎないことになる。こうした行政措置についての違法性に関しては，実質的当事者訴訟（行訴4条）で争うことが考えられるが，行政措置による生活保護の実施を贈与契約と構成すると（前掲大分地判平成22・10・18），行政側の契約締結の自由をいかなる論理で制限するかが問題となる。この点については，行政活動に一般に要請される平等取扱いの原則の適用により（塩野宏『行政法Ⅰ〔第6版〕』（有斐閣，2015年）211頁），行政側の契約締結の自由を制限して「準用」の根拠となる行政通知等に外部効果（裁判規範性）を持たせることで，そこで規定されている給付基準に従った法的救済を図ることが可能になると考えられる（他の助成金等の支給に関し，東京地判平成18・9・12平成17年（行ウ）第309号等裁判所HP，東京地判平成27・12・15判時2302号29頁参照）。

2の参考文献

・林弘子「最低生活保障と平等原則――外国人への適用を中心に」日本社会保障法学会編『講座社会保障法第5巻　住居保障法・公的扶助法』（法律文化社，2001年）133頁

③ 生活保護の基本原理

1 無差別平等

戦前の公的扶助立法が対象者となる類型を制限するとともに欠格条項を設けていたのに対し，生活保護法2条は，法定の要件を満たす国民は無差別平等に保護を受けることができるとして，一般扶助主義を明らかにしている。したがって，全ての国民は，法定の要件を満たせば，保護を要するに至った原因や人種・信条・性別・社会的身分・門地等にかかわらず，平等に保護の受給権を得る。もっとも，保護の種類・方法・程度については，基準および程度の原則（生保8条→⑤）および必要即応の原則（生保9条→④2）により，個々の受給者により異なる。

2 保護の補足性の原理

⑴ 保護の補足性の原理の意義

生活保護法4条に規定されている保護の補足性の原理とは，自己の有する資産・能力を活用し，また扶養義務者による扶養や他の社会保障給付等をもってしても最低限度の生活を維持できない場合に，初めて保護が実施されることを意味する。生活自己責任の原則を基礎とする資本主義社会における公的扶助の補完的な役割を明らかにした原理といえる。

⑵ 資産の活用

生活保護法4条1項にいう「資産」には，金銭以外に，不動産・動産・債権等全ての積極財産が含まれる。保護実施の要件となる資産の活用とは，資産を最低限度の生活維持に積極的に役立てることを意味し，最低限度の生活維持のために所有または利用が必要な資産については保有が認められるが，それ以外の資産については原則として売却により処分して生活費に充てることが求められる。したがって，基本的に同項にいう「資産」とは処分価値を有するものを意味すると解される。

もっとも，処分価値がなくても，その保有により一定の経済的支出を強いられる資産については，特段の必要性もなくこれを保有し続けることは最低限度の生活保障および自立助長という生活保護法の目的を阻害するおそれがある。そのため，一般に相当額の維持費がかかる資産については，処分するよりも保有して活用する方が生活維持および自立助長に実効性があり，保有に伴う経済的支出が社会通念上是認できると認められる事情があるかという観点からその保有の可否が検討されるべきだろう（大阪地判平成25・4・19判時2226号3頁〔百選81〕）。また，経済的支出に加え，（処分価値がなくても）当該資産を利用することで一定の利益を得ることが，その時点の社会情勢や国民感情にも鑑みて最低限度の生活として容認できるか否かという点も検討されるべきとした裁判例もある（福岡地判平成21・5・29賃社1499号29頁，大阪高判平成24・11・9判自369号92頁）。

なお行政実務では，最低限度の生活維持のために所有または利用が必要でない資産についても例外的に，①処分することができない，あるいは著しく困難なもの，②売却代金よりも売却に要する経費が高いもの，③社会通念上処分させることを適当としないもの等は処分を求めないとされている。また，処分が困難な場合には貸与によって収益をあげる等の活用が求められる。

(a)　**土地・家屋**　　行政実務では，現に耕作あるいは利用している田畑・山林・原野や，現に居住している家屋・宅地については，処分価値が利用価値に比して著しく大きいと認められる場合を除き，保有が認められる。なお，ローン完済前の住宅に居住している場合には，保護費がローン返済に充てられる可能性があるため，保護の実施はなされない運用となっている。

もっとも，平成19（2007）年度に厚生労働省通達により「要保護世帯向け長期生活支援資金貸付制度」（現在は「要保護世帯向け不動産担保型生活資金貸付制度」という。いわゆるリバースモーゲージ制度）が導入されたことを受けて，同制度の対象となっている高齢者世帯（65歳以上の高齢者の属する世帯）については，同制度の利用によって，現に居住する家屋・宅地の活用をまず求め，同制度の利用を拒む世帯については，資産活用を恣意的に忌避しているとして資産活用の要件を満たさないと解する運用がなされている。同制度は，生活福祉資金の貸付制度の一種であり，都道府県社会福祉協議会（あるいはその委託を受けた市町村社会福祉協議会）が実施主体となって，500万円以上の資産価値のある居住用不動産（集合住宅を含む）を有し，生活保護の受給要件を満たした高齢者世帯との間で，当該不動産を担保として（根抵当権を設定して）生活資金の貸付けに関する契約を締結するものである。当該契約により，借受人には貸付元利金が貸付限度額に達するまでの期間，毎月貸付金が交付され，貸付契約終了時に貸付元利金が償還されるが，多くの場合，当該不動産についての根抵当権が実行されて貸付元利金が回収される。同制度は，扶養義務者が扶養義務を果たすことがないままに被保護者（現に保護を受けている者（生保6条1項）。なお，「要保護者」とは，現に保護を受けているか否かにかかわらず，保護を必要とする状態にある者をいう（同条2項））が死亡して，不動産を相続することが社会的に不公平であるという指摘などを受けて導入されたものである。しかし，同制度の利用拒否の場合に資産活用の要件を満たさないとして一律に申請を却下し，あるいは保護を廃止するのは，最低生活保障という生活保護法の目的（最低生活保障原理）に反する疑いが指摘される（アルマ 375 頁）ほか，現に居住して最低限度の生活維持のために既に活用している家屋・宅地について，さらにそれを担保に借金することまでを，生活保護法が保護実施の要件として求めている「活用」といえるのかは疑問がある。相続人からの保護費回収については，現在はあまり利用されていない扶養義務者からの費用徴収（生保 77 条）を強化することや，フランスなどでとられている被保護者死亡時の相続財産からの回収という手段の導入も考えられる。

(a)の参考文献

・木下秀雄「『要保護世帯向け長期生活支援資金』（リバースモーゲージ制度）の問題点」賃金と社会保障 1443 号（2007 年）4 頁

(b)　**自動車**　　行政実務では，自動車の保有は原則的には認められていないが，障害者（児）や公共交通機関の利用が著しく困難な地域に居住する者が通勤・通学・通院・通所に利用する場合などには一定の要件の下で保有が認められている（「公共交通機関」にはタクシーを含まないと解する裁判例として，前掲福岡地判平成 21・5・29，前掲大阪地判平成 25・4・19（百選 81））。なお，通勤用自動車は原則として現に就労中の者に限って保有が認められているが，保護開始時には失業や傷病により就労を中断している場合でも，概ね 6 カ月以内に就労により保護から脱却することが確実に見込まれる者で，保有する自動車の処分価値が小さい場合には自動車の処分の留保が認められ，また，6 カ月経過後に保護から脱却していなくても，就労阻害要因がなく自立支援プログラム等により具体的に就労による自立に向けた活動を行っている者についてはさらに 6 カ月間自動車の保有が認められる運用となっている。

裁判例では，自動車の普及率は高まっているとしても，その本体価格自体が高額なうえ，燃料費・車検代・駐車場代などの維持費も相当額であることから，一般的には最低限度の生活には相応しくない高価な生活用品であるとして，行政実務の運用基準の合理性が概ね肯定されている（福岡地判平成 10・5・26 判時 1678 号 72 頁等。身体障害者についての実務上の保有基準の合理性を肯定するものとして前掲福岡地判平成 21・5・29，前掲大阪地判平成 25・4・19（百選 81））。したがって，自動車を保有している場合には，原則としてこれを処分して売却代金を生活の維持に充てることが求められる（大阪地判平成 22・10・28 判自 356 号 88 頁）。

これに対し，処分価値のない自動車については，処分による収益を生活費に充てるという選択肢はない。もっとも，上記の通り，処分価値のない自動車でも保有により一定の維持費がかかるため，維持費に充てている金銭の活用の観点から，当該自動車を処分するよりも保有して活用した方が最低限度の生活の維持に資するという場合（例えば，保有して活用したことによる収入が維持費等の支出を上回る場合）に限って保有を認め，そうでない場合には維持費に充てている金銭を生活費に回すため当該自動車の処分が求められるべきと解される（前掲大阪高判平成 24・11・9，前掲大阪地判平成 25・4・19（百選 81））。

発展 8-1　自動車の「借用」と「資産の活用」

前掲福岡地判平成 10・5・26 は，被保護者の自動車の所有および借用を禁止した指示の違法性が争われた事案である。同判決は，「他人からの借用物のように要保護者に処分権限がないものは，同条〔生保 4 条〕にいう『資産』には含まれない」と解しつつも，「要保護者が借用物を利用して生活している場合において，右借用物の使用による利益を全く考慮せずに，他の要保護者と同等の保護を受給できるというのでは，他の被保護者や保護を受けていない低所得者層との関係で均衡を失することになるのみならず，借用物であればいかなるものでも被保護者はこれを利用できると解することは，そもそも最低限度の生活の需要を満たしつつこれを超えない範囲で保障しようとする法の趣旨（法〔生保〕1 条，3 条，8 条参照）にも反することになる」として，資産の活用の判断においては，保有と同様に，借用についても，そもそも利用することが最低限度の生活として容認できるかどうかという観点も含めて，その可否が検討されるべきであると判示した。

しかし，生活保護法 4 条が保護の要件として定めるのは，現実に処分や貸与などの権利を持っている資産の活用であるため，借用物はこれに含まれないと解される。もっとも，借用に伴う支出（レンタル代，自動車のガソリン代など）がある場合には，その支出に充てている金銭の活用に着目し，この金銭を借用に費消するのではなく他の使途に充てた方が最低限度の生活の維持に資するのであれば，そうした使途に当該金銭を使えるように，結果的に借用を制限することも生活保護法 4 条に基づいて可能と解されよう。

(b)の参考文献

- 阿部和光『生活保護の法的課題』（成文堂，2012 年）第 2 部第 3 章〜第 5 章

(c)　保護費を原資とした預貯金・保険金　　預貯金や保険金などは，原則として最低限度の生活維持のために活用が求められ，解約に伴い返戻金が支払われる保険に加入している場合には，保険を解約して解約返戻金を活用することが求められる（民間の養老保険および終身保険について横浜地判平成 12・9・20 判自 219 号 89 頁）。

ただし，保護費を原資とする預貯金・保険金については保有が認められる場合が

ある。保護費を原資とした預貯金の一部が収入認定（→⑥1(2)(a)）されてなされた保護費の減額処分の取消しが争われた秋田地判平成5・4・23（判時1459号48頁）は，預貯金の目的が，健康で文化的な最低限度の生活の保障，自立更生という生活保護費の支給の目的ないし趣旨に反するようなものでないと認められ，かつ，国民一般の感情からして保有させることに違和感を覚える程度の高額な預貯金でない限りは，これを収入認定せず，被保護者に保有させることが相当であると判示した。また，保護費から保険料を支払っていた学資保険の満期返戻金について，最判平成16・3・16（民集58巻3号647頁（百選80））は，生活保護法の趣旨目的に適った目的と態様で保護費を原資としてされた貯蓄等は，収入認定の対象とすべき資産には当たらないとして，子の高等学校の修学費用を蓄えることを目的とした学資保険の満期返戻金は収入認定すべき資産に当たらないと判示した。

保護費の使途は基本的に被保護者の自由に委ねられていると考えられるが，保護費を原資とした預貯金・保険金については，そもそも保護費を貯蓄や保険料に回すことが許されるのかという問題がある。この点につき，最低生活費の水準で設定された保護費の一部を貯蓄に回すと，当該月の生活水準が最低限度を下回ることになるから，最低限度の生活保障という法の趣旨から許容できないとする見解もあるが，最低限度の生活水準には幅があり，節約の努力（生保60条）により最低限度の生活を維持しながら一部を貯蓄に回すことも可能であろう（前掲最判平成16・3・16（百選80））。ただし，保護費は生活保護法の目的を実現するために支給されることから，貯蓄等も含めた保護費の使途は保護の目的に適っている必要がある。

なお，同最高裁判決を契機に，子どもの高校就学が被保護世帯の自立に資するとの観点から，平成17（2005）年度に生業扶助（→⑧8）における技能修得費の一つとして高等学校等就学費が導入された。また，平成25（2013）年度には，「貧困の連鎖」を防止する観点をさらに推し進め，子どもの大学等の入学金に充てるために保護費を貯蓄することを一定の要件の下で容認する運用となった。

(d)　**年金等**　　年金等の社会保障給付は，基本的に生活保護法4条にいう「資産」に当たり，収入認定の対象となる（障害基礎年金の資産該当性（収入認定対象性）を肯定する裁判例として，京都地判平成17・10・20平成15年（行ウ）第19号裁判所HP）。もっとも，年金であっても，最低限度の生活の維持のために活用することが求められる「資産」に常に該当するわけではない。名古屋高金沢支判平成12・9・11（判タ1056号175頁）は，金銭等の給付者・給付根拠・要件・目的・効果その他の客観的諸事情を総合考慮のうえ，法の趣旨に照らして当該金銭等が最低限度の生活維持に活用すべきものであり，その余の方途に活用することが許されないか否かによって，当該金銭等が生活保護法4条の「利用し得る資産」に当たるか否かを判断するのが相当であるとして，県の心身障害者扶養共済年金について，福祉増進・自立助長を目的とする面が強いとして「利用し得る資産」には当たらないと判示した。

行政実務では，被保護者が独立行政法人福祉医療機構が実施する年金担保貸付事業（→第3章各論③3(1)）を利用している場合には，老後の基礎的な生活費として利用すべき年金の活用を恣意的に忌避しているなどとして年金担保貸付事業からの借入れを制限する旨の指導・指示が行われる。また，過去に生活保護受給中に年金担保貸付を利用したことなどから保護廃止となった者が，再度年金担保貸付を利用した上で保護申請をしてきた場合には，資産の活用を恣意的に忌避し受給要件を満たさないとして，原則として保護が実施されない運用となっている。裁判例では，行政実務と同様の一般論を述べるものもあるが（大分地判平成22・9・13平成20年（行ウ）第9号裁判所HP），大阪地判平成25・6・13（消費者法ニュース97号334頁）は，年金担保貸付を受ける時点におけるその者のおかれた状況や貸付けを受けるに至った経緯，その者の能力や健康状態，貸付けを受けた時点において将来生活に困窮するような事態に立ち至ることが予想されたか否か，また，そのような場合に生活保護を受給することができなくなるおそれがあることを十分に理解していたか否かといった諸要素を総合的に勘案して，その者が年金担保貸付を受けたことが，その利用し得る資産等をその最低限度の生活の維持のために活用しなかったものとして，生活保護法4条1項にいう保護の補足性の要件を満たさないものといえるか否かを判断すべきとして，よりきめ細かな一般論を示している。なお，行政実務においても，保護の申請者が急迫状況にあるか，年金担保貸付の利用について社会通念上真にやむを得ない状況にあったかを勘案することとされており，裁判例においても，年金担保貸付を受けたことは社会通念上真にやむを得ず，これをもって年金収入の活用を恣意的に忌避しているとはいえないとして，申請却下処分を取り消したものがある（那覇地判平成23・8・17賃社1551号62頁）。

(e)　**損害賠償請求権**　生活保護法4条にいう「資産」には債権も含まれるため，加害者に対する損害賠償請求権も活用すべき資産となる。そのため，本来なら，要保護者が交通事故など第三者の不法行為（第三者行為災害）により傷病を負った場合には，医療扶助（→⑧5）に先立って，加害者（あるいは損害保険会社）に対する損害賠償請求権を行使して医療費等に充てることが求められる。しかし，現実には，損害賠償請求権が行使されずに，結果として医療扶助が実施されるという問題が生じていた。そこで，平成 25（2013）年改正では，医療扶助または介護扶助の事由が第三者の行為によって生じた場合には，保護費を支弁した市町村または都道府県（→⑩）は，支弁した医療扶助等の額の限度で，被保護者が第三者に対して有する損害賠償請求権を取得する規定が定められた（生保 76 条の 2）。もっともこの求償規定は，医療扶助と介護扶助との調整に限られているため，第三者行為災害により保護費を支弁した市町村等の求償権はなお制限的である。

発展 8-2 当事者間で争いのある損害賠償請求権と生活保護法 4 条 1 項にいう「資産」

損害賠償請求権等については，当事者間で権利の存否や範囲等について争いがあり（典型的には交通事故のケース），早急な履行が望めない場合もある。そうした場合，当該損害賠償請求権等が生活保護法 4 条にいう「資産」に該当するかが問題となる。

交通事故に伴う損害賠償請求権について，最判昭和 46・6・29（民集 25 巻 4 号 650 頁）は，交通事故の被害者は加害者に対して（当事者間に争いがあるとしても）損害賠償請求権を有することから生活保護法 4 条 1 項にいう「資産」を有するが，実際に履行が受けられない間は，傷病の治療等について保護の必要がある場合には，同法 4 条 3 項に基づく急迫保護（→③ 2(6)）の対象となり，加害者から事後的に賠償を受けた際には，同法 63 条に基づき費用返還義務（→⑦ 2(5)）が課されるとの立場を示す。

他方で，同じく交通事故による受傷のケースについて東京高判昭和 48・7・23（判時 716 号 43 頁）は，「資産」に当たる債権を，直ちに履行を受けて具体的に生活の手段に役立て得るものに限定し，債務者が無資力のため実現不可能なものや，債務者との間に現に権利の存否，その範囲，数額等につき争いがあって，早急な履行を望み難いようなものは除外されるべきと判示する。したがって，実際に賠償がなされるまでは，最低限度の生活を維持し得るその他の資産や能力がない限り，同法 4 条 1 項に基づいて保護が実施されるべきであり，実際に賠償を受けた場合にも，同法 63 条に基づく費用返還義務は負わず，ひいては同義務を負うことを前提として加害者に対し医療扶助で賄った治療費の賠償を請求することはできないとの立場を示した。

当事者間に争いがある損害賠償請求権等を有する者を，同法 4 条 1 項の対象とするか同条 3 項の対象とするかについては，いずれの解釈もとり得ると思われるが，同条 3 項では急迫した事由（生命・身体への現実の切迫した危険）が要件となっているため，給付対象者が限定されるおそれがある。当事者の現実のニーズに配慮して，当事者間で争いがあり具体化していない損害賠償請求権等については同法 4 条 1 項の「資産」に当たらないとして，他の要件を満たすのであれば保護が実施されるべきだろう。そのうえで，同法 63 条にいう急迫の場合「等」に損害賠償請求権について争いがあった場合も読み込んで，損害賠償等を受けた際には，損害賠償請求権等が発生した時点に遡って（具体化した損害賠償請求権等に基づいて）資力の存在を肯定し，費用返還義務を課すという解釈が妥当だと思われる（西原道雄・百選〔初版〕47 頁）。なお，後者の裁判例の結論（加害者に対し医療扶助で賄った治療費を賠償請求できない）については，これが，加害者が治療費について終局的に賠償責任を負わないという趣旨であるのなら，被害者が要保護者であったことによって他のケースに比して加害者を不当に利する結果となるとともに，現在では，生活保護法76条の2が，治療費等について被害者が加害者に対して損害賠償請求権を有することを前提としたことと平仄が合わないことから，妥当でない。

(f)　生活用品　　家具什器や衣類寝具については，当該世帯の人員，構成等から判断して利用の必要があると認められる品目・数量は保有が認められ，趣味装飾品は処分価値が小さい場合には保有が認められるが，貴金属や債券は原則として保有が認められない。また，その他の物品についても，処分価値の小さいものは保有が認められ，それ以外の物品については，当該世帯の人員，構成等から判断して利用の必要があり，かつ保有を認めても当該地域の一般世帯との均衡を失することにならないと認められるもの（具体的には，当該地域の全世帯において普及率が70% 程度あるもの）は保有が認められる。

(3)　能力の活用

(a)　判断枠組み　　能力活用の要件にいう「能力」（生保4条1項）とは，主に稼働能力を意味する。稼働能力活用の有無の判断について，裁判例（名古屋地判平成8・10・30判時1605号34頁，同控訴審：名古屋高判平成9・8・8判時1653号71頁，大津地判平成24・3・6賃社1567=1568号35頁，大阪地判平成25・10・31賃社1603=1604号81頁）も行政実務も，これが受給要件であることを前提に，①稼働能力の有無，②稼働能力活用の意思の有無，③稼働能力活用の場の有無によって判断している。これに対し，一部の学説では，これは保護受給の要件ではないとして，「生活に困窮する」（生保1条）場合には受給権が発生し，稼働能力の不活用は発生した受給権を消滅させる要件あるいは受給制限要件と解すべきとの主張がある。しかし，こうした解釈は，生活保護法4条が能力の活用を，資産の活用と並んで保護の要件として明確に規定していることから困難であると思われる。もっとも，資産の場合には比較的容易に最低限の生活維持のための方途（処分，貸与など）がとり得るのに対し，稼働能力の場合には，労働市場における就労の場の確保という，より不確定な要素が介在する。そのため，この観点からも，稼働能力活用の要件は，抽象的に判断するのではなく，個々人の個別事情に十分配慮した上で判断することが望ましい。

行政実務も裁判例も①について，年齢や医学的な面からだけではなく，資格，生活歴・職歴等を客観的かつ総合的に勘案して判断し，こうして具体的に把握された本人の稼働能力を前提に，申請者がその稼働能力を活用する意思を有していても，実際に活用できる場がなければ，「利用し得る能力を活用していない」とはいえないと判断する。

(b) **活用の意思の認定と意義**　②（稼働能力活用の意思の有無）の認定については，③（活用の場の有無）の認定と同様に，一義的な基準が設定し難く，その認定判断には時として困難が伴う。この点に関し前掲大津地判平成 24・3・6 は，保護申請者が行っていた求職活動等の状況から客観的に判断すべきとした上で，多少は不適切と評価されるものであったとしても，保護申請者の行う求職活動の状況から，保護申請者が就労して稼働能力を活用するとの真正な意思を有していると認められるのであれば，意思の要件は充足していると判断する（前掲大阪地判平成 25・10・31 も同旨）。困窮者があらゆる合理的な求職活動を行うことは実際上容易ではないことを考慮すると，稼働能力活用の意思の有無の認定判断はある程度緩やかに行うことは妥当といえる。保護申請者が特定の労働条件に固執して求職活動の範囲が極端に狭い場合には，活用の意思がないと判断することも可能だろうが，一定の求職活動の実施によりひとまず活用の意思の存在を認めた上で，申請者について認められる稼働能力に客観的に見合った活用の場の存否により能力の活用要件の充足を判断することも可能だろう。

なお，能力活用の判断において，②（活用の意思の有無）の判断は必ずしも必要ないとの見解がある。旧生活保護法で規定されていた就労意欲のない者や就労を拒否する者についての欠格条項が，現行法では廃止されたという経緯に鑑みて，活用の意思を要件とすることは現行法の解釈として妥当ではないとの理由からである。また，稼働能力があり，かつ活用の場もあるのにもかかわらず就労できていないのは，能力活用の意思の欠如を意味するものと解されるため，①（稼働能力の有無）と③（活用の場の有無）の要件に加えて②（活用の意思の有無）の要件を別に求める必要性がないともいえる。この点に関し，東京地判平成 23・11・8（賃社 1553＝1554 号 63 頁）および同判決を踏襲するその控訴審判決・東京高判平成 24・7・18（賃社 1570 号 42 頁（百選 82））は，稼働能力を有していながらそれを活用する意思が認められない者に保護を実施することは，資本主義社会の基本原則の一つである自己責任の原則に適合しないとして，活用の意思の要件の必要性を認めている。

(c) **活用の場の有無**　③（活用の場の有無）に関し，前掲名古屋地判平成 8・10・30 は原告である野宿生活者の具体的生活環境に照らして活用の場を否定したのに対し，同事件の控訴審（前掲名古屋高判平成 9・8・8）は，原告がいた愛知県の職業別常用職業紹介状況における有効求人倍率という一般的指標を手がかりに，就労の場の存在を肯定した。必要即応の原則（生保9条→4 2）に照らせば，活用の場の有無の判断では，一般的指標ではなく，申請者の年齢・健康状態・職業能力・生活状況等の個別具体的事情を考慮したきめ細かな判断が求められる（菊池299頁）。

近年の裁判例は，雇用情勢の停滞を背景に，③（活用の場の有無）を緩やかに判断する傾向にある。すなわち，申請者が求人側に対して申込み（就労の意思表示）をすれば原則として就労する場を得ることができるような状況であった場合に限って，活用の場の存在を認めるべきとの判断が示されているのである（前掲東京地判平成23・11・8，前掲東京高判平成24・7・18（百選82），前掲大阪地判平成25・10・31）。確かに，資産の活用に比べ，稼働能力の活用は，市場での需給バランスにより影響を受けやすいため，活用の場の有無は当事者のおかれた現実の状況に照らして具体的に判断することが求められる。もっとも，近年の裁判例が用いる基準は，活用の場を極めて限定的に解するものであり，場の要件の機能をほぼ認めないに近い。また，近年の裁判例では上記のように②（活用の意思の有無）の認定も比較的緩やかであることから，稼働能力の活用の要件は，事実上，全く求職活動を行わない等により活用の意思が認められない者を排除するだけの機能を果たしているに等しい。稼働能力はあっても活用の場がなく生活に困窮する者が増加する傾向にあることからすれば，そうした者にも保護を及ぼすために，生活保護の入口をある程度広げる解釈は妥当と捉えられるが，他方でそのような解釈を採用するのであれば，被保護者への自立支援を強化し生活保護からの早期脱却を目指す取り組みの充実がより一層求められよう（→12）。

(3)の参考文献

- 布川日佐夫「生活保護法における自立支援と稼働能力活用要件」社会保障法24号（2009年）167頁
- 阿部和光『生活保護の法的課題』（成文堂，2012年）第8章
- 黒田有志弥「生活保護受給と稼働能力の活用」季刊社会保障研究50巻4号（2015年）412頁
- 石橋敏郎『社会保障法における自立支援と地方分権──生活保護と介護保険における制度変容の検証』（法律文化社，2016年）第1章

(4)　扶養の優先

(a)　**生活保護と扶養義務者の扶養との関係**　　生活保護法4条2項は，民法に定める扶養義務者の扶養が，保護に優先して行われることを規定する。

この扶養の優先については従来から，受給要件ではなく，事実上扶養（仕送り

等）が行われたときに，これを要保護者の収入として取り扱うという関係を意味するに過ぎないと解する「事実上の順位説」が多数説である。

行政解釈も，生活保護法4条2項が「保護に優先して行われる」ものと規定し，同条1項にいう保護の「要件」と区別されている点に照らして，原則的には扶養請求権の行使を受給要件とは捉えない立場であるが，扶養義務者に扶養能力があり，かつ扶養する意思があることが明らかである場合には扶養請求権の行使を同条1項における保護の「要件」として捉える立場をとっている。裁判例には，扶養義務者（両親）と要保護者（子）との間の対立から要保護者が扶養の能力と意思のある扶養義務者に扶養請求の努力を怠ったことを理由に，申請却下処分を適法と判断したものがある（岡山地判平成4・5・20判自106号80頁）。

扶養義務者の扶養に先立って保護が実施された場合には，扶養義務の範囲内で，保護費を負担した都道府県または市町村の長は，保護費の全部または一部を扶養義務者から徴収することができる（生保77条1項）。扶養の履行は保護の受給要件ではないものの，この費用徴収の規定により，生活保護は民法上の扶養に対して補足的役割に留まるとの位置づけが明確にされている。

民法上の扶養と生活保護との関係のあり方については，解釈論・立法論ともに，生存権保障を重視して公的扶養（生活保護）を原則として捉える立場をとるか，あるいは私的扶養の意義・機能も重視する立場をとるかにより異なる。例えば，前者の立場からは（私的扶養を廃止して）公的扶助への一本化が提唱される（中川善之助『新訂親族法』（青林書院新社，1965年）590頁）。また，現在の扶養義務のうち「夫婦間と未成年子に対する親の扶養義務」と「それ以外の扶養義務」とで生活保護との関係に差を設けるべき（扶養優先の原則は前者にのみ適用すべき）との主張も有力である（我妻栄『法律学全集23親族法』（有斐閣，1961年）403頁。また，同様の方向性を示すものとして大村敦志『民法読解親族編』（有斐閣，2015年）472頁）。

(b) **扶養義務者の決定**　誰が要保護者の扶養義務者であるのかの判断において行政実務上用いられているのが，「絶対的扶養義務者」（民877条1項に相当）と「相対的扶養義務者」（民877条2項に相当）の区分である。相対的扶養義務者とは，家庭裁判所において扶養義務創設の審判がなされる蓋然性が高い状況にある者（具体的には，①現に扶養を実行している者，②過去に当該要保護者から扶養を受けたことがある場合等扶養の履行を期待できる特別の事情があり，かつ，扶養能力があると推測される者）とされ，これに該当する者については扶養能力の調査および扶養の要請を行っている。しかし，民法877条1項に規定される場合以外の3親等内の親族は，同条2項により，家庭裁判所の審判があって初めて扶養義務者となるとされていることから，行政実務の運用は，法律上の根拠なく一定の者に結果的に扶養義務を負わせることになるという問題をはらむものである。

(c)　扶養の程度　　扶養義務者に求められる扶養の程度について，行政実務では，民法学の議論に倣い生活保持義務者（夫婦間，未成年子に対する親）とそれ以外の生活扶助義務者（兄弟姉妹など）の区別が用いられ，前者については本人の最低生活費を超える部分が標準とされ，後者については，社会通念上それらの者に相応しいと認められる程度の生活を損なわない限度での扶養が求められるとされている。ただし，個別の扶養義務者が履行すべき具体的な扶養の程度を保護の実施機関が判断するのは，民法879条（扶養の程度・方法の確定は当事者間の協議あるいは家庭裁判所の審判による）との整合性が問題となる。

(5)　他法扶助の優先

他の法律に定める扶助は保護に優先して行われる（生保4条2項）。前掲東京地判平成23・11・8は，優先する扶助について，①法律に定めるものであること，②保護とその内容の全部または一部を等しくするものであることが必要であるとして，都知事と特別区とが協定に基づいて実施する自立支援システムや，東京都と厚生労働省がいわゆるネットカフェ難民などに対して設けている相談機関により提供される便益は，①②ともに当たらないとして同項にいう他法扶助（他法他施策）には当たらないと判示した。なお，立法担当者によれば，ここでいう扶助とは，国や公共団体による対価性のない一方的救済を意味し，社会保険給付等はこれに含まれない（これらは，生活保護法4条1項にいう資産に含まれる）と解されている。

発展8-3　特定求職者支援制度と生活保護

平成23（2011）年10月に導入された特定求職者支援制度は，雇用保険と生活保護との間に位置づけられる「第2のセーフティネット」として構築された。同制度は，雇用保険の対象者以外の求職者に対し，無料の職業訓練を実施するとともに，一定の要件を満たした求職者に金銭給付（職業訓練受講給付金（月額10万円））を支給するものであるため，生活保護法の補足性の原理（とりわけ能力活用の要件）と他法扶助の優先との関係が問題となる。

能力活用の要件との関係では，特定求職者支援制度による職業訓練を受けないことが能力の不活用とされて，生活保護の受給権が否定されるかという点が問題となる。一般に「能力」は現に当事者が持つ稼働能力と解されてきたが，法律では単に「能力」と規定されているため，職業訓練を受講する能力がアプリオリに排除されているとはいえない。もっとも，生活保護法4条が能力を「最低限度の生活の維持のために活用する」よう求めていることからすれば，同条で活用が求められている能力は，活用すれば生活の維持に資する能力に限られよう。職業訓練は将来的な収入の確保にはつながり得るとしても，それ自体としては直ちに収入を生み出すものではないため，職業訓練を遂行し得るという能力は，直ちに活用が求められる能力には当たらないだろう。他方で，職業訓練を受講すれば職業訓練受講給付金が受給できる場合については，職業訓練の受講が収入を生み出すことになるため，そうした能力の活用は受給要件と捉えることも可能だろう。もっともこの解釈は，職業訓練受講給付金が，最低限度の生活維持のために活用すべき性質の給付であることが前提となる。職業訓練受講給付金は，職業訓練の実効性を高めるための給付で生活維持を目的としたものでないとの理解に立てば，同給付金を受給するために職業訓練を遂行する能力を活用することは，保護の受給要件として求められないことになろう。なお，職業訓練の受講を能力の活用として求めると解した場合でも，給付金目的でいかなる職業訓練でも（本人の能力に適合していなくても）受講することが求められると解するのは，特定求職者支援制度の趣旨に合致しないばかりでなく，当事者の将来的な安定した自立の助長の観点からも望ましくない。当事者の職歴等にも配慮しながら，客観的に将来の自立に資する職業訓練についてのみ，能力の活用によって受講を求めることが必要だろう。

職業訓練の受講が能力活用の要件からは求められないとしても，職業訓練受講給付金が優先すべき他法扶助に当たるかが次に問題となる。そこでは，職業訓練受講給付金が「保護とその内容の全部または一部を等しくするもの」といえるかが争点となり，ここでも同給付金の性質が問題となる。もっとも，他法扶助の優先の原則は，他法扶助を受けたときはそれが保護に優先される（収入認定される）ことを意味するに過ぎず，他法扶助を受けること（この場合には，職業訓練を受けて職業訓練受講給付金を受給すること）を要請するものではない。

発展 8-3 の参考文献

・笠木映里「関連諸法との関係からみる生活保護法——近年の改正・立法の動向と残された課題」季刊社会保障研究 50 巻 4 号（2015 年）378 頁

⑹　急迫保護

保護の補足性について規定する生活保護法 4 条 1 項，2 項は，急迫した事由がある場合には課されずに保護が実施される（生保 4 条 3 項）。急迫した事由とは，生存が危うくされるなど，社会通念上放置し難いと認められる程度に状況が切迫している場合と解されている（前掲那覇地判平成 23・8・17，大阪高判平成 25・6・11 賃社 1593 号 61 頁）。前掲最判昭和 46・6・29 は，交通事故による被害者が，加害者との間において損害賠償の責任や範囲等について争いがあり，賠償を直ちに受けることができない場合には，急迫保護の対象となり得ると判示した（→発展 8-2）。なお，資力があるにもかかわらず急迫した事由にあるとして保護が実施された場合には，被保護者は保護費を支弁した都道府県または市町村に対し保護費の返還義務を負う（生保63条→7 2(5)）。

4 保護の原則

1 申請保護の原則

生活保護は，原則として，要保護者，その扶養義務者またはその他の同居の親族の申請に基づいて開始され（生保7条），法律上申請権が保障されている。この申請により保護の実施機関は，保護開始の審査手続に移行しなくてはならない（生保24条）。また，保護開始の申請は行政手続法における「申請」（行手2条3号）に当たるため，申請に対する同法による手続的保障も与えられる（行手5条〜11条。申請による保護開始手続について→6 1）。なお，要保護者が急迫した状況にあるときには，実施機関は保護の申請がなくても必要な保護を行うことができる（職権保護。生保7条ただし書）。

2 必要即応の原則

生活保護は，要保護者の年齢，性別，健康状態など，その個人または世帯の実際の必要の相違を考慮して，有効かつ適切に行われるものとされている（生保9条）。これを，必要即応の原則という。同原則は，各個人や各世帯の実際の必要の違いを無視した画一的保護による形式的平等ではなく，そうした違いに配慮した実質的平等を保障するものである。

3 世帯単位保護の原則

(1) 世帯の意義

生活保護は，世帯を単位としてその要否および程度が決定されるという，世帯単位保護の原則がとられている（生保10条）。これは，現実に生計を一にする共同体である世帯に着目し，それをそのまま生活保護法の適用上の単位としたものである。このように世帯単位保護の原則では，現実の生活実態が重視され，世帯構成員間の扶養義務の有無は度外視されていることから，同一世帯に属するか否かの認定は，法律上の扶養義務の有無とは関係なく，同一の住居に居住し，生計を一にしていると認められるか否かによって専ら判断される（東京地判昭和38・4・26行集14巻4号910頁〔百選84〕）。

ただし，世帯員の最低生活保障や自立助長の観点から必要がある場合には世帯分離を行って，保護の要件を満たす世帯員のみに生活保護を実施することもできる（生保10条ただし書。例えば，大学就学が特に世帯の自立助長に効果的である場合の大学生や，他の世帯員が真にやむを得ない事情によって保護を必要としている世帯に属する稼働能力不活用の世帯員などは世帯分離の対象となる)。

⑵　受給権の帰属と原告適格

世帯単位保護の原則により，保護の実施に関わる処分は，各世帯員に対して個別になされるのではなく，世帯主のみを名宛人としてなされる。こうした取扱いは，保護実施上の便宜的なものに過ぎず，保護受給権は個々の世帯員に帰属している(福岡高判平成10・10・9判時1690号42頁(百選91))。つまり，世帯主は世帯構成員のいわば代表として処分の名宛人となっているに過ぎず，処分の効果は世帯主だけでなく各世帯員にも及ぶため，世帯主以外の世帯員も処分の取消し等を求めるについて法律上の利益を有し，原告適格を有する(前掲福岡高判平成10・10・9(百選91)，大阪地判平成22・10・28判自356号88頁)。

また，世帯主が行った審査請求等の不服申立ておよびこれに対する裁決の効果は各世帯員にも及ぶと解されるため，世帯主が審査請求に対する裁決を経ている以上，他の世帯員も審査請求前置の要件(生保69条)を充足していると解されている(前掲福岡高判平成10・10・9(百選91)，前掲大阪地判平成22・10・28)。

⑶　民法上の扶養義務との関係

世帯単位保護の原則は，保護の要否・程度の決定に際し，世帯単位で最低生活費と収入認定額とを比べることを意味する。そのため同一世帯と認定されると，世帯単位の最低生活費と収入認定額との比較の過程で，自己の収入のうち最低生活費を超える部分は他の世帯員の生活費に充当されることとなり，他の世帯員に対して民法上求められる扶養の程度を超えて，あるいはそもそも民法上扶養義務を負わない場合であっても，結果的に，事実上他の世帯員との間で非常に程度の高い扶養義務関係に立たされることとなる。世帯単位保護の原則をこのように画一的に解釈・運用することは，生活保護と私的扶養との役割分担を民法上の扶養義務を基準に画することとした補足性の原理(生保4条2項)に従ったものとはいえないため，生活保護法の基本原理たる保護の補足性の原理に基づいた法律の解釈および運用を求める生活保護法5条に反する。そのため，同原則の解釈・運用に当たっては民法上の扶養義務を超えた扶養義務を世帯員に負わせることのないよう，必要に応じて世帯分離を実施する必要がある(西村514頁)。

5　保護の基準

1　保護基準の体系

保護の基準は，要保護者の年齢別，性別，世帯構成別，所在地域別などの事情を考慮した最低限度の生活の需要を満たすのに十分で，かつこれを超えないものとして，厚生労働大臣が定める（生保8条）。具体的には，厚生労働省告示（「生活保護法による保護の基準」（昭和38年厚告158号））の形式で，消費者物価等の地域差を反映するため全国の市町村を6つの級地に分類して，8種類の扶助ごとに基準額が定められている。こうして一般的・画一的に定められている基準を一般基準という。

また，同告示では，要保護者に特別の事由があって一般基準により難いときは，厚生労働大臣が特別の基準（特別基準）を定めることとされている。実際には，事務次官通知や社会援護局長通知等の内部通達にて支給事由や支給上限額等が定められ，その範囲内で特別基準の設定があったものとして支給されている。

このように保護基準は厚生労働大臣によって定められ，法律上には規定されていない。保護基準が最低限度の生活保障を担保する重要な機能を持つことから，法律の別表か少なくとも省令で規定されることが望ましいとの指摘がなされている（菊池314頁）。

2　一般基準

⑴　算定方式の変遷

一般基準は，最低生活費として生活保護の支給水準を定めるものであるため，その基準の算定には一般世帯の消費水準も加味した合理的な方法がとられる必要がある。衣食を中心とした生活費を賄う生活扶助基準の算定については，当初，当時の経済安定本部が定めた世帯人員別の標準生計費を基に算出する「標準生計費方式」がとられていたが，昭和23（1948）年に「マーケットバスケット方式」が導入されたことにより，最低生活費の算定について初めて科学的・合理的方法が取り入れられた。同方式は，世帯人員・地域等に応じて，最低生活を営むために必要な飲食物費，被服費，光熱費，家具什器費などの生計費目を一つ一つ積算する方法である。

その後，所得倍増計画の下，賃金や物価が上昇したのを受けて，昭和36（1961）年に「エンゲル方式」に転換された。同方式は，栄養審議会の答申に基づく栄養所要量を満たし得る食品を理論的に積み上げて計算した上で，別に低所得世帯の実態調査からこの飲食物費を支出している世帯のエンゲル係数の理論値を求め，当該エンゲル係数で飲食物費を除して生活費全体を算出するものである。同方式は最低生活水準の相対化を意味し，一般世帯の消費水準の向上に合わせた基準額の引上げが承認されることとなったが，実際には用いられたエンゲル係数が高すぎて，一般世帯との消費水準の格差は拡大することとなった。

そこで，昭和40（1965）年には「格差縮小方式」が導入され，翌年度の個人消費伸び率の見込みに，予算折衝で認められた格差縮小のための率を上乗せして，生活扶助基準を毎年改定することとされた。これにより，被保護世帯の消費支出が一般世帯の消費支出の60% を超えたことを受けて，昭和59（1984）年以降は，当該年度に想定される一般国民の個人消費支出の伸び率の見込みを基礎とし，その前年度までの一般国民の消費実態との調整を図る「水準均衡方式」が実施されている。したがって，現在の算定方式は，前年度の基準が一般国民の消費実態との均衡上ほぼ妥当なものであることを前提に，個人消費支出の伸び率に応じて改定するものであり，毎年度科学的な算定方式に基づいて最低生活費を算出しているわけではない。一般世帯と被保護世帯の1人当たり消費支出格差は，近年は70% を超える水準で推移している。

(2) 加　　算

(a) 特別の需要に対する加算　　保護基準を定める上記告示は，妊娠・出産や障害など特別の需要をもたらす事由に対し，一定額（あるいは一定額の範囲内）を加算することを定めている。こうした特別の事由のある被保護者については，加算を含めた水準が最低生活費の水準と観念される。

(b) 老齢加算の廃止と法的問題　　老齢加算（70歳以上の被保護者対象）および母子加算（父子家庭を含むひとり親家庭等対象）は，平成16（2004）年度から段階的に減額され平成18（2006）年度に廃止された（ただし，母子加算は平成21（2009）年12月に復活）。この保護基準の引下げを受けて保護費減額の変更決定を受けた被保護者らにより，同決定の取消訴訟が全国各地で提起された。多くの下級審裁判例は，生活保護法56条を保護基準の引下げ行為にも適用するか否かで見解が分かれたものの，当該老齢加算の廃止については厚生労働大臣の裁量権行使に逸脱・濫用はないと判断した（生活保護法56条の適用を肯定するものとして，東京地判平成20・6・26判時2014号48頁，福岡地判平成21・6・3賃社1529＝1530号56頁，京都地判平成21・12・14賃社1622号45頁等。否定するものとして，広島地判平成20・12・25賃社1485号49頁・1486号52頁，東京高判平成22・5・27判時2085号43頁等）。これに対し，福岡高判平成22・6・14（判時2085号76頁）のみが，老齢加算の廃止の決定に際し，社会保障審議会福祉部会内の専門委員会が「中間とりまとめ」において要請していた高齢者世帯の最低生活水準の維持や激変緩和措置についての検討が十分になされていなかったとして裁量権の逸脱・濫用を認めた。

この点につき最判平成24・2・28（民集66巻3号1240頁〔百選3〕。前掲東京高判平成22・5・27の上告審）は，保護基準の減額改定に伴う減額決定には生活保護法

56条は適用されないとした上で，①老齢に起因する特別な需要がないと判断した厚生労働大臣の判断の過程および手続における過誤，欠落の有無等の観点からみて裁量権の逸脱・濫用があると認められる場合，あるいは，②老齢加算の廃止に際し激変緩和等の措置をとるか否かについての方針および現に選択した措置が相当であるとした厚生労働大臣の判断に，被保護者の期待的利益や生活への影響等の観点からみて裁量権の逸脱・濫用があると認められる場合には，生活保護法3条，8条2項の規定に違反し違法となるとの一般論を示した上で，当該老齢加算の廃止は①②のいずれにも当たらないとして当該基準の引下げおよびそれを受けた変更決定の違法性を否定した。同判決の特徴としては，ⓐ被保護者の期待的利益への配慮の必要性から裁量権の統制がなされた点，ⓑ裁量権の逸脱・濫用審査において，判断過程統制が導入された点，ⓒ保護基準設定行為における厚生労働大臣の裁量について，朝日訴訟最高裁判決（最大判昭和42・5・24民集21巻5号1043頁（百選1））ではなく堀木訴訟最高裁判決（最大判昭和57・7・7民集36巻7号1235頁（百選2））が引用された点，ⓓ生活保護法3条，8条2項に違反するものでない以上憲法25条にも違反しないとして，実質的に合憲性審査も行った点が挙げられる。

発展8-4　保護基準の引下げと制度後退禁止原則

生活保護基準を引き下げること自体については，以下のような観点に基づいた憲法25条による統制も考えられる。

憲法25条1項2項二分論を前提とした場合，同条2項にいう「向上及び増進に努め」るとの規定に明白に反すること（すなわち，合理的理由なく後退をもたらすこと）をしてはならないという規範的要請を同項から導き出すことができるとの見解がある。生活保護基準の引下げはここでいう「後退」に当たるといえるため，この見解に従えば，合理的理由のない保護基準の引下げは憲法25条2項に反するということになる。もっとも，（引き下げられた保護基準が憲法25条1項にいう最低限度の生活水準を下回るかどうかという審査とは別に）合理的理由のない保護基準の引下げを全て違憲無効とするほどの規範的効力を憲法25条2項から導くことができるのかは必ずしも明らかではない。

他方で，保護基準の引下げを憲法25条の規範的要請から制限し得ると解するもう一つの可能性として，同条についての通説である抽象的権利説の派生命題として制度後退禁止原則（制度後退は原則として違憲であるとする原則）を導く考えが理論的にはあり得る。すなわち，抽象的権利説によれば憲法上の権利は法律によって初めて具体化されるため，法律によって具体化された権利は憲法規範としての価値を有し後の立法を拘束することになると考えられる。しかし，こうした考えについては一般的に「下位規範に先行して確定しているはずの憲法上の法規範の内容が，下位の制度の有無（ないし内容）によって逆に規定されてしまう」という問題点が指摘されている。

発展 8-4 の参考文献
・棟居快行「社会保障法学と憲法学――具体と抽象の間で」社会保障法 22 号（2007 年）151 頁
・内野正幸『憲法解釈の論理と体系』（日本評論社，1991 年）第 5 章第 4 節
・葛西まゆこ「生存権と制度後退禁止原則――生存権の『自由権的効果』再考」企業と法創造 7 巻 5 号（2011 年）26 頁

3 特別基準

例えば，保護開始時等に現に使用する布団・被服などがない場合や最低限度の生活に直接必要な家具什器がない場合などには，一定額の範囲内で特別基準の設定があったものとして被服費や家具什器費が一時扶助費として支給される。こうした特別基準は，行政の内部通達によって，支給額や支給事由が限定された形で定められている。

特別基準に上限を設定することについて，名古屋高金沢支判平成 12・9・11（判タ 1056 号 175 頁）は，介護人をつける必要がある一定程度以上の障害を有する者に対する他人介護費特別基準に関し，同基準の設定が厚生大臣（現厚生労働大臣）の合目的的な裁量に委ねられており，入所保護（生保 30 条 1 項ただし書→⑧ **2**(3)）の可能性もあることから，居宅保護の場合の金銭給付額につき一定の上限を設けることも，当該上限が現実の介護需要を無視して著しく低い基準を設定する等，憲法および法の趣旨，目的を逸脱したような場合でない限り，厚生大臣の政策判断の一つとしてその裁量の範囲内にあると判示している。

⑤の参考文献
・木下秀雄「最低生活保障と生活保護基準」日本社会保障法学会編『新・講座社会保障法第 3 巻 ナショナルミニマムの再構築』（法律文化社，2012 年）
・山下慎一「生活保護基準の設定に対する法的コントロール」季刊社会保障研究 50 巻 4 号（2015 年）389 頁

⑥ 生活保護の実施

1 受給手続

(1) 申 請

保護を受けるには，原則として，要保護者，扶養義務者またはその他の同居の親族による保護開始の申請が必要である（生保 7 条→④ **1**）。

平成 25（2013）年改正以前の申請は，①申請者の氏名および住所または居所，②

要保護者の氏名，性別，生年月日，住所または居所，職業および申請者との関係，③保護の開始または変更を必要とする事由を記載した書面を提出して行わなければならないとされていた（改正前の生保則2条1項）。もっとも裁判例では，申請書の提出は保護開始申請の要件ではないため口頭による申請も認められると解されていた（大阪高判平成13・10・19訟月49巻4号1280頁，福岡地小倉支判平成23・3・29賃社1547号42頁，さいたま地判平成25・2・20判時2196号88頁）。

同改正により，現行法では，保護開始の申請をする者は，法所定の事項（要保護者・申請者の氏名・住所等，保護を受けようとする理由，要保護者の資産および収入の状況，就労や求職活動の状況，扶養義務者の扶養の状況等）を記載した申請書を実施機関に提出しなければならないとされている（生保24条1項）。また，この申請書には，要保護者の保護の要否，種類，程度および方法を決定するために必要な書類として厚生労働省令で定める書類を添付しなければならないとも規定されるようになった（生保24条2項）。この新たな申請手続は，改正前の申請手続に比べ，資産および収入の状況等を申請書に記載することやこれに書類を添付すること（ただし，法改正を受けてなされた生活保護法施行規則改正では，添付書類に関する規定は定められなかったため，現時点では生保24条2項は事実上空文化している）などが申請者に新たに課された点で厳格化しているといえる。

もっとも生活保護法24条1項は，立法経緯に照らせば，申請行為と申請書の提出行為とを分離する趣旨であり，従来の裁判例で認められていた口頭での申請を排除するものではないと解されている（黒田有志弥「生活困窮者に対する支援の現状と課題―― 2013年生活保護法改正及び生活困窮者自立支援法について」論究ジュリスト11号（2014年）70頁）。つまり，口頭での申請が実施機関に到達した時点で実施機関に審査開始義務が生じ，申請者は，保護の要否等の決定までの間に申請書を提出すればよいことになる。なお，申請書を作成することができない特別の事情があるときや，書類を添付することができない特別の事情があるときにはこの限りでないとされている（生保24条1項ただし書・2項ただし書）。申請書作成や書類添付などの負担は相当程度大きいと考えられるため，こうした手続の厳格さが申請行為に影響を与えることのないよう，「特別の事情」の解釈は柔軟に行うことが望ましい（菊池307頁）。

発展8-5　「水際作戦」と救済手段

保護の開始申請については，実施機関によるいわゆる「水際作戦」と呼ばれる対応（典型的には，実施機関の窓口での相談段階で，扶養義務者の存在や稼働能力の不活用などを指摘して申請させないようにしたり，申請書を交付しなかったりする対応）が問題となる。

法的には，保護の開始申請は口頭でも可能であるし，提出した申請書の記載に不備があっても申請書の提出により申請の意思表示が実施機関に到達したと解されるため，こうした申請が実施機関に対してなされた場合にはそれが実施機関に到達した時から実施機関に審査開始義務が発生し（行手7条），実施機関は原則14日以内（調査等が必要な場合には30日まで延長可能）に保護の要否，種類，程度および方法を決定して申請者に書面で通知しなくてはならない（生保24条3項・5項）。

有効な申請がなされたにもかかわらず，30日経過後も保護の要否等についての通知がない場合には，申請者は実施機関によって申請却下がなされたものとみなすことができるため（生保24条7項），当該却下処分について審査請求を行い，さらに審査請求の裁決を経て再審査請求や取消訴訟（およびこれと併合して生活保護開始決定の義務付けの訴えおよび仮の義務付けの申立て）を提起することができる（→11）。

このほか，申請から相当の期間が経過しても保護の要否等についての通知がない場合には，不作為の違法確認の訴え（行訴3条5項）とともに義務付けの訴え（行訴3条6項2号）および仮の義務付けの申立てが提起できると考えられる。「相当の期間」とは，行政庁が当該行政処分を行うのに「通常必要とする期間」と一般に解されている。保護決定については，原則として14日で通知されるが，調査等を要する等特別な理由がある場合には30日まで延長でき（生保24条5項），延長の際には特段の通知はなされない（ただし，保護の要否等の決定について通知する書面に延長の理由を明示する必要がある（生保24条6項））。こうした仕組みに照らすと，保護決定についての「相当の期間」とは30日と解するのが相当だろう。なお，有効な申請がなされたにもかかわらず審査を開始しないなどの違法な対応により受給できたであろう保護費相当額等の損害や精神的損害が生じた場合には，国家賠償請求も可能である（前掲さいたま地判平成25・2・20）。

さらに，申請行為に至る前段階において，実施機関が故意または過失により申請権を侵害する行為をした場合（例えば，相談者に申請の意思があることを具体的に推知し得たのに申請の意思の確認をしなかったり，扶養義務者による扶養・援助を求めなければ保護を受けられないなどの誤解を与える発言を行ったりしたことにより，申請ができなかった場合）には，職務上の注意義務違反として，国家賠償を請求できる（前掲福岡地小倉支判平成23・3・29，前掲さいたま地判平成25・2・20）。生活保護が最低限度の生活を保障する制度であり，保護を受給できないと生命に関わるおそれが少なくないことから，申請の前段階においても実施機関には重い義務が課されるべきであろう。なお，平成25（2013）年改正を受けた生活保護法施行規則改正により，申請者が保護の開始申請をする意思を表明しているときの実施機関の申請援助義務が定められた（生保則1条2項）。

(2) 要否等の審査と決定

(a) 収入認定　保護開始の申請が行われたら，実施機関は保護の補足性などの要件の審査に取りかかる。その過程で実施機関が行う重要な手続として，収入認定がある。収入認定は，申請にかかる世帯が自力でどの程度生活費や生活物資を確保できているのかを確認する行為である。収入認定された金品は，保護の基準（→5）に従った当該世帯の最低生活費に充当され，最低生活費に達しない部分が生じた場合には，（他の資産や能力の活用要件を満たした上で）不足部分について保護が決定される（生保8条1項)。このように収入認定された額と生活保護費とを足した額が最低生活費となるため，収入認定額は実際に要保護者が得ている額である必要がある。裁判例では，被保護者の同意を得て，自動車の保有を容認する代わりに，被保護者の実収入額と最低賃金額とを比較して，高い方の金額を収入認定するとの方法をとってきた実施機関について，実際には得ていない収入額を収入と認定しない職務上の義務に違反したものとして，国家賠償責任が認められたものがある（大分地判平成26・1・27賃社1607号47頁)。

収入認定の対象は基本的に全ての収入に及ぶ。他の社会保障給付（公的年金給付や公的医療保険での金銭給付，児童扶養手当など）も原則として収入認定される。なお，児童手当は収入認定の対象となるが，児童手当を支給する対象児童がいる被保護世帯には同額の児童養育加算が支給されるため，実質的には児童手当は収入認定されていないのと同じ結果となる。

行政解釈では例外的に収入認定の対象とならないものとして，①社会事業団などから被保護者に対して臨時的に恵与された慈善的性質を有する金銭であって，社会通念上収入として認定することが適当でないもの，②出産，就職，結婚，葬祭等に際して贈与される金銭であって，社会通念上収入として認定することが適当でないもの，③他法・他施策等により貸し付けられる資金や自立更生目的で恵与される金銭のうち当該被保護世帯の自立更生のために充てられる額，④災害等によって損害を受けたことにより臨時的に受ける補償金，保険金または見舞金のうち当該被保護世帯の自立更生のために充てられる額などが挙げられている。また，被保護世帯の高校生が得たアルバイト収入等については，実務上，高等学校等就学費（生業扶助→8 7）で賄えない経費で，高校就学に必要な最小限度の額については収入認定の対象外とされているが，近年では「貧困の連鎖」を防止する観点から，その使途が大学入学料等や進学費用（塾代等）である場合も収入認定しない運用となった。

収入認定した額は，原則として，生活費，住宅費，教育費および高校等への就学経費，介護費，医療費，出産費，生業費（高校等への就学経費を除く)，葬祭費の順に充当され，不足した費用に対応する扶助の種類（→8）が決定される。

(b)　**報告・立入調査・検診等**　　実施機関は保護の決定に当たり必要な場合には，要保護者や扶養義務者等へ必要事項の報告を求めたり，要保護者の居所への立入調査を実施したり，要保護者に医師・歯科医師による検診を受けることを命ずることができる（生保28条1項〜4項）。もっとも，要保護者等のプライバシーへの配慮が必要である（菊池308頁）。要保護者が報告をしなかったり虚偽の報告をする場合や，立入調査の拒否・妨害・忌避をする場合，または検診命令に従わない場合には，実施機関は開始申請（および変更申請）を却下し，または被保護者については保護の変更，停止もしくは廃止をすることができる（生保28条5項）。また，実施機関は要保護者やその扶養義務者について官公署等に必要書類の閲覧や資料提供を求め，また銀行や雇主に報告を求めることができる（生保29条→⑨3）。

(c) 決　定　こうした審査を経て実施機関は，原則として申請から14日以内に，保護の要否，種類，程度および方法を決定して，申請者に対して決定の理由を付して書面で通知しなければならない（生保24条3項〜5項）。一種類のみの扶助が行われることを単給といい，二種類以上の扶助が行われることを併給という（生保11条2項）。扶助の方法には，金銭給付と現物給付とがある。原則として，医療扶助・介護扶助は現物給付（→⑧5，6），その他の扶助は金銭給付（→⑧2，3，4，7，8，9）であるが，必要即応の原則に基づいて被保護者の個別事情に応じてその方法が決定される。また，生活扶助については居宅保護か入所保護かが決定される（→⑧2(3)）。

この決定は，一般に，要保護者に保護受給権とともに一定の法的義務（生保59条〜62条）を設定する行政処分（形成行為。申請拒否の場合は，こうした形成行為をしないという消極的形成行為）であると解される。

決定における理由付記の機能は，行政庁の決定における慎重さと公正妥当を担保してその恣意を抑制するとともに，不服申立てに便宜を与えることにある（最判昭和60・1・22民集39巻1号1頁）。理由は，申請却下決定だけでなく，保護開始決定についてもその種類・程度・方法の具体的内容に関し記載される必要がある。決定に理由が付記されていない，あるいは付記された決定の理由が法の趣旨目的に照らして不十分または不適切な場合には，決定の取消しが認められる（理由付記が法律上義務づけられているにもかかわらず，決定に理由が一切付記されていない場合には，当該決定は無効であると解する見解もある）。

また，実施機関は，扶養義務者の資産および収入の状況の調査に日時を要する場合などには通知を30日まで延長できるが，決定通知の書面に延長の理由を明示しなくてはならない（生保24条5項ただし書・6項）。なお，申請から30日以内に決定通知がなされない場合には，申請者は実施機関が申請を却下したものとみなすことができる（同条7項）。

扶養義務者が扶養義務を履行していない場合に保護の開始を決定するときには，決定に先立って，実施機関は扶養義務者に対して書面で申請者の氏名と保護の開始申請日を通知しなくてはならない（生保24条8項，生保則2条2項）。この通知は，①当該扶養義務者に対して費用徴収（生保77条1項）を行う蓋然性が高い場合，②申請者が「配偶者からの暴力の防止及び被害者の保護等に関する法律」（DV防止法）1条1項に規定する配偶者からの暴力を受けていない場合，③その他，当該通知を行うことにより申請者の自立に重大な支障を及ぼすおそれがない場合のいずれにも該当する場合に限って行われる（生保則2条1項）。この扶養義務者への通知は，費用徴収の可能性を予め扶養義務者に通知することで不意打ちを避けるためのものであるが，他方で，この仕組みにより扶養義務者が申請を取り下げるように圧力をかけたり，要保護者がそもそも申請を断念したりするおそれもあるため，通知の実施には慎重さが求められる。

(3) 職権による保護

申請による保護開始が原則であるが，要保護者の中には申請ができない者や著しく困難な者がいることから，生存が危うくされている場合などには実施機関は職権で保護を実施する職務上の義務を負っている（生保25条1項）。また，福祉事務所を設置しない町村の長は，保護の実施機関とはならない（→⑨1）が，その区域内に特に急迫した事由により放置することができない状況にある要保護者がいる場合には，職権により応急的措置として保護を実施しなければならない（生保25条3項）。

2 保護の開始時期

生活保護の開始時期（つまり，受給権がいつから発生するのか）について，生活保護法には明文規定がない。そのため，とりわけ申請日以前から要保護状態にあった場合に，申請日より以前に遡って保護が行われるのかという点が問題となる。

この点につき行政実務では，急迫保護の場合を除いて「申請のあった日以降において要保護状態にあると判定された日」を保護の開始時期としている。

学説では，（申請日以前に認められる）要保護状態発生の時に遡って保護を行うことができると解する説もあるが，要保護状態にあることを申請以前の過去に遡って審査することが困難である点や，申請が保護開始要件であるとの解釈などから，受給権は申請日以後に発生するとして，申請日以前への遡及保護の可能性を否定するものが多い（詳しくは，西村520頁）。

裁判例では，生活保護法の趣旨を要保護者の現在の生活の保障と解した上で，生活保護法７条は保護の要否を第一次的に申請の有無によらしめているとして，申請日以後に保護が開始されると判断するものがある（神戸地決平成４・７・16 判自 103 号 47 頁）。その結論は妥当であるとしても，生活保護法の趣旨を要保護者の現在の生活の保障に限定する解釈には疑問がある。生活保護法の趣旨をこのように解釈すると，例えば現に保護を受給している被保護者が過去の申請却下処分を取消訴訟で争う際に，常に訴えの利益が否定されかねないが，裁判例は，こうした場合の訴えの利益を認めている（第一藤木訴訟・東京地判昭和 47・12・25 行集 23 巻 12 号 946 頁）。また，義務付けの訴えでは，過去（申請日）に遡った保護開始決定を実施機関に命じる場合がある（大津地判平成 24・3・6 賃社 1567＝1568 号 35 頁）。こうしたことに照らすと，生活保護法の趣旨を現在の生活保障と限定して捉えることは妥当ではなく，そうした法解釈に基づいて遡及保護を否定することはできないだろう。申請日以前への遡及保護は，多くの学説や裁判例（前掲東京地判昭和 47・12・25，前掲神戸地決平成４・７・16）が指摘するように，端的に生活保護法７条の申請保護の原則によって否定するのが妥当であろう。

２の参考文献

・太田匡彦「権利・決定・対価（1）　社会保障給付の諸相と行政法ドグマーティク，基礎的考察」法学協会雑誌 116 巻２号（1999 年）185 頁

３　保護の変更・停止・廃止

(1)　要保護性の変化による保護の変更・停止・廃止

保護を過不足なく実施するためには，保護の受給期間中に世帯員の変動や収入の変化など被保護者を取り巻く生活状況が変化した場合，それに応じて保護の種類・程度・方法を変更したり，保護を一時的あるいは終局的に打ち切ったりする必要がある。生活保護法 25 条２項，26 条は，こうした要保護性に変化が生じた場合の保護の変更・停止・廃止について規定している。要保護性の変化という事実は，被保護者による届出（生保 61 条）によって，あるいは実施機関による調査等（生保 28 条１項・29 条１項）やケースワーク（→9 3(4)）の過程で，実施機関によって把握されることとなる。

(a)　**保護の変更**　　生活保護法 25 条２項が定める職権による変更は，保護の漏給や濫給を防止するために実施機関に課された職務上の義務である。実施機関は，常に被保護者の生活状態を調査し，保護の変更が必要と認められたら速やかに変更の決定を行い，変更理由を付した書面によって被保護者に通知しなくてはならない

(生保 25 条 2 項)。変更の理由付記の不備は，当該変更決定の取消事由となると解される（開始申請に対する決定の理由付記について→1 (2)(c))。保護の変更は，要保護者等の申請に基づいて行われる場合もあり，その場合は保護の開始申請と同様の手続に従う（生保 24 条 9 項→1 (1))。

(b)　保護の停止　　被保護者に臨時的な収入の増加や最低生活費の一時的減少等がみられ保護を必要としなくなった（保護の補足性の要件を満たさなくなった）が，その状態が継続する見込みがない場合（行政実務では，概ね 6 カ月以内に再び要保護状態となると予想される場合）には，実施機関は速やかに保護の停止の決定をしなくてはならない（生保 26 条)。停止は，廃止と異なり，保護の実施の一時的中断に過ぎないため，停止期間中であっても被保護者としての地位に留まり，指導・指示に従う等の被保護者としての義務を負う。明文の規定はないが，停止は被保護者に一定期間保護を実施しないという重大な影響を及ぼすことから，その決定には停止の期間が明示される必要があり，その長さも必要最低限であるべきである。

(c)　保護の廃止　　被保護者に恒常的な収入の増加や最低生活費の恒常的減少等があり保護の補足性の要件を満たさなくなった場合には，実施機関は速やかに保護の廃止を決定し，書面で被保護者に通知しなくてはならない（生保 26 条)。保護の廃止決定を受けると，被保護者としての地位を失うため，再び要保護状態となり保護が実施される場合には，新規の開始決定によることとなる。

裁判例には，生活保護が最低限度の生活保障のための最後の手段という性格を有することから保護廃止決定は慎重になされなければならないとした上で，居住実態不明を要保護性の消滅（あるいはこれに準じる状態）に当たるとして生活保護法 26 条 1 項を適用ないし準用することは，不誠実な対応に対する制裁として，現実には要保護性があるとしても要保護性がないものとみなすことであるから，要保護性の消滅と直接に関連しない制裁的な廃止決定につき厳格な要件をもって臨んだ生活保護法（生保 28 条・62 条 4 項参照）の趣旨に反するとしたものがある（京都地判平成 5・10・25 判時 1497 号 112 頁（百選 85))。

(2)　義務違反等の場合の保護の変更・停止・廃止

要保護性には変化がなくても，被保護者が実施機関による調査等や指導・指示に従わない場合に保護の変更・停止・廃止が行われる場合がある。

(a)　報告・立入調査・検診を拒否する場合　　実施機関は保護の決定・実施や，扶養義務者や不正受給者からの費用徴収のために必要があるときには，要保護者に対して報告の要請，立入調査の実施，検診命令を行うことができるが，こうした要請等に従わない要保護者には，保護の開始・変更申請の却下のほか，保護の変更・停止・廃止を行うことができる（生保28条1項・5項→**1**(2)(b)，⑨**3**(2))。こうした不利益処分は，前掲京都地判平成5・10・25（百選85）が判示するように，不誠実な対応を行った要保護者に対する制裁的な処分と捉えられる余地がある。確かに，こうした不利益処分を受けた要保護者にとっては不誠実な対応に対する懲罰として映ることは否定できない。しかし，要保護者に報告の要請・立入調査の実施・検診命令を行うのは，要保護者の生活状態を正確に把握して適正に保護を実施するためであるから，こうした要請等を拒否する要保護者に対する不利益処分は，不適正な保護の実施を回避する目的から実施機関に与えられた権限と解するのが妥当である。

不利益処分を課すか否かおよびいかなる不利益処分を課すのかについて，実施機関には裁量があると解されるが，その裁量権の行使については，平等原則や比例原則などに照らした裁量権の逸脱・濫用の審査とともに，上記の目的に照らして合理的か否かの審査にも服すると考えられる。なお行政実務では被保護者による検診命令不服従の場合の取扱いとして，①検診拒否のため特定の費用の必要性について判断できないときは最低生活費の算定に際し，当該費用を計上しないこと，②①により難い場合は保護を停止すること，③保護停止後に再度の検診命令にも従わない場合や，直近1年以内に文書による指導・指示違反や立入調査拒否・検診命令違反があった場合などには保護を廃止する，という基準が示されている。(保護開始申請の際の報告拒否・立入調査拒否・検診命令不服従の場合について→**1**(2)(b))。

生活保護法28条5項による保護の停止・廃止の場合にも，書面で被保護者に通知される（生保26条)。また保護の変更・停止・廃止の決定には，当該不利益処分についての理由が付記される必要があるが（生保29条の2，行手14条)，不利益処分に先立って被保護者に対し意見陳述の機会は保障されておらず（生保29条の2)，事前手続の保障が不十分である（アルマ412頁，菊池320頁)。

(b) **指導・指示遵守義務等に反した場合**　被保護者は，入所保護の決定（生保30条1項ただし書）や実施機関による指導・指示（生保27条1項）に従う義務を負い（生保62条1項)，また保護施設（生保38条）を利用する被保護者には保護施設の管理規程を遵守する義務が課されている（同条2項)。保護の適正な運営を担保する観点から，被保護者がこれらの義務に違反した場合には実施機関は保護の変更・停止・廃止ができる（同条3項)。ここでの不利益処分についても，前掲京都地判平成5・10・25（百選85）は，不誠実な対応を行った被保護者に対する制裁的な処分と捉えている。しかし，学説では，保護の目的達成のために必要な指導・指示を自立助長のためのソーシャルワークとして捉え直し，それに従わなかった場合の不利益処分を制裁目的ではなく，自立助長に逆行する保護の継続を防止する目的のものと解する見解がある。

① 不利益処分についての裁量統制　これらの不利益処分についても，処分を課すか否かおよびいかなる処分を課すのかについて実施機関に裁量権が認められている。

裁量権の行使について行政実務では，ⓐ指導・指示の内容が比較的軽微な場合には，その実情に応じて保護の変更を行う，ⓑⓐによることが適当でない場合には保護を停止する，ⓒ保護停止後も引き続き指導・指示に従わない場合や，直近1年以内に他の文書による指導・指示違反や立入調査拒否・検診命令違反があった場合，保護の停止では指導・指示に従わせることが著しく困難な場合などには保護を廃止する，との基準が設けられている。

また，平等原則や比例原則などに照らした裁量権の逸脱・濫用の審査にも服する。裁判例では，とりわけ保護の廃止処分について，被保護者の最低限度の生活の保障を奪う重大な処分であるから，違反行為に至る経緯や違反行為の内容等を総合的に考慮し，違反の程度が廃止処分に相当するような重大なものであることが必要であるとして，比例原則に照らした慎重な裁量統制が行われている（福岡地判平成10・5・26判時1678号72頁。福岡地判平成21・5・29賃社1499号28頁は保護停止処分について同旨)。なお，福岡地判平成19・11・15（賃社1459号62頁)，福岡地判平成21・3・17（判タ1299号147頁)，同控訴審・福岡高判平成22・5・25（賃社1524号59頁）は，被保護者の要保護性の程度や保護の停止によっては指導・指示に従わせることが著しく困難か否か（直ちに保護を廃止する必要性・緊急性）なども含めて総合考慮する。

学説からは，指導・指示違反に対する不利益処分は，保護の継続が当該被保護者の自立助長に逆行する場合に限定されるべきとして，実施機関の裁量権をその観点から統制すべきとの見解がある（アルマ410頁)。

② 不利益処分についての手続規制　これらの場合の不利益処分（変更・停止・廃止）には，処分に先立った弁明機会の付与という事前手続が保障されている（生保62条4項)。このように被保護者に防御権が確保されているのは要保護性が存続しているにもかかわらず保護の変更（減額など)・停止・廃止を行うためと考えられるが，そうした意味では上記の報告・調査・検診を拒否した場合の不利益処分の場合にも同様の手続的保障がなされる必要がある。もっとも，生活保護法62

条4項で認められている弁明の機会についても，詳細な手続が法令で規定されておらず，適正手続の保障がないとの批判がある（前田雅子「社会保障における行政手続の現状と課題」ジュリスト1304号（2006年）23頁）。弁明機会の付与は，不利益処分がなされようとしていることを示すものである。そのため，今後なされようとしている不利益処分が違法である場合には，これを事前に回避するため差止めの訴え（行訴3条7項）および仮の差止めの申立てを提起できる。

弁明の機会が付与されないままになされた不利益処分は違法であり，取り消される（前掲福岡地判平成21・3・17。なお同判決では，書面による指示がなかった点および書面による保護停止処分の通知がなかった点も併せて，同処分の取消しを認めている）。また，指導・指示の名宛人となっていなかった世帯員についても，保護の不利益処分の効果が及ぶ以上，弁明の機会が保障されるべきであり，それが保障されていなかった不利益処分は違法と解される（前掲福岡地判平成21・3・17）。

また，指導・指示遵守義務違反による不利益処分については，書面による指導・指示に被保護者が従わない場合にのみ処分権限が行使可能とされている（生保則19条）。これは，指導・指示違反が保護の変更・停止・廃止という重大な不利益処分を生じさせることから，実施機関に指導・指示の必要性やその内容の検討を慎重にさせるとともに，被保護者に指導・指示の内容を正確に知らせるためであり，被保護者の権利保護のための手続規制といえる（前掲福岡地判平成21・3・17，神戸地判平成23・9・16賃社1558号44頁，大阪高判平成24・11・9判自369号92頁）。したがって，書面による指導・指示を欠いた保護の変更・停止・廃止処分には取り消し得べき瑕疵があることとなる（前掲神戸地判平成23・9・16）。さらに，書面による指導・指示を要請する上記の趣旨に照らせば，書面による指導・指示の内容は，書面に記載された文言に限定して解釈すべきである（最判平成26・10・23判時2245号10頁〈百選87〉）。

指導・指示遵守義務違反等による保護の停止および廃止については書面で被保護者に通知する必要がある（生保26条）。これは，保護の停止・廃止処分が被保護者に重大な影響を与えることから，処分の存在および内容を明確にし，それを被保護者に正確に知らせて不服申立ての機会を付与するためと解される（前掲福岡地判平成21・3・17）。また，保護の変更・停止・廃止の決定には，当該不利益処分についての理由が付記される必要がある（生保62条5項，行手14条）。裁判例には，自動車の所有・使用を禁止した指導・指示に違反したとしてなされた保護廃止決定について，単に根拠条文を示しただけの理由付記は不十分であり同決定は違法であるとして，その執行停止の申立てを認容したものがある（那覇地決平成20・6・25賃社1519＝1520号94頁。理由付記について→1(2)(c))。

発展8-6　生活保護の辞退

実務では，被保護者から提出された辞退届に基づいて保護の廃止決定がなされる場合がある。生活保護法が，申請保護の原則を採用し，また，被保護者には様々な義務が課されることに照らせば，要保護状態にある者でも自らの意思で保護を受給しないとの選択をとることは許容されると解される。生活保護法上は保護の廃止は上記のように要保護性が消滅した場合（生保26条）や義務違反等に対する不利益的措置としてなされる場合（生保28条5項・62条3項）に限定されているが，被保護者が保護を辞退した場合も保護の廃止があり得るといえる（このように判示する裁判例として，京都地判平成17・4・28判時1897号88頁)。裁判例には，被保護者からの保護の辞退に基づく廃止決定の根拠条文を生活保護法26条とし，被保護者による保護辞退は，保護の廃止により直ちに急迫した状況に至ると認められない限り，同条にいう「保護を必要としなくなつたとき」に該当すると解するものがある（大阪地判平成14・3・22賃社1321号10頁，福岡高判平成22・9・29判タ1359号126頁)。しかし，同条の「保護を必要としなくなつたとき」とは，補足性の要件を満たさなくなったという客観的事実を指すものと解されるため，被保護者の主観的判断も含めた解釈には疑問がある。被保護者からの辞退届の提出は，保護廃止決定を行う「正当な理由」（生保56条）に該当すると解すべきだろう。

裁判例では，辞退届の提出による保護の廃止の要件として，①被保護者が保護利用を継続することができることを認識した上で，任意かつ真摯に辞退を申し出たといえること，②被保護者に経済的自立の目途（十分な収入が得られる確実な見込み）があり，保護廃止によって急迫した事態に陥るおそれがないこと（生保25条1項）が挙げられている（前掲福岡地小倉支判平成23・3・29)。本人の辞退の意思表示によるとはいえ，保護の廃止は直ちに被保護者の生活費を奪うことになることから，その決定はとりわけ慎重になされるべきであり，裁判例が掲げる①②の要件は厳格に審査される必要がある。裁判例には，辞退の意思表示に無効原因等の瑕疵があれば，それを前提としてなされた保護廃止決定も瑕疵を帯び違法となるとした上で，保護を辞退する法的義務がないのに実施機関職員の言動等によって保護を辞退しなければならないと誤信して職員の指示するままに辞退届を作成・提出した事案につき，当該辞退の意思表示は錯誤無効として保護廃止決定の取消しを認めたものがある（広島高判平成18・9・27賃社1432号49頁（百選90))。なお，本人の辞退の意思表示が真意に基づくものであるとしても，急迫した状況にある場合には職権保護が実施される（生保25条1項)。

7 被保護者の権利義務

1 被保護者の権利

(1) 不利益変更の禁止

正当な理由がなければ，既に決定された保護は不利益に変更されない（生保56条)。「正当な理由」とは，生活保護法およびこれに基づく保護基準が定める保護の不利益変更（変更・停止・廃止）の事由が被保護者に発生し，かつ法令所定の手続に従って不利益変更がなされた場合を意味する（生保24条5項，25条2項，26条，28条4項，62条3項・4項。保護の変更・停止・廃止→6 **3**。被保護者による保護の辞退→6 **3**(2)(b)②発展8-6)。最高裁もこうした理解を前提に，保護基準自体の引下げに伴う保護の減額決定については，生活保護法56条の規律のらち外にあるとして同条の適用を否定する（最判平成24・2・28民集66巻3号1240頁（百選3))。また，保護開始後間もなく約1カ月間海外渡航を行った被保護者に対する保護変更（減額）決定について，本来最低限度の生活の維持のために活用すべき渡航経費相当額の金銭保有を理由になされたもの（生保25条2項）として，「正当な理由」の存在を肯定した最高裁判決もある（最判平成20・2・28判時2044号50頁)。

(2) 公課の禁止

被保護者は，保護金品および進学準備給付金（平成30（2018）年改正により導入→8 **3**）を標準として租税その他の公課を課されることがない（生保57条)。同条は，保護が「最低限度の生活の需要を満たすに十分なものであつて，且つ，これをこえないもの」（生保8条2項）として設定されていることから，課税の対象となるべき余地が全くないことを明らかにしたものといえる。もっとも，公課の禁止は「保護金品及び進学準備給付金を標準として」なされるもののみを禁止しているに留まり，被保護者への課税全てを禁止しているわけではない。そのため，被保護者が保有する保護金品以外の収入や資産に対しては，所得税や固定資産税などが課される可能性はある。

(3) 差押えの禁止

公課の禁止の趣旨と同様，保護基準が最低生活費に設定されていることから，被保護者の最低限度の生活を確実に保障するため，被保護者が既に受給した保護金品および進学準備給付金やこれらを受ける権利（保護受給権）については，差押えが禁止されている（生保58条)。生活保護費が預貯金口座に振り込まれると預貯金債権となるため同条は直接的には及ばないが，同条で保護金品（生活保護費）の差押えが禁止されている趣旨や当事者の生活状況等に照らして，生活保護費等を原資とする預貯金債権についても差押えが認められないと解する裁判例がある（東京地立川支決平成24・7・11賃社1572号44頁→**第3章各論**③**3**⑴）。

2　被保護者の義務

⑴　譲渡の禁止

保護受給権の譲渡禁止（生保59条）は，保護受給権が一身専属権であることを明確にしてその移転性を封じるものである。その趣旨は，必要即応の原則（生保9条）に基づく有効かつ適切な最低生活保障の実現，つまり個々の被保護者の状況に応じて決定された保護を，当該被保護者がその最低生活保障のため現実に享受することと解される。そのため，被保護者が同条に反して保護受給権を譲渡した場合には，同条に違反した譲渡契約が無効となるとともに，最低生活の維持のため譲渡をしてはならない旨の指導・指示を受ける可能性がある。また，平成25（2013）年改正により導入された就労自立給付金（→⑫**2**）の受給権（生保55条の4）および平成30（2018）年改正により導入された進学準備給付金の受給権（生保55条の5）も59条により譲渡が禁止され，これに違反する譲渡契約も無効と解される。

⑵　生活上の義務

被保護者は生活上の義務として，常に勤労，健康保持・増進，生計の把握，支出の節約に努める義務を負う（生保60条）。この義務違反に対する直接の制裁規定はなく，また，被保護者の生活への過干渉を防ぐ観点から，生活保護法60条自体は法的効力のない訓示規定と解されるが（菊池321頁），義務懈怠の程度が著しい場合には，保護の変更・停止・廃止の前提となる書面による指導・指示の対象となり得ると解される。

⑶　届出義務

適正に過不足なく保護を実施するためには，実施機関は要保護性の変化等をつぶさに迅速に把握する必要がある。実施機関にはそのために調査等の権限が付与されているが（生保25条2項・28条・29条），実施機関からの調査のみでは多数の被保護者について状況の変化を正確に把握することは極めて困難である。そこで，被保護者には，収入・支出などの生計の状況についての変動や，居住地や世帯の構成の異動について，速やかに実施機関または福祉事務所長に届け出る義務が課されている（生保61条）。なお，外国人が行政措置によって生活保護に準じた保護を受けている場合にも，同条に準じ条理上当然に届出義務が課される（東京高判昭和31・12・27高刑集9巻12号1362頁）。

発展 8-7 不正受給に対する法規制

生活保護の不正受給としては，申請時に虚偽の申請をして保護開始決定を受ける場合や，被保護者が就労等により収入があるにもかかわらず届出義務（生保 61 条）に反してこれを隠匿して過剰な保護を受け続ける場合などが典型である。そうした不正受給の事実が発覚すると，要保護性の減少または欠如を理由に保護の変更・停止・廃止（生保 25 条 2 項・26 条）がなされ得るほかに，費用徴収（生保 78 条 1 項），行政罰（生保 85 条），刑事罰（主に詐欺罪（刑法 246 条 1 項））の対象となり得る。

費用徴収については，保護申請の際に育英年金の受給権を有していたことを申告せず，また保護開始後に育英年金を受給したことを申告しなかったことが，生活保護法 78 条 1 項の「不実の申請その他不正な手段」に当たるとして，費用徴収金決定処分を適法とした裁判例がある（高松高判平成 21・11・30 平成 21 年（行コ）第 9 号裁判所 HP）。他方で，高校生の娘のアルバイト収入を申告せずに保護を受給し続けた事案について，アルバイト収入全額が娘の学業のために有効に活用されていたこと，高校生のアルバイト収入も届出義務の対象となることを被保護者は認識しておらず，ケースワーカーも説明しなかったこと等の事実関係により「不実の申請その他不正な手段により」保護を受けたとはいえないとして，費用徴収決定が取り消された事案もある（横浜地判平成 27・3・11 賃社 1637 号 33 頁）。生活保護法 78 条 1 項による費用徴収は，最大 4 割の上乗せを認めていることからもわかるように，単に過剰な保護費の返還を求める生活保護法 63 条とは異なり，不正手段に対する制裁的意味合いを持つ。そのため，生活保護法 78 条 1 項が適用できるのは，届出または申告を怠ったことについて被保護者の故意（届出または申告をしなければ過剰に生活保護を受給することになるという結果の認識）が認められる場合に限られると解すべきである。したがって，届出の懈怠について故意が認められない場合には，同項による費用徴収はできず，生活保護法 63 条による費用返還の対象となるに過ぎない。

生活保護法 85 条違反の罪が成立するには，不実の申請その他不正な手段がなされたことと保護との間の因果関係が必要である（最判平成 3・3・29 刑集 45 巻 3 号 227 頁）。また，同条の行政罰は刑法上の刑事罰を補充する関係に立つため（生保 85 条 1 項ただし書・2 項ただし書），例えば，収入を届け出ずに過分な生活保護費を受給した場合に詐欺罪が成立するのなら，詐欺罪が適用され生活保護法上の行政罰は科されない（高松高判昭和 46・9・9 判タ 274 号 353 頁，東京高判昭和 49・12・3 高刑集 27 巻 7 号 687 頁）。

近年，生活保護の不正受給件数および金額が増加傾向にあり，平成 24（2012）年度には 4 万件を超え，190 億円を超える金額が不正受給されていた。この額は全給付額の約 0.53％（平成 24（2012）年度）ではあるが，これへの対応を放置すると生活保護制度全体への国民の信頼を損ないかねないことから，平成 25（2013）年改正では不正受給対策が強化された。具体的には，実施機関・福祉事務所長の調査権限の拡大（生保 28 条・29 条の改正→9 **3**(2)），罰金の引上げ（「30 万円以下の罰金」から「100 万円以下の罰金」。生保 85 条の改正），不正受給の返還金について上乗せ（最大 4 割）の導入（生保 78 条 1 項の改正），返還金についての国税徴収の例による徴収の可能化（生保 78 条 4 項の新設），返還金についての保護費との相殺の導入（生保 78 条の 2 の新設）等である。

⑷　指導・指示等に従う義務

被保護者は，入所保護の決定（生保30条1項ただし書）や実施機関による指導・指示（生保27条1項）に従う義務を負う（生保62条1項）。また，保護施設を利用する被保護者には保護施設の管理規程を遵守する義務が課されている（同条2項）。実施機関や保護施設による適正な制度運営を実現するために，これに協力することが被保護者に要請されているといえる。（指導・指示について→⑨3⑴，指導・指示違反を理由とした不利益処分について→⑥3⑵(b)）。

⑸　費用返還義務

保護は原則として，補足性の要件を満たさない限り実施されず（生保4条1項），また扶養義務者による扶養が保護に優先するのであるが（同条2項），生存が危うくされるなど急迫した事由がある場合には，資力があっても必要な保護が行われる（同条3項→③2⑹）。このように本来受けるべきでない保護を急迫した事由のために受けた被保護者は，保護費を支弁した都道府県または市町村に対して，受けた保護金品に相当する金額の範囲内で実施機関の定める額を返還する義務を負う（生保63条）。費用返還義務が生じるのは，急迫保護の場合のほか，調査不十分のため資力があるにもかかわらず資力なしと誤認して保護が実施された場合や，実施機関が保護の程度の決定を誤って過大に保護費等を支給した場合などである（過誤支給の事案として，東京地判平成29・2・1賃社1680号33頁）。また，前述（→発展8-2）の通り，当事者間に争いがあり，損害賠償請求権等の履行が直ちになされないため保護が実施された場合も，損害賠償等が行われれば，損害賠償請求権等の発生時以降に支給された保護費について費用返還義務が生じると考えられる。

具体的な返還額について，受給した保護費の範囲内で実施機関が定めることとなっているのは，全額を返還させることが不適当あるいは不可能の場合（例えば，保護金品の一部が被保護者の自立および更生に資する形で既に使用された場合，保護費全額の返還が最低限度の生活保障に実質的に反したり自立を阻害したりする場合）があることから，被保護者の状況を把握している実施機関の合理的な裁量権に委ねる趣旨である（福岡地判平成26・3・11賃社1615＝1616号112頁，前掲東京地判平成29・2・1）。返還額の決定に当たり，自立更生費の有無や最低限度の生活保障に実質的に反するか否か等について考慮していない場合には，裁量権の逸脱・濫用が認められる（裁量権の逸脱・濫用を認めた裁判例として，福岡地判平成26・2・28賃社1615＝1616号95頁，前掲福岡地判平成26・3・11，前掲東京地判平成29・2・1。一方，実施機関が被保護者の自立更生のためにやむを得ないと判断した家電購入費用のみを控除した金額の返還決定について裁量権の逸脱・濫用を否定したものとして京都地判平成 17・10・20 平成 15 年(行ウ)第 19 号裁判所 HP)。また，被保護者に対し障害基礎年金の遡及支給分全額に相当する保護費の返還を命じる処分について，遡及支給分の中には実施機関の不適切な対応により保護を受けられなかった期間の分が含まれているのであるから，これらの点を考慮することなくなされた当該処分は裁量権を逸脱したものとして違法とした裁判例がある（大阪高判平成 25・12・13 賃社 1613 号 49 頁（百選 83））。

なお，平成 30（2018）年改正は，生活保護法 63 条に基づく返還金について，保護費との相殺や国税徴収の例による徴収を可能とした（生保 77 条の 2 の新設，78 条の 2 の改正。同年 10 月施行）。

(5)の参考文献

- 良永彌太郎「公的扶助費用の法関係」日本社会保障法学会編『講座社会保障法第 5 巻 住居保障法・公的扶助法』（法律文化社，2001 年）287 頁

8 扶助の種類と範囲

1 扶助の種類

現行の生活保護法で規定されている扶助の種類は，①生活扶助，②教育扶助，③住宅扶助，④医療扶助，⑤介護扶助，⑥出産扶助，⑦生業扶助，⑧葬祭扶助の 8 種類である（生保 11 条 1 項)。介護保険制度導入（平成 12（2000）年）以前は介護扶助を除く 7 種類であったが，介護保険法の施行に伴い，生活保護法に介護扶助が追加された。

生活保護法の定める扶助の種類が例示列挙であるか限定列挙であるかについて，学説では，必要即応の原則や社会の進展に伴う最低限度の生活の変容を理由に例示列挙と解すべきとの見解がある（アルマ 397 頁，阿部和光『生活保護の法的課題』（成文堂，2012 年）10 頁)。確かに，要保護者の個別のニーズに即した柔軟な保護が望ましいが，生活保護法が扶助の種類と範囲を明確に規定し，これに対応する保護受給権を法的権利として保障する仕組みを採用していると理解するのが妥当であろう（伊奈川秀和・百選〔3 版〕187 頁，西村 522 頁，菊池 311 頁。例示列挙であることを否定する裁判例として，第二藤木訴訟・東京地判昭和 54・4・11 行集 30 巻 4 号 714 頁)。

2　生活扶助

(1)　生活扶助の対象

生活扶助は，衣食その他日常生活の需要を満たすために必要なものおよび移送に対する給付であり（生保12条），原則として金銭給付である（生保31条1項）。「衣食その他日常生活の需要を満たすために必要なもの」とは，日々の生活維持のために最低限度必要とされているもの（飲食費，被服費，身のまわり品費，保健衛生費，光熱費等）をいうとして，保護申請却下処分の取消訴訟追行に要した弁護士費用は生活扶助の対象外であるとした裁判例がある（第二藤木訴訟・前掲東京地判昭和54・4・11）。なお同判決は，弁護士費用は，他の種類の扶助にも含まれないとも判示した。

(2)　生活扶助の基準

生活扶助の一般基準（基準設定における厚生労働大臣の裁量について→1 1，保護基準の体系について→5 1，一般基準について→5 2）では，居宅保護の場合の基準額，救護施設等での保護の場合の基準額，12月に支給される期末一時扶助費，移送費，入院患者日用品費，介護施設入所者基本生活費とともに，特別の需要を生じさせる事由に対する加算（妊婦加算，産婦加算，障害者加算，介護施設入所者加算，在宅患者加算，放射線障害者加算，児童養育加算，介護保険料加算，母子加算）が設定されている（老齢加算の廃止について→5 2(2)）。居宅保護の場合の基準額については，平成20（2008）年以降の物価動向等を勘案して，平成25（2013）年8月から引下げが実施されているが，最大10%の改定幅で3年間の段階的引下げという激変緩和措置がとられている。この基準の引下げについては，全国で訴訟が提起されて，その違法性が問題となっている。

また，最低限度の生活に必要な布団・被服や家具什器がない場合などには，特別基準（→5 3）が設定されたものとして，被服費や家具什器費などの一時扶助費が支給される。世帯員以外の者を介護人としてつける必要がある場合には，障害者加算の一環として，特別基準による他人介護費（世帯員外介護費）が支給されることがある。他人介護費が支給される場合として実務上定められている「介護人をつけるための費用を要する場合」とは，被介護者を擁する世帯の構成員が相応の工夫と努力をしても被介護者の介護をすることができず，親族その他の者の好意に基づく介護または経済的援助も期待できない場合をいうと解されている（東京地判平成8・7・31判時1597号47頁）。また，他人介護費を受給している被保護者が医療扶助を受けて医療機関に入院する場合には，障害等のため他人の介護を必要とする特別の需要を含めた日常生活上の需要は全て医療扶助における「療養に伴う世話その他の看護」（生保15条5号）により賄われることが予定されているため，原則として「介護人をつけるための費用を要する場合」には該当しないと解する裁判例がある（大阪地判平成22・1・29判自333号66頁）。この裁判例に対しては，意思疎通が困難な患者など基準看護体制では対応しきれない特別の需要がある場合があるため，他人の介護により満たされるべき全ての特別の需要が医療扶助によって賄われるわけではないとの批判がある。

⑶ 居宅保護の原則と入所保護

生活扶助は，原則として被保護者の居宅にて行われるが（居宅保護），例外的に，①居宅保護によることができないとき，②居宅保護によっては保護の目的を達し難いとき，③被保護者が希望したときには，被保護者を救護施設・更生施設（生保38条1項1号・2号，2項，3項）または日常生活支援住居施設（平成30（2018）年改正により導入。2020年4月施行予定）に入所させる等の方法で行うことができる（入所保護。生保30条1項）。入所保護を被保護者の意に反して強制することはできないが（同条2項），被保護者は入所保護の決定がなされた場合にはこれに従う義務を負い，この義務に違反した場合には，弁明の機会を経て，不利益処分（保護の変更・停止・廃止）を受けることがある（生保62条1項・3項・4項）。

上記①②③に該当するか否かの判断は，実施機関の裁量に委ねられていると解されるが，居宅保護は日常生活を営んでいる場所での保護であり，自立助長という法の目的に最も適う方法として生活扶助の原則となっていると考えられる点や，入所保護決定に従わないと不利益処分が課され得るという点に照らすと，その裁量権の範囲は制限的に解するべきであろう。

この点に関し，裁判例では，上記②とは，最低限度の生活保障と自立の助長の観点からみて，居宅保護によっては保護の効果がない等の場合をいうとされ，その該当性の判断は，実施機関の裁量に委ねられており，要保護者の健康状況，生活歴，家族の状況，自立への指導援助の体制等の諸般の事情を総合的に考慮して行うべきと解されている（大阪地判昭和63・2・25行集39巻1＝2号132頁，前掲東京高判平成24・7・18（百選82）が引用する同事件第1審：前掲東京地判平成23・11・8）。

また，上記①については，居宅保護の原則の趣旨に照らして，現に住居を有しない要保護者（ホームレス等）であっても，居宅保護を行う余地はないと解することは相当ではなく（前掲東京高判平成24・7・18（百選82）が引用する同事件第1審：前掲東京地判平成23・11・8），要保護者の身体面，精神面の状況，保護の内容に関する要保護者の希望，入所保護の対象として考えられる施設の内容，居宅保護を実施する場合の住宅の確保の可能性等の諸要素を総合的に考慮して，保護の内容（居宅保護か入所保護か）を決定すべきと解されている（大阪地判平成14・3・22賃社1321号10頁）。同判決では，要保護者の希望という主観的要素を加味する点が注目される。

発展 8-8　保護金品の代理納付等

生活扶助や住宅扶助等の保護金品は，原則として保護受給権を持つ被保護者（具体的には被保護世帯の世帯主（またはこれに準ずる者））に対して交付される（生保31条3項・33条4項等。ただし，生活扶助は，被保護者個々人に対して交付されることもあるほか（生保31条3項ただし書），指定を受けた介護老人福祉施設等に入所する被保護者については当該施設の長に交付することもできる（同条4項））。しかし，介護保険料加算（被保護者も介護保険料を負担するが，生活扶助の介護保険料加算として，介護保険料相当額が支給される→第5章各論②3）や住宅扶助を受け取った被保護者が，介護保険者（市町村）に介護保険料を支払わなかったり，家賃を滞納したりすることがある。そのため生活保護法37条の2では，保護の目的達成のために必要があるときには，実施機関が介護保険料等を被保護者でなく，直接その債権者に支払うことができるとされている（代理納付）。代理納付の対象となるのは，介護保険料のほか，生活扶助の対象となる賃貸住宅の共益費，住宅扶助の対象となる家賃・住居補修費等である（生保令3条，生保則23条の2）。

また，教育扶助の対象となる学校給食費も被保護者による未納が生じる典型例である。教育扶助については，生活扶助や住宅扶助とは異なり，そもそも交付対象者として被保護者と並んで学校長が規定されており（生保32条2項），これに従って給食費等が学校長へ直接交付されることになる。

3　教育扶助

教育扶助は，義務教育（小学校・中学校での教育）に伴って必要な教科書等の学用品・通学用品・学校給食等に対して支給され（生保13条），原則として金銭給付である（生保32条1項）。教育扶助は義務教育に限ったものであるため，高等学校以上の就学に対しては給付されない（高等学校等就学費について→8）。なお，貧困の連鎖を断ち切るため，平成30（2018）年改正により，大学等への進学の際の新生活立ち上げの費用として，教育扶助とは別に進学準備給付金が導入された（生保55条の5）。

4　住宅扶助

住宅扶助は，住居および住宅維持（補修等）のために必要なものに対して支給され（生保14条），原則として金銭給付である（生保33条1項）。例外的に，宿所提供施設（生保38条1項5号・6項）の利用（あるいは宿所提供施設に利用を委託する）というかたちで現物給付によって行われることもある（生保33条1項ただし書・2項）。

被保護者が家賃，間代，地代等を負担している場合には，住宅扶助が支給される。これらについては一般基準として基準額（1・2級地＝月額13,000円，3級地＝月額8,000円）が設定されているが，実際の家賃等がこれを超えるときには，都道府県・指定都市・中核市ごとに厚生労働大臣が定める額の範囲内の額（限度額）とされ，さらにこの額にもより難い家賃等でやむを得ない場合には，世帯人員が1人の場合の限度額に，世帯人員数に応じて1.3～1.8を乗じて得た額の範囲内で特別基準の設定があったものとして，当該範囲内の額が住宅扶助として支給される（平成27年社援発0414第8号）。このほか，被保護者の転居に伴う敷金等（家主からの執拗な立退き要求および解約申入れによりやむを得ず転居した被保護者に対して，転居に伴う敷金等の諸費用を住宅扶助として支給すべきとした裁判例として広島高岡山支判平成22・12・27賃社1559号39頁）や，借間等の契約更新料を必要とする場合には，特別基準の設定によって必要額（ただし，上限あり）が支給される。

被保護者が現に居住する家屋の補修またはその家屋の畳・建具・水道設備・配電設備等の修理のための経費に対しても，住宅維持費として住宅扶助が支給される。

5　医療扶助

(1)　医療扶助の方法

医療扶助は，①診察，②薬剤・治療材料，③医学的処置・手術等，④居宅における療養上の管理およびその療養に伴う世話等の看護，⑤入院およびその療養に伴う世話等の看護，⑥移送に対して支給され（生保15条），原則として現物給付である（生保34条1項）。現物給付のうち，医療の給付は，医療保護施設（生保38条1項3号・4項）の利用，または医療保護施設・指定医療機関（生保49条→(5)）への利用の委託によって行われる（生保34条2項）。

医療財政の改善のため，近年，医療全体で後発医薬品（いわゆるジェネリック医薬品）の使用促進政策が進められているが，医療全体に比べて被保護者における後発医薬品の使用割合が低いことを受けて，被保護者についても平成24（2012）年度から後発医薬品の使用促進の取り組みが開始され，平成25（2013）年度には，医師が後発医薬品への変更を不可としていない場合には，医療扶助の給付にあたり原則として後発医薬品を使用する運用となった。こうした後発医薬品の原則使用の運用は，平成25（2013）年改正による後発医薬品使用促進の努力規定を経て，平成30

(2018) 年改正により法律上規定されるに至った（生保34条3項。同年10月施行)。なお，同改正では，医療扶助とは別に被保護者の生活習慣病の予防等のため，実施機関が「被保護者健康管理支援事業」を実施することとされ（生保55条の8の新設），その費用の4分の3が国庫負担により賄われることとされた（生保75条1項3号の改正。いずれも2021年1月施行予定)。

(2) 医療扶助の水準

医療保護施設・指定医療機関での診療方針および診療報酬は，原則として国民健康保険の診療方針および診療報酬の例によるとされるため（生保52条1項・55条の2。なお，国民健康保険の診療方針および診療報酬は，原則として健康保険の例によることとされている（国保40条1項・45条2項)），医療扶助の給付水準は国民健康保険・健康保険と同水準といえる。ただし，国民健康保険の保険外併用療養費の支給にかかる診療方針および診療報酬は医療保護施設・指定医療機関には適用されず，また75歳以上の者（65歳以上75歳未満で一定の障害を有する者も含む）については，後期高齢者医療の診療方針および診療報酬の例によるとされている（生保52条2項，「生活保護法第52条第2項の規定による診療方針及び診療報酬」（昭和34年厚告125号))。

(3) 医療扶助の受給手続

医療扶助の開始申請がなされると，（要保護者の希望を参考としながら）実施機関が選定した指定医療機関が当該申請者を診察して医療要否意見書等を作成し，この意見書等に基づいて医療扶助の要否や給付される医療の内容等が決定される。医療扶助によって診察，薬剤，医学的処置，手術等の診療の給付がなされる場合には，有効期間（歴月単位）や給付の対象となる傷病名，医療の給付を委託する指定医療機関などが記載された医療券（調剤の給付については調剤券）が被保護者に発行され，被保護者は医療券を所定の指定医療機関に提出して医療を受けるのが原則的運用である。

公的医療保険では，療養の給付を受けるに当たり保険者による裁定（給付決定）を経る必要がなく，被保険者証を保険医療機関へ提示するだけで済むのに対し，医療扶助は上記のように，実施機関による医療扶助の開始決定という行政処分がなされて初めて実施される点で公的医療保険と大きく異なる（→第4章総論5 4)。これは医療扶助を受給するには，公的医療保険と異なり傷病の発生だけでなく補足性の要件をも満たさなければならず，この点について実施機関が審査する必要があるためといえる。もっとも，実施機関では具体的な現物給付の内容（診察内容等）までは決定せず，被保護者が受診した指定医療機関が病状に応じてこれを決定する仕組みとなっている点は，公的医療保険の保険給付の具体的な内容決定の局面と同様といえる。こうした仕組みから，学説は，医療扶助の受給に関し，指定医療機関と被保護者との間には診療契約が締結されていると解している。また，裁判例も，生活保護法52条1項を根拠に，指定医療機関と被保護者との法律関係を，国民健康保険における療養取扱機関（国保の療養の給付を取り扱う医療機関および薬局のことをいうが，平成6年法律56号により廃止され，健保の保険医療機関および保険薬局に統一された）と被保険者との法律関係と同様に解している（岡山地判昭和45・3・18判時613号42頁）。

実際の便宜上の必要性から，医療扶助についての上記の原則的運用が一部簡略化されているところもあるようであるが，それでも実施機関で一定の手続を踏まなければ医療扶助としての医療が受けられないという原則は維持されている。こうしたことから学説では，医療機関へのアクセスが被保護者については手続的に制約されている点を問題視して，（介護保険のように）被保護者も国民健康保険に被保険者として加入し，保険料を生活保護で扶助する仕組みへの転換を主張する見解がある（菊池317頁注107，菊池将来構想145頁，191頁）。

(3)の参考文献

・石田道彦「医療・介護と裁定生活保障」日本社会保障法学会編『講座社会保障法第5巻 住居保障法・公的扶助法』（法律文化社，2001年）236頁

(4) 診療報酬の審査・支払い

都道府県，市および福祉事務所を設置する町村は，医療扶助として被保護者に対する医療を担当した指定医療機関に対する診療報酬の支払いに関する事務を，社会保険診療報酬支払基金に委託することができる（生保53条4項）。なお，診療報酬の請求の審査については，都道府県知事がこれを実施し，それに基づいて指定医療機関が請求することのできる診療報酬の額を決定することができるとされている（同条1項）。診療報酬の最終的な審査権限および診療報酬額の決定権限が都道府県知事に留保されている点で，最終的な審査権限を支払基金が持つ公的医療保険とは異なる（大阪高判平成9・5・9判タ969号181頁〔百選88〕）。

都道府県知事は，診療報酬額の決定に当たり，社会保険診療報酬支払基金の各都道府県の従たる事務所に設置されている審査委員会（社会保険診療報酬支払基金法16条）または同基金の主たる事務所に設置されている特別審査委員会（社会保険診療報酬支払基金法21条）の意見を聴くこととされている（生保53条3項，生保令5

条)。専門的知識と審査の能率性を確保し，都道府県間の不平等を防止するための仕組みが組み込まれているといえる。

この都道府県知事による診療報酬の額の決定の法的性質について，前掲大阪高判平成9・5・9は，指定医療機関が請求することができる診療報酬額を具体的に確定するものであり，また指定医療機関はこの決定に従わなければならないとされている（生保53条2項）ことから，これを行政処分と解している。

(5)　指定医療機関

(a)　指定医療機関の指定とその義務　　医療扶助のための医療を担当する機関として，国の開設した病院・診療所・薬局については厚生労働大臣が，その他の病院・診療所（これらに準ずるものとして政令で定めるもの（指定訪問看護事業者（健保88条1項）・指定居宅サービス事業者（介保41条1項）・指定介護予防サービス事業者（介保53条1項））を含む（生保令4条））・薬局については都道府県知事が指定する（生保49条)。こうして指定された医療機関は，指定医療機関と呼ばれる（生保50条)。都道府県知事は，医療扶助に関して必要がある場合には，指定医療機関や指定医療機関の開設者であった者等に対して報告や診療録等の提出・提示を命ずるなどの調査権限が付与されている（生保54条)。なお，指定都市・中核市では医療機関の指定等は市長が行う（大都市等の特例について，生保84条の2，生保令10条の2)。

この指定は，通説では，第三者のためにする公法上の準委任契約と解されているが，指定取消しが行政処分であることと整合性を持たせるため，指定自体も行政処分と捉え（西村533頁)，その効果として生じる法的関係が契約であると解すべきとの主張もある（菊池318頁)。

指定医療機関は，懇切丁寧に被保護者の医療を担当する義務とともに，被保護者の医療について厚生労働大臣または都道府県知事の行う指導に従う義務を負う（生保50条)。

(b)　平成25（2013）年改正と指定拒否　　従来，指定医療機関の指定要件や指定取消要件については法律上明確な規定がなかったが，生活保護受給者に対して架空・過剰な診療を繰り返す等して，診療報酬を不正に請求する医療機関の存在が問題視されるようになった。そこで，指定医療機関に対する指導権限を強化するため，平成25（2013）年改正により，指定拒否要件や指定取消要件が法律上明確化されるとともに，従来無期限であった指定の有効期間が6年とされた（指定の更新制。生保49条の3)。

厚生労働大臣あるいは都道府県知事による指定は，病院・診療所・薬局の開設者の申請を受けて行われる（生保49条の2第1項）。指定拒否事由（厚生労働大臣あるいは都道府県知事が指定をしてはならない事由）としては，開設者または管理者が指定取消し（あるいは指定取消処分前になされた指定辞退（生保51条1項））から5年を経過しない者であるときや，これらの者が指定申請前5年以内に被保護者の医療に関し不正または著しく不当な行為をした者であるときなどが規定されている（生保49条の2第2項）。また，当該病院・診療所・薬局が厚生労働大臣あるいは都道府県知事による指導（生保50条2項）を重ねて受けた場合や，医療扶助のための医療を担当させる機関として著しく不適当と認められる場合には，指定を拒否し得る（生保49条の2第3項）。

(c)　**指定の取消し等**　　指定権者（厚生労働大臣あるいは都道府県知事）は，指定医療機関が診療報酬の不正請求を行った場合や，生活保護法54条1項による報告命令や診療録等の提出命令に従わなかった場合，不正手段により指定を受けた場合などには，指定の取消しまたは期間を定めて指定の全部または一部の効力を停止することができる（生保51条2項）。取消事由があった場合に，取消し等の不利益処分を行うか否かおよびいかなる処分（取消しか，期間を定めた指定の全部または一部の効力停止か）を行うかは，指定権者の裁量に委ねられているものと解される。平成25（2013）年改正前の事案であるが，不適正な診断・治療を継続して過剰な診療報酬を受領してきた指定医療機関が，県知事および厚生大臣（当時）の行った実地指導と立入検査を拒否・妨害して指導遵守義務に反したとして受けた指定取消処分について，比例原則に照らして違法ではないとした裁判例がある（金沢地判昭和32・9・20行集8巻9号1690頁）。

なお，平成25（2013）年改正により，不正行為により医療にかかる費用の支払いを受けた指定医療機関に対して，当該費用を支弁した都道府県または市町村の長は，支弁した額の範囲内で返還金を徴収するとともに，返還金の100分の40以下の範囲内で徴収金を上乗せすることができることとされた（生保78条2項）。

(d)　**健康保険法上の保険医療機関の指定との連動**　　平成25（2013）年改正以前は，健康保険法上の保険医療機関または保険薬局の取消しを受けても，生活保護法上の指定医療機関の指定を取り消されなければ，医療扶助のための医療を担当することができていた。そこで平成25（2013）年改正では，保険医療機関または保険薬局でない病院・診療所・薬局については指定をしてはならないとされ（生保49条の2第2項1号），また，指定医療機関が保険医療機関や保険薬局でなくなったときには指定の取消しあるいは指定の効力停止が可能とされて（生保51条2項1号），両制度の指定についての連動が確保されるようになった。また，生活保護法上の指定取消し・指定の効力停止が先行した場合で，保険医療機関の指定取消事由に該当する疑いがあるときは，指定取消し等を行った都道府県知事は厚生労働大臣にその事実を通知しなくてはならないとされた（生保83条の2）。

(6)　本人支払額

医療扶助のみを受給する被保護者も少なくなく，近年減少傾向にあるものの，平成25（2013）年には1カ月平均で約6.9万人である。こうした医療扶助の単給の場合，被保護世帯の収入充当額から，当該世帯の医療費を除く最低生活費を控除した額を本人支払額として，その額の範囲内で医療を受けた被保護者が指定医療機関に医療費を支払うこととなる。この本人支払額は，裁判例では，指定医療機関と被保護者との間で締結される診療契約に基づく金銭債務であると解されている（前掲岡山地判昭和45・3・18）。これに対し学説からは，医療扶助が現物給付であることから，医療給付全部について実施機関と指定医療機関との間に委託関係が成立し，また被保護者からの本人支払額の徴収は費用返還に当たり，これを指定医療機関が窓口払いという形で代理受領しているものと解すべきとの指摘がなされている（アルマ395頁）。

(7)　公的医療保険との関係

国民健康保険では，生活保護の被保護者は適用除外となっているため（国保6条9号），被保護者となると国民健康保険の被保険者資格を喪失し，医療に関しては医療扶助のみを受給することになる。これに対し，健康保険では被保護者となっても被保険者資格を喪失しないため，まず健康保険により医療を受け，健康保険ではカバーされない部分（自己負担部分）について医療扶助が給付される。健康保険の被扶養者についても，被保護者であっても健康保険の家族療養費等の対象となるため，医療扶助は自己負担分についてのみ支給される。

6　介護扶助

(1)　介護扶助の方法

介護扶助は，①困窮する要介護者（介保7条3項）に対して居宅介護，福祉用具，住宅改修，施設介護，移送，②困窮する要支援者（介保7条4項）に対して介護予防，介護予防福祉用具，介護予防住宅改修，介護予防・日常生活支援，③困窮する居宅要支援被保険者等（介保115条の45第1項1号）に対して介護予防・日常生活支援，移送の事項の範囲内において（生保15条の2第1項），原則現物給付によって行われる（生保34条の2第1項）。介護扶助の中でも日常的な介護サービスの提供に関わる居宅介護，施設介護，介護予防，介護予防・日常生活支援は，介護保険法で規定されている介護や支援に相当するサービスとされている（生保15条の2第2項・4項・5項・7項）。

⑵　介護保険・障害者総合支援制度との関係

被保護者が介護保険の被保険者である場合には，補足性の原理により，まず介護保険から給付を受け，介護保険の自己負担（原則1割）について介護扶助が支給される。

また，被保護者が介護保険の被保険者であると同時に障害者でもある場合には，介護保険給付および介護扶助が，介護給付費等（障害総合支援19条1項参照）に優先される（平成19年社援保発0329004号）。この取扱いは，障害者の日常生活及び社会生活を総合的に支援するための法律（障害者総合支援法）7条を根拠に，介護保険給付が介護給付費等より優先されて給付されることに由来するものである（平成19年障企発0328002号・平成19年障障発0328002号参照）。これに対し介護保険制度の下で実施される訪問看護，訪問リハビリテーション，通所リハビリテーション，介護予防訪問看護，介護予防訪問リハビリテーション，介護予防通所リハビリテーションであっても医療機関によって実施されるものについては，その自己負担相当額について自立支援医療（障害総合支援5条24項）を受けることができる場合がある。その場合には，自立支援医療が介護扶助に優先して給付されると解されている（平成19年社援保発0329004号）。

他方で，被保護者が介護保険の被保険者ではないが障害者である場合には，補足性の原理により，自立支援給付（介護給付費等）および訪問入浴サービス事業（地域生活支援事業の一つ）が介護扶助に優先し，介護扶助は自立支援給付および訪問入浴サービス事業では賄えない不足分について給付される（平成19年社援保発0329004号）。

⑶　介護扶助の受給手続

要保護者が保護申請を行い介護扶助の決定がなされると，実施機関が介護の実施を委託する指定介護機関（生保54条の2）に対し介護券を交付し，これを受けて指定介護機関から要保護者にサービスが提供される。介護サービスを提供した指定介護機関は，介護保険制度と同様，（都道府県，市および福祉事務所を設置する町村から，介護報酬の支払事務を受託した）国民健康保険団体連合会に介護報酬を請求する（生保53条4項・54条の2第4項）。

7　出産扶助

出産扶助は，①分娩の介助，②分娩前後の処置，③脱脂綿，ガーゼ等の衛生材料について（生保16条），原則金銭給付によって行われる（生保35条1項）。もっとも，補足性の原理により，都道府県，市および福祉事務所を設置する町村が実施義務を負う入院助産制度（児福22条）の利用が保護に優先するため，実際には出産扶助の支給件数は少ない。なお，妊婦の定期検診については，市町村において行われる妊婦の健康診査事業を利用できない場合で，医療機関において定期検診を受けるときには，一時扶助費（生活扶助）として妊婦定期検診料が支給される。

8　生業扶助

生業扶助は，「困窮のため最低限度の生活を維持することのできない者」だけでなく，「そのおそれのある者」も対象とする点が，他の扶助と異なる。これは，生業扶助が，残されている要保護者の稼働能力を引き出し，これを助長することによって現在の生活費を獲得させるとともに，最終的にはそれによって要保護者が自立できるようにすることを目的とした社会福祉的性格の強い給付であることによる。生業とは，専ら生計維持のみを目的として営まれることを建前とする小規模な事業を意味し，専ら利潤の獲得のみを目的として行われる企業は含まれない。

生業扶助は，①生業に必要な資金，器具または資料，②生業に必要な技能の修得，③就労のために必要なものの範囲内で，その者の収入を増加させ，またはその自立を助長することのできる見込みのある場合に限って，原則金銭給付で支給される（生保17条・36条1項）。具体的には，①については生業費，②については技能修得費，③については就職支度費が支給されている。技能修得費は，自立支援プログラム（→⑫1）に基づいて実施される一般的技能（コンピューターの基本的機能の操作等）や基礎的能力（コミュニケーション能力等）を修得するための経費も対象とする。また，高等学校等への進学は被保護世帯の自立に資することから，高等学校等の就学に伴い必要となる学用品費，交通費，授業料等を給付対象とした高等学校等就学費が，平成17（2005）年度より，技能修得費の一環として支給されるようになった。学説からは，高等学校等就学費は教育扶助の下におくべきとの指摘もある（菊池316頁）。

9　葬祭扶助

葬祭扶助は，①検案，②死体の運搬，③火葬または埋葬，④納骨その他葬祭のために必要なものについて（生保18条1項），原則金銭給付によって支給される（生保37条1項）。葬祭扶助は，葬祭を行う者で困窮のため最低限度の生活を維持することができない者（要保護者）だけでなく（生保18条1項），被保護者または遺留金品の乏しい者が死亡した場合にその葬祭を行う扶養義務者がいない場合に，その葬祭を行う者にも支給される（同条2項）。後者の場合には，葬祭を行う者が困窮している必要はない。

9 実施機関とその機能

1 実施機関

生活保護の実施機関とは，保護の決定（行政処分である保護開始決定，変更・停止・廃止決定）を行い，かつ決定に従い保護の実施（事実行為である保護金品の被保護者への交付等）を行う行政庁であり，都道府県知事，市長および福祉事務所を管理する町村長が実施機関となる（生保19条1項）。もっとも，実際には，保護の決定や実施の事務は，その管理に属する福祉事務所長（福祉事務所について社福14条～17条）に委任されていることが多い（生保19条4項）。生活保護の決定や実施にかかる事務は，第一号法定受託事務（地自2条9項1号・別表第1）であり（生保84条の5および別表第3），厚生労働大臣や都道府県知事による事務監査を受ける（生保23条）。なお，生活保護法に規定されている都道府県知事または市町村長の事務で，保護の決定・実施の事務（保護の実施機関としての事務）以外の事務（生活保護法76条の2による加害者への求償，生活保護法77条や78条による費用徴収等）についても福祉事務所長に委任できるが，その場合の根拠規定は生活保護法19条4項ではなく地方自治法153条2項である。

また，福祉事務所を設置しない町村長は，保護の実施機関とはならないが，その町村内で特に急迫した事由により放置できない状況にある要保護者に対して，応急的処置として，必要な保護を行うものとされているとともに（生保19条6項），実施機関や福祉事務所長による保護事務が適切なものとなるよう，①要保護者を発見し，または被保護者の生計等の変動を発見したら実施機関や福祉事務所長に通報する，②町村長宛の保護の開始（変更）申請（生保24条10項）を実施機関に送付する，③実施機関や福祉事務所長の求めに従い，被保護者等に保護金品を交付する，④実施機関や福祉事務所長の求めに従い，要保護者に関する調査を行うこととされている（生保19条7項）。

発展 8-9　行政通知による統制と裁判規範性

保護の決定・実施に関する主な事務は第一号法定受託事務であるため，厚生労働省が各都道府県（知事）・指定都市（市長）に宛てた行政通知が処理基準（地自245条の9）となり，保護の実施機関はこの通知に従って事務を処理することとなる。そのため行政通知は重要な機能を果たすが，国民との関係では，裁判所において基準として用いられることはないため，裁判所は独自の解釈を行うことができる。しかし，行政通知が基準を明示している事項について，裁判所が行政通知から完全に離れて独自の解釈を展開することは少なく，多くは行政通知の合理性を肯定した上で，行政通知に当てはめて処分の違法性審査を行っている。

例えば，自動車の保有の可否については，行政通知が詳細な基準を定めている。そのため，自動車の保有が争われた裁判例は行政通知に依拠して判断することが多いが，行政通知の合理性の審査態様は裁判例によってまちまちである。すなわち，①行政通知の合理性を具体的に検討して，合理性を肯定する，あるいは行政通知の要件を一定程度修正するもの（福岡地判平成10・5・26判時1678号72頁，大阪地判平成25・4・19判時2226号3頁〔百選81〕），②具体的な論証なしに行政通知の合理性を肯定するもの（福岡地判平成21・5・29賃社1499号29頁，大阪高判平成24・11・9判自369号92頁），③行政通知の合理性を判断することなく行政通知の要件に当てはめて判断するもの（大阪地判平成22・10・28判自356号88頁）である。③の審査は，裁判規範性がない行政通知を裁判規範として用いることを意味する点で問題がある。これに対し，②の審査は，行政通知の合理性を肯定することで，一応，法解釈を行うについて裁判所が行政通知に依拠することの正当性が担保されている。しかし，あるべき条文解釈に行政通知が適合していることの具体的論証がなければ，この正当性は形骸化する。裁判所には，①の審査のように，行政通知に依拠して処分等の違法性を審査することの合理性を具体的に論証することが求められる。

2　実施機関の保護の対象者

実施機関は，その管理に属する福祉事務所の所管区域内に居住地，または（居住地がない，あるいはこれが明らかでない場合には）現在地を有する要保護者に対して保護の実施責任を負っている（生保19条1項）。この実施機関の管轄は，実施機関の属する地方公共団体による保護費の負担と直結しているため（→10），ある要保護者に対して実施機関が保護の実施責任を負っているか否かの判断は実施機関にとって切実な問題である。

(1)　居住地の認定

居住地（生保19条1項1号）について裁判例は，客観的な人の居住事実の継続性および期待性が備わっている場所（すなわち，人が現に日常の起居を行っており，将来にわたり起居を継続するであろうことが社会通念上期待できる場所）をいい，人が現にその場所で起居していなくとも，他の場所における起居が一時的な便宜のためであって，一定期限の到来とともにその場所に復帰して起居を継続していくことが期待されるような場合には，本来の居住が一時的に中断しているに過ぎないから，このような場所も居住地に含まれると解し（第一藤木訴訟・東京地判昭和47・12・25行集23巻12号946頁），行政実務もこれに沿って運用している。なお，同判決は，長期入院中の要保護者について，夫との婚姻関係が破綻し将来夫の住所地に復帰することが期待できず，かつ将来居住すべき場所も定まっていないとして，現在地である入院中の療養所を所管する実施機関が実施責任を負うと判断した。また，最判平成20・2・28（判時2044号50頁）は，国外に現在している被保護者であっても，「居住地」に当たると認められる居住の場所を国内に有している者は，生活保護法19条1項1号に基づき当該居住地を所管する実施機関から保護の実施を受けられると解している。

⑵ 現在地の認定

現在地（生保19条1項2号）とは，要保護者が現に所在する場所であり，一時的か否かは問われない。福岡地判平成19・11・15（賃社1459号62頁）は，同号に該当すると認めるためには，世帯，最低生活費および収入を認定する基準となる現在地がどこであるのかが特定されることが必要であるとして，現在地が特定できない要保護者に対する保護開始申請却下処分を適法とした。

なお，居住地が明らかである要保護者であっても，急迫した状況にあるときは，その急迫した事由が止むまでは，その者の現在地を所管する福祉事務所を管理する都道府県知事または市町村長が保護を行う（生保19条2項）。

⑶ 施設入所などに伴う特例

救護施設や更生施設等へ入所した場合や介護老人福祉施設（特別養護老人ホーム）に入所して介護扶助を受ける場合には，入所中の保護は，入所前の居住地または現在地に基づいて実施機関が定められる（生保19条3項。居住地特例）。こうした特例的措置が設けられたのは，施設への入所により当該施設の所在地の実施機関が実施責任を負い，それに伴い費用負担も負うとすると（生保70条・71条参照），入所前の実施機関が被保護者に対し施設への入所による保護をみだりに行うおそれがあるためである。なお，平成30（2018）年改正により，有料老人ホーム等の特定施設（介保8条11項）への入居も居住地特例の対象とされた（同年10月施行）。

3 実施機関の権限と機能

⑴ 指導・指示

ⓐ **指導・指示の法的性格** 実施機関は，被保護者に対して，生活の維持，

向上その他保護の目的達成に必要な指導・指示をすることができる（生保27条1項）。被保護者は実施機関による指導・指示に従う義務を負い（→⑦2(4)），この義務に違反した場合（もっとも，書面による指導・指示に従わなかった場合に限る（生保則19条））には保護の変更・停止・廃止といった不利益処分を受ける可能性がある（生保62条1項・3項→⑥3(2)(b)）。こうした仕組みに照らし，裁判例（秋田地判平成5・4・23判時1459号48頁）では，指導・指示に従うべき義務は，その不遵守に対し不利益処分が予定されていることから被保護者が負う具体的法的義務であり，指導・指示は法令の明文の根拠に基づき国民にこうした一定の法的義務を課す行為であるため抗告訴訟の対象となる行政処分であると解されている。学説においても，指導・指示につき，一種の段階的行為であることを根拠に，あるいは被保護者に対する福祉事務所職員によるケースワークのあり方から，その処分性が肯定されている。

なお，このように処分性が肯定される指導・指示は，その不遵守の場合の不利益処分と連続性を持つ書面による指導・指示に限られると解される。口頭による指導・指示については，通常のケースワークによる働きかけと区別することができないことから，生活保護法27条にいう指導・指示にはそもそも当たらないと解する見解がある。

(a)の参考文献

・太田匡彦「生活保護法二七条に関する一考察――『行政の行為の行為形式特定』に関す一例として」『行政法の発展と変革　下巻（塩野宏先生古稀記念）』（有斐閣，2001年）595頁

(b)　指導・指示の違法性　　実施機関による指導・指示がなされた場合，被保護者はこれに従う義務を負うが，指導・指示が違法である場合には，被保護者はこれに従う義務を負わないと解される。被保護者にとって実現が不可能または著しく困難な指導・指示について，裁判例は，被保護者がこれに応じることは期待できず，被保護者の生活の維持向上その他法が定める保護の目的が達成されないことは明らかであるから，生活保護法27条1項がそのような指導・指示をする権限までをも実施機関に与えているとは解されないとして，こうした指導・指示は違法であると解している（京都地判平成23・11・30判時2137号100頁）。また，さいたま地判平成27・10・28（判時2304号31頁）は，生活保護法27条2項に照らして，指導・指示が，保護の目的達成のために必要とは認められない場合や，必要と認めら

れる場合であっても，その最小限度を超える場合には違法となるとともに，書面による指導・指示については，その必要性および合理性を諸種の個別事情を十分考慮した上で慎重にされることを要するとして，判断過程および手続においてそのような考慮を欠き，生活保護の理念および社会通念に照らして妥当性を欠く場合には，実施機関の裁量権を逸脱，濫用したものとして違法となると判示している。

違法な指導・指示を受けた場合の救済手段としては，それが書面によりなされた場合には上記のように処分性が認められると解されるため，その無効確認の訴え，あるいは審査請求に対する裁決を経た後に取消しの訴えを提起することが考えられる（生保69条）。また，指導・指示について処分性を認めないとしても，その違法確認訴訟（行訴4条後段）の提起は可能である。

違法な指導・指示に従わなかったことを理由に不利益処分がなされた場合には，当該不利益処分について無効確認訴訟，あるいは（審査請求前置の要件を満たした上で）取消訴訟が提起できる。もっともこの場合には，不利益処分についての取消訴訟において，（別の行政処分と解される）指導・指示が違法であるから不利益処分は違法であると主張できるか（違法性の承継）という問題がある。この点につき前掲京都地判平成23・11・30は，国家賠償請求の事案ではあるが，指導・指示が違法の場合には，被保護者はこれに従う義務を負わないため，当該指導・指示に従わなかったことを理由とする不利益処分は違法になると判示した（処分の取消訴訟である前掲さいたま地判平成27・10・28も同旨）。これに対し同事件の最高裁判決（最判平成26・10・23判時2245号10頁（百選87））は，「生活保護法27条1項に基づく指導又は指示の内容が客観的に実現不可能又は著しく実現困難である場合には，当該指導又は指示に従わなかったことを理由に同法62条3項に基づく保護の廃止等をすることは違法となる」と判示し，指導・指示の（違法性ではなく）著しい実現困難性を根拠に廃止決定の違法性を導いている。同事件は国賠請求の事案であり，指導・指示と廃止決定との間の違法性の承継の問題が争点になっていなかったため，最高裁はこの点については判断を行っていないといえる。

(2) 報告・立入調査・検診

保護が法の規定する原理・原則に従って厳正・適切に実施されるためには，実施機関が要保護者の生活状態を正確かつ具体的に把握する必要がある。そうしたことから実施機関には，保護の決定・実施，扶養義務者からの費用徴収（生保77条），不正受給者からの費用徴収（生保78条）のために必要な場合には，要保護者の資産および収入の状況，健康状態等を調査するため，要保護者に対して報告を求め，

図表8-1　資料の提供等にかかる実施機関の調査権限

①	②
要保護者または被保護者であった者	氏名，住所・居所，資産および収入の状況，健康状態，他の保護の実施機関における保護の決定および実施の状況，支出の状況
要保護者または被保護者であった者の扶養義務者	氏名，住所・居所，資産および収入の状況

もしくは実施機関の職員に要保護者の居所に立ち入って調査させ，または要保護者に対して実施機関の指定する医師・歯科医師の検診を受けることを命ずる権限が付与されている（生保28条1項）。要保護者がこうした実施機関からの要請等に従わなかった場合には，保護の開始・変更の申請の却下や保護の変更・停止・廃止という不利益処分の対象となり得る（同条5項→⑥ **3** (2)(a))。また，実施機関は，保護の決定等のために必要な場合には，申請書や添付書類の内容の調査のため，要保護者のみならず，扶養義務者もしくはその他の同居の親族にも報告を求めることができる（生保28条2項)。なお，扶養義務者に報告を求められるのは，①当該扶養義務者が扶養義務を履行していない場合，②当該扶養義務者に対して費用徴収（生保77条1項）を行う蓋然性が高い場合，③申請者がDV防止法1条1項に規定する配偶者からの暴力を受けていない場合，④その他，当該報告の求めを行うことにより申請者の自立に重大な支障を及ぼすおそれがない場合のいずれにも該当する場合に限られている（生保則3条)。

要保護者に対する資産や収入の状況・健康状態等に関する報告の要請と要保護者・扶養義務者等に対する申請書・添付書類に関する報告の要請は，平成25（2013）年改正により導入されたものであり，これにより生活実態の把握や不正受給が疑われる場合の事実確認等のため要保護者や扶養義務者等に説明を求める法的権限が実施機関に付与された。

(3)　資料の提供等

従来から，実施機関と福祉事務所長は，保護の決定等のために必要な場合には，要保護者またはその扶養義務者の資産および収入の状況について，官公署に調査を嘱託し，または金融機関や雇主等に報告を求めることができるとされていた（改正前の生保29条）が，平成25（2013）年改正では，主に不正受給対策のため実施機関等の権限がさらに強化された。すなわち，実施機関と福祉事務所長は，図表8-1の①に掲げる者に関する②の事項について，官公署，日本年金機構，共済組合等に対し，必要な書類の閲覧もしくは資料の提供を求め，また銀行・信託会社，①に掲げる者の雇主等に報告を求めることができることとされた（生保29条1項）。

調査事項および権限の拡大は，被保護者に対する就労指導，被保護者の生活実態の把握や保護費支給の適正化を確保するためである。また，過去に保護を受給していた者とその扶養義務者については，それまでは，過去の不正受給が明らかになっても過去の受給中の状況を確認するための実施機関等の法的権限が法律上明確でなかったが，平成25（2013）年改正で調査の対象者として法律に明記された。

さらに，それまでは官公署に照会しても回答が得られない場合があったため，平成25（2013）年改正では，官公署の長，日本年金機構，共済組合等については回答義務が課されるようになった（生保29条2項・別表第1）。

こうした実施機関の権限強化は不正受給の防止や保護実施の適正化の要請に資するものであるが，プライバシーの侵害や申請の抑制などを引き起こさないよう各条文における「必要があると認めるとき」の解釈は厳格になされる必要がある。

⑷ 実施機関職員によるケースワーク

実施機関（福祉事務所）にて生活保護の実務を担当する職員（ケースワーカー）が，個々の被保護者に対して訪問調査を実施して生活状況を把握し，生活上の問題解決のための支援等を行うことをケースワークという。ケースワークでは，必要に応じて，被保護者へ指導・指示（生保27条）や，相談・助言（生保27条の2）がなされる。様々な問題を抱える被保護者にとっては，生活保護の受給だけでは自立が困難であることが多いため，ケースワークによる支援が自立助長において重要な役割を果たしている。しかし，ケースワークの業務が精神的・肉体的に大きな負担を伴うことから配置を希望する職員が少なく，法律（社福15条6項）で求められている社会福祉主事の資格を持たない職員がケースワークに従事しているケースや，ケースワーカーとしての経験に乏しい者が従事しているケースも少なくない。また，近年の被保護世帯数の増加により，1人のケースワーカーが担当する世帯数が著しく増加している。こうしたことから，現状ではケースワーカーによる被保護者への支援が十分になされているとは言い難い。そのため，近年ではより組織的な支援体制の構築が進められている（→12）。

⑷の参考文献

・丸谷浩介「生活保護ケースワークの法的意義と限界」季刊社会保障研究50巻4号（2015年）422頁

10 費　　用

生活保護制度は租税を財源とする。具体的には，保護の実施に要する費用（保護費）や就労自立給付金の支給に要する費用等は，当該保護や支給を行った実施機関の属する市町村または都道府県が第一に支弁し（生保70条・71条），そのうえでそのうちの4分の3を国が負担する（生保75条1項）。したがって，保護等を行った実施機関の属する市町村または都道府県の負担は，最終的には4分の1となる。なお，居住地がないか，または居住地が明らかでない要保護者に対する保護（現在地保護）について市町村が支弁した保護費等については，国が4分の3を負担する（生保75条1項）のに加え，都道府県が残りの4分の1を負担することとされているため（生保73条），結局現在地保護を行った市町村の負担はゼロとなる。

11 争　　訟

1　不服申立て

(1)　不服申立制度の意義

前述（→総論2 2）のように，無差別平等の原理を定める生活保護法2条の規定により，国民は等しく保護を受ける実体的権利が認められるようになったが，それを明確にしているのが生活保護法第11章（生保64条以下）の不服申立ての規定である。すなわち，こうした権利実現の手続的保障が規定されることにより，実体的権利は現実に保障されるに至るのである。

(2)　保護の決定・実施等に関する処分についての審査請求

法定受託事務である実施機関による保護の決定や実施に関する処分および支給機関（→12 2）による就労自立給付金または進学準備給付金の支給に関する処分に不服がある場合には審査請求が可能である。この場合の審査請求の審査庁は，処分行政庁の種類に応じて，都道府県知事または厚生労働大臣となる（図表8-2）。

審査請求期間は，処分があったことを知った日の翌日から起算して3月である（行審18条1項）。この「処分があったことを知った日」とは，一般に，当事者が書類の交付，口頭の告知その他の方法により処分の存在を現実に知った日をいい，抽象的な知り得べかりし日を意味するものでないが，処分を記載した書類が当事者の住所に送達されるなど，社会通念上処分のあったことを当事者が知り得べき状態になったときは，反証のない限り，その処分のあったことを知ったものと推定することができるとされ（最判昭和27・11・20民集6巻10号1038頁），正当な理由のな

図表 8-2 法定受託事務たる保護の決定・実施に関する処分および就労自立給付金・進学準備給付金の支給に関する処分についての審査請求・再審査請求

処分行政庁	審査請求の審査庁（根拠条文）	再審査請求の再審査庁（根拠条文）
都道府県知事	厚生労働大臣（行審 4 条，地自 255 条の 2 第 1 項 1 号）	— （再審査請求不可）
（都道府県知事より委任を受けた）都道府県福祉事務所長	都道府県知事（行審 4 条 4 号）	厚生労働大臣（行審 6 条，生保 66 条 1 項）
市町村長	都道府県知事（行審 4 条，地自 255 条の 2 第 1 項 2 号）	厚生労働大臣（行審 6 条，生保 66 条 1 項）
（市町村長より委任を受けた）市町村福祉事務所長	都道府県知事（行審 4 条，生保 64 条）	厚生労働大臣（行審 6 条，生保 66 条 1 項）

い処分通知書の受領拒絶や返戻の場合は，通常，たとえ了知し得なくても知ったことになると解されている。もっとも生活保護についての裁判例では，保護の停止処分通知書を受領拒絶した事案で，同処分に先立つ指示書および弁明聴取通知書の交付がなく，受領拒絶した文書の内容の説明も受けていなかったことから，この受領拒絶をもって同処分があったことを知ったとはいえないとしたものがある（福岡地判平成 21・3・17 判タ 1299 号 147 頁，同控訴審：福岡高判平成 22・5・25 賃社 1524 号 59 頁）。

審査請求がなされると，審査庁（厚生労働大臣または都道府県知事）は，70 日（行政不服審査法 43 条 1 項に基づいて第三者機関に諮問をする場合以外の場合には，50 日）以内に裁決をしなければならない（生保 65 条 1 項）。70 日（審査請求をした日から 50 日以内に行政不服審査法 43 条 3 項による通知を受けた場合以外の場合には 50 日）以内に裁決がない場合には，審査請求人は審査請求が棄却されたものとみなすことができる（生保 65 条 2 項）。このみなし棄却裁決の趣旨は，再審査請求（生保 66 条 1 項）への途を開くとともに，審査請求前置（生保 69 条）の要件を満たしたとして取消訴訟の提起を可能にすることにより，速やかに審査請求人に適正妥当な保護を受けさせることであり，このみなし棄却裁決自体を取消訴訟の対象となし得ることまでを認めたものではない（東京地判昭和 39・11・25 行集 15 巻 11 号 2188 頁）。

(3) 保護の決定・実施等に関する処分についての再審査請求

審査請求に対する都道府県知事による裁決に不服がある場合は，厚生労働大臣に再審査請求できる（図表 8-2）。なお，都道府県知事が処分行政庁の場合，審査請求に対する厚生労働大臣の裁決に不服があっても，生活保護法に再審査請求ができ

図表8-3　保護の決定・実施に関する事務等以外の法定受託事務に関する処分についての審査請求・再審査請求

処分行政庁	審査請求の審査庁（根拠条文）	再審査請求の再審査庁（根拠条文）
都道府県知事	厚生労働大臣（行審4条，地自255条の2第1項1号）	— （再審査請求不可）
（都道府県知事より委任を受けた）都道府県福祉事務所長	都道府県知事（行審4条4号）	厚生労働大臣（行審6条，地自255条の2第2項）
市町村長	都道府県知事（行審4条，地自255条の2第1項2号）	— （再審査請求不可）
（市町村長より委任を受けた）市町村福祉事務所長	市町村長（行審4条4号）	都道府県知事（行審6条，地自255条の2第2項）

る旨の規定はないため再審査請求はできず（行審6条1項参照），処分の違法性をさらに争うには処分の取消訴訟を提起する必要がある。

再審査請求がなされると，厚生労働大臣は70日以内に裁決をしなければならない（生保66条2項）。

発展8-10　保護の決定・実施等以外の事務についての不服申立て

法定受託事務であっても保護の決定・実施と就労自立給付金・進学準備給付金の支給事務でない事務に関する処分（生活保護法78条に基づく費用徴収決定等）については，生活保護法64条～66条，69条の適用はない。そのため，こうした処分の審査請求・再審査請求は図表8-2とは異なる場合がある（図表8-3）。

2　抗告訴訟

実施機関の行った保護の決定や実施に関する処分および支給機関による就労自立給付金・進学準備給付金の支給に関する処分に不服のある者は，取消しの訴え，無効確認の訴え，（これらと併合して）義務付けの訴えを提起し，また仮の救済として，（取消しの訴えとともに）執行停止の申立てや，（義務付けの訴えとともに）仮の義務付けの申立てを行うことができる。また，不利益処分に先立って弁明の機会が付与された場合には（生保62条4項），今後なされ得る不利益処分の差止めの訴え（および仮の差止めの申立て）を提起できる。

(1)　取消訴訟の審査請求前置

実施機関の行った保護の決定や実施に関する処分および支給機関による就労自立

給付金・進学準備給付金の支給に関する処分についての取消訴訟は，当該処分についての審査請求に対する裁決を経た後でなければ提起できない（審査請求前置。生保 69 条）。

⑵　原告の死亡と訴訟の帰趨

生活保護の受給権は，被保護者自身の最低限度の生活を維持するために当該個人に与えられた一身専属権であり，本人の死亡により当然に消滅して相続されることはないため，生活保護の給付を求めて提起された処分の取消訴訟等は，本人の死亡により当然に終了する（第二藤木訴訟・最判昭和 63・4・19 判タ 669 号 119 頁）。もっとも，実施機関の違法な処分により本来受給できたはずの保護費相当額の損害を被ったとして，国家賠償請求訴訟を提起した場合には，その訴訟物は（生活保護受給権ではなく）一身専属性のない損害賠償請求権であるため，本人が死亡しても訴訟は相続人に承継される。

⑶　過去の生活保護受給権と取消訴訟

生活保護申請に対する却下処分について取消しの訴えを提起する場合には，訴えの利益が問題となる余地がある。というのも，こうした取消訴訟を提起する者は，却下処分を受けた時点以降も現に生存していたのであるから最低限度の生活維持を目的とする生活保護受給権を喪失していると解される可能性があるためである。この点について，第一藤木訴訟（東京地判昭和 47・12・25 行集 23 巻 12 号 946 頁）は，生活保護が健康で文化的な最低限度の生活水準を維持することができるものでなければならない（憲 25 条，生保 1 条・3 条）ことから，生活保護給付請求権は，単に要保護者が保護を受けないで生存し得たということで消滅するとはいえない等を理由に，過去の生活保護給付を遡って請求できるとして訴えの利益を肯定している。

また，保護申請却下処分の取消訴訟と併合提起された義務付けの訴えについて，大津地判平成 24・3・6（賃社 1567＝1568 号 35 頁）は，口頭弁論終結時に要保護状態にないことは，（保護申請時に要保護状態にあったことに基づく）生活保護を行うべき義務に消長をきたさないとして，実施機関に対し生活保護の開始決定を義務付けている。したがって実施機関は，既に要保護状態から脱している者についても，過去の生活保護の開始決定をしなくてはならず，これとは別に，要保護状態が客観的に消滅した時点についての廃止処分を行う必要がある。

⑷　仮 の 救 済

行政処分に伴って，いったん損なうと回復不能な損害（生命や身体等への損害）が生じる場合など，取消訴訟を提起し取消判決を受けても法的利益の回復が困難となり取り返しがつかなくなる場合がある。そうした場合のための仮の救済制度として執行停止がある（行訴25条2項)。生活保護制度は被保護者の最低限度の生活の維持を目的としているため，そこでなされる不利益処分（保護廃止決定等）は，処分を受けた者の健康や生命に直接影響を及ぼすおそれがあり，こうした損害は事後的な救済では回復困難であることから，執行停止が適用される可能性がある（指導・指示違反を理由とした不利益処分について執行停止が認められた事案として那覇地決平成20・6・25賃社1519＝1520号94頁，那覇地決平成23・6・21賃社1601＝1602号104頁。これに対し，一定の資産があることを理由になされた保護廃止決定について，執行停止の適用が否定された事案として東京地決昭和41・8・30判時455号36頁)。

これに対し，保護開始申請に対する却下処分については，執行停止がなされても却下処分の効力が一時的に停止されるに留まり，暫定的に保護開始決定がなされたと同じ効力が生じるわけではないため，申立ての利益を欠く（東京地決昭和45・12・24判時618号19頁)。こうした却下処分も処分を受けた者の生命や身体に影響を及ぼすおそれがあるため仮の救済が必要であるが，これに対しては仮の義務付けがなされ得る（行訴37条の5第1項。保護開始申請却下処分に対し，保護の開始決定を仮に義務付ける決定がなされた事案として，那覇地決平成21・12・22判タ1324号87頁，同事件の抗告審として福岡高那覇支決平成22・3・19判タ1324号84頁（百選89))。

3　国家賠償請求訴訟

実施機関による違法な処分や窓口担当者の職務上の義務違反により損害が生じた場合には，当該実施機関または担当者の属する公共団体に対する国家賠償請求も可能である。

(1)　違法な処分に対する救済としての国家賠償

保護についての不利益処分（開始申請却下処分，保護廃止処分等）の取消訴訟等を提起して行政庁による処分を適法化して受給権を得るという方法は，現在も要保護状態が継続している場合には最も有効な救済方法である。しかし，現時点では要保護状態から脱している場合や再度の申請で既に生活保護を受給している場合には，過去の違法な処分について取消訴訟を提起するのと国家賠償請求訴訟を提起するのとでは，保護費の事後的給付と損害賠償という違いはあるものの，ともに金銭的解決を図るという点で共通している。他方で，取消訴訟には，比較的短期の出訴期間（裁決から6カ月）が設けられているが，国家賠償請求権の時効消滅は3年であるため，処分を受けた者にとっては国家賠償請求の方が手続的に有利な面がある。そのため，違法な不利益処分について，取消訴訟ではなく，国家賠償請求訴訟を提起する場合がみられる（違法な保護廃止決定を理由に国家賠償請求を行った事案として，京都地判平成23・11・30判時2137号100頁，同事件の控訴審として大阪高判平成24・11・9判自369号92頁）。なお，金銭の給付や徴収を目的とする行政処分については，取消訴訟を経ずに国家賠償請求訴訟を提起することの可否について従来争われてきたが，最判平成22・6・3（民集64巻4号1010頁）はこれを可能としている。

(2) 違法な処分に対する取消訴訟と国家賠償訴訟との違い

根拠規定に違反した処分を取り消す取消訴訟と異なり，国家賠償請求訴訟の場合には，違法性のほかに故意・過失の要件等が加重されている（国賠1条1項）。

国家賠償上の違法性と取消訴訟上の違法性との異同については行政法学で多くの議論がなされているところであるが，生活保護に関する裁判例では，廃止決定が生活保護法に違反していることで国家賠償法上の違法性を認定するもの（京都地判平成17・4・28判時1897号88頁，広島高判平成18・9・27賃社1432号49頁（百選90））と，行政庁が通常尽くすべき職務上の義務（適法な指示に対する違反がない場合には不利益処分をしてはならない職務上の義務など）を措定してその義務違反をもって国家賠償法上の違法性を認定するもの（前掲京都地判平成23・11・30，大阪地判平成25・10・31賃社1603＝1604号81頁）とがある。

過失については，処分の違法性を基礎づける事実（要保護状態にあることなど）を行政庁が認識し得たことなどに基づいて認定されているが（前掲京都地判平成17・4・28，前掲広島高判平成18・9・27（百選90），前掲京都地判平成23・11・30），前掲福岡高判平成22・5・25では，職務上の注意義務に違反したことを理由に国家賠償法1条1項による「責任」を肯定しており，違法性と過失とが一元的に判断されている。

(3) 違法な処分以外の行政庁による違法な行為に対する国家賠償

違法な処分だけでなく，行政庁（およびその担当職員）による様々な違法行為によって損害が生じた場合にも国家賠償請求が可能である。裁判例としては，申請段階における行政機関による違法な働きかけのケース（申請権侵害）に関するものが多い（→6 1(1)発展8-5）。

(4) 損 害 額

国家賠償請求訴訟の場合には，違法な処分がなければ受けられたであろう保護費相当額の賠償のほか，慰謝料や弁護士費用などの損害についても賠償が認められ得るという点で，取消訴訟による救済より有利な面がある。裁判例でも，申請却下決定や停止・廃止決定の取消しとともに，違法な処分により精神的苦痛を被ったとして慰謝料等についての国家賠償も認容される場合がある（前掲広島高判平成18・9・27（百選90），前掲福岡高判平成22・5・25，前掲大阪地判平成25・10・31）。

違法な廃止決定によって得べかりし保護費相当額は損害となるが，前掲京都地判平成23・11・30は，廃止決定から訴訟提起日までの期間について従前の保護費の額に基づいた給付が受けられなかったとして，その期間における要保護性の有無にかかわらず，期間全体に基づいた損害額を認定している。取消訴訟では，廃止決定が取り消されると受給権が継続して存在することになり，新たな廃止決定がない限り受給し続けられることになるが，国家賠償請求訴訟では，廃止決定の効力は維持されたまま，その損害額の確定において，「通常生ずべき損害」（判例により不法行為に準用される民法416条1項参照）の基準に基づいた規範的判断がなされる。そうすると，廃止決定がなければ通常受給権が存続していたはずの期間（つまり要保護性が存続していた期間）に対応する保護費相当額が損害として発生していたと解するのが妥当だろう。

(5)　当事者の死亡と国家賠償

国家賠償請求訴訟は，損害賠償請求権が訴訟物であることから，損害賠償請求権を有する本人が死亡しても相続人が国家賠償請求訴訟を提起でき，また，本人が提起した国家賠償請求訴訟を承継することもできる。この一般論は生活保護の受給に関わる国家賠償請求にも当てはまる。したがって，一身専属権である保護受給権の実現を目的とした取消訴訟は本人の死亡により提起し得ない（あるいは提起された訴訟は当然終了となる）が，行政庁の違法な取扱いにより生じた保護費相当額の損害については本人が死亡しても相続人が国家賠償請求訴訟を提起し得る（あるいは訴訟承継し得る）こととなる。

12　被保護者への自立支援

1　自立支援プログラムの実施

(1)　自立支援プログラムの導入

1990年代半ば以降，保護率（全人口に占める被保護者数の割合）が急激に増加すると同時に，（高齢者世帯・母子世帯・障害者世帯・傷病者世帯のいずれでもない）いわゆる「その他の世帯」の割合が徐々に増加するなど，被保護世帯の特性に変化がみられるようになってきた。また，被保護世帯は多様な問題（傷病・障害，精神疾患等による社会的入院，DV，虐待，多重債務，元ホームレスなど）を抱えるとともに，相談できる人がいなく社会的に孤立した状態にあることが多く，さらに稼働能力があっても就労経験の乏しさなどから就労に至らずに受給期間が長期化するケースも目立ってきた。こうした問題に対するケースワークについての前述の限界も踏まえ（→⑨ **3**(4)），平成17（2005）年度より被保護世帯の自立を支援する仕組みとして実施機関による自立支援プログラムの導入が行政の内部通達（平成17年社援発0331003号）により推進されることとなった。

(2)　自立支援プログラムの内容

自立支援プログラムとは，実施機関が管内の被保護世帯全体の状況を把握した上で，被保護者の状況や自立阻害要因について類型化を図り，それぞれの類型ごとに取り組むべき自立支援の具体的内容および実施手順を定めて個別のプログラム（個別支援プログラム）として整備し，これに基づいて個々の被保護者に必要な支援を組織的に実施するものである。

被保護者の抱える問題の多様性に対応するため，個別支援プログラムには，就労による経済的自立（就労自立）のためのプログラムだけでなく，自分で健康・生活の管理を行うなど日常生活において自立した生活を送ること（日常生活自立）のためのプログラムや，社会的なつながりを回復・維持して地域社会の一員として充実した生活を送ること（社会生活自立）のためのプログラムを整備することが求められている。個別支援プログラムは，既存の施策（雇用施策，障害者福祉施策，高齢者関係施策，ひとり親家庭福祉施策，保健施策等）の活用や，関係機関（公共職業安定所（ハローワーク），保健所，精神保健福祉センター等）との連携によって整備するほか，実施機関等において必要な事業を企画することによって実施される。とりわけ，同じく平成17（2005）年度より実施されている「生活保護受給者等就労支援事業」（実施機関とハローワークとが有機的に連携することで被保護者等への就労支援を行う事業）を個別支援プログラムとして活用することが求められている。

なお，自立支援プログラムにより，就職に有利な一般的技能や就労に必要な基礎的能力を修得するための経費を必要とする被保護者に対しては，例外的に生業扶助の技能修得費が支給される運用となっている。

(3)　自立支援プログラムの意義と保護受給との関係

自立支援プログラムの推進は，生活保護制度を，経済的給付を中心とする制度から，実施機関が組織的に被保護世帯の自立を支援する制度へと転換させる理念を最もよく体現した取り組みといえる。

ただし，自立支援プログラムは行政の内部通達によって実施されている事業であるため，生活保護法との関係が必ずしも明確ではなく，とりわけ，被保護者が自立支援プログラムへの参加を拒否した場合や取り組みが不十分な場合の生活保護受給権の帰趨が問題となる。この点につき，自立支援プログラムの法的根拠を実施機関による相談・助言（生保27条の2）とする見解に立てば，自立支援プログラムへの参加拒否や取り組みの態様は生活保護受給権に影響を与えないこととなる。こうした理解は，自立支援プログラムへの参加に際し，被保護者の同意を得ることを原則としている実務の運用に沿うものといえる。他方で，本人の状況に適合した自立支援プログラムへの参加は，被保護者にとっては，勤労や生活の維持向上等の努力義務（生保60条）の履行と捉えられるため，全く合理的な理由なく参加自体を拒否し続ける場合や取り組みが極めて不十分な場合などは同義務の著しい懈怠として，生活の維持・向上等といった保護の目的達成に必要な指導・指示（生保27条）の対象となると解することも可能だろう。このように解した場合，被保護者による自立支援プログラムへの参加の同意というプロセスは，被保護者について参加の主体性を明確にするためのものに過ぎないと捉えられるが，被保護者の積極的参加を促し自立支援プログラムの実効性をより高めるためには重要な手続といえる。

1の参考文献

・丸谷浩介「長期失業者に対する雇用政策と社会保障法」日本社会保障法学会編『新・講座社会保障法第3巻　ナショナルミニマムの再構築』（法律文化社，2012年）255頁
・菊池馨実「社会保障の規範的基礎付けと憲法」季刊社会保障研究41巻4号（2006年）306頁
・石橋敏郎「生活保護法と自立——就労自立支援プログラムを中心として」社会保障法22号（2007年）41頁
・岡部卓「生活保護における自立支援」社会保障法24号（2009年）152頁

2　就労支援の取り組み

上記のように，自立支援プログラムの導入と合わせて，平成17（2005）年度より「生活保護受給者等就労支援事業」が開始された。同事業は，実施機関（福祉事務所）とハローワークとが有機的に連携することで被保護者等への就労支援を行う事業であり，平成23（2011）年度以降は，福祉事務所を持つ地方公共団体とハローワークとの間で締結される協定（支援対象者等の事業目標や相互の役割分担等が明記される）に従って就労支援に取り組む「福祉から就労」支援事業として発展した。さらに，平成25（2013）年改正は，こうした取り組みを抜本的に強化するため，同事業を発展的に解消し，被保護者の就労に関する相談・情報提供・助言を行う「被保護者就労支援事業」として新たに生活保護法の下に整備した（生保55条の6）。同

事業は，実施機関による「相談及び助言」（生保 27 条の 2）から被保護者の就労支援に関わる相談・助言を括りだしたものと捉えられ，生活保護法 27 条の 2 の「相談及び助言」とともに自治事務と位置づけられている（生保 84 条の 5・別表第 3 参照）。もっとも，被保護者就労支援事業に要した費用については，生活保護法 27 条の 2 の「相談及び助言」と異なり，その 4 分の 3 が国庫負担によって賄われる（生保 75 条 1 項 3 号・4 号）。

また，平成 17（2005）年度以降，全国の実施機関で広がっているのが，就労支援員による就労支援である。就労支援員は，稼働能力および就労意欲のある被保護者に対し，ハローワークへの同行訪問，履歴書の書き方や面接の練習などを行って就労を支援する。

さらに，従来，求職活動を行っても保護費の支給額は変わらなかったが，自立に向けた取り組みのインセンティブを高めるために，平成 25（2013）年 8 月より，就労支援プログラム等の求職活動に積極的に取り組んでいると認められる被保護者（月 6 回以上ハローワークで求職活動などを行っている被保護者）に対して，就労活動に要する経費等も踏まえた定額（月 5,000 円。原則 6 カ月間支給）の就労活動促進費が一時扶助費（生活扶助）の一環として導入されている。また，被保護者に就労インセンティブを与える勤労控除制度（就労収入から一定額を控除して収入認定する制度）について，平成 25（2013）年 8 月には，増収するほどに控除率が低下する従来の仕組みが改められ，全額控除額が引き上げられるとともに（8,000 円から 15,000 円へ），控除率が定率化された（一律 10%）。

職業に就いたことなどを理由に生活保護を受給しなくなると，税や社会保険料等の負担が生じることとなるため，被保護者の就労インセンティブが低下するおそれがある（いわゆる「貧困の罠」）。そこで，被保護者の就労インセンティブを高めるため，平成 25（2013）年改正により，就労自立給付金が導入された（生保 55 条の 4 第 1 項）。これは，保護受給中の就労収入のうち，勤労控除をして収入認定された金額の範囲内で別途一定額を仮想的に積み立て，安定した職業（概ね 6 カ月以上雇用されることが見込まれ，かつ，最低限度の生活を維持するために必要な収入を得ることができると認められるもの）に就いたなどの理由により保護が廃止となったときに，積立額を支給する制度である（生保則 18 条の 2～18 条の 5）。就労自立給付金を支給するのは，都道府県知事，市長および福祉事務所を管理する町村長（支給機関（生保 55 条の 6）。なお，進学準備給付金についても同じ（生保 55 条の 5））であるが，支給に関する事務をその管理に属する行政庁（多くは福祉事務所長）に委任することもできる（生保55条の4第1項・2項）。なお，就労自立給付金の支給を受ける権利は，2年で時効によって消滅する（生保76条の3）。

13　生活困窮者のための支援

1　生活困窮者への自立支援

(1)　生活困窮者の増加

バブル経済崩壊後の1990年代以降，非正規労働者の割合が上昇傾向となり，多くの者が低賃金で不安定な就労を強いられる状況となっている。こうした雇用情勢を背景に生活に困窮する者が増加し，生活保護受給者数は平成23（2011）年7月には制度創設当初（1950年代初頭）の水準を超えて過去最高を記録し，その後も増加し続け，平成27（2015）年3月に約217万人に達しピークを迎えた。こうした生活困窮者の増加傾向は，当該困窮者の社会的孤立や次世代への貧困の連鎖などを拡大させるとともに，社会全体の活力の喪失にもつながるおそれがある。そこで，平成25（2013）年には生活保護法の改正とともに，生活困窮者自立支援法が制定され，生活困窮者の活動的な社会参加と就労を支援しながらその生活向上を図るための新しい生活支援体制が構築され，平成27（2015）年4月1日に施行された。

(2)　生活困窮者自立支援法の概要

生活困窮者自立支援法は，生活困窮者への各種の事業の実施により，生活困窮者の自立促進を図ることを目的としている（生活困窮支援1条）。この法律でいう「生活困窮者」とは，「現に経済的に困窮し，最低限度の生活を維持することができなくなるおそれのある者」であるため（生活困窮支援2条1項。平成30（2018）年改正後は3条1項（同年10月施行）），現に困窮のため最低限度の生活を維持できない者として生活保護法の対象となる者はこれに含まれない。もっとも，生業扶助は，最低限度の生活を維持することができないおそれのある者も対象としているため（生保17条），この限りでは生活困窮者自立支援法と対象者が重なる。

この法律に基づき，都道府県，市（特別区を含む），福祉事務所を設置する町村は，各種の事業を実施する（図表8-4）。なお，生活困窮者住居確保給付金の支給を除く事業については，社会福祉協議会，社会福祉法人，NPO等へ委託することもできる（生活困窮支援4条2項・6条2項。改正後は同5条2項・7条3項）。

自立した日常生活を送れる生活困窮者であっても，ひきこもり状態の者や長期失業者，未就労若年者等，直近の就労経験が乏しいことなどから，直ちに一般就労を行うことが困難なケースがある。こうした生活困窮者に対しては，将来的な一般就

図表 8-4　生活困窮者自立支援法における事業（平成 30（2018）年改正後）

事業の名称	内容	必須・任意	根拠条文	国庫負担・国庫補助
生活困窮者自立相談支援事業	就労等の自立に関する相談支援，認定生活困窮者就労訓練事業利用についてのあっせん，支援計画の作成等	必須事業	生活困窮支援 3 条 2 項，5 条	3/4（国庫負担）
生活困窮者住居確保給付金の支給	離職等により住居を失った生活困窮者に対し，就職を容易にするため住居を確保する必要がある場合に有期で支給	必須事業	生活困窮支援 3 条 3 項，6 条	3/4（国庫負担）
生活困窮者就労準備支援事業	雇用による就労が著しく困難な生活困窮者に対し，就労に必要な訓練を日常生活自立，社会生活自立段階から有期で実施	任意事業（実施努力義務）	生活困窮支援 3 条 4 項，7 条 1 項	2/3（国庫補助）
生活困窮者家計改善支援事業	家計の把握・改善に関する支援，生活資金の貸付けのあっせん	任意事業（実施努力義務）	生活困窮支援 3 条 5 項，7 条 1 項	1/2〜2/3（国庫補助）
生活困窮者一時生活支援事業	一定の住居を持たない生活困窮者に対し，宿泊場所や食事等を有期で提供，（平成 31（2019）年 4 月より）訪問による情報提供・助言の実施	任意事業	生活困窮支援 3 項 6 項，7 条 2 項	2/3（国庫補助）
子どもの学習・生活支援事業（平成 31（2019）年 4 月より。従来は子どもの学習支援事業）	生活困窮者の子どもに対する学習援助，保護者に対する子ども生活等についての助言，子どもの教育・就労相談	任意事業	生活困窮支援 3 条 7 項，7 条 2 項	1/2（国庫補助）

労へ至る段階的活動として，本人の状況に応じた柔軟な働き方を認めながら，就労に必要な知識や能力を向上させるための訓練（いわゆる「中間的就労」）を提供することが必要である。そうしたことから，生活困窮者自立支援法では，生活困窮者に就労の機会を提供するとともに，そうした訓練を供与する事業（生活困窮者就労訓練事業）を行う者（NPO法人，社会福祉法人，民間企業等）に対し，一定の基準に適合している場合には，都道府県知事が認定を行う仕組み（認定生活困窮者就労訓練事業）が規定されている（生活困窮支援10条。改正後は同16条）。

発展8-11　生活困窮者住居確保給付金と生活保護

生活困窮者自立支援法で必須事業として位置づけられている生活困窮者住居確保給付金（以下，住居確保給付金という）の支給は，離職日に世帯の主たる生計維持者であった者のうち，所得要件，資産要件，求職活動の要件等を満たした者を対象に，住宅扶助基準額を上限として原則3カ月間行われるものである（生活困窮支援則10条～12条）。

このように一定の求職活動の実施を要件に，税を財源として支給される住居確保給付金は，以下の二つの面において生活保護法の補足性の原理と関係し得る（同様の給付として特定求職者に対する職業訓練受講給付金→③2(5)発展8-3)。

一つは，住居確保給付金が税を財源とした非対価性の給付であることから，他法扶助（生保4条2項）に当たる可能性がある。なお，住居確保給付金が他法扶助に当たるとしても，同項に従えば，同給付金の受給を保護実施の要件として求めることにはならず，現に受給している同給付金が収入認定の対象となるに留まる。住居確保給付金が他法扶助に当たるか否かは，同給付金と保護（住宅扶助）の目的との共通性に照らして判断することになる。ただし，上記のように住居確保給付金の給付対象者から要保護者は除外されているため，同給付金が他法扶助に当たるとして収入認定されても世帯の収入が保護基準を下回り（その他の補足性の要件も満たしているとして）生活保護が実施される場合には，住居確保給付金の受給権を失い，その代わりに（住宅扶助の受給要件を満たしていれば）住宅扶助が給付されることになる。

他方で，住居確保給付金が一定の求職活動の実施を要件としていることから，同要件の充足・不充足が生活保護法の能力活用要件（生保4条1項）の充足判断に影響を与える可能性がある。もっとも，住居確保給付金の受給に必要な求職活動は「公共職業安定所に求職の申込みをし，誠実かつ熱心に期間の定めのない労働契約又は期間の定めが6月以上の労働契約による就職を目指した求職活動を行うこと」（生活困窮支援則10条5号）であり，「誠実かつ熱心に」の解釈によって一定の幅はあるものの，少なくとも安定した就労に向けた求職活動の実施が求められているといえる。これに対し，生活保護法の稼働能力活用の審査では，活用の意思を基礎づける求職活動について，目指すべき労働契約の形態についての限定はなく，本人の能力やおかれている状況等に照らしてある程度合理的な活動を行っているかが判断されることとなり，住居確保給付金とは評価の視点が異なる。したがって，住居確保給付金の求職活動要件の充足・不充足が，能力活用要件の充足判断に直接影響を与えることはないといえる。

発展 8-11 の参考文献

・笠木映里「関連諸法との関係からみる生活保護法――近年の改正・立法の動向と残された課題」季刊社会保障研究 50 巻 4 号（2015 年）378 頁

2 ホームレスへの支援

バブル経済の崩壊後，1990 年代より社会問題となってきたのが，いわゆるホームレスの増加である。ホームレスに対しては，生活保護法が現在地保護の形で適用されることがあり得るが，生活保護制度のみでは彼らの抱える複合した問題を解消し難い場合も多い。そこで，平成 14（2002）年に「ホームレスの自立の支援等に関する特別措置法」（ホームレス自立支援法）が 10 年間の時限立法として成立し，平成 24（2012）年にはその期限が 5 年延長され，平成 29（2017）年にはさらに 10 年延長されて，有効期限は 2027 年 8 月 6 日までとなっている。

ホームレス自立支援法でいう「ホームレス」とは，「都市公園，河川，道路，駅舎その他の施設を故なく起居の場所とし，日常生活を営んでいる者」である（ホームレス自立支援 2 条）。同法は，ホームレス，国，地方公共団体，国民それぞれの責務を規定するとともに，厚生労働大臣と国土交通大臣による基本方針の策定と都道府県による必要に応じた実施計画の策定を規定する（ホームレス自立支援 3 条～9 条）。この規定を受けて，「ホームレスの自立の支援等に関する基本方針」（平成 25 年厚労・国交告 1 号）が策定され，ホームレスが自らの意思で安定した生活を営めるように，就業の機会の確保，安定した居住の場所の確保，保健・医療の確保，相談・指導体制の整備，ホームレス自立支援事業の実施，緊急援助体制の整備，人権擁護，安全確保等を図っていくこととされている。

また，「ホームレス対策事業の実施について」（平成 15 年社援発 1204001 号）を根拠に，ホームレス自立支援事業（自立支援センターでの宿所・食事等の提供，相談・援助等），ホームレス緊急一時宿泊事業（シェルター事業），ホームレス能力活用推進事業（都市雑業的な仕事に関する情報収集・提供，知識・技術の付与），ホームレス総合相談推進事業（巡回相談等。平成 15（2003）年 4 月より）が市区町村によって実施され，平成 17（2005）年 4 月からは，ホームレスを含めた要援護者への自立・就労支援等を目的とする既存の事業がセーフティネット支援対策等事業として統合・再編された（平成 17 年社援発 0331021 号）。

これらの事業は法律を根拠としたものではなかったため，生活保護法における「他の法律に定める扶助」（生保 4 条 2 項）には当たらないと解されていた（東京地判平成23・11・8賃社1553＝1554号63頁)。また，ホームレス自立支援法には具体的なホームレスへの給付が規定されておらず，同法を根拠に実施されている各種事業も行政内部の実施要領に基づいていたため，ホームレスの給付に対する権利性は不明確であるとの問題が指摘されていた。なお，平成27（2015）年4月に生活困窮者自立支援法が施行されたことを受けて，ホームレスのための上記各事業は，同法の事業に組み込まれることとなったが，同法の事業の多くは任意事業であるとともに，法律上は事業の枠組みしか規定されていないため，権利性の不明確さは依然として残っているといえる。

2の参考文献

・菊池馨実「ホームレス自立支援をめぐる法的課題」季刊社会保障研究45巻2号（2009年）107頁
・嶋田佳広「『ホームレス』支援の今日的課題と最低生活保障」日本社会保障法学会編『新・講座社会保障法第3巻　ナショナルミニマムの再構築』（法律文化社，2012年）159頁

発展8-12　貧困ビジネス

貧困の拡大に伴い，近年問題視されているのがいわゆる「貧困ビジネス」と呼ばれる事業行為である。これは，経済的に困窮した社会的弱者をターゲットにして利益をあげる事業を意味する。「貧困ビジネス」は労働，金融，医療など様々な分野でみられるが，被保護者を狙ったものとしては，住居を提供して最低限度の生活を保障する代わりに，生活保護費を管理し，その大半を搾取するものがある。こうした事業は，被保護者の窮状につけ込み，貧困からの脱却を阻害する点で大いに問題である。裁判例では，路上生活者を多数勧誘して寮に入居させ，生活保護を受給させた上でこれを全額徴収し，入居者には生活保護基準に満たない劣悪なサービスを提供していた事業者と入居者との間で締結した寮への入居等を内容とする契約が，生活保護法および（第一種社会福祉事業の経営主体を原則として国，地方公共団体または社会福祉法人とし，それ以外の者が経営する場合には都道府県知事等の許可を必要としている）社会福祉法の趣旨に反するものであり，入居者の生活困窮状況に乗じて締結させたことなどの経緯や態様等に照らして，公序良俗に反し無効であるとして，事業者に対し不当利得の返還を命じるとともに，上記契約の締結によって劣悪な環境での生活を余儀なくしたことが最低限度の生活を営む利益を侵害したものとして入居者に対する不法行為に当たるとして慰謝料の支払いを命じたものがある（さいたま地判平成29・3・1賃社1681号12頁)。また，こうした事業への対策として，被保護者に住居や生活サービスを提供する事業者に対して規制を課す条例を制定している地方公共団体もあり，こうした条例に基づいて貧困ビジネスを行っている法人に対し，施設を新規に開設しないように命じる行政処分等が出された事例もある。なお，社会福祉法の平成30（2018）年改正により，第二種社会福祉事業たる無料低額宿泊所について規制が強化され，最低基準を満たしたものは「社会福祉住居施設」として位置づけられるようになった（2020年4月施

行予定)。

また，被保護者に対して架空・過剰な診療を繰り返す等して，診療報酬を不正に請求する医療機関も，被保護者を利用した一種の「貧困ビジネス」と捉えられる。こうした問題を受け，平成25（2013）年の生活保護法改正は，指定拒否要件や指定取消要件を法律上明確化するとともに，従来無期限であった指定を更新制として，指定医療機関に対する指導権限を強化した（→⑧ **4**(5)）。

⑭　今後の課題

1　被保護者の増加

上述のように，近年，被保護者数の増加傾向が顕著である。終戦直後の生活保護法（旧法）制定時には200万人を超えていたが，その後の経済成長により受給者数は徐々に減少し，平成7（1995）年には約88万人にまで減少した。しかし，その後はバブル経済崩壊による景気後退を背景に再び増加しはじめ，平成20（2008）年の世界金融危機後には増加傾向は一層加速し，平成27（2015）年3月には被保護者数は217万人を超えピークに達した（保護率約1.71%）。被保護世帯についてみると，高齢者世帯が約5割で推移し最も多い類型であることには変わりないが，最近ではいわゆる「その他の世帯」の構成割合の伸びが顕著である（平成15（2003）年度9.0%→平成29（2017）年2月16.1%）。これは，高齢，傷病，障害などの就労阻害要因はないが困窮に陥っている者が増加していることを意味する。この背景には，景気後退による安定した雇用の減少や世帯構造の変化がある。こうした社会的要因による生活困窮は，個々の生活困窮者にとって深刻な問題であるだけでなく，社会全体でみても，その増加が公費支出の増大とともに国全体の生産力や活力を削ぐことにもつながることから，これへの取り組みが喫緊の課題となっている。

2　自立支援と生活保護のあり方

上記の問題意識により，平成17（2005）年度に自立支援プログラムが導入されたのを皮切りに，被保護者等の生活困窮者への自立支援策が徐々に拡充し，平成25（2013）年には生活保護法の改正とともに生活困窮者自立支援法が制定され，生活困窮者の自立支援政策が強化された。

諸外国でも，失業などにより社会から排除されて困窮していく者を（再び）社会へ参入させるための取り組みを強化している。そこでは，社会保障給付への依存から脱却するべく，稼働能力のある者については，一定の自立に向けた活動への参加を要件として最低所得保障給付を行う制度が注目される（フランスの活動的連帯所得（RSA）など)。これは，単に経済的給付を支給するだけではなく，経済的給付と本人による自立活動とを組み合わせることによって，より実効的に社会的排除を解消しようとする取り組みといえる（なお，「社会的排除」は，若年者を中心とした長期失業者の増加を受けて，1970年代のフランスで登場した用語であり，その意味は多義的であるが，首相官邸に設置された「一人ひとりを包摂する社会」特命チームが平成23（2011）年5月に発表した「社会的包摂政策を進めるための基本的考え方（社会的包摂戦略（仮称）策定に向けた基本方針)」では，「様々なリスクが連鎖し，複合的に重なった結果として，雇用，家族，コミュニティなどの社会のあらゆる関係性から切り離され，社会とのつながりが極めて希薄になってしまう」状態と表現されている)。

これに対し，日本の生活保護制度では，近年自立支援への取り組みが強化されているとはいえ，こうした本人の自立に向けた活動の履行（自立支援プログラムへの参加等）が生活保護受給権の要件として明確に位置づけられているわけではない。確かに，能力活用の要件（とりわけ活用の意思）の審査においては求職活動等を行っているのかといった点が考慮されるが，近年の裁判例はこの審査を比較的緩やかに行う傾向にあり，要件としての機能は弱まっている。困窮者の抱える問題は多様で複合的であるため，画一的な基準での対応は不適切であることを十分考慮しつつ，稼働能力のある者については，諸外国での取り組みのように，受給権と関連づけながら自立への取り組みを評価するシステムへと生活保護制度を転換させることについても検討されてよいように思う。また，そうしたシステムの固有性に照らして，生活保護制度から，稼働能力のある生活困窮者への最低所得保障制度を分離して，独自の制度を用意することも考えられる。

もっとも，上記のような求職活動等と受給権とを関連させるタイプの自立支援政策の効果は限定的で，健康問題の解消や自己肯定感の向上などにより個人の内発的自立意欲を高めるタイプの自立支援政策の方が長期的には有効であるとの指摘にも照らせば，有効性が明確でないままにいたずらに受給権を抑制する仕組みの採用は慎まなければならない。いずれにしても，全ての個人に無条件に生活に必要な所得を保障する制度（いわゆる「ベーシックインカム」制度）を指向するのでない限り，生活保護制度には今後も，生存権をはじめとする憲法規範との整合性に十分配慮しながら，自立助長という目的に照らしてより実効性のある最低所得保障制度へと発展していくことが求められよう。もっとも，その際には，稼働能力のある者の自立助長のみを重視するのではなく，稼働能力のない（あるいは十分でない）者の自立助長も忘れてはならない。

第８章全体の参考文献

- 石橋敏郎『社会保障法における自立支援と地方分権――生活保護と介護保険における制度変容の検証』（法律文化社，2016 年）
- 吉永純『生活保護「改革」と生存権の保障――基準引下げ，法改正，生活困窮者自立支援法』（明石書店，2015 年）
- 阿部和光『生活保護の法的課題』（成文堂，2012 年）
- 岩永理恵『生活保護は最低生活をどう構想したか――保護基準と実施要領の歴史分析』（ミネルヴァ書房，2011 年）
- 小川政亮著作集編集委員会編『戦後の貧困層と公的扶助の権利』（大月書店，2007 年）
- 古賀昭典編著『現代公的扶助法論〔新版〕』（法律文化社，1997 年）
- 小山進次郎『生活保護法の解釈と運用〔改訂増補復刻版〕』（全国社会福祉協議会，2004 年）
- 生活保護手帳
- 生活保護手帳別冊問答集

事項索引

あ　行

か　行

さ　行

た　行

な　行

は　行

わ　行

判例索引

〈最高裁判所〉

〈高等裁判所〉

〈地方裁判所〉

〈家庭裁判所〉

＜著者紹介＞
笠木　映里（かさぎ　えり）
フランス国立科学研究センター研究員（ボルドー大学所属）

嵩　さやか（だけ　さやか）
東北大学大学院法学研究科教授

中野　妙子（なかの　たえこ）
名古屋大学大学院法学研究科教授

渡邊　絹子（わたなべ　きぬこ）
筑波大学ビジネスサイエンス系准教授

社会保障法
Social Security Law

2018年12月5日　初版第1刷発行

著　者　笠木映里
　　　　嵩　さやか
　　　　中野妙子
　　　　渡邊絹子
発行者　江草貞治
発行所　株式会社 有斐閣
郵便番号 101-0051
東京都千代田区神田神保町 2-17
電話　(03) 3264-1314〔編集〕
(03) 3265-6811〔営業〕
http://www.yuhikaku.co.jp/

印刷　大日本法令印刷株式会社
製本　大口製本印刷株式会社

★定価はカバーに表示してあります
ISBN 978-4-641-14494-1